玄武年鉴

2021

南京市玄武区地方志编纂委员会办公室

方志出版社

图书在版编目（CIP）数据

玄武年鉴. 2021 / 南京市玄武区地方志编纂委员会办公室编. —北京：方志出版社，2021. 10
ISBN 978-7-5144-4874-0

Ⅰ. ①玄… Ⅱ. ①南… Ⅲ. ①区（城市）—南京—2021—年鉴 Ⅳ. ①Z525. 34

中国版本图书馆CIP数据核字（2021）第253597号

玄武年鉴（2021）

编　　者：南京市玄武区地方志编纂委员会办公室
责任编辑：张　健

出 版 者：方志出版社
地址　北京市朝阳区潘家园东里9号（国家方志馆4层）
邮编　100021
网址　http://www.fzph.org
发　　行：方志出版社发行中心
电话（010）67110500
经　　销：各地新华书店
印　　刷：南京顺和印刷有限责任公司

开　　本：889 × 1194　　1/16
印　　张：26.75
字　　数：704千字
版　　次：2021年10月第1版　　2021年10月第1次印刷
印　　数：001 ~ 600册

ISBN　978-7-5144-4874-0　　**定价：**200.00元

地址

南京市月苑南路3号

电话

025-83682122

传真

025-83678279

邮编

210028

电子信箱

xwdfzb@163.com

体育公园 （冯方宇 摄）

夏日玄武湖

清晨的鸡鸣寺　（王昆远 摄）

（刘　晶摄）

玄武夜色

（王安宁 摄）

3月27日，玄武区"凤栖玄梧 才聚紫金"发布仪式 （区委宣传部 供图）

3月28日，玄武区"放心出门 点亮玄武"夜间消费活动启动 （区委宣传部 供图）

4月16日，玄武区新消费活动启动仪式　　（区委宣传部 供图）

7月8日，玄武区新消费金融对接会启动仪式　　（区委宣传部 供图）

9月17日，南京金秋经贸洽谈会玄武专场活动　（区委宣传部 供图）

10月27日，庆祝先声药业香港交易所上市仪式　（区委宣传部 供图）

10月28日，南京星河WORLD开园暨红山新城规划展示馆、政务中心启幕活动　（区委宣传部 供图）

10月29日，朗诗绿色经济总部园区启动仪式在王家湾举行　（区委宣传部 供图）

3月25日，南京市委副书记、市长韩立明（左三）视察卫巷10号危房改造　　（区委宣传部 供图）

4月1日，南京市委政法委书记徐锦辉（左三）巡河　　（区委宣传部 供图）

7 月 27 日，全省打好污染防治攻坚战现场推进会　　（区委宣传部 供图）

8 月 11 日，玄武区委书记闵一峰（右四）调研垃圾分类　　（区委宣传部 供图）

8月15日，玄武区文明城市创建统一行动日“助力一线 均衡发展”专题活动 （区委宣传部 供图）

10月21日，部队领导调研区退役军人之家建设推进 （区委宣传部 供图）

10月28日，南京星河 WORLD 开园暨红山新城规划展示馆、政务中心启幕活动　　（区委宣传部 供图）

12月21日，星河集团、江苏铁塔战略合作及入驻协议签约　　（区委宣传部 供图）

3月18日，玄武湖·城市樱花节　（区文旅局 供图）

4月11日，在玄武湖举办2020玄武湖·城市樱花节徒步活动，邀请援鄂医护家庭、赴鄂一线记者家庭、玄武基层抗疫先进人物、爱心人士等最美防疫志愿者代表参加　（区文旅局 供图）

4 月 16 日，文旅集团与途牛旅游网签署战略合作协议 （区委宣传部 供图）

5 月 1 日，庆“五一”暨 2020 中国南京（春季）美食节（玄武分会场）开幕式上现场观摩创意冷盘大赛作品 （区委宣传部 供图）

5月4日，第六届玄武十大青年先锋发表助力“四新”行动宣言　　（区委宣传部 供图）

7月16日，新时代文明实践中心揭牌　　（区委宣传部 供图）

9月29日，江苏省文旅消费季启动仪式在长江路举行 （区文旅局 供图）

12月29日，2020南京融合传播峰会 （区委宣传部 供图）

编辑说明

一、《玄武年鉴》以马克思列宁主义、毛泽东思想、邓小平理论、“三个代表”重要思想、科学发展观、习近平新时代中国特色社会主义思想为指导，坚持辩证唯物主义和历史唯物主义的立场、观点和方法，旨在准确、科学、系统地记载玄武区域内自然、政治、经济、文化、社会发展等方面基本情况、重大事件，为社会各界了解和研究玄武提供权威、翔实的信息，为领导决策提供参考和依据，为编修志书积累史料。

二、《玄武年鉴》是由玄武区档案局（馆）、区地方志办公室编辑出版的综合性信息资料文献。《玄武年鉴》1985年创刊，逐年编辑出版。

三、《玄武年鉴（2021）》采用分类编辑法，主体内容分为类目、分目、条目3个层次，部分分目下设副分目。条目为记述的基本层次。本卷设特载、专记、大事记、概览、中共南京市玄武区委员会、南京市玄武区人民代表大会、南京市玄武区人民政府、政协南京市玄武区委员会、纪检监察、民主党派 · 人民团体、法治、军事、产业经济、商贸 · 投促、财政 · 税务、经济管理与监督、城建城管 · 环境保护、应急管理、教育、科学技术、文化 · 旅游业、卫生 · 体育、人民生活、街道、人物 · 荣誉、附录26个类目。原“党政机关 · 人民团体”类目分为“中共南京市玄武区委员会、南京市玄武区人民代表大会、南京市玄武区人民政府、政协南京市玄武区委员会、纪检监察、民主党派 · 人民团体”类目。类目标题标于各类目前篇扉页和书眉，标题文字符号均以绿色为基调；分目标题标于各分目的起始处并用绿色大标宋字标出，副分目标题字体用黑体字前后加“·”表示；条目标题则用黑体字前后加“【 】”表示。

四、《玄武年鉴（2021）》记载2020年度玄武区所发生的事件。为提高年鉴的时效性，事件主体发生在2020年度，但其相关内容延伸至2021年初，如先进表彰、科技成果评选结果公布等，予以跨年度记述。部分条目记述时涉及2020年度前的情况，为使记述的事件连续和完整，仍予简略记载。所收录的组织机构负责人名单均以2020年内任职为限，有任免的分别予以注明。文中名称“区”“全区”“区内”“区域”均指玄武区。

五、《玄武年鉴（2021）》所载资料，分别由玄武区各部、委、办、局及各街道和有关单位专人撰写，并经领导（主审人）审阅。年鉴引用的工作报告、文件、讲话和新闻报道均按原件记载。统计资料数据使用法定计量单位，主要数据由玄武区统计局提供，数据时间截至2020年12月31日。所用统计数据，由于统计的来源、口径、方式、方法和时间的不同而有一定的差异，引用时请注意。

六、为方便检索，在《玄武年鉴（2021）》卷末附有索引。“玄武区政区图”由玄武区民政局提供。

目　录

南京市玄武区人民代表大会

南京市玄武区人民政府

政协南京市玄武区委员会

纪检监察

民主党派·人民团体

产业经济

商贸·投促

财政·税务

经济管理与监督

城建城管·环境保护

应急管理

科学技术

文化·旅游业

人物·荣誉

附　　录

索　　引

特载

区委常委会工作报告

政府工作报告

区委常委会工作报告

——在区委十一届十次全会上

区委书记　闵一峰

2020年12月28日

一、攻坚克难、奋力拼搏，“十三五”发展实现圆满收官

即将过去的“十三五”，是玄武经济社会发展取得显著成绩、获得显著进步的时期，从终期评估来看，“十三五”目标任务即将全面完成。一是主要指标基本收官。“十三五”规划共有经济发展、创新创业、民生改善、生态文明等4类19项指标，其中约束性指标5项、预期性指标14项，目前5项约束性指标全部达标，14项预期性指标中有13项达标，另外1项，固定资产投资，因受疫情影响，正在全力追赶，预计可以完成。二是重点任务顺利推进。在高端高质上，全区生产总值突破千亿元大关，一般公共预算收入达到近百亿元，新街口、徐庄、孝陵卫、红山等重点板块加速建设，培育了高端商贸、现代金融、电子商务等三个千亿级产业，服务业增加值占比、文化产业增加值占比均位居全市第一。在创新创业上，徐庄创成省级高新区，徐庄和珠江路晋级省级众创社区，省技术产权交易市场、市众创空间展示中心等高端平台相继入驻，组建科技创新基金、产业引导基金，全区创成省级双创示范基地。在宜居宜业上，居民人均可支配收入一直位居省市第一，五大保险覆盖率稳定在98%以上，教育现代化建设水平、万人拥有全科医生数全市领先，建成十分钟文化圈、十分钟体育健身圈，被表彰为“省平安区”“省法治建设示范区”。在美丽美善上，开展了明城墙、兰家庄等重点片区环境综合整治，新建了红山南路东延、恒嘉路南延等10条道路，实施了20个以上项目征收，完成了200个以上老旧小区整治，既有住宅增设电梯经验全面推广，雨污分流建设实现全覆盖，劣五类水体基本消除，空气质量稳步好转。三

是民生工程圆满完成。“十三五”规划确定的“十大工程”，覆盖教育、医疗、养老、文化、体育、小区整治、市政养护、环境保护、社区服务、智慧玄武等十个方面，经过五年来的努力，基础设施建设取得突破，民生发展水平稳步提高，“十大工程”已经全部完成。

今年是“十三五”规划的收官之年，也是高水平全面建成小康社会的决胜之年。今年以来，我们坚持以习近平新时代中国特色社会主义思想为指导，认真落实中央、省委、市委决策部署，统筹推进疫情防控与经济社会发展，在危机中育先机、于变局中开新局，各项事业发展取得长足进步。

（一）疫情防控在常抓不懈中不断深化。强化疫情防控组织。因时因势开展防疫工作，第一时间成立疫情防控领导小组和指挥部，从除夕到五一期间，连续103天每天进行调度，结合疫情变化，落实常态化防控要求，稳步推进复工复产、复课复学，充分调动各方力量，形成联防联控、群防群控的强大合力。筑牢内防反弹防线。落实“大数据+网格化+铁脚板”工作机制，组织干部群众超过60万人次、设立隔离点12个、核酸检测超过17万人次，建成PCR实验室，创新预检分诊“兰园模式”，落实重点人员“三级健康管理”，加强重要入城通道和人流密集场所管理，强化冷链物流食品安全监管，夯实疫情防控基层基础。守好外防输入关口。成立涉外联防联控指挥部，坚持一机一策、专班驻点，做好入境包机服务保障，获得省政府主要领导批示肯定。全区累计超过300天无新增本土确诊病例。

（二）经济发展在应对挑战中夯实基础。全力以赴抓服务、稳增长。建立领导包保联系、部门专班推进、板块现场观摩工作机制，出台应对疫情、服务企业“17条”，推出融资、用工、信用“一揽子”支持措施，重点行业稳步复苏，经济指标逐月好转，预计全年GDP同比增长近5%，达到1100亿元左右，一般公共预算收入同比增长近4.5%，突破97亿元。坚定不移抓产业、促项目。出台推动招商引资高质量发展、产业链高质量发展系列政策，整合涉农资源，组建钟山农业创新发展联盟，举办“金洽会”“进博会”“创新周”玄武专场等重大活动48场，引进复星江苏总部、宝龙苏皖总部等亿元以上重大项目62个，青石街地块、铁北科研设计地块等10个地块顺利出让，金地·梧桐里一期、铁北创新孵化集群一期、骐谷科技产业园等37个项目建成运营，铁北创新产业总部经济示范园、东华都市工业产业园等33个项目启动建设。积极主动抓“四新”、增活力。扎实推进“四新”行动，率先召开“四新”新闻发布会，创新举办“四新”金融对接会，“十万研究生宁聚行动”集聚岗位超过1万个，国家、省级重点人才计划入选数主城第一，申报高新技术企业216家、签约新型研发机构5家，汇通达入选中国企业500强，先声药业在港交所上市，全区获评全国消费中心城市中心城区10强。

（三）一件大事在整合资源中扎实推进。积极争取凝聚力量。长江路文旅集聚区建设列入全市支持玄武办好的一件大事，市委、市政府进行专题研究，市政协列为重点提案，成立文旅融合发展联盟，组建全域旅游发展专家智库，实施规划引领、环境提升、夜间消费、产业升级、品牌创树“五大行动”，梅园新村纪念馆、六朝博物馆、江宁织造博物馆实现夜间开放，百子亭天地部分开街，丽思卡尔顿酒店疫情期间正式开业，长江路入选省级夜间文旅消费集聚区，全区创成省级全域旅游示范区。举办活动扩大影响。精心组织南京“创意设计周”长江路设计之夜活动，抓住国庆、中秋超长“黄金周”机遇，成功举办省文旅消费季暨长江路文旅集聚区建设启动仪式，推出“1+3+100”系列活动，首次实现总统府景区、南京图书馆、省美术馆夜间开放，首次实施长江路夜间限时步行，首次推出时尚光影秀，“十一”期间长江路夜游被央视《新闻联播》专题报道。

（四）民生福祉在普惠共享中持续改善。抓实事促保障。扎实办好10件民生实事，全区实现就业突破2.5万人、创业带动就业突破2.6万人，召开教育强区大会，成立教育发展专家指导委员会，组建六大教育集团，出台建设现代化教育强区“1+2”系列文件。医联体和专科联盟建设不断深化，新孝陵卫卫生服务中心等医疗卫生基础设施启动建设。设立养老服务“银发顾问”，打造困境儿童“关爱之家”，区退役军人之家即将建成。抓环境促宜居。推进“危旧房、棚户区改造攻坚年”行动，完成环东大—四牌楼片区综合整治，基本完成双拜巷棚户区拆迁，实施52栋危旧房改造、15个老旧小区整治，建成余粮路一期，开展南京火车站片区等重点地区公厕改造。完成老旧小区物业托管全覆盖、居民小区垃圾分类全覆盖。实施百水河等5条河道水环境整治提升工程，PM2.5和空气优良率大幅好转。抓安全促稳定。统筹开展22个重点行业领域安全生产专项整治，扎实推进上级安全生产巡查反馈问题整改，全区未发生亡人安全生产事故。推动市域社会治理现代化试点，开展“信访积案化解攻坚年”行动，顺利完成重大会议活动安保维稳任务。

（五）改革创新在解放思想中取得突破。扎实推进上级改革部署。深化高新区改革，突出去行政化方向，放权赋能、减员增效，推动高新区持续健康发展。推进街道集成改革，构建“5部1局2中心”架构，实行“街道吹哨、部门报到”，理顺街道体制、激发基层活力。加快“放管服”改革，实现政务服务系统街道社区全覆盖，完善“就近办、一次办、网上办”服务，不断优化营商环境。创新推出特色改革举措。深化国资国企改革，组建文旅、城建、环境、高新、钟山五大国资集团，全力促进区域发展、提升办事能力、培养锻炼干部。实施编外人员管理改革，重新核定员额，注重分类使用，不断提升效能、优化服务。推进社会治理一体化改革，“‘社会稳定指数’打造全周期基层社会治理体系”入选中国改革年度典型案例。

（六）党的建设在真抓严管中得到加强。强化思想引领。建成区融媒体中心，新时代文明实践中心（所、站）实现全覆盖，推进党的十九届五中全会和习近平总书记视察江苏重要讲话指示精神学习宣讲，意识形态风险排查不断深化，媒体重点报道突破5000篇，是去年的4倍以上，抓好文明城市创建，高标准完成国测、省测任务，十三中获评“全国文明校园”，全区获评全省基层党员冬训工作示范区。筑牢组织保障。加强年轻干部工作，举办第15期中青班和“薪火训练营”，出台年轻干部工作两年行动计划和“一把手”责任清单。举办基层党建重点项目推进会，完善“堡垒指数+先锋指数”评价体系，打造“先锋玄武”网上党建平台，全域布局“红领+”阵地，建成全市首家硅巷党建空间，物业党建、商圈党建获得中组部调研肯定。严肃纪律规矩。围绕“六稳”“六保”等重大决策部署和文明城市创建、垃圾分类等重点工作任务，认真开展监督问责，强力推进作风建设。深化派驻机构改革，实现区属企事业单位监察全覆盖。认真抓好巡视巡察反馈意见整改工作，完成十一届区委巡察全覆盖。驰而不息正风肃纪，持续整治群众身边不正之风和腐败问题，维护良好政治生态。营造团结氛围。召开区委人大工作会议、政协工作会议，全力支持人大政协履职尽责、发挥作用。巩固和壮大最广泛的爱国统一战线，围绕中心工作贡献统战力量，获得“全省民族团结进步模范集体”称号。党管武装不断加强，应急应战能力不断提升。法检大楼正式启用，区法院挂牌成立西南低山丘陵区域环境资源法庭，区检察院获评“全国先进基层检察院”。党校、工会、共青团、妇联、民宗、侨台、老干部、关心下一代等工作取得新进步。

回望“十三五”发展、回顾今年成绩，我们收获了经验、赢得了信心，更为“十四五”发展，打下了坚实基础。我们深切体会到：必须坚决落实上级决策部署。始终以习近平新时代中国特色社会主义思想为指导，把中央要求、省市委部署和玄武实际有机结合起来，确保玄武始终沿着正确方向坚定前行。必须牢牢把握发展第一要务。围绕“强富美高”宏伟蓝图，一件接着一件干、一项接着一项抓，千方百计稳增长、调结构、促转型，不断积蓄能量、厚植优势，为玄武长远发展打下良好基础。必须自觉践行为民服务宗旨。把人民对美好生活的向往作为奋斗目标，回应民生关切，加大民生投入，每年都办好一批惠民利民的好事、实事，真正让群众的满意度、幸福感不断提高。必须大力弘扬担当实干精神。强化想干事、敢干事、干成事的工作导向，不因困难而徘徊、不因挑战而止步，想在前、干在前，踩准点、踩好点，做到既苦干实干，又能干巧干。必须始终筑牢党建根本保障。突出党要管党、从严治党，统筹推进党的政治、思想、组织、作风、纪律和制度建设，调动方方面面的积极性、主动性、创造性，形成心齐气顺、政通人和的良好局面。

在看到成绩的同时，我们也要清醒地认识到，玄武在发展中还存在不少问题与挑战，主要是：土地资源稀缺、载体空间受限，优质的人才、企业、项目储备较少，发展后劲仍显不足、发展潜力有待挖掘，片区发展不够均衡，城市更新任务繁重，城市管理仍需加强，民生保障压力加大，少数干部能力素质、工作作风与新形势、新要求不相适应，等等。对此，我们要在"十四五"发展中，采取有效措施、切实加以解决。

二、牢记嘱托、践行使命，科学谋划"十四五"美好蓝图

"十四五"时期，是开启全面建设社会主义现代化国家新征程、向着第二个百年奋斗目标进军的第一个五年。党的十九届五中全会对"十四五"发展进行了全面部署，为我们做好各项工作指明了方向、提供了遵循。习近平总书记视察江苏，要求江苏"在改革创新、推动高质量发展上争当表率，在服务全国构建新发展格局上争做示范，在率先实现社会主义现代化上走在前列"。全区上下要把总书记视察江苏重要讲话指示精神，与党的十九届五中全会精神、与总书记对江苏发展的一系列重要讲话指示精神结合起来，一体学习、一体贯彻，展现首位担当、发挥首位作用。要适应新发展阶段。充分认识新发展阶段是全面建成小康社会之后、全面建设社会主义现代化的关键阶段，一以贯之、接续奋斗，在现代化建设中探索经验、形成样板。要贯彻新发展理念。破除思维定式、路径依赖和工作惯性，自觉把创新、协调、绿色、开放、共享的新发展理念落实到工作的全过程、各领域，加快发展质量变革、效率变革、动力变革。要服务新发展格局。充分利用国际国内两个市场、两种资源，以改革创新为牵引，释放内需潜力、激发开放活力，在把握趋势、服务大局中抢占先机、赢得主动。具体来说要抓好两个方面：

一方面，始终牢记总书记谆谆嘱托。"争当表率、争做示范、走在前列"，饱含着对江苏发展的高度关注和殷殷期许，是总书记在开启社会主义现代化建设的关键阶段，对江苏发展提出的新要求、赋予的新使命，我们要将其作为谋划未来发展的重大战略指引和根本行动遵循。在发展坐标上有新提升。牢记作为省会城市中心城区、市委市政府所在地的责任担当，在全市、全省乃至全国的坐标系中谋划玄武新一轮发展，远学广州越秀、近比杭州西湖，让争先进位、比学赶超在玄武蔚然成风。在发展路径上有新探索。坚持以特色见长、以品质取胜，充分挖掘玄武文旅、科教、民生、生态的叠加优势，做到差异化竞争、错位化发展、个性化超越，走一条体现时代特征、彰显玄武特点的发展之路。在发展动力上有新支撑。注重从基础入手、向关键发力，把工作的重点落实到产业上、落实到项目上、落实到企业上，让一切优质要素在玄武充分涌流，让一切发展活力在玄武竞相迸发，确保玄武发展行稳致远、取得实效。

*另一方面，自觉贯彻省市委决策部署。*省委提出建设具有全球影响力的产业科技创新中心、具有国际竞争力的先进制造业基地、具有世界聚合力的双向开放枢纽"一中心一基地一枢纽"，市委提出推动高质量发展、高能级辐射、高品质生活、高效能治理"四个高"，是落实总书记谆谆嘱托的科学决策，也是推动"十四五"发展的全面部署。我们要立足玄武实际，找准结合点和发力点，创造性推动落实。聚焦创新引领。把创新作为引领发展的第一动力，放在发展全局的核心位置，深层次融入南京创新名城建设，在更广领域、更大范围有效配置创新资源，着力形成以创新为主要特征的经济体系和发展方式，让创新成为玄武最鲜明的气质。聚焦消费促进。立足疫情防控常态化的大背景，以及玄武服务业为主的产业结构，把消费作为促进发展的核心抓手，全方位对接南京国际消费中心城市建设，放大中心城区辐射带动作用，建设经济循环的重要发起点和联结点，让消费成为玄武最强劲的动力。

三、全力以赴、真抓实干，确保现代化建设良好开局

2021年是"十四五"发展的开局之年，也是全面建设社会主义现代化的起步之年。做好明

年工作，必须以习近平新时代中国特色社会主义思想为指导，深入贯彻党的十九大和十九届二中、三中、四中、五中全会精神，以及习近平总书记视察江苏重要讲话指示精神，认真落实中央经济工作会议、省委十三届九次全会、市委十四届十一次全会精神，适应新发展阶段、贯彻新发展理念、服务新发展格局，扛起“争当表率、争做示范、走在前列”重大使命，聚焦创新引领、消费促进，巩固拓展疫情防控和经济社会发展成果，更好统筹发展和安全，确保“十四五”发展开好局、全面建设社会主义现代化起好步，以优异成绩庆祝建党100周年。

具体来说，要抓好四个方面：

（一）突出引领性，在高质量发展上彰显玄武特色

坚持以产城融合提振创新动力。突出以产促城、以城兴产，狠抓新城建设开发，突出徐庄龙头地位，完成中诚地块挂牌，推进聚智园、聚才山庄开工，建成百家汇二期，布局医工交叉研究院、先进材料研究院、人工智能虚拟仿真平台等新型研发机构和高端公共平台，提升徐庄发展能级；发挥红山支撑作用，完成7号地块挂牌，开工建设“玄武之光”创新园，加快铁北国际数码港、铁北创新孵化集群建设步伐，提升红山发展品质。狠抓老城有机更新，制定低效用地、低效楼宇再开发计划，以珠江路城市硅巷二期建设为引领，打造10万平方米城市硅巷；加快政企对接、校地协作、军民融合，推进50万平方米军队停偿载体升级，谋划中科院土壤所、地湖所、天光所等迁后空间利用，实施南师大玄武科技园等45万平方米载体改造，推进创新空间与城市空间深度融合。

坚持以要素集聚增强创新实力。落实全市“产业质效提升年”要求，聚焦“1+2+2”产业体系，围绕产业链布局创新链，将创新指标落实到节点、分解到板块、具体到部门，做到整体结构有优化、全市比重有上升。突出人才第一资源，实施“凤栖玄武”工程，加快产才深度融合、校地人才交流，全年集聚高层次人才突破125人。突出企业主体地位，种好移栽大树、育苗造林、老树发新芽“三棵树”，实施独角兽瞪羚企业壮大工程、高新技术企业跃升工程、中小微企业培育工程，推进规上工业企业追赶三年行动计划，全年新增高新技术企业完成市下达指标、规上企业280家以上、市场主体2万户左右。突出项目关键支撑，以创新经济、总部经济为重点，完善“全域、全线、全员”大招商机制，构建大数据化、资本化、市场化“三化”招商模式，精心筹备系列招商活动，招引亿元重大项目55个以上。

坚持以一流生态激发创新活力。聚焦精准化扶持，认真落实市委第四个“一号文”要求，出台系列政策、支持自主创新，办好国际创新资源对接会、珠江路创客节等品牌活动，营造谋创新、抓创新的浓厚氛围。聚焦联盟化合作，深化体制机制创新，完善文旅融合发展联盟、农业创新发展联盟实体化、常态化运作机制，集中力量打造创新联盟、产业联盟、企业联盟，整合各方力量、撬动各方资源，构筑创新发展共同体。聚焦综合化保障，以律政产业园为支撑，加快生产性服务业集聚区建设，推动法务、融资、专利、审计、会计、咨询等高端中介机构定向集聚，打造玄武综合金融服务中心、上市企业服务驿站、亚洲商标运营中心，营造“政产学研金”融合汇聚的创新生态。

（二）增强带动力，在高能级辐射上展现玄武作为

构建系统完备消费布局。加快重点商圈培育、消费载体升级，放大新街口“中华第一商圈”品牌效应，联动长江路文旅集聚区，启动德基三期建设，推动钟岚里地块开发，开园运作老烟厂D9街区文创园，推进麦哲理二期、熊猫中央广场二期建设，展现国际化消费品位。主动融入紫金山—玄武湖城市中心公园建设，抓住省肿瘤医院搬迁机遇，启动百子亭三期，推动玄武门地下广场建设，打造玄武湖东岸旅游市集，构筑生态化消费高地。加快孝陵卫21号商务中心、高力六角广场、红山国际社区等建设步伐，充分挖掘孝陵卫、红山等片区消费潜力，构建全域化消费格局。

打造多元融合消费场景。拓展时间轴，放大夜间消费，完善“一区、一带、多节点”夜间经济布局，打通“百子亭—安仁街—丹凤街”一线，与长江路共同构成“L”型夜间经济集聚区，加快1912、环亚凯瑟琳、长发萲

和等夜间经济街区建设，整合旅游景区、文博场馆、演艺场所，实施“八个夜计划”，提供全时段、全流程消费体验。运用新技术，提升线上消费，依托途牛、汇通达等龙头企业，抓住疫情带来的线上消费机遇，发挥“6·18”“双11”等消费节点刺激作用，办好“直播节”等活动，鼓励流量经济、网红经济、社群经济发展，实现线上、线下消费联动。提升活跃度，大力发展商贸消费，发挥玄武传统商贸优势，广泛布局高端综合体、品牌直营店，推动传统商贸定制化、品牌化发展，全年集聚高端餐饮100家、潮流首店50家、一线品牌20个，展现时尚、活力的消费特色。

营造高端舒适消费环境。坚持国际化方向，搭建企业供应链平台、内外贸融合平台，鼓励跨境电商发展，深化国际经贸合作，实施城市商圈美化工程，打造具有标识度的国际化街区、楼宇，办好国际时尚周、国际城市休闲旅游节等特色活动，提升玄武国际知名度和美誉度。坚持精准化服务，深化“满意玄武”服务品牌建设，统筹推进“不见面”审批、全程代办、联审会办等“放管服”改革措施，发挥“12315”“12345”等服务平台作用，落实“先解决问题再说”工作机制，建立消费环境评价指数，打造全域诚信消费品牌，创建省级网络市场监管与服务示范区，营造诚实守信、放心便捷的消费环境。

（三）提升满意度，在高品质生活上体现玄武温度

突出扩面提标抓基本保障。注重创业引领就业、产业支撑就业，完善“载体+项目+资金”扶持机制，做好高校毕业生等重点群体和低收入困难群体就业工作，确保居民人均可支配收入继续保持省市第一。办好为老、助小、扶弱、帮困等民生实事，推动200户高龄失能、重度残疾老年人家庭适老化改造，完成困境儿童“一人一策”救助方案，推进“儿童之家”建设向街道延伸，设立退役军人关爱基金，完善退役军人服务体系，争创省级双拥模范区“九连冠”。

突出优质均衡抓公共服务。深化现代化教育强区建设，实施“优质+”发展战略，推动教育布局调整和集团化办学，加快新中央路小学、玄武中专仙鹤门校区、十三中红山校区等教育基础设施建设。做优基本公共卫生服务，试点集团化办医，推进锁金村、红山、仙鹤门等社区卫生服务中心提档升级，大力发展社区卫生服务站、家庭医生工作室。全力建设老年友好型城区，推动玄武养老服务指导中心改造，打造钟山养老服务产业园，提供高品质、个性化养老服务。

突出精致优美抓城市环境。扎实推进“美丽玄武”建设，完成梅园新村历史街区、香林寺沟片区综合整治，实施黄家圩等3个棚户区、卫巷等13栋危旧房、月苑等16个老旧小区整治，打通文枢西路等断头路，建成新庄立交地下过街通道。推动市政管养智能化、一体化，建设智慧养护信息平台，提高环卫保洁作业质量，深化生活垃圾强制分类，建设大件垃圾分拣中心。开展友谊河等6条河道和进香河等10处暗涵整治，抓好PM2.5和臭氧“双控双减”，提升城市宜居宜业水平。

突出文明和谐抓社会风尚。彰显社会主义核心价值观的玄武表达，深化新时代文明实践中心（所、站）建设，制定文明城市创建常态长效三年工作计划，开展道德模范、玄武好人、最美人物等评选，打造玄武“最美系列”。实施人文玄武形象提升工程，加强历史街区、文物古迹、非遗文化保护，设立文艺精品创作扶持资金，推进文苑大厦建设，开展“精彩文旅体·惠民100分”活动，启动编纂《玄武区志（2000—2019）》，让文明引领风尚、让文化浸润心田。

（四）聚焦现代化，在高效能治理上打造玄武样板

常态化巩固疫情防控成效。完善常态化疫情防控机制，扎实做好入境航班服务保障，强化医疗机构院感防控，落实冷链物流集中监管，加快开展新冠疫苗紧急接种使用，认真执行重要场所、重大活动限流、测温、验码工作措施，坚决防止疫情回潮反弹。坚持医防协同，注重关口前移，加强区疾控中心建设，充实公共卫生人才，建立人员通、信息通、资源通的工作机制，推动突发公共卫生事件应急处置制度化、标准化、信息化，切实筑牢公共卫生安全防线。

全方位夯实安全稳定根基。在“一年小灶”收尾总结的基础上，严格落实“三年大灶”工作要求，持续开展安全生产专项整治，用好“181”平台，打造安全风险基础数据库，加强网格化安全

生产监管，切实提升本质安全水平。强化信访工作标准化建设，完善领导干部包案和下访、接访、约访制度，推进信访积案“减存控增”。构建立体化社会治安防控体系，推动人防、物防、技防建设，强化食品安全监管，积极打造“食品快检室”，做好金融风险防范，深入开展百场普惠金融服务进社区活动。

深层次推进社会治理创新。结合市域社会治理现代化试点，注重信息赋能、多元参与、网格支撑、法治保障，推出创新举措、深化创新实践，优化提升“玄武一网通”平台，打造综治中心、信访接待中心，加快社会治理（应急管理）综合实践基地建设，实施“公益优才”计划、“品牌培塑”行动，不断深化社区、社会组织、社工人才“三社联动”，启动“八五”普法，推进区、街公共法律服务中心提档升级，构筑共建共治共享的社会治理格局。

四、担当主责、扛起主业，奋力开创党建工作新局面

牢固树立管党治党的主责主业意识，严格落实新时代党的建设总要求，坚定不移深化全面从严治党，以高质量党建保障高质量发展。

对标看齐，坚定正确方向。始终坚持旗帜鲜明讲政治，围绕建党100周年，举办系列庆祝活动，强化党史、新中国史、改革开放史、社会主义发展史“四史”教育，在牢记党的光辉历史、重温党的光辉历程中守初心、担使命，树牢“四个意识”、坚定“四个自信”、坚决做到“两个维护”。严格落实管党治党政治责任，深入推进省委巡视反馈意见整改，抓好党建述职评议、履责纪实、日常调度，严肃党内政治生活，强化制度执行落实，做到真管真严、敢管敢严、长管长严。

补钙铸魂，激发奋进力量。深入开展党的十九届五中全会和习近平总书记视察江苏重要讲话指示精神学习宣讲，推进党委中心组制度化、规范化建设，实施基层理论宣讲“支点计划”，做优“思享五分钟”等理论宣讲品牌。加强党的新闻舆论工作，依托融媒体中心，抓好重点工作宣传报道，定期召开新闻发布会、媒体座谈会，持续开展“媒体看玄武”活动。严格落实意识形态工作责任制，深化意识形态风险排查工作，扎实做好网络、宗教、高校等意识形态阵地管理，努力弘扬主旋律、传播正能量。

固本强基，锻造坚强队伍。坚决落实新时代好干部标准，完善干部选育管用工作体系，统筹使用各层次、各年龄段干部，注重在基层一线和急难险重岗位培养锻炼干部。扎实做好年轻干部工作，完善“百名青年干部规划库”，不断强化年轻干部统筹管理、精准特训、长期跟踪。做好区委换届、社区“两委”换届，抓好“双百双进”工作，推进枢纽型党群服务中心、小微型党建服务站、符号型党建工作点等“红领+”系列空间建设，布局“15分钟党建先锋圈”，加快社区党建、单位党建、商圈党建、行业党建互联互动，扩大党的组织覆盖和工作覆盖。

正风肃纪，营造清朗生态。持续深化作风建设，强化干部分层分类考核，抓好干部队伍综合分析和日常研判，持续整治“慵懒散软”等作风顽疾，优化作风激励、评价、反馈工作机制。完善“四个全覆盖”监督体系，突出政治监督，强化日常监督，加强对中央、省市区委决策部署落实情况的监督检查，充分发挥巡察“利剑”和派驻“探头”作用，构建同级协同、多级联动的“大监督”格局。坚持以“零容忍”态度惩治腐败，聚焦行政审批、工程建设、执法司法等重点领域，强化廉政风险防控“护堤行动”，深化“心廉心”廉政教育品牌建设，筑牢拒腐防变的坚强防线。

凝心聚力，巩固团结局面。发挥区委总揽全局、协调各方的领导核心作用，坚持依法决策、民主决策、科学决策，不断提高把方向、谋大局、定政策、促改革的能力和定力。支持和保证人大、政协以及“一府一委两院”依法依章程独立负责、协调一致开展工作。发挥统战凝心聚力作用，完善大统战工作格局。强化党管武装工作，扎实做好双拥共建。突出政治性、先进性、群众性，发挥工会、共青团、妇联的桥梁纽带作用，营造民主团结、安定和谐的浓厚氛围。

同志们，新的征程任重道远，新的使命催人奋进。让我们以习近平新时代中国特色社会主义思想为指导，在中央、省委、市委的坚强领导下，扛起“争当表率、争做示范、走在前列”重大使命，用实干创造、用奋斗作答，推动“十四五”开好局、起好步，以优异成绩庆祝建党100周年。

政府工作报告

——在区第十八届人民代表大会第五次会议上

区　长　钱　维

2021年1月6日

一、2020年及“十三五”工作回顾

过去的一年，面对外部形势的复杂变化特别是突如其来的新冠肺炎疫情，全区上下以习近平新时代中国特色社会主义思想为指导，全面贯彻党的十九大和十九届二中、三中、四中、五中全会精神，坚决落实市委、市政府和区委决策部署，坚持稳中求进工作总基调，深入践行新发展理念，按照“两手抓、双胜利”要求，全力以赴抗疫情、稳经济、保民生，“六稳”[1]“六保”[2]工作取得积极成效，较好完成了区十八届人大四次会议确定的各项目标任务，高质量建设“强富美高”新玄武迈出坚实步伐。

这一年，我们坚持生命至上，疫情防控取得重大成果。全力落实习近平总书记“坚定信心、同舟共济、科学防治、精准施策”总要求，用27天阻断病毒传播、拿下抗疫拐点，2月12日起在全市率先实现本土确诊病例“零新增”，3月8日本土病例清零。构建战时防控机制。第一时间启动“防疫+”战时工作机制，成立疫情防控指挥部，连续103天召开例会调度部署。认真落实“四早”[3]措施，预检分诊“兰园模式”[4]获国家卫健委肯定，无物业小区“三小”工作台[5]模式被《人民日报》点赞。千方百计筹措储备防疫物资，及时发放到战疫一线。聚焦关键防控环节。除夕夜紧急摸排2.2万户6.3万人，对有疫区旅居史的重点人员采取精准防控措施，迅速阻断传染源头。按照“应检尽检、愿检尽检”原则，开展核酸检测17.9万例，细致排查潜在隐患。设立12个集中隔离点，保障4个市级隔离点，创新实施“三级健康管理”[6]，累计集中隔离9579人、居家医学观察5346人，有效切断扩散路径。坚持全面覆盖原则。抓好入城通道管控，设立东杨坊车辆查验点，派员在禄口机场、南京站、南京南站、小红山客运站参与管控，查控转运3201人。常态化抓细重点人员排查，以“大数据＋铁脚板＋网格化”模式，全面摸排3.1万名重点地区来宁人员，做到“人头准、本底清、信息全、情况明”。抓实小区封闭管理，高峰时期划分455个片区、设置495个卡口，筑牢前沿防线。落细常态长效措施。把“外防输入、内防反弹”作为防控重点，认真抓好涉外航班处置，服务保障全国首批留学生包机、首个美国包机等入境航班77批5430人次，未造成境外输入病例在本地扩散。加强国内中高风险地区来宁人员健康管理，严格落实学校、医院和公共场所常态化防控措施，大力开展水产品和农贸市场应急监测、冷链食品检验检疫，全力巩固来之不易的抗疫成果。

这一年，我们坚持克难而行，实现了经济质效再提高。坚持以“四新”行动[7]为抓手，做好“六稳”工作，落实“六保”任务，经济运行秩序快速恢复、发展态势持续向好。经济运行稳中有进。预计完成地区生产总值1100亿元，同比增长5%；一般公共预算收入97.3亿元，同比增长4.6%，增幅主城区第一、税比全市第一；服务业增加值、文化产业增加值占GDP比重分别为98%、12.04%，继续保持全省前列；实际使用外资2.39亿美元，超额完成全年任务；社会消费品零售总额1091亿元，同比增长2.2%。项目建设卓有成效。扎实开展“四新”行动，在全市率先召开新闻发布会，推出玄武“子方案”。全年90个市级、区级重大项目预计完成投资134.4亿元，铁北创新产业总部经济示范园等33个项目开工建设，百家汇创新药物孵化平台二期等28个在建项目加速推进，南理工大学生创新创业活动中心等27个项目竣工运营。成功举办金洽会(专场)等48场招商推介活动，创新“云上”邀约、“屏对屏”国际合作等招商模式，全年签约项目投资总额580亿元，市值超千亿元的在线教育机构“跟谁学”江苏总部、投资额达62亿元的复星江苏总部等一批龙头项目成功落户。产业发展迈向高端。首次发布玄武产业投资地图，依托产业发展基金、科创基金，撬动社会资本组建近10亿元的子基金。产业载体加速扩容，徐庄高新区一期、二期实现贯通，骐谷科技产业园、星河WORLD一期等园区投入运营。南理工科创园等7个项目获得市级硅巷备案，总数全市第一。软件信息产业、生命健康产业营业收入增速分别达6%、10%。“凤栖玄武”人才工程取得新突破，国家级、省级重点人才计划入选数均列主城区第一。加大优质企业培育集聚力度，万企高新技术企业数达79家，位居主城区第一。汇通达跻身“2020中国企业500强”[8]，中核能源入选省级跨国公司功能性机构，先声药业在港股上市。实施质量强区战略，主导和参与制定49项国家标准。企业服务频出实招。建立区领导包保联系机制，深入开展大走访活动，企业服务专员24小时在线服务。全力落实各项惠企政策，出台支持企业复工复产17条应对措施[9]，推出招商引资高质量发展10条政策[10]，新增减税降费超30亿元，有效减轻企业负担。搭建企业互助平台，支持汇通达、苏美达等区内重点企业联手互助、优势互补。举办政策解读会、金融对接会、地块推介会、新消费竞赛等系列活动32场，在全市率先发布“玄武紫金快贷”[11]等特色金融产品，成立玄武消费金融超市[12]和“V PARK”金融服务中心[13]，帮助辖区企业获得87.58亿元授信。

这一年，我们坚持重点重抓，实现了“玄武品牌”再升华。坚持内引外联，深挖禀赋、广聚资源，不断提升发展动能、扩大对外影响。全力办好“一件大事”。抢抓市委市政府将长江路文旅集聚区建设作为支持玄武发展一件大事的重要机遇，加快构建“一轴两片多板块”[14]发展布局，全力推动大行宫广场、梅园新村片区等重要节点改造，深入实施“八个夜文旅”计划[15]，江苏省文化和旅游消费季启动仪式在长江路成功举办。长江路文旅集聚区入选省级夜间文旅消费集聚区建设单位，1912街区获评全国夜间经济示范街，“十一”期间夜游长江路成为全省消费热点，央视《新闻联播》《朝闻天下》先后予以报道，全区创成省级全域旅游示范区。加速集聚优质资源。联合南京博物院等100家文旅企事业单位，组建玄武文旅融合发展联盟。联合省农科院等科研院所，成立钟山农业创新发展联盟。联合34家创投机构，组建珠江路城市硅巷创投联盟。与市教育局签订全市首个教育发展合作协议，与南理工组建“南京理工大学基础教育联盟”。与南师大、市交通集团、市新工集团紧密合作，推动南师大玄武科技园、王家湾总部经济园、工艺美术大楼转型等项目取得突破性进展。积极扩大对外影响。组织外贸头部企业参加第三届中国国际进口博览会，是全市唯一在场馆内举办专场推介活动的城区。积极参与南京创新周活动，签订中韩“四新”跨境贸易电子商务合作协议，成立南京城市硅巷—乌克兰高校创新人才与科技成果交流转化中心，与意大利博洛尼亚建立经济与产业合作（玄武）协同中心。

这一年，我们坚持强基提质，实现了城区品质再提升。遵循城市发展规律，系统实施高标准整治和精细化管理，宜居、美丽的主城形象更加彰显。城市更新积极推进。完成玄武区发展规划大纲、海绵城市专项规划编制，启动国土空间规划、城市更新规划编制。实施双拜巷棚户区改造，完成52幢3.2万平方米危房治理、15个老旧小区整治。建成余粮路一期，完成环东大—四牌楼片区、经五立交匝道综合整治。建成盛和家园南北区等13个停车场，新增机动车泊位1410个。污染治理成效显著。开展城镇污水处理提质增效“333”行动[16]，完成5条河道整治，清疏修缮60个片区雨污管网，9个市考断面稳定达标，全区基本消除劣V类水体。组织挥发性有机物污染专项整治，强化扬尘污染防控，全年空气优良天数311天，优良率达85.2%，同比上升15.4%；PM2.5平均浓度28.9微克/立方米，同比下降27.2%，均位列主城区第一。全力推进声环境管控，环境噪声均值51.2分贝，同比下降0.5分贝，声环境功能区达标率为90%。精细管理持续深化。全面掀起文明城市创建热潮，大力整治“脏”“乱”“差”，城区功能品质加速提升，为南京高分通过全国文明城市复查做出重要贡献。兜底接管370万平方米无物业老旧小区，实现物业管理全覆盖。大力推进生活垃圾强制分类，建成580个分类投放亭房，居住小区实现全覆盖。高品质完成11座公厕新改建任务，其中环湖地区建成2座1级A类公厕。深入开展智慧城区建设，完成804个5G基站建设目标。

这一年，我们坚持普惠共享，实现了民生福祉再增进。坚持以人民为中心的发展思想，民生支出占比80.3%，不断满足人民群众对美好生活的期盼。精准实效强保障。积极推进战疫情、促就业十万研究生“宁聚行动”，全年举办150场就业招聘会，预计城镇新增就业2.5万人、大学生就业3.6万人，实现再就业1万人。加大弱势群体帮扶力度，完成困难群众参保1052人，发放失业金9401.98万元、最低生活保障金1963.22万元、困难残疾人生活补贴及重度残疾人护理补贴1467.61万元。优化养老服务体系，新增机构养老床位426张，建成居家养老服务中心59家，完成383户家庭适老化改造，“五类老人”[17]政府购买服务实现全覆盖。用心用力办实事。2020年10件民生实事全部完成。召开全区教育发展大会，发布打造现代化教育强区15条举措。实施九中震旦校区、立贤小学等学校改扩建工程，启动玄武中专仙鹤门新校区建设，铁北中小学校区投入使用。中考均分连续17年居全市首位，高考一本达线率稳居全市前列。完成玄武中医院一期扩建，建成区疾控中心PCR实验室[18]。每万人拥有全科医生5.41人，位居主城区前列。举办文化旅游公益活动300余场次。高质量完成第七次全国人口普查登记工作。一丝不苟保安全。扎实推进国务院督导和省、市安全生产巡查反馈问题整改，开展22个重点行业领域专项整治、夏季安全整治百日攻坚行动，组织“百团进百万企业”安全生产学习宣讲[19]，整改隐患1.26万处，全区未发生亡人安全生产事故，事故起数和死亡人数均下降100%。坚定不移打好防范化解金融风险攻坚战，持续开展打击非法集资专项行动，完善重点企业资金链风险预警化解机制，处置风险企业39家，立案打击涉嫌非法集资刑事案件6起。

这一年，我们坚持从严要求，实现了自身建设再加强。严格落实全面从严治党主体责任，认真履行“一岗双责”，持续开展党风廉政教育，切实增强“四个意识”，坚定“四个自信”，做到“两个维护”。自觉接受人大法律监督、政协民主监督和社会各界监督，坚持向人大报告、向政协通报政府工作。高质量办理各级人大代表议案建议和政协提案321件，满意（含基本满意）率均为100%。认真听取各民主党派、工商联、无党派人士等各方意见，广泛凝聚智慧力量。按期办结12345热线等工单7.01万件，综合满意率95.13%。坚持依法行政，强化政务公开、行政复议工作，完善行政负责人出庭应诉制度，区级财政和一级预算单位实现审计全覆盖。健全区、街道、社区三级政务服务体系，307项“一城通办”[20]和62项“一区通办”[21]事项实现就近办理。持之以恒整治“四风”，区级“三公”经费压减10%。此外，民宗、对台、侨务、工会、共青团、残疾人、妇女儿童、人防、人武等各项工作取得新进展。

各位代表，2020年是“十三五”规划的收官之年。五年来，我们全面贯彻落实习近平总书记关于江苏工作的系列重要指示精神，凝心聚力、接续奋斗，高水平全面建成小康社会取得决定性成就，“强富美高”新玄武建设取得重大阶段性成果。过去的五年，是彰显高端高质、综合实力迈上新台阶的五年。我们坚持稳增长促转型，地区生产总值突破千亿大关，高质量发展位居省市前列。项目建设硕果累累，德基二期、熊猫中央广场一期等项目建成运营，中央路224号、百子亭天地等项目加快建设，铁北红山片区、徐庄高新区二期、钟岚里地块等土地整理取得突破。产业地标初步形成，培育出高端商贸、现代金融、电子商务三个千亿级产业，软件信息、生命健康、集成电路产业年均增幅分别达15%、10%、6%。全球第101家丽思卡尔顿国际酒店开业运营，商务商贸品牌高地更加凸显。过去的五年，是突出创新创优、发展能级实现新提升的五年。我们坚持抓改革促发展，创新动能持续释放，发展活力显著增强。以徐庄高新区为龙头，聚力打造“一区五园”创新经济带，徐庄高新区创成省级高新区，铁北红山新城强势崛起，区域发展格局进一步优化。深化“放管服”改革，成立区投资代办服务中心，在全市率先推行区、街两级全科政务。承担全省县域深化综合行政执法体制改革试点任务，社会治理一体化改革全市领先。深入推进国资国企改革，组建文旅、城建、环境、高新、钟山五大区属集团。不断深化对外开放合作，德国医谷联创中心、英国CNUK创新中心等一批国际创新合作项目相继落地。深入实施“凤栖玄武”人才工程，引进培育包括中科院院士、国家重点人才计划入选者在内的顶尖人才466人。过去的五年，是聚焦宜居宜业、生态建设取得新进展的五年。我们坚持抓整治优环境，老城更新稳步推进，生态环境持续改善。新建城市道路10条，高标准完成北京东路、中山门大街等24条主次干道整治，交通路网更加顺畅。新建改造鼓楼广场（东）、和平公园（西园）等12个游园，对明城墙片区、兰家庄核心区等重点片区，以及曹后村、营苑支路等62条街巷实施环境综合整治。完成18个棚户区改造、203个老旧小区整治、24条黑臭河道治理，人居环境持续改善。过去的五年，是锚定美好美满、人民生活得到新改善的五年。我们坚持补短板惠民生，居民人均可支配收入连续7年位居全省第一，群众获得感、幸福感和满意度持续增强。组建6大名校教育集团[22]，获评全国首批义务教育基本均衡发展区。新建区公共卫生事件应急处置中心，新街口社区卫生服务中心获评全国优质服务示范社区卫生服务中心。十分钟文化圈、体育健身圈全面建成，社区综合文化服务中心实现全覆盖。组建区退役军人事务局，建成退役军人之家，连续8次荣获省级双拥模范区。

各位代表，过去五年取得的成就，得益于历届区委、区政府打下的坚实基础，得益于区人大、区政协的倾力支持，是全区上下团结拼搏的结果。在此，我代表区人民政府，向各位区人大代表、政协委员，向在各行各业辛勤工作的全区人民，向所有支持玄武建设发展的朋友们，表示衷心的感谢！特别要向为抗疫做出突出贡献的广大医护人员，向奋战在防控一线的公安民警、社区工作人员和志愿者，致以最崇高的敬意！

在看到成绩的同时，我们也清醒地认识到，全区经济社会发展仍面临不少问题：疫情对经济的影响仍在持续，稳增长压力不断加大。创新发展还不够快，科技创新、产业招商仍待加强，新经济、新产业对增长的贡献度有待进一步提高。财政收支矛盾比较突出，保障刚性支出需求的压力较大。教育、养老、医疗等公共服务供给还不够均衡，应对重大突发事件能力仍需进一步提高。城市管理、污染防治、社会治理等领域还存在不少薄弱环节，网格化作用发挥不够充分。政府职能转变还不到位，作风建设仍需持续发力。对这些问题，我们将高度重视并切实加以解决。

二、“十四五”发展总体思路和主要目标

“十四五”时期是我国全面建成小康社会、实现第一个百年奋斗目标后，开启全面建设社会主

义现代化国家新征程、向第二个百年奋斗目标进军的第一个五年。根据《中共玄武区委关于制定玄武区国民经济和社会发展第十四个五年规划和二〇三五年远景目标的建议》,区政府制定了《玄武区国民经济和社会发展第十四个五年规划和二〇三五年远景目标纲要(草案)》,提请本次大会审议。"十四五"时期全区经济社会发展的指导思想是:以习近平新时代中国特色社会主义思想为指导,深入贯彻党的十九大和十九届二中、三中、四中、五中全会精神,以及习近平总书记视察江苏重要讲话指示精神,坚定不移贯彻新发展理念,坚持稳中求进工作总基调,以推动高质量发展为主题,以深化供给侧结构性改革为主线,以改革创新为根本动力,以满足人民群众美好生活需要为根本目的,统筹发展和安全,主动服务新发展格局,推进治理体系和治理能力现代化,凝心聚力建设中国特色社会主义现代化创新名城中心城区,扛起"争当表率、争做示范、走在前列"重大使命。

"十四五"时期经济社会发展主要目标是:

——经济质效站上新平台。经济保持平稳健康发展,发展方式进一步转变,规模质量效益同步提升。以文化旅游为地标产业、现代金融和高端商务商贸为支柱产业、软件和信息服务以及新医药与生命健康为新兴产业的现代化都市型产业体系基本形成,中央生态绿心、环紫金山科技创新带、环玄武湖创意产业带以及徐庄、红山、孝陵卫等片区全面崛起,综合实力实现大幅跃升。

——创新能力再上新台阶。区域创新生态体系更加完备,企业创新主体地位更加突出,构建高新园区、城市硅巷、高校创新港、军民融合创新园区统筹联动的创新格局,徐庄高新区龙头地位更加凸显,铁北红山新城支撑作用显著提升,政产学研金要素充分汇聚,校地协同、院地合作、军民融合发展水平显著提高。

——人文魅力彰显新面貌。社会主义核心价值观深入人心,区域文化软实力显著增强,人民精神文化生活更加丰富,公共文化服务体系和重大文化设施布局更加完备。大气、水、土壤等生态环境稳定向好,主要污染物排放持续减少,城市环境更加宜居宜人,绿色、低碳、循环生产生活方式更加深入人心、成为自觉行动。

——民生福祉再创新亮点。居民收入增长和经济增长保持同步,社会保障体系更加完善,就业、教育、医疗、养老、住房等公共服务水平明显提升,人民对美好生活的需求得到更好满足。城市有机更新深入推进,片区发展更加均衡,基础设施不断完善,数字城市建设取得突破,城市管理智能化、精细化、品质化水平不断提高。

——社会治理取得新进步。法治玄武、诚信玄武一体建设,公平正义充分彰显,基层活力充分激发,政府治理同社会调解、居民自治良性互动,共建共治共享的社会治理格局基本形成。平安玄武建设取得更大成果,风险监测预警和防范抵御能力大幅提高,城市安全、韧性不断增强,群众参与度显著提升。

三、2021年主要任务

2021年是"十四五"发展的开局之年,也是全面建设社会主义现代化的起步之年。做好今年的工作,要适应新发展阶段、贯彻新发展理念、服务新发展格局,聚焦创新引领、消费促进,巩固拓展疫情防控和经济社会发展成果,更好统筹发展和安全,确保"十四五"发展开好局、全面建设社会主义现代化起好步。综合各方面因素,建议今年经济社会发展的预期性指标为:地区生产总值可比增长7%,一般公共预算收入增长5%,全社会固定资产投资增长8%,社会消费品零售总额增长8%,外贸进出口总额增长8%,居民人均可支配收入与经济同步增长。此外,万元GDP能耗、空气环境质量等约束性指标达到市定目标任务。

今年要着重做好以下六个方面工作:

(一)强化经济运行,进一步夯实发展根基

全面落实"六稳""六保"要求,持续推进供给侧结构性改革,同时注重需求侧管理,提升产业发展竞争力,推动经济高质量发展。

稳步实施产业升级。认真落实"产业质效提升年"要求,全面提升现代服务业发展水平,现代服务业增加值占GDP比重超过60%。聚力打造文化旅游地标产业,启动文旅企业总部集聚区建设,文化产业增加值占GDP比重继续保持全省第一。加大现代金融业集聚力度,新增总部型金融机构5家,现代金融业增加值占GDP比重达20%。大力

发展总部经济，新增市、区两级总部企业10家以上。主动对接南京市“八大”产业链[23]，聚焦软件和信息服务、新医药与生命健康、集成电路、人工智能产业，实施产业链“链长制”，加快补链延链强链，提升产业稳定性和竞争力。积极壮大软件和信息服务、新医药与生命健康产业规模，年度营业收入分别达600亿元、230亿元。进一步加快集成电路、人工智能产业发展速度，年度营业收入增幅分别达25%、20%。

积极促进消费扩容。巩固放大国际消费中心城区影响力，实施消费升级计划，积极举办美食节、直播节等活动，充分释放被疫情抑制的消费需求。加快发展文化旅游消费，深入推进长江路文旅集聚区建设，狠抓五大方面24项创建任务[24]的落实，启动钟岚里地块建设，老烟厂D9街区文创园投入运营，争创国家级全域旅游示范区，充分彰显玄武历史底蕴深厚、文旅资源汇聚的独特魅力。加快徐庄地铁四号线商业综合体、高力六角商业广场、孝陵卫21号商务中心等商业载体建设，强化环亚凯瑟琳、长发羲和等夜间经济集聚区功能，打造一批具有南京标识和较高知名度的高端化商业中心、特色化商业街区。鼓励发展流量经济、首店经济等新模式，构筑面向社区的综合服务空间和休闲购物空间，提升线上线下联动消费水平，全力激发城市消费活力。

持续扩大有效投入。狠抓项目储备、项目落地、项目建设，积极拓展投资增长空间，确保全社会固定资产投资增长8%。全力推进总投资895.3亿元的101个市级、区级重大项目建设，加快5G商用步伐，加强人工智能、工业互联网、物联网等新型基础设施建设，开工建设“玄武之光”创新园、德基三期等项目，加快推进王家湾总部大楼、铁北创新产业总部经济示范园等项目，建成南师大玄武科技园一期、珠江路城市硅巷二期等项目。推动徐庄中诚地块、珠江饭店地块等挂牌出让，让宝贵的空间资源发挥更大的效益。

（二）强化改革创新，进一步激发发展活力

大力实施创新驱动发展战略，不断加大改革开放力度，为经济社会高质量发展注入强劲动能。

推动创新能力取得新突破。坚持从老城更新、新城建设两端发力，进一步优化创新空间布局，有效集聚创新资源，以产城融合提振创新动力。充分发挥企业创新主体作用，鼓励企业承担国家重点研发计划、重大科技专项，新增高新企业100家、市级以上工程技术研究中心2家、科技企业孵化器及众创空间各1个，申请PCT国际专利200件。建立本土科技型企业培育库，培育引进一批核心技术能力突出、集成创新能力强的创新型领军企业和瞪羚企业，科技型中小企业认定达超400家。用足用好辖区高校院所创新资源，建成南林大大学生创新中心、南农大农业科技创新中心三期，支持与龙头企业共建新型研发机构、设立联合实验室。加快南京医工交叉研究院建设，构建政产学研金一体化平台，加大知识产权保护力度，推动科研成果落地转化。把招才引智放在突出位置，新引聚高层次创新创业人才125名。

促进深化改革获得新进展。深入推进“放管服”改革，持续推动高频审批服务事项下沉至街道，培育形成具有玄武特色的“一件事一次办”应用场景。落细落实减税降费政策，优化引商安商举措，完善区领导包保联系机制，实施“面对面”走访、“一企一策”帮扶等活动，在特殊时期给予企业特殊扶持。认真贯彻《国企改革三年行动方案（2020—2022年）》，推进外部董事和职业经理人制度试点，完善国有企业治理体系。加快建设徐庄并购金融服务中心、进出口银行“一带一路”金融服务园，发挥区现代服务业产业基金、集成电路产业基金杠杆作用，为企业发展提供更高质量的融资助力。抓住科创板、创业板注册制改革机遇，实施企业上市三年行动计划，加快柯菲平等优质企业上市步伐。

实现对外开放再上新台阶。主动对接区域一体化发展新要求，不断加大对外开放和区域合作力度，加快融入“双循环”新发展格局[25]。强化招商引资“一把手”工程，聚焦核心产业、新兴业态，完善“街道+园区+平台公司+重点产业链”的市场化招商模式，实现招商运营与产业协同，努力引进一批世界500强及中国500强的区域型总部和独角兽企业，力争新签约亿元以上重大项目55个，实际使用外资2.5亿美元，实际利用内资90亿元以上。深化与“生根国”合作，积极参与“一带一路”沿线地区产能和重点项目跨区域合作。抢抓长江经济带、长三角一体化等国家战略实施机遇，在产业分工协作、公共服务输出、自贸区联动等方面争取更大突破，鼓励外贸企业拓展多元市场和出口替代市场，实现内外需市场深度融合。

（三）强化生态保护，进一步提升发展品质

遵循“有机更新、和谐共生”理念，强化规划引领、建管并举，全面提高城市精细化建设管理水平。

精致推动城市更新。高标准完成《玄武区国土空间总体规划（2020—2035年）》编制工作，以多规合一的综合性、协调性、约束性，推动全区国土空间保护利用更加科学有效。全年安排重点城建项目37个，年度计划投资23.68亿元。以铁北红山新城建设、长江路文旅集聚区打造为引领，推动百子亭片区环境品质提升，完成梅园新村片区、香林寺沟片区等区域环境综合整治，对大行宫广场实施整体改造，改善城区环境面貌。启动文枢西路建设，建成新庄立交地下过街通道，完成太龙路、钟秀街等道路街巷综合整治，进一步畅通城市交通网络。深化“美丽家园”建设，整治板仓街9号、月苑等16个老旧小区，改造4万平方米棚户区，动态排查整治13栋危房，提升居民生活品质。

精心保护城市环境。抓住紫金山—玄武湖城市中心公园建设契机，全面加大生态环境投入，优化完善区域生态布局和环境品质。实施玉带河、友谊河等6条河道水环境提升工程，对进香河、香料厂沟等10处暗涵进行整治，检测修复雨水管网191.8公里，确保区域断面水质稳定达标。对玄武湖、红山两个重点片区实施精准管控，加强汽修、印刷、加油站等企业大气污染治理监管，保持扬尘污染管控高压态势，提升餐饮业精细化管理水平，实现PM2.5年均浓度降幅、空气质量优良天数比率“双达标”。持续推动老城添绿，全年新增绿地10万平方米。

精细抓好城市管理。强化城市基础设施智能化改造，完成“智慧玄武”城市运行综合管理平台一期建设，全面提高城市运行管理水平。多元化提供机动车泊位，规范化管理共享单车，有效治理“停车难、停车乱”问题。坚持合力治违，完成4.5万平方米违建治理，确保违建零新增。巩固文明城市创建成果，强化街面秩序管控和整治。完善垃圾分类体系，全面实施生活垃圾“四分类”[26]，推进大件垃圾分拣中心建设，强化垃圾分类专收专运，让垃圾分类成为新时尚。

（四）强化健康服务，进一步维护发展局面

坚持把守护群众生命安全和身体健康放在第一位，以健康玄武建设为抓手，全面提高健康服务质量。

完善公共卫生应急体系。健全突发公共卫生事件应对预案体系，完善应急物资储备与保障、生产生活生命线保障等关键专项预案，提高预案针对性和可操作性。依托“玄武一网通”平台[27]，完善信息收集、上报和预警机制，强化第一时间调查核实和先期控制措施落实，提高重大公共卫生风险发现、报告、预警、响应、处置能力。完善公共卫生群防群控模式，发挥各类组织在公共卫生管理中的作用，发动群众、依靠群众合力守护城市安全。

落实疫情防控常态机制。按照常态化精准防控要求，重点防范疫情严重国家、地区以及国内中高风险地区病例输入，周密做好人员转运、检测、隔离等闭环管理，强化入境航班服务保障。落实学校、农贸市场等重点场所防疫措施，突出抓好医疗机构院感防控，强化冷链食品安全监管，坚决阻断疫情传播扩散渠道。坚持预防为主方针，建立全社会参与健康教育促进工作机制，深入开展爱国卫生运动，引导居民群众形成健康卫生的生活习惯。

提升卫生服务保障能力。加强区疾控中心能力建设，全面提升现场调查处置、信息分析和检验检测水平。建成新孝陵卫社区卫生服务中心，改造扩建玄武医院、玄武中医院，提档升级仙鹤门社区卫生服务中心。招聘培养全科医生，选送医护人员进修学习，重点提升儿童、妇幼等薄弱专科服务能力。协调医联体医院医生600人次到我区开展诊疗服务，举办100场健康惠民宣讲，让群众享受更加优质的健康服务。

（五）强化民生改善，进一步共享发展成果

聚焦高品质生活目标，持续加大普惠性民生建设力度，不断满足人民对美好生活的向往。

多层次健全社会保障体系。拓宽就业创业渠道，统筹做好公益性岗位开发和应急性岗位安置，实施全民创业行动和大学生创业引领计划，加大援企稳岗力度，城镇新增就业1.85万人，为自主就业退役军人提供优质岗位500个。发挥社会救助兜底保障生命线作用，推进救助主体多元化，协助低保、低保边缘困难家庭就业100人次，援助困难人员就业1000人。扩大养老服务供给，改造钟山养老服务产业园、区养老服务指导中心，完成200户家庭适老化改造，为80周岁以上老人每月提供2小时上门照护服务，为重度失能老人提供15天喘息服务，实现“10分钟养老服务圈”全覆盖。推动公共应急救助设施普及使用，在公共场所布置100台自动体外除颤仪。

均衡化推动社会事业发展。深化“集团化”办学模式，加快建设十三中红山校区，改扩建南理工实验小学、宇花小学、红山小学，建成40个区级中小学生素质教育实践基地（场所），打造现代化教育强区。加强青少年心理健康教育和体育锻炼，培养德智体美劳全面发展的时代新人。优化社区“10分钟体育健身圈”布局，新增40个全民健身点，建成4片足球场地，为4500名居民开展体质监测。完成红山动物园南扩工程，举办第五届南京玄武城市休闲旅游节，开展100场次惠民文化体育活动。加大新疆伊宁等地对口帮扶力度，巩固脱贫攻坚成效。全面提高双拥工作水平，争创省级双拥模范区“九连冠”。

系统性开展社会综合治理。运用大数据、物联网等技术，优化提升“玄武一网通”平台功能，全面融合城管、水务、建设、民政等系统，提高社会协同治理“一网统管”水平。结合社区疫情防控实战经验，深化“大数据+网格化+铁脚板”治理机制，加强网格员队伍建设，探索社区自治新模式，不断提升社区治理能力。深化矛盾纠纷化解体系建设，扎实推进积案化解攻坚，把矛盾纠纷消灭在基层一线和萌芽状态。巩固提升“扫黑除恶”专项斗争成果，加大金融风险防范力度，严厉打击恶意欠薪行为。

全方位维护社会稳定局面。聚焦安全生产专项整治江苏“一年小灶”[28]收尾总结和全国“三年大灶”[29]目标任务，持续推进危化品、火灾防控等22个重点行业领域安全生产专项整治，实施高层住宅、出租房等重点区域消防专项整治，牢牢守住安全底线。以全市创建国家安全发展示范城市为契机，编制玄武区城市安全风险清单，健全隐患排查治理体系，全面落实风险管控措施。充分发挥市181平台[30]功能，增强安全生产监管效能，提升安全生产工作信息化水平。健全食品安全检测体系，规范运行区域食品快检中心及20家农贸市场食品快检室，完成食品质量监督抽检2700批次。强化意识形态责任制落实，深入开展风险点常态化排查，切实维护意识形态阵地安全。

各位代表，利民之事，丝发必兴。今年，区政府充分把握群众对就业、教育、医疗、养老及改善居住条件等方面的需求，经过多轮研究论证，遴选形成12件民生实事候选项目，请各位代表审议并票决。对大会确定的项目，我们一定桩桩件件扎实办，努力解决人民群众最关心的身边事、烦心事。

（六）强化自身建设，进一步优化发展保障

以践行新思想、担当新使命、展现新作为为主线，推动政府治理体系和治理能力现代化，打造人民满意的服务型政府。

让对党忠诚的信念更坚定。自觉用习近平新时代中国特色社会主义思想武装头脑、指导实践、推动工作，切实增强“四个意识”、坚定“四个自信”、做到“两个维护”，在思想上政治上行动上始终同以习近平同志为核心的党中央保持高度一致。全面推动不忘初心、牢记使命的制度落实落地，加强思想淬炼、政治历练、实践锻炼，确保中央、省、市及区委各项决策部署落到实处、取得实效。

让实干为民的情怀更深厚。牢固树立以人民为中心的发展思想，大力弘扬实干精神，聚焦人民群众最急最忧最需的事，一件接着一件办，一年接着一年干，以看得见、摸得着的成效回应群众期盼。坚持扩大可用财力规模与提高财政资金使用绩效并举，建立全方位、全过程、全覆盖预算绩效管理体系，非急需非刚性支出压减5%以上，以政府过“紧日子”换取人民群众过“好日子”。坚持严管与厚爱结合、激励与约束并重，勇于为担当者担当、敢于为负责者负责，提振干部改革创新、干事创业的精气神。

让依法行政的导向更鲜明。全面推进依法行政，健全完善科学、民主、依法决策机制，深化行政执法体制改革，确保政府工作始终在法治轨道上运行。自觉接受人大法律监督、政协民主监督，健全行政监督、司法监督、舆论监督制度，发挥审计监督、统计监督职能作用，持续提升政府公信力和行政效率。完善“一府两院”联动机制，做好行政争议预防化解。

让廉洁自律的风气更清朗。严格落实中央“八项规定”及实施细则精神，切实履行党风廉政建设主体责任，锲而不舍纠治“四风”，营造风清气正的干事创业环境。扩大政务公开，做到政务信息应公开尽公开，让权力在阳光下运行。盯紧土地利用、征收拆迁、工程建设等重点领域，严格项目管理，坚决惩处腐败行为，真正做到清白做人、干净履职，以实际行动向人民群众交出一份高质量的全新答卷。

各位代表，初心凝聚力量，使命呼唤担当！让我们更加紧密地团结在以习近平同志为核心的党中央周围，高举习近平新时代中国特色社会主义思想伟大旗帜，在市委、市政府和区委的坚强领导下，只争朝夕、善谋实干，切实担负起“争当表率、争做示范、走在前列”的重大使命，奋力谱写“强富美高”新玄武建设的精彩篇章，以优异成绩向中国共产党建党100周年献礼！

名词解释：

1.“六稳”：是指稳就业、稳金融、稳外贸、稳外资、稳投资、稳预期。

2.“六保”：是指保居民就业、保基本民生、保市场主体、保粮食能源安全、保产业链供应链稳定、保基层运转。

3.“四早”：是指“早发现、早报告、早隔离、早治疗”，即及时发现和隔离病毒的感染者，将防控关口前移，加快社区的网格化管理。同时，进一步提高检测能力，优化诊疗流程，缩短确诊时间，有效阻断疫情的扩散蔓延，降低感染率。

4.“兰园模式”：是指兰园社区卫生服务中心在全市率先推出“未设发热门诊医疗机构预检分诊”模式，明确预检分诊个人防护、分区设置、工作流程、值班值守“四个规范”，科学分流不同体温和临床症状患者，使“四早”措施第一时间得到落实。

5.“三小”工作台：是指公教一村社区创新设立的无物业小区疫情防控工作台，具体包括“一张小板凳、一个小喇叭、一张小海报”，由社区党员、机关工作人员轮流值守，对小区实行24小时管理。

6.“三级健康管理”：对各类重点人员区分14天、15到30天、30天以上3个阶段，实施全过程网格化的“三级健康管理”。

7.“四新”行动：是指出于战疫情、扩内需、稳增长的需要，市委、市政府组织的发展新基建、培育新消费、壮大新产业、建设新都市四项行动。

8.“2020中国企业500强”：是由中国企业联合会、中国企业家协会以企业营业收入额为主要依据发布的全国企业前500名榜单。

9.支持企业复工复产17条应对措施：是指为统筹推进新冠肺炎疫情防控和经济社会共同发展，帮助企业纾难解困，区委、区政府研究制定的“建立企业服务专员制度”“加大金融支持”等17条措施。

10.招商引资高质量发展10条政策：是指根据上级政策，结合玄武实际，区委、区政府研究制定的《玄武区推动招商引资高质量发展政策十条》，包含总部企业奖励、科技企业奖励、高端人才奖励、金融产业奖励、企业上市奖励、规上企业奖励、存量企业升级奖励、园区经济贡献奖励、招商中介奖励、专享玄武金卡等十个方面。

11.“玄武紫金快贷”：是指由玄武区政府发起，联合区内银行、担保公司，共同推出的南京市首个区域性特色政银保产品。旨在将政、银、企三方惠企措施整合打包，专项服务玄武区内企业，该产品具有手续简便、利率优惠、审批快速等特点。

12.玄武消费金融超市：是指由玄武区政府发起，联合各金融机构共同打造的一站式线上金融服务窗口，为企业提供信贷支持、股权融资、上市服务等全场景金融服务及可供线上便捷挑选的金融产品。

13.“V PARK”金融服务中心：“V PARK”取自Value（价值赋能）、Valley（绿色园区）、Innovation（改革创新）。“V PARK”金融服务中心下设玄武综合金融服务站、玄武金融科技研究与发展中心、玄武上市服务驿站和玄武综合金融服务平台，主要具备融合金融赋能、资本集聚、数字创新的核心功能，为企业和机构提供多维度金融支持。

14.“一轴两片多板块”：一轴，即长江路文化景观轴，是长江路文化旅游集聚区发展的主轴线；两片，即大行宫以东休闲文旅体验区和大行宫以西高端商旅消费区；多板块，即以德基广场和艾尚天地两个商业综合体为依托的“活力商务+文旅板块”，以碑亭巷为主体的

“设计体验+文旅板块”，以省美术馆、1913小剧场等文演场所为主体的“演艺会展+文旅板块”，以红庙、碑亭巷、北门桥特色美食街为亮点的“夜间美食+文旅板块”。

15.“八个夜文旅”计划：是指访古鉴宝夜博、视听盛宴夜演、潮集扫街夜购、深巷寻味夜食、名品酒店夜宿、华灯美景夜游、艺廊体验夜展、书海思享夜读8个夜文旅计划。

16.“333”行动：是指以“三消除”“三整治”“三提升”为主要内容的城镇污水处理提质增效精准攻坚行动。“三消除”，即消除劣V类水体、消除污水直排口、消除污水管网空白区。“三整治”，即整治工业企业排水、整治“小散乱”排水、整治阳台和单位庭院排水。“三提升”，即提升城镇污水处理综合能力、提升新建污水管网质量管控水平、提升污水管网检测修复和养护管理水平。

17.“五类老人”：是指城镇“三无”人员、农村“五保”人员，低保及低保边缘的老人，经济困难的失能、半失能老人，70周岁及以上计生特扶老人，百岁老人。

18.PCR实验室：是指基因扩增实验室，可用于各种病毒的检测，现阶段主要用于新冠肺炎病毒的核酸检测。玄武区疾控中心PCR实验室于2020年12月9日正式投入使用，每天检测量可达300人份。

19.“百团进百万企业”安全生产学习宣讲：是指省委、省政府2020年部署开展的学习宣传贯彻习近平总书记关于安全生产重要论述的专题宣讲活动。通过组建宣讲团深入企业宣讲，推动各级各类企业学习宣传贯彻习近平总书记关于安全生产的重要论述，对规模以上工业企业的关键岗位人员、安全管理人员、主要负责人，以及规模以下工业企业的主要负责人（实际控制人），实现宣传教育“两个全覆盖”。

20.“一城通办”：是指以街镇办理的便民事项为重点，通过对高频事项精细化、标准化梳理，打破层级和区域限制，克服体制和机制障碍，在区、街道、社区服务中心建立“就近受理申请、审批权属不变、数据网上流转、批件快递送达”的运行模式。

21.“一区通办”：根据“一城通办”运行模式，对区、街公共服务事项进行梳理，实现同一事项在全区各街道内全面统一，打破区域限制，在各街道、社区建立“就近受理申请、审批权属不变、数据网上流转、批件快递送达”的运行模式。

22.6大名校教育集团：即十三中教育集团、九中教育集团、玄武外国语学校教育集团、北京东路小学教育集团、南京师范大学附属小学教育集团、长江路小学教育集团。

23.“八大”产业链：是指在“4+4+1”主导产业体系基础上，聚焦集成电路、新能源汽车、医药与生命健康、软件、人工智能等产业地标，以及智能电网、轨道交通、智能制造装备等八大产业。

24.五大方面24项创建任务：是指在推进长江路文旅集聚区建设中，聚焦规划引领、环境提升、夜间消费、产业升级、品牌创树等五大方面，实施步行系统设计、核心广场提升、夜游场馆开放、夜娱街区打造等24项具体重点建设任务。

25.“双循环”新发展格局：是指以国内大循环为主体、国内国际双循环相互促进的新发展格局。

26.生活垃圾“四分类”：是指将城市居民生活垃圾按照可回收物、有害垃圾、厨余垃圾、其他垃圾进行分类。

27.“玄武一网通”平台：是指为全区网格员及综合行政执法队员配备的手机终端APP，工作人员通过该APP可以将发现的社会治理相关问题，上传到社会治理一体化云平台，由平台归类相关问题并流转至责任部门。

28.“一年小灶”：是指2019年11月12日，习近平总书记批示要求，国务院要对江苏省安全生产问题开小灶，进行专项整治，务必整出成效。

29.“三年大灶”：是指习近平总书记在国务院督导组的督导报告上再次做出重要批示，提出“两个不放松”的要求，要求江苏省继续抓整改不放松，实现开小灶任务后，再纳入全国三年整治的大灶，不达目的不放松。

30.市181平台：主要包括“一平台八系统一终端”。“一平台”指的是全域应急管理综合监管平台。“八系统”包括风险防控网格化系统、预测预警智能化系统、应急预案数字化系统、指挥调度可视化系统、处置资源共享化系统、监管执法规范化系统、考核评估数据化系统和信息交互融合化系统。“一终端”是满足应急管理全场景需求的“一站式”智能应用终端。

（栏目编辑　卢永晨）

专记

全力打造越夜越精彩的长江路文旅消费集聚区

打赢疫情防控阻击战　当好群众健康守护人

全力打造越夜越精彩的长江路文旅消费集聚区

玄武区文旅集团自2020年3月成立以来，抓牢市委“重点支持各板块集中力量办好一件大事”的战略机遇，按照区委区政府部署要求，围绕长江路文化和旅游集聚区建设方案，紧扣目标任务抓落实。在各方全力支持下，长江路文旅集聚区成功入选省级夜间文旅消费集聚区建设名单、荣获2020年度消费者最青睐的江苏文旅融合标杆项目；在十一黄金周期间，长江路文旅集聚区以及全区范围内“1+3+100”系列活动安全、有序、圆满完成。

长江路文化和旅游集聚区建设构想

紧扣南京“四新”行动要求，按照景区全域化、文旅融合化思路，突出夜间经济、首店经济、网红经济等业态培育，高水平策划，实体化运作，推动长江路文旅集聚区在“战疫情、扩内需、稳增长”的四新行动中早出形象、早见成效。具体实施“一三五”工程。

紧扣一个目标：“四区同创”。以玄武区争创国家全域旅游示范区、首批国家文化产业和旅游产业融合发展示范区和长江路争创首批国家夜间文旅消费集聚区、1912街区争创省级步行街为引领，推动商旅文深度融合、娱购游一体发展，切实优化长江路“1800米、1800年”品牌内涵，建设国内一流、世界知名的中央文化艺术公园。

布局三个圈层：“一轴两片多板块”。街区按照“一轴两片多板块”的总体布局，加快文旅资源融合提速、街区功能品位提升、产品结构供给提质，将长江路打造成为世人向往、流连忘返的文化旅游集聚区。“一轴”：长江路文化景观轴。沿长江路主干道，引进激光秀、全息影像新兴技术，升级夜间亮化工程，丰富夜间游览产品，打造永不落幕的文旅体验式长廊。“两片”：一是大行宫以东休闲文旅体验区。丰富大行宫广场、1912、曼度广场3个开放式街区业态，实施街区景观布局提升，加快文旅场馆夜间开放，启动夜间步行街建设，构建文化氛围浓郁、夜间出游便捷的中央文化区。二是大行宫以西高端商旅消费区。依托德基、艾尚两个商业综合体以及人民大会堂、文化艺术中心、1913国民小剧场3个演艺资源，引导商业综合体融入文旅元素，提升剧场演出频次品质，打造高端消费人群首选的中央商贸区。“多板块”：坚持非字延伸、外围带动，深耕长江路周边特色街巷发展，挖潜增容活力商务、设计体验、演艺会展、夜间美食“四域一体”和年轻化、时尚化、体验化、品质化、国际化“五位融合”的现代都市新形象和夜间经济新品牌，呈现人文与历史的肌理脉络，打造现代与时尚的品质高地。

实施五大行动。坚持以“全力打造长江路文化旅游集聚区”为抓手，围绕加强硬件支撑，创新商业模式，挖潜消费动能，扩充体验场景，提升品牌效益等重点，全面实施规划引领、环境提升、夜间消费、产业升级、品牌创树“五大行动”，将商旅文集聚与夜间经济、消费升级、老城更新有机结合，推动“游客变夜客、游客变顾客、游客变常客”，全面点亮夜经济、升级新消费、擦亮“金名片”，放大长江路文化旅游集聚区建设的标杆效应和示范作用。

创新机制抓运管。一是党政统筹高位推进。建立“党委主责、常委负责、政府履责”的组织体系，成立长江路集聚区建设领导小组，书记区长担任组长、分管文旅的区委常委任副组长，并将“长江路文旅集聚区建设”作为市委市政府支持板块建设的唯一一件大事上报，形成最强组织保障。二是部门街道分类落实。定期召开长江路集聚区建设领导小组办公室会议，研究制定阶段指标任务，联合30个部门和两个街道建立常态化沟通机制，实现齐抓共管。三是国资集团封闭运营。专门组建区文旅集团，将长江路四至范围内的区属国有资产和建设运营项目全部划入集团，集团负责区域范围内载体回收、项目运营、经营管理、资产保值升值，联合相关职能部门与两个街道共同维护集聚区日常管理工作。四是专项考核护航建设。在全区高质量发展考核中，将长江路集聚区建设列入各部门、各街道、各国资集团的专项考核内容，以考促建，以考促优。

9月29日，江苏省文旅消费季启动仪式　（区文旅局　供图）

长江路文化和旅游集聚区建设成效

面对优越的资源、坚实的配套、多元的业态，区政府始终紧扣拉长消费链、体现特色链，将长江路文化旅游集聚区作为彰显玄武夜间文旅特色的主要抓手，打造越夜越精彩的长江路夜间文旅消费集聚区。

成功举办国庆黄金周“1+3+100”系列活动。9月29日—10月8日（10天）期间，按照“强化品牌内涵、丰富活动内容、放大宣传效应”的思路，在长江路文旅集聚区及全区范围内开展“1+3+100”系列活动。9月29日，省文旅厅、商务厅在长江路大行宫广场联合主办全省文化和旅游消费季暨南京长江路文旅集聚区建设启动仪式，将长江路文旅集聚区作为全省示范工程予以推广，省内13个设区市文旅部门及30个省级夜间文旅消费区负责人现场观摩。一是创新活动形式。活动主题上，经省文旅厅大力支持，将长江路文旅集聚区建设启动与省文旅消费季启动仪式共同举办，借势借力提升十一活动的关注度。活动组织上，整合全区文旅资源，通过整体谋划、精心设计，为市民游客带来丰盛的文旅盛宴。活动内容上，十一系列活动以交响乐、诗歌会、电影音乐会、露天电影、街头艺人表演等演出形式，搭配光影秀、声光电等新媒体技术，融入市集、互动演出等时尚元素，增强长江路步行融入感，营造更优质的文旅消费体验感。二是取得丰硕成果。长江路首次实现局部夜间限行，变成可漫步、可观影、可互动的城市步行空间。经积极争取，十一期间长江路核心区文博场馆第一次实现全部夜间开放。长江路步行区每日夜间客流均达疫情防控上限，充分展现了玄武文旅资源丰富、全领域深度融合的发展优势，也赢得了省文旅消费季黄金周的开门红。三是持续扩大影响。央视《新闻联播》《朝闻天下》第一时间对十一系列活动进行报道，人民网、新华网等主流媒体十一期间累计报道400余篇，微博、抖音等新媒体阅读量超过2000万次，相关话题蝉联微博热搜前三。四是整体安全有序。成立活动指挥部及7个工作组，区主要领导牵头挂帅、分管区领导分工负责、成员单位协同配合，区领导每日现场调度指挥，推进各项工作有序落实。警务大数据、线上预约等创新手段为活动组织提供了强有力的技术保障。

夜间文旅唱主角，激活消费需求。紧扣长江路丰沛的人文资源和旅游要素，实施“八个夜文旅”计划，打造更具核心竞争力的夜间文旅消费品牌。一是访古鉴宝夜博。着力推动沿线博物馆的景区化发展、市场化接轨，江宁织造博物馆、六朝博物馆、梅园新村纪念馆全部于7月17日每逢周五、周六晚间实现夜间延时开放至22:00。推出“探访红色基因”“行走长江路”“揭秘总统府”“六朝亲子系”等学历史、游玄武的主题夜游产品，受到广泛好评、一票难求。二是视听盛宴夜演。依托南京文化艺术中心、南京人民大会堂、“365音乐厅”、1913国民小剧场等，打造南京独一无二的夜演聚合体；10月将举办长江路小剧场话剧节等节庆活动，推出民国轻喜剧《长江路，代号1800》，吸引市民游客夜间观演。三是潮集扫街夜购。在夜间开放的文博场所，设立文创夜商店，丰富夜购产品体系，吸引更多文化体验者、旅游出行者走进商业体、变身消费者，长江路周边爱尚天地、1912休闲街区增设夜间文旅市集。四是深巷寻味夜食。以红庙特色美食街、1912等为主阵地，延展、复制等不同主题、不同特色的夜间美食网红支巷、网红店，集聚区内已引进各类夜食超过50家，网红餐饮成为夜间旅游的主打休闲产品。五是名品酒店夜宿。积极引导沿线旅游酒店彰显文化内涵，圣和府邸酒店由贝聿铭团队领衔设计，与六朝博物馆相得益彰；丽兹卡尔顿酒店着力彰显江苏书画流派，扬州八怪、现当代艺术家的真迹在酒店公共区域与客房内，均可近距离观摩。六是华灯美景夜游。以大行宫广场为主阵地，依托南图、省美、六朝博物馆建筑立面，增设沉浸式光影娱乐互动区，推出大型“长江路光影秀”，于9月29日当晚精彩呈现。七是艺廊体验夜展。结合江苏省美术馆、六朝博物馆等开展美术鉴赏、文物古迹鉴赏、文物修复等体验式展陈，依托1912街区“东西会”文创市集，进一步发挥非遗项目的地域性优势，培育更具个性、更受欢迎的首创非遗馆，提供一对一商品订制服务。八是书海思享夜读。以南京图书馆为主阵地，开展夜读活动，错时满足市民与游客需求。

优化环境强服务，推进共建共享。坚持外塑环境、内优服务，切实提升夜游长江路的整体品质。一是以人为本提升沿线风貌。以“一轴”为重点，实施主街标识系统布点、节点广场更新提升、沿街公共城市家具优化等工程。集聚区建设之初，邀请国内外知名设计机构和团队，围绕长江路VI视觉系统、景观改造、灯光亮化等，开展多轮方案策划设计，为后期工作奠定了坚实基础。520广场、江宁织造博物馆南广场、九中围墙段等重要节点改造得到了广泛好评。二是行业互助实现融合发展。联合街区内百家景区、酒店、旅行社和文博场馆、休闲企业，共同成立长江路文旅发展联盟，推动不同隶属关系的单位形成有效的工作合力，各企业间抱团营销、功能互补，产业间的融合度更高、黏性更强。

塑造品牌增特色，放大营销效应。充分挖掘长江路历史底蕴、人文特色，度身定制长江路的特色品牌。一是以“1800米、1800年”为品牌形象，提升营销温度。策划创作推出长诗《长江路赋》、歌曲《我在长江路上》、LOGO《时光沙漏》等项目，全面聚焦展示街区新形象。二是加强宣传，提升集聚区知名度与影响力。为讲好南京故事，展现长江路的文化底蕴和当代风采，玄武区与南京广电集团融媒新闻中心共同制作的大型人文历史类纪录片《1800米跨越1800年：一条路上的金陵史》于2月20日晚19：24在CCTV9（纪录片频道）首播，播出时长约为25分钟。纪录片沿历史脉络与空间布局，深入探寻长江路厚重的人文内涵，梳理城市肌理与历史脉络，以一段段横亘古今的时空对话，完整刻画了长江路1800年的风云沧桑、时代印记。（范　倩）

打赢疫情防控阻击战　当好群众健康守护人

没有全民健康，就没有全面小康。玄武区一直以来积极探索公共卫生体系建设，在早日实现“构建起强大的公共卫生体系，为维护人民健康提供有力保障”的目标引领下，不忘初心、砥砺前行，2020年初，面对突如其来的新冠肺炎疫情，南京市玄武区卫健系统始终把人民生命安全和身体健康放在第一位，上下同心，全力以赴，采取关口前移、实行“三级管理”责任到人、认真做好入境人员保障工作等诸多措施，构筑群防群治严密防线，充分利用辖区内卫生健康资源，强化规划引领、完善疾病防控体系建设、提高全区抗疫实践水平。大年二十九晚上成立了玄武区疫情防控指挥部，由区主要领导担任政委和指挥长，连续103天召开指挥部会议。一办14组人员连夜到位，防指办275天24小时轮班值守，随时处置突发情况，为打赢新冠肺炎疫情阻击战奠定了坚实基础。

关口前移，“兰园模式”守牢第一道防线

疫情发生后，玄武区委、区政府高度重视，迅速作出防控部署。早在1月19日就主动研究医疗机构疫情交叉感染的防范举措，1月23日，在基层医疗卫生机构还没有全面开展规范化预检分诊的时候，玄武区在兰园社区卫生服务中心率先科学设计“未设置发热门诊医疗机构预检分诊工作流程”，打造预检分诊“兰园模式”，使早发现、早报告、早隔离、早治疗“四早”措施第一时间得到迅速落实。

“兰园模式”明确预检分诊“四个规范”：一是规范院感防控，清洁区、半污染区、污染区“三区”分隔合理，分设医、患专用通道。二是规范设置分区，分诊台备有宣传资料、消毒液、口罩、体温计、登记表等，并划分宣传区、登记区、消毒区。三是规范工作流程，在醒目位置设立预检分诊台、一米线、单向通道标志，悬挂流程图，分策引导处置发热病人。四是规范值班值守，医务人员按一级防护着装，专家组备好个人防护及会诊器材，实行24小时双排班值守。

1月24日大年除夕当天，南京市主要领导和国家卫生健康委基层司相关负责人先后到玄武区调研视察，对“兰园模式”给予了肯定。后来，江苏省卫健委主任谭颖来到兰园社区卫生服务中心调研时，也对“兰园模式”给予称赞。“兰园模式”被媒体相继报道并得到推广。

疫情发生以来，玄武区广大医护人员纷纷告别亲人，主动请缨，夜以继日坚守在防控岗位，他们有的退掉回家的车票集体在办公室吃的年夜饭，有的在隔离点一线88天没回家，有的先后8次驻点保障，有的背着心电监护仪坚守工作岗位……红心

2月3日下午，江苏省卫生健康委主任谭颖到玄武门社区卫生中心视察一线新型冠状病毒感染的肺炎疫情防控工作落实情况　（区卫健委　供图）

2月26日，玄武湖社区卫生服务中心党员志愿者夜间值守小区卡点
（区卫健委　供图）

筑盾，白衣为甲，守牢全区疫情防控“安全门”。截至目前，玄武区已累计预检分诊70余万人次，日平均筛查2400余人，无一错漏，有效降低了传播风险。

责任到人，“三级管理”防控疫情又暖心

为缓解辖区群众紧张情绪，激发战疫信心，筑牢防控篱笆，玄武区首创重点人员全过程网格化“三级健康管理”机制，确保所有人员可知可控、在管在控、快速回溯。

一级管理针对集中隔离和居家医学观察14天内的重点人员，“一人一卡”实时建档，每日两次测温、问诊、送药，提供生活、健康、安全“三保障”，对特殊困难群体实施代买代送，对慢病人群实施服药提醒、防病指导、随访服务，对居家医学观察人员实施信息宣传、心理疏导、心灵安慰。

二级管理针对第15天至28天的重点人员，每周一次随访，做到健康咨询、要务提醒、体检复核、感情联络“四到位”。组成联防联控片区组，社区网格化联动，上门发放居家隔离告知书、《居家医学观察“8条建议”》，定时监测体温及身心健康状况，对出现体温异常身体不适的，及时转运全程跟踪就诊情况。

三级管理针对第29天以上的重点人员，每两周一次随访，做到行程去向、健康记录、中医指导、心理安抚、家医服务“五跟进”。及时掌握解除隔离后人员去向，对留在本辖区的居民，定期监测询问健康状况，提供中医药防疫适宜技术，及时推送市区两级心理疏导热线，由家庭医生通过电话、微信密切监测血压、血糖及慢病药品存量。

“三级管理”所有数据对接区疫情防控指挥小组，联防联控，互通有无，做到横向到边纵向到底的网格化管理，创新“八合一”统计表，实现“基层只填一张表，防疫信息全整合”，创造出2~4小时出具流调报告的“玄武速度”。春节期间，在某聚集性病例的处置过程中，曾经一夜排查全国各地密接903名，发出协查函314份。截至目前，玄武区辖区10家社区卫生服务中心入境人员累计管理2291人（二级管理139人、三级管理2152人），国内重点地区人员累计管理2582人（三级管理2582人）。抗疫至2020年12月，玄武区连续265天没有发生本土病例。

全程指导，精心保障，“常态防控”不放松

玄武区作为省会城市中心城区，涉外企业多，高校密集，商务旅游往来频乃，务工留学人员众多，自境外航班恢复开通以来，“外防输入”成为常态化疫情防控的重中之重。玄武区坚持严防与博爱并举，采取一系列有效举措，精心做好入境人员的服务与管理，率先摸索出一套入境人员全流程疫情防控工作规程，牢牢守住疫情输入的国门。

先后设置11个集中隔离点，逐一组建由医护人员、公安干警、街道干部、心理专家共15~20人组成的驻点工作专班，专门制订《玄武区入境航班处置工作方案》《集中隔离点医学观察指南》《隔离点入住提

示》《留学生保障工作流程图》等规范，针对不同人群组织专门队伍接机，小留学生包机实行护士一对一手拉手接护。人员入住隔离酒店后分类建档，对老弱孕残、慢性病及重症患者一人一策，专医专护保障。各隔离场所因地制宜，科学改造，设置划分"三区两通道"，优化各项流程；安装防盗门窗，布设红外监控，落实24小时安保值守。邀请专家驻点，开设谈心专线，及时开展心理干预疏导，全方位保障人员防疫和身心安全。成立孕妇服务组、爱心妈妈团、临时教师队，指导孕妇保健，半夜送医送药，宣扬爱国主义精神，制作大型"祖国好！"背景墙，许多留学生含泪签名、感恩留言，许多人回家后还纷纷来电来信致谢，赠送锦旗。

"常态防控"精准防范秋冬疫情。5月起，玄武区疫情防控指挥部工作例会由每日召开改为不定期召开。防指办公室及时扩充疫情防控工作简报信息内容，以日报形式报区防指部领导小组及成员单位，确保机制运转不停、标准要求不降、情报信息不误，积极做好常态化条件下疫情防控工作。一是持续开展宣传教育，印发常态化防控宣传海报、指南、公告共十多万份，实现辖区内重点场所全覆盖。二是重点场所重点人员管控到位，要求23类重点场所严格落实测温验码、预约限流、安全距离、通风消毒、人员管理、食品溯源等多方面防控举措，对辖区内87所中小学托幼机构、5所高校疫情防控工作等情况进行了全面细致检查指导，对13类重点人群做好核酸检测"应检尽检"，其他人群"愿检尽检"，截至年底，核酸检测13类"应检尽检"重点人群93932例，其他"愿检尽检"13379例。三是重点环节闭环管理，区防指对农贸市场冷链食品、院校秋季开学、影视剧院恢复营业、酒店餐饮食品安全等多个重点环节开展专项督查，确保管理到位、措施落实，形成工作闭环。

截至年底，全区已接待61趟航班4148人，自7月13日恢复安置境外航班以来，平均每2.1天接待1趟航班。累计排查管控入境人员5855人，其中外籍701人，无一疏漏，入境人员的生活、健康、安全需求得到切实保障。

增投入，提效能，健全完善城区疾病预防控制体系

未雨绸缪，规划先行。根据国家关于突发公共卫生事件应急处置工作的总体规划和要求，玄武区超前谋划，启动突发公共卫生事件应急处置中心大楼建设，并于2019年底投入使用。人均办公、实验用房面积均高于国家标准，为打赢新冠肺炎疫情阻击战提供了坚实的硬件基础。

新冠疫情发生以来，除快速流调和应急处置速度外，核酸检测能力成了制约疫情控制速度的瓶颈，玄武区投入200万元建设区疾控中心PCR实验室，于11月底完成。为积极应对可能到来的秋冬季新冠疫情，玄武区组建50人的流调队伍、243人的

5月28日，党员志愿服务——东杨坊卡点测体温　（区卫健委　供图）

7月1日，玄武区表彰在抗击疫情中突出表现的卫健系统优秀共产党员和优秀基层党支部 （区卫健委 供图）

核酸采样检测队伍、50人的环境消杀队伍，已完成省、市、区三级培训。

在抗疫最吃紧的时候，习总书记号召“让党旗在战‘疫’一线高高飘扬”。要打赢疫情防控阻击战，离不开“党建引领”，离不开一支能战斗的队伍。玄武区第一时间成立街道疫情防控指挥机构、专项工作小区和党员“战疫”先锋突击队，建立指挥架构和工作机制。所有基层党组织党员干部下沉社区一线，各类志愿者积极参与防疫各项工作。率先在集中隔离点成立临时党支部，创新开展“医路先锋，抗疫有我”主题活动，筑牢群防群治严密防线。相继涌现出一批感人的先进典型。如卫健委的“二梅”、“三剑客”、区疾控的90后“疾先锋”、监督所的“蓝盾卫士”、公安的“逆行卫士”、机关党员的“最美身影”、锁金村的暖心“代购妹”、红山的值守“红马甲”、孝陵卫的守护“夫妻档”、玄武门的网格“五大员”，先后被《人民日报》、“学习强国”平台、央视《新闻联播》等核心媒体报道。全系统投入疫情防控第一线的党员近300名，有14人在防疫一线递交了入党申请书，1人火线入党。2020年全年，发展党员6人。妤悦中医院集中隔离点在全市率先成立临时党支部。区卫健委被推荐为全省抗击新冠肺炎疫情先进集体，区疾控中心党支部被评为省卫生健康行业先进基层党组织。期间，许多医护人员舍小家为大家，冲锋在前，与病毒较量，与时间赛跑，谱写一曲动人的“白衣天使”之歌，他们是新时代最可爱的人。

玄武，在中国传说中是长寿的象征，正如玄武区通过构建包含家庭医生服务、医联体建设、医养结合、养老在内的公共卫生体系，超前谋划建设高水准疾控中心，牢记使命全区全力抗疫等措施，切实维护辖区人民群众生命健康。秋冬将至，“疫考”未结，“考卷”难度更大，肩上责任更大、压力更重。全体玄武卫健人将切实担起责任，在思想上、行动上、责任上筑牢疫情防控的“铜墙铁壁”，坚决守护住全区群众生命健康安全，为夺取抗疫阻击战胜利贡献玄武力量。

（赵亚明）

（栏目编辑 卢永晨）

大事记

1月

2日

△下午，区委常委、常务副区长赵小华主持召开会议，专题研究优化营商环境评价考核推进工作。

3—5日

△政协南京市玄武区第十二届委员会第四次会议举行。区委书记闵一峰讲话，区政协主席邱小凡代表区政协常委会作工作报告，区政协副主席蒋健作提案工作报告。

△玄武中专获江苏省职业院校技能大赛“虚拟现实(VR)制作与应用”项目中职组金奖。

3—6日

△玄武区第十八届人民代表大会第四次会议举行。区委副书记、区长钱维代表区人民政府向大会作政府工作报告，区人大常委会主任杨乐华代表区十八届人大常委会向大会作报告。

9日

△玄武湖综管办召开2020年春运及“两会”保障工作暨火车站地区联合执法联席会议。

△上午，玄武区召开安全生产专项整治行动工作会议。

13日

△区委召开全区警示教育大会暨落实省委巡视整改工作推进会。

16日

△上午，省委常委、组织部部长郭文奇一行走访玄武区重点人才、江苏柯菲平医药股份有限公司董事长秦引林博士。市委组织部常务副部长张新年、区委书记闵一峰，区委常委、组织部部长张惠民等陪同走访。

17日

△上午，“田园一号”中国首颗空间环境探测科普立方星研制启动仪式在南京理工大学实验小学举行。

19日

△区委书记闵一峰、区长钱维、区人大常委会主任杨乐华、区政协主席邱小凡等区四套班子领导走访慰问困难家庭、驻区部队和一线职工干警。

△下午，区十八届人大常委会第38次主任会议暨2020年1月工作例会召开。

23日

△区委常委会召开会议，听取全区疫情防控工作情况汇报，研究部署有关工作。

27日

△区委常委会召开会议，听取全区疫情防控工作汇报，对下一步防控工作进行再研究、再部署、再动员。

28日

△副省长、省公安厅党委书记、厅长刘旸到玄武公安分局北京东路警务工作站、新街口街道长江路社区慰问春节期间坚守一线的基层干部和民警，并检查督导玄武区疫情防控工作。市领导徐锦辉、孙建友，市公安局局长常和平，区领导闵一峰、许恺、钱胜春等参加。

△市委常委、宣传部部长陈勇现场检查玄武区新型冠状病毒感染的肺炎疫情防控工作。区委书记闵一峰，区委副书记、区长钱维，有关区领导，区有关部门主要负责同志等参加。

△玄武区建立区领导挂钩督导新型冠状病毒感染的肺炎疫情防控工作制度。

29日

△上午，闵一峰书记到后宰门社区卫生服务中心、北安门社区和苏果超市富贵山店，实地调研基层疫情防控及市场供应情况，并看望慰问奋战在一线的工作人员。

30日

△区委书记闵一峰、区人大常委会主任杨乐华、区政协主席邱小凡深入疫情防控一线督导工作。

31日

△上午，区委副书记、区长钱维走访南京理工大学，检查会商疫情防控工作。

2月

1日

△区委书记闵一峰前往孝陵卫街道实地检查疫情防控工作。

2日

△市委常委、宣传部部长陈勇深入玄武区基层一线督导检查疫情防控组织落实工作。区委书记闵一峰、区委副书记林武平参加。

△区委副书记、区长钱维检查梅园新村街道背街小巷和老旧小区疫情防控工作。

3日

△区委书记闵一峰前往红山街道实地检查疫情防控工作。

△区委组织部从中央、省、市委下拨党费和代区委管理党费中划拨200万元,用于支持全区新型冠状病毒感染的肺炎疫情防控工作。

△区政协主席邱小凡、副主席王敬玲、蒋健分别赴峨嵋路菜市场、新街口街道和孝陵卫街道等地检查菜市场供应和防疫情况、督导街道疫情防控工作。

4日

△下午,区人大常委会主任杨乐华督查走访墨香山庄、兴贤佳园小区及月苑农贸市场防疫防控工作。

5日

△区委书记闵一峰前往区新型冠状病毒感染的肺炎防控工作指挥部办公室开展调研。实地检查玄武门街道疫情防控工作。

△上午,区委副书记、区长钱维前往新街口街道实地检查疫情防控工作开展情况,现场研究居民小区疫情防控工作。

△区社会和社区防控组组长、区委常委、政法委书记许恺主持召开区社会和社区防控组工作会议,研究部署区社会和社区防控组工作。

△下午,区政协主席邱小凡前往公教一村社区、百子亭社区及环亚凯瑟琳广场检查督导玄武门街道疫情防控工作。

6日

△区委书记闵一峰到韶山路102号小区、新庄社区、锁金六村小区、锁金村社区卫生服务中心,检查指导小区疫情防控工作,并慰问看望一线社区工作者、医务人员和公安干警。

△上午,区委副书记、区长钱维到红山街道检查疫情防控工作。

7日

△上午,区委副书记、区长钱维赴玄武湖街道、徐庄高新区、新街口街道检查疫情防控工作。

8日

△下午,南京市市长、市新型冠状病毒感染的肺炎疫情联防联控工作指挥部指挥长韩立明一行到科利华中学调研疫情防控工作。

△区委书记闵一峰现场检查全区教育系统疫情防控工作,听取区教育局相关工作情况汇报。

△晚,区委书记闵一峰到新街口街道实地检查小区疫情防控工作。

10日

△区委书记闵一峰检查疫情防控期间宣传工作。

△区委副书记、区长钱维赴省国信集团、苏美达集团、上海银行南京分行现场检查企业复工复业情况。

△南京中小学线上开学首日,玄武区各学校组织开展线上学习。

11日

△省委常委、统战部部长杨岳到玄武区,实地走访调研港资企业——南京玖生环保科技有限公司防控物资和企业复工情况。市委常委、统战部部长华静,区委书记闵一峰,省市统战部门相关负责同志等参加。

12日

△区委常委会暨区委应对新型冠状病毒感染肺炎疫情工作领导小组会议召开。

13日

△上午,区委副书记、区长钱维赴孝陵卫街道实地检查疫情防控和企业复工复业工作。

△区人大常委会主任杨乐华到区防疫指挥部办公室、兰园预检分诊点等地督促检查疫情防控工作。副区长马千山、区卫健委副主任陪同。

17日

△区委书记闵一峰检查区委区级机关工委疫情防控有关工作。

△区委副书记、区长钱维赴星河world、北京电子城、九中震旦校区现场,检查建设工地复工情况。

19日

△上午，省委书记娄勤俭到徐庄高新区，调研苏宁控股集团疫情防控和企业复工情况，省委常委、省委秘书长郭元强参加调研。区委书记闵一峰，区委副书记、区长钱维，副区长、徐庄高新区管委会主任吴开芬陪同。

20日

△下午，区政协主席邱小凡、副主席蒋健赴南理工科创园调研园区企业复工复产情况。

21日

△上午，区委书记闵一峰调研徐庄高新区，考察园区重点企业先声药业。

△区委副书记、区长钱维赴邮储银行南京市分行、中建材通用技术公司等地检查企业复工情况及疫情防控工作。

24日

△区委副书记、区长钱维主持召开调度会议，专题调度重大项目开复工情况及推进工作，副区长张杰，副区长、徐庄高新区管委会主任吴开芬出席会议。

△区委常委、常务副区长赵小华主持召开全区安全生产专项整治工作推进会议，各行业领域牵头部门分管负责人、区专项整治领导小组办公室全体人员参加。

△区第十八届人大常委会第39次主任会议召开。

26日

△上午，由玄武区人民政府主办，区投资促进局、区金融监管局共同承办"玄武区企业融资对接暨相关政策解读会"举行。

27日

△下午，区第十八届人大常委会第二十三次会议召开。

3月

2日

△上午，市委常委、宣传部部长陈勇到玄武区基层一线督导"防疫+"机制落实工作情况，慰问工作人员。区委书记闵一峰、区委副书记林武平参加检查。

△区委副书记、区长钱维，区委常委、政法委书记许恺，区政协副主席王敬玲等到新街口街道督导疫情防控相关工作。

△上午，钱维区长专题调度全区城市精细化建设管理工作。会议听取全区城建城管系统相关部门工作汇报。区领导张杰、凌立玉参加。

5日

△区委书记闵一峰主持召开区委常委会会议，专题研究全区安全生产工作

△上午，区委副书记、区长钱维赴熊猫广场项目现场检查企业复工情况。

6日

△江苏海事局副局长王士明、江苏海宇航务工程有限公司总经理李世刚一行7人到玄武区进行回访，与区海事企业服务工作领导小组组长、区政协主席邱小凡进行座谈交流，区海事企业服务工作领导小组成员、玄武门街道党工委书记等参加座谈。

7日

△玄武区召开深化对标找差创新实干推动高质量发展暨招商突破年、企业服务年动员大会。

8日

△区委书记闵一峰，区委副书记、区长钱维，区委副书记林武平，先后到卫岗26号社区防控点、新街口社区卫生服务中心和梅园派出所等地，看望慰问奋战在抗疫一线的女性社区工作者、公安干警、医务人员及其家属。

11日

△上午，区委副书记、区长钱维，区委常委、常务副区长赵小华，副区长、徐庄高新区管委会主任吴开芬接待跟谁学集团江苏浙江区域总经理洪文海一行，双方就落地条件进行沟通。

12日

△区委副书记、区长钱维专题调度区退役军人事务工作。副区长戴航、一级调研员凌立玉参加。

13日

△区委区政府联合市公积金中心、市联合产权(科技)交易所等单位共同举办"防疫+"企业

服务对接会。

15日

△区政府联合紫金农商银行、江苏省信用融资担保有限责任公司,共同举办玄武区政银保合作项目签约仪式,推出区域性特色金融产品“玄武紫金快贷”,首批8家企业获1800万元授信支持。

16日

△区委书记闵一峰检查安全生产专项整治“防疫+”战时工作机制落实情况。

△上午,区委副书记、区长钱维赴小红山客运站、长途汽车东站、东杨坊玄武入城服务站,现场检查疫情防控工作。区委常委、政法委书记许恺,区政府党组成员、环湖办主任薛磊参加。

17日

△上午,中办国办调研组一行赴徐庄高新区调研先声药业复工复产情况,市委副书记、市长韩立明,市政府党组成员、秘书长翁国玖,区委书记闵一峰,副区长、徐庄高新区管委会主任吴开芬陪同。

18日

△下午,省教育厅厅长葛道凯到北京东路小学附属幼儿园、小营小学,检查疫情防控保障落实情况。

24日

△上午,玄武区新工创意硅巷开工典礼举行。

25日

△南京徐庄高新区(南京高新区玄武园)改革推进大会召开。

△玄武区文旅、城建、环境、高新和钟山五大区属集团正式揭牌。

27日

△上午,玄武区举办“助企招才　援企稳岗”服务特快专递暨主导产业“云端招贤令”发布仪式。

△区十八届人大常委会第40次主任会议召开。

30日

△上午,玄武区举行2020年重大项目集中开工仪式。

4月

1日

△全区打好污染防治攻坚战暨河长制工作大会召开。

△上午,区十八届人大常委会第41次主任会议暨4月份工作例会召开。

3日

△上午,区委书记闵一峰走访省美术馆、南京图书馆等长江路沿线文旅单位。区委常委、宣传部部长施扬陪同。

△玄武区召开全区扫黑除恶专项斗争领导小组办公室主任(扩大)会议。

8日

△下午,市委常委、宣传部部长陈勇调度长江路文化旅游集聚区建设。

10日

△下午,玄武区以区委常委(扩大)会议形式,专题研究防范化解重大风险攻坚战工作。

△玄武区召开创建国家安全发展示范城市动员部署会。

14日

△玄武区召开人武部党委第一书记任职命令宣布大会。南京警备区司令员红晖、政委陈勇,区委书记闵一峰出席。

△市安全生产第五督导(巡查)组组长、市政协党组成员、一级巡视员朱志宏带队到玄武区开展安全生产督导巡查,并召开工作汇报会。

15日

△玄武区融媒体中心揭牌仪式暨媒体座谈会举行。

16日

△玄武区召开2020年基层党建重点项目推进会。

△区委常委会召开会议,专题研究部署“四新”行动相关工作。

17日

△下午,区政协召开十二届十八次常委会议。

18日

△玄武区第十一届纪律检查委员会第五次全体会议召开。

21日

△区委召开省委巡视反馈意见整改落实工作领导小组会议。

23日

△下午,区委书记、区委审计委员会主任闵一峰主持召开区委审计委员会第三次会议。

24日

△下午,南京玄武文化和旅游融合发展联盟成立暨促进新消费“四个一百”文旅项目发布会举行。

26日

△徐庄4.26国际知识产权宣传周主题活动—“共筑健康新明天 创新科技新发展”在徐庄二期聚慧园召开，会议同期进行线上直播。

△区十八届人大常委会第42次主任会议召开。

27日

△玄武区委机构编制委员会召开第三次会议。

29日

△市政协主席刘以安就“加大政策扶持力度，推进长江路文化旅游集聚区建设的建议”提案，到玄武区进行现场督办推进。

△下午，区十八届人大常委会第二十四次会议召开。

△2020年南京市独角兽、瞪羚企业发布暨高成长性企业培育推进会发布《2020年南京市独角兽、培育独角兽企业榜单》和《2020年南京市瞪羚企业榜单》。徐庄高新区管委会被表彰为2019年培育工作优秀载体。

30日

△区委常委会专题研究经济工作。

5月

1日

△上午，区委书记闵一峰到环亚凯瑟琳广场，实地检查安全生产工作。

△区委副书记、区长钱维检查水环境治理、安全生产与防汛工作。

4日

△上午，玄武区纪念五四运动暨新青年助力“四新”行动启动仪式在大行宫广场举行。

7日

△区委书记闵一峰主持召开会议，学习传达市委财经委第四次会议和市创新委第一次会议精神，专题调度全区当前经济运行工作。

△区委书记闵一峰检查全区水环境提升、防汛工作。

8日

△上午，玄武区举行共建“南京理工大学基础教育联盟”合作协议签约暨揭牌仪式。

△下午，全区党建工作会议召开。

9日

△区政协召开十二届十三次主席会议。

11日

△玄武区组织召开第七次全国人口普查领导小组第一次全体(扩大)会议。

13日

△上午，市人大常委会主任龙翔带队到南京外国语学校走访南京市的全国人大代表李鸿彬，区人大常委会主任杨乐华参加走访。

△区科协开展“云科普讲堂”首秀。近1500名家长和孩子“云”聚一堂，共同见证玄武区云科普讲堂启动。

△下午，区人大常委会开展《中华人民共和国土壤污染防治法》执法检查。

15日

△上午，区十八届人大常委会第43次主任会议召开。

18日

△玄武区召开全区“政法网络员”下沉一线暨“四微”行动推进会。

20日

△区十八届人大常委会第二十五次会议召开。

22日

△区委常委会召开会议，专题听取推进区“四新”行动暨重点推进办工作情况汇报，研究部署“四新”行动各项重点工作。

23日

△玄武区在新街口街道召开首场街道工作现场会，先后实地察看德基三期项目、长江路社区等工作情况并召开调研汇报会。

△第九初级中学举行科技节暨“活力学长团博士站”成立仪式。

27日

△市委常委、宣传部部长陈勇专题调度玄武区长江路文化旅游集聚区建设工作。

28日

△下午，市人才办副主任陈政带队，由市委组织部、创新办、科技局、人社局、房产局等部门组成的市级专家宣讲团召开2020创新名城人才新政玄武专场宣讲会。

6月

1日

△区委书记闵一峰，区委副书记林武平，区委常委、宣传部部长施扬，副区长庄佳峰，先后到区少年宫、区特殊教育学校，开展“六一”走访慰问活动。

△区政协召开十二届十九次常委会议。

4日

△玄武区召开红十字会工作会议。

△玄武区召开“七五”普法评估验收动员部署会。

△玄武文化和旅游融合发展联盟第一次主席团（扩大）会议召开。

9日

△上午，市人大常委会主任龙翔率部分常委会组成人员、市人大代表和有关工作机构负责同志，视察玄武区未成年人检察工作。

12日

△省文化和旅游厅党组书记、厅长杨志纯专题调研玄武区文旅消费集聚区建设工作。市委常委、宣传部部长陈勇，市文化和旅游局局长金卫东，南京旅游集团董事长谢国庆，区委书记闵一峰，区委副书记、区长钱维参加。

17日

△上午，玄武区在樱驼花园社区广场举行2020年“安全生产月”宣传咨询日活动。

△下午，区委书记闵一峰检查玄武湖周边地区综合管理办公室常态化疫情防控工作

18日

△玄武区教育发展专家指导委员会成立仪式举行。

19日

△省妇联党组书记、主席张彤，研究室主任徐明玥，市妇联党组书记、主席谈健一行，携驻宁省妇联执委到玄武区进行妇联改革5周年专题调研。

△下午，区政协召开十二届十四次主席会议。

22日

△2020南京创新周正式开幕，玄武区举办智慧科技新引擎创新发展峰会。

△下午，区十八届人大常委会第44次主任会议召开。

△南京创新周玄武电竞之夜暨江苏省首届电竞嘉年华发布活动举行。

23日

△玄武区2020南京创新周海外伙伴创新对话活动—南京城市硅巷—乌克兰高校创新发展论坛，在南京珠江路INNO未来城举办，“南京城市硅巷—乌克兰高校创新人才与科技成果交流转化中心”和“南京珠江路城市硅巷创投联盟”正式揭牌。

24日

△玄武区首批学科课程基地项目（初中新名校专项）2019—2020学年考核活动在区教师发展中心举行。

29日

△区十八届人大常委会第二十六次会议召开。

30日

△玄武区《重点产业引进高层次创业人才支持办法》、《重点企业引进高层次创新人才支持办法》出台。

7月

1日

△上午，玄武区召开庆祝建党99周年暨优秀共产党员抗疫事迹报告会。

△下午，市长韩立明等市领导带领市教育、卫健、公安、供电等有关部门负责人到十三中高考考点检查准备工作。

7日

△上午，市委常委、宣传部部长陈勇调度长江路文化旅游集聚区建设。

8日

△玄武区召开排查解决“12345”政务服务热线暨文明城市创建工作群众反映突出问题动员会。

9日

△区委书记闵一峰专题调度全区水环境整治提升和大气污染防治工作。

9—12日

△玄武区举办2020年“创业南京”区级高层次创业人才综合评审面试答辩。共有121个

人才项目团队参加答辩。

11日

△区委常委会专题研究部署文明城市创建工作。

12日

△上午，玄武区召开创建文明城市领导小组（扩大）会议暨创建工作推进会。

13日

△区委召开人大工作会议。

△玄武区召开驻区高校、科研院所统战工作联席会议。

14日

△徐庄高新区管委会与南京农业大学经济管理学院签署战略合作协议。

16日

△△下午，玄武区举行“城市文明，有我同行”新时代文明实践玄武再出发活动。

17日

△徐庄产业社区党建联盟成立仪式在徐庄高新区举行。

△玄武区召开第七次全国人口普查领导小组第二次全体（扩大）会议。

18日

△区委书记闵一峰检查全区文明城市创建工作。

△区委书记闵一峰调度全区防汛工作。区委副书记林武平参加。

△下午，玄武区举行“2020年玄武区青少年进社区接纳仪式”暨“‘研学玄武’社区教育研学营启动仪式”。

21日

△玄武区召开全域旅游发展专家智库成立大会。

24日

△上午，区十八届人大常委会第45次主任会议召开。

27日

△玄武区2016—2020年全国科普示范区总结评估及2021—2025年全国科普示范区申报创建工作推进会召开。

28日

△区委副书记、区长钱维到东部战区空军某部和某部资产管理局走访慰问。

29日

△上午，区2020年上半年“一府两院”工作情况通报会召开。

30日

△区委书记闵一峰检查文明城市创建工作。

△区委书记闵一峰到东部战区总医院和南京军区善后办走访慰问。

8月

1日

△中国共产党南京市玄武区第十一届委员会第九次全体会议举行。

5日

△玄武区召开都市工业发展企业家座谈会。

△玄武区召开驻区大单位联席会议，通报本区文明城市创建工作开展情况和下一步工作安排。

△下午，玄武区举办“投资新机遇　融汇新动能”新产业金融对接会。区委书记闵一峰为“玄武东华都市工业产业园”授牌。

7日

△下午，玄武区举办校地人才“互派驻、双挂职”工作推进会暨2020年批次高校挂职干部集中送岗仪式。

9日

△上午，区委书记闵一峰，区委副书记、区长钱维，区人大常委会主任杨乐华，区委副书记林武平等区领导参加老旧小区环境清理。

10日

△区委书记闵一峰赴徐庄高新区走访途牛旅游网，调研企业经营发展情况。

11日

△上午，区委书记闵一峰专题调研老旧小区整治和危房整治工作。

△下午，区委书记闵一峰专题调研全区垃圾分类工作。

14日

△上午，区委书记、区委审计委员会主任闵一峰主持召开区委审计委员会第四次会议。

△区委常委会召开会议，专题研究全区从严治党工作。

△区委书记闵一峰到香铺营农贸市场、金润发超市、九华饭店现场检查常态化疫情防控工作。

△下午，区十八届人大常委会第46次主任会议召开。

15日

△区委书记闵一峰，区委副书记、区长钱维，区委副书记林

武平等区领导带队进入街道社区，慰问一线工作者，并协助开展文明城市创建工作。

18日

△下午，市人大常委会党组副书记、副主任郭腊军一行到玄武区调研公益暑托班工作。

21日

△玄武区举办2020年教育系统暑期研修班。

△区委书记、区委退役军人事务工作领导小组组长闵一峰主持召开领导小组会议。

△下午，区第十八届人大常委会第二十七次会议召开。

23日

△晚，2020年南京市职工文化系列活动玄武专场暨玄武区“博爱钟山”民族团结进步示范区创建专场主题晚会举行。

24日

△区委书记闵一峰专题调度全区安全生产工作。

25日

△上午，玄武区召开老干部情况通报会。

△玄武区举办第三十二届科普宣传周主场活动。

△下午，区委副书记、区长钱维现场调度全区生态环境工作。

26日

△玄武区召开徐庄高新区工作现场会。先后实地察看途牛旅游网“红领·牛人”、徐庄律动森林休闲空间、百家汇二期和徐庄“科创森林”。

27日

△区委常委会召开会议专题研究文明城市创建工作。

△区委书记闵一峰主持召开区委书记专题会议，听取巡察情况汇报。

28日

△下午，玄武区召开十一届区委第十二轮巡察工作动员部署会，正式启动区委第十二轮巡察工作。

△玄武区与南京市教育局战略协作暨中小学素质教育实践基地签约仪式举行。

29日

△区委书记闵一峰、区人大常委会主任杨乐华、区委副书记林武平等区领导带队至街道社区，与机关干部、社工及志愿者一起共同开展文明城市创建工作。

31日

△上午，南京理工大学附属中学举行揭牌仪式暨开学典礼。

9月

6日

△上午，玄武区召开建设现代化教育强区暨庆祝第36个教师节大会。

7日

△区委书记闵一峰调度文明城市创建工作。区委常委、宣传部部长施扬，区委常委马千山，副区长张杰参加。

9日

△区委书记闵一峰到中小学和幼儿园看望慰问教师，并向全区广大教育工作者致以节日问候和崇高敬意。

11日

△下午，区委常委会召开会议，传达学习习近平总书记在全国抗击新冠肺炎疫情表彰大会上的重要讲话精神，研究部署全区疫情防控有关工作。

12日

△上午，全区文明城市创建工作推进会召开。

△下午，共青团玄武区第十七届五次全会召开。

14日

△辽宁省委副书记、省长刘宁率辽宁省党政代表团一行考察苏宁，省长吴政隆、区委书记闵一峰陪同考察。

△国务院副秘书长、国家机关事务管理局局长李宝荣一行考察苏宁，副省长马欣、省机关事务管理局局长王斌、区委书记闵一峰陪同考察。

△市长韩立明现场检查玄武区老旧小区整治和危房治理工作。

15日

△上午，区委常委会召开会议，专题研究部署全区安全生产工作，审议通过《玄武区落实国务院江苏安全生产专项整治集中督导“四个清单”实施方案》。

17日

△2020中国南京金秋经贸洽谈会玄武专场活动举行。

17—18日

△2020全球服务贸易大会及第

十三届中国国际服务外包合作大会举行。

22日

△上午，市委常委、政法委书记徐锦辉检查督导玄武区贯彻落实全市推进市域社会治理现代化试点工作动员部署会精神、推进试点工作情况。

△玄武海外联谊会第三届理事大会暨玄武区投资环境推介会召开。

23日

△团中央书记处常务书记、全国青联主席汪鸿雁来玄武区调研共青团工作。团省委书记司勇、团市委书记吕璟、区委书记闵一峰、区委副书记林武平陪同。

△下午，区政协召开十二届二十次常委会议。

28日

△上午，区十八届人大常委会第47次主任会议召开。

△副省长马秋林一行检查徐庄高新区先声药业集团、百家汇二期项目现场、誉葆科技有限公司和恒电电子有限公司安全生产工作。

29日

△晚，2020江苏省文化和旅游消费季暨南京长江路文旅集聚区建设启动仪式举行。

30日

△玄武区召开《玄武区志(2000—2019)》编纂工作会议。

10月

8日

△上午，区委副书记、区长钱维专题调研危旧房改造工作。

10日

△区委书记闵一峰专题调研全区统计工作。

11日

△玄武区召开三季度工作总结暨决战四季度动员大会。

12日

△玄武区“聚焦文旅产业发展，聚力新玄武建设”专题研讨班开班。

△下午，市统计局党组书记王国平，市人普办第一副主任罗文，市人普办常务副主任骆立宇，到新街口街道唱经楼社区，现场检查指导第七次全国人口普查工作。区委书记闵一峰，副区长周正等参加。

13日

△“玄武社区学堂”获2020年江苏省教育厅社区教育特色品牌。

16日

△区委常委会召开会议，研究部署全区文明城市建设常态化长效工作。

19日

△区委统战部获“全省民族团结进步模范集体”称号。

△玄武区第15期中青年干部培训班开班。区委书记闵一峰出席开班式并作专题党课。

20日

△上午，区十八届人大常委会第48次主任会议召开。

△上午，玄武区工商联召开八届八次主席会长会议。

26日

△全区社会矛盾和安全隐患大排查大整治行动领导小组召开年度第八次工作会议。

△下午，区第十八届人大常委会第二十八次会议召开。

29日

△下午，区政协召开十二届十五次主席会议。

30日

△下午，区委政法委、南京大学政府管理学院社会治理(应急管理)综合实践基地揭牌仪式举办。

31日

△下午，区委常委会召开会议，传达学习党的十九届五中全会精神，研究部署宣传贯彻全会精神有关工作。

11月

1日

△区委书记闵一峰，区委副书记、区长钱维，区人大常委会主任杨乐华，区政协主席邱小凡，区委副书记林武平，有关区领导、相关街道部门主要负责人等参加《南京市生活垃圾管理条例》实施日暨第七次全国人口普查登记日活动。

△十三中田径队获2020年江苏省中学生田径锦标赛团体总分第一名。

3日

△省委常委、统战部部长杨岳赴徐庄高新区调研民营企业发展情况。

4日

△西南低山丘陵区域环境资源法庭揭牌仪式举行。

5日

△青海省委书记王建军、省长信长星率青海省党政代表团考察徐庄高新区先声药业，省委书记娄勤俭、省长吴政隆、市长韩立明、区委书记闵一峰、徐庄高新区管委会主任唐承武陪同考察。

△第九初级中学初中物理课程基地入选“2020年江苏省初中课程基地”。

6日

△下午，全区召开迎接文明城市创建省测评暨环境整治提升工作推进会。

7日

△玄武区利用周末时间在全区范围内开展文明城市建设“统一行动日”活动。区四套班子领导、机关干部600余人参与垃圾分类的宣传引导及文明城市建设志愿服务活动。

8日

△玄武高级中学排球队蝉联南京市校园排球赛冠军。

9日

△上午，2020年玄武区“119”消防宣传月系列活动暨大型商业综合体应急消防救援演练活动举行。

11日

△玄武区举办2020年全区宣传思想工作培训班。

△下午，2020年全区人大调研工作总结交流会召开。

13日

△玄武区第15期中青年干部培训班结业。

15日

△玄武区在全区范围内开展文明城市建设“统一行动日”活动。

16日

△区政协召开十二届二十一次常委会议。

18日

△河南省委书记、省人大常委会主任王国生，河南省委副书记、省长尹弘率省党政代表团到徐庄高新区考察苏宁控股集团和江苏先声药业有限公司。江苏省委书记、省人大常委会主任娄勤俭，江苏省委副书记、省长吴政隆，南京市委副书记、市长韩立明，玄武区委副书记、区长钱维，徐庄高新区管委会主任唐承武陪同考察。

△下午，区人大常委会召开第49次主任会议。

18—20日

△区委书记闵一峰带队赴重庆考察推进对口支援有关工作。

20日

△玄武区“2020年全民终身学习活动周开幕式”举行。

25日

△市退役军人事务局局长郭明雁，副局长刘其龙、魏爱根等调研指导玄武区退役军人事务工作。

29日

△成贤街小学篮球队获江苏省青少年校园篮球联赛冠军。

30日

△玄武区委、区人民政府主办的钟山农业创新发展联盟成立仪式暨产业对接会举行。

12月

1日

△省人大常委会委员、省人大社会委主任委员杨勇带队到玄武区开展省政府2020年民生实事项目落实情况专题调研。

△下午，国家禁毒办副主任邓明一行到玄武区红山街道创建全国禁毒示范城市示范点——“尚大姐工作室”开展实地检查验收。

2日

△下午，区委书记闵一峰检查全区水环境整治提升和大气污染防治工作。

3—6日

△区委副书记、区长钱维带队赴新疆维吾尔自治区伊犁哈萨克自治州伊宁市考察推进对口支援工作。

4日

△区委中心组举办民宗专题扩大学习会，邀请市民宗局局长

苏宇红作专题辅导报告。

△徐庄高新区举办“第三届国际创新资源对接会暨医谷 lifecube 生技魔方科创平台启动仪式”。

6日

△第九中学承办首届中国基础教育论坛。

7日

△江苏省委常委、统战部部长杨岳，安徽省委常委、统战部部长张西明率领参加第二届沪浙皖统战工作研讨会的四地统战部门负责人调研玄武区统战工作。

8日

△上午，区委常委议军会暨“军事日”活动举行。

△下午，玄武区科学技术协会第五次代表大会召开。

△区十八届人大常委会第50次主任会议召开。

10日

△上午，玄武区召开“十四五”规划纲要草案专家及代表咨询会。

△玄武高级中学获“南京市中小学创新教育实践基地学校”授牌。

11日

△上午，区十八届人大常委会召开第二十九次会议。

12日

△上午，市委宣讲团到玄武区宣讲党的十九届五中全会精神。

13日

△第九中学获2020南京市高中生国防军事训练营比赛特等奖。

14日

△下午，省人大代表南京二组视察玄武区。副省长陈星莺，市长韩立明，市人大常委会副主任郭腊军，省人大常委会民宗侨委主任朱晓明，区委书记闵一峰等省人大代表参加活动。

△第九中学代表队在江苏省第三十二届金钥匙仿生机器人比赛中获特等奖。

16日

△金陵中学汇文女子高中揭牌仪式举行。

△南京市小营小学获2019年度“江苏省三八红旗集体”称号。

18日

△上午，玄武区举行“全国先进基层检察院”揭牌活动。

19日

△上午，区委常委会召开会议，专题研究全面从严治党工作。

△区委书记、区委审计委员会主任闵一峰主持召开区委审计委员会第五次会议。

21日

△上午，“江苏铁塔5G产业基地”和“江苏铁塔网络运营中心”入驻玄武签约仪式举行。

△科利华中学入选省重点培育“四有”好教师团队。

△下午，区人大常委会召开第51次主任会议。

29日

△上午，区委创新委员会召开会议专题研究全区科技创新工作。

△由区人民政府主办、区民政局承办的首届“玄武慈善奖”表彰大会暨“云慈”项目发布会召开。

31日

△玄武区召开精神文明建设总结部署大会。

（栏目编辑　卢永晨）

概览

基础情况

组织机构及负责人

基础情况

【自然地理】 玄武区位于南京市区东北部，是南京市的中心城区之一，也是中共南京市委、市人大常委会、市政府、市政协机关所在地。东、北与栖霞区相接，南与秦淮区为邻，西北与鼓楼区接壤，东南与江宁区交界。域内面积75.46平方公里，户籍人口46.75万人。

地势　山峦起伏，丘陵环抱，山川形胜，气势恢宏。多种多样的地貌形成“十山八河十二湖”，与蜿蜒而过的明城墙交相辉映，构成集山、水、城、林于一体的园林风光。

地貌　低山、丘陵、岗地、平原交错分布，林木葱郁，植被良好。大部分岗地、平原用于城市建设开发。域内中山陵园风景区是重要的城市绿地和森林公园。

气候　属北亚热带湿润气候，冬寒、夏热、春温、秋暖，四季分明。年平均气温15.4℃～16.6℃。冬季以东北风为主，1月平均最低温度为-1.6℃；夏季以东南风为主，7月平均最高温度为30.6℃。常年平均降雨117天，年平均降雨量1106.5毫米，相对湿度76%，无霜期237天。6月下旬到7月上旬为梅雨季节。

自然资源　铁矿分布在红山森林动物园；煤矿分布在灵谷景区；硫黄矿分布在钟山北麓岔路口；黄铜矿分布在钟山西北蒋王庙，至今留有20世纪50年代开掘的矿井。钟山植被，陆地面积2930.7公顷，水域面积78.1公顷。有维管植物157科506属1217种，特、稀、危植物50余种；鸟类生物14目42科140种；昆虫1200多种；蝶类9科73属120种，其中虎凤蝶缘起紫金山，是比猿人更为古老的生物，有活化石之称；真菌类生物246种。

【人口状况】 2020年，玄武区常住人口525771人，其中户籍人口467489人，户籍人口中男性232045人、女性235444人，性别比为98.56。流动人口86417人（其中居住6个月以上58282人）。常住人口与上年相比，人口总量减少13321人。

2020年，户籍人口中，18岁以下人口66815人，占总人口比重14.29%；18～34岁104300人，占22.31%；35～59岁183243人，占39.20%；60岁以上113131人，占24.20%。

2020年全区新出生人口2855人，出生率5.37‰，其中男性1481人、女性1374人，性别比为107；死亡人数2424人，死亡率5.16‰，其中男性1344人、女性1080人，性别比为124；人口自然增长率0.41‰；计划生育率99.96%。全区总人口中育龄妇女164530人，比上年同期减少685人，占总人口31.29%；已婚育龄妇女113538人，比上年同期增加3406人，占总人口21.59%。

【名胜古迹】 六朝宫阙、明初紫禁城、太平天国天王府、孙中山临时大总统府和国民政府总统府均坐落区内。钟山风景名胜区以雄伟壮丽的钟山与碧波千顷的玄武湖为核心，山水相依，雄秀兼具，在新评出的“金陵四十八景”中钟山就占有10席。区境内拥有5座城门、总长9.37公里的明城墙，是南京市现存明城墙的主要部分，其两侧聚集甚多名山、名水、名胜。丰富厚重的历史人文资源和钟灵毓秀的山水生态风光，描就玄武精美而又独特的都市画卷。

【文化遗产】 区内有南京市唯一一处世界文化遗产——明孝陵，有一处国家级历史文化街区——梅园新村历史文化街区，有国家、省、市、区各级各类不可移动文物221处244个点，其中全国重点文物保护单位19处35个点、省级文物保护单位19处24个点、市级文物保护单位54处56个点、区级文物保护单位56处、不可移动文物73处。有非物质文化遗产代表性项目32项，其中国家级非遗项目1项、省级非遗项目8项、市级非遗项目8项、区级非遗项目15项；非物质文化遗产传承人63人，其中国家级传承人1人、省级传承人11人、市级传承人20人、区级传承人31人；基地4个，为南京剪纸传承保护基地、金陵竹刻保护展示基地、苏作小木家具制作技艺传承保护基地、鸡鸣寺素食制作技艺传承保护基地。

【区域沿革】 6000多年前，玄武湖畔有原始村落。战国时，为金陵邑辖地。秦、汉时，南部属秣陵县，北部属江乘县，后又隶属会稽郡、鄣郡、丹阳郡。东汉建安十七年(212)改秣陵为建业县,区境南部属之,区境北部改设典农都尉。

西晋太康元年(280),复改建业为秣陵县。太康二年(281),以淮水为界北置建业(次年改称建邺),南为秣陵县,恢复江乘县建置。建兴元年(313),愍帝司马邺即位,为避帝讳,改建邺为建康,直至陈朝末年。

隋朝统一南北后,建康、江乘、秣陵县并为江宁县,区境隶属蒋州。唐上元二年(761),改江宁为上元县,至清末,区境均属上元县。

民国元年(1912),临时政府废上元、江宁两县,建置南京府,区境属南京府。民国2年,撤南京府,以旧上元、江宁两县复置江宁县。民国16年,改江宁县城区为南京市,区境城内部分属南京市。

民国22年(1933)3月,建区之始。中山路以东,中山门以西,九华山以南,中山东路以北范围为南京第一区。

民国23年(1934)9月,今孝陵卫街道地区和玄武湖街道的仙鹤门行政村(原仙鹤乡)属孝陵区,中山陵园区域属国民政府直接管辖,今锁金村街道、玄武湖街道(仙鹤门除外)和红山街道地区属燕子矶区。

民国27年(1938)1月,原一区改为第三区。民国34年(1945)9月,恢复抗日战争前第一区建置,辖区则向中山东路以南、逸仙桥以东一带扩展。

1949年6月,沿用第一区建置称谓设第一区人民政府。1950年6月,以第一区为基础,中山东路以南地区划出,建为新一区。今红山、锁金村街道地区和玄武湖街道部分地区改属新八区,今孝陵卫街道地区和玄武湖街道部分地区改属中山陵园区。

1955年6月,第一区人民政府改称第一区人民委员会。同年8月,第一区改称玄武区,今境内分属玄武区、燕子矶区和中山陵园区管辖。1960年5月,成立玄武人民公社。1962年8月,玄武人民公社名称撤销,恢复玄武区人民委员会。

1967年3月,玄武区改称要武区,实行军管,设南京市军事管制委员会要武分会。1968年3月,成立要武区革命委员会;1973年11月,改称玄武区革命委员会。

1980年9月,玄武区革命委员会复称玄武区人民政府,至今。

【区划调整】 1951年5月,建立居民委员会。1955年9月,设立新街口、大行宫、香铺营、四牌楼、丹凤街、玄武门、太平门、太平桥8个街道办事处。1957年10月,香铺营街道办事处撤销。1960年4月,街道办事处合并并改建为新街口、丹凤街、梅园新村3个人民公社分社。5月,市级机关及周围单位成立北极阁分社,65个居民委员会合并为19个街道委员会。1961年,新街口、丹凤街、梅园新村3个分社改为3个街道办事处,19个街道委员会调整为54个居委会。1962年8月,人民公社、分社撤销,恢复新街口、香铺营、梅园新村(原大行宫)、太平门、丹凤街、四牌楼、玄武门7个街道办事处。

1967年1月,各街道实行军管。1968年3月,街道成立革命委员会。同年8月,7个街道革委会合并为长江路、梅园新村、丹凤街、太平门、要武门5个街道革委会。1978年9月至10月,撤销街道革委会,恢复7个街道办事处。

1980年12月,因后宰门住宅小区人口增加,原太平门街道办事处撤销,改为后宰门和兰园2个街道办事处。1984年2月,锁金村地区划归玄武区管辖,增设锁金村街道办事处,全区街道办事处增至9个。

1987年12月,新街口与香铺营街道办事处合并为新街口街道办事处,丹凤街与四牌楼街道办事处合并为丹凤街街道办事处。

1995年4月,全市区划调整,栖霞区的孝陵卫、玄武湖2个镇及小营、藤子、红山3个行政村和原属鼓楼区管辖的玄武门路以北、中央路以东、沿城墙以西地带划归玄武区。1996年3月,设立红山街道办事处,管辖小营、藤子、红山3个行政村。同年12月,撤销孝陵卫镇、玄武湖镇建置,改设孝陵卫街道办事处和玄武湖街道办事处。

2000年,社区管理体制改革,原有的居民委员会和家属委员会调整组合为86个社区居民委员会。2001年,在孝陵卫街道办事处辖区内增设卫岗街道。全区共有11个街道、84个社区、

12个行政村。2005年，丹凤街街道、兰园街道、卫岗街道分别与新街口街道、梅园新村街道、孝陵卫街道合并，全区调整为8个街道、75个社区、11个行政村。2007年调整为8个街道、64个社区、6个行政村，2009年调整为8个街道、63个社区、4个行政村，2011年调整为8个街道、62个社区、4个行政村。

2012年，将梅园新村街道办事处北京东路以北的公教一村社区和后宰门街道办事处龙蟠路以北以西部分（太平花园小区）划归玄武门街道办事处。将调整后的梅园新村街道办事处与后宰门街道办事处合并，成立新的梅园新村街道办事处。至2012年年底，全区有7个街道、58个社区。2013年，新增红山街道紫金小营社区。2018年新增玄武湖街道徐庄社区，玄武门街道高楼门社区并入百子亭社区。至2018年底，全区有7个街道、59个社区。

【社会经济发展】 2020年是决胜高水平全面建成小康社会和“十三五”规划的收官之年。年初以来，面对严峻复杂的国际形势和新冠肺炎疫情，全区上下在区委区政府的坚强领导下，在区人大、区政协的监督支持下，紧紧围绕建设“强富美高”新玄武奋斗目标，统筹推进疫情防控和经济社会发展，做好“六稳”工作，落实“六保”任务，开展“四新”行动，奋力夺取疫情防控和经济发展“双胜利”，全区经济社会稳定发展，民生事业稳步推进，生态环境持续改善，外部环境妥善应对。区十八届人大四次会议通过的140条国民经济和社会发展计划目标，完成138条，完成率为98.6%。

主要经济指标企稳回升。为应对疫情对经济发展带来的冲击和影响，区委区政府统揽全局、果断决策，采取“防疫+”战时工作机制，通过区领导包保走访及持续常态化调度，全力扭转部分指标下滑态势，各项主要经济指标企稳回升，均达超全市平均水平。全年地区生产总值完成1108.66亿元，同比增长5.2%左右；一般公共预算收入完成97.3亿元，同比增长4.6%；全社会固定资产投资同比增长7%；社会消费品零售总额完成1036.3亿元，同比增长1.3%。

外向型指标总体平稳。在国际疫情持续蔓延背景下，落实国内国际双循环发展相关要求，坚持深挖存量、拓展增量双向发力，外向型经济呈现稳中提质态势。全年外贸进出口总额预计完成680.5亿元，同比增长13.7%；实际利用外资总额预计完成2.38亿美元，完成年计划103.8%；服务贸易额预计完成4.06亿美元；服务外包执行额完成26.16亿美元；离岸服务外包执行额完成9.89亿美元。

“四新”行动成效明显。将“四新”行动作为应对疫情的重要抓手，率先拿出“四新”玄武办法并召开新闻发布会，圆满完成全市“四新”行动观摩任务，成功举办新基建、新消费和新产业金融对接会等各类专题活动。新基建，全年建成5G基站804个，11个市级新基建项目完成投资22.1亿元；新消费，完成34项市、区新消费行动计划任务，举办各类促销活动400余场，全年限额以上贸易销售额同比增长5.6%；新产业，全年工业互联网核心产业规模达6.9亿元、5G产业规模达11.8亿元、新医药与新健康产业规模达61.9亿元、高端软件和信息服务产业规模达100亿元，新增都市工业企业11家；新都市，完成红山路快速化改造、积淹水片区改造等46个项目，完成投资额超80亿元。

项目投资持续增长。9个市级重大项目，年度计划投资53.5亿元，全年完成投资57.8亿元，完成年计划108%；90个区级重大项目，年度计划投资128.02亿元，全年完成投资134.4亿元，完成年计划105%，同比增长13.7%；重大项目对全区固投贡献率达75%。

项目建设稳步推进。着力加强项目清单化调度、过程性管理，有效提升项目管理服务水平；探索运用“挂牌一宗地、审批分批次”方式，有效解决红山国际社区项目因宁宣黄高铁建设停滞问题，铁北创新产业总部经济示范园等项目基本实现“拿地即开工”；较好解决和昌魔法森林、铁北数码港等项目在文物考古、手续办理、渣土外运等方面难题；采用“承诺+容缺”审批方式，仅用时6个月便实现黑墨营101号住宅项目房屋预售，项目推进质效显著提升。

产业载体提质扩容。加大地块征收和挂牌攻坚力度，全年完成青石街地块、科研地块等10个地块挂牌出让，同比增长

150%；土地出让总面积40.8万平方米，同比增长94.3%；累计新增产业载体面积48.39万平方米，同比增长48.2%，为全区经济发展积蓄后劲。

紧盯招商引资抓突破。落实招商工作专班、项目动态推进、“一把手”招商责任“三个机制”，加强招强引新力度；发布《玄武区“招商突破”行动导引》，建立重要载体动态联络库，研究出台《玄武区推动招商引资高质量发展政策十条》，推进“政银企合作”，搭建“校友经济”新平台，举办“金洽会”玄武专场、智慧科技新引擎创新发展峰会、“江海一‘链’‘玄’动未来”深圳招商推介会等各类招商活动48场，获全市三季度招商擂台赛“目标进度奖”和“重大项目推进奖”。全年完成实际利用内资140亿元，签约项目投资总额580亿元，亿元以上签约项目数62个。

紧盯文旅融合抓建设。以创建国家级全域旅游示范区为目标，充分利用玄武区特色文旅资源禀赋，按照“一轴、两片、多板块”建设构想，实施规划引领、环境提升、夜间消费、产业升级、品牌创树等“五大行动”，圆满完成“省级全域旅游示范区”创建任务；积极盘整东箭道沿线、大行宫地下广场等载体资源，加快更新改造步伐，为后续产业升级预留空间；高标准推进景观亮化、520广场与江宁织造府南广场改造等工作，积极协调并实现市属文博场馆节假日夜间开放，着力打造越夜越精彩的长江路夜间文旅消费集聚区；把握今年超长“十一黄金周”契机，组织省文旅消费季暨长江路文旅集聚区建设启动仪式，开展“1+3+100”系列活动，相关工作被央视《新闻联播》专题报道；遴选100家文旅单位组建南京玄武文旅融合发展联盟，成立全域旅游发展专家智库，有效凝聚全域旅游发展工作合力。

紧盯科技创新抓突破。围绕“创新名城，美丽古都”发展愿景，全面落实市委《关于进一步深化创新名城建设加快提升产业基础能力和产业链水平的若干政策措施》文件精神，加快构建具有国际竞争力的区域创新体系，精心设计“南京创新周”玄武专场活动，组织高端论坛、大咖直播、中华门创将大赛等各类活动20余场；加快城市“硅巷”推动进程，骥谷科技产业园、南师大玄武科技园已投入运营，老烟厂项目完成主体建设，累计完成10.7万平方米创新载体改造。全年备案新研机构4家、新增高企80家、入选国家级重点人才计划4人、PCT专利申请量达205件、有效发明专利拥有量12500件。

紧盯产业结构抓补强。聚焦全区产业链结构特点，在巩固提升批发零售、交通运输等传统行业的同时，突出现代金融、软件信息、医药健康、都市工业等产业，研究出台《玄武区推进重点产业链高质量发展工作方案》，扎实推进区域强链补链兴链；推动都市工业载体建设，打造铁北红山新城、天仪公司花园路等都市工业园区，完成“玄武东华都市工业产业园”授牌；加快数字经济产业发展，全省首家网络安全示范产业园骐谷科技产业园挂牌运营；充分发挥区涉农高校院所和龙头企业较多的优势，组建钟山农业创新发展联盟，着力构建以农业科技、农村电商等为主体的现代农业服务业集群。全年电子商务交易额实现1770亿元，同比增长18%；软件业务收入530亿元，同比增长达6%；金融业营业收入完成655.6亿元，同比增长21%。

政策扶持务实精细。紧扣“企业服务年”主题，针对疫情对企业造成的冲击和影响，先后成立物资筹措组、企业指导组，协调推进全区1069家重点企业复工复产；对照上级惠企业稳增长促经济相关政策，研究出台应对疫情惠企政策“17条”，从财税、金融、物资保障等方面给予驻区企业全方位服务；采取“线上＋线下”模式，举办企业融资对接暨相关政策解读会、“防疫＋”企业服务对接会等各类活动10余场。全年累计为区内中小企业获得信贷支持87.58亿元，减免各类社保费15.7亿元，为各类中小微企业和个体工商户减免房租1811万元。

企业服务全面高效。围绕“四上”企业、重点税源企业、重点高新技术企业等八类单位，研究出台《关于建立区四套班子领导包保联系企业机制的实施办法》，强化“区—部门—板块”三级走访机制，进一步畅通政企沟通渠道，全年区领导走访各类企业612次；建立企业服务专员制度，推出集政策发布、线上咨询、业务办理等功能于一体的玄武企业服务公众号，在各街道（园区)设置企业政策服务窗口,落实首问负责制,有效形成企业诉求服务办理闭环。

营商环境优化提升。深入推进"放管服"改革,印发《2020年玄武区深化"放管服"改革工作要点》,常态化运行"一窗综合受理"集成模式,着力打造93项重点领域"一件事一次办"事项,为全区523个代办服务项目全流程提供线上线下咨询及代办服务;加强政务诚信、商务诚信等重点领域信用建设,大力推进信用分类分级监管,对诚信企业给予政务服务绿色通道和资金奖补等政策支持,促进全区投资环境不断提升。通过培育和扶持,全区优质企业不断涌现,全年新增中国企业联合会公布的中国企业500强企业1家(汇通达网络股份有限公司),入选全市瞪羚企业4家,新增市级总部企业6家,预计新增规上企业200家、新增市场主体15000户。

城市更新改造步伐加快。完善路网结构,改善通行品质,建成余粮路(一期),完成环东大—四牌楼片区、经五立交匝道综合整治;推进香林寺沟片区、梅园新村纪念馆周边环境综合整治项目,有效提升片区环境品质;持续推进"厕所革命",先后完成新改建公教一村、新庄加油站、文枢西路等11座公厕;完成孝陵卫东沟束水桥涵改造项目,解决群众出行困难;释放停车资源,建成虆谷产业园、恒大停车场(二期)等13个项目1410个停车泊位;优化群众居住环境,基本完成顾家营保障房项目主体施工,全年启动4个棚户区改造项目,完成15个老旧小区整治、52幢在册危房消险、31个单元既有住宅增设电梯及20条背街小巷整治。

城市文明程度显著提升。以全国文明城市创建为抓手,建立专班推进、联创联建、统一行动日、联合考核等工作机制,确保创建工作形成闭环;围绕创建过程中的疑难问题,成立居民小区、道路街巷、农贸市场小餐饮店、交通秩序、文化旅游等5个专项整治组,坚持立查立改,划设非机动车停放点2749处、停车线1.66万米,处理违停车辆19667辆,清理"僵尸"机动车243台、非机动车8730辆,安装充电桩100个,剪除飞线2.5万根,较好完成文明城市创建国查和省测任务;落实《南京市全面推进生活垃圾强制分类工作方案》,全面推进生活垃圾分类工作,有序实施撤桶并点,组织定时定点分类投放,加大垃圾分类收集亭房投放力度,累计新建580个一、二类生活垃圾分类收集点。

城市生态环境持续改善。开展空气污染专项整治,落实"蓝天保卫战37条管控措施",研究制定"臭氧污染防治23条措施",组织汽修、餐饮等行业专项整治,完成9座加油站油气回收改造,建成6个小型空气质量标准监测站,常态治理玄武湖、九华山隧道机动车尾气;强化水环境质量管控,落实"河长制"要求,加强对河流水体、重点断面、整治河道及区域补偿断面的水质监测;开展净土工程,组织全区232家企业召开危废辐射土壤自查自纠;全年PM2.5平均浓度28.9μg/m^3,同比下降27.2%;优良天数比率85.2%,同比增加15.4%,上述指标均排名主城第一。

社会治理精细高效。常态化开展疫情防控,研究出台《玄武区街道(社区)防控工作要点》,实施"大数据+铁脚板+额温枪"的社区排查机制;在全市率先推出基层医疗机构预检分诊"兰园模式",相关做法得到国家和江苏省卫健委的充分肯定;持续推进以"广覆盖、全要素、高智能、大联动"为特征的网格化社会治理创新,筹建全区社会治理综合指挥中心,构建"区级层面一体化统筹、街道层面标准化改革、社区层面网格化治理"基层社会治理格局;在22个行业领域深入开展安全生产专项整治行动,有序推进安全示范城市创建工作,成立区级督导巡查组,全面开展安全生产督导巡查,全年排查整治隐患12608个;落实国家人口普查要求,突出机构设立、区域划分、普查摸底、逐户登记等重点环节,开展第七次人口普查。

民生保障持续增强。居民收入稳步增长,全年人均可支配收入将突破74000元,绝对值继续保持全省首位;以援企稳定就业、以创业带动就业、以帮扶促进就业,疫情期间率先开展"云招聘",全年预计城镇新增就业2.5万人,实现再就业1万人,新增大学生就业3.6万人;实施全民参保计划,实现困难城乡居民基本养老保险全覆盖;深入推进医改惠民,完成消化专科联盟建设，实行“互联网+护理”健康上门服务，开展中医健康惠民宣讲110场，协调1083名医联体医生开展诊疗服务7429人次。深化玄武特色救助，惠及困难群众5.6万户次，全年累计发放最低生活保障金、困难家庭物价补贴、困境儿童生活保障金等各类救助资金3774.6万元；扎实推动对口帮扶工作，按时足额拨付帮扶资金累计6279万元。

*公共服务均衡发展。*持续加大教育投入力度，成立教育发展专家指导委员会，打造教育发展高端智库，优化组建六大中小学教育集团，持续推进新名校建设，促进区域优质教育资源均衡配置；积极提升卫生服务水平，开展护理、康复、中医特色和家庭病床等在线预约服务，推进孝陵卫社区卫生服务中心异地改建、玄武中医院一期建设；积极优化配置区内养老服务资源，新建养老综合护理中心2个，新增机构养老床位426张；实施“儿童关爱工程”，实现区街社未成年人服务网络全覆盖；实施文化惠民，开展各类文化惠民活动105场；优化城市社区“10分钟体育健身圈”布局，新建健身器材490件，新建5片社会足球场地。扎实开展双拥工作，建立区、街、社区三级退役军人服务保障体系，建成退役军人服务中心（站）67家，全面落实优抚安置政策，推动“玄武区退役军人之家”综合体全面建成；做好金融风险防控，开展进社区、进学校防范非法集资宣传教育活动83场次，进一步提升人民群众风险防范意识。

2020年，在全区上下共同努力下，国民经济和社会发展计划执行取得较好成绩，但受新冠肺炎疫情和国内外环境等因素影响，140条目标中“地区生产总值”“社会消费品零售总额”两项指标无法完成。在年度国民经济和社会发展计划目标的编制和推进过程中，要进一步加强计划、目标的可行性论证，加强和牵头单位的沟通协调，确保年度计划、目标高质量完成。

【*2020年玄武区民生实事进展情况*】 2020年1月6日，玄武区第十八届人民代表大会第四次会议表决通过2020年玄武区民生实事项目。克服新冠肺炎疫情影响，经过全年全区上下的通力协作，10件民生实事圆满完成。

1.持续推进新名校发展

召开全区教育发展大会，发布打造现代化教育强区15条举措，通过举办“新名校校长发展论坛”“骨干教师省级展示活动”“青年教师成长论坛”“省级以上专题宣传”以及组织质量提升专家指导委员会深入新名校研讨活动等方式，推进全区教育高质量发展，中考均分持续17年居全市首位，高考一本达线率稳居全市前列。

2.缓解停车供需矛盾

完成骥谷创新科技产业园停车场、雄狮国际立体停车库、九中震旦校区地下停车场等13个公共停车场，全年新增停车泊位1410个。

3.扩大高质量养老服务覆盖面

新增养老床位426张，累计为4240名85周岁及以上老年人免费提供每月3小时的上门照护服务，为137名重度失能老人亲属提供15天的喘息服务。完成383名失能半失能老人家庭适老化改造。全区59家居家中心对外来老年人开放，为他们提供文娱活动、咨询服务和低偿服务。开展“云上看养老，共享夕阳红”系列活动，线上7场、线下7场、公益南京直播7场，向广大老年人推介玄武区优质的养老服务产品。

4.做好弱势群体救助工作

全面实施具有玄武特色的社会救助“3+X”工程，惠及困难群众22.7万人次，累计支出832.52万元。完善专项救助保障政策，累计实施医疗救助3.43万人次，发放救助金1275.23万元。培育80家慈善类社会组织进入社会救助体系，募集社会资金从2016年的300万元增至2020年的1300多万元。发放困境儿童生活保障金28.76万元；建成省级示范点“玄武区困境儿童关爱之家”。发展民营化慈善超市15家，惠及困难群众10.98万人次。

5.开展精准助残服务

建成樱驼花园社区、墨香社区、富贵山社区、新庄社区、康定里社区、香铺营社区、百子亭社区残疾人之家7家社区残疾人之家。与29家残儿定点康复机构183名0～14岁残疾儿童签订委托协议。为530名各类持证残疾人提供辅具适配服务，为15户低收入残疾人家庭实施家庭无障碍环境设施改造。

6.实现困难城乡居民基本养老保险全覆盖

全年完成符合城乡居民养老保险困难人员标准1450余人的基本养老保险参保。

7.深入推进医疗便民改革

完成远程动态心电诊断111例，协调医联体医院专家1083人次到玄武区开展诊疗服务，服务患者7429人次。严格落实国家基本药物制度，药品医用耗材实现网上集中采购全覆盖。

8.提升公共急救水平

全年面向全社会完成公益性应急救护普及培训11000人；完成AED管理、宣传培训等各项工作并在全区范围内布置50台AED，进一步推动全区公共急救设施普及使用。

9.建设环卫系列配套设施

新建十字街、文枢西路、新庄加油站、新庄广场北、130路底站公厕5座、改建公教一村公厕1座、环湖地区固定公厕5座。完成新建或改造旅游厕所5座。

10.优化群众居住环境

完成15个老旧小区整治，总建筑面积约22.1万平方米。完成52幢在册危房消险整治。

【功能片区与重大项目】 项目投资持续增长。9个市级重大项目，年度计划投资53.3亿元，全年完成投资57.59亿元，完成年计划108%；90个区级重大项目，年度计划投资128.02亿元，全年完成投资136.2亿元，完成年计划106.4%，同比增长15.2%。重大项目对全区固投贡献率达75.6%。

项目建设稳步推进。着力加强项目清单化制度、过程性管理，有效提升项目管理服务水平；探索运用“挂牌一宗地、审批分批次”方式，有效解决红山国际社区项目受宁宣黄高铁建设停滞问题，铁北创新产业总部经济示范园等项目基本实现“拿地即开工”；较好解决和昌魔法森林、铁北国际数码港等项目在文物考古、手续办理、渣土外运等方面难题；采用“承诺+容缺”审批方式，仅用时6个月便实现黑墨营101号住宅项目房屋预售，项目推进质效显著提升。

产业载体提质扩容。加大地块征收和挂牌攻坚力度，全年完成青石街地块、科研地块等10个地块完成挂牌出让，同比增长150%；土地出让总面积40.8万平方米，同比增长94.3%。累计新增产业载体面积48.39万平方米，同比增长48.2%，为全区经济发展积蓄后劲。

2020年部分重大项目建设完成情况。

2020年，借助紫金山—玄武湖城市中心公园建设和紫东片区开发契机，以徐庄高新区为龙头，以铁北红山新城、东大南京设计名城、珠江路城市硅巷、玄武科技金融园、南理工科创园、骐谷骥谷、T80等创新载体、产业园区为支撑，布局实施一批重大产城融合项目，深化推进“一区五园”创新经济带建设，夯实全域创新发展基础。梳理上报紫东片区重点项目5个、环紫金山玄武湖重点项目8个；加大“一区五园”创新经济带项目布局，将“一区五园”创新经济带项目数占比、年度计划投资占比分别由29%、28%提升至33%、33%。全年累计编报重大项目简报28期，督办解决问题217条，项目管理效能显著提升。

全年9个市级重大项目完成投资57.59亿元，完成率108%；11个市级新基建项目完成投资24.46亿元，完成率111.7%；5个紫东地区重点项目完成投资6.1651亿元，完成率103.6%；90个区级重大项目完成投资136.2亿元，完成率106.4%；45个区级新基建项目完成投资62.69亿元，完成率105%。铁北创新产业总部经济示范园、南师大玄武科技园等33个项目开工建设；铁北数码港、中央路224号总部经济大楼等28个项目加速推进；南理工大学生创新创业活动中心等27个项目建成运营，建成产业载体面积48.39万平方米，同比增长48.2%；青石街地块、科研设计地块等10个地块完成挂牌出让，出让总面积40.8万平方米，同比增长94.3%。

百家汇玄武创新药物孵化平台二期 项目东至环园中路，西至环园西路，南至环园西路，北至环园西路，主要用于创新企业、项目孵化及成果转化。新建建筑面积约22.78万平方米，一期建筑面积6.1万平方米，二期建筑面积16.67万平方米。2020年底完成8幢楼主体结构封顶。

铁北创新孵化集群（星河WORLD） 项目东至恒嘉路，南至红山南路，西至红山路，北至规划社区中心用地，拟引进人工智能、无人机、云计算及大数据等创新产业，打造集科研办公、创新为一体的孵化、体验式创新孵化集群。可新增商业科研载体32万平方米。2020年底产业建筑一期竣工交付，产业二期竣工验收准备，约10万平方米产业载体投入运营。2020年10月28日，举行一期园区开园暨红山新城规划展示馆、政务中心启幕活动，中科软、京东五星电器、未来工场等首批40余家企业正式签约入驻。

铁北国际数码港　项目东至规划言和路，南至红山南路，西至红山路，北至规划社区中心用地，拟引进移动互联网、移动通信、人工智能为核心的创新产业，建设互联网+创新基地，集聚创新产业、促进产城融合发展，打造集创新总部办公、创新加速区、创新蜂巢、创新街区及创新智库于一体的铁北国际数码港。2020年底A地块（商住混合用地）完成地下工程建设，B（商住混合用地）、D（商办混合用地）、E（商办混合用地）地块进行地下工程建设，C地块（商住混合用地）完成主体结构封顶。

铁北创新产业总部经济示范园（宝龙苏皖总部）　项目东至北苑东路，南至规划望山路，西至恒嘉路，北至规划大壮观路，拟引入人工智能、未来网络、前沿新材料、生命健康等主导产业，打造集总部经济、研发中心、孵化集群于一体的产业地标。总建筑面积42万平方米，其中地上建筑面积30万平方米，地下建筑面积12万平方米。2020年底完成工程桩施工，进行地下工程建设。

南师大玄武科技园　项目位于板仓街78号，拟利用南师大紫金校区搬迁，进行转型开发建设，以电子信息、智能装备、人工智能等为主导产业，打造集研发、创意、生产为一体的国际化、智能化高科技园区。项目拟分二期建设，一期拟对现有建筑进行功能提升，二期进行改扩建，现有建筑面积约6.3万平方米，新规划建筑面积约7万平方米。2020年底完成首开区改造。

中央路224号总部经济大楼　项目东至神武路，南至前大树根，西至中央路，北至城建集团，占地面积5.79万平方米，建筑面积10.1万平方米，其中住宅4.75万平方米，商办5.4万平方米。拟通过项目开发建设，引进物联网智慧城市总部企业入驻和商业配套项目，2020年底完成地下结构工程。

王家湾总部经济园（朗诗绿色生态中心）　项目东至市公安局巡逻支队，南至蒋王庙街，西至汇景佳园，北至玄武大道。拟建设高端企业集聚区、绿色生态办公企业公馆，新建及改建建筑面积约13万平方米。2020年底进行地下工程建设，2020年10月29日举行园区启动仪式。

红山国际社区　项目东至规划绿廊，南至沪宁城际铁路，西至铁路东机务段宿舍，北至红山南路。拟与德国江苏总商会深度合作，引进以德国为主的30多家外企分支机构、办事处和总部，形成外企总部集聚地，总建筑面积约18万平方米。2020年底进行地下工程建设。

杨将军巷9号总部园区（D9街区）　项目东至碑亭巷，南至石婆婆庵，西至玄武医院，北至杨将军巷，通过征收，对厂区进行改造升级，引进总部经济等优质企业，改造建筑面积4.2万平方米。2020年底完成厂区内拆除及加固、钢结构主体安装等工程。

珠江路城市硅巷项目　位

12月11日，铁北国际数码港建筑工地　（区发改委　供图）

于新街口街道、玄武门街道、梅园新村街道所在区域，拟提升珠江路整体品质，完成珠江路综合治理工作，创建省级孵化器。2020年底累计完成6万平方米创新载体的招引和入驻；累计完成100家科技型企业的招引；培育高新技术企业10家。

南京六角广场新庄商办大楼　项目西至红山路，南至玄武大道，北至沪宁城际铁路绿化带，拟建设商业办公与酒店的城市综合体，引进希尔顿酒店，规划总建设面积约11万平方米。2020年底完成主体结构验收，进行外立面幕墙安装和室外管网施工。

孝陵卫21号商务中心　项目东至双拜巷路，南至晏公庙街，西至孝陵卫街，北至中山门大街，总用地面积3.17万平方米，总建筑面积8万平方米，其中住宅面积1.2万平方米，拟建设商业和企业总部商务办公楼。2020年底C地块住宅部分进行装饰装修施工，A、B地块商业部分进行主体结构五层建设。

百子亭商贸文化大楼（二期）　项目东至百子亭路，西至中央路，南至傅厚岗，北至中央路54号小区边界，拟对百子亭地块南侧历史风貌区现存民国建筑修缮和插建，建设民国公馆建筑集中展示区，打通北侧地块商业配套服务区，整体建设成为商贸文化综合体，总建筑面积6.08万平方米。2020年底南区完成主体结构二层建设。

苏宁索菲特酒店升级改造　项目位于环陵路9号，拟对酒店改造升级，建设为集团重要接待的服务和展示平台，为高端商务和休闲客人提供亲近自然、高雅的独特入住体验。2020年底完成升级改造，改造载体面积5.85万平方米，正式营业。

玄武湖东岸旅游市集（钟山风景区旅游服务中心）　项目东至龙蟠路，西至情侣园，南至阳光路，北至紫金山沟。拟建设为旅游服务中心、旅游集散中心、公共停车场等旅游配套设施。2020年底进行地下工程建设。

红山动物园南扩工程　项目位于红山森林动物园南段，红山南路北侧，占地约0.67万平方米，拟建设澳洲动物馆和非洲动物馆，并扩建动物园的南大门。2020年底一标段豹馆、虎园、熊谷基本完工。

曹后村地铁商务中心　项目东至南京东机务段铁路宿舍，南至曹后村小区、城际高铁绿化用地，西至红山创智天地，北至红山南路，拟新建商业服务设施，由一栋多层酒店、部分商业裙房和地下停车库组成，占地0.31万平方米，总建面积约0.89万平方米。2020年底完成地上五层结构砼浇筑，完成地下室外墙防水施工，完成土方回填。

黑墨营101号住宅地块　项目东至规划阅武路，南至规划石景山路，西至规划龙腾路，北至华飞路。地块可出让面积4.3万平方米，容积率2.6，可建面积11.18万平方米，拟建设高档住宅。2020年底一期1–4号楼主体结构施工，5号楼主体结构封顶，1–2号楼地库封顶；二期主体结构施工。

铁北市政道路及管网建设工程　项目位于红山街道片区，拟对阅武路、寒光亭路、红燕路、领智路、苗木路、易境路、言和路、望山路进行市政道路及管网建设。2020年底言和路、领智路（含苗木、易境路）、望山路均已完成道路主体工程。

（路　冠）

组织机构及负责人

【中共南京市玄武区委员会】

书　记：闵一峰
副书记：钱　维
　　　　林武平
常　委：许　恺（12月以前）
　　　　张　望（8月以前）
　　　　赵小华（12月以前）
　　　　张惠民（6月以前）
　　　　贾　慧（6月以后）
　　　　朱天龙
　　　　罗昌锋（8月以后）
　　　　刘　诚
　　　　施　扬（3月以后）
　　　　陈可科（12月以后）
　　　　马千山（4月以后）
　　　　张　杰（12月以后）
一级调研员：顾建华

【南京市玄武区人民代表大会常务委员会】

党组书记：杨乐华
主　任：杨乐华
党组副书记：蒋兆全
副主任：戴　航（4月以后）
　　　　杨冬梅
　　　　李　辉
二级巡视员：戴　航（4月以后）
　　　　　　蒋兆全（6月以后）

【南京市玄武区人民政府】
党组书记:钱　维
区　长:钱　维
党组副书记:赵小华
副区长:赵小华(12月以前)
　　陈可科(12月以后)
　　戴　航(4月以前)
　　马千山(4月以前)
　　张　杰(12月以前)
　　石　磊(12月以前)
　　钱胜春(6月以前)
　　吴开芬
　　庄佳峰(4月以后)
　　薛汝军(8月以后)
　　周　正(6月以后)
　　邵　睿(12月以后)
一级调研员:凌立玉

【中国人民政治协商会议南京市玄武区委员会】
党组书记:邱小凡(12月以前)
　　许　恺(12月以后)
主　席:邱小凡(12月以前)
　　许　恺(12月以后)
党组副书记:张　望(8月以后)
　　朱天龙(4月以后)
副主席:王敬玲
　　蒋　健
　　赵剑锋(不驻会)
　　孙国林(不驻会)
一级巡视员:邱小凡(10月以后)
二级巡视员:张　望(6月以后)

【中共南京市玄武区纪律检查委员会】
书　记:张　望(8月以前)
　　罗昌锋(8月以后)
副书记:张训宝
　　黄燕明(12月以前)
常　委:李静勤
　　濮素晖
　　朱　妍
　　陈安林(11月以前)
　　蔡　宁(11月以后)

【南京市玄武区监察委员会】
主　任:张　望(8月以前)
　　罗昌锋(8月以后)
副主任:张训宝
　　黄燕明(12月以前)
监委委员:李静勤
　　陈安林(11月以前)
　　蔡　宁
　　郑　炜(11月以后)
　　黄　雯(11月以后)

【南京市玄武区人民法院】
党组书记:沈　湧
院　长:沈　湧
党组副书记:张　赟
副院长:张　赟
　　高　伟
　　吴小酣
　　时　超
　　潘　溪(兼职)
　　庞晓庆
政治处主任:庞晓庆
审委会专职委员:
　　王翔飞
　　王剑锋(9月以后)
四级高级法官:王　萍
　　武圣祥
　　王　慎
　　陈新娣
　　薛亚萍
四级调研员:齐　玥
执行局(9月以后)局长:
　　杨晓峰(10月以后,明确为副处职)

【南京市玄武区人民检察院】
党组书记:倪一斌
检察长:倪一斌
党组副书记:王卫东
副检察长:王卫东
　　涂　彪(10月以前)
　　张　前
　　周　颖(10月以后)
　　江舜治(10月以后)
　　黄　喆(兼职,5月以前)
　　万　龙(挂职,12月以后)
政治处主任:程强然(7月以前)
检委会专职委员:
　　周　颖
　　韩立勇(9月以后)
三级高级检察官:涂　彪
四级高级检察官:朱家明
　　胡炳辉
四级高级检察官助理:缪亚云
三级调研员:张天松(9月以后)
四级调研员:张天松(9月以前)

【区委工作机构】
区委办公室(机要局、国家保密局、国家密码管理局、档案局、保密办、国安办)
主　任:邱　健
副主任:朱锡刚(7月以前)
　　曹　芳
　　高　炜
　　张　军
四级调研员:韩　琦
　　张广兴(9月以前)
机要局副局长:曹　芳
　　钱竹林(9月以后)
国家保密局副局长、国家密码管理局副局长:钱竹林(9月以后)
国安办(12月以后)主任:

张　杰(12月以后)
国安办(12月以后)专职副主任:
汪祥君(12月以后)
档案局局长:张　军
档案局副局长:秦丽华

区委研究室(改革办)
主　任:朱锡刚(7月以前)
副主任:王　进
改革办专职副主任:张　媛

区委巡察办
主　任:吴桂红(10月以前)
濮素晖(10月以后)
副主任:吴春峰(4月以前)
管　兵(4月以后)
巡察组组长:刘　密
郭　镛(10月以前)
王　茜
邹德勇
金　晖(10月以后)
巡察组副组长:陆海燕
王　刚
管　兵(4月以前)
杨秀泉(4月以后)
吴春峰(4月以后)

组织部("两新"工委、党建办、公务员局、党史办、考核办)
部　长:张惠民(6月以前)
贾　慧(6月以后)
常务副部长:丁　锴(10月以前)
王颖川(10月以后)
副部长:王颖川(10月以前)
杨初兰(8月以前)
赵　虎(9月以后)
吴桂红(兼,10月以后)
孙丽萍(兼,8月以后)
两新工委副书记:王　琰
党建办主任:王颖川
党建办副主任:杨金秋(9月以后)
公务员局局长:赵　虎(9月以后)
公务员局副局长:赵　虎(9月以前)
考核办副主任:姬　智(12月以前)
党史办主任:钱钦民

宣传部(精神文明办、网信办)
部　长:施　扬(3月以后)
副部长:汪拥政(7月以前)
刘艳军(7月以后)
韩春云
陈玉梅(10月以后)
四级调研员:刘永进
张志红
精神文明办主任:
汪拥政(7月以前)
刘艳军(7月以后,
10月以前)
陈玉梅(10月以后)
网信办主任:韩春云
网信办副主任:张志成

统战部(台侨办、民宗局)
部　长:朱天龙
副部长:钟文舟
胡圆圆
汤　浩(兼)
二级调研员:蒋　俊
四级调研员:刘好华(9月以前)
周　勇(10月以前)
唐希忠
乙维清
台侨办主任:钟文舟
台侨办专职副主任:
刘好华(9月以后)
台侨办四级调研员:
沈向荣(7月以前)
民宗局局长:胡圆圆
民宗局专职副局长:
周　勇(10月以后)

政法委(国安办(防线办,12月以后)、法学会)
书　记:许　恺(12月以前)
张　杰(12月以后)
一级调研员:杨　杰(4月以后)
副书记:杨　杰(7月以前)
杨玉林
袁　源
杨学彬
骆黔生(挂职)
二级调研员:赵杉春
四级调研员:刘秀泽
王大志
朱　劲
潘建珍(9月以前)
保留待遇:罗志方
国安办(防线办,12月以后)主任:
杨玉林
国安办(防线办,12月以后)
副主任:潘建珍(9月以后)
法学会专职副会长:周　萍

编　办
主　任:王　莉(10月以前)
吴桂红(10月以后)
一级调研员:王　莉(10月以后)
副主任:周　师
四级调研员:袁敏生
柳　娜

机关工委
书　记:夏桂萍(7月以前)
高　洁(7月以后)
副书记:何宏炉
李佳瑛
四级调研员:蒋　庆
陈振昌

老干部局(离退休干部工委)
局　长:王颖川(7月以前)

孙丽萍(7月以后)
副局长:周跃洪
郛红生(10月以后)
二级调研员:张　栩
陈秀芝
三级调研员:周　励(3月以前)
四级调研员:郛红生(10月以前)
李　红
离退休干部工委书记:
孙丽萍(7月以后)

党　校
校　长:林武平
常务副校长:曾　艳
副校长:张　震
李后方
保留待遇:李正云

档案局
局　长:张　军
副局长:秦丽华
三级调研员:苏　成(7月以后)
四级调研员:苏　成(7月以前)
刘心林
谈桂华
袁茵茵

【区人大工作机构】
人大常委会办公室
主　任:刘　康
副主任:杨宇峰
李和华
周燕红
三级调研员:刘　虹(11月以前)
四级调研员:曹　刚(9月以后)

人大研究室
主　任:杨宇峰
副主任:黄洁云

【区人大常委会各专门委员会】
(7月以后,组建社会建设委员会、监察和司法委员会,撤销内务司法工作委员会)
法制委员会
主任委员:刘必军
财政经济委员会
主任委员:刘全庆

社会建设委员会(7月以后)
主任委员:顾　冰(7月以后)
副主任委员:沈　俏(12月以后)

监察和司法委员会(7月以后)
主任委员:张　斌(7月以后)
副主任委员:江　霖(10月以后)

内务司法工作委员会(7月以前)
主　任:刘必军(7月以前)
副主任:曹　刚(9月以前)

预算工作委员会
主　任:刘全庆
副主任:缪　琰

教科文卫委员会
主　任:肖　红
副主任:李　宇

环资城建委员会
主　任:杨承龙
副主任:顾　冰(7月以前)

人大代表联络委员会
主　任:沈　阳
副主任:姚宇军

民族宗教侨务台湾事务委员会
主　任:郭志芹(12月以前)
曹　萍(12月以后)

【区政府工作机构】
办公室(外事办、研究室、机关事务管理局)
主　任:陶　祥(7月以前)
汪拥政(7月以后)
副主任:王　磊(9月以前)
朱　伟
冯玉忠
李　鹏(9月以后)
三级调研员:孙祥希(7月以前)
研究室副主任:王　磊(9月以前)

发改委(工信局、大数据管理局)
党组书记:杜景南(7月以前)
吴　恒(7月以后)
主　任:杜景南(7月以前)
吴　恒(7月以后)
副主任:梅　雪(12月以前)
路　冠
李东辉(7月以前)
徐亮亮(9月以后)
周路路(挂职、7月以后)
二级调研员:林　宁
四级调研员:孙西沛
邢四清(9月以前)
钮玉华
王　慧
工信局专职副局长:
邢四清(9月以后)

教育局
党组书记:陈发山
局　长:陈发山
党组副书记:吴　丹(10月以前)
沈　峰(10月以后)
副局长:沈　峰(10月以前)
张恒柱
戴继根
周　波
刘春风(9月以后)

汪　磊(兼)
党工委书记:吴　丹(10月以前)
沈　峰(10月以后)
党工委副书记:陈发山
二级调研员:吴锦友
三级调研员:章芳华(7月以后)
四级调研员:章芳华(7月以前)
陈克俊
刘春风(9月以前)

科技局
党组书记:刘艳军(7月以前)
史庆锋(7月以后)
局　长:周　正(7月以前)
史庆锋(7月以后)
副局长:刘艳军(7月以前)
戚　军(9月以前)
沈　超
丁毓萍(9月以后)
卢　星(10月以后)
李朝静(挂职、5月以前)
三级调研员:戚　军(9月以后)
四级调研员:陈　宝(4月以后,12月以前)
蔡善兵
张玲玲
保留待遇:卢　洪
科学技术协会专职副主席:
陈　宝(12月以后)

民政局
党组书记:汪风华
局　长:汪风华
副局长:吴成林
王　志(9月以后)
何浪君
二级调研员:张家华
三级调研员:刘盘铭(9月以后)
四级调研员:谢春才
李红明
刘盘铭(9月以前)
保留待遇:马静波

司法局(依法治区办)
党组书记:汤　政(7月以前)
陈玲伟(7月以后)
局　长:汤　政(7月以前)
陈玲伟(7月以后)
一级调研员:汤　政(4月以后)
郭　镰(10月以后)
副局长:王　坚
茅晓春
严仪兵
三级调研员:张鉴富(7月以后)
四级调研员:张鉴富(7月以前)
梁宏起
储荣根(3月以前)
孔红才
乔明达
戴　健
依法治区办专职副主任:
严仪兵(兼、10月以后)

财政局
党组书记:余莉萍
局　长:余莉萍
一级调研员:王冬梅(4月以后)
副局长:王　娟(10月以前)
王　涛(4月以后)
陈　玲(9月以后)
二级调研员:陈小玲
王冬梅(4月以前)
四级调研员:田冬娥
王　涛(4月以前)

人社局
党组书记:袁　芳
局　长:袁　芳
副局长:苏　勤
李志平
吴安震
四级调研员:李　勇

建设局
党委书记:章　凯
局　长:章　凯
副局长:高保峻
杨志群
王　磊(党外兼职,9月以前)
李　鹏(4月以后,9月以前)
王增强(10月以后)
二级调研员:陈玉荣、李　安
四级调研员:王平权
谈洪璋
金谊仕
李　鹏(4月以前)

房产局
党组书记:但加成
局　长:但加成
副局长:王继宁(4月以后)
龚志勇
孙　林(9月以后)
许　可(4月以前)
明　敏(10月以前)
二级调研员:王继宁(4月以后)
三级调研员:常本华(9月以后)
张地宝(9月以后)
四级调研员:黄学安
唐修来
孙　林(9月以前)
郑岚涛
张建春
常本华(9月以前)
张地宝(9月以前)

水务局
局　长:于永斌

副局长：石元元

李　健（4月以后）

朱其义（9月以后）

二级调研员：李明辉

四级调研员：李　健（4月以前）

城管局（综合行政执法局）

党委书记：徐　锴

局　长：徐　锴

副局长：万　军（12月以前）

李传林

赵　军

赵　宁

三级高级主办：赵仁斌（7月以后）

四级高级主办：赵仁斌（7月以前）

陈江山

王文伟

戴　祥

鱼晓江（4月以后）

商务局

党组书记：魏　超

局　长：魏　超

一级调研员：刘秀娟（10月以后，11月以前）

副局长：江　洁

钟　成

方小喜

二级调研员：刘秀娟（10月以前）

四级调研员：李晓青

杨慧娟

刘建明

赵　俊

文化和旅游局（体育局）

党组书记：陈　静

局　长：陈　静

党组副书记：陶志龙（9月以前）

副局长：陶志龙（9月以前）

顾云超（9月以前）

卢艳岗（4月以前）

葛　勤

唐思恩

任　航（9月以后）

杨　明（9月以后）

查璐霞

刘传俊（挂职，5月以前）

二级调研员：鲁　中

三级调研员：顾云超（9月以后）

四级调研员：刘　勇

投促局

党组书记：薛惠艳

局　长：薛惠艳

副局长：张　静（4月以后）

颜廷波（9月以前）

严　炎（9月以后）

周　慧

翁　丹（挂职，5月以前）

卫生健康委员会

党委书记：王礼铭

主　任：王礼铭

副主任：王　河

叶冬梅

奚建彬（兼，12月以前）

郭志芹（兼，12月以后）

二级调研员：徐正海

三级调研员：叶冬梅（2月以后）

周晓光（7月以后）

张建国（7月以后）

四级调研员：周晓光（7月以前）

张建国（7月以前）

孙拥军

钱　立

相　敏

退役军人事务局

党委书记：马义兵

局　长：马义兵

副局长：解芳君

夏剑涛（4月以后）

李　军（4月以后）

四级调研员：夏剑涛（4月以前）

李　军（4月以前）

应急管理局

党组书记：吕　俊

局　长：吕　俊

副局长：申留昌（12月以前）

樊六龙

孙粉华

何　毅（2月以后）

四级调研员：张　坤

张　涌

郝丽君（4月以前）

傅廷锦

杨艳婷

李坚明

安委办专职副主任：

郝丽君（4月以后）

审计局（审委办）

党组书记：龚庆亚

局　长：龚庆亚

副局长：张正国

张　焰

韩鹏飞（兼职，7月以前）

审委办专职副主任：

郑　兴（10月以后）

国资办（4月，撤销国资办党组，成立国资办党委）

党委（4月以前，党组）书记：

陈玲伟（7月以前）

夏桂萍（7月以后）

主　任：陈玲伟（7月以前）

夏桂萍（7月以后）

副主任：刘凌峰

陈剑锋（4月以后）

二级调研员:张培友
黄跃峰(11月以前)
四级调研员:王聿南

行政审批局(政务办)
党组书记:李　莹
局　长:李　莹
副局长:张　斌(7月以前)
姚成军
张广兴(9月以后)
赵　昇(12月以后)
四级调研员:王　炎
刘　瑾
政务办专职副主任:
孙　敏(9月以后)

市场监管局(知识产权局)
党组书记:顾建华(10月以前)
孙　荟(10月以后)
局　长:顾建华(10月以前)
孙　荟(10月以后)
党组副书记:朱海峰(10月以前)
副局长:朱海峰(10月以前)
刘革新
魏德华(9月以前)
孔祥盛
孙德飞
陈晓勇(12月以后)
二级高级主办:聂　猛
蔡保国
三级高级主办:
苏立军(7月以后)
郭益民(7月以后)
傅光义(7月以后)
魏德华(9月以后)
四级高级主办:
苏立军(7月以前)
杜　梅
刘贤发
王　虹
张　恺(6月以前)
郭益民(7月以前)
张秀红
刘　宁
琚琦瑾
孙　强
傅光义(7月以前)
食品药品监督管理局局长:
顾建华(10月以前)

统计局
党组书记:王　莉
局　长:王　莉
副局长:方向武
方松华(4月以后)
二级调研员:陈　瑞
保留待遇:张兴保(12月以前)

信访局
党组书记:高　炜
局　长:高　炜
副局长:李联民(7月以前)
李国庆
刘　纲(9月以后)
信访督查专员:张泽洪(10月以前)
二级调研员:解　军
三级调研员:李联民(7月以后)
四级调研员:刘　纲(9月以前)
成吉和
何家友
李江华(12月以后)
陈　东
张泽洪(10月以后)

人防办
党组书记:张金贵(10月以前)
姚晓晖(10月以后)
主　任:张金贵(10月以前)
姚晓晖(10月以后)
一级调研员:张金贵(10月以后)
副主任:沈　原(9月以前)
许　可(4月以后)
三级调研员:李建新(7月以后)
沈　原(9月以后)
四级调研员:李建新(7月以前)
沈金华(3月以前)

地方金融监管局(金融办)
党组书记:孙　荟(10月以前)
朱海峰(10月以后)
局　长:孙　荟(10月以前)
王　娟(10月以后)
副局长:张　建(9月以后)
周　光
王　媛(挂职,11月以后)
南京徐庄高新区(软件园)管委会
主　任:吴开芬(10月以前)
唐承武(10月以后)
党工委副书记:
吴开芬(10月以前)
唐承武(10月以后)
姚晓晖(10月以前)
一级调研员:罗　军(4月)
副主任:姚晓晖(10月以前)
吴　丹(10月以后)
王颖娟(10月以后)
陈焕新(挂职,10月以后)
陈　放(3月以后)
吕梦旦(3月以后)
刘爱华(挂职)
党群办(综合办)主任:
陈　放(3月以前)
党群办(综合办)副主任:
谢登梅
吕　巍(10月以后)
招商局局长:张　静(4月以前)
招商局副局长:郭若澜
经济发展和科技创新局局长:
吕梦旦(3月以前)
经济发展和科技创新局副局长:

崔雯鸿
赵晓磊(10月以后)
严斌剑(挂职,5月以前)
财务处副处长:徐　姝(3月以前)
戴　凌
开发建设局副局长:
王继宁(4月以前)
谭学忠
二级调研员:王继宁(4月以前)
李正才
罗　军(4月以前)
吴义杰
陈若谷
四级调研员:陈　宝(4月以前)
黄　斌
王　琴
吕　巍(10月以前)

铁北红山新城管委会
主　任:唐承武
副主任:孙　力、耿　德
四级调研员:何永清(12月以后)

玄武科技金融园管委会
主　任:郭建军
副主任:胥晓斌
苏　复(挂职,7月以前)
高　明(挂职,7月以后)
四级调研员:胡全康

南理工科技创新园管委会
主　任:朱明勇
副主任:张明亚
李　新(挂职,7月以后)
汪　翔(挂职,7月以后)

珠江路科技街管委办
党组书记:孙　兵(12月以前)
张兴保(12月以后)
主　任:孙　兵(12月以前)
张兴保(12月以后)
党组副书记:梁　静
张瑞宏
珠江路创新大街园区党委书记:
梁　静
副主任:张瑞宏
徐根江
周　军
二级调研员:姚　雁
四级调研员:何建民
吴苡静

玄武湖综管办
党组书记:薛　磊
主　任:薛　磊
副主任:徐力行(9月以前)
陈建志(9月以前)
马云翊(9月以后)
余挺婷(12月以后)
综合处副处长:封　炜
监管处处长:马云翊
监管处副处长:陈吉亮
徐　俊
孙红梅
法规处处长:巢庆芳
法规处副处长:翟晓军
市政管养中心主任:
余挺婷(12月以后)
市政管养中心副主任:陈吉亮
二级调研员:宗在卿
三级调研员:陈建志(9月以后)
四级调研员:樊昱明
保留待遇:周秋云

【区政协工作机构】
政协办公室
秘书长:王玉兰(7月以前)
主　任:杜宏亮
一级调研员:王玉兰(4月以后)
副主任:姜　武
二级调研员:吴雄雄
付传年
三级调研员:胡学芳(7月以后)
四级调研员:庞永华
史利宁
胡学芳(7月以前)

【区政协各专门委员会及工作部门】(9月以后,学习文史委员会更名为教卫体(文化文史)委员会,社会事业委员会更名为委员工作委员会,祖国统一委更名为社会法制(民族宗教)委员会,提案法制委员会更名为提案委员会)
提案委员会(9月以前,提案法制委员会)
主　任:徐力行(9月以后)
副主任:俞　杰(9月以后)
委员工作委员会(9月以前,社会事业委员会)
主　任:徐喜求(10月以后)
副主任:俞　杰(9月以前)

经济科技委员会
主　任:单伯平
副主任:冯　亮

人口资源环境委员会
主　任:粟　红

教卫体(文化文史)委员会(9月以前,学习文史委员会)
主　任:徐喜求(10月以前)
黄燕明(10月以后)
副主任:经　莉(9月以后)

社会法制(民族宗教)委员会(9月以前,祖国统一委员会)
主　任:梅　雪(12月以后)
副主任:曹　萍(12月以前)

【区纪委监委工作机构】
纪检监察一室
主　任:杨秀泉(4月以前)
　　　姜　红(12月以后)

纪检监察二室
主　任:陈其响

纪检监察三室
主　任:吴　盘(4月以后)

纪检监察四室
主　任:严　安(4月以后)

区监委第一监察员办公室
主　任:杨秀泉(4月以前)

区监委第二监察员办公室
主　任:陈其响

干部监督管理室
主　任:王同洋

党风政风监督室
主　任:黄　雯

案件审理室
主　任:郑　炜
二级调研员:王育民
　　　陈安林(10月以后)
　　　易　红
三级调研员:吕秀兰(8月以前)
　　　刘天树(11月以前)
四级调研员:杨晓强
　　　钱竹林(9月以前)
　　　郑　慎

派驻第一纪检监察组
组　长:孙丽萍(7月以前)
　　　丁江新(9月以后)

派驻第二纪检监察组
组　长:王成艳

派驻第三纪检监察组
组　长:蒋宇华(4月以后)

派驻第四纪检监察组
组　长:易　红(12月以前)
　　　张丽霞(12月以后)

【南京市玄武区各群众团体】
总工会
党组书记:蒋兆全
主　席:蒋兆全
党组副书记:尹　征
常务副主席:尹　征
副主席:盛　莉
　　　梁　菁
　　　王修小(兼职)
　　　刘　欢(挂职,10月以后)
三级调研员:杨　超(9月以后)
四级调研员:卢裕朋
　　　胡　静
　　　杨　超(9月以前)

团区委
书　记:郭　骞(3月以前)
　　　秦　洁(7月以后)
副书记:王　鹤(9月以前)
　　　郑　倩(9月以后)
　　　蒋　澎(10月以后)
　　　程　雯(兼职)
　　　汤玉娟(兼职,10月以后)
　　　于　洋(挂职,10月以后)

妇　联
党组书记:王　荣
主　席:王　荣
副主席:周艳红
　　　费树兰(9月以后)
　　　戴　晨(党外兼职)
　　　从　蓉(兼职)
　　　黄晓珊(挂职,10月以后)
四级调研员:潘丽云

工商联
党组书记:汤　浩
常务副主席:汤　浩
副主席:樊姝玉
　　　万　军(12月以后)
二级调研员:张海宁
四级调研员:张　晖

残　联
党组书记:高　洁(7月以前)
　　　陶志龙(9月以后)
理事长:高　洁(7月以前)
　　　陶志龙(9月以后)
副理事长:卢艳岗(4月以后)
　　　赵红梅(4月以后)
　　　陈　堃(兼职,12月以后)
四级调研员:赵红梅(4月以前)
　　　吴　敏
　　　汤晓滨
保留待遇:芦卫东

红十字会
常务副会长:奚建彬(12月以前)
　　　郭志芹(12月以后)
副会长:汪小文
　　　颜晓民
　　　丁益强(兼职)

【南京市玄武区各街道】
新街口街道
党工委书记:张　巍
党工委副书记:

史庆锋(7月以前)
朱锡刚(7月以后)
张丽霞(12月以前)
姬　智(12月以后)
纪工委书记:黄爱华
组织委员:吴　敏
统战委员:张春平(9月以后)
宣传委员:卢　君
政法委员:蒋书余(9月以前)
张丽霞(9月以后,
12月以前)
姬　智(12月以后)
人大工委主任:丁晓祥
办事处主任:史庆锋(7月以前)
朱锡刚(7月以后)
办事处副主任:邹玲华(9月以前)
竹军波(7月以前)
刘　丹
蒋书余
陈伏海(9月以后)
徐　军(9月以后)
政协工委主任:郑宏伟
人武部长:凌志军
二级调研员:余永亮(12月以后)
卢　君
杨晓文
赵会欣
王中彦
贾　东
卢宏毅
叶海阳
潘　翔(9月以前)
四级调研员:蔡　华

玄武门街道

党工委书记:庄佳峰(7月以前)
王颖娟(7月以后,
10月以前)
丁　锴(10月以后)
党工委副书记:
费莉莉(7月以前)
杨初兰(7月以后)
鲁　琳
纪工委书记:李晓宁
组织委员:宋　戈(9月以前)
鲁　琳(9月以后)
统战委员:吴　民(9月以前)
桂旭光(9月以后)
宣传委员:刘俊斌(9月以前)
郭　旭(9月以后)
政法委员:刘德贤(9月以前)
鲁　琳(9月以后)
人大工委主任:刘鲁卫
人大工委副主任:
王汛生(9月以前)
办事处主任:费莉莉(7月以前)
杨初兰(7月以后)
办事处副主任:卞雨华
王　志(9月以前)
董春燕
刘德贤
单　斌(9月以后)
政协工委主任:施时萍
人武部长:单　斌(9月以前)
金道林(9月以后)
二级调研员:金道林(9月以后)
宋　戈(9月以前)
张玉增
韩　峰
吴　萍
毕荣光
郭国山
靳祥运
沈　斌
三级调研员:钱书荣(12月以后)
四级调研员:贺晓春
薛卫国
王汛生(9月以后)
吴　民(9月以后)

梅园新村街道

党工委书记:方明城
党工委副书记:
李海沅(3月以前)
陶　祥(7月以后)
竹军波(7月以后)
纪工委书记:陶　勇
组织委员:周红军
统战委员:芮　利
宣传委员:朱　红
政法委员:倪建军(9月以前)
竹军波(9月以后)
人大工委主任:卢　惠
人大工委副主任:陆　中
办事处主任:陶　祥(7月以后)
办事处副主任:
李海沅(3月以前)
魏冠正(9月以前)
金道林(9月以前)
陆生兰
倪建军
王　鹤(9月以后)
颜廷波(9月以后)
政协工委主任:杨耀灿
人武部长:刘俊斌(9月以后)
二级调研员:陈贵永
金道林(9月以前)
严小平
张忠义
何全庆
潘兴华
朱华东
徐宝富(11月以前)
魏冠正(9月以后)
四级调研员:蒋林德
李红卫
方　强
保留待遇:李希平

锁金村街道
党工委书记:郭建军
党工委副书记:
庞　敏
陈玉梅(10月以前)
卢建华(10月以后)
纪工委书记:苏国梁
组织委员:陈传虎
统战委员:沈　雷
宣传委员:夏星草(9月以后)
政法委员:郑宁兵(9月以前)
陈玉梅(9月以后,10月以前)
卢建华(10月以后)
人大工委主任:方志秀
办事处主任:庞　敏(2月以后)
办事处副主任:
庞　敏(2月以前)
张　建(9月以前)
卢建华(10月以前)
陈伏海(9月以前)
郑宁兵
杨文伟(9月以后)
侯　贺(9月以后)
丁冬冬(10月以后)
人武部长:杨四新
二级调研员:周　炜
杨四新
唐德明(4月以前)
杨永平
张国祥
徐长春
王宝麟
四级调研员:蒋永生(12月以后)
赵　辉
王海鹰
宋兴平

孝陵卫街道
党工委书记:朱明勇
党工委副书记:
王颖娟(7月以前)
余挺婷(12月以前)
李东辉(7月以后)
申留昌(12月以后)
纪工委书记:贺国华(9月以前)
周永忠(9月以后)
组织委员:马世辉(9月以前)
余挺婷(9月以后,12月以前)
申留昌(12月以后)
统战委员:沈国红
宣传委员:严　炎(9月以前)
黄东升(9月以后)
政法委员:李　军(9月以前)
余挺婷(9月以后,12月以前)
申留昌(12月以后)
人大工委主任:邓志林
人大工委副主任:郝洛元
办事处主任:王颖娟(7月以前)
李东辉(7月以后)
办事处副主任:单　善
杨　华
吴天红
李　军
徐　丹(9月以后)
政协工委主任:潘毓洁
人武部长:丁江新(9月以前)
周新奇(9月以后)
二级调研员:郭永强
贺国华
沈国红
戴伟华
阙道富
侯和平
杨东海
三级调研员:单　善(7月以后)
四级调研员:高宇春(4月以后)
潘建新
张学应

玄武湖街道
党工委书记:吴　恒(7月以前)
费莉莉(7月以后)
党工委副书记:
张　浩
金　晖(10月以前)
曹晓莉(10月以后)
一级调研员:王彦兴(10月以后)
纪工委书记:郭　锋
组织委员:曹效仲(9月以前)
金　晖(9月以后,10月以前)
曹晓莉(10月以后)
统战委员:姚长青(9月以前)
曹效仲(9月以后)
宣传委员:徐卫清
政法委员:周晓东(9月以前)
金　晖(9月以后,10月以前)
曹晓莉(10月以后)
人大工委主任:叶　丽
办事处主任:张　浩
办事处副主任:
曹晓莉(10月以前)
周晓蓬
朱剑飞
周晓东
曹琳娜(10月以后)
政协工委主任:王　丽
人武部长:马世辉
二级调研员:斯时雷
姚长青
谢福明
宗岳奇(12月以前)
穆顺明
黎　斌
孟令华
杨　宁(7月以前)

任　钰
王彦兴(10月以前)
四级调研员:杨东勇
丁毓萍(9月以前)
陆丛林
张国华(12月以后)
保留待遇:徐龙海(10月以前)

红山街道
党工委书记:唐承武
党工委副书记:
徐远帆
秦　洁(7月以前)
邹玲华(9月以后)
纪工委书记:汤永锦(9月以前)
宋　戈(9月以后)
组织委员:邹玲华(9月以后)
统战委员:夏济天
宣传委员:任　航(9月以前)
周鹏升(9月以后)
政法委员:黄　巍(9月以前)
邹玲华(9月以后)
人大工委主任:刘立青
办事处主任:徐远帆
办事处副主任:
陈红飞(9月以前)
黄　巍
李光华
施　磊
袁芳超
张凯斌(9月以后)
人武部长:蒋晓红
二级调研员:杨　健
朱家宾(4月以后)
宋　戈(9月以后)
李光华
胡兰萍
张　军
雷玉忠
汤永锦
陈红飞
四级调研员:赵东林
吴文燕
姚业飞
雷修强

【参照公务员法管理事业单位】
档案馆
馆　长:张　军
副馆长:秦丽华
三级调研员:苏　成(7月以后)
四级调研员:苏　成(7月以前)
刘心林
谈桂华
袁茵茵

社会保险管理中心
主　任:陆　玉

玄武区城管执法大队
大队长:苏　晓
政　委:许　峰

【区直属企事业单位】
文旅集团(3月以后)
党委书记:刘　青(3月以后)
董事长:刘　青(3月以后)
总经理:刘　青(3月以后)
副总经理:刘　楠(9月以后)
董　事:刘　楠(9月以后)
余同斌(3月以后)
党委委员:刘　楠(9月以后)
余同斌(3月以后)
总经理助理:余同斌(3月以后)

城建集团(3月以后)
党委书记:李海沅(3月以后)
董事长:李海沅(3月以后)
总经理:李海沅(3月以后)
副总经理:黄　凯(3月以后)
吕高明(3月以后)
从　蓉(9月以后)
董　事:黄　凯(3月以后)
吕高明(3月以后)
从　蓉(9月以后)
党委委员:黄　凯(3月以后)
吕高明(3月以后)
从　蓉(9月以后)
纪委书记:吕高明(3月以后)

环境集团(3月以后)
党委书记:郭　骞(3月以后)
董事长:郭　骞(3月以后)
总经理:郭　骞(3月以后)
副总经理:张　钦(3月以后)
董　事:张　钦(3月以后)
冯增光(12月以后)
党委委员:张　钦(3月以后)
冯增光(12月以后)
总经理助理:冯增光(12月以后)

钟山集团公司
党委书记:刘　青
董事长:刘　青
总经理:邱　峰(3月以后)
副总经理:周永波(3月以后)
党委副书记:邱　峰(3月以后)
史文广
董　事:邱　峰
史文广
刘　楠(9月以前)
周永波
党委委员:刘　楠(9月以前)
纪委书记:史文广

高新集团(3月以后)
党委书记:徐　姝(3月以后)
董事长:徐　姝(3月以后)
总经理:徐　姝(3月以后)

新街口社区卫生服务中心

主　任:王　河(12月以前)
　　　　杨龙海(12月以后)

总支书记:杨龙海(12月以前)
　　　　倪素兰(12月以后)

疾病预防控制中心

副处职:田秀梅(2月以后)

软件与物联网产业发展中心

副主任:赵丹梅(10月以后)

信息中心

主　任:曹志菲(10月以后)

【垂直管理部门】

公安玄武分局

局　长:钱胜春(8月免)
　　　　薛汝军(8月任)

政　委:刘裕平

副局长:王光明
　　　　宋建军
　　　　徐群武
　　　　徐影秋
　　　　李　巧
　　　　姬同庆
　　　　张　琦

国家税务总局南京市玄武区税务局

党委书记、局长、一级高级主办:
　　　　曾　翀(2020年8月免)

党委副书记、副局长(正处长级)、一级高级主办:张予田

党委委员、副局长、二级高级主办:严　铀(2020年8月免)

党委委员、副局长、二级高级主办:吕　艳

党委委员、副局长、三级高级主办:洪　斌

党委委员、副局长、二级高级主办:许晓燕(2020年8月免)

党委委员、副局长、三级高级主办:葛菲菲

党委委员、纪检组组长、三级高级主办:戚光连

二级高级主办:王礼根
　　　　林　斌
　　　　汪临清

三级高级主办:王　玲
　　　　王小洪

四级高级主办:魏　玮
　　　　步劲柏

南京市玄武生态环境局

党组书记、局长:
　　　　王培军(2020年8月任)

党组成员、副局长:
　　　　艾才银(2020年8月任)

党组成员、副局长:
　　　　赵　伟(2020年8月任)

党组成员、副局长:
　　　　洪　俭(2020年12月任)

党组成员、副局长:
　　　　卜文生(2020年12月任)

(栏目编辑　顾　坚)

中共南京市玄武区委员会

重要会议和重要决策
组织工作
宣传工作
统战工作
机构编制工作
党校工作
老干部工作
机关党建
关心下一代工作

重要会议和重要决策

【全区深化对标找差创新实干推动高质量发展暨招商突破年、企业服务年动员大会】 3月7日召开。会议传达贯彻市委对标找差大会部署，总结全区工作，并对新一年高质量发展再出发和“两个工作年”工作进行总动员。会议提出，要始终把对标找差、创新实干作为工作方法和动力，保持“翻篇归零再出发”的心态，树立“创先争优再出发”的标杆，体现“实干担当再出发”的作为。会议强调，要把年度工作任务和当前形势实际结合起来，奋力夺取全区工作的“双胜利”，做到“三个聚焦”：一要聚焦一个目标，完成既定目标任务，确保“十三五”圆满收官、高水平全面建成小康社会；二要聚焦一项机制，建立完善“防疫+”战时工作机制；三要聚焦一件大事，建设长江路文化旅游集聚区。做到“四个突破”：一要以“一区五园”大突破夯实发展基础；二要以招商引资大突破做大发展增量；三要以重点改革大突破增强发展质效；四要以基本民生大突破彰显发展价值。区委、区人大常委会、区政府、区政协领导；区机关各部门各单位主要负责人；国资集团各筹备组组长；各街道中层以上干部、所辖社区负责人等参加会议。

【全区党建工作会议】 5月8日召开。会议学习贯彻习近平新时代中国特色社会主义思想，全面落实中央和省市委党建工作有关会议精神，总结全区党建工作，研究部署下一阶段目标任务，进一步强化全面从严治党的思想自觉和行动自觉，为推动“强富美高”新玄武建设再出发提供坚强政治保障。会议强调以下几点，一是把握方向，在系统科学施策上下功夫。要以政治为根本，在强化党的领导上全面发力；以问题为导向，在抓好巡视整改上全面发力；以创新为方法，在打造特色品牌上全面发力；以实效为落点，在营造良好环境上全面发力。二是全面统筹，在推进重点任务上下功夫。组织工作要强队伍、固基础，宣传工作要展形象、造氛围，统战工作要聚人心、汇合力，政法工作要促法治、保平安。三是凝聚合力，在狠抓工作落实上下功夫。要强化组织抓落实、强化责任抓落实、强化推进抓落实、强化考核抓落实。区委、区人大常委会、区政府、区政协领导；各街道党政主要负责人、党工委副书记、政法委员、组织员、宣传员、统战员，徐庄高新区党工委副书记，玄武湖综管办分管负责人；区机关各部门各单位主要负责人等参加会议。

【区委十一届九次全会】 8月1日召开。会议深入贯彻习近平新时代中国特色社会主义思想、党的十九大精神和中央决策部署，认真落实省委十三届八次、市委十四届十次全会精神，总结上半年工作，安排下半年任务，并对美丽玄武建设作出部署，动员全区上下坚定信心、凝聚力量，锐意进取、开拓创新，奋力打赢高水平全面建成小康社会和“十三五”规划收官战，夺取疫情防控和经济社会发展“双胜利”，推动“强富美高”新玄武建设再出发迈出坚实步伐。会上，区委书记闵一峰代表区委常委会，作了工作报告。会议明确，全区下半年要紧扣“强富美高”总目标，坚持稳中求进工作总基调，全面抓好“六稳”、抓牢“六保”、抓实“四新”，强化争先导向、系统导向、特色导向，推动招商突破、项目突破、产业突破，做到奋斗为先、防控为要、发展为重、人民为本、稳定为基。具体来说，要扎实做好五个方面工作：一是以奋斗为先，打好收官之战；二是以防控为要，凝聚抗疫力量；三是以发展为重，放大资源优势；四是以人民为本，创造宜居生活；五是以稳定为基，巩固和谐局面。会议提出，要积极应对新冠肺炎疫情冲击，探索实现“双循环”发展格局下，特大城市中心城区高质量发展新路径，展现美丽面貌，提升文明程度，建设美丽古都展示区。具体把握四个重点：一是优化山水风貌，展现有形态的美；二是传承历史风情，展现有韵味的美；三是涵养文明风尚，展现有温度的美；四是彰显生活风采，展现有质感的美。会议要求，要结合构建不忘初心、牢记使命长效机制，统筹推进、精准发力，以高质量党建保障高质量发展。要讲政治对标看齐、强思想举旗定向、抓组织固本强基、正作风担当实干、严纪律拒腐防变。区四套班子全体领导；区委委员、候补委员，区纪委委员；各街道党工委、办事处、人大工委、政协工委主要负责同志，区机关各部门主要负责同志，区属国有企业主要负责同志，人大、政协各委主任，部分基层党代表参加会议。

【全区三季度工作总结暨决战四季度动员大会】 10月11日召开。会议总结了三季度工作情况，部署了四季度工作任务，动员全区锐意进取、真抓实干，把好作风延续下去、把好势头保持下去，交出全年工作的优异答卷。会议要求，要再接再厉、持续奋斗，确保全年取得佳绩。具体要做到六个抓：一是围绕“精”字抓考核。要吃透考核标准、落实指标任务、积极争取加分。二是围绕“新”字抓经济。要打好文旅牌、打好“四新”牌、打好招商牌、打好项目牌、打好服务牌。三是围绕“实”字抓民生。要抓实事惠民生、抓环境提品质、抓文明造氛围。四是围绕“安”字守底线。要守住疫情底线、安全底线、稳定底线。五是围绕“严”字抓党建。要以考核为支撑、夯实基础，以品牌为引领、创出亮点，以换届为契机、抓好队伍。六是围绕“深”字抓谋划。要聚焦“十四五”规划、聚焦明年工作。区委、区人大常委会、区政府、区政协领导，区机关各部门主要负责人和分管负责人，各街道党工委书记、办事处主任、党工委副书记，各国资集团主要负责人，各社区主要负责人等参加会议。

【区委十一届十次全会】 12月28日召开。会议全面贯彻党的十九大和十九届二中、三中、四中、五中全会精神，以及习近平总书记视察江苏重要讲话指示精神，落实中央经济工作会议、省委十三届九次全会、市委十四届十一次全会要求，总结2020年工作，部署2021年任务，审议区委关于制定国民经济和社会发展第十四个五年规划和二〇三五年远景目标的建议，动员全区上下凝心聚力、真抓实干，扛起“争当表率、争做示范、走在前列”重大使命，确保“十四五”发展良好开局，奋力开启社会主义现代化建设新征程。会上，区委书记闵一峰代表区委常委会，作了工作报告。会议明确，全区上下要把总书记视察江苏重要讲话指示精神，与党的十九届五中全会精神、与总书记对江苏发展的一系列重要讲话指示精神结合起来，一体学习、一体贯彻，展现首位担当、发挥首位作用。会议强调，要适应新发展阶段、贯彻新发展理念、服务新发展格局，聚焦创新引领、消费促进，巩固拓展疫情防控和经济社会发展成果，更好统筹发展和安全，确保“十四五”发展开好局、全面建设社会主义现代化起好步，以优异成绩庆祝建党100周年。具体抓好四个方面：一要突出引领性，在高质量发展上彰显玄武特色；二要增强带动力，在高能级辐射上展现玄武作为；三要提升满意度，在高品质生活上体现玄武温度；四要聚焦现代化，在高效能治理上打造玄武样板。会议要求牢固树立管党治党的主责主业意识，严格落实新时代党的建设总要求，坚定不移深化全面从严治党，以高质量党建保障高质量发展。对标看齐，坚定正确方向；补钙铸魂，激发奋进力量；固本强基，锻造坚强队伍；正风肃纪，营造清朗生态；凝心聚力，巩固团结局面。区四套班子全体领导；区委委员、候补委员，区纪委委员；各街道党工委、办事处、人大工委、政协工委主要负责人，区机关各部门主要负责人，区属国有企业主要负责人，人大、政协各委主任，部分基层党代表参加会议。

【督查工作】 深入学习贯彻习近平总书记关于狠抓落实做好督查工作的重要讲话指示精神，规范督查方式、统筹督查任务、严格督查过程、加强督查力量、跟踪督查落实，助推各类决策部署不折不扣落地落实。2020年共办理督查事项36项309件次，做到了件件有着落，事事有回音。

围绕“一个中心”，把准政治方向。紧扣党中央重大决策部署和习近平总书记关于江苏工作的重要讲话指示精神，围绕高质量发展、中央巡视反馈意见整改、文明城市创建、“六稳”“六保”等重点工作，开展各类专项督查。突出“两个方面”，聚焦工作重点。严格执行市委年度重点工作推进情况季报制度，围绕市委全会、市委办公会等市委重要会议精神，分解落实责任，定期督查上报；抓好市委领导批示件办理，实行专人跟踪督办制度，建立领导批示登记表，随收随办、急事急办。推行“三项转变”，提升督查实效。变“单兵式”为“联合式”，对全局性工作以及落实难度较大的重点工作，变区委督查部门的“单兵”督查，为多个职能部门共同参与的“联合”督查；变“明查式”为“暗访式”，进一步优化督查检查办法，实行“一线工作法”，加强现场核查、掌握一手资料，加强实地暗访、摸清真实情况；变“一次式”为“跟踪式”，对于重大决策和重要部署，实施全过程跟踪监控，掌握决策执行进展情况，关注推进过程中存在的困难和问题。

【全面深化改革工作】 围绕贯彻落实上级改革部署，挖掘本区特色做法，鼓励探索、注重集成、突出实效，推动改革更好服务经济社会发展大局。全年共召开区委深化改革委员会会议8次，审议通过《玄武区街道集成改革实施方案》等文件12件，专题听取区检察院公益诉讼工作情况等汇报。

3月，完成《中共玄武区委全面深化改革委员会2020年工作要点》，共九大项35点，细化分解的149小项重点改革任务按时序进度推进；5月，启动街道集成改革工作；7月，南京市评估组对区锁金村街道、红山街道进行现场评估并给予肯定；12月，按照省市部署完成“基层整合审批服务执法力量改革”任务。全年八大领域改革全面推进、重点突破、亮点纷呈，深化改革工作成效被各级媒体报道百余次，“一二三四五”抗疫工作法、打造城市硅巷、街道集成改革、科技强警等经验刊登在《南京改革》，其中玄武区打造城市硅巷经验做法在《南京改革》（总第141期）刊发，并获得时任副市长蒋跃建批示。《“社会稳定指数”打造全周期基层社会治理体系》获评中国改革2020年度典型案例。（任亚楠）

组织工作

【概况】 截至2020年12月31日，全区已建立党组织1452个，其中党委85个，党总支71个，党支部1296个，全区共有党员33888名，较上年增加3401名，其中，男党员19765名，占党员总数的58.32%；女党员14123名，占总数的41.68%。2020年，玄武区发展党员142名。其中，女党员84人，占比59.2%；少数民族4人，占比2.8%；35岁以下98人，占比69.0%；具有大专及以上学历135人，占比95.1%；在非公企业中发展58人，占比40.8%；在社会组织中发展6人，占比4.2%；在国有企业中发展5人，占比3.5%。

【政治建设】 巩固深化主题教育成果。总结主题教育的有益经验，广泛开展“学习抗疫精神、争做时代先锋”“党课开讲啦”等活动，深化主题教育五个“同一”等管用做法，不断巩固拓展主题教育成果。从严从实抓好巡视整改。认真落实整改任务，制定整改措施81项，召开专题会3次，逐月调度推进，同时，立足长远，制定实施选拔任用“1+5”文件、落实党员教育管理培训规划的若干措施等相关制度文件17项。落实意识形态工作责任制。把意识形态工作纳入全区党的建设领导小组工作要点，作为党建考核、领导班子和领导干部年度考核、年度民主生活会、领导班子成员述职报告、各级党组织书记抓基层党建工作述职评议考核重要内容。

【干部队伍建设】 围绕国企改革、高新园区去行政化改革、街道集成化改革等改革任务选优配强班子，共调整干部6批次237人次。提拔重用、职级晋升人员中66%来自疫情防控、文明城市创建、城建城管一线，贯彻落实省委“三项机制”、市委“1+3”文件和区委激励干部担当作为“1+5”系列文件精神，开展首届“双十佳”区管干部评选，营造鼓励激励氛围。完善年轻干部选育管用全链条机制，出台更大力度培养选拔优秀年轻干部两年行动计划和一把手职责任务清单，召开区委年轻干部专题学习会、百名年轻干部座谈会。面向全国部分高校引进14名全区高质量发展急需专业人才，抽调76名年轻干部到“四新”行动、安全生产等“三线一岗”实践锻炼。

【基层党建】 稳妥有序推进社区“两委”换届，选优配强社区“两委”班子。分层分类调训社区、“两新”党组织书记和党员骨干。面向社区书记（主任）定向招录1名公务员，发展党员142名。开展“党课开讲啦”活动，策划10场示范党课。拍摄《社区党组织换届选举》《做"四有"好老师》等电教片。全面建立党支部工作联系点，完善"双指数"管理评价体系，开展严肃党的组织生活专项督查。调整460余个楼栋支部，推进党建网格和基层治理网格合一。开展"两新"组织大排查、"六再六强化"攻坚行动，新建"两新"党组织48家。排查整顿12个软弱后进基层党组织。

【党建项目建设】 举办2020年全区基层党建重点项目推进会，打造"红领·硅巷"梦想空间、徐忠建工作室；探索党建引领"六治融合"社区治理体系，以徐庄社区为试点，建设"六好"社区。成立物业服务管理行业党委，打造紫金东郡小区、"红领·莲花"等一批省、市级红色物业范点。作为全市唯一试点，开展人才企业流动党员安家行动，组建3家人才企业党组织。提档升级北安门、台城花园社区党群服务中心、"红领·汇杰"楼宇党建空间、"红领·常发"党建先锋号。推出"先锋玄武"微信公众号，建好网络空间红色阵地。

【人才队伍建设】 推动党委联系服务专家工作制度化常态化，联系服务480人次，解决问题104件。结合"爱国·奋斗·奉献"主题，组织重点产业链人才赴中科大先进技术研究院、科大讯飞、京东方以及雨花台烈士陵园、渡江战役纪念馆、合肥创新馆等地举办专题研修班4场。

7月1日，区委书记闵一峰到珠江路"红领·硅巷"梦想空间，专题调研硅巷党建工作
（区委组织部　供图）

【"凤栖玄武人才优服"体系建设】 年度入选国家级重点人才计划4人；入选省"双创计划"7人；获评省乡土人才传承示范基地1个、省乡土人才8人；申报、入选市级人才计划25人；遴选区级人才计划85人。落实市委一号文件系列新政，开展"点线面"送政策服务，覆盖人才500余名、企业800余家。出台玄武《重点产业引进高层次创业人才支持办法》《重点企业引进高层次创新人才支持办法》，加大高精尖缺人才引进力度。新引进8名高校干部在玄武相关职能部门及产业园区挂职；新派出5名优秀年轻干部到复旦大学、东南大学、中科院软件所等高校院所担任科技人才专员；新推荐2名院士人才当选市人才举荐委员会委员；新落地校地人才合作项目18个。《挂职锻炼在校地融合发展中的作用及提升路径研究》一文在全市组织系统优秀调研成果评比中荣获一等奖。

【疫情防控】 组织开展"防控疫情、党员先行"行动，招募千余名党员志愿者站岗执勤，指导建立临时党支部30多个。在防疫一线考察、提拔晋升3名干部，遴选7名社区书记、主任参照执行事业编薪资待遇，火线发展4名预备党员。想方设法采购2.5吨酒精、近3000个口罩送至街道社区，下拨200万元专项党费、1770万元为民服务专项资金支援防疫。组织全区党员自愿捐款470万元，分类采写防疫事30余篇，被学习强国、"江苏先锋"等平台采用。

【党史工作与研究】 完成《红色玄武三十年(1919—1949)》全书60多万字的编写任务，对玄武区域内的红色遗存以文字形式进行了抢救性梳理，是保存玄武红色历史文化的一项重要举措；

完成《中共玄武区委执政实录(2018—2019)》,对中共玄武区委2018年和2019年度,在政治、经济和社会建设等各个方面的取得的成就,以资料的形式梳理总结,为今后续写中共玄武区历史积累了材料;完成市委宣传部和市委党史办以及南京出版社等单位联合编著的南京全面达小康图书资料的供稿。

(徐婷婷)

宣传工作

【概况】 把握"时度效",策划开展重大主题宣传。紧扣全区重点工作,重点围绕疫情防控、全面建成小康社会、长江路文化旅游集聚区建设、"四新"行动、文明创建、人口普查、垃圾分类、国企改革、金洽会、进博会等重点工作和重要活动精心组织全媒体宣传,在中央、省、市主流媒体发布相关新闻报道4800余篇,其中央级媒体460余篇,省级媒体1900余篇。

【新闻宣传】 创新传播手段,建成用好区融媒体中心,通过一图读懂、短视频、手绘长图、创意海报、SVG等多种渲染形式,在新浪微博、抖音、视频号、小红书等平台投放宣传报道。常态化开展新闻发布工作,在全市率先召开"四新"行动专题新闻发布会,组织召开"走向我们的小康生活"新闻发布会、长江路文旅集聚区建设情况以及"1+3+100"活动安排新闻发布会。开展"带宁看四新"玄武站主题拍摄、"大V看玄武"、"邂逅长江路 相约520"网友节直播及"与宁e路同行"玄武站等活动,宣传玄武推进"四新"行动和建设长江路文化旅游集聚区取得的阶段性成果。压实互联网企业党建责任,指导猎宝网、智绘星图、瑞德3家互联网企业成立党支部,对汇通达、贝湾教育党建阵地建设进行指导。

【社会主义核心价值观建设】 常态长效抓创建。健全全区文明创建四级责任人体系,建立专班推进机制、联创联建机制、"统一行动日"机制、联合考核机制。成立文明城市创建专班,牵头制定全区"1+N"常态长效方案,坚持"日督查、日调度、日点评"工作机制,力争网上申报"零失分"、实地考察"零失误"、问卷调查"零负评"。编发创建工作简报66期,下发督查专报106期,工作提示23期,常态督查检查,聚焦短板弱项,及时组织"回头看",确保创建工作形成闭环,圆满完成迎国测任务。推进文明单位(社区)、文明家庭创建,全区共有在创文明单位53家,文明社区47家。创成全国文明校园1所、省级3所、市级2所、区级22所。强化示范立典型。完善先进典型常态化选树机制,推选"南京好人"8名、市级"最美防疫志愿者"3名、"最美防疫先锋"3名、市级岗位学雷锋标兵1名。健全学校、家庭、社会"三结合"教育网络,加强未成年人思想道德建设,评选区级"新时代好少年"30名,推选市级"新时代好少年"5名。开展寻找"最美家庭"活动,在全区选树112户家庭文明的先进典型。立德树人筑风尚。推进社会主义核心价值观公益广告全覆盖。围绕打赢新型冠状肺炎疫情防控阻击战,开展"你我同行·共战疫情"志愿服务集中行动,举办南京市首场"抗疫人员进校园与青少年面对面交流活动"。强化国防教育宣传,拍摄作品获市"爱我国防"微视频大赛一等奖。文明实践树新风。制定《玄武区新时代文明实践中心建设实施方案》,统筹推进新时代文明实践中心(所、站)建设全区1个中心、7个所、59个站全部实现挂牌。培育"思享5分钟""敲门大姐""同心未保"等一批志愿服务品牌项目。

【文化文艺工作】 提升文化惠民"获得感"。健全公共文化服务体系,推进文化体制改革,有序推进长江路文化和旅游集聚区、全域旅游示范区建设,推进长江路小剧场建设。做好全区重大项目文勘保障工作,"人均公共文化体育设施面积达标率"和"人均接受文化场馆服务次数"达超考核指标。开展"清源""净网""护苗""秋风""固边"等"扫黄打非"专项行动。制定下发《玄武区2020年全民阅读工作要点》,举办"4·23"全民阅读日活动。抓好新闻出版单位年检工作,开展印刷、电影行业的安全排查整治行动,做好电影放映单位的复工业务指导和疫情监管。提升文化产业"融合度"。制定全区文化产业增加值占

GDP比重指标二级考核办法，举办文化企业线上专场政银企对接会，助力疫情后全区文化产业稳步复苏。为玄武区4个重点项目、12个市级以上园区、4个突出贡献企业和1个抗疫优秀作品累计争取市级扶持资金370万元，为辖区文化企业争取文化金融贷款超过3000万元。推选陈阳获评2020年度玄武区中青年优秀人才（文化类），共为戴福书、印向涛、龚军、丁翔等7名人才划拨市级文化人才扶持资金30余万元。举办“长江路设计之夜”创意设计周，活动首次采用全网直播，观看量超过500万人次。参加2020年南京文化与科技融合成果展览交易会，打造“文化玄武　科技赋能”的“玄武样本”。推进文艺创作“攀高峰”。建成全市首批“梅花戏剧角”，配合2020南京文化艺术节，在全市率先唱响文艺精品走进商圈、走进社区，以文艺赋能“四新”行动。牵头创作歌曲《最伟大的逆行》，获2020年度南京市文化发展专项资金（产业类）抗疫优秀作品奖。配合长江路沿线博物馆夜间开放，在江宁织造博物馆举办越剧《红楼梦》演出等活动。作品《野蜂飞舞》获得省、市五个一工程奖，传记文学《南京1949》在世界读书日首发，话剧《长江路》配合长江路文旅集聚区黄金周开演，声乐组曲《红船啊红船》完成制作并出版发行。积极推进“城市街巷三部曲”之话剧《珠江路》的创排工作，获得南京市高层次文化人才项目扶持资金200万元。

（卓怡杉）

10月22日，德基美术馆大V看玄武　（区委宣传部　供图）

统战工作

【概况】　2020年，玄武统一战线在区委的坚强领导下，紧扣“强富美高”总目标，坚持稳中求进工作总基调，强化争先导向、系统导向、特色导向，强化领跑意识，深化实践创新，彰显作为担当，不断推动全区统战工作提质增效。新冠疫情暴发以来，玄武统一战线充分发挥联系广泛、资源丰富优势，踊跃投身疫情防控大局。全区广大统战成员先后捐资捐物合计800余万元。在文明城市创建中，统战成员组成志愿服务队，和街道、社区一起冲锋在前，助力疫情防控和文明城市创建工作。根据抗疫形势发展，积极助力民营经济夺取疫情防控和经济社会发展“双胜利”。

【党外知识分子和新的社会阶层人士统战工作】　团结引导广大党外知识分子和新的社会阶层人士，紧紧围绕在党的周围，创新方式方法、聚焦特色品牌，不断扩大玄武实践创新工作影响力。强化政治引领。完善区委常委、统战部领导班子与党外知识分子谈心交流、列名联系制度，组织区知联会和新联会领导班子成员参加统战团体领导班子思想政治建设研讨班，党外知识分子、无党派人士和新的社会阶层人士与党委、政府的联系愈加紧密。加强组织建设。区知联会、新联会理事会议重点传达学习上级统战工作精神，专题研究人事调整和新理事、新会员发展工作方案，积极为玄武经济社会发展建言献策、集聚智慧。完善基础工作。完成了区级层面无党派人士工作室的筹备工作。持续落实《关于无党派人士政治面貌规范使用意见（试行）的实施办法》，完成年度71名无党派人士的身份认定工作。依托“苏统云”平台，不断加强玄武区党外知识分子和新的社会阶层人士数据库建设。突出实践创新。在深化“新领空间”“青柠盟社区”两个全国示范点实践创新基地和“小红梅”“T80园区紫麓同心社”两个市级实践创新重点项目基础上，打造完成玄武区新的社会阶层人士之家。聚焦特色活动。组织“知联玄武·走进云上”“关爱儿童，情暖墨香”“欢乐益夏”夏令营、“阳光少年·晶彩人生”“情暖与爱同行”等系列主题活动。联合区委宣传部，组织全区网络人士代表开展了2次“大V看玄武”活动。

【民族宗教工作】 加强民宗领域基层基础建设。召开民宗工作领导小组会议，压实安全生产工作主体责任，开展宗教活动场所安全工作专项整治，突出重要时期、重大活动、重点部位宗教活动场所安全维稳工作。开展“宗教政策法规学习月”活动，加强宗教行政执法人员队伍建设。每月定期召开民宗领域意识形态和基层基础风险排查工作月调度会，持续深化中央宗教工作督查和省委巡视整改工作，切实解决宗教领域难点热点问题。稳步推进民族团结进步创建工作。建立全覆盖“3+3”工作体系，大联盟、民促会、微阵地三个层次对应区街社三级民族团结进步创建平台，建设各类“红石榴家园”13家，成立街道民族团结进步促进会7家，推动成立“博爱钟山”环紫金山民族团结进步示范创建联盟。大力营造民族团结进步创建氛围。举办“中华民族一家亲·助推消费我最行”兰州拉面技能大赛，开展民族团结进步宣传月启动仪式暨玄武区“博爱钟山”示范区创建环紫金山健步走，举行南京市职工文化系列活动玄武专场暨玄武区“博爱钟山”民族团结进步示范区创建主题晚会等活动。在全省民族团结进步表彰中，玄武区委统战部喜获“全省民族团结进步模范集体”称号。

【港澳台统战工作】 调整完善区委统战工作领导小组及区委对台工作领导小组成员单位，将统战工作纳入成员单位工作职责、纳入区对街党建工作考核。建立健全驻区高校、院所部门联席会议制度。切实维护合法权益，协调处理台企饱岛尚青鲁肉饭合同纠纷、台属窦一翔拆迁等事宜。组织港澳台同胞开展“月圆玄武”“迎国庆、贺中秋”等联谊活动，开展港澳青年创业人才玄武行、“凤栖玄武”等多场招商引智活动，讲好“玄武故事”、发出“玄武声音”。

【侨务工作】 发挥玄武欧美同学会、侨联桥梁纽带作用，积极完成侨联基层组织街道全覆盖准备工作。发挥华侨文化交流基地、创新创业基地作用，促进海外民间交流。与区推进“一带一路”建设领导小组办公室联合出台《关于进一步发挥华侨华人在高质量推进“一带一路”交汇点重要枢纽城市建设中作用的实施方案》，参加以“法治南京·你我同行·维护侨益·你我有责”为主题的第三届法律宣传月活动，组织召开玄武海外联谊会第三届理事大会暨玄武区投资环境推介会，依托玄武海联会平台，探索建立玄武侨务工作品牌，创成江苏省徐庄高新区华人华侨创新创业中心。（宋　龙）

机构编制工作

【概况】 2020年，区委编办在区委坚强领导和区委组织部归口管理下，围绕中心大局，助力做好疫情防控和文明城市创建，稳步推进机构编制日常管理、机关事业单位编外员额核定和街道集成改革等工作，为“强富美高”新玄武建设提供有力制度和组织保障。全年召开编委会议3次，对13家单位机构编制事项进行调整。重新核定机关事业单位编外员额，有关工作获省委组织部副部长、省委编办主任俞军批示肯定。

【区委领导调研】 2020年4月7日上午，区委书记闵一峰检查区委编办“防疫+”战时工作机制落实情况。闵一峰对编办疫情防控及近年来两次牵头机构改革、推动“放管服”等重点改革任务予以肯定，指出机构编制资源是重要政治资源、执政资源，机构编制工作是党的重要工作，要始终坚守正确政治方向，深刻认识加强党集中统一领导机构编制工作的重要性，将机构编制工作与党管干部、党管组织统筹谋划、一体推进；要牢牢把握法治发展方向，贯彻好《中国共产党机构编制工作条例》。闵一峰要求，编办具体要在四个方面想办法、出实招，一是在服务大局上，始终聚焦中心工作，做好服务保障，切实做到区委有部署、机构有保障、编制跟得上；二是在盘活资源上，机构编制要整体统筹调度，现有好的编制管理办法要坚持下去，把有限的编制资源用好，认真做好编外人员员额核定；三是在管住编制上，要改变“新任务就要加机构、加职数、加编制”的工作惯性，要扎住口，实行刚性管理；四是在推动改革上，做好改革中人的保障，大胆探索、深入推进，形成改革的玄武样本。

【学习贯彻《中国共产党机构编制工作条例》】 邀请省市编办领导授课，切实提高全区各单位领导班子运用《中国共产党机构编制工作条例》（简称《条例》）做好机构编制工作的能力和水平。6月9日上午，区委党校举办《条例》专题培训班，由市委编办一级调研员赵毅授课，全区机关部门、街道和园区分管负责同志参加培训。赵毅从充分认识《条例》的重要意义、准确把握《条例》的主要内容、全力抓好《条例》的贯彻落实等方面，全面讲授《条例》。8月8日上午，区委理论学习中心组举办学习会，专题学习《条例》，省委组织部副部长、省委编办主任俞军作《坚持党管机构编制 推动条例落地生根》专题辅导。区委书记闵一峰主持学习会，区委常委，区人大常委会、区政协主要领导，有关区领导，各街道和区机关各部门主要负责人等参加学习。俞军从开创机构编制法定化先河、在机构编制工作发展史上的里程碑意义、为破除体制机制障碍提供有力抓手等方面，深入解读了《条例》出台的重要意义。同时，结合江苏机构编制工作实际，从“四个基本原则”“四个关键环节”“六个严禁”“七项制度”等方面，对《条例》内容进行了全面细致的解读。

【事业单位监督管理】 规范事业单位法人异常名录管理。将17家撤销一年内未及时办理法人注销登记手续的事业单位列入异常名录库，截至2020年12月，3家事业单位已完成注销登记，14家事业单位正在办理中。完成2019年度事业单位年度报告公示。利用“事业在线”工作平台，做好“不见面审批”，对年度报告、变更登记、注销登记等进行网上受理、审核、核准，办理结果采取EMS邮寄，最大限度减少人员聚集流动。截至5月底，全区137家事业单位完成年度报告公示。截至10月底，完成设立登记9家、变更登记23家、注销登记3家、法人证书补领1家。完成2019年度事业单位信用等级评价。依托“南京市事业单位监管与服务云平台信用等级评价系统”，经单位自评、主管局评分、监管单位评分等多个步骤，截至9月底，完成信用等级评价工作，并将终评结果向社会公示。

【机构改革工作】 深化区人大机构改革，调整区人大及其常委会机构，组建区人大监察和司法委员会、社会建设委员会等2个专门委员会，不再保留区人大常委会内务司法工作委员会，在区人大常委会办公室增设预算监督科，相应调整领导职数。深化区政协机构改革，进一步优化各专门委员会机构设置，保留2个专门委员会、更名调整4个专门委员会，并相应调整领导职数。深化纪检监察体制改革，增设1个纪检监察室，核减1个派驻纪

4月29日，玄武海外联谊会第三届理事大会召开　（区委编办　供图）

检监察组，相应划转4名行政编制，调整领导职数。

【街道集成改革工作】 制定出台“1+N”系列改革方案，1是指《玄武区街道集成改革实施方案》，N包括《玄武区建立“街道吹哨、部门报到”基层社会治理机制的实施方案》《街道综合行政执法局设置方案》等子方案。将改革任务细化分解，明确牵头和责任部门，建立定期调度、协调督促制度，全力做好统筹推进。印发街道“三定”规定，明确“5部1局2中心”的街道新架构，通过归口管理、合署办公等形式，确保各职能机构工作运转顺畅。加强街道便民服务机构规范化建设，在街道和社区布设完成省市政务服务平台，优化“审批服务一窗口”。推动城管、市场领域执法力量进一步下沉，纳入街道综合行政执法局统一指挥，制定赋权目录，强化“综合执法一队伍”。对照省级平台标准，对玄武区社会治理一体化云平台进行优化改造，升级“指挥调度一中心”。建立“街道吹哨、部门报到”工作机制，街道“吹哨”提清单、部门“报到”拿措施、领导“领办”抓协调，着力破解城市管理、基层治理、服务群众“最后一公里”难题。

【全区机关事业单位编外员额核定】 积极与财政、人社部门进行沟通对接，深入了解全区编外人员管理、财政保障体系等方面的情况，对全区189家机关事业单位实际聘用编外人员情况进行了认真梳理，尤其针对超员额聘用较多、编外用工需求较大的46家机关事业单位分2个工作组开展实地调研，着重在设岗依据、岗位性质、工作量饱和度、编内编外人员工作衔接上进行了解测算，经过多轮论证，形成员额核定方案。员额核定坚持编内编外统筹、保重点保民生、强化岗位管理等原则，重点保障应急、民生等领域，在教育卫生等系统采取总量管理与内部动态调整备案相结合方式，给予一定自主权，员额管理鼓励服务外包，明确后勤服务岗位不纳入管理，确保员额配置科学合理。员额核定方案经区相关会议研究通过后，于7月31日由区委办公室、区政府办公室对外印发。

【安全生产工作职责清单】 为贯彻落实中央和省、市关于安全生产的决策部署，坚持将省巡查反馈问题整改作为一项重大的政治任务，不折不扣落实相关整改要求，区委编办结合机构改革职责调整实际，会同区安委办重新梳理编制《玄武区各有关部门和单位安全生产工作职责清单》，以区委编委、区安委会名义联合印发（玄编字〔2020〕12号）。清单将原25个责任部门125条安全生产职责扩展至40个党政部门217条安全生产职责，并根据所承担安全生产监管职责，划分安全生产综合监管部门、负有安全生产监督管理职责的部门、其他行业主管部门和安全生产支持保障部门等四类部门，在16个部门的牵头科室增挂“安全生产监督管理科”牌子，实现安全生产工作职责全覆盖。

（杜建军）

党校工作

【概况】 2020年，区委党校坚持以习近平新时代中国特色社会主义思想为指导，紧密围绕区委、区政府中心工作，坚持贯彻落实《中国共产党党校（行政学院）工作条例》，提请区委下发贯彻落实《条例》重点任务分解方案，建立并完善校务委员会领导体制，落实区领导来党校调研工作要求，用好对标找差、争先创优工作方法，全力参与疫情防控和文明城市创建攻坚战，着力创新实干开创高质量办学新局面，为玄武高质量发展贡献党校力量。

【干部培训】 研究出台《玄武区委党校干部培训疫情防控工作方案》，以“防疫不放松，教学不停摆”为工作指导，全年“分类别、分层次”举办了“聚焦文旅产业发展，聚力新玄武建设”专题研讨班、第15期中青年干部培训班、“薪火训练营”年轻干部培训班、“学习十九届五中全会精神”区管干部进修班等22个班次，培训学员1000余人次，其中“薪火训练营”学员在梅园新村纪念馆表演的史料原创剧目《特殊的明星》得到江苏省委副书记任振鹤的肯定。打造梅园新村纪念馆、梅庵、“心廉心”广场等特色现场教学，多维度开发模拟式、体验式、研讨式、辩论式等互动课程。

【制度建设】 建立领导干部上讲台制度，推动领导干部到党校讲课、作报告和与学员座谈经常化、规范化、制度化。以区领导为重点广泛征集领导干部上讲台选题，建立领导干部专题授课师资库，其中区领导12名，处级领导干部30余名，将重要指导思想、重大决策部署带进党校课堂。2020年区党政领导带头到党校讲课座谈17次，其中区委书记闵一峰为“聚焦文旅产业发展，聚力新玄武建设”专题研讨班、第15期中青班讲授专题党课，区长钱维为第15期中青班讲授专题党课，授课区管以上领导干部达60人次，区管以上领导干部授课占比达28%以上。

10月19日，区委书记闵一峰为第15期中青班学员讲授专题党课

（区委党校　供图）

【理论宣讲】 围绕习近平新时代中国特色社会主义思想、党的十九届四中、五中全会精神、玄武高质量发展成果等设计宣讲内容，以“优秀党课进基层”等活动为载体，定期向基层推送宣讲菜单，2020年赴机关部门、基层社区、驻区单位，面向2600余名基层党员开展宣讲40余场，1名教师的宣讲报告《推进制度优势向治理效能转化》获得2019—2020全市优秀基层理论宣讲报告。

【信息宣传】 上报党委信息72篇，工作动态信息68篇，其中1篇被省委办公厅《信息专报》采用并被省委书记娄勤俭批示，5篇被《南京上报信息》采用，多篇被《玄武动态》采用，2020年度9期《玄武党校通讯》共获得区领导批示11人次，投稿人民论坛网、交汇点、中华英才网、龙虎网、紫金山新闻等新媒体并被采用7篇。

【科研资政】 创新开展“微调研”活动，校领导带头、全体教师参与，积极为全区经济社会发展建言献策。全年共完成4项省市委党校课题、9篇微调研成果，其中4项调研报告和论文成果被《新华日报》《金陵瞭望》《玄武动态》等采用，4篇微调研成果获得了区长、区委副书记等区领导的肯定批示达8次，取得良好决策效果和社会效果。1名教师参与的市委党校课题《南京市“打造人工智能产业地标政策”问卷调查分析》在市政府研究室领导参阅刊登，《〈南京市营造公平竞争环境促进民营经济发展的政策措施〉评估报告》获“省社科应用研究精品工程”优秀成果一等奖。

【教师培养】 出台《玄武区委党校“三新”人才培养计划实施办法》，以“三种学习”为抓手培育可持续发展的人才梯队。轮流选送教师参加中央、省、市的各类师资培训、学术交流、访学锻炼活动；邀请省市委党校教授专家及部门领导到校开展专项指导，拓宽眼界、提高认识；安排全校青年教师轮岗承担班主任工作、举办专题赛课会、选送教师参与“梧桐论语——我是理论宣讲者”等市级层面的宣讲评选活动，1名教师获得“梧桐论语——我是理论宣讲者”评选活动二等奖。

【教学保障】 调整科室职能，原函授科更名为教学保障科。积极争取区委区政府的支持，推进新校区选址工作，完成项目策划和概念设计。精心设计建设学员餐厅、学员休闲区、多媒体教室、学员讨论室和学员宿舍等，精心打造“党性教育主题长廊”

和红色书屋(综合阅览室),美化亮化校园环境、加强"文化校园"建设,以"微改造"提升"微服务"。

【校·园共建】 12月3日,玄武区委党校与南京理工大学科创园管委会举办图书共建签约仪式,双方合作建立了"'校·园'共建共享流动图书站"和"党风廉政图书角",区政协副主席、区"两落地一融合"推进办载体组组长蒋健、区委党校常务副校长曾艳、南京理工大学科技创新园管委会副主任张明亚等出席签约仪式。"流动图书站"以"红领1928"空间为载体,精准服务企业园区,实现双向发展,推动党校职能向基层一线延伸、党校服务向一线延长。 (王 娅)

老干部工作

【概况】 2020年,中共玄武区委老干部局以习近平新时代中国特色社会主义思想和党的十九大,十九届二中、三中、四中、五中全会精神为指导,认真落实中央、省市区有关做好老干部工作的指示精神,紧紧围绕全区中心工作,以深入学习贯彻全国、全省、全市老干部局长会议精神为抓手,着力抓好"两项建设",全面落实"两项待遇",扎实推进老干部工作高质量发展,较好地完成了全年各项目标任务。截止到2020年12月31日,全区有老干部145人,年内有8名老干部因病去世。

【离退休干部党建工作】 坚持把党的政治建设摆在首位,努力为全区离退休干部党组织持续健康发展赋能、定向。开展离退休干部党支部"六有一提升"达标创建工作,推进党组织合理设置、定期换届与规范化运作,选优配强支部书记及党小组长,每个单位均明确1名在职党员担任离退休干部党建工作联络员,协助开展工作。根据省、市关于离退休干部党支部"六有一提升"达标验收工作要求,全区采取由离退休干部党支部自评、上级党组织验收、区委离退休干部工委牵头复核的方法步骤,本着"成熟一个、验收一个、复核一个"的原则,自下而上,逐层开展离退休干部党支部达标验收复核工作。今年全区87个离退休干部党支部已通过省市达标验收,实现100%全部达标。积极探索基层离退休干部党建工作新路径。玄武区在全市首创"社团红领+"离退休干部党建工作新模式,支持兴趣社团建设,让老同志"同声相应";探索"社团红领+"模式,让老党员"凝心聚力";鼓励社团党员参与公益服务,让老干部"银发生辉"。相关经验做法得到市委老干部局充分肯定,并荣获全省离退休干部党建创新典型案例。

10月10日,召开离退休干部党建工作推进会 (区委老干部局 供图)

【政治理论学习】 深学笃用党的创新理论,采取多种形式,组织老干部学习政治理论,引导老干部牢牢把握政治方向,树牢四个意识、坚定四个自信、做到两个维护。今年以来,全区举办"传承红色基因"主题党日活动14场次,组织"红色记忆访谈""集体政治生日""讴歌新时代、增添正能量"等活动8场,并为87家离退休干部党支部征订了党报党刊及《中国老年报》《银潮》杂志。落实好老干部政治待遇,积极组织离退休干部参加各级形势报告会、情况通报会、专题讲座和座谈会,充分尊重老同志的知情权、参与权和监督权,把党的声音和省市区委的决策部署传达给老同志,帮助他们及时了解本地区、本单位重点中心工作的推进情况，并鼓励老干部建言献策，为玄武高质量发展贡献智慧力量。2020年共举办情况通报会、形势报告、专题讲座46场，参加离退休干部3700余人次。突出疫情期间政治引领，因疫情原因老干部各类聚集性活动均暂停开展，为了满足老干部了解时事、关心玄武以及参与学习的需求，区委老干部局依托微信群、QQ群等网络平台，开通老干部"云课堂""线上群聊"，鼓励老干部建言献策、展现正能量；以季度为单位编制《中央、省、市重要会议及文件精神传达》以及《玄武区重点工作信息速递》，方便老干部足不出户也能及时了解上级精神及地区发展建设动态，得到广大老干部的好评。

【走访慰问】 坚持"六必访"制度，定期上门走访老干部，及时了解情况、听取心声诉求，解决困难问题，并送去组织的关怀与温暖。疫情期间，针对老干部的困难需求，比如代跑腿、代开药、代买物资以及家用设备维修代联系，等等，尽全力予以协调解决，并将学习资料、防护用品送到老干部家中，面对面听取他们的健康生活情况、心声诉求，得到了老干部的认可与满意。重阳节期间，为全区18名年满90周岁、100周岁的离休干部上门举办祝寿活动，送去慰问品和组织关怀。全区开展离退休干部走访慰问600余人次。

【生活服务】 落实离休费保障机制、医药费保障机制、财政支持机制。及时看望生病住院老干部，妥善处理身后事，安抚好家人遗属。协调区有关部门，解决了商务系统企业离休干部医药费报销问题。9月底，组织全区60多名老干部到市级机关医院健康体检，为确保体检项目能更加准确地反映老干部身体状况，结合老干部身体共性特点，有针对性地确定体检项目，得到了老干部的认可。对检查出来的疾病，逐个通知复查和治疗，并建立和完善老干部健康档案。

【医疗服务】 推进"三有一落实"工程，实现离休干部签约家庭医生服务的有序推进，落实离休干部就医自付费财政补助政策，建立完善电子健康档案和优先服务渠道，保持离休干部就医绿色通道畅通。健全区—部门—街道园区三级联动帮扶网络和工作机制，对身患重病、家庭发生重大意外、生活特别困难以及空巢、孤寡、失能等离退休干部党员，做到及时看望、经常走访、帮助解决问题。

【党支部工作】 按照"银发生辉"工程"五个助力"要求，切实引导全区广大离退休干部发挥政治优势、经验优势、威望优势和专业特长，力所能及开展服务社区、服务群众、服务老党员活动，为实现"强富美高"新玄武奉献余热。组建"红领晚晴、银耀玄武"老干部志愿服务队。召开离退休干部党建工作推进会，举行老干部志愿服务队授旗仪式，动员和鼓励老党员参加"银发生辉"系列活动，找准老党员发挥作用的切入点、着力点，按照自觉自愿、量力而行的原则，支持和鼓励老党员力所能及地发挥作用，为全区经济发展、文化传承、文明创建、法治教育、科普宣传、党的建设提供智力支持和精神动力。10月底，广大"红领晚晴、银耀玄武"老干部志愿者服务队深入玄武门街道台城花园社区，宣传垃圾分类常识，得到了广大社区居民认可。联动区老年体协、书画协会、诗词协会等群团组织，开展"书画进校园"、"棋牌比赛"、"门球邀请赛"等适合老同志特点且有益身心的活动，老年诗词协会、书画协会等社团组织带领老党员激情创作，通过诗词书画，赞美讴歌奋战在一线的"最美逆行者"，振奋精神、鼓舞士气。组织区离退休干部党支部对接溧水白马镇中学困难家庭学生，开展"送书送画、迎春送福"以及"捐款捐物、定向助学"公益志愿服务。组织区机关离退休干部参观考察玄武"四新"行动成果，老干部们现场观摩了高堂养老大钟亭公园颐养中心和南京百子亭天地，亲身感受了"四新"行动为玄武发展带来的可喜变化。

【"结对帮扶"活动】 持续开展结对帮扶困难群众和党员义工服务活动，遴选台城花园社区5名困难家庭作为局机关干部的联系点，坚持定期走访帮助他们解决困难，全年共投入帮扶资金5000元。 （朱　红）

6月29日，建党99周年主题党日活动　　（区机关工委　供图）

机关党建

【概况】 2020年，区委区级机关工委以党的政治建设为统领，牢固树立政治机关意识，认真履行全面从严治党主体责任，立足“走在前、做表率”，以高质量机关党建服务保障高质量发展。

【助推夺取“双胜利”】 区机关充分发挥政治引领作用，把夺取疫情防控和经济社会发展“双胜利”作为践行“三个表率”、建设模范机关的“练兵场”和“试金石”。新冠疫情发生初始，区机关第一时间响应号召，迅速集结先锋力量，组织50个区级机关部门党组织，紧急驰援59个结对社区，累计4.6万人次的机关党员干部下沉社区防控一线，积极参与社区站岗执勤、重点人群排查、防疫宣传等工作。在境外疫情暴发后，区机关紧急抽调两批次共17名有医护背景的年轻转业干部，全力支援区境外人员集中观察点专班服务。在复工复产中，区机关组织37名机关干部成立党员服务小分队，支援街道、园区开展复工复产工作，组织机关部门（单位）发放消费券累计137万余元，以实际行动助推经济社会发展。在疫情期间，2200多名机关党员干部共捐款36.96万元支援抗疫，累计向结对社区独居、孤寡老人、病残人员等特殊群体发放23万余元防疫和生活物资，96名机关党员干部无偿献血18000毫升。

【“统一行动日”活动】 区机关紧密围绕全区重点工作，充分发挥“双结对、双促进”制度优势，常态长效开展“统一行动日”活动，定期组织机关党员干部，积极参与全区文明城市创建和生活垃圾分类志愿服务。7月份以来，累计3.8万人次的机关党员干部深入结对社区，参加文明交通协勤、环境治理攻坚、桶边分类指导等工作。

【党员学习教育】 坚持学用结合、理论联系玄武发展实际，大力推动机关理论武装往深走、往心走、往实走。认真落实中心组旁听巡学制度，推动党员领导干部认真研读《习近平谈治国理政》（第三卷），带头学习贯彻习近平新时代中国特色社会主义思想和党的十九届四、五中全会精神。持续抓好机关党员常态化学习，配发《党的十九届五中全会学习辅导百问》等学习书籍2400余册，组织发动区级机关1.2万人次的党员干部参加全省“学用新思想”答题竞赛。通过开设“思享5分钟·点赞中国之治”、党员冬训“e党课”“党课开讲啦”“我是党课主讲人”等活动，邀请机关“草根名嘴”讲故事、谈感受、说体会，让理论宣讲更接地气、入人心。举办“五四”机关好青年事迹演讲比赛、“学习抗疫精神，争当时代先锋”主题党日活动、学习强国“学习达人”评选和挑战答题竞赛。建立“学习强国”平台、远程教育站点平台使用情况常态化通报机制，督促激励机关党员干部养成“每日必学”的良好习惯。

【基层党组织建设】 严格贯彻落实《党支部工作条例》《机关基层组织工作条例》要求，坚持全面从严治党向基层延伸，提升基层党建工作质效。组织开展机关党建“三级联述联评联考”，推动机关各级党组织书记切实履行抓机关党建的政治责任，当好“一线指挥员”。认真抓好省委巡视反馈意见整改，严肃党内政治生活，严格落实“三会一课”等制度，建立党员领导干部双重组织生活提醒制度，按季度定期开展专项检查，推动基层党组织把党内政治生活管起来、严起来。严格规范支部建设，落实“标准+示范”支部建设标准，推动10家机关党组织按期换届和设置调整，指导区司法局及其律师行业党委开展选举工作。全年完成11名党员发展计划。分层分类举办机关党务干部、退休党支部书记、党小组长等专题培训班，集中轮训120名党务干部。建立党支部“堡垒指数”和党员“先锋指数”评价信息化平台，推动支部管理制度化、制度流程化、流程信息化。选送9个机关基层党组织“一强三创”书记优秀微项目案例，进一步推动基层党支部工作创新。完成12个机关退休支部“六有一提升”达标创建，其中获省、市示范党支部各1家。推选在疫情防控、一线岗位的先进典型，区机关党员干部获评区级优秀共产党员3名、玄武好青年7名、区文明职工4名。

【作风建设】 聚焦民生改善，坚持从严管理，优化监督评议，提升群众满意度。制定《2020年机关作风建设工作意见》《2020年玄武区机关作风建设监督工作清单》等制度文件。搭建掌上监督系统，对7个街道区、1个园区、50个区级机关部门和5个区国企集团，20家窗口单位，开展全覆盖监督，收集意见建议521条，及时反馈并整改落实，有力促进服务质效提升。坚持问题导向，建立“互联网+作风”预警监控系统，以窗口服务掌上评议平台、企业评议人监测平台、群众评议人监测平台为基础，形成机关作风和行风建设的监控“风向标”，适时发现隐患，发出整改预警，提升部门工作水平。以“12345”政务服务热线群众反映的突出问题、市区两级上年度“满意度评议”活动收集的210条具体意见和建议为重点，建立专项攻坚制度，序时推进、分步解决，切实推动问题整改，提升群众满意度。

【机关人文建设】 牵头承办全区第十七届职工技术大比武活动“我为‘四新’行动建言献策‘金点子’”比赛、摄影技能讲座等活动，进一步提高机关党员干部的岗位履职能力。认真做好“号岗”评选推荐申报工作，激励广大干部职工积极争优创先。其中，其中，区税务局税政二科获评“市级工人先锋号”，司法局法律援助管理科获评“区级工人先锋号”；建设局机关工会被评为区先进职工之家，民政局社会组织管理科工会小组被评为区先进职工小家；卫健委杨勇、区委组织部钱钦民、信访局王林军、区人民法院邵小波4人推荐为市级机关“最美机关人”；民政局沈俏被推荐为市级“三八红旗手”表彰人选，区财政局被推荐为市“三八红旗集体”表彰人选。举办防灾避险和自救互救能力培训、心肺复苏理论知识辅导与技能操作演练、“联糖日义诊及送健康进机关”等活动，组织区机关380余名干部职工参加全国第五次国民体质监测，关心关爱干部职工身心健康。积极组织开展“激励关怀送温暖”活动，走访慰问49名身患重大疾病的机关党员干部职工，发放慰问金8.34万元，发放独生子女父母奖励金19980元，组织8名机关劳模和10名职工参加疗休养。

（郑文周）

关心下一代工作

【概况】 截至2020年底，玄武区各级关工委组织277个。其中区关工委1个，街道7个，社区59个，机关系统3个，中小学校43个，干休所7个，公检司法15个，民企142个。经常参加关心下一代工作的“五老”（老干部、老战士、老教师、老专家、老模范）志愿者、在职教师骨干2563人。

【中国关工委领导考察】 2020年10月29日，中国关工委主任顾秀莲到南京调研考察了玄武门派出所关爱工作站，对区关爱工作站工作给予了充分肯定。顾秀莲指出，组织退休民警关爱教育青少年，特别是预防和减少青少年违法犯罪，具有独特优势。区关工委为发挥政法系统老政法、老干警经验和威望的优势，在8个基层派出所都建立了关爱工作站，为退休民警结对帮教问题青少年搭建了平台。

9月1日，《海娃的114》老少演讲团队参加2020年南京市中小学校"开学第一课"
（区关工委　供图）

【参加中小学校活动】　2020年9月1日，玄武区关工委组织"五老"专家的力量，携手南师附小学生，精心创作的贴近青少年实际的演讲作品——《海娃的114》应邀参加了市文明办、教育局、广电集团联合主办的南京市2020年"全面小康，追梦成长"为主题的中小学校"开学第一课"节目展演。在8月市"梦圆小康"老少同台演讲比赛中，这部演讲作品取得第三名的好成绩。南京市电视台少儿频道、《南京日报》等媒体进行了宣传报道，扩大了教育面，提高了全区"演讲比赛育新人"活动品牌的影响力。

【商务楼宇关工委建设】　2020年，坚持"党建带关建"，通过经验推广、现场观摩、组织交流有效发挥典型带动作用，全区7个街道已成立9家商务楼宇关工委，实现了重点商圈集聚区的全覆盖，商务楼宇关工委工作更添动力。区委组织部部长挂钩联系一批党建空间，将商务楼宇党建工作与关工委工作同规划、同部署、同推进、同督查。12月24日，举办了全区商务楼宇关工委工作研讨会，市关工委执行副主任盛金隆参加研讨会并讲话，增强了玄武区将商务楼宇关工委工作从"盆景"向"花园"深耕细作的信心。

【区、街少年法学院（分院）建设】　2020年，根据全市少年法学院建设现场推进会议部署要求，8月26日，由区委政法委牵头，会同区关工委、教育局、司法局、团区委、法学会和政法关工委成立了区少年法学院，统一负责全区青少年法治教育工作。市关工委副主任钱继红到会为区"少年法学院"和"少年法学分院"揭牌授牌并讲话。11月，区检察院检察官讲解新《民法典》和新修订的《未成年人保护法》，区法治副校长、"五老"法治报告团成员等60多人参加了集体学习和备课。新街口街道组织召开了少年法学院分院的联席会议，提出"政、校、街、社"四位联动，实现资源共享，合力做好少年法学院教育工作。

【陕西省关工委领导调研】　1月15日上午，陕西省关工委副主任兼秘书长蒋惠莉、工商联副秘书长刘书政、办公室主任林炜、副调研员霍伟华等一行，到江苏省南京市玄武区调研非公企业关工委建设情况。江苏省关工委副主任王学成，南京市关工委执行副主任盛金隆、副秘书长周福龙等陪同。玄武区关工委常务副主任刘显平、副主任张国仁、秘书长李红等参加了调研活动。　（李　红）

（栏目编辑　刘心林）

南京市玄武区人民代表大会

综述
重要会议
人大监督
人大代表履职

综　述

【概况】 2020年末，玄武区现有区第十八届人民代表大会代表232名，市第十六届人民代表大会代表44名。区十八届人大常委会组成人员有29名，机构设置有区人民代表大会法制委员会、区人民代表大会财政经济委员会、区人民代表大会常务委员会办公室、研究室、教育科学文化卫生委员会、环境资源城市建设委员会、民族宗教侨务台湾事务委员会、人事代表联络委员会、预算工作委员会(与区人民代表大会财政经济委员会合署办公)，派出工作机构有7个街道工作委员会。在中共玄武区委领导下，区人大常委会认真学习贯彻党的十九大精神，以习近平新时代中国特色社会主义思想为指导，依法履职，科学部署，有序组织，担当作为，为奋力夺取疫情防控和经济社会发展目标"双胜利"，高质量建设"强富美高"新玄武做出了应有贡献。2020年共接待瑞金市人大、濉溪县人大、余杭区人大等单位来访5次，通过学习交流，提升了人大工作水平。

【常委会自身建设】 区人大常委会始终坚持以习近平新时代中国特色社会主义思想为指导，坚决贯彻习近平总书记关于坚持和完善人民代表大会制度的重要思想，以上率下、身先示范，把政治过硬、作风过硬、本领过硬作为自身建设的重要内容。全面落实区委人大工作会议精神，切实履行党建、意识形态工作和党风廉政主体责任，做好区委巡察反馈意见整改落实。着力加强思想政治建设，坚持学用结合、走深走实，进一步提升常委会及人大机关思想政治水平。加强组织和制度机制建设，进一步落实新一轮机构改革，优化常委会及机关的工作体系和运作机制，加强和改进区人大专门委员会、常委会工作机构和街道工委工作，定期召开人大工作例会、街道工委工作例会，优化人大系统内部互动协作，提高整体工作质效。加强作风建设，完善常委会组成人员出席会议、审议发言、请销假等制度，规范履职行为，树立良好形象。(祁　晨)

【各委员会工作】 根据区人大常委会年度工作要点及议题安排，区人大常委会教科文卫委、环资城建委、民宗侨台委、人代联委、内司工委、预算工委6个工作机构，围绕疫情防控和经济社会发展，紧扣区委中心工作和群众关心的热点、难点问题，聚焦行政权、监察权、审判权、检察权的依法正确行使，综合运用调研、视察、执法检查、专题询问、满意度测评等监督形式，依法履职尽责，不断增强监督的刚性和实效，为推进"一府一委两院"依法行政、公正司法，助力玄武经济社会和民生事业全面发展做出了积极贡献。

【宣传调研工作】 做好宣传调研工作是人大密切联系群众的重要手段，是创新人大工作方式方法的基本途径，也是提高人大监督工作实效的重要保障。2020年12月，区人大常委会积极参加以"向人民报告"为主题的纪念市人大设立常委会四十周年文艺演出，组织区人大机关人员排演《放歌四十年》音乐快板，在全市范围宣传人大代表履职尽责的事迹和成效。围绕人大工作履职实践，总结经验，探索规律，创新方法，深入基层和一线开展调查研究，形成60篇调研成果，为在新发展阶段更好发挥人民代表大会制度的支撑作用、更加彰显人民代表大会制度优势提供坚强有力的智力支撑。(钱　晨)

【区人大理论研究工作】 11月11日，区人大工作理论研究会在区机关大楼1105会议室，组织召开2020年玄武区人大调研工作总结交流会，区人大常委会主任杨乐华，区二级巡视员戴航，副主任蒋兆全、杨冬梅、李辉，区人大工作理论研究会会长刘显平，区人大各委室主任(人选)、副主任、调研员，区人大各街道工委主要负责人以及部分区人大代表出席了会议，会议由区人大常委会副主任蒋兆全主持。会上，区人大工作理论研究会会长刘显平首先宣读了表彰决定。随后，区人大财经委主任委员、常委会预算工委主任刘全庆等三名优秀论文作者进行了论文交流发言。最后，区人大常委会主任杨乐华就进一步做好新时期人大理论研究工作，提出四点要求：一是要加强学习，提高理论研究水平；二是要主动作为，准确把握研究方向；三是要整合资源，优化理论研究机制；四是要注重转化，坚持理论成果为重。同时希望人大理论研究会能够继续解放思想、求真务实，勇于担当、扎实工作，以更加丰硕的研究成果服务于全区，为高质量建设“强富美高”新玄武提供智力支持，发挥人大理论研讨效果的最大化。（赵　晖）

重要会议

【区人大常委会会议】 2020年，召开常委会会议8次，组织视察调研51次，听取、审议工作报告52项，开展执法检查3次，专题询问2次，做出决议决定6项，发出审议意见书11份，进行测评票决6次；依法任免国家机关工作人员67人次，开展政府部门和两院负责人履职评议4人，圆满完成了区十八届人大四次会议确定的目标任务。

2月27日下午，玄武区第十八届人大常委会举行第二十三次会议。会议听取了区人大常委会办公室主任刘康通报的《区人大常委会2020年工作要点及议题安排》；会议审议了部分市十六届人大代表履职报告，并对代表履职情况进行了测评。

4月29日下午，玄武区第十八届人大常委会举行第二十四次会议。会议听取和审议了区政府副区长戴航所作的《关于玄武区加强教师队伍建设工作情况的报告》，以及区人大常委会教育科学文化卫生委员会主任肖红所作的相关调研报告；会议听取和审议了区政府一级调研员凌立玉所作的《关于玄武区养老服务工作情况的报告》，以及区人大常委会内务司法工委主任刘必军所作的相关调研报告；会议听取和审议了区科技局、区城管局、区审计局和区检察院有关负责人履职情况报告，并开展了满意度测评；会议审议并表决了有关人事免职事项；会议以举手表决的方式，通过了区人民法院院长沈涌提请的关于免去陈新娣等人职务的议案。

5月20日下午，玄武区第十八届人大常委会举行第二十五次会议。会议审议并表决了有关人事任免事项。会议以举手表决的方式，通过了《关于接受戴航、马千山辞去南京市玄武区人民政府副区长职务请求的决定》，以无记名投票方式，通过了区人民政府区长钱维提请的有关人事任职议案。会上举行了宪法宣誓仪式。

6月29日下午，玄武区第十八届人大常委会举行第二十六次会议。会议听取和审议了区政府副区长张杰所作的《关于2019年度玄武区企业国有资产管理情况的专项报告》，书面审议了《关于2019年度玄武区国有资产管理情况的综合报告》，以及区人大常委会预算工作委员会主任刘全庆所作的相关调研报告；会议听取和审议了区人大常委会副主任李辉所作的《区人大常委会执法检查组关于检查〈中华人民共和国土壤污染防治法〉实施情况的报告》，书面审议了《区政府关于打好污染防治攻坚战·2019年工作情况的汇报》；会议听取和审议了区政府副区长张杰所作的《关于我区新冠肺炎疫情防控工作情况的报告》，以及区人大常委会副主任蒋兆全所作的《关于落实〈南京市人民代表大会常务委员会关于依法防控新型冠状病毒肺炎疫情，切实保障人民群众生命健康安全的决定〉监督检查情况报告》；会议听取和审议了区政府副区长庄佳峰所作的《关于玄武区退役军人就业创业服务工作情况的报告》，以及区人大常委会内务司法工作委员会主任刘必军所作的相关调研报告；会议听取和审议了区检察院检察长倪一斌所作的《关于公益诉讼工作情况的报告》，以及区人大常委会内务司法工作委员会主任刘必军所作的相关调研报告；会议审议并表决了有关人事任免事项。会议以举手表决的方式，通过了区人民法院院长沈湧提请的有关人事免职议案。会议以无记名投票方式，通过了区人民政府区长钱维、区人民法院院长沈涌提请的有关人事任职议案。会上举行了宪法宣誓仪式。

8月21日下午，玄武区第十八届人大常委会举行第二十七次会议。会议审议并表决有关人事任免事项。会议以举手表决的方式，通过了区人民政府区长钱维提请的有关人事免职议案。会议以无记名投票方式，通过了区人民政府区长钱维、区监察委员会主任张望提请的有关人事任职议案。会议以举手表决的方式，通过了《关于接受张望同志辞去玄武区监察委员会主任职务请求的决定》和《关于接受钱胜春同志辞去玄武区人民政府副区长职务请求的决定》。会议以举手表决的方式，通过了《玄武区人民代表大会常务委员会关于决定玄武区监察委员会代理主任办法的决定》。会议以无记名投票方式，通过了主任会议提请的有关人事任职议案。会上举行了宪法宣誓仪式。会议听取和审议了区政府副区长张杰所作的《关于老旧小区环境综合整治情况的报告》，以及区人大常委会环境资源城市建设委员会主任杨承龙所作的相关调研报告，并开展专题询问。会议听取和审议了区法院院长沈涌所作的《关于矛盾纠纷多元化解及案件繁简分流工作情况的报告》，以及区人大常委会内务司法工作委员会主任刘必军所作的相关调研报告，并开展专题询问。会议听取了区财政局局长余莉萍所作的《关于玄武区2019年财政决算草案的报告》、区审计局局长龚庆亚所作的《关于玄武区2019年区本级预算执行和其他财政收支的审计工作报告》，以及区人大常委会预算工作委员会主任刘全庆所作的相关调研报告。会议以举手表决的方式通过了《关于批准玄武区2019年财政决算的决议》。会议听取和审议了区政府常务副区长赵小华所作的《关于玄武区2020年上半年国民经济和社会发展计划及财政预算执行情况的报告》，以及区人大常委会预算工作委员会主任刘全庆所作的相关调研报告。会议书面审议了区税务局《关于玄武区2020年上半年税收收入计划完成情况的报告》。会议听取和审议了区政府常务副区长赵小华所作的《关于强化安全生产监管执法工作情况的报告》，区人大常委会预算工作委员会主任刘全庆汇报了调研情况。会议听取了区人大常委会副主任杨冬梅所作的《关于全区安全生产“一法两条例”实施情况执法检查报告》。

10月26日下午，玄武区第十八届人大常委会举行第二十八次会议。会议审议并表决有关人事任免事项。会议以举手表决的方式，通过了《关于撤销区人民代表大会常务委员会内务司法工作委员会的决定》《关于提请刘必军等人免职的议案》以及《关于提请王树平等同志免职的议案》，以无记名投票的方式通过了区人民法院院长沈湧提请的有关人事任职议案。会议以举手表决的方式，通过了《关于接受张望等同志辞去玄武区第十八届人民代表大会代表职务请求的决定》。会上举行了宪法宣誓仪式。会议听取和审议了区委常委、区政府党组成员马千山所作的《关于区政府推进长江路文化旅游集聚区建设情况的报告》，以及区人大常委会教科文卫委主任肖红所作的相关调研报告。会议听取了副区长张杰所作的《区政府关于突出环境问题整改情况的报告》。会议听取和审议了区人大常委会人代联委主任沈阳所作的《关于区第十八届人民代表大会第四次会议代表建议、批评和意见办理及督办情况的报告》，以及区政府办主任汪拥政所作的《关于区第十八届人民代表大会第四次会议代表建议、批评和意见办理情况的报告》，并书面审议了区监委、区法院、区检察院的代表建议办理报告。会议以举手表决的方式审议通过了《关于召开南京市玄武区第十八届人民代表大会第五次会议的决定》。

12月11日下午，玄武区第十八届人大常委会举行第二十九次会议。会议审议并表决有关人事任免事项。会议以举手表决的方式，通过了区人民政府区长钱维、区监察委员会代主任罗昌锋、区人民检察院检察长倪一斌提请的有关人事免职议案。会议以无记名投票的方式，通过了区人民政府区长钱维、区监察委员会代主任罗昌锋、区人民检察院检察长倪一斌提请的有关人事任职议案。会上举行了宪法宣誓仪式。会议补选了南京市第十六届人大代表。会议以举手表决的方式，通过了《关于接受张惠民、从蓉辞去南京市第十六届人民代表大会代表职务请求的决定》。会议以无记名投票的方式，通过了《关于补选罗昌锋为南京市第十六届人民代表大会代表的议案》。会议接受部分区人大常委会委员、区人大代表辞职事项。会议以举手表决的方式，通过了《关于接受丁锴辞去玄武区第十八届人民代表大会常务委员会委员职务请求的决定》，通过了《关于接受黄燕明等同志辞去玄武区第十八届人民代表大会代表职务请求的决定》。

12月28日下午，玄武区第十八届人大常委会举行第三十次会议。会议听取了区人大常委会副主任、代表资格审查委员会主任委员杨冬梅所作的《区十八届人大常委会代表资格审查委员会关于补选代表的代表资格审查报告(草案)》。会议以举手表决的方式通过了该报告。会议听取了区人大常委会副主任、大会筹备处秘书长蒋兆全所作的关于区十八届人大五次会议筹备情况的报告,决定提交区十八届人大五次会议预备会议通过。会议听取了区委组织部副部长赵虎关于区十八届人大五次会议各项建议名单的情况说明。会议以举手表决的方式通过了区十八届人大五次会议列席人员名单。会议讨论通过了区十八届人大常务委员会工作报告(草案),决定提交区十八届人大五次会议审议。会议审议接受了有关辞职、免职事项。会议以举手表决的方式,通过了《关于接受张杰辞去南京市玄武区人民政府副区长职务请求的决定》《关于提请免去黄燕明同志区监委副主任职务的议案》。会议听取了区财政局局长余莉萍所作的《关于玄武区2020年财政预算调整方案(草案)的报告》,以及区人大常委会预算工委主任刘全庆所作的调研报告。会议以举手表决的方式通过了《关于批准玄武区2020年财政预算调整方案的决议》。会议听取了区财政局局长余莉萍关于玄武区2020年预算执行情况和2021年预算草案报告的说明,初步审查了预算草案。会议听取和审议了区政府常务副区长赵小华所作的《关于2019年度区本级预算执行和其他财政收支审计查出问题整改情况的报告》,以及区人大常委会预算工委主任刘全庆所作的调研报告。会议听取了区发改委主任吴恒《关于玄武区2020年国民经济和社会发展计划执行情况与2021年国民经济和社会发展计划(草案)的报告》的说明,初步审查了计划草案。会议听取了区发改委主任吴恒关于《玄武区国民经济和社会发展第十四个五年规划和二〇三五年远景目标纲要》的说明,初步审查了规划纲要草案。会议听取了区发改委主任吴恒所作的《关于2020年民生实事项目完成情况及2021年民生实事项目编制情况的报告》。

【区人大常委会主任会议】2020年召开主任会议14次,其中预审常委会议题8次,听取区政府及相关部门专题汇报共计6次,实地调研视察4次。内容主要包括:听取区政府关于民族工作、债务管理、就业促进工作、传染病防治工作、中医药社区卫生服务工作以及民生实事项目完成情况的报告。实地视察区公安分局执法规范化建设、区监察委员会相关工作、区政府推进尧红路垃圾中转站建设进展情况以及2020年民生实事项目完成情况。（柏富强）

人大监督

【街道人大工作】 区人大各街道工委是区人大常委会在街道的派出工作机构,接受区人大常委会和街道党工委的领导,对区人大常委会负责并报告工作。一年来,区人大常委会街道工委立足各自代表组专业优势和对口委室、监督单位的工作性质,积极探索代表闭会期间的活动方式,做了大量富有成效的工作。加强履职能力建设,组织代表学习人大工作相关法律法规,打牢依法履职功底。拓宽知情知政渠道,定期召开政情通报会,组织各类视察调研活动,帮助代表及时了解经济社会发展新情况。深化平台建设,发挥好履职平台联系选民和群众的功能,组织代表进家进站进点,听民声汇民意,做到群众有所呼、代表有所应。动员代表参与文明城市创建,履行监督职能,发挥示范作用。加强和拓展定向定点监督,以预算监督、民生实事项目监督为双重点,各街道代表组对应相关部门开展全方位监督,经过专题调研、现场视察、听取报告等系列工作,形成针对性、建设性意见建议42条,逐项交办,逐一督促整改落实。（刘　鑫）

【双定暨民生实事监督工作】实施民生实事项目人大代表票决制,以民声定民生,抓实事促落实。将民生实事监督与定向定点监督深度融合,以街道代表组为单位组建7支监督组,分别对项目实施情况开展监督,一年两次组织全体代表集中开展专项视察,不定期组织专业代表组开展针对性检查,专题听取民生实事项目办理情况报告,开展主题接待活动，组织代表深入政务中心、社区服务中心接待群众，收集意见298条。在区人大代表的积极参与和监督下，在区政府及有关部门的高度重视和具体承办下，所有民生实事项目均按时间节点顺利完成，进一步发挥了代表的主体作用。

（祁　晨）

人大代表履职

【人大代表工作】　立足“代表机关”职能定位，不断完善机制程序，改进联系方式，充分发挥人大代表在人民代表大会制度中的主体作用。落实民生实事票决制，人代会期间组织代表对2020年民生实事项目进行票决，对2019年民生实事项目落实情况进行满意度测评，实现了民生实事“群众提、代表决、政府办、人大评”的闭环。完善代表联系群众制度，完成区政务中心大厅人大代表联系点改造升级，组织省市区人大代表进区政务中心95人次，接待群众127人次，提出意见59条。定期开展述职评议活动，常态化组织代表接待选民、听取意见，支持代表更广泛深入地联系群众，帮助解决难题。组织全区人大代表履职培训，举办《民法典》专题讲座，开展人大预算审查监督工作辅导，全面提升代表履职能力水平，为代表更好依法履职提供有力支持。积极拓宽代表履职渠道，邀请代表列席常委会会议，参与执法检查、专题视察等履职活动，进一步激发代表履职活力，提升履职实效。引导代表积极参与社会建设，发挥代表在疫情防控、文明创建、基层治理等领域的独特优势和重要作用，为玄武发展献智出力。有计划地开展代表补选工作，对出缺的17名代表分别在相应的选区进行补选。加强代表建议件办理工作。区十八届人大四次会议178件建议全部办结，办成率88.8%，比上年提高6.6个百分点。

（薛荣华）

【对人大任命人员的履职评议】　对人大任命人员履职测评是完善人大监督链条的重要手段，也是提升人大监督实效的有效载体。2020年，区人大常委会组织委员听取审议区科技局、城管局、审计局、检察院等单位负责同志的履职情况报告，开展满意度测评，并根据区人大常委会第二十四次会议审议情况及现场测评结果，以审议意见书形式印发给履职报告人及其所在部门，促进任命人员进一步增强人大意识、公仆意识和勤政廉政意识，积极转变作风、改进工作、履职尽责。

（钱　晨）

【区人大信访工作】　信访问题事关群众切身利益，区人大常委会办公室始终把“为民代言、为民解难”作为做好信访工作的基本出发点，积极健全工作机制，畅通信访渠道，认真对待群众每一封来信、每一次来访、每一件投诉，带着感情疏导和化解矛盾纠纷，切实加强和改进人大信访工作，真正把解决信访问题的过程作为贯彻党的群众路线、为人民服务的过程。2020年共接待来访群众16人（次），督促办理信访24件，为保障人民群众合法权益、化解社会矛盾、维护社会稳定做出了应有贡献。

（刘　鑫）

链接

人大代表建议办理结果选编

关于打造玄武文化旅游集聚区的建议

此建议由朱银生、李文强等11名代表提出，区文旅局主办，区建设局协办。办理情况如下：

一是把长江路文化旅游集聚区作为深化全域旅游、建设国际旅游目的地的突破口。创树特色旅游品牌，提升影响力。放大“一城山水、十朝都会、百花齐放、千年之约”的独特品牌，将长江路作为建设国际旅游目的地的核心，开展“国际博物馆日”活动，举办国际城市休闲旅游节，推进全域旅游推广“211”行动计划，联合途牛旅游开发线上旅游专线，打造发展全域旅游“玄武模式”。提供高端旅游产品，提升吸引力。与“紫金山—玄武湖”整合互动，策划包装14个重点文旅项目，开发历史研学游、时尚风光游、科普教育游、演艺体验游，丰富“文化+休闲+时尚”的内涵，提供高端化、特色化旅游产品。加快完善旅游配套，提升服务力。在长江路建成辐射全区的全域旅游服务咨询中心，与全域旅游集散中心、创客中心、大数据中心联动，提供全方位、全流程旅游服务，制作全域旅游电子地图，加快景区WIFI、视频监控全覆盖。

二是把长江路文化旅游集聚区作为增强内生动力、推动区域高质量发展的主抓手。高效率推进城市有机更新。将文化旅游发展与片区改造、建筑整治、生态保护充分融合，启动梅园新村历史街区环境综合整治，实施南京烟厂老厂区改造，加快青石街、钟岚里等重点项目建设，联动推进河道岸线、景观步道、城市小品整治提升。高品质推进夜间经济发展。推进“八个夜行动”，构建以长江路为核心的“一区、一带、多节点”夜间经济布局，举办“放心出门、点亮玄武”系列活动，刺激商业繁荣、消费复苏。高定位推进产业转型升级。主动融入全市“四新”行动，坚持“文旅+”思路，大力推进首店、首创、首展发展，全区累计集聚首店超过200家。

三是把长江路文化旅游集聚区作为凝聚整体力量、调动驻区单位积极性的大平台。主动走访驻区文博单位和沿街重点企业，宣传长江路文化旅游集聚区建设，形成广泛共识、获得积极支持。整合省市主管部门、驻区文博单位、重点文旅企业力量，组建玄武文化和旅游融合发展联盟，建立专项议事机制、专门服务平台、专业人才智库。以长江路为重点，以项目为抓手，推动合作向更高水平、更深层次迈进。

关于加强玄武“一区五园”创新经济带建设管理的建议

此建议由宗庆华、曲音等11名代表提出，由徐庄高新区主办，区科技局、珠管办协办。办理情况如下：

一是积极推进“一区五园”整合。按照市委提出的“一个管委会、一个国资平台、一套人马、一套招商队伍”的整合思路，构建“1+5+N”发展格局，形成“一区五园”新局面。在机构设置上，2020年4月，按照市场化、专业化要求，推进高新区去行政化改革，对园区管理模式、管理架构、干部人事制度、绩效激励制度等四方面进行改革，进一步强化经济职能。按照政企分开原则，实施“小管委会、大平台”模式，强化高新区党工委、管委会统筹决策能力，最大限度减员增效。在产业布局上，徐庄高新区核心区突出软件信息、医药健康两大主导产业；铁北红山新城突出信息技术、高端商务产业；东大·南京设计名城突出设计产业；珠江路城市“硅巷”突出新一代信息技术产业；玄武科技金融园突出金融产业；南理工科技创新园突出智慧医疗产业，推动校院企地深度融合。在高新区赋能方面，高新区结合实际承接能力，梳理出高新区赋权的承接事项26项。赋权园区直接审批事项清单23项，赋权驻园区分支机构审批事项清单3项。

二是创新能力有效提升。2020年高新区聚焦高企引培、新研提质、人才集聚“三驾马车”，持续在科技创新领域深耕细作，着力构建企业梯度培育体系。新增科技型中小企业111家，苏宁电子等3家企业入选市瞪羚企业，肯立科技等4家企业被评为“2020培育独角兽”企业，11家企业入选瞪羚企业储备库。新引进康舟生物大分子多肽研究院等5个储备项目，已落地新研新增孵化项目42个。聚力打造人才引擎，组织申报省双创人才计划项目19个，市高层次创业人才项目164个，园区先声药业荣获2020年度国家引才引智示范基地。

三是招商引资多点突破。创新招商方式，充分利用新媒体、招商中介、以商招商等方式开展“不见面”招商。成功引进跟谁学、诚道设计院等优质企业121家，其中千万元以上企业29家；签约亿元以上项目5个，签约项目投资总额预计达75亿元，实际使用内资预计完成2.1亿元；储备壹度研究院、5G智能路灯等在谈重点项目27个。成功举办中韩“四新”跨境贸易电子商务合作签约仪式、首届“庄员汇”等活动，园区影响力得到提升。积极协助苏宁易购、德乐科技、格力等重点企业开展新消费活动，点燃消费新热点。

关于加大加快转贷互助基金推广，做好做实互助基金使用的建议

此建议由吉伟华代表提出，由区金融监管局承办。办理情况如下：

2020年以来，市、区两级金

融局及南京市联交所已开展了系列工作，包括但不限于宣讲会、对接会、市区综合金融平台发布等。不断提升政策宣传精准度，并邀请驻区银行推荐存量客户参与政策宣讲会。

区金融监管局积极与省综合金融服务平台对接，会同各街道、园区积极推介企业注册平台，注册会员企业2232家。通过南京市民营企业转贷互助基金，协助玄武区企业成功办理转贷业务149笔，惠及民营企业108家，使用转贷基金8.0605亿元，带动银行贷款8.2697亿元。通过享受“转贷新政”免交本该预付的转贷费用231.8387万元。

关于推进中小学教室照明改造，加强对在校生近视防控的建议

此建议由沈阳代表提出，由区教育局承办。办理情况如下：

玄武区目前小学在校人数23433，初中在校人数9681，高中在校人数6409，最近几年的学生人数基本稳定在这个总数字。如一次性更换教室灯光照明，需总资金近两千万，对于玄武区财政资金是一笔较大的支出。所以区教育局采取的方式是逐步更换，各校根据实际使用情况分年级进行调整。同时根据南京市教育技术装备中心发文（宁教备〔2020〕05号）要求，“做好教育民生实事，计划通过两年的努力，使学校教室照明卫生标准达标率100%”。

2020年5月7日—22日，区教育局计装科组织专家组，对全区中小学39所公办中小学1129间普通教室，进行了全部检测，目前全区已达标教室200间，未达标教室929间。市级已安排玄武区健康照明专项资金160万元，改造200间（配置标准0.8万元/间）；区配套资金212万元。以义务教育学校为主，拟对长江路小学等9所学校进行健康照明改造（共改造265间）。项目完成后，2020年我区健康照明达标率为58.8%，同时为2021年全部完成打下坚实的基础。

区教育局将结合代表建议，进一步规范落实中小学各类设备配备，同时兼顾到实用性和一定的前瞻性，争取为学生创造更好的学习环境。

关于人大代表在所属街道设立人大代表接待日的建议

此建议由陈晓吉代表提出，由区人大办承办。办理情况如下：

一是依托“家室”平台规范化开展代表接待活动。区人大常委会紧密依托代表小组、“家室”平台，开展接待选民、走访群众、网上互动等活动，普遍建立了以人大代表为主渠道、畅通有序的民意表达整合机制。七个街道的“家室”平台已经全部进街道、社区的服务中心，区人大各街道工委定期组织代表进“家”入“室”，统一规范接待选民的时间、地点和程序，实现了代表接待选民的定期化和常态化，成为代表了解民情、收集民意、集中民智的主要阵地和有效渠道之一。

二是开展人大代表进区政务服务中心接待选民活动。区人大常委会实行各街道人大代表组以月为单位，轮流进区政务服务中心接待选民、联系群众的制度。坚持工作日每周三上午接待，按照44名市代表每年一次，228名区代表两年一次的要求，进中心接待选民，由代表汇总集中反映的问题，区人大常委会联系交办有关单位督促落实。

三是组织好其他闭会期间代表联系群众的活动。区人大常委会坚持落实“一个平台、两项制度”，定期组织代表走进区政务服务中心、徐庄高新园区行政中心、街道行政服务中心和社区服务中心接待选民，坚持开展代表向选区选民述职并接受选民评议和人代会前“联系选民月”、组织专业代表组开展对“一府一委两院”的执法检查、视察调研、审议评议等活动。指导区人大各街道工委坚持组织好代表闭会期间活动，落实定向定点视察调研及财政预算监督活动。

（薛荣华）

（栏目编辑　刘心林）

南京市玄武区人民政府

重要会议和重点工作

政务服务管理

信访

重要会议和重点工作

【概况】 玄武区位于南京市城区东北部，面积75.46平方千米。至2020年年底，辖7个街道、59个社区，户籍人口46.77万人。2020年，玄武区完成地区生产总值1108.7亿元，一般公共预算收入97.3亿元，全社会固定资产投资同比增长7%，社会消费品零售总额1036.3亿元，服务业增加值1087.5亿元，外贸进出口总额680.5亿元。居民人均可支配收入74882.2元。

【经济发展】 2020年，玄武区坚持以“四新”行动为抓手，克服新冠肺炎疫情冲击和经济下行双重影响，主导产业、优势产业发展态势良好，软件信息产业、生命健康产业营业收入增速分别达6%、10%；服务业、文化产业增加值占比分别达98%、12.04%，培育形成高端商贸、现代金融、电子商务三个千亿级产业。开工建设铁北创新产业总部经济示范园等33个项目，加速推进百家汇创新药物孵化平台二期等28个在建项目，竣工运营南理工大学生创新创业活动中心等27个项目，90个市级、区级重大项目完成投资134.4亿元。市值超千亿元的在线教育机构“跟谁学”江苏总部、投资额达62亿元的复星江苏总部等一批龙头项目成功落户，全球第101家丽思卡尔顿国际酒店开业运营。出台支持企业复工复产17条应对措施，推出招商引资高质量发展10条政策，新增减税降费超30亿元。举办政策解读会、金融对接会、地块推介会、新消费竞赛等系列活动32场，发布“玄武紫金快贷”等特色金融产品，成立玄武消费金融超市和“V PARK”金融服务中心，帮助辖区企业获得87.58亿元授信。南理工科创园等7个项目获得市级硅巷备案，万企高新技术企业数达79家。汇通达跻身“2020中国企业500强”，中核能源入选省级跨国公司功能性机构，先声药业在港股上市。全区获评全国消费中心城市中心城区10强。

【疫情防控】 2020年，玄武区坚持生命至上，第一时间启动“防疫+”战时工作机制，成立疫情防控指挥部，从大年三十到五一期间，连续103天不间断召开例会调度部署。除夕夜紧急摸排2.2万户6.3万人，对有疫区旅居史的重点人员采取精准防控措施。设立12个集中隔离点，保障4个市级隔离点，创新实施“三级健康管理”，累计集中隔离9579人、居家医学观察5346人。设立东杨坊车辆查验点，派员在禄口机场、南京站、南京南站、小红山客运站参与管控，查控转运3201人。按照“应检尽检、愿检尽检”原则，开展核酸检测17.9万例；以“大数据＋铁脚板＋网格化”模式，全面摸排3.1万名重点地区来宁人员；将防控前沿延伸至小区，高峰时期划分455个片区、设置495个卡口。服务保障全国首批留学生包机、首个美国包机等入境航班77批5430人次。

【区域环境】 2020年，玄武区遵循城市发展规律，完成发展规划大纲、海绵城市专项规划编制，启动国土空间规划、城市更新规划编制。实施双拜巷棚户区改造，完成52幢3.2万平方米危房治理、15个老旧小区整治。建成余粮路一期，完成环东大—四牌楼片区、经五立交匝道综合整治。建成盛和家园南北区等13个停车场，新增机动车泊位1410个。开展城镇污水处理提质增效“333”行动，完成5条河道整治，清疏修缮60个片区雨污管网，9个市考断面稳定达标，全区基本消除劣V类水体。兜底接管370万平方米无物业老旧小区，实现物业管理全覆盖。大力推进生活垃圾强制分类，建成580个分类投放亭房，居住小区实现全覆盖。高品质完成11座公厕新改建任务，其中环湖地区建成2座1级A类公厕。深入开展智慧城区建设，完成804个5G基站建设目标。

【社会事业】 2020年，玄武区坚持就业优先政策，举办150场就业招聘会，新增城镇就业24080人、大学生就业32713人，实现再就业11124人。完成困难群众参保1052人，发放失业金9401.98万元、最低生活保障金1963.22万元、困难残疾人生活补贴及重度残疾人护理补贴1467.61万元。新增机构养老床位426张，建成居家养老服务中心59家，完成383户家庭适老化改造，“五类老人”政府购买服务实现全覆盖。召开全区教育发展大会，发布打造现代化教育强区15条举措，实施九中震旦校区、立贤小学等学校改扩建工程，启动玄武中专仙鹤门新校区建设，铁北中小学校区投入使用。启动孝陵卫社区卫生服务中心异地新建，完成玄武中医院一期扩建，建成区疾控中心PCR实验室，每万人拥有全科医生5.41人。举办文化旅游公益活动300余场次，全面建成十分钟文化圈、体育健身圈，社区综合文化服务中心实现全覆盖。深入推进国资国企改革，组建文旅、城建、环境、高新、钟山五大区属集团。组建区退役军人事务局，建成退役军人之家，连续8次荣获省级双拥模范区。完成第七次全国人口普查登记工作。

【安全稳定】 2020年，玄武区把安全稳定放到突出位置常抓不懈，扎实推进国务院督导和省、市安全生产巡查反馈问题整改，开展22个重点行业领域专项整治、夏季安全整治百日攻坚行动，组织“百团进百万企业”安全生产学习宣讲，整改隐患1.26万处，全区未发生亡人安全生产事故，事故起数和死亡人数均下降100%。坚定不移打好防范化解金融风险攻坚战，持续开展打击非法集资专项行动，完善重点企业资金链风险预警化解机制，处置风险企业39家，立案打击涉嫌非法集资刑事案件6起。

【全力推进长江路文旅集聚区建设】 紧紧抓住市委市政府支持玄武发展一件大事的重要机遇，积极推动大行宫广场、梅园新村片区等重要节点改造，深入实施“八个夜文旅”计划，加快构建“一轴两片多板块”发展布局。9月29日，江苏省文化和旅游消费季启动仪式在长江路成功举办，长江路文旅集聚区入选省级夜间文旅消费集聚区建设单位。国庆期间，夜游长江路成为全省消费热点，央视《新闻联播》《朝闻天下》先后予以报道。1912街区获评全国夜间经济示范街，全区创成省级全域旅游示范区。

（陆国胜）

政务服务管理

【概况】 2020年，区行政审批局坚持以习近平新时代中国特色社会主义思想为指导，围绕区委、区政府决策部署和高质量发展要求，统筹推进疫情防控工作，深入实施“放管服”改革，完善政务服务体系建设，持续深化“互联网+政务服务”，着力提升12345政务热线办理质效，全区政务服务效能进一步提升。区政务服务中心共受理行政事项和便民服务事项11.13万件，办结率100%，综合满意率99.94%。12345政务热线办结市民各类诉求7.01万件，工单按时办结率100%，综合满意率95.13%。在2020年南京市机关作风和行业作风建设满意度评议中，玄武区事项评议结果位列全市12区第一。

【“放管服”改革】 充分发挥“放管服”改革在统筹推进疫情防控和经济社会发展中的作用，发布《关于进一步做好精简审批优化服务精准稳妥推进企业复工复产相关工作的通知》（玄协调办〔2020〕1号），扎实推进“小微企业和个体工商户复工复产服务”“苏政50条”线上专栏、线下专窗、12345专席建设，运用信息化手段提升服务能力，展现一体化政务服务平台优势，畅通惠企政策落实渠道，精准稳妥推进企业复工复产。印发《2020年玄武区深化“放管服”改革工作要点》，从简政放权、创新监管、优化服务和不见面审批四个方面确定了25条改革工作要点。通过创新体制机制，聚焦关键领域“放管服”改革，让“放管服”改革成为营造一流市场化、法治化、国际化营商环境的强有力抓手。

【“全科政务”】 全区21个部门376项行政权力事项在区政务服务中心集中办理，“一窗综合受理”的集成模式成为常态化。2020年全科政务服务窗口累计服务办事群众6.37万人次，综合满意率99.98%，审批提速率96.49%，服务能力和水平得到较大幅度提升。在“一窗综合受理”的基础上，进一步增设4个综合辅导窗口，将服务前移，主动指导帮助群众网上填报、准备材料，提高准确性，线上申请通过率提高到98%，线下窗口群众办事等待时间缩短50%以上。

【“互联网+政务服务”】 围绕自然人从出生到离世，企业法人从设立到注销两个全生命周期，着力打造103项重点领域“一件事一次办”事项，梳理形成需要多部门、多层级、多事项办理的“一件事”，推进相关场景关联事项的联办快办。以开展“极简审批”为目标，对大型活动审批、印章备案、旅馆业特种行业许可证核发等3项常发事项进行合理划分，实现索引重构。以无差别受理、同标准办理为目标，在江苏政务服务APP累计上线移动应用35个，拓展“一区通办”事项73项，在7个街道建设“24小时自助服务区”，提供多样化服务。大力推进电子证照工作，制作电子模板747份，产生7.42万份结果文书电子证照，有效提升全程网办能力和效率。

【政务服务体系建设】 建立统一的管理制度、考核办法和运行标准，将部门服务大厅纳入统一管理。全区7个街道和58个社区实现政务服务综合管理系统全覆盖，设置“一城通办”专项联络窗口13个，实现417项“一城通办”事项和73项“一区通办”事项“就近办”。印发《玄武区街道便民服务中心业务管理考评细则（试行）》，强化业务管理指导，提高综合服务水平。推进“好差评”全覆盖，区、街道、社区共设置176个窗口，实现政务服务事项、评价对象、服务渠道的全覆盖，形成企业群众积极参与、社会各界广泛评价、政府部门及时改进的良性互动局面。

【12345政务热线】 建立健全12345政务热线三级责任体系，完善“3+X”会商会办制度，对职责不清、管辖争议等疑难复杂问题，进一步提升会商会办工作机制成效。落实“先解决问题再说”“街道吹哨，部门报到”机制，印发《关于着力解决12345政务热线群众反映突出问题切实提升工单办理质效的通知》，修订印发《玄武区12345政务热线工作绩效考评细则》，引导各承办单位从“办单”向“办事”转变，促进热线办理质效提升。加强对热线工作热点难点问题研究，《破解老旧小区管理难题》被评为全市政务热线优秀工作案例、《老旧小区加装电梯问题研究》被评为全市政务热线优秀课题。对各承办单位不满意工单进行实时跟踪，列出问题清单、压实各级责任、明确完成时限，推动群众诉求问题妥善处置。

【投资建设代办服务】 依托“南京市投资建设代办服务协同平台”，对区投资建设项目全流程提供线上线下咨询、代办服务，实现“一网协同，全网服务”。在区政务服务中心设立2个并联审批综合窗口，完成41家“法人空间”线下审核。灵活采用超前代办、全程代办和环节代办等方式，为投资方提供政策咨询、申报指导、协调推进、帮办协办等专业服务。

【区委领导检查疫情防控工作】 2020年2月19日，区委书记闵一峰检查区行政审批局疫情防控相关工作。闵一峰实地察看疫情防控期间全区政务服务运转工作，详细了解防疫期间12345政务热线受理、引导群众“不见面”“网上办”等情况。闵一峰对下一步疫情防控工作提出三点要求：一是强化窗口运转和网上政务办理。持续深化“放管服”改革，加快解决复工期间大量政务服务需求，确保重大项目有序推进。二是强化12345工单办理。及时解决疫情防控期间返程、复工、交通等各方面诉求和实际问题，提升群众的满意度。三是加强宣传引导和信息报送。对群众反映信息做好分类整理，为科学决策提供参考，为打赢疫情防控阻击战贡献力量。

【“宁满意2020企业加油站”走进玄武】 2020年9月25日，“宁满意2020企业加油站”走访活动来到玄武区，南京市政务办副主任赵小兵、玄武区政府副区长周正以及市区相关部门负责人对玄武区徐庄高新技术园区企业服务中心和南京创通微新通信有限公司等五家企业实地走访，送上政策大礼包，听取企业反馈意见，将玄武区“创新思维服务创新型企业”落到实处。在走访现场，南京市政务办副主任赵小兵和玄武区政府副区长周正为“自贸区联动创新发展玄武中德协同创新中心”揭牌。玄武区发改委、区科技局为企业发放科技人才奖补、省重点项目扶持资金、高新技术企业奖励等合计570余万。徐庄高新区与2家企业签订经营用房租金减免协议。

信　　访

【概况】 2020年，区信访局共接待群众来访352批545人次（包括集体访9批120人次），其中初访21批23人次，重复访331批522人次，接收群众投诉电话186件次，编写信访信息专报5期。办理和谐信访信息系统信件2106件，纸质群众来信32件，省市领导信箱信件460件，区领导信箱472件。代表区政府受理信访复查15件，办理国家信访局督办件9件，其他督办件3件。圆满完成重要时期信访工作，包括区、市、省、全国“两会”，春节、五一等节假日，十九届五中全会、上海国际进口博览会等国家层面重大活动，以及省内大型活动期间的信访工作。

【领导干部接访】 2020年，按照省信访局关于党政主要领导干部常态化接访下访“百县千案”化解工作和市委办公厅、市政府办公厅关于《全市党政领导接访下访工作实施方案》要求，区党政领导，各街道、部门及有关单位领导积极开展“三访”工作。区委闵一峰书记、区政府钱维区长带头到区人民来访接待

9月25日，走访玄武区徐庄高新技术园区企业服务中心 （区行政审批局　供图）

中心接待来访群众，亲自协调会办，倾听群众呼声，解决群众困难；区联席办制定区领导每月接访、下访、约访计划，并在区人民来访接待中心公示领导姓名、职务、接待时间和地点，接受人民群众监督，每日区领导接待时，信访局一名局领导陪同，并负责对接责任单位，落实办理领导交办事项，做好后续工作，有力地促进了全区“三访”工作落实。2020年，区领导共接访97批139人次，解决群众反映的问题52件，区主要领导专题调度信访工作48次，分析信访形势，指导信访工作。各街道、部门和有关单位在各自接待场所实行分层接待，属地接待，归口接待，随时接待。

【信访积案化解】 为持续深入开展突出信访矛盾的攻坚化解工作，推动信访积案依法及时就地化解，根据全市“一治理两整治”行动和《关于开展集中治理重复信访、化解信访积案专项工作的实施方案》相关要求，结合全区信访工作实际，在全区开展信访积案化解攻坚年行动。一是加大接访约访。将领导接访下访机制延伸至街道和涉访重点部门，所有街道均成立了信访工作联席会议，街道联席会议召集领导每周至少接待1次信访群众，商谈信访事项的化解。事发部门主要领导每周研究会办一次信访积案。二是落实领导包案。对上级下交的信访案件，逐一明确化解责任单位和协助化解单位，逐案确定区党政领导化解包案责任人。区自查案件，实行部门、街道主要领导包案。做到每件交办案件都有一名区党政领导牵头，全程组织会商会办，联合接待信访人员，洽谈化解方案。各包案区领导高度重视所包案件的化解工作，定期听取案件化解推进情况，亲自召集研究会办化解事宜，亲自接待信访人，听取信访人的诉求。三是组织定期调度。区委、区政府分管领导定期调度信访积案化解

工作，区委常委、政法委书记和分管副区长按街道片区为单位，组织案件会办会，召集事发和稳控单位，逐案听取案件化解推进情况，亲自梳理案件化解思路，一案一策确定化解方案，明确化解时限，并亲自接待上访群体，听取信访群众诉求。四是强化定期通报。信访积案化解实行项目化运作，挂图作战，销号管理。各单位每月逐案上报化解推进情况，按百分比列出化解攻坚完成进度，相关数据上表挂墙。区信访联席办每月通报一次全区案件化解推进情况，促进各单位合力推进相关案件的化解。全年纳入考核的24件下交案件，化解13件，化解率54.2%，在全市主城区排名靠前。

【基层基础建设】 以高质量发展为引领，不断加强基层基础建设。一是巩固强化信、访、网、电"四位一体"的群众诉求综合平台使用，多渠道了解民众诉求，建立民情民意定期汇报和反馈机制，真实反映社情民意。二是规范信访联席会议运行机制，结合全区机构改革，调整信访联席会议成员单位和专项工作小组，明确职责定位，完善会议和工作制度，进一步强化信访联席会议综合协调、组织推动、督导落实的职能作用。三是规范信访情报信息报送制度，不断拓展信访信息工作的深度与广度，深入分析群众信访的突出矛盾，规范信息制度，加强现场调研，及时向党委政府报送有情况、有分析、有建议的信息，当好参谋助手。

【抗击新冠疫情】 一是党组高度重视，扛起政治责任。疫情就是命令，防控就是责任，抗击疫情是第一要务。局党组始终将之作为政治任务，保持密切关注，第一时间落实。新冠疫情发生之初，局党组第一时间采取线上会议等方式学习党中央习主席关于疫情防控形势的判断以及相关指示精神，根据局人员实际研究制定相关防控工作计划。二是全员出动，参加社区联防联控。根据区委区政府要求，在区疫情防控指挥部的统一指挥下及时安排人员参加对接的晏公庙社区联防联控工作。疫情防控初期与社区志愿者一起挨家到户详细登记，宣传教育，细心排查；疫情暴发期，参加社区卡口执勤，登记测温，严防输入，严控传染；常态化疫情防控阶段，助力复工复产，与机关相关部门一起到街道，深入企业工厂，上门服务，助力有序复工复产。三是严密防范，做好自身防护。无论是参加社区联防联控，还是组织重大活动信访维稳保障以及日常办公生活，时刻保持高度警惕，认真落实防护措施，尤其是全国"两会"期间，及时协调区防控指挥部为所有参加保障的人员配发必要的防护物资器材，明确自身防护要求和注意事项，确保一线人员安全，离宁回宁均落实核酸检测要求，确保不把病毒带入北京，也不把病毒带回南京。 （蔡　勇）

（栏目编辑　刘心林）

政协南京市玄武区委员会

综述
政协会议
政协履职

综　　述

【概况】 政协南京市玄武区第十二届委员会有218名委员，列席人员40人，其中主席1名，党组副书记2名，副主席4名，常务委员28名。区政协内设办公室（下设秘书科、行政科、提案科、委员工作科4个科）和提案委员会、委员工作委员会、经济科技委员会、人口资源环境（城市建设）委员会、教卫体（文化文史）委员会、社会法制（民族宗教）委员会6个专门委员会。2020年，区政协在中共玄武区委领导下，深入学习贯彻习近平新时代中国特色社会主义思想和中共十九大精神，围绕中心、服务大局，认真履行职能，统筹推进各项工作，广大委员积极投身疫情防控阻击战，助力夺取疫情防控和经济社会发展"双胜利"。1月21日，区政协、区委统战部在南京UME国际影城1912店联合举办迎新春电影招待会。区政协委员、各界人士约200人参加。

【学习培训】 5月14日，玄武区政协举办学习报告会，邀请玄武区委常委马千山，以《读玄武 品玄武　爱玄武》为题作专题辅导。区政协主席邱小凡，副主席王敬玲、赵剑锋、孙国林，秘书长王玉兰，以及区政协委员、区政协机关干部、政协街道工委成员参加报告会。会议由副主席王敬玲主持。

10月28日，玄武区政协举办学习报告会，邀请江苏省委党校刘力永教授作专题辅导。区政协主席邱小凡，区政协党组副书记张望，副主席蒋健、孙国林，以及区政协委员、区政协机关干部参加报告会。会议由副书记张望主持。

12月2日，玄武区政协举办《学习贯彻十九届五中全会精神暨我国周边安全形势分析》学习报告会，邀请海军指挥学院原军事战略学博士生导师张晓林教授作专题辅导。区政协主席邱小凡，区政协党组副书记张望，副主席孙国林，以及区政协委员、区政协机关干部参加。会议由副书记张望主持。

【机关党建】 5月9日，区政协召开党组学习会，传达学习习近平总书记在陕西考察时的重要讲话精神和关于安全生产的重要指示精神，并宣布区委关于朱天龙同志任中共玄武区人民政协党组副书记的通知。区政协党组书记邱小凡，副书记朱天龙，党组成员王敬玲、蒋健、王玉兰参加了会议。

6月19日，区政协召开区政协主席学习会。传达学习习近平总书记在看望参加政协会议的经济界委员时讲话精神、全国两会精神，总结2020年区政协上半年工作以及部署下半年工作。区政协主席邱小凡、副主席王敬玲、蒋健、赵剑锋、孙国林，秘书长王玉兰出席会议，区政协办公室、专委会和政协街道工委负责同志列席会议。会议由政协主席邱小凡主持。

7月7日，区政协召开党组（中心组）学习扩大会议，传达学习习近平总书记关于"有事好商量"重要论述摘录、政协主席汪洋关于政协协商有关重要讲话精神以及省委书记娄勤俭关于建设"有事好商量"协商议事室的批示精神和省政协主席黄莉新在全省政协推进"有事好商量"协商议事工作座谈会上的讲话精神。区政协党组书记、主席邱小凡，副书记朱天龙，副主席王敬玲、蒋健，秘书长王玉兰参加会议。区政协办公室、各专委会全体同志列席会议。会议由政协主席邱小凡主持。

7月7日，区政协召开党组会议，研究区政协机关上半年党风廉政建设工作和意识形态工作、2020年度区对街道（园区）党建考核（政协部分）评分标准、2020年区政协民主监督方案和玄武区政协联系委员方案。区政协党组书记、主席邱小凡，副书记朱天龙，副主席王敬玲、蒋健，秘书长王玉兰参加会议。会议由政协主席邱小凡主持。

8月13日，区政协机关党支部举行支部换届选举大会。大会采取无记名投票方式和差额选举方法，选举杜宏亮、粟红、经莉、姜武、张宁任新一届支部委员。

10月11日，区政协党组理论学习中心组专题学习十九届五中全会精神（扩大）学习会，传达学习党的十九届五中全会精神和习近平总书记在纪念中国人民志愿军抗美援朝出国作战70周年大会上的讲话精神。区政协党组成员参加了会议，区政协科以上干部列席了会议。会议由政协主席邱小凡主持。

【调研视察走访】 1月13日，区政协副主席王敬玲到大行宫社区走访慰问2户困难家庭。

1月14日，区政协副主席蒋健到紫金小营社区走访慰问2户困难家庭。

1月20日，区政协主席邱小凡到百子亭社区走访慰问2户困难家庭。

5月11日，区政协王敬玲副主席实地走访珠江饭店地块重大项目，按照区四套班子领导包保联系企业机制实施办法通知要求，了解项目推进、存在的困难等情况。区政府副区长张杰参加了走访活动。

5月27日，区政协副主席王敬玲带队走访江苏方向家科技股份有限公司和南京捷澳德信息科技有限公司。走访过程中，王敬玲就区惠企稳企政策进行了宣传和介绍，并要求职能部门要深入对接沟通，加大服务保障，不断为企业发展壮大排忧解难。

6月11日，区政协副主席王敬玲带队走访包保专家人才逄玥。走访过程中，王敬玲就区惠企稳企政策、专家人才重点扶持政策等内容进行了宣传和介绍。区委组织部副部长、老干部局长王颖川参加了走访。

8月12日，区政协召开"整合文旅资源、推动特色发展，建设文化强区"重点调研课题座谈会。区政协主席邱小凡等10名课题组成员分别围绕文化强区建设、文旅资源整合、文旅与科技融合等方面提出了意见建议。会议由区政协办公室主任杜宏亮主持。

9月14日，区政协副主席王敬玲采取"四不两直"方式，到新街口北门桥社区督导文明城市创建工作。政协新街口街道工委主任郑宏伟参加了督导活动。

9月24日，区政协副主席王敬玲包保企业招商银行回访区政协，双方就做好政策对接、跟踪服务、信息共享等内容进行了座谈交流。区政协副主席王敬玲、招商银行南京珠江路支行行长朱晓莉参加了会议。

10月21日，天津市政协副主席赵仲华一行9人，在省政协人口资源环境委员会副主任王鹏、市政协人口资源环境委员会副主任李真的陪同下，到玄武区调研社区网络化建设情况。区政协党组副书记张望参加调研。

10月22日，区政协主席邱小凡走访包保联系企业——南京东郊国宾馆。区相关部门领导和街道分管领导陪同参加。

12月2日，区政协副主席王敬玲走访服务包保企业中电鸿信信息科技有限公司，及时了解企业运营现状，并就企业提出问题及困难和服务企业政策提供现场服务。区发改委、财政局、审计局和徐管委分管领导参加了走访。

【两突出一提升与委员之家建设工作】 4月17日，玄武区政协召开常委会专题学习会，传达学习习近平总书记在全国政协新年茶话会上的重要讲话精神、在浙江考察时的重要讲话精神、在中央政治局常务委员会上的重要讲话精神和区委政协工作会议精神。区政协主席邱小凡、副主席王敬玲、蒋健、赵剑锋、孙国林，秘书长王玉兰以及28名常委出席会议。会议由邱小凡主持。

4月21日，南京市政协副主席吴卫国来区调研长江路文化旅游集聚区建设情况，区委书记闵一峰、区政协主席邱小凡、区政府副区长马千山参加调研。区委办、区政协办和相关部门负责同志陪同调研。

7月3日，市政协副秘书长、教卫体（文化文史）委主任张强一行就"加快发展现代职业教育，培养高素质产业人才"课题到区调研。区政协副主席王敬玲参加调研活动。

7月23日，政协玄武门街道工委会同区政协人资环委在百子亭社区开展"完善物业服务管理、提升居民生活品质"政协委员进社区协商议事活动。区政协副主席王敬玲参加了活动。

9月24日，区政协经济科技委与红山街道党工委，在墨香山庄社区开展"有事好商量·民生专题协商议事月"活动，围绕"如何破解老旧小区规划滞后，停车位、充电桩较少"等老旧小区管理问题开展协商议事活动。

9月25日，区政协社会法制委与政协玄武湖街道工委在蒋王庙社区开展"有事好商量·民生专题协商议事月"活动，围绕加快推进医养融合发展问题开展协商议事活动。市政协副主席杨平、农业与农村委员会副主任卢军、区政协党组副书记张望、玄武湖街道党工委书记费莉莉、区民政局分管领导以及部分省市区政协委员、社区党委书记、居民代表参加了活动。

9月27日，区政协提案委和政协孝陵卫街道工委在孝陵卫街道盛和家园社区开展"有事好商量·民生专题协商议事月”活动，围绕“小区基础设施‘三微’改造提升”开展协商议事活动。省、市、区政协委员以及社区干部、居民代表参加会议。

9月28日，区政协人资环委与政协玄武门街道工委在百子亭社区开展“有事好商量·民生专题协商议事”活动，围绕推动物业服务良性运转，解决小区突出民生问题开展协商议事活动。区政协王敬玲副主席参加了活动。区政协教卫体委与政协锁金村街道工委在锁二社区开展“有事好商量·民生专题协商议事”活动，围绕构建共建共享的社区协同治理模式等内容开展协商议事活动。

9月30日上午，区政协委员工作委员会与政协梅园新村街道工委在北安门社区开展“有事好商量·民生专题协商议事”活动，围绕老旧小区车棚改造等内容开展协商议事活动。

政协会议

【区政协十二届四次会议】 2020年1月3日—5日，政协南京市玄武区第十二届委员会第四次会议在玄武机关大楼举行。区四套班子全体领导，全体政协委员、列席人员，区政协历届原正职领导和区机关有关部门负责人300多人出席大会。中共玄武区委书记闵一峰在开幕式作了讲话。区政协主席邱小凡代表区政协常委会作工作报告。区政协副主席蒋健作了提案工作报告。全体政协委员列席玄武区人大十八届四次会议开幕式，听取并讨论中共玄武区委副书记、区长钱维代表区政府所作的政府工作报告，区2019年国民经济和社会发展计划目标执行情况及2020年国民经济和社会发展计划（草案）报告、区2019年财政预算执行情况和2020年财政预算（草案），以及区人民法院、区人民检察院工作报告等。会议期间，举行了献计献策大会，邀请区委、区人大、区政府领导和有关部门及街道负责人出席会议，听取区政协一年来的重点调研成果。区委还召开了民主党派、界别人士部分委员座谈会，广泛听取和征求民主党派、无党派人士、界别委员对区委、区政府工作的意见和建议。

【区政协常委会议】 2020年区十二届政协共召开5次常委会议。现分述如下：

十二届十八次常委会议于4月17日下午召开。会议通报了区政协防疫工作情况；协商通过了2020年区政协常委会工作要点、提案立案工作情况。区政协主席邱小凡、副主席王敬玲、蒋健、赵剑锋、孙国林，秘书长王玉兰出席会议。会议由副主席王敬玲主持。

十二届十九次常委会议于6月1日召开。会议协商讨论区安全生产专项整治工作情况和提升玄武教育现代化水平工作情况。会议先后听取了区应急管理局和区教育局所作的情况通报，区政协人口资源环境委、社会事业委分别汇报了调研情况。区政协主席邱小凡，副主席王敬玲、蒋健、赵剑锋、孙国林，秘书长王玉兰出席会议，区政府副区长庄佳峰应邀参加会议。会议由副主席王敬玲主持。

十二届二十次常委会议于9月24日下午召开。会议协商讨论长江路文化旅游集聚区建设情况和突出区域特色，大力发展玄武主导产业工作情况。会议听取了区文旅局陈静局长和区发改委路冠副主任所作的情况通报，区政协学习文史委、经济科技委分别汇报了调研情况。区政席副主席王敬玲、秘书长王玉兰出席会议。区政协党组副书记张望列席会议。会议由秘书长王玉兰主持。

十二届二十一次常委会议于11月16日召开。会议协商讨论区政府提案办理工作情况、珠江路城市硅巷建设相关情况和深入推进医疗便民改革落实工作情况。协商通过区政协相关人事任免事宜。会议先后听取了政府办主任汪拥政、区科技局局长史庆锋、区珠管办主任孙兵、区卫健委主任王礼铭所作的相关情况通报，区政协提案委、经济科技委、教卫体委汇报了调研情况。区政协主席邱小凡，副主席王敬玲、蒋健、赵剑锋、孙国林出席会议，区政府副区长吴开芬、周正应邀参加会议，区政协党组副书记张望、区政协办公室、专委会负责同志列席会议。会议由副主席王敬玲主持。

十二届二十二次常委会议于12月25日召开。会议协商讨论全区2020年国民经济和社会发展计划实施情况及2021年国民经济和社会发展计划（草案）制订情况、全区2020年财政预算执行情况及2021年财政预算(草案)编制情况;协商通过区政协十二届五次会议的有关事项、区政协常委会工作报告、区政协提案工作报告;确定政协常委会工作报告和提案工作报告报告人。协商通过区政协部分常委、委员调整和人事任免事宜。区政协主席邱小凡,副主席王敬玲、蒋健、孙国林出席会议,区政协党组书记许恺、副书记张望应邀参加会议。会议由副主席蒋健主持。

【区政协主席会议】 2020年区十二届政协共召开4次主席会议。现分述如下:

十二届十三次主席会议于5月9日下午召开。会议协商讨论区扩大高质量养老服务覆盖面落实情况和信息化建设工作情况。会议听取了区民政局和区发改委所作的情况通报,区政协祖国统一委、经济科技委分别汇报了调研情况。区政协主席邱小凡、副主席王敬玲、蒋健、赵剑锋、孙国林,秘书长王玉兰出席会议,区政府一级调研员凌立玉应邀参加会议并讲话。会议由副主席蒋健主持。

十二届十四次主席会议于6月19日下午召开。会议协商讨论区垃圾分类基础设施建设情况和区开展精准助残服务工作落实情况。会议听取了区城管局和区残联所作的情况通报,区政协人口资源环境委、祖国统一委分别汇报了调研情况。区政协主席邱小凡、副主席王敬玲、蒋健、赵剑锋、孙国林,秘书长王玉兰出席会议,区政府一级调研员凌立玉应邀参加会议。会议由副主席蒋健主持。

十二届十五次主席会议于10月29日下午召开。会议协商讨论区法院网格化、信息化助推矛盾纠纷多元化解工作情况、区检察院扫黑除恶专项工作情况和区公安分局落实"企业服务年"要求,加强对民营企业服务保障工作情况。会议先后听取了区法院院长沈涌、区检察院检察长倪一斌和区公安分局副局长姬同庆所作的相关情况通报,区政协提案委汇报了调研情况。区政协主席邱小凡出席会议并讲话。区政协副主席王敬玲、蒋健、赵剑锋、孙国林,秘书长王玉兰出席会议,区政协党组副书记张望列席会议,会议由副主席蒋健主持。

十二届十六次主席会议(书面协商)。研究区政协十二届五次会议筹备工作情况;研究区政协常委会工作报告;研究区政协提案工作报告;研究区政协2020年度调研报告。

【区委政协工作会议】 4月14日,区委召开政协工作会议,深入学习贯彻习近平总书记在中央政协工作会议暨庆祝中国人民政治协商会议成立70周年大会上的重要讲话精神,贯彻党的十九届四中全会精神,落实中央和省委政协工作会议部署要求,部署玄武新时代加强和改进人民政协工作。区委书记闵一峰讲话,区委副书记、区长钱维主持,区人大常委会主任杨乐华、区政协主席邱小凡出席。区委常委,区人大常委会、区政府、区政协有关领导同志,区法院院长、区检察院检察长,区机关各部门和各街道主要负责人,区政协各专门委员会负责人等参加会议。

政协履职

【民主监督】 5月11日上午,区政协召开优化营商环境工作专项民主监督工作布置会,就进一步落实市政协办公厅关于对我市优化营商环境工作开展民主监督进工作进行了部署。区政协副主席王敬玲参加会议并讲话,参加会议的还有区政协办公室、区发改委、行政审批局、市场监督局分管同志。7月10日,区政协学习文史委组织部分委员,对区城建集团牵头实施的改造升级区级文体活动中心("文苑综合体")项目的进展情况进行民主监督。

【提案与社情民意信息工作】 2020年4月29日,市政协主席刘以安就"加大政策扶持力度,推进长江路文化旅游集聚区建设的建议"重要提案,到区进行现场督办推进。会议听取玄武区关于长江路文化旅游集聚区建设工作情况的汇报,听取提案承办单位市文旅局、规划资源局、人防办、商务局以及发改委、建委、城管局、绿化园林局、公安局等单位的意见建议,听取提案者的意见建议,着重就需要协调推进的事项进行协商交流。市政协副主席吴卫国、市政协秘书长彭振宁,区委书记闵一峰,区委副书记、区长钱维，区政协主席邱小凡等参加了会议。

4月30日上午，玄武区委、区人大、区政府、区政协联合召开人大代表建议、政协委员提案交办会议。区委副书记林武平、区政府常务副区长赵小华、区人大副主任杨冬梅、区政协副主席蒋健出席建议提案交办会。会议由杨冬梅主持。

6月24日上午，区政协召开社情民意信息工作会议，总结2019年工作，研究部署下一步工作。区政协副主席蒋健，区政协办公室、各专门委员会、各街道政协工委负责人，区政协社情民意信息员参加会议。会议由办公室主任杜宏亮主持。

8月12日下午，区政协副主席蒋健主持召开重点提案督办会，对第007号提案《关于加强既有住宅增设电梯后续管理的建议》办理情况进行督办，各承办部门相关负责人及提案委员参加了会议。

10月22日下午，区政协对区卫健委2020年提案办理工作进行民主评议。区政协副主席蒋健、区政府办、区政协办、区政协提案委以及部分区政协委员参加了民主评议。

【知情明政】 7月29日，区政协组织全体委员和列席人员视察全区上半年经济和社会事业目标运行情况。政协委员集中视察了百子亭民国风貌区、铁北创新孵化集群项目和玄武区疾控中心。区政协领导参加视察活动。

8月6日，玄武区在玄武中心大厦416会议室召开2020年上半年工作情况通报会。会上，区政协委员听取了区委常委、区政府常务副区长赵小华所作的上半年政府工作报告。会议由政协主席邱小凡主持。

12月22日，区政协组织政协委员开展大视察活动，委员们先后视察了百家汇玄武创新药物孵化平台二期项目、星河WORLD暨铁北红山新城规划展览馆、南师大玄武科技园，现场听取了相关情况的介绍。区政协党组书记许恺、副书记张望，区政协副主席赵剑锋、孙国林参加活动。 （杜亦珉）

链接

区政协委员提案办理情况选编

关于加快推动探索“时间银行”互助养老的建议

区政协副主席　孙国林

答复情况：

您在2020年度玄武区十二届政协四次次会议上提出的《关于加快推动探索“时间银行”互助养老的建议》（第04号）收悉，感谢您对养老服务工作的关心、关注。对您提出的建议，经我局研究，现答复如下：

国家《志愿服务条例》作为我国首部志愿服务行政法规，自2017年12月1日起正式施行，南京市的养老服务时间银行是志愿服务在养老服务领域的具体实践。2019年，国务院办公厅印发《关于推进养老服务发展的意见》也要求各地探索时间银行等做法，培养志愿者队伍。2019年底，南京市委、市政府《南京市提升养老院服务质量若干意见（试行）》明确提出发展养老服务时间银行。2019年12月25日，南京市民政局正式发布《南京市养老服务时间银行系列标准（试行）》（宁民养老〔2019〕188号），作为南京市开展养老服务时间银行的标准。

玄武区积极应对不断深入的人口老龄化趋势，玄武区现有户籍老年人口11.13万人，常住老年人口10.78万人。其中80周岁以上老人数为24774人，占比22.98%。近年来，玄武区始终把养老服务纳入全区每年为民办实事项目，加大整合社会资源，持续扩大养老服务供给能力和覆盖率，抓住重点，突破一个又一个养老服务“瓶颈”，养老服务水平跃居全市前列，2019年度服务老人达240万人次，老年人获得感、幸福感和安全感极大增强。

关于您提出的“建议加快推动探索“时间银行”互助养老模式试点”的问题建议，近年来，我区通过整合区域内的养老服务组织，调动和利用企业、高校、医院等退休、在职人员或学生的力量，为符合南京市养老服务时间银行服务对象要求的老年人提供养老志愿服务内容。目前，我区由民政局养老服务科牵头成立时间银行管理中心，发挥区养老智慧服务平台的平台优势和人员优势，线上整合社会专业化资源，激发尚能自理的老年人志愿意向，通过“我的南京”移动端为有服务需求的老人提供时间银行互助养老服务。

一、基本情况。《南京市养老服务时间银行系列标准(试行)》(宁民养老〔2019〕188号)文件要求,玄武区设立南京市时间银行玄武分行,管理全区养老服务时间银行服务网点。

南京市时间银行玄武分行由玄武区民政局开设与管理,在南京市时间银行指导下履行以下工作职责:1.运营玄武区时间银行运行系统。协调落实本区时间银行管理机构的运营经费,并指导运营经费的管理使用。2.具体落实时间银行标准化、信息化、法治化建设,开展相关培训。3.组织实施开展志愿者和服务对象注册、服务存储、兑换等工作,建立时间银行志愿者和服务对象保险补贴制度,降低服务风险。4.评估、监管时间银行服务点运行绩效,落实时间银行服务点服务包的经费保障。5.受理辖区内时间银行投诉举报。6.完成上级交办的其他事项。

南京时间银行玄武分行各街道时间银行由各街道开设和管理,在上级时间银行指导下履行以下工作职责:1、开展辖区内重点空巢独居老人的评估;2、向辖区居民宣传时间银行工作;3、协调解决养老志愿服务中的具体问题;4、监督管理时间银行建设工作;5、完成上级交办的其他事项。

南京时间银行玄武分行各社区时间银行由社区负责开设和管理,在上级时间银行指导下履行以下工作职责:1.协助上级做好政策宣传、数据信息统计工作;2.协助老年人发布服务需求;3.指导市民注册时间银行志愿者;4.根据需要开展志愿者培训;5.协调志愿者与老年人的服务对接工作;6.完成上级部门交办的其他工作。

截至目前,我区街道级养老服务时间银行共开设了7家,由区域内优异的养老服务组织承接,社区级养老服务时间银行开设了20家,由各街道的AAA级以上居家养老服务中心承接。全区共注册服务对象458人,注册志愿者338人,累计服务时间898.5小时。目前服务队伍主要是以养老服务组织自身的从业人员为主,服务对象以80周岁以上的空巢独居老人为主。通过三个月的试运营,老人的服务需求主要集中在助餐、助洁和助急,助浴和助医开展得较少。

二、主要做法。一是高度重视,加强宣传。收到市局文件后,结合区养老服务现状,及时召开全区养老服务时间银行专题部署会议,迅速搭建我区时间银行管理体系。为快速扩大群众对养老服务时间银行概念的知晓度,加大养老服务时间银行政策宣传力度。日常工作中,通过张贴时间银行政策和办理流程宣传展板、微信公众号和社区网格员上门等方式,提升群众对养老服务时间银行的认知,为防止不法组织上门推销保健品,确保老人财产不受侵害。对上门服务的志愿者的服装和工作胸牌进行了统一,便于接受养老服务老人识别。二是摸清底数,无缝对接。为精准掌握全区服务对象人员情况,依托区智慧养老服务平台对各街道老人基本情况进行全面筛查,依托第三方评估机构对老人的能力状况进行评估,确定老人能力状况等级,并入户摸清老人的养老服务人性化需求。将老人服务需求与时间银行服务组织进行无缝对接,确保服务到位。三是强化监管,确保质量。为确保时间银行服务品质,监管上主要采取:一是区养老服务指导中心平台,利用志愿者手机端实时查看其服务状态,如出现问题及时进行沟通,得到妥善解决;二是接单志愿者通过手机接单实时定位服务的行动轨迹;三是根据市时间银行服务平台随时下发的异常订单,区养老服务指导中心工作人员进行电话回访,核实并有效处理。

三、下步打算。下步工作中,重点从服务范围上、充实服务内容上和提升服务品质上狠抓落实。一是按照市时间银行文件规定,依托社会救助科摸清全区60至79周岁低保家庭中失能半失能的空巢独居老年人底数,将服务人群全域覆盖至全区的重点空巢独居老年人和60至79周岁低保家庭中失能半失能的空巢独居老年人。确保不漏一户、不少一人;二是优化完善全区承接养老服务时间银行的居家养老服务组织服务能力,为老人全方位提供助餐、助浴、助洁、助急、助医服务。三是规范服务组织的服务流程,通过业务培训、以老带新的方式提升志愿者的服务技能,从服务态度、服务流程、服务技能上下功夫,为服务对象提供优质的服务,不断增强老人的获得感和幸福指数。

衷心感谢您一如既往的关心和支持!

关于在玄武区多地打造
小剧场群的建议
区政协委员　万宝宁

答复情况：

您提出的关于"关于在玄武区多地打造小剧场群的建议"的提案收悉，现答复如下：

近年来区文旅局认真贯彻党的十九大关于坚定文化自信、推动社会主义文化繁荣兴盛的精神，紧紧围绕区委、区政府中心工作，按照完善公共文化服务体系，深入实施文化惠民工程，丰富群众性文化活动要求，围绕省市高质量发展目标，对标找差、真抓实干，切实做了一些工作，取得了一些成绩。

一、小剧场基本情况。目前，我区有国民小剧场、南京市文化馆剧场、南京博物院小剧场、江宁织造博物馆红楼剧场、欧拉剧场等5家小剧场。

二、小剧场的优势。1.亲密度高，观演效果更明显。相比于大剧场小剧场与观众更近，大剧场的座席区容纳人数多，但与观众的距离感更大，小剧场更为亲密，互动性更强，观众更容易融入剧情，演员的一举一动一颦一笑更能走入人心，观赏效果明显强于大剧场。2.内容丰富，形式更为多元化。小剧场与大剧场相比内容更为丰富，形式更为多元化，如双人戏剧、肢体剧、喜剧、默剧、即兴戏剧、实验戏剧等更适合在小剧场环境下演出，而且演出效果更佳。3.创作成本低，更利于戏剧发展。小剧场因受舞台影响，舞美相对简单，制作成本低，同时演员的数量也不会很多。成本的降低有利于呈现更多的戏剧作品，让更好更多的戏剧作品得到孵化、成长。

三、存在的问题和不足。1.数量不足。整个玄武区的小剧场的数量已经远远不能满足老百姓日益增长的文化需求，不符合打造全域旅游示范区的标准和要求，更缺少带动旅游消费的动力。2.人才缺乏。南京因为小剧场载体的缺失，小剧场戏剧创作的团体非常少，导致戏剧人才流失，本土原创戏剧缺失。3.运营不平衡。市场化运作的小剧场需要有充足的内容支撑，南京又缺少本地戏剧作品，就需要到如上海、北京等小剧场发展好的地区进行采购、引进或合作，外地演出团体即便是小剧场演出项目除剧目采购之外，演员吃住行、道具运输成本等就会大大增加，从而会让纯市场运作的小剧场入不敷出，影响正常运营。

四、主要做法。2019年玄武区通过打造长江路文化旅游积聚区来让更多的游客走近玄武、走进长江路。为了让更多的游客进行深度旅游，提高旅游品质，通过联合打造沿线的小剧场，举办一些话剧、戏剧、戏曲等，不仅有利于增进戏剧舞台艺术的提升，而且还能吸引众多的游客、延长客留时间，带动更多文化旅游消费。1.以打造品牌为目的，精心举办各类活动。辖区的国民小剧场自2017年运营以来，除了服务于区政府购买的52场惠民精品演出外，还通过举办话剧、儿童剧、音乐会、永熙相声等演出，精心打造小剧场品牌，不仅服务于玄武居民，更为广大的戏剧爱好者、来宁旅游者提供一个高品质演出欣赏场所。同时开展品牌发布、客户答谢、产品推介、企业培训会演、艺术沙龙等活动，让更多的人来参与活动、了解玄武、熟悉小剧场。地处南京博物院内的小剧场常年开展越剧、京剧、昆曲等传统戏曲文化活动，深受广大戏曲爱好者喜爱；位于太阳宫负一楼的欧拉剧场以年轻人为主要服务对象，常年开展以流行音乐为主题的文艺演出。2.以市场需求为中心，建立戏剧主体共创园。辖区内小剧场的运营管理、演出内容、剧目创作均围绕市场核心来打造，面对南京市的戏剧爱好者、专业戏剧人才，提供戏剧孵化的创作展演平台，对优秀原创本地剧目进行投资扶持，建立"戏剧出品人俱乐部"，汇聚有出品需求的企业及个人参与，建立戏剧孵化基金。以2019年9月成立"南京小剧场戏剧联盟"为平台，汇集众多戏剧创作工作室及多家演出团体。以"南京大学生戏剧联盟"汇集南京市大学生戏剧团体，助力小剧场戏剧事业。为小剧场观众建立"观演粉丝社群"，通过不定期的戏剧知识推送及戏剧活动培养观众，拓展戏剧观演群体。

五、下一步措施。将以玄武区创建国家级全域旅游示范区为契机，协助区委宣传部做好"玄武小剧场建设五年规划"，充分整合利用好区域资源，同时在铁北新城、紫东地区规划建设一批剧场空间，构建整体联动、各具特色的玄武小剧场群，让玄武演出逐步规模化、常态化。

感谢您对我区"关于在玄武

区多地打造小剧场群的建议”工作的关心和支持！

关于加大政策宣传，推动民营经济和民营企业发展的建议
区政协委员 汤 浩

答复情况：

您提出的“关于加大政策宣传，推动民营经济和民营企业发展的建议”提案，客观、准确地反映了我区在推动民营经济和民营企业发展中存在的突出问题，我委非常重视，具体答复如下：

玄武区始终坚持深入学习习近平总书记在民营企业家座谈会上重要讲话精神，贯彻落实党的十九届四中全会精神和《中共中央国务院关于营造更好发展环境支持民营企业改革发展的意见》。对于民营企业在经营发展中，尤其在了解、掌握政策方面的困难和问题，我区结合玄武实际，理性分析、对症下药，摸索出“线上线下结合，多种形式并举”的政策宣传模式，取得一定效果。

一、以“效果”为要，筑牢线下宣介基础。一是制作宣传手册。2019年以来，我区先后印制《玄武区优化营商环境50条》《2019版惠企政策要点解读》《玄武区企业服务手册》等，涵盖项目申报、人才科技、税收金融、文化商务等内容。针对“新冠”肺炎疫情，我区发布政策摘编和配套操作指南，大力宣传《玄武区应对疫情强化服务“17条”》以及其他特色惠企政策，帮助企业渡过难关。二是加大走访服务。我区始终高度重视“实体经济走访服务月”“走民企、送政策、送服务”活动，通过走访加大政策宣传力度，截至目前，已走访服务企业620余家，帮助解决困难110余个。三是举办线下活动。2019年7月26日举办《减税降费及金融支持培训会》，10月29日组织《融入“一带一路”玄武区重点贸易及高新技术企业政策交流会》，2020年3月13日，召开玄武区“防疫+”企业服务对接会等，通过活动切实提高政策宣传覆盖面、知晓度。

二、以“创新”为首，探索线上宣传方式。2020年3月，玄武区正式启动“玄武企业服务”公众号，政策模块提供最新、有针对性的企业政策服务，涵盖国家、省市区以及特色政策，由政策速递、政策解读、图解政策组成。解决中小企业缺乏专业人员关注、收集政策的难题。通过政策服务模块，能够为企业提供最新的政策动态，提供查询服务。下一步，争取结合企业综合服务平台的建立，运用信息数据共享与交换方式，通过企业标签和政策标签，精准匹配政策推荐给企业；企业自己输入税务、销售额、人才等关键信息进行自我测评，系统根据输入内容自动判断企业能够享受的国家政策及匹配度，通过发送邮件、短信等给企业推送强相关的政策信息，并且提供政策解读、图解、落地申报入口等一站式服务。

三、以“制度”为纲，建立包保责任机制。今年4月，我区发布《关于建立玄武区四套班子领导包保联系机制的实施办法》（简称《办法》），文件着重强调，要加强帮扶政策宣介，充分释放政策红利。包保领导要深入重点企业调查研究，全面掌握企业生产经营状况，梳理汇总企业的问题诉求，围绕国家、省、市出台的各项惠企稳企政策，结合我区出台的17项精准措施，重点抓好惠企政策宣传和指导，多措并举，确保企业对各类举措应知尽知、应享尽享，着力增强获得感，帮助企业较好化解疫情带来的负面影响。另外，《办法》还要求各街道、园区及行业主管部门详细制定对接走访方案，建立服务长效机制，并将落实情况纳入区政府年度工作任务监督检查范围。

关于对徐庄高新区研发一区等老旧建筑外立面出新、提档升级的建议
区政协委员 王正勇

答复情况：

您提出的《关于对徐庄高新区研发一区等老旧建筑外立面出新、提档升级的建议》收悉，首先非常感谢您对徐庄高新区工作的关心与支持，现就提案中相关问题答复如下：

对于您提出的研发一区部分载体外立面破旧的问题，已安排专人察看现场，园区部分建筑历经十余年风雨侵蚀，出现了载体外立面破损现象，情况属实。管委会高度重视，将根据您的建议，逐步推进研发一区外立面出新工作，现已安排相关部门立项，7—8月份将对破损严重区域先行维修出新。

近年来，高新区对园区绿化、道路及载体等做了大量维护工作，但仍有不足，今后将加强此项工作的管理和落实。

再次感谢您对徐庄高新区提出的宝贵提案！恳请您继续关心和支持徐庄高新区的发展！

关于积极推进公共文化旅游服务设施建设的建议

区政协委员　谈伊妮

答复情况：

您好！您提出的“关于积极推进公共文化旅游服务设施建设的建议”的提案（第080号）已收悉，现答复如下：

新时代文明实践中心是十九大以来基层宣传思想文化工作的创新举措，是宣传党的创新理论的重要阵地、做好群众工作的服务平台和传播精神文明的重要载体，是打通宣传群众、教育群众、关心群众、服务群众、凝聚群众“最后一公里”的重要抓手。为此，中央、省委和市委对中心建设都提出了明确要求。去年，我市明确江宁区为全国试点，浦口、高淳、溧水区为省级试点；今年，又将全市其他区全部作为市级试点，玄武区作为主城核心区，已经开始筹备建设工作。我区新时代文明实践中心建设规划如下：

一、目标任务。一是构建三级组织体系：以区、街道、社区三级为单位，区委书记任中心主任，街道党工委书记任街道所所长，社区党组织书记任社区站站长；二是打造五大实践平台：整合构建理论宣讲、教育服务、文化服务、科技与科普服务、健康促进与体育服务五大平台；三是组建8+N实践队伍：区级层面成立志愿服务实践总队，总队下设理论宣讲、文体服务、教育服务、医疗健康、科学普及、法律服务、卫生环保、扶贫帮困8支志愿服务专业支队和N支特色志愿服务队；四是搭建信息互动平台：在玄武发布微信公众号上开设“e志愿”智慧互动平台，充分利用信息化手段推进志愿服务项目发布、志愿者注册、志愿精神弘扬等工作；五是建立工作规章制度：制定新时代文明实践中心文明实践相关规章制度，健全中心运作机制。

二、工作内容。一是学习实践科学理论，探索建设理论宣讲素材库、案例库，开展对象化、分众化的理论宣讲活动，打造理论宣讲品牌；二是宣传宣讲方针政策，宣传阐释党中央、国务院大政方针和省市区三级党委政府为民利民惠民政策；三是培育践行核心价值观，深入实施公民道德建设工程，加强爱国主义教育，选树宣传重大先进典型，宣扬社会主流价值；四是丰富精神文化生活，加强公共文化服务供给，推动全民阅读深入开展，汇智创作文艺精品，增强文化自信和民族自豪感；五是倡导文明生活方式，培育文明社风、良好家风、淳朴民风，引导广大群众自觉遵守公共秩序和社会规则。

三、推进时序。准备阶段（2020年3月—7月）：提请常委会研究，拟定下发《方案》，成立工作领导小组，建立联席会议制度。推进阶段（2020年7月—10月）：7月份，先行在7个街道和部分社区分别建立新时代文明实践所、站；8月份，建立区级中心、60%社区同步建站；10月份，社区站建设实现全覆盖。总结阶段（2020年11—12月）：及时总结新时代文明实践工作的经验做法，迎接省、市验收和评估。

四、进展情况。为推动我区新时代文明实践中心建设工作，区委宣传部在前期摸排区内资源的基础上，邀请市委宣传部分管领导到街道实地调研指导，并组织相关街道和社区赴江宁区、建邺区学习调研，在此基础上起草了《玄武区新时代文明实践中心建设实施方案》初稿。初稿形成后，我部征求了街道和相关部门的意见。6月初，区委常委、宣传部部长召集区政府办、区委组织部、区委编办、区财政局4个部门的分管负责同志，就中心建设涉及人、财、物等事项再次征求意见。6月底，区委书记亲自召集相关单位，听取了文明实践中心专题汇报，明确同意支持我区新时代文明实践中心建设。

下一步，方案提请区常委会研究通过后，将会召开动员部署会议，邀请省、市领导揭牌，正式启动我区新时代文明实践中心建设。我们将紧扣群众利益关注点，以志愿服务为基本形式，整合人员队伍、资金资源、平台载体、项目活动，把新时代文明实践中心打造成兼具思想引领、文化传承、新风培育、便民服务等多功能的综合宣教服务平台，切实提高人民群众的思想觉悟、道德水准、文明素养、法治观念，助推“强富美高”新玄武高质量发展。

以上是提案答复内容，十分感谢您对宣传思想文化工作的关心，欢迎您对我们的工作多提宝贵意见，希望今后继续得到您的更多关注和支持！

（栏目编辑　刘心林）

纪检监察

综述

重要会议

正风肃纪

综　　述

【概况】 2020年，在市纪委监委和区委的坚强领导下，区纪委监委忠实履行党章和宪法赋予的职责，深入学习贯彻习近平新时代中国特色社会主义思想，坚持稳中求进，严格执纪执法，全区党风廉政建设和反腐败工作取得新成效。

【推进体制改革】 认真履行协助职责和监督责任，纵深推进纪检监察“三项改革”，统筹贯通纪律、监察、派驻、巡察“四项监督”。一是压紧压实管党治党政治责任，协助区委抓好《党委(党组)落实全面从严治党主体责任规定》实施，制定年度“两个责任”清单，常态化运用履责纪实平台，记录主体责任2197条，监督责任1638条。严把干部选拔任用、评优评先廉洁关，回复党风廉政意见94批3043人次。二是发挥巡察利剑作用，认真抓好巡视整改工作，省委巡视反馈的48个问题，已整改到位39个，基本完成9个，另有1个正按序时进度推进。组织开展区委十一轮巡察，正在开展第十二轮巡察，将实现本届区委对全区125家党组织(含59个社区)巡察全覆盖。强化巡察结果运用，前十一轮共发现问题1746个，督促被巡察党组织完成整改1598个问题，整改率91.5%。三是统筹推进“三项改革”，深入推进派驻机构改革，制发派驻纪检监察组工作规定，稳步推动区属国企纪检监察机构改革，实现区属企事业单位的监察全覆盖。进一步理顺监督关系，优化调整内设机构，提升工作实效。有序推进监察员办公室工作，整合专兼职监察员力量，今年以来两个监察员办公室共处置问题线索124件，立案75件。

【强化队伍建设】 坚持高标准加强纪检监察队伍建设，带头建设模范机关。一是加强政治引领，区纪委常委会认真履行抓班子带队伍的主体责任，带头加强党的政治建设，严格落实意识形态工作责任制，组织区纪委监委理论中心组学习15次，深入开展“打铁必须自身硬”专项行动和“学恩来精神、守初心使命”专题教育，以基层党建为引领，进一步增强队伍的凝聚力和战斗力。二是注重能力提升，通过以案带训、岗位练兵、全员轮岗、集中培训等方式，全方位加强干部队伍能力建设。大力推动信息化建设，全面开展省纪委综合业务系统基层版的培训使用，打通纪检监察信息化最后一公里。组织40岁以下年轻干部开展“三个一”活动：每月举办一期《青年论坛》，每月撰写一篇工作信息；每周撰写一篇千字文，引导年轻干部更快更好成长。三是坚持刀刃向内，严格执行江苏纪检监察干部“八严禁”，注重发挥特约监察员作用，完善自身权力运行机制和管理监督制约体系，确保执纪执法权受监督、有约束，持续防治“灯下黑”。

【抗疫监督及帮扶社区抗疫工作】 2月至5月，玄武区纪委监委持续开展新型冠状病毒抗疫监督工作和联系社区抗疫帮扶工作。组建50人队伍到玄武湖街道和新街口街道各小区执勤站岗，向社区居民宣传疫情防控常识。组建6个监督检查组，通过明察暗访、实地检查、电话督查等方式，紧盯疫情防控中容易出现的问题。组成企业复工监督检查组，会同街道，对提出复工申请的企业进行现场勘查，询问企业人员排查、防控工作预案制定及落实情况，重点查验企业消杀、防疫物资的储备情况。

【文明城市创建工作】 7月至8月，玄武区纪委监委组织全体纪检监察干部开展文明城市创建工作。一方面，组建30余人队伍深入玄武门街道花园路社区开展“日巡查”和“统一行动日”工作，帮助社区工作人员铲除小区小广告、全面排查“飞线”充电、宣传文明养宠和清理小区卫生环境等。另一方面，组建8个监督检查组，通过明察暗访、实地检查等方式，紧盯全区环境卫生维护工作，针对发现的问题，督促街道、社区及时整改。

【市纪委领导到玄武区调研】 10月22日，市纪委书记刘月科、第七监督检查室负责人一行赴玄武区开展调研。刘月科先后前往百子亭天地项目、铁北红山新城规划展示厅和玄武湖街道纪工委进行实地调研，并召开座谈会听取汇报。区委书记闵一峰汇报了玄武区高质量发展工作推进情况以及全区从严治党工作开展情况，区纪委书记罗昌锋汇报了全区纪检监察工作情况。刘月科对全区面上工作和纪检监察工作给予了充分肯定，并对下一步纪检监察工作提出要求。

重要会议

【全区纪检监察工作研讨会】 1月20日，区纪委监委召开全区纪检监察工作研讨会。区纪委监委班子成员、各街道纪工委、各派驻纪检监察组、两委机关各室负责人共30余人参加会议。会议围绕党建考核、高质量发展考核中发现工作中存在的不足、短板和漏洞，认真查找分析，梳理创新思路，并部署下一步工作。

【第十一届纪律检查委员会第五次全体会议】 4月18日召开。区委书记闵一峰出席会议并讲话，区委常委、区纪委书记、区监委主任张望传达了中央纪委和省市纪委全会主要精神并作工作报告。区四套班子领导、区法院、检察院负责人，各街道、区机关各部门、各单位党政主要负责人，全区纪检监察干部和特约监察员代表参加会议。

【区委第十一轮巡察工作动员部署会】 4月28日召开。会议坚持以习近平新时代中国特色社会主义思想和党的十九大精神为指导，深入贯彻落实中央和省市区委关于巡视巡察工作最新要求，部署开展区委第十一轮巡察工作。区委常委、区纪委书记、区监委主任、区委巡察工作领导小组组长张望、区委常委、区委组织部部长、区委巡察工作领导小组副组长张惠民、区委巡察工作领导小组成员，区委巡察办、区委巡察组和意识形态工作责任制落实情况专项检查组成员，被巡察单位主要负责人参加会议。

【区委第十二轮巡察工作动员部署会】 8月28日召开。会议坚持以习近平新时代中国特色社会主义思想为指导，全面贯彻落实全国巡视工作会议、全省巡视巡察工作会议和省市委关于危化品安全生产专项巡视巡察动员部署会议精神，研究部署区委第十二轮巡察工作。区委常委、区纪委书记、区监委主任、区委巡察工作领导小组组长罗昌锋、区委常委、区委组织部部长、区委巡察工作领导小组副组长贾慧、区委巡察工作领导小组成员，区委巡察办、区委巡察组和意识形态工作责任制落实情况专项检查组成员，被巡察单位主要负责人及科以上干部参加会议。

正风肃纪

【政治监督】 持续在学懂弄通做实习总书记重要讲话精神上下功夫，在工作中不断深化对“两个维护”的理解和落实。一是全力保障疫情大考，把监督挺在疫情防控第一线，推动疫情防控和复工复产复学各项要求落实到位，印发工作简报75期，下发反馈单89份，督促整改问题357个。二是助力打好“三大攻坚战”，推进市“阳光惠民”监管系统、区民生资金监管“安全岛”平台、污染防治综合监管平台等日常监管作用，核销预警信息28条，第一种形态处理

4月18日，中共玄武区第十一届纪律检查委员会第五次全体会议召开

（区纪委　供图）

3人。三是自觉服务中心大局，靠前开展文明城市创建督查，组织明察暗访67次，发现问题394个，对11名责任人予以处理。强力推进垃圾分类工作专项监督，助推全区城市治理水平稳步提升。

【专项整治】 聚焦民生关切开展监督，今年以来共查处群众身边腐败和作风问题34起43人，给予党纪政务处分14人。一是小切口做实民生监督，认真开展困难群众和残疾人兜底保障落实情况、城镇生活垃圾处理费征收、退返情况、农贸（批发）市场食品快检室、医疗行业侵害群众利益问题、民生类国企等专项监督，发现问题线索56个，立案24件。二是科技助力智慧监督，用好信息化手段，运用大数据查询等方式，深入开展城市道路停车收费管理问题专项整治，分析核查账目清单，立案42件。三是重拳出击“打伞破网”，发挥区委反腐败协调小组作用，完善统筹推进机制，深入推进扫黑除恶专项斗争，今年以来立案查处党员干部和公职人员8人，留置1人。

【纠治“四风”】 深入推进作风建设常态化，共查处违反中央八项规定精神、“四风”问题51人，通报曝光典型案例26起。一是严格落实中央八项规定精神，持续开展“公车私用”“私车公养”专项整治。联合区财政局等职能部门开展节日期间财政资金使用以及外出考察、会议培训费专项检查，发现涉嫌超标准、超范围支出以及变相领取补贴等问题线索26个，立案14件。二是深化形式主义、官僚主义专项整治，联合区行政审批局开展“12345”工单专项检查，深挖细查工单办理过程中存在的弄虚作假等形式主义问题，立案6件，第一种形态处理26人。三是构建作风建设长效机制，把督促落实中央八项规定精神作为“四项监督”的重要内容，紧盯重要时间节点，拧住关键环节，持续深入开展各项监督检查，督促职能部门出台知易行简制度规定，引导党员干部带头纠“四风”、树新风。

【惩治腐败】 立足实际积极探索，以“三不”一体推进的理念、思路和方法深化反腐败各项工作，努力实现政治效果、纪法效果和社会效果相统一。一是“零容忍”惩治腐败，今年以来，累计收接各类信访举报128件，立案155件，其中区管干部15件，党纪政务处分86人，采取留置措施8件，移送审查起诉8件，为国家和集体挽回直接经济损失1300多万元。综合运用“四种形态”共处理587人次，第一、二、三、四种形态占比分别为85%、10.2%、0.5%、4.3%。二是做好“后半篇文章”，深化以案为鉴、以案促改，制发纪检监察建议书17份，督促有关部门将制度“笼子”扎得更加严密。在办案中坚持“三个区分开来”，对7名干部实施容错纠错。三是加大警示教育力度，开展“心廉心”宣讲团线上宣讲，印发廉政画报12期，发送廉政提醒短信5400人次。制作警示教育片《心存敬畏·行有所止》，充分发挥以案肃纪作用。 （汪　杨）

（栏目编辑　刘心林）

民主党派·人民团体

民主党派
人民团体

民主党派

【概况】 截至2020年12月玄武区民主党派成员共计1580人，其中：民革1个总支，9个支部，202人；民盟1个总支，13个支部，326人；民建基层委员会1个总支，9个支部，210人；民进基层委员会3个总支，24个支部，489人；农工党1个总支，8个支部，189人；致公党1个总支，5个支部，86人；九三学社玄武支社，57人；台盟玄武支部，21人。

【组织建设】 持续深化民主党派基层组织建设。举办民建玄武区基层委员会成立大会；指导民进玄武区基层委员会召开“虚拟机关”成立大会暨“民进会员之家”揭牌仪式；建成区级民主党派之家，进一步深化民主党派基层组织建设。深入开展以“扎根玄武、深耕基层”为目标的结对共建、对口联系工作。制订并完成了政党协商计划，年初召开了民主党派、界别人士部分委员座谈会；召开玄武区党外人士政情通报会暨民主党派、工商联对口联系、结对共建工作推进会，表彰先进。

【社会服务工作】 支持民主党派开展社会服务工作。组织全区民主党派成员积极抗击新冠病毒，组织民主党派成员争当文明者，发挥正能量，积极投身城市文明创建工作；汇编各民主党派围绕民生、社会发展产生的各类调研报告。

人民团体

·玄武区总工会·

【概况】 2020年，玄武区总工会在区委、区政府的正确领导下，以习近平新时代中国特色社会主义思想为指导，以服务大局、服务职工为切入点和着力点，突出主责主业，在推进产业工人队伍建设改革、深化党建带工建暨非公有制企业“三创争两提升”活动、推动全区高质量发展助力“双胜利”等方面，展现了玄武工会的新作为、新担当。区总工会在全市深化党建带工建暨非公有制企业“三创争两提升”活动推进会上作交流发言。在全省深化工会改革专题座谈会上做书面交流。区总工会经审工作获市特等奖、获市“送教到基层”工会干部教育培训优秀组织奖，在南京市第十六届工人运动会获团体总分第7名的好成绩（列11个区第2名）并获体育比赛道德风尚奖等荣誉。全年新增基层工会组织54家，涵盖125家单位，新增工会会员6600人，高质量完成今年建会任务。

【第十七届职工技术大比武暨*2020*春季美食节】 5月1日上午在环亚凯瑟琳广场拉开序幕。79位选手参加了冷菜拼盘、食品雕和蛋糕裱画比赛，市总工会党组书记、常务副主席孙强、区委书记闵一峰、区委副书记林武平、区人大常委会副主任、区总工会主席蒋兆全、副区长马千山出席开幕式。区委副书记林武平在致辞中发出了“欢迎来玄武做客”的邀请。南京市劳模李明霞女士宣读了助力“四新”行动的《倡议书》。全国、省、市劳模、相关部门、各街道工作人员及疫情防控先进代表、企业代表等百余人参加了活动。大比武活动，5月份为全行业、全系统、各企业全员技能练兵月，6月份开始技术大比武，全年共组织全区性技能培训20余场、技术比赛35场，6000名职工直接参与了区级练兵、比武活动，选树玄武工匠18余名。

【疫情防控工作】 1月24日（除夕）下午，召开了区总工会党组会议，认真学习省总工会《关于全省工会协助做好新型冠状病毒感染的肺炎疫情防控工作的紧急通知》件精神，研究布置全区工会系统协助做好新型冠状病毒感染的肺炎疫情防控工作，并于当日下发《关于全区工会协助做好新型冠状病毒感染的肺炎疫情防控工作的紧急通知》。迅速组织工会机关干部、（劳模）职工志愿者参与珠江路1号线地铁站出入口防控疫情宣传倡议活动，到社区做防疫志愿者。先后走访慰问区疾控中心、新街口社区卫生服务中心以及区新型冠状病毒感染的肺炎防控工作指挥部，慰问了环卫工、城管队员以及部分社区一线防疫职工等，累计支出慰问经费26万元。在庆“五一”活动中，对全区疫情防控一线先进代表30人，每人发放消费券1000元。工会系统投入抗疫战斗的做法和事迹，先后在“学习强国”平台、《工人日报》、《新华日报》、《南京日报》、《江苏工人报》、紫金山新闻等媒体报道。

【区委第二巡察组对区总工会党组开展巡察工作】 1月7日上午，召开区委第二巡察组巡察区总工会党组工作动员会。区人大常委会副主任、总工会党组书记、主席蒋兆全，区委巡察工作领导小组成员黄燕明，区委第二巡察组组长王茜、副组长吴春峰以及全体成员，区总工会全体工作人员，派驻纪检监察五组组长侯东生参会。巡视时间为期3个月。5月7日，区委第二巡察组向区总工会党组反馈巡察情况。王茜代表区委巡察组向区总工会党组领导班子进行了反馈，区纪委副书记、区监委副主任、区委巡察工作领导小组成员黄燕明到会讲话，区总工会党组副书记、常务副主席尹征主持会议并作表态发言。最后区人大常委会副主任、区总工会主席蒋兆全到会讲话。他指出：区委巡察组提出的问题，是区总工会工作的痛点，许多问题反映区总工会工作不认真、不细心、不规范、不落实，通过巡察帮助工会规范工作，切实加强工会系统党的建设。他要求：要更加严格地遵守纪律，建立健全工会系统党建工作责任制和党风廉政建设责任制，切实履行“两个责任”。要更加自觉地接受监督，更加努力地为职工办实事、做好事，让“惠及职工”成为贯穿工会工作的主线。区委第二巡察组有关成员、区纪委派驻第五纪检组负责人、区总工会党组领导班子成员出席会议。区总工会党组对巡察反馈的四个方面的9个问题，认真组织全面整改、立即整改、限期整改、举一反三整改，于9月底前已全面整改落实。

【“携手防疫·共克时艰”以案说法讲堂】 5月29日在南京长发联合置业有限公司举办。区总工会法援中心援助律师、玄武正浩法律事务所主任邢亮对最近一段时间以来，特别是疫情期间开展劳动争议调解工作中比较集中的三种类型的典型案例进行了分析和讲解；区人社局社会保险科科长郭印对很多企业比较关注的工伤典型案例以及工伤认定的相关政策进行了分析和讲解。20家企业的人力资源、行政及工会的负责人参加了此次活动，区人社局的劳动关系科、劳动监察科、社会保险科、仲裁科的科长们以及区总工会法援中心的援助律师等现场为企业提供面对面的政策咨询服务。

【安全生产知识竞赛】 6月18日，区总工会、区安监局联合举办了安全生产知识竞赛。经过层层选拔，最终选出37家单位共111名职工参加知识竞赛团体预赛及个人决赛。本次比赛由37家企事业代表队参加团体预赛，111名职工参加个人总决赛，本次团体预赛选拔出了9支代表队进入决赛。个人第一名由南京玄武环境工程有限公司的张正超获得。6月30日下午，区总工会、区应急管理局联合举办全区职工安全生产知识竞赛团体决赛。此次活动邀请了南京市总工会劳动和经济工作部部长张军和南京市应急管理局综合协调处应急专员田跃武参加，9支队伍进入决赛。决赛分为必答题、抢答题和风险题三个环节，竞赛内容涵盖安全生产法律法规、职业安全健康、消防安全、交通安全等安全基本常识与生活常识多个方面，全方位考察参赛队员的安全知识。玄武区教育系统工会联合会代表队获得团体第一名。

【区第十七届职工技术大比武】 7月15日下午在玄武区T80科技文化中心举行。兰州拉面技能大赛由区总工会和区委统战部(民宗局)联合主办，孝陵卫街道、玄武区新消费办、玄武区T80科技文化国际社区协办。比赛围绕今年“四新行动”，推进全区各族群众团结奋斗、共同发展，体现了人文化、实体化、大众化的创建要求，也体现了区域化创建、资源整合、平台共享的特色。

【“致敬劳动者·民族一家亲”主题晚会】 8月23日晚在南京太阳宫广场举行。本次演出由南京市总工会主办，南京市工人文化宫、区总工会、区委统战部(民宗局)、区文化和旅游局、南京市心连心工人艺术团承办，锁金村街道协办，以一台“致敬劳动者·民族一家亲”为主题的质朴活泼的文艺演出，向奋斗在复工复产、文明城市创建一线的各民族劳动者致敬。市总工会党组书记、常务副主席孙强、市总工会副主席焦勇、区人大常委会副主任、总工会主席蒋兆全和区工会系统职工代表、区民族促进会成员代表共200余人观看了演出。

【文明城市创建】 在全国文明城市大考之中，区总工会发扬“党有号召，工会有行动”优良传统，围绕玄武区委“文明城市创建统一行动日”部署，将创建行动与日常工作相结合，项目设计与机制建设相促进，为助力文明城市创建冲刺贡献应有的力量。每周六上午组织动员职工、劳模、志愿者等深入老旧小区，集中时间、集中力量，针对老旧小区治理疑难杂症，开展车辆乱停乱放、垃圾乱堆放、小广告乱张贴、楼道杂物乱堆放等集中整治行动，成为“文明城市创建统一行动日”中一股重要力量。《新华日报》等媒体进行了专题报道。

【“党建带工建”工会改革再出发经验交流会】 9月23日，区委党建办、区委组织部、区总工会在江苏康乃馨传媒多功能会议厅举行了党建带工建工会改革再出发现场观摩推进会。此次会议是玄武区总工会总结基层工会工作先进经验，推进“党建带工建·工会改革创新”经验交流会，也是加强基层工会建设的业务培训会，还是区委巡察问题整改落实会议。市总工会基层工作部、区总工会相关领导以及区中间层次工会负责人、先进企业工会负责人共50人参加了会议。锁金村街道、新街口街道、苏源高科、江苏康乃馨传媒公司等企业工会负责人介绍了经验。市总工会基层工作部部长薛大刚和区党建办副主任、“两新”工委副书记王琰作了讲话。与会人员还参观了江苏康乃馨传媒公司和速度时空信息科技股份有限公司党建带工建阵地建设。

【市总工会“送教到基层”培训班在玄武开班】 11月3日上午在玄武大厦1901会议室举行了开班动员仪式。区部分企事业单位工会主席、副主席、工会干事以及社会化工会工作者90人参加了开班仪式。市纪委监委派驻市总工会机关纪检监察组组长、市总工会党组成员缪德阳，玄武区二级巡视员、区人大副主任、区总工会主席蒋兆全，市总工会组织部部长傅晓俊，市总工会干部学校常务副校长操国芳等进行了开班动员讲话。本次培训围绕“立足新时代，突显工会职能；加强民主管理，发挥职工代表作用；强化法制意识，维护自身权利；强化产改工作，推进高质量发展”4个方面进行，培训时间2天。

【区总工会代表团参加“南京市第二十二届运动会（职工部）暨南京市第十六届工人运动会”】 10月27日至11月21日，玄武区总工会代表团参加“南京市第二十二届运动会（职工部）暨南京市第十六届工人运动会”，荣获团体总分第七名和体育比赛道德风尚奖，取得了比赛成绩和精神文明“双丰收”。本届工运会全市21个直属工会组团参赛，运动会共设羽毛球、篮球、拔河、工间操、定向越野、大众体育6个比赛项目，玄武区参加了篮球、定向越野、拔河和大众体育项目的比赛，是报名参赛项目最多的直属工会之一。

【全市社区工会工作交流会在玄武区召开】 12月18日在玄武湖街道樱驼花园社区举行。市总工会党组成员、副主席闻庆武出席会议并讲话。玄武区二级巡视员、区人大常委会副主任、党组副书记、区总工会主席蒋兆全到会致辞。玄武湖街道党工委书记费莉莉、区总工会常务副主席尹征及全市工会系统代表共50余人参加了此次交流会，市总工会基层工作部部长薛大刚主持会议。与会代表参观了社区工会的建设成果。会上，12个区总工会、2个街道总工会结合各自工作实际，从强化社区工会组织设置、队伍建设、人员配备，到突出“两会一家”、活动载体、阵地建设、经费保障、会员发展等重点，围绕集体协商、贫困帮扶、“小三级”工会系统、生活服务、团结职工群众、加强职工思想引领、维护劳动领域安全等方面作了交流发言。玄武湖街道樱驼花园社区工会、新街口街道香铺营社区工会、秦淮区月牙湖街道金泰社区工会和溧水区城郊社区工会等4个取得显著成果的社区工会主席交流了经验做法。市总工会副主席闻庆武要求，社区工会工作要坚持党的领导，形成“党建带工建，工建服务党建”的良好氛围；立足基层，以两会一家，即“职代会”“工代会”“职工之家”等载体建设为抓手，进一步推动社区工会组织成为加强和创新社会管理的重要组成力量；立足服务，以职工为本，上下沟通，左右联合，打破领域、条块、单位等壁垒，形成工作联动格局，倾心尽力为广大职工群众服务，努力形成基层社区工会工作的新局面。他要求，各社区工会形成的好做法要及时总结推广，存在的问题要逐步解决。同时强调，社区工会要加强阵地建设，以凝聚更多的职工；加强组织建设，以提高工作的规范性；加强经费支持，以保障工会工作有人做、有钱做、有资源做。

【江苏苏源高科技有限公司工会委员会获全国模范职工之家称号】 12月31日，总工发〔2020〕11号《中华全国总工会关于表彰全国模范职工之家、全国模范职工小家、全国优秀工会工作者的决定》，江苏苏源高科技有限公司工会委员会获全国模范职工之家称号，玄武区总工会常务副主席尹征获全国优秀工会工作者称号。

【产业工人队伍建设改革工作】 围绕政治引领、建功立业、服务民生、素质提升、权益维护、支持保障"六个方面"，发挥各部门间的聚合带动、桥梁纽带、教育引导、创新探索作用，努力形成区街联动、部门协同、资源共享、密切配合的工作格局。召开"工会改革创新再出发"会议，研究制订区产业工人队伍建设改革推进工作清单。先后选树了8家企业作为产改试点单位，先行先试，积极推进全区产业工人队伍建设改革工作。专题举办产业工人建设改革工作培训班1期，邀请了省总工会财贸轻纺工会陈树礼讲授了《认真落实中央和省委的要求，扎实推进江苏产业工人队伍建设改革》，全区各街道、系统工会主席、秘书长和部分非公企业工会主席90余人参加培训。组织试点企业赴常州学习改革先进经验，常州市总工会副主席张小军、常州市产业办秘书长仇生荣、常州市总工会产业办副秘书长冯国连介绍了工作情况，参观了常州千红生化制药股份有限公司、宝菱重工机械有限公司。

【困难职工解困脱困工作】 认真开展两节送温暖活动，筹集资金9.62万元，慰问职工58人。全年发放生活救助资金2.91万元。积极为2名大病困难职工申请爱心基金救助2.4万元。落实金秋助学活动，资助2名困难职工子女助学金0.7万元，为1名大病职工子女申请爱心基金助学金0.3万元。帮助2名困难职工实现"微心愿"。强化职工互助医疗保障，职工医疗互助保障参保8058人，参保金额115.54万元，共计理赔130人次，赔付金额27.35万余元。

【帮助职工签订特殊集体合同】 3月5日，南京凯宏酒店管理有限公司行政方与工会方经过多轮协商达成共识，签署了新冠疫情下保岗工资专项集体合同。该新冠疫情下的工资专项集体合同有3个特点：一是突出了保岗，突出了维护一线、基层职工的利益。各类型员工虽都有不同程度的减薪，但最低的工资收入不低于国家规定的标准（另有数百元"补贴"），管理人员的减薪幅度大于一线员工。在家休息待岗的员工，按最低工资标准的80%发放生活费，"五险"个人部分由公司承担。二是因为疫情之下无法召开职工大会，采用在职工微信群发布信息征求意见和在书面文件上签字确认的方式，体现职工的表达方式。本案属于特殊时期的特殊案例，属于特事特办。三是这个集体合同没有明确执行终结期限。合同期限相关的条款表述为：因本合同系特殊情况下签订的集体合同，自2020年3月份起执行，待疫情结束，公司经济运行正常运转时，由本协议签字双方再行协商恢复正常工资制度运行事宜。文本送达玄武区人社部门后，得到区人社部门的认可，当场拿到了"审查意见书"，"予以登记认可"。《工人日报》2020年3月11日专题进行了报道。（蔡晓青）

·中国共产主义青年团南京市玄武区委员会·

【概况】 2020年，玄武团区委围绕建设"强富美高"新玄武、聚焦高质量发展，以共青团改革为主线，秉持以青年为中心的工作导向，着力强"三性"去"四化"，狠抓"从严治团"，努力建设更加充满活力、更加坚强有力的玄武共青团。截至2020年底，全区直属团组织35个（含7个街道团工委、1个园区团工委、7个系统团工委、14个中学团委、5个企业团组织、1个综合行业团工委），团员16862名;少先队大队组织36家(其中小学24家、特殊教育学校1家、九年一贯制1家、初中10家),少先队员30070名。4—5月,团区委、区少工委评选表彰玄武区优秀少先队员181名,优秀少先队中队辅导员89名,优秀少先队大队辅导员12名。在“六一”期间,团区委、区少工委开展青少年集中关爱行动,共收集并解决27位困境少先队员的需求。9—10月,开展2020年度玄武区“最美职校生”“最美中学生”寻访活动,共寻访“最美中学生”23人,“最美职校生”4人。

【*区少工委主任会议暨2019年少先队工作总结会议*】 1月8日在南京理工大学实验小学顺利召开。区教育局副局长、区少工委主任沈峰,团区委副书记、区少工委主任王鹤,南京理工大学实验小学校长李子贵等领导,以及全区各校的学少分管领导、大队辅导员们参加了此次会议。

【*举行纪念五四运动暨新青年助力“四新”行动启动仪式*】 5月4日,为纪念五四运动101周年,动员青年力量坚决打好“两手抓”“双胜利”的主动仗,合力创造战疫情、扩内需、稳增长的一流业绩,玄武区纪念五四运动暨新青年助力“四新”行动启动仪式在大行宫广场举行。区委书记闵一峰,团市委书记吕璟,区委副书记、区长钱维等领导出席活动。仪式上,闵一峰、吕璟为第六届“玄武十大青年先锋”颁奖,在场领导共同开启玄武区新青年助力“四新”行动。活动现场,“四新”行动助力区、“手作战疫”文创区、青年消费体验区3个功能区共集结线上线下逾百家商户,吸引了众多市民和游客的关注。

【*区少先队辅导员培训班*】 7月27日至28日,举办区少先队辅导员培训班。培训班邀请原江苏省少先队总辅导员、全国少先队工作学会副会长华耀国老师讲授“学习贯彻第八次全国少代会精神”课程,团省委少先队总辅导员助理聂德勇老师讲授“成立学校少工委,开好少代会,推进少先队改革”课程,区少工委副主任、区少先队总辅导员查育辉讲授“青年辅导员的职业成长”等课程。28日上午,参训辅导员冒雨到江宁翠屏山小学开展外出学习。

【*“美丽楼道”志愿服务行动*】 8月起,团区委结合红领巾志愿岗工作,围绕“美丽楼道”志愿服务的主题,发动全区少先队员参与,动员家长、邻居一起加入志愿者队伍,认领扶手清洁岗、小广告清除岗、地面清洁岗等美丽楼道志愿服务岗,为文明城市创建贡献自己的力量。2020年共发动9000余人次参与“美丽楼道”志愿服务,小手拉大手,共同画出了基层社会治理同心圆。

【*共青团玄武区第十七届委员会第五次全体会议*】 9月12日召开。区委副书记林武平出席会议并讲话,区政协副主席蒋健,十七届团区委委员、候补委员,各街道、园区、系统、企业、学校等直属团组织单位分管领导及负责人参加此次会议。团区委书记秦洁同志做工作报告,报告总结回顾2019年和2020年上半年全区共青团工作情况,分析当前工作形势,部署2020年下半年的工作任务。会议表彰了2019年度全区共青团工作先进集体和个人。锁金村街道团工委、教育团工委、玄武中等专业学校团委作经验交流。

【*打造“初心之路”青年学习社线路2.0版*】 团区委积极服务长江路文旅集聚区建设,依托长江路沿线文博场馆,着力打造凸显红色教育主题的“初心之路”青年学习社线路,旨在进一步聚焦共青团主责主业,加强对青年政治引领,组织引导广大青年深入学习贯彻习近平新时代中国特色社会主义思想。“初心之路”青年学习社线路共设有8个实景课堂教学,起于520学生运动纪念广场,途经国民大会堂旧址、震旦中学旧址、江宁织造博物馆、中国近代史遗址博物馆(总统府)、六朝博物馆、梅园新村纪念馆,穿越历史长河,最后走进小红梅青年学习社。通过“六个一”(参观一次微展览、观看一部微电影、聆听一堂微团课、留下一张青春印记、分享一段初心感悟、重温一场仪式教育)标准化课程学习,让学习社线路成为入队入团教育、成人礼、开学课、社会实践教育的必选项,助推长江路成为团员青年学习、休闲的“网红点”“打卡地”。

【*团中央领导调研“初心之路”*】 9月23日,团中央书记处常务书记、全国青联主席汪鸿雁来玄武调研共青团工作。团省委书记司勇、团市委书记吕璟、区委书记闵一峰、区委副书记林武平陪同调研。汪鸿雁一行首先来到“初心之路”青年学习社线路实景课堂之一六朝博物馆，听取了团区委书记秦洁关于“初心之路”青年学习社线路的整体情况介绍。随后，沿着具有1800年历史的长江路步行至梅园新村纪念馆实景课堂，考察“纪念馆”实景课堂学习情况。最后一站来到了小红梅·青年学习社，依次参观信仰生活空间、健行梅园、梅好客厅、韶音馆、美好车间等功能区域，详细了解了“小红梅”的诞生历程，体验了一场红色观影活动。在红梅礼堂，汪鸿雁一行专门听取了团区委群团改革五年来的工作情况汇报；与青年大学生们共同观摩“绽放战疫青春　坚定制度自信”主题宣讲；在美好车间，汪鸿雁与入驻小红梅青年学习社的网络作家进行了亲切交流。通过实地查看和听取汇报，汪鸿雁对区“初心之路”青年学习社线路给予了充分肯定，对区进一步深化共青团改革提出了明确要求。

9月29日至10月7日，团区委组织青年志愿者全力保障长江路文旅活动

（团区委　供图）

【组织青年志愿者全力保障长江路文旅活动】　9月29日至10月7日，为助力长江路文旅集聚区建设，团区委组建青年志愿者服务队，全力保障国庆期间“1+3+100”系列文旅活动顺利进行。志愿者主要来自年轻干部“薪火”训练营和南京林业大学青志协。现场设置两个青年志愿者服务站，配置手推车、轮椅、拐杖、雨伞、饮用水、纸巾、充电宝、紧急医疗箱等物品，为参观市民、游客、工作人员等提供便利服务。同时，青年志愿者们还依托服务站开展文旅宣传和文明劝导工作。

【基层团干部培训班】　10月14日，为切实加强团干部教育培养，提升团干部的整体素质，着力提升基层的组织力、引领力、服务力和大局贡献度，团区委举办2020年基层团干部培训班，邀请团省委、团市委相关业务负责同志为团干部授课，围绕意识形态、团的基层建设、学校共青团、青年志愿服务等工作进行专题培训，帮助基层团干部对重点工作心中有数、手上有招。各街道、园区、系统、企业、学校等直属团组织负责人、社区团组织书记和“两新”组织团组织书记代表共计120余人参加培训。

【团中央组织部调研团代表联络站工作】　10月22日，团中央组织部组织处处长董文斌一行调研玄武区团代表联络站工作。团省委组织部部长陈文娟、团市委书记吕璟、团市委副书记吕晨、团区委书记秦洁、团区委副书记郑倩等陪同调研。董文斌一行首先来到玄武区“初心之路”青年学习社线路起点——520学生运动纪念广场，随后沿着长江路观摩了“初心之路”青年学习社线路各站点，最后走进小红梅青年之家团代表联络站，依次参观信仰生活空间、践行梅园、梅好客厅、红梅礼堂、韶音馆、梅好车间等功能区域，详细了解团代表在青年之家发挥思想引领、联系服务团员青年作用情况。

【江苏省委领导调研青年思想政治引领工作】　11月5日，江苏省委副书记任振鹤到玄武区调研青年思想政治引领工作，强调要深入学习贯彻习近平总书记关于青年工作的重要思想，发挥江苏红色资源优势，积极创新方式方法，以更加务实的举措加强教育引领，为青少年点亮理想的灯、照亮前行的路。调研中，任振鹤指出，伟大的事业需要坚定的信仰作支撑，要把坚定青年的理想信念作为首要任务，坚持不懈用习近平新时代中国特色社会主义思想武装青年头脑，用好抗疫精神这部鲜活教材，引导广大青年坚定“四个自信”，矢志不渝听党话、跟党走。他强调，红色资源不仅铭刻着我们党发展壮大的奋斗历程，也是加强青少年思想政治教育的精神富矿，要充分发挥红色教育的政治引领功能、品德塑造功能、情操陶冶功能，用好“初心之路”青年学习社等载体平台，根据不同年龄的青年特点，采取适合的宣传形式和表达方式，不断增强教育引领的感染力和穿透力，让青少年思想政治工作更有力度、更有深度、更有温度。

【区中学中职学校“微团课”大赛】 11月6日，在玄武高级中学梅园校区举办。大赛共评出教师组特等奖2名，一等奖3名，二等奖5名；学生组特等奖2名，一等奖3名，二等奖6名。通过本次大赛，挖掘各学校在团员教育、团建工作中的先进典型、先进做法，通过公开课、现场观摩、经验汇编等形式进行宣传推广。

【市辅导员风采大赛获佳绩】 11月9日至10日，2020年南京市少先队辅导员风采大赛落下帷幕，玄武区有5名优秀的少先队骨干辅导员教师参与了本次学习展示活动。比赛中，五位辅导员老师合理分工，通力合作，展现了玄武少先队辅导员团队钻研、团结的精神。经过两天的激烈角逐，最终玄武区获得此次比赛的团体银奖。丁健老师获个人一等奖，尚伟老师获个人二等奖。

【“薪火”训练营结业】 11月27日，由区委组织部、区委党校、团区委共同组织的“薪火”训练营顺利结业。区委副书记林武平、区委常委、组织部部长贾慧、区委组织部副部长赵虎、区委党校常务副校长曾艳、团区委书记秦洁等出席结业仪式，班主任以及全体学员参加结业典礼。贾慧为“薪火”训练营优秀学员们颁奖；曾艳为获得“薪火”优秀调研文章的学员们颁奖；秦洁为在志愿服务中表现突出的学员们颁奖。学员们分组表演了历史情景剧目：《520学生运动》《红旗插上总统府》《别克车上的密会》《南京国共谈判》《特殊的“明星”》，不仅向大家展现了国民时期一段段重大的历史事件，更展现了“薪火”学员们朝气蓬勃、生生不息的风貌。区委副书记林武平作结业讲话，祝贺本届“薪火”训练营圆满结束，充分肯定了玄武年轻干部认真学习、积极向上的精神。

【志愿服务校地共建活动】 12月4日，团区委邀请南京理工大学校团委全体老师及“兰小杉”志愿服务队一行，到玄武区开展校地志愿服务结对共建活动。双方将以此次活动为起点，共同将青年志愿者服务结对共建活动引向深入、推向前进，实现校地资源的优势互补和合作共享。

【团中央少年部调研区少先队工作】 12月15日，团中央少年部校外处处长韩攀与组织建设处副处长郭连乐一行分别来到北京东路小学、长江路小学校外实践基地——六朝博物馆、小红梅青年学习社，调研玄武区少先队工作。团江苏省委、团南京市委、团玄武区委相关负责人以及玄武区总辅导员及相关学校领导、校大队辅导员代表等陪同调研。团中央少年部一行对玄武区少先队特色工作开展的情况十分肯定。韩攀处长指出，要进一步强化少先队日常工作和阵地建设，打造坚强战斗堡垒，共同推动少先队工作在新时代不断实现新突破、开创新局面、迈上新台阶。

【区青年联合会第五届委员会全体会议】 12月25日召开，来自各行各业的91名青联委员参加大会，区人大常委会副主任、区总工会主席蒋兆全宣读了区委书记闵一峰贺信。希望区青年联合会不断增强政治性、先进性、群众性，更好地组织青年、引导青年、凝聚青年、服务青年，动员广大青年坚定地跟党走、为党的事业不懈奋斗。在分组讨论期间，各位委员们围绕着各界别工作计划踊跃发言，纷纷表示要继承玄武青联的光荣传统，不辜负广大青年的殷切期望，牢记使命、不忘初心、尽职尽责，为把这届青联建设成为政治坚定、覆盖广泛、青年满意、与时俱进、规范有序的青联组织而努力奋斗，在新的起点上把玄武青联事业不断推向前进。 （朱润宇）

·玄武区妇女联合会·

【概况】 2020年，在区委、区政府的正确领导下，区妇联深入学习贯彻党的十九大精神，团结引领全区妇女群众参与到疫情防控及生产生活各项工作中，为加快建设“强富美高”新玄武贡献巾帼力量。

【慰问工作】 元旦春节期间筹措3.6万余，慰问辖区内71户单亲困难母亲家庭、困难家庭。举办“七彩梦”公益夏令营，并赠送了书籍和礼物。疫情期间，摸底排查辖区困难家庭需求及援鄂医护家庭需求，开展上门走访慰问。全年为65位困境儿童发放了助学款5.75万元。

【最高检、全国妇联调研“向阳花工作室”】 11月4日，最高检、全国妇联有关领导到红山街道紫金小营社区“向阳花”工作室开展调研活动。“向阳花”工作室是由区检察院联合区妇联共同打造的青少年法治体验基地和罪错未成年人帮教考察基地，被南京市妇联授予“南京市亲职教育实践基地”。调研人员现场观摩了“三好学堂”亲职教育活动，参观了“向阳花”工作室的日常办公区。区检察院向调研人员汇报了亲职教育实践基地的具体建设情况。

【省妇联领导专题调研区群团改革】 6月19日，江苏省妇联党组书记、主席张彤，研究室主任徐明玥，南京市妇联党组书记、主席谈健及驻宁江苏省妇联执委一行，来玄武区进行妇联改革5周年专题调研。玄武区委书记闵一峰，区委副书记林武平陪同。张彤一行首先来到汇杰广场“红领汇杰”，调研新街口商圈“区块联”妇联组织共建联盟工作。随后到南京台城社区家风家教馆（爱情博物馆），调研家庭建设工作；到玄武区红山街道紫金小营党群服务中心，调研宁姐月嫂家政服务工作站、三好学堂、向阳花工作室、执委之家等工作。调研组对玄武区党建带妇建、“区块联”妇联组织共建联盟工作、家庭文明建设等给予了充分肯定。

【市妇联领导调研孝陵卫街道“敲门大姐”巾帼志愿服务项目】 10月30日，市妇联党组书记、主席谈健带队调研孝陵卫街道“敲门大姐”巾帼志愿服务项目，区妇联主席王荣，孝陵卫街道政协工委主任潘毓洁，街道党委副书记、妇联主席余挺婷，区社会工作服务中心理事长哈曼陪同调研。“敲门大姐”项目是南京市妇联优秀品牌项目，目前主要是对小区的空巢独居老人开展日常问候、心理陪伴、健康监测、生活援助、节日关爱、心理疏导等基础性服务。敲门大姐服务项目的实施，使邻里关系从疏远变得更加融洽，凝聚力明显增强，社区内营造了一种互帮互助的和睦气氛，有效提升了社区居民的归属感和幸福感。谈健充分肯定了“敲门大姐”项目在志愿者管理、社会资源、服务成效等方面的探索与成效，希望充分发挥“敲门大姐”们的力量，通过构建老人社区照顾支持网络，将小卫街社区营造成为一个高龄友好社区。

【家庭文化月系列活动】 为更好发挥家庭家教家风在社会治理中的重要作用，家庭月期间，区妇联以“我家新风尚、共享新时代”为主题，立足社区，面向家庭，开展形式多样、喜闻乐见的家庭文化月系列活动，积极推动社会主义核心价值观在家庭落细落实。一是打造台城家教家风馆。联手南京爱情博物馆，以“相信爱情，走进家庭”为主题打造台城家教家风馆，通过“名人谈家风”“玄武最美家风”展示以及“最美抗疫家庭”故事分享等，教育引导广大家庭传承好家风，促进好社风。5月15日国际家庭日，组织全区80余户家庭参观家教家风馆，引领、带动更多家庭参与到“最美”系列活动中，传递社会正能量，引导时代新风尚。二是广泛开展“最美家庭”寻找活动。联合区文明办，在全区寻找评选出110户“最美家庭”，涵盖了抗疫先锋、孝老爱亲、热心公益、敬业诚信、教子有方、书香润德、情系国防、绿色环保等8个类别，其中10户被评为市“最美家庭”，另有2户被评为“省最美抗疫家庭”。通过寻找宣传最美家庭活动，积极推动相亲相爱、向上向善、爱国爱家的家庭文明建设。三是云分享“最美家庭”故事。5月10日开始，“南京玄武妇联”和“南京爱情博物馆”微信公众号，每两天分享一篇玄武“最美家庭”故事，感受主人翁爱情升华之后的家庭之美，全区720余户家庭关注阅读。家教家风馆建成后，通过牛咔视频的现场直播，与全市11.7万户家庭分享了玄武最美家庭故事，通过故事分享，浸润家风、涵养心灵、温暖家人。

【“三全+三好”家庭教育模式】 为贯彻落实好《江苏省家庭教育促进条例》，区妇联在红山街道曹后社区打造“三好学堂”（好家长、好孩子、好家庭），家庭教育活动的基础上，又引入“三全”（社区全域、父母全程、家庭全类型）理念，借助南京培根学院专业团队，走进红山街道指导社区家庭教育，通过实施“父母成长计划”，提升家长的家庭教育能力，改变家长的家庭教育习惯，帮助家长系统掌握家庭教育的科学理念和方法，真正把家庭教育工作落细、落小、落实，助力孩子快乐成长。

【“我有一枚军功章”公益夏令营】 7月29日，为帮助困难家庭的孩子在暑期更多地参加校外参观、学习、交流活动，丰富暑期生活、进一步加强未成年人思想道德建设，区妇联“七彩梦”公益夏令营以“我有一枚军功章”为主题，结合纪念中国人民抗日战争暨世界反法西斯战争胜利75周年的活动，带领辖区困境家庭中小学生20名，在明孝陵博物馆举办“逛博”文化之旅，引导未成年人继承革命传统，传播传统文化，培养爱国主义情感。玄武区“七彩梦”公益夏令营至今共举办了15届，是区妇联服务辖区困境儿童的特色品牌项目。多年来，“七彩梦”公益夏令营在活动内容上注重多样性，重点开展红色之旅、创新之旅、生态之旅、文化之旅、自护之旅等类别的夏令营活动，注重集知识性、趣味性、教育性为一体，贴近未成人的生活，使“家校社”合作共育的服务模式实现有效衔接。

7月29日，在明孝陵博物馆举办“我有一枚军功章”公益夏令营活动
（区妇联　供图）

【“真情手拉手，爱心献春蕾”捐资助学活动】 8月26日，区妇联联合爱心企业家，开展“真情手拉手，爱心献春蕾”结对捐资助学活动。爱心企业家为来自玄武区不同学校的困境儿童二十余人，发放了助学款并赠送了书籍和礼物，在了解孩子们的学习、生活情况后，叮嘱同学们在新学年要努力学习，取得好成绩。此次活动是玄武区妇联联合区慈善总会、残联和爱心企业家开展的“春蕾计划”资助项目，该项目长期资助困难家庭学生至高中毕业。

【女性社会组织座谈会暨妇女微家圆桌会议】 10月16日，为进一步加强“指尖独秀”综合服务平台的管理与服务，区妇联邀请区女性社会组织管理平台负责人、“指尖独秀”综合服务平台所属女性社会组织及妇女微家、市级巾帼电商服务基地负责人等10余人，在“红领·硅巷”党群服务中心召开女性社会组织座谈会暨女性社会组织妇女微家圆桌会议。参会人员就玄武区妇联“指尖独秀”综合服务平台运营管理规则（试行）和“红领·硅巷”阵地的运行等事项，进行了讨论，对平台运营管理规则提出修改意见。区妇联主席王荣就综合服务平台的设立及今后发展，做了深入的解读，表示区妇联将会进一步凝聚区内热心公益、热爱妇女儿童事业的单位和女性社会组织，借助平台优势为全区妇女儿童及家庭，提供家事综合服务。同时区妇联也将为平台所列女性社会组织提供系列激励条件，帮助组织进一步成长和发展。

【“情定六朝古都·牵手玄武湖畔”集体婚礼活动】 11月1日，联合区委宣传部(文明办)、区民政局、区文旅局、团区委等单位,在玄武湖莲花广场举行“情定六朝古都·牵手玄武湖畔”首届玄武区新时代文明实践青年集体婚礼活动,17对新人在湖畔的微风中喜结连理。在主持人宣读新人们精心准备的爱情宣言声中,17对新人身着传统中式婚礼服饰,以集体婚礼的方式步入婚姻的殿堂。婚礼现场活动丰富多彩,歌曲、舞狮表演、放飞气球,远道而来的新人家属带来了对新人们的祝福。现场各主办单位还为新人颁发了“新时代文明实践新青年”荣誉证书。新时代文明实践集体婚礼不仅仅是“倡导移风易俗、弘扬文明新风”活动中的一道靓丽风景,更是创建全国文明城市的一种行动实践。

【基层妇联干部暨巾帼骨干培训班】 12月15日,为深入贯彻落实党的十九大精神和群团改革各项要求,进一步提高妇联基层干部的业务能力和工作水平,区妇联与区委党校联合举办全区基层妇联干部暨巾帼骨干培训班,区、街、社三级妇联巾帼骨干70余人参加了培训。本次培训邀请了南京师范大学社会发展学院副教授、硕士生导师、区妇联挂职副主席黄晓珊讲授《家庭社会工作在妇联工作中的应用》课程,黄晓珊副教授将社会浓缩为家庭,详细讲解了家庭及女性在社会发展中的作用,分析了我国家庭社会的现状及面临的挑战,通过大量事例介绍了家庭社会工作的主要方法。隆安南京凝智律师团队的创始人陈小燕律师就民法典中婚姻家庭编的十大变化亮点进行了解读,并结合实际案例详细分析了的当前社会热点问题。此次培训课程贴近工作,既有家庭社会工作的应用、也有民法典的解读、还有基层妇联换届的指导,为妇联干部今后尽职履责起到了很好的辅助作用。

【红色经典阅读分享活动】 12月21日,为进一步强化思想引领,积极响应中央“学四史”号召,区妇联在红领硅巷举办小微企业家“学党史、忆伟人、读原著、悟原理”阅读分享活动。珠江路创业大街园区党委班子成员、园区部分女企业家代表、园区党员和积极分子代表、东大科技园党支部全体党员、驻区机关单位党员代表约50余人参加了活动。活动中,珠江路创业大街园区10余名小微企业家自发组成的珠江路城市硅巷马克思主义学习小组成员,分享了自己阅读毛泽东文集的感悟和在原著中找寻有助于企业健康发展的心路历程,参与活动的党员、积极分子代表积极讨论、各抒己见,畅谈了在本次学习中的心得体会。活动特邀嘉宾南京理工大学马克思学院韩步江副教授,从专业学术的角度带领大家深度解读毛泽东的政治智慧,并对于政治智慧在企业的发展中运用进行了讲解。

【搭建线上平台助力家庭服务】 为帮助全区女性更好地学习就业、生活工作和育儿成长,区妇联开通“指尖独秀”家庭服务公众号,搭建了一个集创业就业和家庭服务为一体的线上服务平台。平台定期推送政府资讯、就业信息、家政家教以及手作课程等内容,旨在为更多家庭带去品质服务,提高生活品位、助力创业就业、缓解心理压力、丰富业余生活。在推送线上课程的基础上,平台还汇聚了八友坊家政服务中心、朝茶夕瓷社区创新发展中心、润恬社会服务中心、玄武区社会工作服务中心、二十二度社会工作服务中心以及阳光雨露社会工作事务所等8个专业社会组织的妇女微家,服务内容囊括家政服务、手工制作、心理疏导、技能培训等各个方面,直接服务女性群众1600余人,覆盖2650余户家庭,线上联系服务近万人次,既扩大了妇联组织的影响力,又实现了帮扶地区困难女性就业的目标。

【全区妇女儿童工作会议】 12月25日召开。会议总结回顾“十三五”时期全区妇女儿童工作取得的成绩与经验,部署推进“十四五”妇女儿童发展规划编制和重点工作。区委常委、区政府副区长、区政府妇儿工委主任马千山,区政府妇儿工委副主任、妇联主席王荣,区政府办副主任冯玉忠,以及42家区政府妇儿工委成员单位分管领导出席会议。会上,王荣同志作了题为《守初心担使命　促改革再创新　奋力推进全区妇女儿童事业高质量发展》的工作报告,报告总结了“十三五”妇女儿童发展规划的实施情况,圈点了打造的实事新品牌和工作新亮点,同时还就“十四五”妇女儿童发展规划编制的目标任务、重点领域进行阐述，提出了具体工作要求。区教育局工委书记沈峰、区检察院副检察长周颖、区锁金村街道党工委副书记卢建华分别就本单位妇女儿童工作交流了做法和经验。马千山充分肯定了区妇女儿童工作全面发展所取得的喜人成绩，同时就如何做好下一阶段妇女儿童工作，提出四点要求：政治站位要再提高，充分认识妇女儿童工作的重要性；目标任务要再聚焦，高度重视督查评估工作的关键性；发展重点要再细化，准确把握规划编制工作的科学性；工作合力要再凝聚，全面加强下一阶段工作的实效性。（邓小琳）

·工商联·

【概况】 区工商联现有会员企业1907家。所属商会27家，覆盖全区主导产业及新兴产业。其中，街道商会7家，行业商会8家，社区商会12家。以争创全国县级“五好”工商联“六连冠”为主线，全面推进国家、省、市“四好”商会三级联创，有1家商会正在创建国家级“四好”商会，4家商会荣获江苏省“四好”商会，其余商会均荣获南京市“四好”商会。2020年，区工商联坚决贯彻落实区委、区政府既定部署，始终服从服务全区工作大局，将服务企业复工复产、促进民营经济发展，作为工商联工作的切入点和着力点，在服务发展中勇于担当，在服务基层中创新突破，在服务企业中凝聚优势，在建设“强富美高”新玄武的新征程中努力奉献工商联力量。

【构建“商会+”模式】 区工商联深入贯彻落实中央《关于加强新时代民营经济统战工作的意见》精神，在加快工商联所属商会改革和发展中，以玄武湖街道商会为试点，积极探索基层统战工作实践创新。在做优做强民营经济统战工作的基础上，着力构建“商会+”模式，努力推动民主党派、党外知识分子、民族宗教、港澳台海外等统一战线各领域工作在基层商会的有效覆盖。该创新做法，为《中华工商时报》专题报道，并申报全省工商联工作创新奖。（汤　浩）

9月27日，驻宁商协会校友会走进玄武区“一区五园”创新经济带专场招商会（区工商联　供图）

【专场招商会】 9月25日，区工商联在铁北红山新城星河WORLD产城融合会客厅，牵头承办了以“聚力玄武，构建商会经济发展新高地”为主题的专场招商会。招商会邀请驻宁商协会、校友会走进玄武“一区五园”创新经济带，聚焦主题，共谋商会经济发展；聚焦项目，共享商会平台资源；聚焦服务，共建招商协调机制，现场有60余家商协会、校友会代表参会，有13个商协会、校友会项目落户玄武，投资总额近20亿元。学习强国、《中华工商时报》和新华网等中央和其他省市媒体进行了报道。（张　晖）

【项目对接洽谈活动】 12月22日至23日，区工商联组织商会企业家，赴淮安市清江浦区，开展以“万企联万村，共走振兴路”为主题的项目对接洽谈活动。玄武区委常委、统战部部长朱天龙，清江浦区委常委、统战部部长施勇出席活动，两地统战部、工商联、相关部门、街镇负责同志，商会企业代表近50余人参加活动。玄武区与清江浦区共同召开项目对接会，深化光彩事业精准帮扶，玄武区6家商会企业同清江浦区5家涉农镇街、教体局分别进行了“一对一，一帮一”的光彩事业精准帮扶和产业项目合作签约。（张　晖）

（栏目编辑　刘心林）

法治

社会治安和综合管理

公安

检察

法院

司法行政

社会治安和综合管理

【概况】 2020年,区委政法委认真贯彻落实中央和省市政法综治工作会议精神,以建设更高水平的平安玄武为目标,以提升群众安全感满意度为着力点,认真组织开展社会矛盾和安全隐患大排查大整治行动和扫黑除恶专项斗争行动,扎实推进维护社会稳定、矛盾纠纷化解、社会治安防控、公共安全监管、综合管理服务、应急处突机制等各项工作。全区未发生重大有影响的安全生产事故、食品安全事故和恶性刑事案件,未发生重大有影响的群体性事件和进京集访事件,为建设"强富美高"新玄武创造了和谐稳定的社会环境。

【群众安全感建设】 2020年,区委政法委将群众安全感满意度建设列入全区现代化考核指标和区政法综治重点目标任务,切实加大综合目标考核力度,进一步提高各单位的工作积极性主动性。上半年,区委政法委参考省、市民调中心电话调查区域性结果,将分布在59个社区的615名网格员有关群众安全感建设指标纳入考核与评比关键分值,进一步压实各街道、部门和一线工作者的目标责任。坚持问题导向,同比、环比分析前三年省市民调结果,开展"我的玄武"微信公众号问卷调查,召集相关单位主要领导和社区群众代表召开专题调研会、研讨会,研究解决民调中分值相对较低的重点突出问题。增强责任意识,深入开展平安法治"四进"活动,定期组织电话调查活动,常态化做好重点地区排查整治、重点人员管控、治安防控巡查、铁路护路联防、"雪亮工程"、平安志愿服务等工作,同时利用社会治理一体化云平台数据流优势,定期发布玄武区社会稳定指数,有效提升了群众的安全感满意度。2020年一、二、三季度3次测评,玄武区群众安全感连续三个季度位列全市第一、全省前列。

【大排查大整治行动】 2020年,区委政法委根据全市统一部署,及时制定印发了《关于持续推进全区社会矛盾和安全隐患大排查大整治行动的实施方案》,紧紧围绕"全面落实安全稳定责任制,聚焦重点社会矛盾和安全隐患,推动工作措施更深化、风险管控更有力、治理效果更明显、长效机制更健全,全面提升预测预警预防能力,确保不发生重大公共安全事件,确保不发生重特大安全生产事故,确保不发生重大群体性上访事件"的目标要求,在全区全面部署开展大排查大整治行动,确保大排查大整治行动各项措施和责任落实各街道、各部门、各单位到位。坚持底线思维,着力防范化解重大风险,认真落实社会矛盾和安全隐患大排查大整治工作。区委政法委紧盯工作薄弱环节和突出问题,紧盯关键节点、热点、难点,以涉众型矛盾为重点,指导各街道针对重点敏感区域、关键部门、涉众型矛盾化解、重点人员管控等加大力度全面排查矛盾隐患,强化督查问责、建立长效机制,常态化开展大排查大整治行动,全面推行风险防控"四项机制",抓实抓细社会面防控,加大网上网下巡查管控力度,"雪亮工程"实战应用效能日益凸显,矛盾纠纷多元化解机制日益完善。进一步加强重大政治活动、重大敏感节点时期的稳控工作,妥善处置了各类群体性规模聚集事件,有效化解了一起在全国"两会"期间的群体性事件,全区风险隐患得到有效的排查和整治。

【网格化社会治理机制】 2020年,区委政法委以调整并成立区社会治理一体化改革暨创新网格化机制工作领导小组为新起点,紧紧围绕区委"一个坚守、三个聚力"要求,理清今年全区全面深化社会治理一体化改革暨创新网格化机制工作总体思路,即:坚持问题导向、实战实效、群众感知,坚持探索性、示范性、引领性,以"党建"为引领,推进基层治理。发挥基层党建为基层治理铸魂赋能优势,探索总结锁金村街道智慧引领幸福锁金等经验做法,积极推广红山街道"党建引领、5G融合"模式,拓展"红领+"党建品牌影响力和覆盖面,推动党建引领与基层治理深度融合、高效衔接。以"一体化、标准化、网格化"为抓手,夯实基层治理。坚持创新发展新时代"枫桥经验",持续推进以"广覆盖、全要素、高智能、大联动"为特征的网格化社会治理创新,高标准筹建全区社会治理综合指挥中心，构建“区级层面一体化统筹、街道层面标准化改革、社区层面网格化治理”基层社会治理新格局。以“共建、共治、共享”为路径，完善基层治理。发挥“街道吹哨、部门报到”工作机制优势，依托人大、政协及群团组织的桥梁纽带作用，创新“社区协同治理”机制，搭建“四级四事”民主决策平台，共建南京大学政府管理学院社会治理（应急管理）综合实践基地，创新应用“网格+”质效评估指数系统，不断拓展“网格+”管理服务功能，打通共建、共治、共享渠道。

【扫黑除恶专项斗争】 2020年，区委政法委认真贯彻落实《中共中央国务院关于开展扫黑除恶专项斗争的通知》要求，召开专题会议研究全区扫黑除恶专项斗争工作，自觉把扫黑除恶作为重大政治任务，以中央督导组督导工作为契机，进一步提升思想认识、加大工作力度、核查问题线索、营造浓厚氛围，推动扫黑除恶专项斗争工作迈上新台阶。制定下发《2020年全区扫黑除恶工作要点》《玄武区扫黑除恶工作长效机制建设分工方案》《玄武区反通信网络诈骗宣传工作方案》《反通信网络诈骗宣传工作成员单位任务清单》《预防未成年人参与涉黑涉恶违法犯罪活动》等文件。组织并参加全国省市扫黑办不同层面、不同内容的培训七期提高专业能力。重点开展以反诈骗为主要内容的宣传活动。组织开展7次“反诈”宣传活动（其中社区专场活动4次）；通过407个微博、微信公众号、微信群发布100余篇扫黑除恶工作信息，广泛进行宣传。在警务室放置反诈宣传素材（展架或海报）126个；社区民警发放反诈宣传手册1522份；网格员发放反诈手册2376份，宣传折页5060份，宣传单（含回执）6542份；在政府部门各类窗口单位办事大厅等待区放置展架133个；播放反诈视频或提示语（政府窗口单位显示屏和LED屏、户外大屏、电梯口或电梯内显示屏等）657次；向银行网点派驻巡防员6人；对疑似遭遇诈骗的客户进行劝阻15次；在各小区、企业等设置反诈宣传专栏290个；在小区、各类场所的出入口放置反诈素材（展架或海报）684个；张贴卫生间厕位标贴151张；开展“进校园，进社区，进工厂（企业）”宣防工作252场；开展反诈知识讲座72场；开展现场宣讲会、文艺表演、有奖知识问答等宣传活动64场；参加反诈知识讲座人员（受众人数）12915人；对本区反诈宣传工作落实情况进行自查47次，有效遏制了电信网络新型违法犯罪活动势头，极大地提高广大群众防范诈骗犯罪活动的意识，增强“反诈”能力。开展“六清”工作，做好省委巡视问题整改及中央特派督导迎查工作。

【社会治安防控体系完善】 2020年，开展治安重点地区和问题滚动排查、挂牌整治。着力解决重点区域和行业突出治安问题和安全隐患，净化治安环境；集中清理整治治安高危人口易于落脚的地点，加强车站、集贸市场等场所以及黑旅馆、群租房、娱乐服务等行业的治安管理；对安全隐患突出、消防问题严重、违法犯罪高发区域，定期排查，及时开展专项整治，消除安全隐患；在重点时段加大对车站、地铁、文化广场等重点部位，以及酒吧、KTV等重点场所的巡防力度，提高见警率，增强巡防震慑力。开展群租房专项整治行动。服务疫情防控，3月3日始，连续数日开展全区群租房联合检查，对全区572套间群租房进行联合检查，发放出租房屋限期整改通知书193份、房屋结构安全核查通知书2份，提请城乡规划建设、城管部门核查认定4处房屋和土地性质。重点对私拉乱接电线、无任何消防设施、违章搭建房屋并用于群租等安全隐患极大的韶山路片区群租房进行摸排。4月召开群租房消防安全防范化解现场会。5月9日晚，区公安分局、区房产局、区消防大队、电力公司、锁金村街道、环湖办等部门联合对韶山路群租房开展集中清查、整治行动。重点对每户用电设施进行详细检查，发放灭火器材36个，安装烟感报警器15个，同时组织住户进行消防演练。5月15日晚，对韶山路102号重点区域再次开展清查行动，新登记暂住人口7人。为全面做好全国“两会”期间安保工作，保障群众生命财产安全和社会公共安全，根据全市统一部署，5月19—20日，对群租房开展集中清查。5月对韶山路地区开展5次集中清查行动。至6月底，韶山路46号重点整治片区安全隐患全部消除。7月—10月开展百日攻坚战，整治群租房219户。

【矛盾纠纷化解工作】 2020年，区委政法委切实发挥组织协调作用，加强督促检查、情况通报、考核评比、经验推广，进一步规范区、街道综治中心、矛盾纠纷调处中心和社区综治办规范化建设，推动各类矛盾纠纷解决方式有机衔接。加强稳定形势研判、把握，对可能引发群体性事件的苗头性、倾向性问题，特别是涉军群体稳控工作，进行深入调查研究，全面掌握矛盾纠纷总体情况，为区委区政府决策提供依据。发挥好牵头协调作用。召开相关部署会，制定下发《2020年全区矛盾纠纷多元预防调处化解综合机制建设工作要点》，加强多元化解机制建设，做实刘大姐调解室等社会组织积极参与矛盾化解，建强各级矛调组织。全区各级人民调解组织受理各类矛盾纠纷795件，涉及当事人1590人，调处纠纷795件，调解成功795件，调解率100%，成功率100%。全区调解民商事案件总数147件，民事案件调解率7.03%，同比下降49.57%。全区受理行政调解案件1671件，调处1671件，调解成功833件，调解率100%，成功率49.85%。

【深化基层平安创建】 成立区委平安建设领导小组，着力推进并完善组织领导体系，充分发挥党委政府社会动员能力强的传统优势，建立完善党委和政府主导、单位和社区及社会组织协同、广大群众积极投入的新型社会参与机制。整合有效力量，建立以社会参与为核心的多元合作治理机制，努力健全与新形势新任务相适应的平安建设工作协调机制，以部门工作联动为重点，形成信息互通、资源共享、优势互补、协同执法、合力治理的工作格局，持续开展系列平安创建，努力建设更高水平的平安玄武，做强平安玄武，取得治理高效，达到人民满意。推进学校安全标准化、规范化、信息化建设，努力为办人民满意教育提供有力安全保障。3月30日各校复学以来，坚持夯实学校安全基础，推进安全教育进校园活动，强化平安教育，确保校园安全稳定；强化安全演练，提高师生逃生、自护水平；强化食品安全管理，做好“营养膳食平台”“阳光食堂平台”使用，努力为广大师生营造健康、安全的学习工作环境。聚焦校园安全，将中小学、幼儿园纳入保卫重点单位，协同教育部门开展安全督导检查。共出动460人次检查104个园区，突出学校安全主体责任落实、实验室及危化品安全、消防安全、治安防控、交通安全、食品安全、传染病防控、安全教育等重点领域，重点环节、重点部位的安全防控和长效机制建设。摸清学校实验室危险化学品分布情况，建立健全并落实安全管理制度，累计投入45万元资金，为全区中小学配备PP药品柜42个、智能危化品柜（中学）24个、普通危化品柜（小学）13个。围绕平安玄武目标，持续开展平安志愿服务工作。广泛组织全区平安志愿组织和志愿者持续开展疫情防控和平安建设工作，全力协助和配合落实联防联控，参与全国“两会”安保、禁止传销、文明城市创建及社会面治安巡防、矛盾纠纷化解、安全隐患排查等各项服务工作，积极参与平安互助、邻里守望、小喇叭、劝导违法和不文明行为、维持治安秩序等群防群治、志愿服务工作，积极维护辖区平安，确保平安建设工作有序推进，营造平安、稳定的社会环境。

【铁路护路联防工作】 重点开展普速铁路沿线外部环境专项整治，进一步推动全区铁路护路联防工作，深化平安铁路创建工作。一是先后召开全区铁路护路联防工作会议、铁路沿线隐患整治工作部署会、隐患排查沟通会、隐患整治推进会，并制定下发《铁路沿线外部环境专项整治工作方案》《关于切实做好汛期铁路沿线外部环境重点隐患整治的通知》；二是签订2020年度铁路护路联防工作责任书；三是组织宣传活动，在街道、社区、学校、火车站等重要场所宣传《铁路法》，科普铁路护路安全知识，开展“生命只有一次，安全伴君一生”活动，通过发放“致铁路沿线群众和中小学生一封信”、以案释法向群众讲解铁路护路重要性，大力营造全社会“护铁护路”浓厚氛围，倡导大家共同保护好铁路生命线；四是牵头公安分局、城管局、街道、铁路南京站派出所、南京桥工段、南京供电段、维管段等相关部门，就铁路沿线外部环境重点隐患整治召开专题协调会，明确目标任务、责任分工、措施步骤、整改时限，通过多次联合巡查、整治，及时排查涉铁矛盾纠纷和安全隐患，按照下交清单和时间节点有序推进隐患整治，确保取得实效。

（王庆国）

公　　安

【概况】 2020年，玄武分局贯彻落实习近平总书记在中国人民警察队伍授旗仪式上的重要训词精神和全国公安工作会议精神，全面落实“坚持政治建警全面从严治警”要求，树牢“五大发展理念”，探索现代警务战略建设目标，深入推进“十大攻坚提升行动”，围绕绩效与十项攻坚两条主线，坚守执法与队伍两条底线，以全员考核为保障，树立苦干、协调、宣传的发展理念，为全力保障玄武高质量发展营造了安全稳定的社会环境。

【疫情防控】 疫情期间，累计出动警力2.2万余人次，值守社区封控卡点495个，核查稳控重点地区来宁人员3万余人次，看护服务居家隔离人员3400余人次，圆满完成全区11个集中隔离点6231人次的集中隔离任务。高标准完成首批境外留学生包机和来自9个国家、22个架次入境航班归国人员服务保障，受到外交部和省委省政府的充分肯定。

【平安玄武工作】 全区警情、发案数大幅下降，共处置有效警情11.4万起，同比下降14.91%。其中违法犯罪警情7623起，同比下降1.1%，降幅在全局16个接警单元中排第四。刑事案件同比下降20.9%、侵财案件同比下降27.1%、电信诈骗案件同比下降7.1%，降幅均优于全市水平。相继破获公安部督办销售假冒注册商标商品案、省厅督办苏宁易购电商平台货品调包案等一批受害人多、涉案金额大、社会危害广的案件，其中破获今年全市一次性抓捕人数最多的电诈案件，抓获嫌疑人97名，串并破获多省市案件400余起。圆满完成习近平、韩正、栗战书等中央领导同志来宁一级警卫任务7批次，顺利完成二级警卫任务17批次、三级警卫任务18批次、交办任务170批次。破获部督“20200601非法经营案”、省厅挂牌督办“王惠兰法轮功地下团伙”法轮功专案等一批专案，有力维护政治安全。妥善处置福中集团、电信退休职工群体持续集访等一批重大涉稳风险。高效保障了市信访接待中心搬迁期间市委市政府门前平稳有序。攻坚文明城市创建任务，组织民警深入一线，处罚违规养犬行为人857人、捕捉收容流浪犬281只，配合街道累计清理“飞线”17559条，清理僵尸机动车277辆、非机动车14332辆，清理堵塞楼道、疏散通道、消防通道安全出口共6952处。护航全区90个市、区重点项目及徐庄、铁北片区开发，保障铁路安全隐患消险工程等顺利进行。优化营商环境，严厉打击影响企业正常发展的不法行为。

【队伍建设】 聚焦职业警队打造，奋力在队伍建设中转作风、展形象。牢牢把握总书记“四句话、十六字”总要求，严格对照“四个铁一般”标准，着力打造高素质过硬公安队伍。将疫情防控、文明创建、公安主业作为锻炼和彰显党组织“战斗堡垒”和党员“先锋模范”作用的主阵地。全面实施“政治轮训”；依托“节

8月18日，玄武分局在荔枝广场举行“石城有爱，平安有我”社会动员暨文明城市创建广场活动

（公安玄武分局　供图）

点化项目管理”规范压实组织生活；开展“党建双创”活动，培育出“红山新城区域党建联盟”等一批有影响、有内涵、有特色的基层党建品牌。将意识形态工作作为党建工作的重要内容，特别在重大问题上统一思想、坚持原则，定期研究重大舆情、重点情况，针对性制定对策措施，坚决守牢政治红线、纪律底线和法律高压线。在“七一”“八一”等重要节点，精心策划组织系列纪念表彰、集体竞技活动11场次。推进“政工干部专职化”，常态化开展“谈心谈话”“上门走访”。通过青年战疫分享会、老警“痛客”沙龙、“机关实战化”大讨论等形式丰富的活动，进一步活跃警队氛围，激发民警奋勇争先、积极向上的活力。扎实开展“坚持政治建警全面从严治警”教育整顿和“讲政治、强规范、严警风”正风肃纪教育整治活动，持续加强队伍管理、强化监督执纪，营造风清气正的警营生态。深入实施全员考核，制定下发分局“1+2”主方案，梳理收集35个内设机构93类、155份《岗位职责清单》、670余份《民警个人履职清单》，搭建囊括17个条线107项的警种指标库，真正体现“干多干少不一样”，切实解决“忙闲不均”“因人设岗”“稻草人”等问题，以科学客观的考核成绩为民警“画像”，将考核结果作为奖金发放、晋职晋级、评优评先的重要依据，用正向激励催化警务效能全面提升。2020年，共核查各类违法违纪案件线索7起7人，给予4人党政纪处分，进一步净化了警营风气。2020年以来，共有11个集体、58名个人受到市局以上表彰奖励，队伍中涌现出“全国五四红旗团支部”巡特警大队团支部、省厅“学习枫桥经验优秀派出所”新街口派出所、全省抗击新冠肺炎疫情先进个人张伟、省厅“李树干式派出所民警”王敏华、江苏省优秀共青团员季凌飞等一批先进集体和个人。

【风险管控】 聚焦政治安全维护，奋力在保障大局中强执行、守底线。立足第一区定位，从更高的政治站位来把握社会面大局，扛起防风险、护安全、保稳定、促发展的重大政治责任。圆满完成五中全会、进博会，全国、省、市“两会”安保等重大任务，实现“零登记、零滋事、零非访”。高效处置市委市政府门前来访48余批次、8000余人次，相关工作得到了市领导的批示肯定。协助推进信访积案化解攻坚年和“一治理、两整治”工作，累计劝说退票18人次、车站拦截堵控14人次，北京查找劝返85人次，实现“三个坚决防止、两个确保”“四个决不允许”目标。做好维护国家意识形态安全和文化安全工作，破获部督非法经营专案，查扣政治性非法出版物1300余册。摧毁利用疫情进行反动宣传的法轮功团伙，捣毁3个制作窝点、2个聚会点，缴获法轮功宣传品3000余份。紧盯辖区福中集团、全民健身中心等重点群体，连续处置福中集团多起百人以上聚集事件，对挑头闹事人员予以敲打教育，并积极协调扬州警方赶赴现场将人员接回原籍。此外，在省厅、市局的统一指挥下，集中收网抓获福信公司实际控制人杨宗义等29名涉嫌非法集资嫌疑人，依法刑拘20人，同时接受登记群众报案684人。面对疫情防控下的压力，聚焦长江路文旅集聚区建设启动仪式系列活动，在区委区政府和市局的坚强领导下，搭建全维度的现场安保指挥部，采取分区、分级管控的动态安保措施，确保了核心区12万客流、全部100场活动的绝对安全，实现了安全和精彩的统一，得到了各级领导的充分肯定。在各重大节假日期间，统筹全区重点景区商贸区安保，保障节假日期间全市三分之一以上客流和全市三分之一以上大型活动平稳有序。

【群众满意指数提升】 聚焦治理体系完善，奋力在联动共治中抓落实、动真格。主动融入创新社会治理体系大局，坚持和运用系统思维、整体思维，加强基层社会治理的配套衔接、联合协作，凝聚联动共治的强大合力。全区警务责任区和社区民警分别由76个、82名全部增加到112个，全部进社区班子，充分发挥了公安主导作用。围绕“三融三共”要求，加强融通数据、共建载体，积极对接区网格化服务中心、12345热线，推动非警务警情联动分流，不断为基层减负；推动融合主业、融接机制，建立健全情报信息联采等八项机制；强化共治网格、共享平安，明确区、街、社三级警网融合组织体系，通过联席会议制度、"政法网格员"队伍建设等方式，进一步织密织牢社区治理网络。发挥联合联动优势。结合作风评议，定期向社会报告工作，主动向区委区政府作全面工作汇报，积极协调解决派出所长进班子、禁毒办实体化、公调对接、智能安防小区建设等项目。全区7个街道均已发文明确社区民警进班子，区禁毒办完成实体化运行。进一步完善矛盾纠纷化解多部门协调联动机制，1月至11月共调解矛盾纠纷4440起、办结4304起，调解成功率为96.9%。以文明城市创建为契机，会同区委政法委、区发改委、城建集团、区房产局等单位，全力推进智能安防小区建设，确保全年完成占60%总数、共234个小区的建设任务。结合"扫黑除恶"专项斗争三年长效常治工作目标，会同市场监管、文旅等相关部门建立健全信息通报、联合查处等管控机制。牢固树立"隐患就是事故"的意识，持续深化社会矛盾安全隐患大排查大整治和"梳网清格"行动，聚焦韶山路等重点地区，7月23日至10月31日，在全区范围联合12个部门及各街道开展九小场所、三合一场所、群租房安全隐患整治百日攻坚行动，群租房数量从整治前的495户减少至70户、总数压减80%以上，整改各类场所隐患1744处，确保100%纳入管控范围。加强与教育、城管、交警等部门对接，联合开展重点单位周边秩序管理及危险物

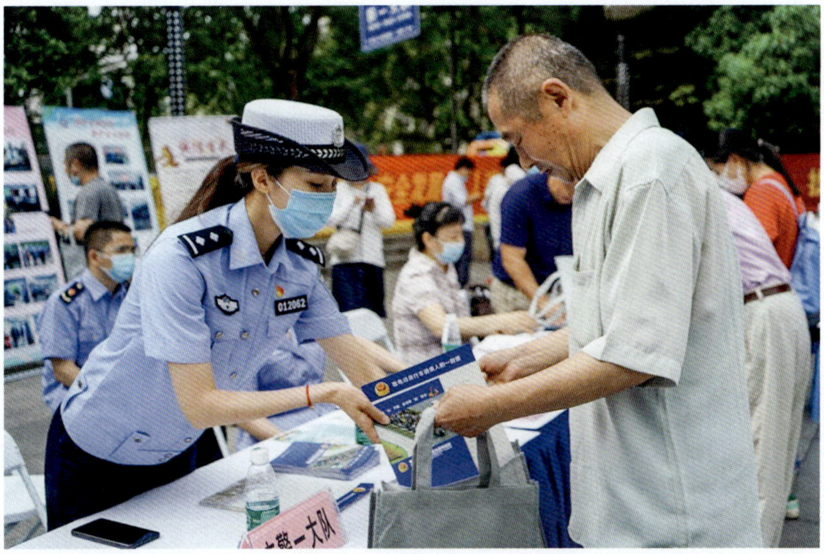

6月17日，交警一大队在樱驼花园社区广场开展安全生产咨询活动

（区交警一大队　供图）

品、违法经营清理整治，对全区107所中小学、幼儿园及重点目标实现人防、技防全覆盖。

【警务改革】　警务机制优化，在改革实战中突破。坚持问题导向、实战导向、结果导向，紧盯机制完善，持续改革创新，不断提升整体警务效能，为推动高质量平安建设、高效能社会治理提供了强大动力支撑。做强精准情报分析。构建"1+3+N"情报作战框架，分局成立涉稳情报中心、侦查情报指挥中心、民警办情报组，会同11个派出所综合指挥室，推动情指行一体化运作，在专项警卫等重点安保任务中突出情报主导，深入摸排各类不稳定、不确定风险隐患，共编发重要情报专刊140余期，服务领导决策，提前化解处置，提升分局整体情报核心作战能力，下好先手棋、打好主动仗，做到见势在早、处置在小，为全国"两会"零进京非访、妥善处置"福中"群体规模性聚集等发挥了支撑作用。聚力科技强警创新。从"强警"的高度和站位加强顶层设计，开展"一所一队一品牌"建设，在组建科技特派员、创客小组队伍的基础上，按照"一警一战队、一所一能手"的基本要求，升级打造数据赋能战队5支，组建30人的创客队伍，深入开展实战工具应用评比竞赛，形成玄武公安科技强警人才高地。"执法随身宝"项目荣获全国公安基层技术革新练兵成果比武大赛二等奖，获得首届全省执法监督管理数据建模大赛第一名。"互联网数据驿站"项目已公示获评省厅科技强警项目二等奖。固化规范警务品牌。持续放大执法办案管理中心、所队执法监管平台等执法规范化品牌效应，研发"证e通"远程询问系统，开创"无接触式询问取证"新模式，得到了上级公安机关和检法部门的充分认可，在疫情防控中取得显著实战成效。以获评新一

轮全国公安机关执法示范单位为契机，顺应法制垂管改革的趋势，确保“两统一”改革措施落到实处、取得实效。持续推进法制“同步审核”系统、电子卷宗自动编目系统、“慧法制”行政案件快速办理App、智慧通案宝等执法规范化品牌打造。推动实战警务变革。大力推行机关实战化，进一步固化机关部门打处指标责任、优化实战警种工作机制，通过评估专业化打击部门基础工作数据、绩效完成情况、人岗分析报告，核算11家职能大队实战化程度，倒逼人人能办案、适应新要求。调研测算分局机关部门参与值班频次及值班任务量，梳理不参与值班民警103人，撤并备勤式部门值班，重组机关合成队，常态化承担全区5个涉外疫情防控隔离点值守、8个护学岗任务，参与专项任务、节假日安保、办案中心夜间送押等勤务，实战效能进一步显现。

【专业打击】 聚焦防控体系升级，把打造平安玄武作为一切工作的出发点，突出“明责、减负、激励、增效”导向，健全以“提线、管人、控案、除患、服务”为主要内容的公安基础工作体系，真正实现基础牢、出事少、治安好。整合专业化打击力量，在组建侦查情报指挥中心的基础上，成立分局“打击治理电信网络新型违法犯罪中心”、图侦中心、巡特警便衣巡防打击队，同时将侦查办案力量从派出所剥离，抽调100名警力精编成立8支专业化驻所案件办理队，完善由人到案、刑嫌管控、盯案等机制。全年公诉1005人，完成率100.3%；侵财犯罪嫌疑人公诉469人，完成率128.14%；侵财团伙犯罪判5年刑以上的30人，完成率136.36%；经侦公诉189人，完成率101.93%；食药环公诉累计90人，完成率113%。侵财案件破案率30.8%，八类案件破案率97.37%，均达标。进一步健全社会治安形势分析研判机制，及时发现苗头性、倾向性问题，健全重点人员分级分类管控、公共安全基础数据全要素管控、网络综合管控等机制，实现对全区132家易制爆易制毒危险化学品从业单位、124家寄递企业、等各类要素的动态列管、依法严管、全程监管，做到底数清、情况明，发现得了、控制得住，有效净化社会治安环境。今年以来，组织集中清查15次，逐网逐格梳理排查不放心的人、事、物，分类建库、联动化解、逐项清零。

【“室引领队”改革】 2020年，南京玄武分局新街口派出所按照常和平副市长三次实地调研时提出的“五个一”的建设框架，在市局派出所改革专班以及分局相关部门的支撑下，紧盯“明责、减负、激励、增效”，围绕“五个一”组合拳先试先行。试点中，新街口派出所聚焦创新警务，打造强基工程，与省厅“六六战略”高度契合。综合指挥室、案件办理队、社区警务队按2:2:6的最优标准配置，定人定岗，职责明晰，不再承担专业化打击指标。站所队科学分工，不打乱仗。社区民警增加一倍，全部实现警网融合，80%的时间沉在警格就地接警、防控风险、化解矛盾、人口管理，改革以来社区警务队人均隐患发现数上升39%、隐患整改率达100%。全所145名重点人员零进京、重大安保期间零滋事，流动人口新增登记2087人、出租户新增413户，社区纠纷就地化解577起，社区提线破获案件9起，群租房整治达100%，九小场所消防隐患整改达100%，基础工作呈现全面提升之强势。一室引领两队每周开展酒吧、场所、商贸区等小乱点整治，治早治小，总警情下降8.5%，违法犯罪警情下降8.1%，改革后再无因警情高发被市分局双研判通报。12345工单下降17%，满意率达86%；社会治安满意度达99%，队伍满意度达98%；派出所十项攻坚基础工作考核全年位列分局第一。。通过线上线下高强度培训，以及全员考核配套实施，全警学习练兵呈现前所未有之热情，综合指挥室各岗民警懂指挥、会研判、懂建模、会材料，实现全域引领，社区民警实现全要素管理，综合窗口实现全科办理，改革期间1名民警获评“石城警星”，5名民警入围分局“警营工匠”，1名民警在优秀技战法评选总决赛中获评“二等奖”。 （张逸凡）

【交通管理】 交警一大队坚持“联动共治”理念，严格秩序管理，提升城市交通文明。联动共治是“十大攻坚提升行动”之首，为新时期交通治理工作指明了方向。大队严格按照市局“十大攻坚提升行动”部署要求，纵深推进交通治理联动共治攻坚提升，积极推进与伊村查报站、玄武特巡特警“联动共治”、与辖区新街口、梅园等辖区七个街道开展“警网融合，三长共治”、与南京火车站派出所、客运派出所、客管执法一支队、环湖办等部门联动共治，有效整合交警、巡特警、辖区垂管专业警种、城管部门等社会管理资源，推动“网格+警格”深度融合，扩大了辖区道路管控面，交管触角延伸到车站、景区、社区等，提升辖区道路治理能力。针对辖区交通拥堵节点，大队通过优化路口交通组织、信号配时，实施道路改造小微工程和优化勤务，提升道路通行效率。2020年大队重新渠划北京东路南空路口、启迪大街路口、新庄地面广场等11个路口渠划，将路口信号按交通流量的变化，分成9个时段进行精准放行。2020年4月对新庄立交进玄武湖隧道交通组织进行调整，将“7股车道汇入隧道3股车道”调整为“4汇3股”，减少了隧道口因汇车导致的拥堵，提高了新庄立交通行效率。六月初红山路快速化改造北标段完成，大队抽调警力配合兄弟大队对未完成路段实施分流，开通红山路，缓解了红山地区出行压力。针对新街口德基商贸区双休和晚间交通流量大的特点，大队加大警力投入，调整勤务班次，确保拥堵节点有警力疏导。认真贯彻落实“飓风行动”、“三大攻坚”等部署要求，全警动员、全力奋战，以秩序绩效为推动，通过力量最大化、措施精准化、目标数据化，做到交通整治时时有，天天查，将违法处罚之剑高悬。2020年，大队查处交通违法22.94万起（2019年19.6万起），同比上升17.04%，其中机动车违法13.31万起，非机动车、行人违法9.62万起，清拖违停机动车4580辆，处罚渣土工程车2296起，不礼让斑马线2162起，查处酒后交通违法412起，其中醉酒驾驶219起。重点路段停车秩序更加有序，路面交通秩序更加流畅，辖区内电动自行车戴头盔提高至95%以上。2020年是第六届文明城市创建三年一总评的关键之年，大队制定文明交通工作方案，明确创建工作目标任务，严密措施落实，压实工作责任，实行领导包段、民警包点，辅警、协勤与民警点位捆绑考核，建立大队领导、中队长、责任民警三级责任制责任，每天点评、每周推进，每月考核，一项项整改，一点点推进。对6个文明示范路口，10条主次干道，1条商业大街每天进行巡查，增设、出新交通标志标牌1100余块；漆画、复划交通标线约2万平方；增、补隔离护栏1000余节，净化了道路交通环境。列出责任清单，每条测评主次干道、每个文明示范路口，都，健全日常督查和专项考评机制。通过近100天的付出，用一份份努力，实现了文明城市测评“不丢分，得高分”的诺言，大队被市委市政府授予创建文明城市先进单位称号。（黄晶晶）

检　察

【概况】 2020年，区检察院坚持以习近平新时代中国特色社会主义思想为指导，学思践悟习近平法治思想，深入贯彻党的十九大和十九届二中、三中、四中、五中全会精神，紧扣“强富美高”新玄武建设，聚力服务保障“双胜利”，统筹协调推进各项检察工作，统筹协调推进各项检察工作，努力为全区经济社会高质量发展提供有力的司法保障。全年受理审查逮捕案件275件528人，审查起诉748件1257人，不捕、不诉109件195人，监督立、撤案28件30人，纠正漏捕、漏诉26人。办理民事监督案件40件，办理公益诉讼案件57件，制发检察建议44件。获评全国先进基层检察院、江苏省先进基层检察院，连续5年取得是南京市检察机关先进基层院荣誉称号。

【疫情防控】 2020年，积极运用视频提讯、远程核证等方式，快速介入并追诉制假售假、造谣传谣等扰乱防疫秩序案件11件13人，成功办理的陈某虚构口罩交易诈骗复工企业案，入选全国检察机关妨害疫情防控犯罪典型案例。开展送法进企专项行动，建立检察线上服务平台，帮助企业查找复工法律风险12项，提出合规建议27条，受理答复涉疫涉诉咨询350余次，对农贸市场、社区卫生院等重点场所开展公益调查15次。建立检察长在岗、院领导带班、部门分级值守的防疫+战时工作机制，全力投入封闭执勤、测温登记等社区防控任务2000余人次，捐赠急需防疫物资4批，筑牢检民同心共战疫情的坚强防线。

12月18日，省院党组书记、检察长刘华，市委常委、政法委书记徐锦辉为“全国先进基层院”奖牌揭牌 （区检察院 供图）

【法治化市场】 2020年，建立涉民企案件侦查一律介入、羁押一律审查、重大案件一律听证的办案机制，依法对年销售额2亿元企业6名高管变更强制措施，对在建项目4.6亿元某建筑集团、“江苏好青年”小微企业负责人等涉税案听证评估后不予起诉。牵头出台涉民企案件财物快速返还意见，对刘某职务侵占案被害企业及时发还损失500余万元。清理涉企存量案件18件，惩办侵犯知识产权、合同诈骗等破坏市场秩序类案件63件198人。围绕“四新”行动，举行检察开放日、案例发布会等活动16场，在南理工科创园等设立检察服务驿站、驻企法律专员，开通12309涉企法律服务窗口，常态开展法律服务。

【保障群众法治需求】 2020年，落实群众来信件件回复制，认真办理群众来信来访120件，连续四届获评“全国检察机关文明接待示范窗口”。53名干警下社区进网格，开展矛盾线索、安全生产专项排查9次，办理物业听证案入选全市政法网格员十佳案例。与法援中心、劳动仲裁部门的联动协作，院领导包案处置80名劳动者稳岗维权案，发放司法救助款22.5万元，举办普法活动17次。连续开展危房清理、住宅楼消防清障、问题窨井盖清查等公益“小专项”行动，严惩借互联网金融名义实施的非法吸收公众存款、集资诈骗等案件63件198人。获评区防范化解重大风险先进集体称号。

【扫黑除恶专项斗争】 2020年，打好专项斗争“收官”战，从严办理中央督导组交办的张某等13人充当“地下执法队”恶势力案，深挖保护伞2人，检察长带队对省扫黑办督办的尹某等12人涉黑案提起公诉获一审宣判。三年来共起诉涉黑涉恶案件7件74人，加强配合持续监督涉黑恶罪犯财产刑执行到位178万元。健全与监委联动打伞破网、非法金融预测预警等工作机制，推动专项斗争常治长效。获评2019年度全市扫黑除恶先进集体。

【刑事检察】 2020年，批准逮捕239件445人，提起公诉671件1136人，依法惩办90余人网络诈骗、非法买卖400公斤剧毒物质等重大案件，快速办理舆论高度关注的紫金山系列暴力抢劫案，被市检察院主要领导批示。依法对受贿1200余万元的省发改委原调研员王某某提起公诉。加强刑事执行监督，办理暂予监外执行等案件7件7人，在全市首次开展重大案件讯问合法性核查，全面核实财产刑执行线索2000余件。纵深推进认罪认罚从宽制度，适用率94%，量刑建议采纳率达99.8%。实行“定点派驻+随机督导”的前置化监督模式，监督立、撤案28件30人，纠正漏捕、漏诉26人，增幅27.3%。

【民事行政与公益诉讼检察】 2020年，综合运用诉讼过程监督、结果监督、执行监督等多元方式，办理民事监督案件40件，持续惩治虚假诉讼、套路贷等违法行为，准确提出抗诉、提出再审检察建议。加大对行政行为合理性的调查核实，加强国资管理、市场监管等领域监督，依法提出非诉执行监督检察建议，采纳率100%，推动依法行政依规履职，实现双赢、多赢、共赢。成功提起全省首例由基层院单独起诉的民事公益诉讼案，调查物流行业上万条公民信息泄露、13家药店无处方销售等隐患，制发检察建议44件，与多部门会签《生态环境保护执法司法联动机制实施办法》，排查六朝砖井等辖区不可移动文物116处，选聘公益观察员10名。

【未成年人检察工作】 2020年，对不捕、不诉涉罪未成年人开展训诫教育20次，全省率先对违规旅馆业主实施训诫被省检察院主要领导批示肯定，助力相关行业完善青少年保护机制。运用个性化评估、社会化服务等方式帮教考察205人次，对27名罪错青少年开展临界预防。与区妇联签订《关于共同推动妇女儿童权益保护工作的意见》，打造玄检"小唐老师"等普法载体，举行校园法治宣讲40余场，接受教育2万人次，受到江苏广电等媒体采访报道。"向阳花工作室"观护基地先后被授予"南京市亲职教育实践基地"、全市德法同行优秀品牌，获评长三角法治论坛创新实例，最高检、全国妇联及省市相关领导先后视察肯定。

【司法改革】 2020年，狠抓入额院领导带头办案，突出检察官办案主体地位，深化司法责任制改革成效，持续构建系统、规范、高效的检察权运行机制。科学组建专业化办案团队，建立"外脑"辅助办案制度，加大与科研院校、行业协会研究合作，增强办案智力支持。全面使用"政务通"、刑事案件智能辅助等系统，助推办案节能提速。

【队伍建设】 2020年，坚持以习近平法治思想为指引，开展党课教育7次。开展"争创模范机关、争当模范干警"教育活动，排查问题清单86项，落实整改措施21条，力促对标找差常态化。干警获得市以上表彰31人次，1名干警荣获"全国平安医院工作表现突出个人"，受到国家卫健委等十部委联合表彰，申报课题数保持全市检察机关前列。 （汪倩倩）

法　　院

【概况】 2020年，区法院在区委坚强领导和上级法院正确指导下，坚持以习近平新时代中国特色社会主义思想为指导，深入贯彻落实党的十九大和十九届二中、三中、四中、五中全会精神，以高质量司法服务保障"强富美高"新玄武建设再出发。2020年，全院受理各类案件24228件，其中新收案件21501件，结案22332件。法官人均结案447件，全省第二、全市最高。法院集体和个人获得各项荣誉50余项。

【疫情应对】 第一时间成立领导小组，召开视频会议制定应急预案。切实履行主体责任，强化法院内部疫情防控，确保机关防疫安全。对来自高风险疫区的当事人，严格开展排查，配足安保力量加强体温检测、信息登记等防控工作，确保疫情防控不留死角。借助科技化手段，接听诉讼服务热线3027次，网上立案2777件，远程开庭、隔离调解137次，线上执行586次，妥善审理涉疫情案件37件。以远程提讯方式审理刑事案件，审理的一起跨南京、重庆、日本三地抚养费纠纷案件入选全省法院涉疫情防控典型案例，成功化解了武汉抗疫志愿者与某电商平台因政府征用口罩而引发的网络购物纠纷。提前应对疫情过后可能产生的相关纠纷，制定出台《疫情应对诉讼提示》《强化环资审判有效应对疫情的十条意见》《企业复工复产涉及法律适用"十问十答"》等文件，为企业复工复产提供法律指引。充分发挥党员干警先锋模范作用，全院干警进街道、进社区、进企业协助开展防疫排查、监测整治、群众帮扶、复工审查2366人次，为疫区捐款10万元。

【群众权益维护】 审结了省扫黑除恶领导小组挂牌督办的尹某案，严某案判决书荣获全省法院百篇裁判文书二等奖，一人被评为全省法院刑事审判工作先进个人和全市扫黑除恶专项斗争先进个人。在全市率先成立由法院、公安、检察、信访局、金融办等部门组成的非法集资陈案处置专班，市政法委徐锦辉书记专门到院调研指导。持续打击"套路贷"虚假诉讼，对65件民间借贷案件进行再审甄别，一人被评为全市防范化解重大金融风险攻坚战工作先进个人。

制定出台《关于为优化营商环境推动高质量发展提供司法服务和保障的实施意见》，主动走访民营企业了解司法需求。最大程度发挥职工法律援助中心作用，成功化解638件劳动争议案件。西南低山丘陵区域环境资源法庭正式揭牌，审理南京和句容辖区内非法捕捞水产品、非法采矿等刑事案件236件、民事案件14件、行政案件6件，胜科水务案被最高人民法院评为全国环境资源典型案例和十大公益诉讼，载入最高人民法院工作报告。与钟山风景名胜区管理局达成《合作框架协议》，成立紫金山生态环境司法保护基地，向南京市江北新区管委会生态环境和水务局发出司法建议，助力打好蓝天碧水净土保卫战。开展涉民生、涉金融、涉党政机关和职务犯罪刑事财产刑等专项执行，组织召开“惠丰528船只”执行处置方案协调会。探索形成的司法拍卖中对奢侈品的审查鉴定机制，被最高人民法院在全国宣传推广。

11月5日，区法院西南低山丘陵区域环境资源法庭揭牌

（区法院　供图）

【司法改革】 深入推进民事诉讼程序繁简分流改革试点，两个速裁团队共结案8434件，占民事案件总结案数的76.81%。借力“三书”释放小额诉讼程序活力，通过向金融机构发司法建议书、向社会公众发倡议书、向诉讼当事人发告知书，让公众增强约定适用小额诉讼程序的法律意识。提升“审务进基层、法官进网格”工作实效，105名政法网格员主动与社区结对，履行“八大员”职责，提升基层治理能力水平。选聘8家专业律师型、2家专家学者型、1家行业协会型特邀调解组织，就商事合同、医疗损害、建设工程等专门领域纠纷开展专业化、职业化调解，用时5天调结全市诉前委派调解第一案，用时7天调结全市诉中委托调解第一案。开发运用全市首家金融一体化平台，通过一键规模化立案、一键批量式受理、一键要素式生成、一键电子化送达，审理金融借款、信用卡案件5784件。与8家金融机构、10家律所共签《关于诉讼文书电子送达的合作备忘录》，提升电子送达适用率，5月以来累计电子送达2785人次，平均送达用时2.09天。

【队伍建设】 巩固提高“不忘初心、牢记使命”主题教育成果，深入开展“两个坚持”主题教育，进一步牢固“四个意识”，坚定“四个自信”，做到“两个维护”。严格落实意识形态工作责任制，制定《关于进一步落实意识形态工作责任制的实施方案》，做到与中心工作一同部署、一同落实、一同检查、一同考核。认真接受区委巡察，深入开展“三个规定”专项整治、“两个坚持”专项教育、审务督查、“整顿司法作风、规范司法行为”专项教育整改月等活动。主动接受社会各界监督，邀请代表委员和人民群众旁听庭审、见证执行。深化司法公开，裁判文书上网25284篇，全省最高；庭审直播比例75.24%，全市最高。抓好民法典等新法律法规的适用研究和学习培训，全面提升干警能力。构建新型年轻干部培养机制，成立民法典宣讲团，开展“玄法青年沙龙”“师徒结对传帮带、青蓝携手共前行”等活动，引导年轻干部肯学想干、担当作为。加快推进新审判大楼收尾完工，争取年前正式入驻，改善干警履职办公条件。（高　飞）

司法行政

【概况】 2020年，全区共开展各类法律便民活动100余场次，发放宣传资料近5000份。为企业“法律体检”190次，为190家企业提供专项法律服务，收集排查企业法律风险服务需求100余项，帮助企业化解风险、解决问题近100件。办理各类法律援助案件1030件，受援群众满意率98.7%，全区每万人接受法律援助数达17.9件。办理各类公证2016件，同比增长4.8%，其中国内证1613件，涉外证403件，收费1421089.9元，同比增长21.3%。组织纠纷排查896次，受理调处矛盾纠纷8523件，调解成功8514件，调解成功率99.89%。备案重大行政处罚案件53件，案件优良率达100%。办理区政府被诉行政诉讼案件6件，未发生行政败诉案件。

【法治玄武】 根据省、市委全面依法治省、市委员会会议精神，研究部署推进全面依法治区工作。召开区委全面依法治区委员会第二次、第三次(扩大)会议，通过2020年度依法治区工作要点，从战略高度定位法治、布局法治、推进法治、厉行法治，对标找差、创新实干，把法治建设摆在全局工作的突出位置，健全完善党委领导保证执法、支持司法、带头守法的制度，将法治建设工作与经济社会发展同部署、同推进、同督促、同考核、同奖惩。及时制发了《关于依法防控新冠肺炎疫情，切实保障人民群众生命健康安全的实施方案》《关于全力做好防疫期间法律服务工作的通知》等文件资料，指导全区依法抗疫。加强对全区街道、部门疫情期间推进复工复产相关文件、合同的合法性审查，并提出完善意见。以中央督察组督察为契机，全面检视全区党政主要负责人履行法治建设第一责任人工作推进情况，全区上下认真落实党政主要负责人履行推进法治建设第一责任人职责。

【法治政府】 开展法治政府建设“补短板、强弱项”和基层“援法议事”、法治化营商环境督察专项活动。推进街道集成改革，制定街道行政处罚权工作方案，经省政府批准将89项行政处罚事项交由街道行使。全年涉及区政府行政诉讼案件6件，无一例行政败诉。依法办理区政府作为复议机关的行政复议案件9件，分别作出维持原具体行政行为、撤销、责令重新履行法定职责等行政复议决定，区政府行政机关负责人出庭应诉率达100%。牵头对现有7件区政府规范性文件进行清理，废止3件，保留4件。

【执法监督检查】 全面推进行政执法“三项制度”，行政执法公示率、执法过程全记录率、重大执法决定法制审核率均达100%。定期组织执法人员培训考核，严格执法人员持证上岗和资格管理制度，集中开展执法案卷评查，2020年共对全区重点领域执法单位23卷行政执法案卷进行综合评查。

【人民调解工作】 2020年，在区法院、区信访局分别成立非诉讼服务分中心，组织全区各级人民调解组织和调解员，深入社区网格，严格执行矛盾纠纷“日排查”制度。全年共组织纠纷排查896次，受理调处矛盾纠纷8523件，调解成功8514件，调解成功率99.89%。全区无因调处不及时出现的纠纷激化和“民转刑”案件的发生。

【特殊人群管控工作】 认真学习贯彻《社区矫正法》，对159名在册社区矫正对象依法实施监督管理和教育帮扶活动，对6名违反管理规定的社区矫正对象予以警告处分，对1名不符合暂予监外执行条件的罪犯及时提请收监，全区社区矫正在矫秩序持续安全稳定。加强对刑释解戒人员的安置帮教工作，对全区849名刑满释放人员、47名后续照管人员实施有效帮扶教育，无一例脱管漏管发生。加强刑罚执行一体化建设，严格落实疫情防控期间刑满释放人员的衔接和管理，对梳理排查出的63名重点涉疫人员，会同公安、街道实施有效的联合管控。

【公证处工作】 组织玄武公证处与市属钟山公证处开展战略合作，引入了钟山公证处专业团队加入玄武公证处，提升了玄武公证处公证人员数量规模的整体业务能力，组织玄武公证处积极拓展业务范围，迅速提高业务体量，积极破解人才引不进，留不住，整体收入低，自身运转困难的难题。在全市首家开展，先试先行、摸索总结解决区属公证处发展难题的新模式。全年共办理各类公证2016件。

12月4日，宪法宣传日广场活动　　（区司法局　供图）

【法律援助机制】　继续深化认罪认罚从宽制度试点成果，确保刑事案件律师辩护全覆盖。全年共接听12348法律咨询热线7212人次，办理各类法律援助案件1030件，其中一起涉环境保护援助案例被省司法厅评为全省法律援助十大优秀案例，入选司法部案例库。

【“七五”终期考核验收】　制发《关于组织开展全区“七五”普法实施情况终期考核验收工作的通知》，组织召开考核验收动员大会，部署相关准备工作。指导全区各单位根据《评估验收细则》组织自查整改并提交自查报告。区法治宣传教育领导小组，以实地考察、听取汇报、查阅台账、座谈测评等多种方式，对街道、园区以及部门、单位进行检查、督促和指导。区“七五”普法成效，受到市委常委、政法委书记徐锦辉充分肯定。

【重点对象重点内容普法工作】　2020年，对拟提拔任命的41名区管干部进行法律知识考试，举办区委理论学习中心组学习会，邀请专家专题解读《优化营商环境条例》；在区政府党组学习会上，组织学习《江苏省重大行政决策程序实施办法》。全年共组织法治宣传教育活动100余场，发放宣传资料5000份，推送微信、微博等网络宣传资料9000余条。对全区30个省级示范村（社区）进行全面复查核查。定期组织“12348法律服务队”人员、社区法律顾问进企业进社区，不断提升人民群众对司法行政工作的知晓率和满意度。组建玄武区民法典律师宣讲团，制作60余个高质量宣讲课件，区法治宣传领导小组办公室专门下发通知，明确宣讲组织实施办法，已在全区机关、街道、社区、企事业单位开展近100余场宣讲活动。

【队伍建设】　全面加强机关和律师行业党建工作，召开选举产生司法局机关党委和玄武区律师行业党委。严格落实各项党内制度规定，全面强化党对司法行政工作和律师工作的领导。全面理顺司法所管理体制，下半年以来，我局主动大力请示报告和协调，在区委、区政府的关心下，司法所双重管理体制改革按照上级要求已基本落实，司法所人事关系和财政保障上符合上级要求。组织局机关干部、律师加入“政法网格员”队伍，参与网格化社会治理工作，选送的案例被市委政法委评为首期“四微”行动“十佳案例”，2家律师事务所被省律师行业党委评为统筹推进疫情防控和经济社会发展先进集体。组织成立9个专业类别的律师调解组织，接受玄武法院委托开展律师特邀调解，已成功调解诉前、诉中特邀调解经司法确认案件各12起。　（冯　飞）

（栏目编辑　张　弛）

军事

人民武装

人民防空

退役军人事务

人民武装

【概况】 2020年以来，玄武区人民武装部深入学习贯彻习近平新时代中国特色社会主义思想和强军思想，坚决落实警备区党委、首长机关和区委、区政府的决策部署，始终以强军目标为统领，着力举旗铸魂，聚力练兵备战，努力夯实基础，较好地完成了上级赋予的各项任务，全面建设水平稳步提升。

【思想政治工作】 坚持理论先行、教育为重，把学习党的创新理论摆在首要位置，重点组织传达学习党的十九届五中全会精神，全员收听收看中央军委国防动员部和江苏省军区、南京警备区组织的各类理论教育和宣讲会议，每周四晚都坚持参加《习近平谈治国理政·第三卷》小夜校学习活动；每季度在参加省军区、警备区党委中心组集中学习的同时，配发《习近平论强军兴军》《军委主席负责制学习读本》等辅导教材，组织全体人员读原文、看原著、悟原理，并撰写、交流学习心得体会，使每名同志实实在在地学深悟透，切实把思想和行动统一到习主席讲话精神上来，切实把学习理解有效转变为贯彻落实的实际行动，以强烈的政治责任感投身强军兴军事业。

【党管武装工作】 严格落实党管武装根本原则和制度，坚持完善双重领导和双向兼职、党委议军、现场办公、学习培训、任前谈话、工作述职、联合考评和领导干部过"军事日"等各项制度，有效形成各级领导干部爱武装、管武装、建武装、兴武装的思想共识和行动自觉。年初，针对去年市对区党管武装考核情况，逐一对照责任和问题，在全市率先出台《关于加强新时代党管武装工作的实施意见》，着力规范全区党管武装工作，确保经济社会发展与国防建设同部署、同考核、同推进。4月，召开区人武部党委第一书记宣布任职大会，这是全省近年来首次隆重召开的第一书记任职仪式，省委宣传部专门在《新华日报》转发玄武区经验、向全省推广。11月份，在市对区党管武装考评中，考评组领导对区的工作给予一致好评。

【爱国拥军】 把管武、建武、强武作为政治任务贯彻到各项工作、落实到街道基层。合力推动区退役军人服务中心和主题馆项目建设，争创省市退役军人服务体系样板工程。在全区范围内持续推进优秀现役军人、退役军人、军嫂典型培树工作，在2020年全市"三个最美"评选活动中，推荐宣传了东部战区总医院护士倪娟、玄武公安分局退役干部李克俭、海军指挥学院干部家属罗再琼等共5名先进典型。坚持开展走访慰问部队、安排军人子女优先入学入托、解决退役军人和军嫂就业问题、到官兵家庭悬挂光荣牌、为立功受奖现役军人送喜报等工作，为南京获评"全国双拥模范城"九连冠做出了玄武贡献。区各机关部门、各街道园区和各级各类学校广泛开展军地共建、军事实践体验以及其他相关群众性活动，真正展现了驻军大区、双拥大区、科教文化大区的"硬担当"。

【战备秩序】 紧紧围绕可能担负的作战保障任务，以信息备战为先导，以系统完备、配套齐全、快速反应为目标，时刻做好担负急难险重任务的准备。按照军委国防动员部"四个秩序"规范，立足现有办公条件进行封闭改造，通过调整、隔断、组合等方法建成"四室两库"，保持指挥帐篷、移动保密对讲系统、无线图像传输系统及森林防火、抗洪抢险等民事行动器材完善齐备；依据"四个组织、一个参加"职能任务，共修订完善了1个紧急出动方案、5个重要目标防卫方案和16个非战争军事行动应急预案；落实作战值班规定，规范突发情况处置程序，组织指挥通信装备操作训练，确保值班系统随时保持技术完好、值班分队能够迅疾拉动。

【实战训练】 突出应急应战、坚持按纲施训，严格按照上级军事机关下达的训练计划组织军事训练，不断提升专武干部和民兵队伍"战时应战、急时应急、平时服务"能力。着眼应急，抓专业训练。5至6月，组织民兵参加省防空骨干集训，并组织人武部干部、文员，以及玄武湖街道应急排实弹射击，安全圆满完成任务；5月底，组织民兵参加警备区抗洪抢险骨干集训。立足平时，抓骨干培训。11月，组织所有街道、高校武装部长参加全市专武干部集训。

【疫情防控】 在2020年的新冠肺炎疫情防控中，针对玄武区部队营院多、管控难度大的实际，区人武部和退役军人事务局成立军地联合专项组，抽组专人到120多个驻区部队营区逐个排查，对66个非封闭营区的防控工作作出妥善安排，探索的“四三三”防控经验受到省军区领导的肯定；拟制《参加处置应对新冠肺炎疫情防控方案》，下发《做好民兵战备值班分队出动执勤准备的通知》和《号召广大专武干部和民兵预备役人员自觉投入新型冠状病毒感染的肺炎疫情联防联控行动倡议书》，从各街道抽调民兵骨干到地铁鼓楼站等重要点位参与开展新冠肺炎疫情的防护知识宣传及劝导工作，并逐次安排民兵到各街道一线参与疫情防控工作，峰值达到330人次/日；向玄武籍应征入伍青年发出动员倡议，号召大家未入营、先立功，筛选出28名踊跃报名参加疫情防控的应征青年补充到社区战“疫”一线，协助搞好疫情防控工作。区委领导专程前往东部战区总院等驻军部队，走访慰问赴湖北支援疫情防控一线的医护工作人员家属，为他们带去温暖和关怀，得到了官兵的广泛赞誉，有关新闻被中央电视台报道，充分体现了双拥工作的成效和优势。

【国防动员机制】 按照中央和省、市国防动员委员会建设规范，在区委、区政府主要领导指挥下，区人武部和各职能部门密切协同，及时调整充实了区国防动员委员会“一综八办”的组织构架和人员编成，明确职责分工，使国防动员议事协调机制更加完善。5月中旬，按照省军区统一部署，区国防动员委员会各部门迅疾就位，形成有序有效、上下畅通的国防动员行动指挥链路。编实各类民兵队伍。根据市政府、警备区年度《民兵组织整顿工作实施方案》，全力展开区民兵编建工作。克服主城区流动人口多、企业单位散等矛盾困难，充分挖掘全区资源潜力，着重编实建强应急、专业、特殊3类玄武基干民兵队伍。

11月11日，军地联合走访慰问赴湖北疫情防控一线驻宁部队人员家属

（区人武部　供图）

【兵员征集】 坚持以“五率”为标准，切实抓好征兵工作。去年底就提前筹划新年度征兵工作，3月份完成兵役登记工作，登记率达到100%。6月起，区人武部、公安分局、卫健委等部门和单位分工负责、齐心协力，扎实开展动员宣传、政治考核、上站体检、役前训练、联合定兵、起运输送等各项工作。在近年来一直保持96%以上的大学生参军率和2020年上级赋予的49%的高校毕业生征兵任务的基础上，完成了年度征兵任务，实现了51%的高校毕业生比例和98%的大学生参军率，做到了零退兵，成绩始终位于全省全国前列。《人民日报》《解放军报》《新华日报》和江苏卫视等媒体集中报道了玄武区未入营、先立功的抗疫优秀青年袁理想参军入伍的典型事迹，形成广泛的社会影响。

【国防教育】 认真贯彻落实中央、省、市关于加强新时代国防教育工作指示精神，稳步推进区全民国防教育深入发展，持续营造全社会关心国防、支持国防的浓厚氛围。年初，区委宣传部、区人武部共同筹划，拟制下发年度国防教育工作要点，指导全区党政机关、企事业单位、大中小学开展国防教育，很多工作在全省乃至全国都有一定影响。比如，区委宣传部、区退役军人事务局、区民政局等有关部门，注册成立了全市首个全民国防教育社会组织(玄武区新时代国防教育中心)，有关经验被国家国防教育办公室向全国推广；区委宣传部、区人武部拍摄《致敬最美逆行者——2020年东部战区总医院援鄂一线抗疫群英谱》专题片，参加南京市“爱我国防”国防教育微视频大赛，获得大赛一等奖；组织东南大学等学校组队参加全国国防教育竞技大赛，共获14个奖项，包揽了高校组、成人组团体和个人冠军；区人武部、区教育局组织青少年学生观看国防题材优秀电影，撰写观后感、影评，在国家国防教育办公室、国家电影局组织的全民国防教育万映计划评选表彰活动中被评为先进单位，共获得4个优秀作品奖。 (刘礼阳)

人民防空

【概况】 2020年，全区人防工作紧紧围绕区委、区政府中心工作及市人防办下达的目标任务，全面贯彻党的十九大精神以及习近平新时代中国特色社会主义思想，紧紧围绕“战时防空、平时服务、应急支援”的使命任务要求，以聚集实战、体系建设为重点，全面履行新时代人防职责使命，全面推进人防事业融合发展、创新发展、协调发展、开放发展、绿色发展，不断凝聚人防建设强大合力，不断推进人防事业高质量发展。

【防空警报管理】 新建安装防空警报器5台，布局更加合理，功能更加完善。做好防空警报器的维护管理工作，适时组织维护管理人员进行技术交流，每年对全区警报器进行两次普查，不断提高防空警报器的维护管理水平。完成“4·4”“9·18”“12·13”防空警报鸣放任务。

【实战化应急能力】 根据新颁布的《人民防空训练与考核大纲》，坚持“练为战、训为用”，制定全面、科学、合理的人防机关年度训练计划。组织人防机关干部训练和人防专业队骨干100余人集训，参加江苏省军区演习，圆满完成“玄防—2020”人防指挥部演习。

【应急救援包发放】 完善应急包维护系统并做到数字化管理，全年共计发放应急救援包8000余个。并对2017—2019年各街道应急包发放情况进行检查，居民满意率达80%以上，将应急包发放办成民心工程。

【工程开发利用】 超额完成地下空间目标任务，积极协助市人防办做好聚宝山庄换乘中心人防工程建设和十三中锁金分校人防工程建设。

【老旧人防工程维护管养】 根据《南京市人防工程防护设备维修及标识安装实施方案》，对辖区内2003年以前的老旧工程进行全面摸排，筛选出40个需要维护的人防工程，列入年度维管计划，通过公开招标，确定施工中标单位，按批次对老旧人防工程进行维护施工。2020年对20个人防工程进行防护设备维修及标识安装，完成竣工验收。

【工程安全管理】 签订人防工程维管责任书、安全生产目标责任书和人防工程维护管理备案申请表，对人防工程实行年检备案和抽查，联合街道、安监、消防部门开展公共人防工程专项检查整治行动，采取多种安全生产措施，不断强化安全生产，努力防范化解重大隐患风险。深入开展人防工程管理使用安全生产专项整治工作，配合完成区第二安全生产督导(巡查)组对人防办的安全生产专项督查。结合市区安全生产专项检查行动，组建人防志愿者队伍，对人防公共工程、人员密集场所工程、投诉集中工程进行日常和专项检查，着力提高安全红线意识、风险防控效能、安全管理能力、事故防范效果和安全治理水平，依法查处违法违规行为，发现问题立即督促整改到位。2020年共下发326份安全生产风险源排查整治通知，抽查人防工程72处，发现安全隐患22处，现场整改10处，限期整改8处，下发整改通知书4份。办理“12345”、政风热线及各类信访诉求74件，办结率100%。

【“防灾减灾日”和“安全生产月”宣传教育】 部署“5·12”防灾减灾日和“安全生产月”系列宣传，在新街口、玄武湖、孝陵卫等街道组织了多场防灾减灾广场咨询服务活动；在电信南京分公司

9月16日，同仁小学“9·18”防空袭疏散演练活动，师生演练紧急撤离

（区人防办　供图）

鼓楼多媒体大楼举办了2020年首场企业防空袭暨消防应急疏散演练；在“9·18”警报试鸣日活动期间，与区教育局、应急局、红十字会等在同仁小学组织防空袭应急疏散演练，18个班级600余名师生参加了演练，南京电视台新闻综合频道和魅力校园栏目分别进行了报道。

【基础宣传教育】　推进“橄榄枝在行动　玄武人防社区行”系列宣传，在明故宫社区人防教育馆举办第四届人防亲子夏令营活动；制作纪念新中国人民防空创立70周年短视频参赛作品，入围省国防人防微视频暨人防公益广告视频评选；协助市人防办，圆满完成徐庄社区紫金东郡人防文艺会演。在各类门户网站共发布玄武人防信息13条（其中市人防信息网采用7条、区政府门户网站采用6条），完成市人防微博转发376条。

【创新人防宣传载体】　自行开发微信小程序，举办玄武区首届“全民防疫减灾科普知识一起来”线上知识竞赛，助力社区、学校、社会公众正确认知和防范疫情，筑牢疫情防控的人民防线，活动参与总人数达17015人，市人防办、区减灾委等微信公共服务平台也分别进行了推送。

（孟　进）

退役军人事务

【概况】　2020年区退役军人事务局拓展工作思路，优化工作方式，高质量完成退役军人安置、就业创业、权益维护、社保接续等各项工作。按照“思想政治工作年”“基层基础基本建设年”活动要求，高标准建设区退役军人服务中心，同时指导街道（社区）因地制宜，打造“标准化特色建设”的示范型服务站，搭建起“横向到边、纵向到底”的区、街、社三级退役军人服务保障体系。被评为创建全国双拥模范城优秀集体，荣获全市“微党课”竞赛活动优秀组织奖、南京市创业大赛优秀组织奖。

【建立完善退役军人服务中心（站）】　挂牌成立1家区级退役军人服务中心、7家街道退役军人服务站以及59家社区退役军人服务站，打通服务保障退役军人“最后一公里”。2020年，区退役军人服务中心和5个街道被评为全国示范型退役军人服务中心（站）。

【退役军人安置工作】　2020年，局严格安置工作程序，在区委组织部指导下，对有意向到区安置的部分专业技术干部和营职干部进行了面试，完成计划安置军转干部接收任务，军转干部安置率100%。会同区人武部、区纪委对2020年符合政府安排工作条件的退役士兵档案进行核查，协调区编办、区人社局及区国资办筹措安置岗位，组织开展积分选岗会，转业士官安置率100%。

【退役军人就业创业工作】　2020年度组织3场专场招聘会，线上线下共93家企业参加招聘，吸引退役士兵到场应聘，65人现场签订就业意向协议。利用微信群、QQ群等网络平台，及时推送企事业单位招聘信息，帮助退役军人尽快找到心仪工作。全员适应性培训完成率达100%，培训率100%，有就业意愿人员的就业率100%。

【部分退役军人社保接续工作】　由局主要领导担任专班领导，分管领导、科室领导长期坚

10月21日，部队领导指导主题馆建设　　（区退役军人事务局　供图）

持一线蹲点，顺利开展部分退役士兵社保接续工作。截止到2020年10月27日，受理退役军人社保接续申请量、完成初审量均位居全市前列。

【退役军人之家】　2020年，在省、市相关部门的指导下，在驻区部队的支持下，高标准、高起点打造综合性退役军人服务载体，完成4万余字展陈大纲编撰，征集史料照片物件2000余件（张），仅用1年不到时间建成全省首个退役军人之家综合体，在全国首创了集“退役军人一站式服务中心、退役军人主题馆、军事主题广场、退役军人服务机构”于一体的退役军人之家综合体模式，探索军队地方互动、线上线下互联、横向纵向互通的基层退役军人服务保障新路径。区退役军人之家综合体于2021年1月18日正式启动。

【拥军优抚试点合作】　2020年10月30日，区退役军人事务局联合中国邮政集团有限公司南京分公司举行战略合作框架协议签约仪式，打造拥军邮情服务体系，为广大军人军属、退役军人和其他优抚对象提供优先、优质、优惠的“三优”服务。

【退役军人事务宣传工作】　在市区门户网站以及“今日头条”“学习强国”等主流媒体累计发布信息146篇；制作双拥公益短视频《妈妈我在等你回家》获得省级二等奖；退役军人李克俭被评为2020年度南京市最美退役军人，石顺光、秦寿海荣获2020年度南京市最美退役军人提名奖。

【优抚褒扬工作】　在对优抚对象数据库人员基本信息核查的基础上，完成了154名“两参”定抚和“参试”评残人员身份核查。对各类优抚对象开展春节走访慰问活动，为678名优抚对象发放爱心消费券。按照时间节点为全区自主择业军转干部发放住房补贴和无军籍职工的改革性补贴。组织街道、社区到烈士陵园、烈士纪念场馆等地开展“致敬2020清明祭英烈”活动，共开展5次集中祭扫英烈活动，网上参与祭扫约2.9万余人次。

【军地应急联管联控】　探索建立部队、区、街、社区四级一体联控联管机制。疫情期间，对全区驻区部队营区进行了多轮拉网式的排查，地方牵头对24个无物管小区进行封闭式管理，为部队生活区提供安全保障。

【助力市创建全国双拥模范城“九连冠”】　召开区委常委会2次、区政府专题会3次，专题研究创建工作和双拥宣传氛围营造工作。对全区有35年历史的总院家庭病床、37年历史的太平门社区与东部战区政治工作部警卫连共建等双拥典型进行了梳理提升；在北京东路等主干道醒目路段设置大型宣传牌15块、横幅100余条，3块大型电子屏循环播放宣传；全力解决好部队“三后”问题，2020年安置随军家属进行政编制1人、事业编3人，解决96名军队子女入学。　（王　华）

（栏目编辑　张　弛）

产业经济

综述

徐庄高新区

珠江路城市硅巷

软件与信息服务业

工业

综　　述

【概况】　2020年，为应对疫情对经济发展带来的冲击和影响，区委区政府采取“防疫+”战时工作机制，通过区领导包保走访及持续常态化调度，全力扭转部分指标下滑态势，各项主要经济指标企稳回升。全年地区生产总值完成1108.66亿元，同比增长5.2%左右；一般公共预算收入完成97.3亿元，同比增长4.6%；全社会固定资产投资同比增长7%；社会消费品零售总额完成1036.3亿元，同比增长1.3%；外贸进出口总额完成680.5亿元，同比增长13.7%；实际利用外资总额完成23880万美元，完成年计划103.8%；服务外包执行额完成261665万美元，服务外包离岸执行额完成98979万美元，服务贸易额完成40654万美元。

【铁北创新孵化集群】　项目东至恒嘉路，南至红山南路，西至红山路，北至规划社区中心用地，拟引进人工智能、无人机、云计算及大数据等创新产业，打造集科研办公、创新为一体的孵化、体验式创新孵化集群。可新增商业科研载体32万平方米。2020年底产业建筑一期竣工交付，产业二期竣工验收准备，约10万平方米产业载体投入运营。2020年10月28日，举行一期园区开园暨红山新城规划展示馆、政务中心启幕活动，中科软、京东五星电器、未来工场等首批40余家企业正式签约入驻。

【铁北创新产业总部经济示范园】　项目东至北苑东路，南至规划望山路，西至恒嘉路，北至规划大壮观路，拟引入人工智能、未来网络、前沿新材料、生命健康等主导产业，打造集总部经济、研发中心、孵化集群于一体的产业地标。总建筑面积42万平方米，其中地上建筑面积30万平方米，地下建筑面积12万平方米。2020年底完成工程桩施工，进行地下工程建设。

6月24日，南京创新周玄武客厅主题活动电竞之夜　（徐庄高新区　供图）

【黑墨营101号住宅地块】　项目东至规划阅武路，南至规划石景山路，西至规划龙腾路，北至华飞路。地块可出让面积4.3万平方米，容积率2.6，可建面积11.18万平方米，拟建设高档住宅。2020年底一期1～4号楼主体结构施工，5号楼主体结构封顶，1～2号楼地库封顶；二期主体结构施工。

【百家汇玄武创新药物孵化平台二期】　项目东至环园中路，西至环园西路，南至环园西路，北至环园西路，主要用于创新企业、项目孵化及成果转化。新建建筑面积约22.78万平方米，一期建筑面积6.1万平方米，二期建筑面积16.67万平方米。2020年底完成8幢楼主体结构封顶。

徐庄高新区

【概况】　2020年，徐庄高新区积极抢抓南京创新名城建设、紫东地区战略、自贸区南京片区联动发展等叠加机遇，全力克服疫情带来的不利影响，经济运行秩序快速恢复、发展态势稳中向好，全年共完成地方一般预算收入7.6亿元；完成社零总额332亿元，同比增长9.7%；完成固定资产投资10.1亿元；实现高新技术产业产值600亿元；外向型指标运行平稳，实际利用外资完成4030万美元，完成服务外包离岸执行额3.06亿美元，服务外包执行额7.22亿美元；成功入选江苏省留学回国人员创新创业示范基地、众创社区备案试点、知识产权示范园区、产学研产业协同创新基地。

【产业培育】 坚持都市型高新园区的发展方向，以集聚化、体系化、特色化为发展导向，聚精会神做强软件信息、医药健康两大板块。2020年，实现软件和信息服务业产值900亿元，医药健康产值365亿元。围绕“四新”行动计划，加速推进苏宁区块链、赛特斯智能云平台、速度时空高精地图等新产业项目，全年完成高端软件和信息服务产业56.25亿元，工业互联网核心产业2.25亿元，5G产业27.24亿元，新医药与新健康36.24亿元。招商引资势头良好，全年引入跟谁学、麦当劳全球IT研发中心、韦尔优众创新药等项目284家，签约亿元以上项目13个，签约项目投资总额达107.08亿元，实际使用内资13.72亿元，储备中电鸿信、中科院皮研所、泓启云创等在谈重点项目60余个。

【科技创新】 以平台、高企、人才为重点，提升创新资源要素的集聚度。新签约中科盟联健康与能源产业研究院、南京天巡遥感技术研究院、南京亚门奇点区块链研究院等5个新研项目，与

4月26日，启动第二届徐庄高新区全球化知识产权成果创新大赛
（徐庄高新区 供图）

省产业技术研究院、东南大学、南京医科大学共建的南京医工交叉创新研究院，一期3500平方米载体已投入改造。落地新研新增孵化引进企业192家，研究院及引孵企业营收达6.32亿元。创新主体培育成效明显，新增科技型中小企业177家，组织132家企业参加高企申报，通过65家。苏宁电子、开博科技、万邦微电子入选市瞪羚企业，肯立科技等4家企业被评为“2020培育独角兽”，11家企业入选瞪羚企业储备库。持续强化高端人才支撑，组织申报省双创人才计划项目19个，市科技顶尖专家集聚计划项目5个，市高层次创业人才项目164个，入选国家级重点人才工程2人，入选省双创计划6人（全市主城园区第一），分别有1人进入科技部中青年科技创新领军人才、5人进入市科技顶尖专家、13人进入市创新型企业家、34人进入市高层次创业人才的答辩环节。成功举办玄武高端论坛、中华门创将大赛、潮科技大赛等创新周系列活动，打造“活力新都市”城市客厅。

【开放合作】 充分发挥园区现有国际创新平台集聚作用，全方位链接国际创新资源。德国医谷联创中心建成“魔方生技实验室”顺利投入使用，Life Cube生技魔方科创平台已引进入驻智预科技、海科、楚豫生物、琥珀医疗、恩石生物等10家医药类企业；实担百事中国中心MBA项目已完成8家德企MOU协议签订，正在与德国科学院罗兰·爱尔斯院士合作推进院士工作站项目；跨境电商协会累计引入企业8家；CNUK平台累计引进国际创新医疗健康和创新药项目54个，估值交易额超500万美元。

【项目建设】 2020年，徐庄高新区实施15个市、区重大项目，

3月25日,玄武区召开徐庄高新区改革推进大会　　(徐庄高新区　供图)

的开放性平台,通过对中小企业资本画像,筛选高成长性标的,破解供需两端的信息不对称,有效加速并购交易进程。6月22日,并购中心正式发布,实体化运营载体在聚慧园2号楼一楼,由徐庄科创服务中心牵头、监管、服务及引导运营。平台成立以来,已与清科集团、毕马威、锦天城律所、安博克斯管理咨询公司达成合作意向,先后举办项目路演、私享会等活动11场,签订并购业务合同11个,同时已对外推出优质项目8个。

均按序时进度快速推进。百家汇玄武创新药物孵化平台(二期)完成8栋封顶;德乐科技总部规划方案公示、施工图审查,已取得建设用地规划许可证;紫金山仓库地块完成征收,新华印务地块正在按照协议约定分阶段组织地面建筑物的拆除;聚智园、聚才山庄已展开考古清表工作,已取得临时规划条件;地铁四号商业地块完成挂牌出让;徐庄南北互通工程顺利完工并投入使用,徐庄路景观精细化提升工程完成改造,徐庄二期路网已完成可研报告,正在推进市政外部条件及编制地勘布孔点;前景科技人工智能虚拟仿真平台、国业低空无人机防控系统等区级平台项目按进度有序推进;苏宁区块链、全场景供应链、智慧互联门店等14个新基建项目加快推进,矽力微入选《通信产业报》“2020 5G新基建先锋榜”,建成5G基站22个,完成投入660万元。

【体制改革】　按照南京市委统一部署,4月中旬基本完成机构改革、人员选聘等工作。机构设置上,推行“管委会+平台公司”的运作模式,聚焦产业发展、招商引资和科技创新等职责,设置专业化的运营中心,形成系统完备、科学规范、运行高效的机构职能体系。制定全员岗位聘任管理办法,打破原体制内身份、职级等条框限制,实行全员岗位竞聘,一批表现优秀、实绩突出、群众公认的年轻骨干选聘到管理岗位;进一步强化考核刚性,引入企业KPI考核体系;全面推行“基础性工资+绩效工资”薪酬分配方式,根据岗位复杂程度合理拉开收入差距,有效激发干事创业内生动力。

【徐庄企业并购中心】　徐庄企业并购中心是集结券商、会所、律所、风投等领域的专业机构,为中小企业提供综合金融服务平台。并购中心是全省首个由政府牵头,专注于企业并购业务

【医工交叉创新研究院】　南京医工交叉创新研究院是由玄武区政府与省产业技术研究院、东南大学和南京医科大学共建,旨在打造国内医疗器械源头创新及产业化服务的高地。

研究院依托东南大学和南京医科大学的学科优势,以临床需求为导向,以工程技术为支撑,以高端医疗器械研发和智慧医疗服务为主导方向,聚集医工交叉领域的创新资源,围绕产业发展,孵化一批具备源头创新能力的研发头部企业,聚集一批行业龙头和产业链关键节点企业,打造一批专业科技服务类企业,构建企业、高校、科研机构、医院、服务机构、资本一体化平台,推动成果转化和产业培育。　　(任乐萍)

珠江路城市硅巷

【概况】　2020年以来,珠管办党组坚持在区委区政府的坚强

领导下，认真贯彻落实“因时因势调整工作着力点和应对举措”的部署要求，严格落实疫情防控要求，守牢安全生产底线，全力推进重点项目及珠江路城市硅巷企业有序运转，全面实施《珠江路城市硅巷建设推进3年行动方案》，重点围绕低效载体转型、招商引智、加强产业引导、优化营商环境等方面持续发力，不断推动珠江路电子一条街向珠江路城市硅巷迭代升级，取得实效。全年顺利完成区重大项目、区重点任务2个。

【风险防控】 落实“防疫+”工作机制，全力保障硅巷企业有序运转。珠管办党组按照“守土有责、守土负责、守土尽责”的要求，认真落实区防控工作指挥部的各项工作部署。将疫情防控和企业复工、重大项目推进作为首要工作来抓，严格落实区防控指挥部要求，筹措口罩5000只、消毒液200公斤、测温枪等一批防疫物资，支持和保障了园区企业有序运转。根据珠江路城市硅巷重点项目（同仁7号、INNO未来城、未来城A座工地）实际，拟定安全生产工作方案，成立专班，定期进行安全生产巡察，发现隐患及时督促整改，同时对同仁7号园区消防设施进行升级，指定专业机构定期检修，并与入驻园区的企业签订安全责任状，进一步明晰企业责任，有效提升企业安全生产意识。

【载体建设】 抓重点载体转型升级，带动低效楼宇提质增效。一是破解难题，促成未来城A座项目顺利完工。协同区建设局每周召开工程例会，实行挂图作战、倒排工期，科学做好施工进度安排。克服资金不到位、少数业主干扰、疫情影响等困难，截至年底，未来城A座外立面改造项目以及西侧大台坡、液晶大屏、A、B座连廊、警务亭后移等配套项目已基本完工；二是推动东大科技园6号楼转型升级，除留一层作为东大科技园总部办公外，其他4个楼层将建设创造力工坊、珠江路城市硅巷创投联盟联合办公区，计划投入500万元。内装工程已于12月全面展开；三是与南京科工煤炭科技研究有限公司达成其办公楼转型升级意向，启动2000平方米载体转型，同时，南京科工煤炭研究有限公司已经省公司批准启动加盖6层计划；推动深圳赛格与广州银行就数码港6700平方米载体转型升级达成初步意向。全年共完成5.94万平方米低效楼宇转型。

【优化营商环境】 一是举办2020南京创新周海外伙伴创新对话活动——南京城市硅巷·乌克兰高校创新发展论坛。采取“跨国直播+圆桌论坛”形式，乌克兰捷尔诺波尔国立经济大学、文尼察国立科技大学两所高校校长与现场嘉宾进行全程直播连线，邀请相关部门、企业代表共话科技创新发展。活动现场，“南京城市硅巷·乌克兰高校创新人才与科技成果交流转化中心”和“南京珠江路城市硅巷创投联盟”正式揭牌。二是积极参与“2020玄武硅巷招商推介会（深圳）”，并发布“珠江路创意指数活力白皮书”，进一步提升珠江路的知名度。与江苏省技术产权交易市场签订战略合作协议，在珠江路城市硅巷打造新型技术转移服务聚集区。三是江

10月16日，2020南京玄武硅巷招商推介会　（珠江路管理办公室　供图）

6月30日，珠江路园区“七一”表彰大会　（珠江路管理办公室　供图）

苏睿越竞智信息技术有限公司获评省民营科技企业，并在江苏股权交易中心成长版成功挂牌；东大科技园成为南京唯一一家连续四年被评为优秀的省级科技企业孵化器；南京仁同信息科技有限公司获评省级众创空间和市妇联巾帼创业示范基地；南京科工煤炭科学技术研究有限公司获中国煤炭工业协会科技创新奖（省部级奖）；达斯琪创始人周全获评南京市百名优秀文化人才。　（尹有田）

软件和信息服务业

【概况】　2020年，全区战略性新兴产业实现主营业务收入790亿元，同比增长14.2%。其中，全区软件业务收入达580亿，同比增长16%。其中徐庄完成软件业务收入475亿，同比增长15.8%。新医药与生命健康产业实现主营业务收入190亿元，同比增长12%，集成电路产业实现主营收入10.89亿元，同比增长23.4%。

【四新—新产业】　为深入贯彻习近平总书记关于统筹抓好疫情防控和经济社会发展的重要指示精神，全面贯彻落实中央“六保”“六稳”工作要求，今年初市委市政府印发了《应对新冠肺炎疫情影响　新基建新消费新产业新都市“四新”行动计划》，4月玄武区在全市率先出台《玄武区战疫情、扩内需、稳增长新基建新消费新产业新都市行动计划实施方案》（以下简称“四新”行动玄武方案）并召开新闻发布会，科学统筹布局“四新”行动。

新兴产业科牵头全区新产业推进工作，出台《玄武区推进重点产业链高质量发展工作方案》《玄武区重点产业链工作专班方案》，聚焦软件和信息服务、新医药与生命健康、集成电路和人工智能四条特色产业链创新发展，提高新产业强链补链“一对一服务”精准度，促进产业基础能力和产业链水平再提高。苏宁易购、云思创智、先声药业、矽力微等11家成功入选南京市八大产业链龙头企业培育库；“智慧停车管理平台建设工程项目”入选南京市十大软件和人工智能类应用场景；南京矽力微电子技术有限公司的“15W无线充电接收器”项目入选《2020年南京市创新产品应用示范推荐目录》。

【资金项目申报】　持续加强对辖区内软件企业的服务与指导，鼓励企业申报国家省市的各类专项资金项目，不断激发软件产业发展活力。帮助江苏金思维软件有限公司等3家企业获得2020年度第二批省级工业和信息产业转型升级专项资金共计700万元；帮助南京苏宁电子信息技术有限公司等10家企业获得2020年南京市工业和信息化发展专项资金项目及资金计划（第二批）共计1456万；帮助先声再康江苏药业有限公司获得2020年中央财政应急物资保障体系建设补助资金390万元。目前，发改委已累计帮助辖区内企业获得资金达5364万多元。

【资质申报】　组织区内企业申报2020年度首批省星级上云企业，江苏阿格拉金融数据服务有限公司等11家企业被评为省级三星上云企业；五星控股集团有限公司、东南大学获得省级双创示范基地称号；江苏猎宝网络科技股份有限公司入选省专精特新软件企业培育库企业，赛特斯信息科技股份有限公司、大汉软件股份有限公司等3家企业入选江苏省规划布局内重点软件企业培育库企业；中电鸿信信息科技有限公司的“审批服务综合执法一体化平台”入选2020年智慧江苏重点工程；汇通达网络股份有限公司成功入选“2020全球独角兽企业500强”。

【产业活动情况】 开展独角兽、瞪羚企业发布会玄武分会场活动。新增南京苏宁电子信息技术有限公司、江苏开博信息科技有限公司、南京格奥光电科技有限公司、江苏万邦微电子有限公司4家瞪羚企业，目前区内瞪羚企业类计17家，培育独角兽企业4家，独角兽企业2家；联合民生银行南京分行举办“投资新机遇 融汇新动能”新产业金融对接会，为“玄武东华都市工业产业园”挂牌，为区新产业重点企业授信、贷款达16.38亿元；召开集成电路产业链工作推进会，听取企业发展现状和困难，帮助企业解决实际问题。

【第十六届中国(南京)国际软件产品和信息服务交易博览会举办情况】 2020年9月6—9日，第十六届中国(南京)国际软件产品和信息服务交易博览会，在南京国际博览中心举行。本届软博会主题为“数字经济智创未来”，重点展示工业互联网、5G、人工智能、物联网等数字经济新产业新业态以及疫情防控和智慧健康优秀技术产品应用。玄武区按照市政府要求，完成企业参展、项目签约等工作。组织南京拓灵智能科技有限公司、江苏金盾检测技术有限公司等企业参加软博会会展；组织江苏跟谁学教育科技有限公司的“跟谁学江苏总部项目”，到市软博会现场签约，项目总投资10亿元，跟谁学与不断探索在线教育的发展模式，未来致力于打造国内领先的在线教育优质平台，成为国内在线教育行业的领跑者。

(黄蓓蓓)

工　　业

【概况】 1—12月份，全区实现规模以上工业总产值28.60亿元，同比下降5.9%；营业收入30.56亿元，同比下降6.5%。分行业看，燃气生产和供应业完成产值23.35亿元，同比下降11.4%；印刷和记录媒介复制业完成产值1.02亿元，同比下降15.2%；铁路、船舶、航空航天和其他运输设备制造业完成产值0.97亿元，同比增长53.6%；计算机、通信和其他电子设备制造业完成产值2.16亿元，同比增长34.4%；仪器仪表制造业完成产值0.46亿元，同比下降22.0%；专用设备制造业完成产值0.63亿元。

【推进复工复产】 自新冠肺炎发生以来，玄武区严格落实“一手抓防控，一手抓发展”的工作要求，在狠抓疫情防控的同时，多措并举，全面推进企业复工复产，保障玄武区经济平稳运行。成立了由区委常委、常务副区长赵小华为组长，区发改委、区商务局等部门和街道(园区)为成员单位的企业专项组，先后出台《玄武区新型冠状病毒感染的肺炎疫情防控工作指挥部“企业专项组”工作方案》、《关于玄武区企业复工复业备案工作的通知》等文件，要求各街道(园区)按照属地管理原则，强化责任落实，健全工作机制，督促企业落实落细各项防控措施。在企业复工审批阶段，着力简化审批流程，街道(园区)对企业疫情防控情况审核通过即可复工；企业复工改为报备制后，由事前核查变为事前通知，加强事中事后监管，在严格落实疫情防控要求的情况下，加速推进企业复工复业工作。

【服务保障】 率先在全市企业复工中，设置由区发改委、区科技局、区市场监管局、区纪委等部门组成的4个企业复工指导组，指导街道(园区)落实疫情防控属地责任和企业主体责任，及时掌握、帮助解决企业在复工过程中遇到的各类问题。企业复工由审批制改为报备制后，“企业专项组”四个指导组撤销，成立企业服务组，宣传疫情防控期间国家省市出台的扶

4月29日，2020年独角兽瞪羚发布会 （区发改委 供图）

持政策，协调解决企业复工后疫情防控和安全生产工作中存在的困难。提高审批效率，加快企业复工复产。优化调配审核人员，整合区发改委、区科技局、区商务局等行业主管部门、其他机关干部和街道（园区）经济部门的力量，从机关下派近100名干部，充实街道（园区），组成联合审核组，进一步提高复工复产审核效率。其中，苏宁集团同一办公楼35家子公司实现了统一联合审批，开创全市企业复工先河，大大提升了审批效能，受到了企业的欢迎。

【政策落实】 充分落实省市支持企业发展各项政策措施，研究出台《玄武区应对新冠肺炎疫情落实惠企政策强化服务的若干措施》（17条）。根据惠企政策类别，明确责任单位，建立服务专员制度，全方位、全天候、全过程为企业提供精准服务。结合受疫情影响企业特别是民营中小企业的需求，推出“玄武企业服务”微信公众号，定期推送优质内容、提供专业服务，努力将公众号打造成惠企政策的发布平台、企业贴身的服务窗口，实现政企“微”距离接触、“零”距离交流，为企业提供便携、高效服务。 （曹 娇）

（栏目编辑 张 弛）

商贸·投促

商贸

投资促进

商　　贸

【概况】 2020年，针对新冠肺炎疫情考验，全区商务工作坚持稳中求进工作总基调，在应变求变中育新机、开新局，统筹推进疫情防控和经济社会发展各项工作，稳步推进复工复产、“新消费”行动进程，各项商务指标全部顺利完成，全区商务经济工作发展总体平稳向好。主要经济指标完成：社会消费品零售总额全年完成1036亿元，同比增长1.3%，总量排名全市第二名。实际利用外资全年完成2.39亿美元，同比增长7.5%，完成年计划的104%。外贸进出口总额全年完成680.5亿元，同比增长13.7%，完成年计划的103.4%。服务外包执行额完成261665万美元，达进度100.5%，同比增长0.4%，占全市比重14.4%；离岸执行额完成98979万美元，达进度100.3%，同比增长-2.8%，占全市比重14.4%。

8月25日，玄武区向友好城市意大利博洛尼亚捐赠口罩　（区商务局　供图）

【招商与外资工作】 2020年度开放型经济势头良好。新设立外资企业28家，中核(南京)能源发展有限公司被评为第十一批江苏省跨国公司功能性机构企业。9月17日，在太阳宫广场举办第31届“南京金秋经贸洽谈会·玄武专场活动”，邀请重点嘉宾约100名，会上签约23个项目，投资额332.08亿元，参会嘉宾与项目质量有明显提升。助企惠企力度不减。在疫情封关情况下，为中核(南京)能源发展有限公司、德基广场等12家企业办理海外专家入境申请；为江苏苏美达成套设备工程有限公司、苏美达国际技术贸易有限公司等4家企业划拨2020年省级第三批、第五批商务发展(对外投资和经济合作)和市级开放型经济发展(外经)专项资金671.71万元；为魔方(中国)投资有限公司等2家省级总部企业拨付2020年省级第三批商务发展专项资金各180万元。

【货物贸易工作】 全年外贸稳中有进，积极帮助企业排忧解难，拓展业务。协助江苏省医药有限公司完成进出口全流程手续办理。指导南京黎明生物有限公司研发的新冠肺炎检测试剂盒作为南京市第三家，入选全国“取得国外标准认证或注册的医疗物资生产企业清单”企业。全力挖掘、培育自主国际知名品牌，帮助仁瑜、爱韵、珂乐佳3家企业申请并获得市级国际知名品牌，协助南京跨境电子商务行业协会成功申报南京市跨境电商创业创新孵化基地试点项目。促成爱韵乐器与乔布谷公司正式签约，借助MCN机构的渠道优势和流量优势，用直播电商方式，带动更多优质出口商品转内销，为南京市外贸企业发展赋能。

【城市国际化工作】 2020年，坚持系统谋划、找准关键、统筹推进，外贸占GDP比重和外资占固定资产投资比重稳步提升，完成“医药国际合作研发与产业化转化项目”“玄武新消费国际化市场打造项目”“玄武区‘骥谷国际化科技产业园’打造项目”市级重点项目的考核验收。筹划制作玄武区城市国际化宣传视频，推动产业经济国际化，“云端”建立意大利博洛尼亚经济与产业(玄武)协同中心，在教育、文化、科技以及经贸往来等方面签署了相关战略合作协议，在金洽会上与意大利博洛尼亚市代表签署了建立友好合作城市关系意向书。

【服务外包和服务贸易】 2020年，不断优化服务外包产业，获得省苏南47家服务外包示范区综合评定第7名。组织全区重点服务贸易(外包)企业参加全球服务贸易大会及第十三届中国国际服务外包合作大会。根据江苏省商务厅《关于确认首批江苏省服务贸易基地和重点企业的通知》的文件精神，经过推介和认定，迪比信可信息技术服务(南京)有限公司被评为首批江苏省服务贸易重点企业。区商务局与新街口街道联合举办玄武区服务贸易业务培训会，邀请中信保江苏公司宣讲信保等业务知识，并解读部、省、市级服务贸易政策。

【电子商务】 2020年，全区电子商务运行情况呈现平稳增长态势，市场规模持续扩大，交易额达1770亿元人民币，同比增长18%。一是直播经济带动消费。设置"玄小新"移动直播间，举办"邂逅长江路、相约520""惠聚长江路、决胜618""玄武创客厅"等一系列直播系列活动，线上发放了玄武文旅大礼包、1912甩吃甩喝大礼包等消费券，促进线上线下消费融合。二是龙头企业稳步增长。7月31日至8月18日，苏宁易购、好享购、汇通达等电商开展了818促销活动，销售额大幅上升。8月18日当天，苏宁易购的直播专场观看人次超5000万，销售额破2.3亿元，刷新了抖音直播单场纪录。11月1日起，辖区电商开启了双十一系列促销活动，再次激发了全区平台消费。三是数字商务助力转型。汇通达网络股份有限公司以互联网、物联网、大数据、云计算、人工智能等为底层数字技术组成的"数字综合体"，构建起高效的覆盖全产业链"端到端"的流通新商路，2020年被评为商务部数字商务企业。

【四新消费专项工作】 促进消费潜力持续释放。文旅商深度融合，新消费场景加快构建，十一期间长江路文旅集聚区与百子亭天地同步开街，开展了"1+3+100"系列活动。围绕提振消费信心、拓展消费空间，组织2020中国南京美食秋季节等各类促销活动共计400多场。启动玄武区政银保合作项目、金融消费超市项目，开放文博场馆，融合体育赛事，不断拓展新消费的深度和广度。内外贸"双循环"发展，承办第三届中国国际进口博览会玄武专场活动、南京市内外贸融合发展资源对接会(玄武站)。积极推动商业数字化转型，打造直播电商产业集群，打造"玄小新移动直播间""玄武创客厅"等网络直播平台。建立环红山新城消费圈，在社区广泛开展系列展销活动。消费市场从疫情冻结的谷底呈现稳步复苏，消费信心和市场活力不断增强，下半年以来消费逐渐驶入"快车道"。

【农贸市场管理工作】 做好工程验收收尾工作，指导市场搞好施工决算审计、财务审计、相关资料整理及申请补贴资金工作，区本级补贴资金307.63万元。做好农贸市场补贴资金绩效评估考核工作，总体绩效考评良好。抓好追溯体系建设运行管理工作，对全区20家农贸市场追溯设备需求进行摸排调查统计，实现肉、菜、牛羊肉、禽肉、蛋、豆制品等6类食用农产品追溯系统全覆盖。

【域外生猪保供工作】 根据市政府生猪保供工作部署，商务局对淮阴、盐城、宿迁等地进行市场调研，把宿迁市泗洪县作为区生猪域外保供基地，签订生猪供应框架协议，落实域外生猪出栏4.5万头，存栏2.6万头目标。

【夜间经济工作】 组织"放心出门 点亮玄武""都市新消费 点亮夜玄武"等系列夜间经济主题活动，推出丹凤街夜市、东西会、东箭道夜巷、IST能量等特色夜间市集。着力构建具有玄武特色的"一区(长江路夜间文旅消费集聚区)、一带(丹凤街—安仁街城市夜享休闲发展带)、多节点"的夜间经济发展体系。成立"玄武区夜间经济联盟"，选聘"夜玄武首席执行官"，制作发布《夜玄武地图》。重点推进长江路文化旅游集聚区建设，在"十一黄金周"期间开展"1+3+100"系列活动，提升长江路文旅集聚区的知名度和影响力。深入推进"丹凤街—安仁街城市夜享休闲发展带"项目论证、调研走访和方案设计。突出商业品牌建设推广，德基广场、南京1912街区、凯瑟琳广场等集聚众多品牌，Givenchy、THOM BROWNE

3月28日，国展中心举办玄武夜经济专场活动　　（区商务局　供图）

等7个商业品牌在市商务局组织的首店评比活动中获奖，获奖率占全市的70%。努力培育夜间经济示范街区，“长江路文化旅游集聚区”被省文化和旅游厅命名为“省级夜间文旅消费集聚区建设单位”，南京1912街区获评“全国夜间经济示范街”。

【老字号企业扶持】　制定培育计划，牵头推动老字号保护、传承与创新工作；积极推荐南京钟山旅游发展有限公司和江苏省会议中心有限公司申报南京老字号并获批；支持企业进行技术改造，创新产品和服务，恢复和发掘具有文化和市场价值的历史性产品和工艺，支持老字号集聚区发展以及创新转型、连锁经营、品牌提升、技术改造等项目；充分利用电视、报纸、网站、板报等媒体开展老字号系列宣传活动，营造保护老字号、发展老字号的良好氛围；督促指导老字号企业做好信息填报工作。

【12345工单办理】　2020年，累计办理预付卡消费工单2324件，“12345”工单限时办结率高，做到随时接到工单，随时处理答复，日日清，周周结，为群众挽回账面损失100多万元，得到投诉群众、商家好评，群众满意率逐步提高。首次结果满意率高于市平均值，“12345”工单办理综合考核成绩位居全区50多个部门（单位）第5名。

【安全生产工作】　遵循“管行业必须管安全、管业务必须管安全、管生产经营必须管安全”的原则，成立了安全生产专项整治领导小组，负责加油站和商业场所的安全生产专项整治工作。强化部门监管责任和企业主体责任的落实，会同有关部门抓好商务领域安全生产大检查、大排查、大整治，全年组织安全生产大检查128次，检查商贸服务企业192家，共排查安全隐患204项，已经全部闭环整改到位。对全区10家加油站常态化巡查70次，出动156人次，在7、8月份高温季节巡查16次。2020年全区商贸服务业领域没有发生安全事故，安全生产形势稳定向好。

【疫情防控工作】　在农贸市场防疫上，成立商务局应对新型冠状病毒防控工作保障市场供应领导小组，制定了市场供应保障工作方案，与市场监管局、钟山集团等部门建立了渠道畅通联动工作机制。制定并下发《玄武区菜市场防控新型冠状病毒工作措施》，对各农贸市场加强市场内人员、经营秩序、卫生、食品安全管理，加强菜价监测，要求各市场在显著位置张贴相关提醒。在商超和涉外企业防疫上，做好抗疫过程中的复工复产指导服务工作，在全市首创制作“中日英韩”四语防疫贴士及电子复工手册，帮助国际友人了解防疫相关知识，体现有温度的国际化玄武。

【创建文明城市工作】　7—11月，商务局全力抓好文明城市创建工作。配合市场监管局等部门做好文明城市创建、卫生城市示范区创建相关工作。创建期间，商务局采取逐点检查与驻点督查相结合方法，分成4个小组，每天对全区20家农贸市场及1家批发市场公共卫生间设施、追溯系统运行情况进行检查，指导市场严格按创建标准落实公共卫生间设施，推进整改，新增厕位扶手26个，3个市场设有无障碍卫生间（月苑、峨嵋路、兰园），4个市场设有无障碍厕位，所有市场公共卫生间设施基本符合文明创建要求。重点抓好商超等规模以上企业文明创建工作的指导和督查，局机关干部10余人到华润苏果、德基广场、大润发等商超现场，全程参与企业文明创建工作，坚持工作长达5个月，圆满完成省查国查等迎查任务。（东景瑶）

投资促进

【概况】 2020年，区投资促进局深入贯彻落实市委市政府"招商突破年"决策部署，以市投资促进局招商引资考核为抓手，迎难而上，创新而为，坚持"抗疫"和经济工作"两手抓、两不误"，夺得三季度全市招商擂台赛"目标进度奖"和"重大项目推进奖"，全年获得招商引资工作"完成奖""完成目标突破奖"和"重大项目突破奖"，获评2020年高质量建设"强富美高"新南京先进集体。

【招商任务超额完成】 核心指标全面达超任务，实际利用内资完成173.6亿元，完成年度目标231.4%；签约项目投资总额完成604.7亿元，完成年度目标132.9%；亿元以上签约项目数完成65个，完成年度目标144.4%；招商项目信息数完成977条，完成年度目标148.0%。2019年亿元以上已签约重大招商项目开工运营48个，开工运营率76.2%；2020年亿元以上已签约重大招商项目开工运营46个。其中2020年、2019年重大项目开工运营率分别位列同板块第一、第二名。全区"531"行动项目共8个，均已完成。此外，下半年新增区主要领导推动的4个10亿元以上重大招商项目已完成开工运营。

【招商工作举措创新】 充分发挥区投促办工作职责，发布《玄武区"招商突破"行动导引》；牵头组建"531"行动项目工作专班，以挂钩区主要领导为组长，分管区领导为副组长，属地单位、投促部门等为成员，定期调度，确保重大项目落地。建立重要载体动态联络库，强化日常联络机制，实现信息共享，畅通项目流转，织紧合作网络。对全区招商载体和政策进行了新一轮全面摸底，制定出台《玄武区推动招商引资高质量发展政策十条》，构建一套覆盖全面、重点突出、操作简便、有一定竞争力的政策供应体系。打造"玄武博思汇"招商培训品牌，搭建全区招商队伍学习互动平台，每月举办一次培训交流活动，不断提升全区招商人员的工作热情和能力水平，进一步密切与社会载体的互动，更好地建设全区专职化专业化招商队伍。打造全新玄武招商宣传片《玄武 is coming》，定制开发VR版本的南京玄武产业投资地图，印制新版《投资玄武》宣传画册，在宣传中彰显玄武特色。

【招商活动量效双优】 全年各板块共开展招商引资和企业服务活动48场，圆满完成区委年初明确的工作要求。复星江苏总部、宝龙苏皖总部、跟谁学江苏总部、德基三期等重点项目在会上签约，总投资额超500亿元。通过5G网络平台，举办玄武区重点地块招商说明会。深入推进"政银企合作"，政府、银行当"主播"，邀请企业上"网课"，全力满足企业疫情防控期

3月18日，玄武区重点地块招商说明会　　（区投促局　供图）

10月16日,“江海一链 玄动未来”——2020年南京玄武硅巷招商推介会
(区投促局 供图)

间融资需求。采取嵌入式招商,举办系列校友企业家走近玄武活动,充分用好辖区高校资源,“地方+母校+校友”的同心圆轮廓已经愈益明显。根据全市“四新”行动计划,聚焦玄武主导产业链,开展专项招商推介会,做好建链、补链、强链文章,不断增强招商实效。牵头组织赴北京、上海、深圳、杭州、重庆等地开展小分队招商活动21次。

【招商引资提质增效】 认真研究后疫情时代产业发展趋势和走向,紧密关注逆势成长的新动能,聚焦在线新经济领域,主动出击招引全球目前市值最大的头部在线教育机构“跟谁学”,在区主要领导的亲自关心指导下,联合徐庄高新区,从情感认知、配套服务、政策扶持等方面综合发力,“跟谁学”江苏总部最终成功落地。培育孵化于玄武的汇通达,已实现从初创到“独角兽”,再到“中国企业500强”的三级跳,针对区内优质企业搭建工作专班,紧密跟踪服务,历经多轮争取和谈判,“惠而浦”等优质项目终于达成合作纷纷落地。联合专业机构策划完成《玄武区重点产业发展路线图研究报告》,聚焦主城招商如何突破载体和政策瓶颈,全面梳理区重点产业发展现状,深度分析各板块载体现状和特色优势,进一步明晰各园区重点产业方向。

【党建引领招商工作】 坚持把党建引领贯穿到招商引资工作全过程,积极探索党建工作与招商引资的有效融合,不断创新“大招商,招大商”的招商模式,努力构建党建助推招商引资新格局。在区级机关“一强三创”优秀微项目评选中,区投资促进局“企业党建联建平台”项目获得支部工作创先类一等奖。项目依靠党组织打造更牢更稳的“政企”关系,利用党组织强大的凝聚力、号召力为招商工作搭建桥梁和纽带,充分发挥党组织在招商引资工作中的核心领导作用,把党建活动搞起来,把优质项目落下来,把发展资金引进来,扩大招商引资渠道,打开玄武区招商引资新局面。

(高正山)

(栏目编辑 卢永晨)

财政·税务

财政
税务

财　　政

【概况】 2020年，玄武区全年完成一般公共预算收入97.3亿元，增幅4.6%，增幅位列主城区第一，税比93.2%，位列全市第一；全区一般公共预算支出56.68亿元，民生支出占比达80.3%。

【财政收入】 2020年，全区完成一般公共预算收入97.3亿元，增长4.6%，完成年度预算预期目标。主体税种的完成情况是：增值税完成35.7亿元，增幅-1.5%；企业所得税完成30.7亿元，增幅14.8%；个人所得税完成9.4亿元，增幅5.5%。

【挖掘增收潜力】 2020年，先后编写《玄武区金融业财税收入分析报告》《玄武区2018—2019年税户迁移情况报告》等多项专题材料，深入分析研判收入形势，针对重点行业及迁入迁出等模块存在的问题提出合理建议，为区领导提供决策参考，并积极向上级主管部门建言献策。此外，针对建筑业税源、环保税征收、区内亿元楼宇税收产出等方面进行专项调研，形成加强区内建筑业税收征管、构建环保税征管协作、推进区内楼宇经济发展等一系列工作指引。

【优化营商环境】 2020年，区财政局陆续走入南京银行紫金支行等金融机构和企业开展政策宣讲流动讲堂，就玄武区金融业发展概况及个人所得税年度汇算业务进行介绍讲解；与恒丰银行南京分行合作开展对接会，搭建政企银三方对接平台，积极发挥街道、园区、五大国资集团经济一线“宣传员”角色，以金融“活水”激发企业活力，以企业活力带动区域经济健康发展；先后邀请中信银行财务专家、上海禹洲集团税务总监走入政府机关，实现专家讲解与部门需求的密切对接，将专业理论知识和财政业务干部的实践经验联系起来。

7月26日，与南京银行共建活动　（区财政局　供图）

【激发市场活力】 坚持充分发挥省市区各项专项财政资金作用，2020年配合各职能部门为全区417户企业争取各项专项资金共计1.3亿元，有力支持全区企业产业转型；针对“四新行动”，先后在中信银行、兴业银行、民生银行开展金融对接会，授信区内重点行业企业授信额度，助力区域经济发展。

【惠企利民】 2020年，为深入贯彻落实国家关于新增财政资金直达基层和建立特殊转移支付机制的决策部署，区财政局积极向上争取抗疫特别国债3.29亿元，特殊转移支付3225万元。第一时间成立了直达资金工作领导小组，组织相关单位召开抗疫特别国债管理使用布置会，明确资金使用原则，并将直达资金及时高效拨付至各单位；出台规范文件，制定工作规程，持续做好直达资金推进使用工作，每周召开直达资金工作领导小组会议，通报直达资金工作情况，将上级相关文件和要求及时转达给使用单位；按照上级财政要求，对每一笔直达资金打上标识，并将直达标识贯穿资金分配、拨付、使用等整个环节。

【支出管控】 2020年，区财政局牢固树立“过紧日子”思想，落带头落实“过紧日子”要求，不断优化支出结构，加强支出把关。在做好做实“三保”资金测算的同时，形成“一般性支出”压减方案，进一步压减非刚性、非重点支出，统一压减各部门预算单位公用经费5%。

【重点保障】 全力支持打赢三大攻坚战，全年安排扶贫援建经费6300万元，同比增长14%；安排资金8400万元用于水环境整治提升；投入资金2000多万元，积极支持垃圾分类。切实保障民生领域支出，全年安排民生方面投入34.55亿元，占区级一般公共预算支出比重达80.3%。安排疫情防控资金3500万元，给予疫情防控物资企业财政补助400万元；投入资金6500万元建设重大疫情防控救治体系，着力补齐公共卫生基础设施建设短板；加大政府投入和社会资源整合力度，累计实施市区公益创投项目163个，投入资金约1255万元；投入5000余万元对58所中小学和幼儿园的校舍、室外管网、设施设备、运动场地等进行修缮；加大困难群众帮扶力度，发放最低生活保障金1963万元，给予困难和重度残疾人补贴1468万元，对高龄老人发放尊老金1353万元。不断完善专项救助保障政策，实施医疗救助3.43万人次，发放救助金1275万元；安排城乡社区支出6.1亿元，持续推进老旧小区整治，大力支持背街小巷、沿街立面出新，落实既有住宅增设电梯补贴，深化城市治理全覆盖，不断优化城市面貌和人居环境。

【资金监管】 推动构建“财政一体化数字平台”，并且在2021年部门预算编审过程中首次启动了“项目库”预算编制，为滚动项目库的实现夯实基础；对民生资金安全岛数字化平台进行二期开发，包含6个部门37个项目，做到监管全方位、管理精细化、流程精准化，降低财政资金管理风险、随时掌握资金使用动态；加强账户规范管理，各预算单位银行账户的开立、变更、撤销、备案等工作，均在银行账户管理系统中完成，实现账户信息化动态管理，进一步提升数据准确性和时效性。

7月28日，青年志愿服务队开展“送政策优服务”志愿走访活动

（区财政局　供图）

【防范化解风险】 2020年，为统筹推进新冠疫情防控和区级经济社会发展工作，区财政局牵头建设、房产、教育等职能部门，开展新增政府债券申报工作5次，积极向上争取新增债券，全年共争取3.7亿元债券，其中：新增一般债券3.3亿元、新增专项债券0.4亿元。按照“全口径债务不增加”的总要求，及时调整年度化债任务，会同各部门细化化债方案，多措并举化解存量隐性债务。常态化开展债务监管工作，全方位防范各类债务风险。

【脱贫攻坚】 2020年全区完成政府采购22051.81万元，采购规模同比增长5.29%，节约预算资金1848.79万元，预算资金节约率7.74%。利用“扶贫832销售平台”积极开展消费扶贫，助力决战决胜脱贫攻坚。积极动员全区各预算单位和辖区企业在平台注册账号，助力消费扶贫，2020年全区在“扶贫832平台”完成农副产品消费扶贫额度75.45万元。

【政企互联】 开设企业服务流动讲堂，为政企沟通搭建优质平台，全方位了解行业动态，以更加专业的水平服务企业；深入辖区企业参观学习企业优秀党建文化建设，与企业交流分享党建工作的思路和经验，充分利用双方的资源，发挥各自的优势，创新活动开展方法，提升活动实际效果，推动政企党建共同融合和发展。

【队伍管理】 开展“金惠工程”微讲坛竞赛，在全局营造“以讲促学，以学促业”的良好氛围，科长科员纷纷走上讲台，敲着小黑板，讲解业务知识。2020年，共开展6期微讲坛，共有23名财政干部走上讲台授课，24节内容丰富的授课大大提升财政干部“内功”，也在全局上下形成学以致用、学有所用的良好局面。（宋幸娟）

税　务

【概况】 2020年，玄武区税务局落实全面从严治党要求，聚焦主业主题主线主责，积极做好组织收入工作，全力推进减税降费落实，优化营商环境，抓实疫情防控，促进复工复产，不断提升税收治理能力。坚持组织收入主业，坚守组织收入原则，严守依法规范征收税费的底线，坚决不越红线。全年共组织入库税收收入143.64亿元，同比增加4.24亿元，增幅3.04%；征收社会保险费46.14亿元，工会经费3184万元，残疾人就业保障金2765万元。

【党建工作】 2020年，区税务局党委以习近平新时代中国特色社会主义思想为指导，深入贯彻党的十九大精神，以政治建设为统领，全面落实新时代党的建设总要求。一是规范组织建设。严格开展党内组织生活，持续推进党员学习教育，强基赋能，发挥党支部战斗堡垒作用和党员先锋模范作用。依托支部“堡垒指数”和党员“先锋指数”测评，量化指标提升基层党建工作水平，分批次开展支部标准化规范化创建活动，2个党支部被玄武区机关工委评为“五星党支部”。开展“防控疫情、党员先行”行动，引导党员干部冲在新冠肺炎疫情防控斗争和经济社会发展最前列，对接大石桥和长江路社区，组建先锋志愿服务队，累计抗疫执勤服务424人次、1650小时。二是丰富党建活动。创新开展“听家书品初心　担使命践初心”主题党日和“共抗疫情　爱国力行”爱国主义教育活动，组织参加“思享5分钟”微课堂、“六能学堂”（“六大能力”指政治引领能力、谋划创新能力、科技驱动能力、制度执行能力、协同共治能力、风险防范能力）云演讲、十九届五中全会主题征文比赛等，提升全体党员守初心担使命的思想自觉和行动自觉。区税务局“红色引擎”微项目获玄武区机关“一强三创”（政治功能强化，组织生活创新、支部工作创先、作风建设创优）项目二等奖，5名党员代表获全市税务系统党建知识竞赛团体三等奖，李帅威获省税务局“建功新时代　夺取‘双胜利’”主题征文一等奖和市税务局“学五中全会精神、谋税收事业发展”主题征文一等奖，并获市税务局“习惯成自然、制度成自觉”青年辩论赛“最佳辩手”。三是狠抓意识形态。区税务局党委把意识形态工作作为一项极端重要的工作真抓狠抓，全面落实意识形态工作责任制要求，定期开展意识形态工作专题研究，排查意识形态领域风险，每月向上级党组织汇报维护意识形态安全专项行动开展情况。广泛开展谈心谈话，组织干部思想动态调查，开展意识形态分析研判，加强各类意识形态阵地和队伍建设管理，把牢正确政治方向、价值取向、舆论导向。四是深化文明创建。将党建工作与中心工作、业务工作有机结合，坚持一起抓、融合抓。成立“青年学习社”，开展9次“青年大学习”，创建“海溦工作室”，发挥女干部优势。助力文明城市创建，走进社区开展统一活动日26次；走上街头累计交通执勤184人次、368小时。2020年，税政一科、征收管理科、纳税服务科获得市级“青年文明号”表彰，税政二科获得南京市“工人先锋号”表彰，区税务局党员干部左冰洁获得“南京市巾帼岗位明星”称号，朱海溦获得“南京市三八红旗手”称号。

【税收政策落实】 2020年，区税务局强化税收政策落实，提升税收征管质效。一是加强增值税管理。运用增值税发票模型开展数据分析和风险管理，优化约谈方式，做好疫情防控期间发票审批。落实小规模纳税人征收率调整政策的宣传和辅导，确保政策稳步落地。加强留抵退税分析核实，配合财政部江苏监管局开展留抵退税抽查和实地调研。二是加大企业所得税管理，圆满完成24633户企业2019年度企业所得税的汇算清缴工作，依职权完成2244户核定征收企业重新鉴定和35户新办企业查账转核定的认定工作。三是平稳做好首个个人所得税汇算年度工作，分时分步落实综合所得汇缴，玄武区2019年度个税汇缴14.36万人次，网上办税率99.94%。四是稳步开展国际税收管理，做好“走出去”企业管理服务，积极开展“一带一路”企业税收政策辅导。严控出口退税审核，完成2户企业信用降级和5户外贸企业升级评定。五是落实房产税、土地使用税优惠政策，完成困难性减免的企业情况核实上报工作。六是推广社保费和基金线上缴费渠道，推进社保和非税收入征缴职责划转，做好企业社保费的退费和缓交申请审核工作。七是开展环保税创新工作。与区环保、住建、财政部门建立环保税联动协作机制，在税源信息、税种管理、税收沟通上开展闭环管理，形成征管合力，提升管理水平。

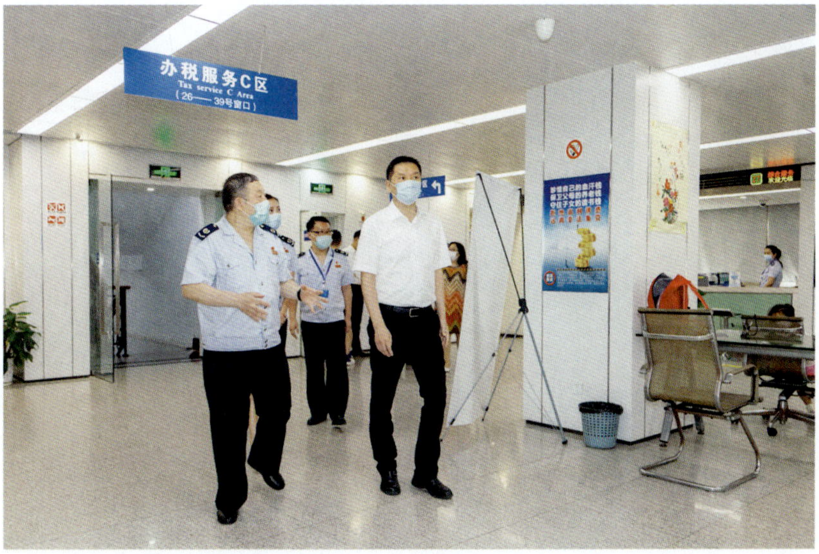

8月27日，玄武区委书记闵一峰（右一）在区税务局调研

（潘立群　摄）

【增值税专用发票电子化试点】　12月20日，区税务局成立增值税专用发票电子化试点工作组，由主要负责人任组长，下设综合宣传组、系统保障组、技术实施组、风险管理组、纳税服务组、监督内控组6个职能组的试点工作组，统筹推进全区试点工作。根据试点工作方案，12月25日，区税务局围绕电子专票相关政策调整、系统变化和风险应对情况，组织所有业务科室开展业务培训，确保熟练掌握政策规定和操作要点。在对外宣传和辅导上，区税务局采取线上、线下多种方式面向纳税人开展专题辅导，通过税企征纳沟通平台发送增值税专用发票电子化相关政策共计10万户次；开设实体纳税人学堂，在办税服务大厅设置专人、专岗、专窗提供政策辅导咨询服务，设立电子专票试点12366咨询专线，科学调配服务资源，确保专线畅通。为保障增值税电子专用发票政策落实到位，及时掌握本区纳税人开具、接受增值税电子专用发票情况，区税务局实施网格化精准管理和服务，持续跟踪，做好网格化动态风险防控工作。

【纳税服务】　2020年，区税务局持续优化营商环境。积极拓展“非接触式”办税缴费服务，强化网上办税辅导，推进网上纳税申报和线上发票领用等功能的运用，非接触式办理率达到90%以上。强化纳税信用管理，完成全区35497户企业等级初评工作；加大“银税互动”中的纳税信用等级应用。以税邮合作推动税收协同共治水平提升。共建成4个税邮共建点，在宣传辅导、零散税收委托代征、为自然人临时经营代开发票、邮递服务等方面持续加快拓展合作，切实提升纳税人、缴费人获得感。多部门联动优化办税流程，优化“全链通”网上集中办理平台，推行新办企业涉税业务“一表”办理；推进注销即办、“承诺制”服务，进一步提升注销清税便利化水平。特服号

4月16日，区税务局开展税邮合作，积极延伸"非接触式办税"模式。
（李帅威　摄）

全年共接听电话69885件，接通率95.34%，30秒接通率为72.89%，60秒接通率为82.09%。落实政务公开工作要求，规范做好外网政府信息公开栏目维护，保障纳税人知情权，处理依申请公开事项2件。

【服务区域发展】　2020年，区税务局进一步优化玄武区税收营商环境，积极培育和涵养税源，促进企业健康和可持续发展，积极落实玄武区委、区政府工作部署，促进减税降费政策落实落地，助力建设强富美高新玄武。持续优化营商环境。玄武区税务局做好江苏省政务服务网建设，认领、维护、发布政务服务事项及办理指南170项；开展便民办税春风行动，持续打造税收营商环境最佳体验区。落实政府服务"一网、一门、一次"改革要求，完成玄武区政务服务中心税务分中心设立。税收优惠提供政策支持。区税务局紧紧围绕减税降费和组织收入两大重点工作，不折不扣坚决落实好减税降费政策，落实好增值税税率下调、小微企业税收优惠扩容、附加税减半征收等各项税收优惠政策。走访调研提供智力支持。围绕经济热点、发展难点、领导关注重点，从税收看经济、看发展，积极建言献策，完成四篇专题经济分析，其中《从增值税发票数据看玄武区复工复产情况》分析报告，获得玄武区委书记闵一峰的肯定性批示，《玄武区税务局关于异地重点税源户走访调研的情况报告》获得玄武区常务副区长赵小华的肯定性批示。社区服务提供人力支持。2020年1月起，玄武区税务局组织开展"秉公为民守初心、敬业奉献担使命"，6月起"学习抗疫精神、争做时代先锋"主题党日活动。与地铁集团、南京市博物总馆开展党建联建，组织特色主题党日活动。发挥党员先锋作用，协助大石桥和长江路社区做好疫情防控，志愿服务社区疫情防控420人次、1680小时，捐款32450元。文明创建累计执勤184人次、368小时。弘扬中国抗疫精神，组织开展"思享5分钟"微课堂，参加系统"六能学堂"云演讲，录制微视频《战"疫"里的蓝色微光》，被玄武区委宣传部选用。　（李帅威）

（栏目编辑　张　弛）

经济管理与监督

综　　述

【经济运行情况】　2020年，是决胜高水平全面建成小康社会和“十三五”规划的收官之年。年初以来，面对严峻复杂的国际形势和新冠肺炎疫情，全区上下围绕建设“强富美高”新玄武奋斗目标，统筹推进疫情防控和经济社会发展，做好“六稳”工作，落实“六保”任务，开展“四新”行动，奋力夺取疫情防控和经济发展“双胜利”。

主要经济指标。为应对疫情对经济发展带来的冲击和影响，区委区政府统揽全局、果断决策，采取“防疫+”战时工作机制，通过区领导包保走访及持续常态化调度，全力扭转部分指标下滑态势，各项主要经济指标企稳回升。全年地区生产总值完成1108.66亿元，同比增长5.2%左右；一般公共预算收入完成97.3亿元，同比增长4.6%；全社会固定资产投资同比增长7%；社会消费品零售总额完成1036.3亿元，同比增长1.3%；外贸进出口总额完成680.5亿元，同比增长13.7%；实际利用外资总额完成23880万美元，完成年计划103.8%；服务外包执行额完成261665万美元，服务外包离岸执行额完成98979万美元，服务贸易额完成40654万美元。

“四新”行动计划。将“四新”行动作为应对疫情的重要抓手，率先拿出“四新”玄武办法并召开新闻发布会，圆满完成全市“四新”行动观摩任务，成功举办新基建、新消费和新产业金融对接会等各类专题活动。新基建，全年建成5G基站803个，11个市级新基建项目完成投资22.1亿元；新消费，完成34项市、区新消费行动计划任务，举办各类促销活动400余场，全年限额以上贸易销售额同比增长10.3%；新产业，全年工业互联网核心产业规模达6.9亿元、5G产业规模达11.8亿元、新医药与新健康产业规模达61.9亿元、高端软件和信息服务产业规模达90亿元，新增都市工业企业11家；新都市，完成红山路快速化改造、积淹水片区改造等46个项目，完成投资额超80亿元。

重大项目推进。9个市级重大项目，年度计划投资53.5亿元，全年完成投资54.04亿元，完成年计划101%；90个区级重大项目，年度计划投资128.02亿元，全年完成投资136.2亿元，完成年计划106.4%，同比增长15.2%；重大项目对全区固投贡献率达75%。着力加强项目清单化调度、过程性管理，有效提升项目管理服务水平；探索运用“挂牌一宗地、审批分批次”方式，有效解决红山国际社区项目因宁宣黄高铁建设停滞问题，铁北创新产业总部经济示范园等项目基本实现“拿地即开工”；较好解决和昌魔法森林、铁北数码港等项目在文物考古、手续办理、渣土外运等方面难题；采用“承诺+容缺”审批方式，仅用时6个月即实现黑墨营101号住宅项目房屋预售，项目推进质效显著提升。

产业载体建设。加大地块征收和挂牌攻坚力度，全年完成青石街地块、科研地块等10个地块挂牌出让，同比增长150%；土地出让总面积40.8万平方米，同比增长94.3%；累计新增产业载体面积48.39万平方米，同比增长48.2%，为全区经济发展积蓄后劲。

招商引资质效。落实招商工作专班、项目动态推进、“一把手”招商责任“三个机制”，加强招强引新力度；发布《玄武区“招商突破”行动导引》，建立重要载体动态联络库，研究出台《玄武区推动招商引资高质量发展政策十条》，推进“政银企合作”，搭建“校友经济”新平台，先后举办“金洽会”玄武专场、智慧科技新引擎创新发展峰会、“江海一‘链’‘玄’动未来”深圳招商推介会等各类招商活动48场，获得全市三季度招商擂台赛“目标进度奖”和“重大项目推进奖”。全年完成实际利用内资173.6亿元，签约项目投资总额604.7亿元，亿元以上签约项目数65个。

表1　2020年四城区主要经济指标比对表　　单位：亿元

四城区	地区生产总值		一般公共预算收入		社会消费品零售总额		全社会固定资产投资		全体居民人均可支配收入(元)	
	总量	可比价同比±%	总量	同比±%	总量	同比±%	总量	同比±%	总量	同比±%
玄武区	1108.66	5.2	97.3	4.6	1036.3	1.3	未反馈	7	74882.2	4.9
秦淮区	1286.6	6.2	100.1	0.1	1157.18	0.5	未反馈	9	68563.3	4.9
建邺区	1121.53	4.2	138	2.3	394.63	1.4	未反馈	7.5	65856.6	5
鼓楼区	1772.6	6.2	166.4	2.3	1025.89	2	未反馈	9	74000.5	5.1

【体制改革工作】 2020年，全区经济体制改革安排7大项30子项改革任务。推动科技体制改革。按照“一中心两片区”布局，有序推进10万平方载体建设，完善“硅巷”建设机制，聚集企业200余家，其中高企11家。打造领创智能众创空间、糖果车站众创空间、金梧桐众创空间等3家众创空间。推进科技成果转化，加快科技企业培育梯队建设，梳理拟申报高企200家，入库科技型中小企业232家。提升企业金融支持服务力度，上线玄武综合金融服务平台，涵盖丰富金融产品和增值服务，通过创新金融服务模式，打破信息壁垒，实现银企对接、股权融资、上市服务等多维度服务功能。推进产业结构优化。优化产业结构调整，对照全区“四新”行动计划，坚持产业联动，依托玄武区在科技创新和新兴产业领域优势，围绕产业链推动新型基础设施与主导产业、地标产业融合，以新基建带来产业发展环境优化提升为契机，促进产业新技术、新模式、新业态加快发展，打造新的产业生态。优化产业发展政策体系，依托南京市“4+4+1”主导产业体系，制定玄武区新产业发展行动计划，强化产业地标打造，突出新一代数字经济、新医药与新健康、新型都市工业、未来新业态等产业方向，聚力补链强链，打造新发展平台，发展新应用场景，为全区经济持续增长和高质量发展注入强劲新动能。提升服务业发展质量，75个重大产业项目序推进，年度计划投资116.66亿元。推进供给侧结构性改革。加大总部经济招引力度，全面落实《2019—2020年新增100家总部企业行动计划》（宁政发〔2019〕66号）要求，围绕产业发展方向，紧盯上市企业、规模企业、高新企业，开展定点招商、精准招商，把住项目引进源头关，实现总部企业落地。举办玄武区重点地块招商说明会，对辖区8大招商项目进行直播推介，其中围绕红山新城板块，重点引入具备较强创新能力的总部经济。先后组织区主要领导带队赴上海、北京、杭州，围绕数字经济等新产业开展专项招商引资。进一步健全完善政府性债务管理制度，加强源头风险管控，坚持财政承受能力论证，按序时进度逐月向市财政局汇缴政府债券还本付息资金，完成全年化解3.65亿元隐性债务。举办2020南京创新周玄武数字金融创新大赛，吸引近百个数字金融项目参赛，推动爱心保险江苏分公司落地。优化全区营商环境。打造“满意玄武”政务服务，全区28个部门827项行政权力事项、7个街道和58个社区5940项便民服务事项在江苏政务服务网上对外公布并实现动态维护。在区级政务服务大厅设置“苏政50条”专窗，全区11个部门在“苏政50条”服务事项专区认领51个服务事项并完成办事指南维护，接受社会监督。深入推进“全科式”综合受理，实现基层政务服务能力显著提升。全区21个部门376项行政权力事项进行充分委托，变“一窗办理一类事”的分散模式为“一窗办理所有事”的集成模式。按照“一门式受理、一站办理”的原则，加大街道“全科社工”的培育力度，出台了社工管理“1+2”文件，建立与岗位等级和绩效考核相不断提高投资代办服务能力，开展“超前代办、全程代办、接力代办”服务，在区政务服务中心设立2个并联审批综合窗口。推进“互联网+监管”系统建设，推进监管事项全覆盖，全区20个部门认领目录主项453项，编制检

查实施清单408条，实现清单编制100%，报送各类检查数据5680条。贯彻国务院《优化营商环境条例》，全面清理不符合条例的政策文件，落实“南京市优化营商环境2.0版”，修订完善全区营商环境指标考核细则，健全完善全区营商环境工作推进机制。在全市率先打造“一窗受理、全程代办、一日办结”平台，将登记事项全部“搬上网”，在网上登记的基础上全面推行企业设立全程电子化办理。优化公平竞争的市场环境。依法平等保护市场主体利益，树立利益衡平理念。切实提高审判效能，客观、公正处理合同纠纷，及时规制失范市场行为，用足用好司法手段，保障市场交易行为依法有序开展。出台《南京市玄武区人民法院关于为优化营商环境推动高质量发展提供司法服务和保障的实施意见》，为有序开展产权保护以及涉政府产权纠纷专项整治工作提供制度保障，深入落实《破产案件立案指引》及《案件审理规程(试行)》，进一步推进破产案件立案审查和审判的规范化。充分利用庭外重组、预重整、重整以及和解制度，实现债务人资源重新配置和企业再生。探索“破产不停产”审判新思路，最大限度挽救企业生存。深入推进破产案件简易审，缩短破产案件审理周期，加速僵尸企业市场出清。发挥知识产权司法保护主导作用，依托知识产权巡回法庭，加大侵权赔偿力度，减轻权利人举证负担，完善技术事实查明机制。构建亲清新型政商关系，打造“玄武企业服务”公众号，利用“互联网+人工智能+企业服务”技术体系，向全生命周期、全业务范围企业提供“一网式”政策服务、“一站式”专业服务，实现政企“微”距离接触、“零”距离交流。持续开展清理拖欠民营企业中小账款工作，下发《关于开展清理拖欠民营企业中小企业账款“回头看”有关工作的通知》和《关于开展政府部门及所属事业单位和国有企业合同应付账款排查工作的通知》，进一步明确相关单位的职能，对区建设局、区国资办等30余家单位拖欠民营企业账款进行再梳理、再摸排，严防“边清边欠”“清完又欠”等现象发生，坚决守住清欠工作的底线和红线，切实减轻企业负担。落实财税金融改革任务。落实减税降费政策，特别是做好应对新冠病毒疫情的相关政策措施的落地工作。建立重点税费政策网格化管理责任人体系，实施一对一精准对接服务，做好减税降费宣传辅导、政策落实、统计核算和效应分析。跟踪开展减税降费政策落实督查。在疑点核实中全程控制，动态管理。提前培训制度处理方案和最新的疫情税收优惠政策，探讨政策中的疑点难点，多部门配合，发现问题及时更新协调。在核实过程中采用查阅申报数据、电话沟通等方式，做到纳税人全联系，优惠政策全普及。继续推进完善现代化税收征管体系建设，累计完成风险应对108户，应对成效5.1亿元。开展便民办税春风行动，完成全区35497户企业纳税信用等级初评工作，加大“银税互动”纳税信用等级应用。开展“非接触式”办税，让纳税人少跑路。全面推行涉税涉费事项网上办、自助办、便捷办。强化审计全覆盖工作，修订《玄武区实行审计全覆盖的实施意见》，并组织专题攻关，自主开展一级预算单位财务数据采集工作，完成12张财务标准表的整理校验。开展一级预算单位审计全覆盖试点工作，建立审计方法155个，编制部门预算执行数据分析思维导图，发现23家单位129个问题，涉及问题金额3.9亿元。建立完善玄武区金融监管工作服务平台，搭建信贷支持、消金超市、需求发布等板块，提供金融机构的业务信息，宣传金融优惠政策，采集非金融企业的融资需求信息。防范化解企业资金链风险，依据省市风险监测平台、国家企业信用信息公示系统、企查查等线上数据，结合网格现场排查、“双随机、一公开”检查及其他专项检查，进行研判处置。建立“7+4”类金融企业、会商登记企业、风险预警企业工作台账，定期跟踪监管，提高风险防范的精准性。加强开放型经济高质量发展制度体系建设。主动融入“一带一路”战略，对接德国实担百事、意大利雅伦格基金会等海外机构，做实海外协同创新中心，组织多场高质量国际经贸合作交流活动，主要有“精耕赋能·对话世界”为主题的中以农业科技创新合作(项目)玄武论坛、国际创新医疗技术交流峰会、中国南京金秋经贸洽谈会玄武专场活动、国际创新资源对接会暨中欧医疗科技创新项目签约仪式等，活动现场签约16个意向合作协议，启动CNUK创新知识产权交易中心，揭牌玄武区驻以色列招商办事处、德国实担百事中国中心、南京师范大学玄武科技园等，与以色列、荷兰、德国、英国、欧盟、巴基斯坦等国家、地区建立战略合作加强与自贸区南京片区政策对接，更深层次融入长江经济带建设和长三角区域一体化发展战略，突出高端产业配套承接，瞄准“2+3”产业体系，重点支持本地行业内领先企业进一步做大做强。

9月23日，国资办党委举办玄武国企系统党务干部培训班　（李莎莎　摄）

国有资产管理

【概况】　2020年，区国资办面对错综复杂的宏观经济环境，以优化国资整体布局为突破口，深入推进重点领域关键环节改革，围绕区委区政府中心工作，成立五大区属集团公司，聚焦主责主业，完善监管体系，提升管理效能，夯实党建基础，服务保障民生，专业化改革成效初显。

【国资国企改革】　2020年，区国资办抓牢“结构调整”为突破，推动国资国企新一轮改革发展。优化国资国企布局。3月7日，出台《关于深化区属国有企业改革发展实施意见和重组整合实施方案的补充意见》，3月25日，挂牌运营文旅、城建、环境、高新和钟山五大区属集团，以清晰的专业化功能定位，为实现错位发展、壮大综合实力打好基础，结合“一企一策”差异化指标考核，激励企业提升市场化水平。完成25家原街道所属集体企业剥离回归，清退3家低效劣势企业，推动企业“瘦身健体”；3月25日，同徐庄高新区管委会就高新集团作为园区平台公司委托管委会履行监管职责签订委托协议，明确三方权责，完善授权机制，建立“直接监管+委托监管”分类国资监管体制，深化“两类公司”试点。推动全域国资统一经营，先行启动除街道外的行政事业单位经营性资产集中运营，153处约1.62万平方米公有房屋实现委托管理，租金收入有效充实企业现金流。拓展业务领域，以经济效益为中心，坚持市场化经营，在养老、医疗和旅游等新消费领域持续发力，投资养老产业“钟山银城”颐养品牌年营收实现2881万元；自主孵化的合盈旅行社逆市完成1.04亿元销售额；持续推进产业引导母基金管理和投资工作，完成2只子基金签约（南京红土星河创业投资基金（有限合伙）、南京创熠芯跑一号科技投资合伙企业（有限合伙））、投资项目14个，同时充分发挥基金投资的招商功能，促成5家被投企业（南京市芯佳元科技有限公司、南京容亿微电子有限公司、南京茵菲斯科技有限公司、南京海乂知数互联网有限公司、南京普林芯驰科技有限公司）在区内注册落地。

【国资国企监管】　2020年，区国资办以“风险防控”为核心，持续完善国资国企监管体系建设。强化制度建设，3月编印完成包含中央、省、市、区34个重点文件的《玄武国资监管文件汇编》，明晰监管职能；严格风险防控，精细企业投融资管理，强化投资可行性研究、融资事前审核、企业负债预警等监督管理，督促企业通过置换等方式降低债务利率，科学化解存量债务，杜绝新增隐性债务，确保不发生系统性债务风险；经过多地调研学习，9月正式启动信息化平台建设，以战略合作方式携手建设银行共同搭建连通区国资办与区属企业的国资监管信息一体化平台，实现对集团及其所属各级子企业的贯通式数字化监管；规范资产管理，6月完成区政府向人大常委会专题汇报的区2019年度企业国有资产专项报告与全区国有资产管理综合报告，增加国有资产管理透明度；全年累计办理71批次原值1869万元的行政事业单位资产处置申请审批，完成总面积4.17万平方米公有房屋集中公开招租，较上期年租金溢价375.35万元；8月聘请资产评估机构历时半年对全区出租公房进行出租价格评估，根据评估报告调整租金参考价，避免国有资产隐性流失。

【服务社会民生】 2020年，区国资办坚持“服务社会”为己任，践行国资国企社会责任。做好剥离国有企业办社会职能工作收官。“三供一业”维修改造项目全部开工，完工率（含纳入改造计划）实现100%；7月，出台《玄武区推进国有企业退休人员社会化管理工作方案》，协助市国资委完成13批涉及玄武区的央企、省市区属国有企业退休人员社会化管理，累计为企业减轻年负担420万元。落实六保六稳。2月21日，出台《玄武区国资办、财政局关于减免困难中小微企业、个体工商户房租有关事项的通知》，共计减免租金913万元；联合金融机构推出惠企金融“玄武紫金快贷”，为中小微企业提供2500余万元信贷资金。助力“四新”行动。打造长江路文旅集聚区入选省级夜间文旅消费集聚区建设单位，省市领导参加。9月28日晚，集聚区启动仪式，启动仪式获央视《新闻联播》、人民网、新华网等主流媒体报道400余篇，新媒体阅读量超过2000万次。服务保障民生。兜底接管全区310万平方米无物业管理老旧小区，为4.3万居民提供专业物业服务；攻坚双拜巷棚改等26个城市更新项目；抢工完成503个垃圾分类基础设施，打造大数据垃圾分类清运平台，推进“厕所革命”等民生重点工程；引入市属东南集团共同投资1.4亿元建设容纳400个车位的玄外地下停车场，同时为玄外无偿复建5000平方米教学楼。

【党建联盟打造品牌矩阵】 4月，区委研究成立国资办党委，下辖文旅、城建、环境、钟山4个集团党委，21个支部，258名党员。区国资办明确“党建引领”为方向，以高质量党建引领高质量发展。夯实党组织基础。5月，办机关增设党群科指导区属国有企业党建工作，建立党员信息资料库、通过优化调整、划转、新成立等方式理顺组织隶属关系和架构，初步建立国资办党委、集团党委、基层（总支）支部三级组织体系；同时明晰责任机制，分级签订“党建目标管理责任书”，将党建工作纳入集团综合考核绩效指标。推进标准化制度。8月，印发《玄武区国资系统2020年度党的建设工作要点》，集团党委制定“党建工作责任实施细则”等20余个配套制度，形成靠制度、按分工、遵程序、循流程的工作模式。强化队伍教育。9月，组织基层党组织书记集中轮训，不断提升基层党务干部工作水平；扎实推进“两学一做”常态化制度化，开展党员教育，强化责任担当。创新党建品牌。依托企业特色将党建与业务工作同谋划、共部署、齐落实，集团与社区、业务关联民企打造“红色物业”“工地党建”“橙·红党建”等服务型党组织建设品牌，结成党建联盟共建共享党建资源；重点推进入选市国资委党建品牌培育观测点的“红领·钟山”品牌及其下属“红领·车间”“红领·同心圆”等子品牌建设，打造品牌矩阵，树立党建标杆。 （吕　恬）

·钟山集团·

【概况】 2020年，钟山集团坚持党建引领、牢记国企使命、服务区域民生、勇担社会责任、聚焦主责主业，深耕投资领域，紧抓国企改革跨入抓落实提成效关键年的重大节点，贯彻落实国资国企改革要求，扎实稳妥推进改革，以市国资系统党建品牌培育计划为契机，充分挖掘下属支部特色亮点，完成“红领·车间”“红领·驿站”2个基层党建阵地的打造，推进“红领·钟山”党建品牌实质化运行，推动党建与业务的融合发展、相互促进。坚持精益管理，制定基层党支部“1+4”党建工作制度，将组织生活制度、“三会一课”等党建工作细化到具体任务和指标中，不断增强基层党组织的领导力、引领力、组织力和号召力。

【助力国企改革】 2020年，对照相关文件精神，统一思想、提高认识、紧扣目标、积极配合，快速推进各项工作：对区属企业的人员、资产、在手项目等进行全面摸底，按照岗位职责与实际业务条口对人员劳动关系进行切分，完成社保关系与劳动关系相关手续变更，积极配合国资办和其他集团推进相关企业的清产核资、资产划转、股权调整等工作，剥离25家集体所有制企业，并向新成立集团提供人员支持，助力玄武国资国企改革。

【疫情防控工作】 2020年，为尽快复工复产、克服疫情的不利影响，集团及各下属公司加强统筹部署，第一时间成立疫情防控领导小组、制定工作方案，迅速落实防控措施，做到准备充足、行动有序、执行有力；织密防疫安全网，通过多种渠道采购防疫物资，加强5家农贸市场等人员密集场所的疫情防控管理，督促市场经营户填报健康信息、统计疫情防控情况；加强正面引导，通过多渠道、全方位广泛宣传疫情防控、心理疏导等内容，并通过钉钉与微信发布居家健康、心理指南、返岗注意事项等。

【建设项目】 2020年3月，南京老烟厂改造项目完成EPC工程总承包及监理招标工作，5月，取得施工许可证正式开工，8月初移交文旅集团代建管理。铁北中学项目取得用地预审、可研批复、规划要点、用地规划许可证并完成地质勘探，设计方案公示。“红领·硅巷”党建阵地项目仅用时2个月完成从毛坯到精装及软装的所有内容；钟山颐乐荟项目大楼完成主体改造与竣工验收；法检大楼改造项目取得立项批复。

11月24日，钟山金企红党建联盟赴淮阴开展对口帮扶工作

（钟山集团　供图）

【融资平台】 2020年，集团充分发挥全区国有资本投融资平台优势，取得多笔低成本资金，平均融资成本约为5.2%、平均提款成本约为4.55%。同时，为确保国企改革的平稳过渡，多次会同区国资办与评级公司、债券承销商进行积极沟通，在北京金融资产交易所和上海证券交易所对外发布重大事项公告，有效稳定投资人信心，保证社会舆论不起负面效应。

【投资领域深耕】 2020年，在养老、医疗和旅游等新消费领域持续发力，梅园等3家颐养中心实现营收近3000万元；玄武口腔医院顺利升级为二级口腔医院；玄外停车场基本完工，年底投入运营；自主孵化的合盈旅行社完成7400万元销售额，成功投资伊犁通航等项目。持续推进产业引导母基金的管理和投资工作，完成2只子基金签约、投资项目10个，充分发挥基金投资的招商功能，促成3家被投企业在玄武区注册落地。融资租赁业务不断探索新模式，形成以旅游产业为核心，以新基建、新消费和新金融为辅的业务格局，开发AAAA和AAAAA级收费景区项目10余个、政府平台类项目10余个、产业类项目7个，储备优质项目3个。

【运营能力提升】 2020年，接收五十四中及区人社局、市场监督局等行政事业单位房产面积4462.15平方米，同时进行市场化管理运营；落实“一免两减半”政策，累计减免自管产租金591万元，缓解新冠疫情造成的承租户经营困难，与中小微企业及承租户共克艰难。根据钟山颐乐荟项目定位，全力开展招商工作，累计洽谈商户近150组、有效客户30组，完成第一批重点商户的签约。

【服务区域民生】 2020年，旗下5家农贸市场自大年初五全面开始营业，组织货源，疫情期间每日供应蔬菜约1.6万公斤、猪肉约3000公斤，有效保障全区65万居民“菜篮子”供应。兰园市场、进香河市场作为防控保供工作代表，多次被央视宣传报道。全区各农贸市场还利用食品安全快速检测中心，日均检测蔬菜、肉类、水产品200余批次，并进行公示，严格执行六大类食品进场索证索票制度，保食品安全。

金融管理

【概况】 2020年，区地方金融监督管理局紧扣“六稳六保”目标要求，聚焦“四新行动”，按照“强监管、促发展、保稳定”基本思路，重点做好防范化解区域金融风险、推进金融产业发展、提升金融服务实体经济能力等方面工作。全区金融业面对新冠肺炎疫情逆势上扬，金融业增加值212.1亿元，占全区生产总值的19.1%，金融业实现税收46.4亿元，占全区财政收入的47.7%。截至2020年底，全区有各类金融机构及其分支机构395家，其中市级以上金融机构总部42家，涵盖银行、证券、保险、信托等传统金融机构和数字金融、第三方支付等新型金融机构，金融业态布局较为完整。

【金融监管】 2020年2月23日，成立玄武区打好防范化解重大金融风险攻坚战指挥部，构建防范化解工作长效机制。制定金融风险集中排查整治工作方案，细化职责分工，压紧压实责任，明确工作部署，确保效果落实；强化防范非法金融宣传教育，全年累计开展活动190余场次，发放宣传单、宣传品等20000余份，提高群众对非法金融活动的辨别能力与防范意识；开展金融风险排查整治行动，开展专项行动4次，发现并处置风险企业38家，清零23家风险库企业，公安部门立案打击非法集资案件7起；强化源头治理，做到预警关口前移。会商会办企业58家，核准设立(含变更)53家，参加市级组织会商4次，并定期对会商通过企业进行回头看，确保落实好属地监管职责；做好信访接待与维稳部署。约谈督促辖内某企业履行主体责任和维稳责任60余次，推动企业清资核产与资产处置，接访来区维权群体10余批次，联合稳控百人以上规模集访6次。

3月15日，玄武区政银保合作项目签约仪式　（区地方金融监督管理局　供图）

【金融服务】 2020年，通过南京市民营企业转贷基金政策，协助玄武区企业办理转贷业务352笔，惠及玄武区民营企业194家，使用转贷基金18.47亿元，带动银行贷款19.56亿元，通过享受“转贷新政”免交本该预付的转贷费用414万元；引导2671家企业注册江苏省金服平台，累计获得授信超过11.55亿元。3月15日，在全市率先发布“玄武紫金快贷”等特色金融产品；5月，打造“V-PARK”金融服务中心；7月8日，成立玄武消费金融超市。通过举办政策解读会、金融对接会、新消费竞赛等系列活动30场，帮助辖区企业获得87.58亿元授信。

【上市服务】 2020年，依托玄武上市服务驿站，帮助企业利用多层次资本市场融资，为柯菲平医药、紫泉能源、大汉软件、赛特斯信息等区内优秀企业协调解决上市诉求7件。同时，发挥产业引导母基金的功能，同深创投、松禾梦想、清源投资共同成立总规模近10亿元产业发展子基金，撬动社会资本为区内企业提供融资支持，投资7家相关企业。10月22日，智慧交通信息股份有限公司在新三板挂牌，为南京市2020年首家新三板挂牌公司；10月27日，先声药业港股上市，为南京市年内第三家在港交所上市公司，第四家在境外上市的公司。12月29日，南京水晶视界文化科技有限公司在江苏股权交易中心挂牌，为国内首批通过基于区域股权市场区块链系统实现挂牌的企业。

【金融招商】 2020年，金融产业招商，集聚总部金融机构，4月28日，爱心人寿保险股份有限公司江苏分公司落地玄武。爱心人寿保险股份有限公司成立于2017年，此次江苏分公司正式开业，使爱心人寿在立足京津冀、耕耘环渤海地区的基础上，实现继续在长三角经济带区域谋定未来发展的下一步战略性目标。

【科技金融】 2020年，同南京数字金融产业研究院、南京大学金融科技研究与发展中心共同合作，通过数字金融技术为企业融资场景提供解决方案。6月25日，举办玄武数字金融创新大赛，为区内重点企业及其上下游中小微企业提供解决方案，帮助企业获取融资支持。

（孙志勇）

市场监督管理

【概况】 2020年，区市场监管局立足职责，积极作为，奋力打赢疫情防控、复工复产、文明创建、冷链监管4场攻坚战，围绕“守住底线、营造环境、规范竞争、提升质量、促进发展”的工作主线扎实履行职责，推动区域经济社会高质量发展，获评2019年度市场监管系统重大活动保障工作先进集体、区防范和处置非法集资工作先进集体；2020年度全市抗击新冠肺炎疫情先进集体、南京市创建文明城市优秀单位、南京市优秀职工志愿服务组织等称号。

【服务经济发展】 2020年，全区新增市场主体14319户，新增注册资本233.68亿元，市场主体总数达7.71万户，完成市对区考核目标。其中，新增企业2809户，千万元以上企业502户，亿元以上企业31户。指导企业办理股权出质、动产抵押登记39笔，助企融资10.33亿元。全年为近千家重点企业、人才企业开通绿色通道，重点跟踪指导浙商银行玄武支行、新工集团、德基集团等，助力重大项目尽快落地。

【营商环境优化】 2020年，全面推行企业登记全程电子化，依托“江苏市场监管”手机APP将登记平台由PC端延伸至移动端，1914户企业通过全程电子化完成设立登记，占新设企业总数的67.11%。落实“放管服”改革工作要求，提高登记效能，72户企业通过“一窗受理、全程代办”平台完成营业执照办理、刻章、税务登记、银行开票等全套开办手续，平均耗时1个工作日。推广商事登记“政银直通车”服务，将企业登记窗口向银行网点延伸，区内可提供“全程电子化”代办服务的银行包括中国银行、

2月2日，疫情期间，区市场监管局开展药店口罩等防疫物资专项检查

（史明静　摄）

农业银行、工商银行、建设银行、民生银行、交通银行、招商银行7家，覆盖82个营业网点。完善市场主体退出机制，全面推行企业简易注销及网上清算组备案、公告，全年成功办理540件，占全部注销企业的30.41%。

【质量强区建设】 2020年，开展第二届区长质量奖申报评比工作，11家参评企业获2019年度区长质量奖（提名奖）。组织9家企业参与省市质量培训，推荐3家企业成功入围“江苏精品”重点培育企业名单。指导企业制定发布国家标准15项，帮扶2家企业成功获批省级标准化项目试点。开展电动自行车及其相关产品质量安全专项整治等检查，加强监督抽查不合格产品后处理工作，完成市级转发的不合格产品处理38件。

【知识产权工作】 实施知识产权强区战略，提升全区知识产权创造、运用、保护和管理能力。全年PCT专利申请量达205件、有效发明专利拥有量达12332件，完成市对区考核目标。徐庄高新区成功创成江苏省知识产权示范园区；赛特斯、省科学技术情报研究所2家单位通过省知识产权战略推进计划项目；苏宁易购通过市知识产权保护项目；先声医学诊断、江苏弘典中药产业研究院获市新冠肺炎防控专利实施计划项目补助；林化所、农机化所、地湖所、土壤所4家科研院所5项专利获21届中国专利奖；先声医学诊断、农机化所2项专利获市优秀专利奖。

【企业信用监管】 2020年，稳步推进企业年报工作，采用张贴公告、群发短信、电话通知、微信宣传等多种形式提醒市场主体履行年报义务，企业年报率为89.9%，将3817家企业列入经营异常名录、移出1106家，协助司法部门冻结64家失信企业股权，对外出具信用证明67份。着力清理多年未年报的“僵尸”企业，对550家企业启动批量吊销程序，进一步提高经济发展质量。推进“双随机、一公开”抽查工作，与区教育局、区人社局开展跨部门联合抽查，全区9个部门通过市场监管信息平台公开“双随机”检查结果。

【省级食品安全示范区创建】 2020年月日，出台《玄武区关于深化改革加强食品安全工作的实施意见》，提升食品全链条质量安全保障水平。建成省级餐饮示范街区1条、市级餐饮示范街区4条，省级示范店22家、市级示范店17家。开展农贸市场食品快检室专项整治及督查，推动快检室运行步入规范专业轨道，15家快检室实现第三方托管，全区21个快检点开展快检合计20.11万批次，累计检出阳性产品62批次，全部按照规范程序予以销毁。充分调动食安委成员单位资源力量加大创建宣传力度，持续开展“透明实验室”食安科普宣传活动，破解谣言、引导消费、提示风险、规范行业，打造玄武食安品牌，提升创建工作的群众知晓率和满意度。

【食品药品安全保障】 2020年，食品方面，开展学校错峰开学期间食品安全、网络餐饮安全、长江禁捕打非断链、冷链食品安全等19项专项检查，立案11件，罚没款达42万元；完成食品抽检2391批次，合格率达98.17%。推广食品安全责任保险，全区129家学校食堂有109家购买食安险，覆盖率达84.4%。药品药械方面，开展防疫物资产品质量和市场秩序专项整治、呼吸机经营企业监督检查、药品网络销售违法违规行为专项整治等8项专项检查，立案4件，罚没款达32万元，完成全年药品抽检任务100批次，合格率达100%。联合区卫健委对区疾控中心登记回收的报废疫苗进行集中清点、监督销毁；协助公安机关开展非法添加抽样68批次。

【特种设备安全监察】 2020年，同步抓好特种设备安全专项整治和国家安全发展示范城市创建工作，组织开展省市区两会保障、酒店锅炉、涉危化品企业、院校特种设备、大型游乐设施、客运索道、加装电梯等多项特种设备专项检查，累计检查特种设备使用单位909家次，发现隐患142处，全部整改完毕，下达监察指令书79份，立案26件，罚没款达67万元。强化特种设备行业“春风行动”和“安全生产月”宣传力度，召开“百团进百万企业”安全生产专题宣讲会，与相关主体签订安全生产承诺书，坚决压实企业主体责任，杜绝特种设备事故发生。7月8日，联合多个部门在玄武湖菱洲生态乐园开展大型游乐设施困人应急救援演练暨特种设备安全宣传活动，不断提升执法人员和企业的应急处置能力和统筹协调能力。

【网络交易环境净化】 2020年，在疫情期间，“6·18”“双十一”等重要时间节点，联合区电子商务协会开展普法网课、在线答疑、发布典型案例等多种形式的送法活动，指导企业守法诚信经营。依托江苏省网络交易检测中心系统，常态化监测苏宁易购、好享购、途牛旅游等区内大型电商平台及其商户，以及玄武区入驻天猫、淘宝、京东、一号店等平台的4900余家网店，线上检查网站（网店）912家，实地核查网站（网店）经营主体113个，责令关停问题网站（网店）488家，删除违法商品信息369条。完善月度例会制、两轮调解制、节点会商制等工作机制，受理各类网络消费投诉举报3.3万件，妥善处理“苏宁口罩不发货”“super会员权益变更”“正泰童装”等20余起群体性投诉事件，立案145件，罚没款达132万元。

【放心消费创建】 2020年，推进线下实体店无理由退货工作，金鹰珠江路购物中心等3家大型商场、42家零售企业率先作出线下7日无理由退货承诺，部分企业更是承诺线下10日无理由退货。开展放心消费创建，创成省级放心消费电子商务示范平台及示范店5家；市级放心消费先进单位1家、放心消费示范街区1家、电子商务示范网点1家。畅通投诉渠道，处理各类消费投诉举报近6万件，涉及消费争议金额超2100万元。

【市场秩序维护】 全年立案300余件，罚没款超400万元，涵盖商标侵权、不正当竞争、食品药品安全、特种设备、产品质量、违法广告等多个领域。强化广告监管，针对疫情防控、软色情、户外公益广告、食品广告、非法金融广告等重点领域开展综合监测，监测广告4000余条，查处违法广告85条。扎实开展扫黑除恶线索摸排工作，收集涉黑涉恶线索2条，均第一时间上报。

（海一帆）

3月15日，区市场监管局在荔枝广场开展3·15“走出家门 安心消费”主题广场宣传活动，助力复工复产

（史明静 摄）

价格管理

【价格调控目标责任制】 围绕市政府2020年度价格调控总目标，加强价格调控组织领导，调整玄武区政府市场价格调控联席会议成员名单，完善目标责任网络。加强目标责任管理，制定《玄武区2020年价格调控目标责任分解落实意见》，将五大目标责任细化分解到16个目标责任单位。

【收费管理工作】 2020年，落实国家、省、市降费减负政策，对收费项目进行核对和清理，2019年度全区有一级收费项目15个，末级项目39个。更新公布《玄武区行政事业性收费目录》和《玄武区政府定价的经营服务性目录》目录清单，确保所有收费进清单，清单之外无收费，主动接受社会监督。

【涉案涉纪财务价格认定】 2020年，严格执行国家、省、市制定的规则规范，强化对价格认定依据真实性、合法性和关联性的审查，重点把握价格认定受理、结论书审核签发两个关口，确保价格认定结论合法合理、科学权威，有效保障纪检监察、司法行政工作的顺利进行。全年完成涉案财物价格认定190件，认定金额66.9071万元，案件办结率100%，无复核案件。

【价格监测预警】 2020年，扎实推进价格监测。覆盖27个监测点，涉及8大类333项商品、服务及部分政府采购电子产品价格，全年累计采集、审核、报送市发改委监测中心监测数据194364条，其中政府采购电子产品价格数据109044条，上报率、准确率100%。全面做好保供稳市。在疫情期间履职担当，紧盯市场动态情况，强化特殊时期价格监测，按照要求开展“日监测、日报告、日发布”，为保供稳价工作提供有力支撑。精细开展分析预测。过细分析日采集数据，研判价格走势，为省、市监测中心提供大量有价值信息。妥善进行应急准备。关注异常天气、突发事件对市场供求的影响，规范价格异动应急响应程序，适时启用《玄武区价格异动应急预案》。正向引导市场预期。适时发布重要民生商品价格监测预警信息，密切跟踪舆情变化，积极引导居民消费，及时回应群众关切。

【价格监督检查】 2020年，加强价格监管，开展防疫物资价格、非公立医疗机构及民办中小学教育收费、电动车头盔价格、农贸市场明码标价、名优白酒等专项检查，全年查处价格案件6件，罚款29.1万元。完成省局下达的涉玄武3家转供电企业收费整改工作，清退多收电费7万余元。开展全区妨碍市场和公平竞争政策措施清理工作，实现全区各部门公平竞争审查制度全覆盖，审查政策措施195件，废止3件。召开价格政策提醒会、约谈重点企业、送达行政指导意见书等方式及时纠正不合规收费行为，组织电商企业、大型商业综合体开展价格政策培训2场。

3月12日，应对新型冠状病毒感染肺炎疫情防控财政资金和捐赠款物专项审计组深入区防控指挥部的两处物资存放点进行实物盘点　（邹　涛　摄）

审　计

【概况】 2020年，区审计局全年开展审计项目23项，完成领导批示件17件，提出审计建议57条，审计文书等获区领导批示13件次，人均为政府增收节支1950万元，促进相关单位健全制度2项。获全区高质量发展考核政府部门一等奖、“强富美高”新玄武建设先进集体；玄武区卫生服务中心智慧医疗信息系统及财务收支审计获评全市优秀大数据审计项目；获市巾帼岗位明星、区级机关优秀共产党员等个人荣誉表彰14人次。

1月30日起，踊跃投入“防控疫情、党员先行”行动，累计安排406人次支援社区，为结对玄武湖街道以及樱铁村社区筹措捐助口罩3000只，多次送去防护用品和补给食品，为守护“最后一米”的最美逆行者安全做好保障，获评全省审计系统疫情防控先进集体。

【一级预算单位审计全覆盖完成】 2020年，作为全市一级预算单位审计全覆盖试点单位，全面采集一级、二级预算单位财务数据，以及7类业务数据和6类外部数据，整合近30张数据分析中间表和视图，实现数据采集的全覆盖。坚持“以用为本”，建立审计方法155个，编制部门预算执行数据分析思维导图，组织数据分析疑点研讨会，梳理锁定待查重点和疑点，通过延伸核查与自审自证、预算执行与专项审计、数据分析与延伸核查“三个相结合”，实现一级预算单位审计全覆盖，推动区财政资金提质增效。5月22日，在全市部门预算执行审计中期交流会上作《落实“两统筹”，应用大数据，努力实现一级预算单位审计全覆盖》专题交流；6月12日，在全市大数据审计案例分享会上作《坚持“以用为本”，推进大数据技术与审计项目的有效融合》主题发言。

【疫情防控专项审计】 2月27日开始，按照上级审计机关统一部署要求，统筹抓好疫情防控和审计监督工作，全面启动疫情防控专项审计，聚焦中央相关政策和决策部署落实情况，突出财政专项资金、捐赠款物、重点保障企业贴息贷款的分配管理使用情况等审计重点，对区防控指挥部办公室、发改委、财政局等13家单位，以及7家街道和红十字会、慈善总会、区益童基金会3家慈善组织的资金拨付使用及捐赠物资情况进行审计，深入物资存放点对50余种近20万件防疫物资进行实物盘点，为疫情防控物资的规范高效使用提供有力有效的审计监督保障，推动疫情防控相关政策尽快落地见效。

【国企国资审计监督】 2020年，紧跟玄武区国企改革步伐，在集团平台设立内审机构、区国资办部署全面清产核资的基础上，组织内审对涉及调整的21家二三级国企法人开展离任审计，同步配合区纪委监委开展纪律检查，理顺管理层级，构建“国企内审、国资监管、审计监督、纪律检查”四部门相结合的立体式全方位监督体系，推动国企国资监管全覆盖。5月9日，联合区国资办开展区属国有企业经济责任审计培训会，对全区5大集团的财务负责人、内审人员，以及选定的各会计师事务所项目负责人、参审人员进行专题业务培训，为企业内审提质增效夯实基础。

【内部审计管理】 2020年，贯彻中央和省市区内审相关文件精神，在内审工作连续两年被纳入全区经济社会发展目标考核体系后，进一步强化对内审工作的培训、指导和监督。4月10日，组织新政府会计制度，培训帮助内审人员打开工作思路，拓宽审计视野，增强业务能力。自6月9日起，在全区范围内组织开展2020年度内审专项检查，聚焦各单位健全内审制度、加强机构建设、完善工作机制、提高工作质效等方面情况，采取指导单位自查填报和选定现场抽查相结合的方式，推动完善内审体制机制，提升内审工作质效，为促进内部审计与国家审计的协同发展奠定良好基础。 （韦玲霞）

统　计

【概况】 2020年，区统计局围绕全区工作大局和中心任务，聚焦区域发展重点领域，认真履行统计监测预警职能，切实提升统计法治工作水平，牵头抓好第七次全国人口普查。通过奏好“四部曲”提供优质统计服务。围绕党的建设奏好“进行曲”，全力抓好政治建设，扎实做好意识形态工作，持续加强党风廉政建设，切实加强绩效管理，锻造过硬干部队伍。围绕经济运行奏好“交响曲”，通过学规则、强本领，思方略、强机制，践真章、强合力，悟理念、强参谋，聚焦“学思践悟”，聚神“四个加强”，凝心聚力推动地区经济持续向好发展。围绕数据质量奏好“奏鸣曲”，扎实推进防惩造假专题学习，奋力夯实防惩统计造假主体责任，认真开展统计数据质量核查和执法检查，努力营造统计法治宣传教育良好氛围。围绕人口普查奏好“协奏曲”，以坚强有力的领导筑牢“压舱石”，以临战的姿态做好综合试点工作，以百花齐放的宣传格局营造氛围，以决胜之势打赢全面普查攻坚战。

【区委领导调研全区统计工作】 10月10日下午，区委书记闵一峰专题调研全区统计工作，主持召开座谈会。区委常委、常务副区长赵小华，各板块和区有关部门负责人参加。会上，区统计局汇报全区统计工作有关情况，其他参会单位作补充发言。闵一峰高度肯定全区统计工作取得的各项成绩，明确指出，统计是经济社会发展的“晴雨表”“信息窗”，必须严守数据真实生命线、服务保障高质量发展、当好经济运行参谋部，进一步提升统计工作水平。重点强调，各板块和相关部门要加强协作，紧盯高质量考核补短板，紧盯经济发展促提升，紧盯重点任务抓落实，紧盯数据质量守底线。

【统计监测评价】 2020年，区统计局树立“身在兵位、胸为帅谋”的大局意识，结合区情实际，推动出台《玄武区关于切实推进

10月10日，玄武区委书记闵一峰调研全区统计工作　（区统计局　供图）

地区生产总值核算体系改革强化相关行业运行监测调度的工作意见》，将发改、统计、商务、房产、科技等部门和各板块在全区经济工作中的职责分工落细落实。紧扣GDP“统一核算”改革后一系列新规定，分层次分阶段开展多场专题业务培训，引领各板块和相关条口全面掌握“统一核算”方法制度。聚焦GDP核算七大行业运行，构建以核算为龙头、各专业同频共振的“大核算”统计工作体系，逐月按照事前、事中、事后三个阶段，有序开展重点单位预测预警、分行业分板块上报情况动态监测、关网数据分析研判等工作，为区委区政府统筹调度、各条块组织推进提供高质量参谋服务。

【依法治统】　2020年，按照上级部署要求，区统计局牵头组织推进国家统计督察反馈意见整改相关工作。在区政府常务会议、区委常委会会议上，围绕习近平总书记关于统计工作重要讲话指示批示，中共中央办公厅、国务院办公厅下发的《关于深化统计管理体制改革提高统计数据真实性的意见》《统计违纪违法责任人处分处理建议办法》《防范和惩治统计造假、弄虚作假督察工作规定》3个文件精神等学习内容进行汇报。推动出台《玄武区贯彻落实国家统计督察反馈意见整改方案》《玄武区党政领导干部防范和惩治统计造假、弄虚作假责任制实施办法》，成立玄武区统计督察整改工作领导小组，明确各层级各单位防治统计造假的责任。印发《关于清理纠正将统计机构作为地方目标完成责任单位做法的通知》，依法保障统计机构和统计人员独立行使职权。严格按照省市局工作部署，扎实开展统计数据质量实地核查、“双随机一公开”统计执法检查，不断夯实统计源头数据基础。在玄武区第15期中青年干部培训班课程中安排统计法治培训内容，切实提高全区后备干部依法指导、管理统计工作的法治意识。

【玄武区第七次全国人口普查工作开展】　2020年，贯彻落实市人普办部署要求，切实加强各街道与相关部门协作，抓紧抓实第七次全国人口普查各阶段工作任务。推动成立由区政府主要领导亲自挂帅、常务副区长任常务副组长、3位分管区领导任副组长、各相关单位一把手为成员的人普工作领导小组。克服进门难、找人难、填表难、录入难等困难，圆满完成综合试点工作。多措并举加强宣传动员，营造全民支持人普工作的良好氛围。认真开展“两员”选聘和业务培训工作，严格管控长短表登记质量，深入推进普查数据质量专项核查，高质量做好正式普查入户登记工作。

【区领导参加第七次全国人口普查登记日活动】　11月1日，是《南京市生活垃圾管理条例》实施日暨第七次全国人口普查登记日。为有效推进玄武区第七次全国人口普查登记日工作有序开展，区委书记闵一峰，区委副书记、区长钱维，区人大常委会主任杨乐华，区政协主席邱小凡，区委副书记林武平，有关区领导、相关街道部门主要负责人等参加相关活动。区领导来到新街口街道北门桥社区，慰问人口普查“两员”代表，同时查看人口普查台账资料，现场听取有关工作情况的汇报。　（张　昊）

（栏目编辑　顾　坚）

城市建设·环境保护

城市建设

城市管理

环境保护

城市建设

·环境综合整治·

【概况】 2020年，玄武区建设局紧扣高质量发展目标任务，深化精细精致的城市更新理念，环境综合整治、民生事实等项目，精细化落实市政、园林设施养护，持续改善区域人居环境水平。

【疫情防控】 全面打赢疫情防控阻击战。迅速行动严防死守，对区属公园、区建设工地等重点区域采取重点盯防措施，专人负责、分区包干、压实责任。积极落实群防群治，深入街道、结对社区开展走访排查、检疫站点值守等工作。牵头组建东杨坊交通疫情防控检疫站点，落实24小时值守，累计排查车辆1251辆、排查人员3402人。驻扎南京南站、禄口机场，累计转运重点区域来宁人员326批次共计1712人，为保护全市疫情防控成果做出了贡献。严格落实防控常态化，加强公共区域常态化巡查，督促建设工地全面深入、科学规范开展工地环境卫生综合整治。倾力服务复工复产，在严格疫情防控和安全监管的基础上，编制建设工地防疫复工指南，为建筑工地复工复产提供指导；实施线上、线下同步服务，重点项目驻点服务，聚力推动各建设项目复工复产。

【基础设施建设】 牵头完成余粮路（新建段）工程，完善玄武区路网结构；完成余粮路（整治段）环境综合整治工程、经五立交匝道口及伊刘村南侧道路环境整治工程、徐家巷强弱电下地及道路整治出新，改善道路通行品质；指导区城建集团和相关街道推进香林寺沟片区、梅园纪念馆周边、童卫路等6个环境综合整治项目，实施钟秀街、花园路、长江后街等7条道路供电杆线下地工程，有效净化城市空间。

7月29日，整治完成后的余粮路新貌　　（区建设局　供图）

【民生实事项目】 完成孝陵卫东沟束水桥涵改造项目，解决群众出行困难。按照《玄武区居民停车设施三年规划》《玄武区停车矛盾突出单元停车设施建设管理综合方案》等措施，完成骥谷创新科技产业园、恒大停车场二期等13个项目1410个停车泊位。

【市政园林养护】 以“一区五园”创新经济带、紫东片区、窗口地区为重点，进一步强化养护工作第三方考核评价机制、提前介入机制、网格联动机制，不断提升养护工作效能。创成柳营西路、太平北路优质养护示范路，树立道路管养标杆。进一步推广智能园林管理系统、园林植物云点播等特色做法，努力保持区园林养护工作位于全市首位。

【耕地保护】 规范征地管理工作，开展征地报批前社会稳定风险评估、告知、确认等工作，做好“两公告一登记”和预存征地补偿款等工作；完成地铁9号线一期曹后村车辆段用地征前勘测定界，开展用地涉及玄武区红山街道（原市园林实业总公司）98亩农用地转用及22亩耕地占补等工作。

·建设项目监管·

【概况】 2020年，区开展春节后复工、施工现场扬尘覆盖整治、起重机械专项整治、建筑市场综合执法、工地文明城市创建专项检查、大气污染防治攻坚措施专项检查、今冬明春安全生产检查及建设工地消防安全检查等专项行动等专项检查，严控安全生产事故，不断提高区建设工程质量安全生产水平。

【建设项目质量监督】 持续推进质量三年提升行动，强化工程质量监管，共办理质量监督手续18项，其中房建项目8项，市政工程3项，装饰装修项目7项。目前，在监工程30项（含2019年结转项目），总建筑面积约100万平方米，总造价约32亿元。监督竣工验收2项，建筑面积0.8万平方米，总造价约0.8亿元。发出监督抽查记录共计100余次，检查问题350余条，下发工程质量监督整改通知书30余份，所发现质量问题均已得到及时处理。

【4个领域安全生产专项整治】 聚焦国务院督导组和省市巡查反馈意见整改，以创建安全发展示范城市为契机，扎实开展4个领域安全生产专项整治。一是持续开展建设工程安全生产隐患大排查大整治专项行动、建设工程“防风险、除隐患、遏事故”专项治理等系列工作，深化落实“点位长制”，确保责任层层压实压紧；着力强化联合执法、区域协作，严管重罚，确保建筑施工领域安全无事故。二是大力推进城镇燃气领域安全监管，全区已完成餐饮场所“瓶改管”提交申请104户、签约73户。三是全力保证地下管网安全运行，严格落实在建项目地下管线施工规范化管理措施，主动对接管线产权单位，督促安全隐患排查；开展窨井盖专项整治，累计整治各类窨井盖100余处，有力保证了市民的出行安全。四是消除市政园林设施安全隐患，组织开展行道树专项隐患排查、公共区域安全隐患排查等专项行动，通过“沟槽革命”整改病害沟槽800多平方米，维修检测桥梁100余座，清除险树险枝，消除城市安全隐患。

【建设项目质量安全监督】 牵头开展“春风行动”等培训宣传，发放宣传手册300余份，发送质安监短信1800余条，切实压实主体责任，营造浓厚安全氛围。持续深化质量三年提升行动，着重围绕市、区重大项目，紧盯起重机械、深基坑等重点领域，不断加大监督、管控、处罚力度，着力构建质量安全提升长效机制，全面提升工程质量安全水平。质量监督共办理质量监督手续18项，其中房建项目8项，市政工程3项，装饰装修项目7项。目前，在监工程30项（含2019年结转项目），总建筑面积约100万平方米，总造价约32亿元。监督竣工验收2项，建筑面积0.8万平方米，总造价约0.8亿元。发出监督抽查记录共计100余次，检查问题350余条，下发工程质量监督整改通知书30余份，所发现质量问题均已得到及时处理。安全监督累计建设工程安全巡查210余次，共计下发停工单10份、隐患整改单40份，发现安全隐患120条，约谈3起，申请红牌警示2份，行政处罚10起。全年共对20项工程开展了施工现场安全标准化考评工作，其中3个项目被评为省级文明工地，11个项目被评为市级文明工地。

【建设项目扬尘管控】 严抓在监工地扬尘防控。全面提升“八达标两承诺一公示”管理标准，落实工地“九达标”要求，实现裸土全覆盖。充分运用好“智慧工地”监管平台，并全部接入全市监管平台，提高监管标准。积极创建南京市“差别化”管理工地，助推各项目加快工程实施进度。

【钟山风景名胜区规划保护利用】 10月组织报批《钟山风景名胜区东入口详细规划》《钟山风景名胜区北入口旅游服务中心项目规划设计方案》，明确重要景区旅游服务设施的功能和布局；12月编制《南京市钟山风景名胜区山北民风区城市设计及太岗路地下通道接北环线道路方案项目》，确定山北民风区的生态格局、文物保护、游览区空间组织、交通系统、旅游服务设施等。

【重大项目服务】 完成南师大玄武科技园现状改造、熊猫中央广场二期地块文物勘探、百家汇玄武创新药物孵化平台二期建筑方案审定，推进铁北创新产业总部经济示范园（8号地）规划许可审批，开展铁北创新孵化集群、铁北数码港、中央路224号总部经济大楼等项目规划审批，完成红山国际社区A地块控规

11月9日，板仓街78号出新前后对比图　　（区房产局　供图）

调整、规划条件出具、土地出让补充协议签订以及B地块规划方案专家评审、公示等工作。

（张　昊）

·建设工程管理·

【概况】 贯彻落实中央和省、市关于深化“放管服”改革的部署要求，深入践行《南京市优化营商环境政策新100条》，扎实推进工程建设项目审批制度改革工作，确保1个工作日办结。在严格消防设计审查验收的基础上，更加注重重心前移、主动对接，切实提高工程项目审批效能。

【招投标管理】 2020年新增工程建设项目（公开招标）共38个，按规定完成相关项目注册核查工作；按规定完成各类备案302个（其中招标公告备案58个，招标文件备案58个，澄清答疑备案40个，招标书面报告备案46个，招标代理备案45个，初步发包备案55个）；按照法定职责落实完成开评标现场监管68场。完成异议指导服务及协调处理5件。共计发包标段54个，其中施工标（含工程总承包）36个，监理标12个，设计标5个，全过程咨询1个，合计中标金额49378.65万元。

【施工许可办理】 严格落实施工许可一站式申报、并联审批、不见面审批，全年受理37个项目施工许可证核发和17个既有住宅电梯施工许可手续审批，均达到1日办结。积极推进施工许可告知承诺制，出台《玄武区施工许可试行告知承诺制实施办法》，共办理施工许可告知承诺项目10个。严格市政施工监管，受理城市绿地临时占用行政许可21件、绿色图章审查6处，受理道路占用挖掘、抢修挖掘项目监管共计127个。

【消防设计审查】 着力规范消防设计审查验收，强化数字化技术运用，接入消防设计审查验收服务平台，切实提高服务效率。2020年，共收件92个，其中验收备案项目86个，抽中26个；消防设计审查项目3个，消防验收项目3个。共办结3个消防设计审查项目、3个消防验收项目，83个验收备案项目。

【“双清”工作】 扎实开展建设领域“双清”工作，举办业务培训会3场，发放《保障农民工工资支付条例》宣传手册178份，妥善处置建设领域拖欠农民工工资问题的投诉举报16件，涉及农民工76人、金额220余万元，切实保障群众合法权益，维护社会稳定和谐。

【信访投诉处理】 扎实开展信访投诉办理工作。2020年，局办理工单1231件，办结率100%，平均首次结果满意率88%，平均结果满意率95%，与去年同期相比诉求工单量减少了71%，平均首次结果满意率提升了10%，平均结果满意率提升了4%。实现了热点民生问题诉求量较上年度相比有明显减少，实现不满意工单量较上年度相比有明显减少，相关民生热点问题的办理效能、办结率和满意率有明显提升，每月度综合考核成绩在全区10件以上工单部门中排名均处前列。

12月，多部门研商玄武区国土空间规划编制 （规划资源玄武分局 供图）

·规划土地管理·

【概况】 2020年，玄武区坚持规划引领、有序开发总原则，积极开展多项规划编制工作，为经济社会发展提供指引；强力推动经营性土地挂牌出让、城镇低效用地再开发等工作，为“强富美高”新玄武建设提供助力。

【规划编制】 起草《玄武区国土空间总体规划（2019—2035年）编制工作方案》，并按时序完成招投标、现状勘查、规划评估、上门座谈调研等工作。结合国土空间规划编制，对全区低效用地进行进一步梳理，积极推动有条件地块实施再开发利用，着力提升区土地利用效益。编制印发《玄武区海绵城市建设实施方案》，制定通过《玄武区海绵城市建设专项规划》，明确区海绵城市建设的标准和要求，大力引导项目落实海绵城市建设标准。进一步梳理区海绵城市建设项目，积极探索高效落实途径，推动玄武区生态城市建设、资源循环发展取得切实成效。

【闲置低效用地】 大力推进区低效用地再开发，完成玄武区城镇低效用地再开发2020年度计划编制工作；积极对接市规资局和市土储中心，主动服务各街道（园区）地块运作主体，扎实开展长途汽车东站以南地块、徐庄瑞华投创园地块低效用地再开发工作，积极为企业提供优质服务，相关工作正在有序推进。

【土地出让挂牌】 牵头开展地块挂牌出让，完成2020年度玄武区土地储备计划编制工作、玄武区2019年产业用地更新调查；组织召开了地块挂牌出让书记调度会，定期调度区拟上市地块挂牌出让工作进度。

（陈 卓 张 璟 陈立君）

【国土空间规划编制】 8月到12月，对接市局完成基础地理信息、现有规划成果、规划管理数据等基础资料收集工作；联合编制任务承担单位开展部门座谈、现状调研、问卷调查等；跟踪全市总体规划工作安排和相关进展，及时在区总体规划中传导落实；结合区规划发展大纲成果、十四五发展规划等成果研究，确定国土空间规划总体框架和成果深度。 （张 昊）

城市管理

·城市综合管理·

【概况】 2020年，区城管局在区委、区政府的正确领导下，市城管局精心指导下，以城市精细化管理目标任务为牵引，着力打造高品质城市新面貌，持续改善群众身边环境，奋发有为、聚力攻坚，各项工作稳步推进。

【严控防疫关口】 成立疫情工作领导小组，全体机关干部下沉锁金四村社区参与防疫工作，在全区设置457个废弃口罩收集点，配备4辆专车进行专项收运处置，累计收集废弃口罩约9.2吨。对废弃口罩收集桶、垃圾中转站等环卫设施每日消杀不少于2次，垃圾运输车每班次消杀，对于人员密集区域增加消杀频次。

【文明创建】 成立工作专班，牵头做好街巷整治，配合做好停车管理、农贸市场、居民小区的创建工作。出动执法人员3155人次，规范违规店招标牌895处、规范倚门出摊6082起、取缔占道经营4078起；清理“牛皮癣”约22500余处，清洗店招标牌674处，清理积存垃圾362吨；规范非机动车停放2199辆次，规范机动车违停614起。

【环卫设施】 完成十字街、文枢西路、新庄加油站、新庄广场北、130路底站5座公厕新建及公教一村1座公厕改建，均为二类公厕，总投资约510万元；完成37个小区垃圾分类设施提档升级工作。

【垃圾分类】 清洗果皮箱、垃圾桶5310余次；安装完成分类收集亭房630个，已投入运行611个，超额完成市局60%小区共计419个收集点建设任务，完工率150%。完成37个小区垃圾分类提档升级工作。建立可回收物收运专线8条，餐厨垃圾收运专线15条，厨余垃圾收运专线14条。处理废弃物20360.6吨，处理率达96.71%，圆满完成市局布置的目标任务。

【行政执法】 完成违建治理7.9万余平方米，完成市局全年任务的102%。实施渣土专项整治，全年共检查渣土运输车辆1750余台次，查扣违规渣土车160辆，查扣黑车8辆，罚款约112万元。开展市容市貌整治，对主次干道、人流密集街巷、农贸市场周边开展占道经营专项整治；对机动车违停和占道经营联合整治雷霆行动，共出动人员34066人次，机动车违停贴单55407辆，搬移非机动车64625辆。

【清洗保洁】 2020年，完成10栋楼宇的清洗任务，规范100个小区公共信息栏。全年出动1874人次，清洗乱张贴、“牛皮癣”15万余处，规范洗车场站26个，商停违规号码36个。清洗、维护环卫设施1069处。开展冬季占道洗车、车容车貌整治、乱张贴专项整治等整治行动。配合上级部门完成了全区洗车场站星级评定工作。

【整治环境秩序】 制定玄武区尘量考核办法，每月对辖区内的部分道路开展尘量考核检测。提升主干道机扫率，配置小型机械化设备45辆，主干道机械化清扫率100%。针对街巷和人行道，配备小型作业车辆225辆，提高背街小巷、慢车道、人行道小型车辆水扫（水洗）频次，清扫保洁质量得到全面提升。1—11月份对市区环卫考核成绩已从去年的垫底跃居主城区第二。

【停车管理】 创建“136”分流共享单车模式。在高楼门、东苑路两个收费场点试点高杆收费系统，实现收费“去人化”；通过路外停车泊位以及公共停车场优惠包月政策、夜间道路免费停放、施划停车泊位等措施有效解决老旧小区停车难问题。在重

6月10日，玄武区背街支巷联动管理发布会　　（区城管局　供图）

要地铁口周边安装标牌39块，安排专人定岗。出动人员140人次，车次168车次，整理排放非机动车18460余辆，分流共享单车4250辆，清拖830辆。辖区内违停车辆共贴单约1830张，组织施划非机动车泊位标识标线约810米。全区共拖移违停车辆33辆。

【城市宣传】 深化提升“玄武城管”微信公众推送质量。围绕疫情防控、文明创建、垃圾分类等重大工作、亮点特色进行宣传。全年共推送微信85期、原创155条、开设各类专题8个，举办发布会24场。玄武城管、官微发布微博8623条，原创554条；区政府网站发布99条，上报区委办、区政府办信息184条，在央级媒体发布报道21篇，在各类媒体发布信息400余篇。

【安全维稳】 全面落实上级创建安全生产示范城市的系列要求，保质保量做好“181”平台数据的管理，全年共计录入专项整治等日常检查、行政执法过程发现的问题隐患、事故线索等问题共计511条。局党委中心组安全生产专题学习4次、安全生产形式分析会2次。督促环卫作业公司开展“安全生产月”活动5场，组织专题法治宣传活动4场。开展渣土车专项整治行动35次，出动人员1900人次、车辆410台次，共计查扣车辆110台次、罚款约112万元；出动人员1460余人次，开展广告、店招、亮化安全专项整治，发现9处隐患均已整改，单位安全生产形势良好。（刘　洁）

·房产管理·

【概况】 2020年，区住房保障和房产局承担统筹52幢危房治理、15个老旧小区整治、3万平方米棚户区改造、顾家营保障房项目重点任务。截至12月底，完成双拜巷等5个项目征收，4个结转项目“清零”，52幢危房治理，完成15个老旧小区整治，涉及居民3768户，计87幢房屋，总建筑面积约23.2万平方米，总投资约5668万元，推动老旧小区基本物业服务覆盖率达到100%，既有住宅增设电梯新增单元20个单元，全年完成个人房屋租赁税收1970万元。局被南京市创建文明城市领导小组授予“南京市创建文明城市优秀单位”荣誉称号，被南京市危险房屋治理工作领导小组办公室授予“2020年度全市危房治理工作先进单位”荣誉称号。

【物业管理】 全市率先完成老旧小区物业管理服务全覆盖任务。区房产局以“红色物业”为核心，组建区物业管理服务行业党委，全年申报省级1家、市级5家、区级14家物业（业主自治）党建示范点。牵头成立文明城市创建项目化推进居民小区专项小组深入一线，推进居民小区文明创建工作。组织物业企业和从业人员开展“五心服务”活动，共有29名物业员工被市房产局表彰为“五心服务”优秀员工。一枝园、融悦花园、红山路190号等3个项目被市房产局、市公安局联合命名为“南京市物业管理治安秩序优秀小区”，红山汽车生活广场等4个项目被市房产局授予“南京市市级示范物业管理项目”，紫金东郡被评选为“南京市省级党建引领物业管理服务工作示范点”。

【征收拆迁】 2020年实施4个棚户区改造项目和2个地铁征收项目，分别是卫巷16号复建、双拜巷棚户区改造、黄家圩（红山动物园西侧地块）、锁金六村22幢–26幢老旧房屋改造（复建）4个棚户区改造项目，地铁6号线和地铁9号线2个征收项目。双拜巷项目，全市首个通过南京项目地块居民同意项目征收和同意征收方案“双90%”后才下达征收令的第一次成功项目，是南京第一个由市、区、街、公司四方共同成立征收项目联合党支部的第一个项目，是2020年全市国有土地征收新政调整后速度最快的项目之一；卫巷16号复建倒排时间节点，统筹安排推进；黄家圩地块适时启动征收；锁六项目办理征收前期手续。地铁6号线和地铁9号线征收工作推进中。顾家营保障房项目（紫金华府东侧地块），截至2020年12月底，现场完成全部楼栋主体结构封顶的任务。

【房产管理】 2020年，通过巡查督查、发函督促、上门会商、联合执法多手段，完成52幢消险治理，区房产局被南京市危险房屋治理工作领导小组办公室授予“2020年度全市危房治理工作先进单位”荣誉称号。2020年全区既有住宅增设电梯新增开工20个单元，实现了自然增长。迎接省内外观摩代表团队9批，全区累计审核发放增梯财政补贴433个单元，资金7486万元。排查全区既有建筑幕墙71栋，"市民广场"开展房屋使用安全法规宣传3次，发放《南京市房屋使用安全管理条例》160册，组织全区街道、社区房屋使用安全管理人员培训8次。

【租赁管理】 疫情期间，发送短信提示租赁户"防指"要求2万余次。全年完成个人房屋租赁税收1970万元，完成房屋租赁登记备案1800件，登记备案面积150.3万平方米，完成房地产经纪机构备案102个，完成386套群租房治理。

【人才安居】 结合玄武主城实际，全区选择以货币化补贴为主的人才安居模式，截至2020年12月底，已按市、区各50%比例的人才安居补贴标准，拨付至市专项账户1496.79万元，累计发放人才租房补贴1030.43万元9624人次，发放购房补贴466.36万元16人次。 （冯 单）

·水务管理·

【概况】 2020年，水务局围绕全区域基本消除劣五类水体和确保9个市考断面水质达标两个目标任务，按照区委、区政府的决策部署和工作要求，聚焦水环境质量治优提升，突出党建工作引领，进一步提高政治站位，强化责任担当，全面深化河长制工作，着力实施水环境整治提升、雨污管网清疏修缮、积淹水点改造等工程建设，河湖治理取得了阶段性成果，全区域基本消除劣五类水体。

【水环境整治提升】 围绕消除劣V类水体和断面水质达标工作，坚定治水决心，突出问题导向，科学谋划、系统治理、综合施策，全年完成东十里长沟、百水河、百水河支流、紫金山一沟、朱庄撇洪沟等5条河道水环境整治工程，整治排口25个，安装生态曝气1个、排口监控23个，清淤疏浚16327立方米，岸坡整治500米。完成47个片区雨污管网清疏修缮项目，污水收集能力明显提升。

5月8日，汛前演练，保障汛期安全 （区水务局 供图）

【水资源管理】 按照"补短板、强监管、提质效"总体要求，深入推进健康生态河湖评价工作，组织开展节水型单位创建，积极构建水土保持工作机制，严格取水、用水管理，组织开展世界水日、中国水周等宣传活动，增强节约保护水资源的意识和责任感、紧迫感。全年完成健康生态河湖评估1条，创建省级节水型单位2家、节水型小区2个，完成生产建设项目水土保持方案审批8个、国家级图斑现场复核20处，开展"世界水日、中国水周"宣传活动10场，发放宣传册3000余份。

【河长制工作】 进一步完善河长制督查考核、高质量发展和河湖长履职办法等制度，全面深化河长制工作。深入开展"助力水环境 共创生态城"爱河护河行动月、"三增三进"等行动，打造"共治、共管、共享"的治水新格局。利用"南京河长"等信息系统平台，数据互通、资源共享，形成各级河湖长巡查上报—处置反馈—终端销号的有效闭环。各级河长巡河调研、尽责履职，分类处理巡河问题，区级河长累计巡河138次，街道（园区）河长累计巡河941次，社区河长累计巡河3144次，召开各类会议152次，解决河道污染、排口排水、沿岸垃圾堆积等问题234个。

【防汛排涝工作】 全面落实防汛责任制，从源头上防范化解洪涝灾害重大风险，全力保障人民群众生命财产安全。在主汛期前完成华飞路、仙鹤门2号路2处积淹水点改造项目，改造雨水管网858米，新建雨水检查井6座、雨水收水口17座。完成道路排水干管绞拉300余条，累计绞拉干管362公里、清疏支管117公里、清捞窨井11777座、清捞雨水井18413座，清疏出水口244个。排查危房（围墙）9处，清理违规店招、围挡20处，整改破损门头店招3处，处理险树14株，整改地下空间隐患2处。汛期严格落实调度指令和调度方案，妥善处置各类险情险点。全区共出动各类巡查抢险人员1.8万余人，巡查抢险车辆1500余台次，电源泵车210台次，抢险维修河道挡墙1处，处置短时积淹水60余处、处理倒伏树木50余棵。

【水质保障机制】 围绕市考断面水质达标任务，坚持建管并举，上下联动，扎实推进以“三消除”“三整治”“三提升”为主要内容的城镇污水处理提质增效精准攻坚“333”行动，提升新建污水管网质量管控水平和雨污水管网管养水平。以环境集团为依托，实行水面保洁、河岸绿化、管网养护、设施维护和常态化清淤等一体化管养模式，加强日常养护管理和执法监管，以精细化、网格化管理巩固治理成果，全力打赢碧水保卫战。全年办理正式排水许可201家，临时排水许可23家，接管审批6家，抽查检查街道重点排水户100余家，发现并处理违法排污40余件、处罚10余起、整改20余起、罚款133万元。 （王桂芝）

·玄武湖周边地区综合管理·

【概况】 2020年，南京市玄武湖周边地区综合管理办公室（简称“玄武湖综管办”）在市管委会和区委、区政府的坚强领导下，按照“对标找差，真抓实干，精致精细，争创一流”的工作思路，落实区委、区政府创建“第一窗口、第一形象、第一防线”的工作要求，通过强基础、补短板、优服务、抓提升，创造性地开展工作，特别是2020年疫情防控战打响以来，坚守疫情防控一线，坚持克难奋进担当，各项工作取得新进展、获得新成绩。2020年，考核整体成绩排名总分排名全市窗口地区第二名，获得市抗击新冠肺炎疫情先进集体、市春节运输工作先进集体、市城市治理优胜单位、区文明城市创建先进单位、区高质量发展先进集体等各类荣誉。

【党建工作】 玄武湖综管办党组充分发挥领导核心作用，全面推进党的思想、组织、作风和制度建设。始终把党建工作摆在首要位置，坚持把学习习近平新时代中国特色社会主义思想、党的法规政策、上级指导精神作为重要政治任务。先后召开12次党组会议，坚持集中理论学习，保持“不忘初心、牢记使命”教育常态化、学习化、工作化。落实全面从严治党主体责任，层层签订目标责任书，传导压力，落实责任。扎实开展全面从严治党主体责任考评工作，做到党建工作与述职述廉同部署同考核。强化班子自身建设，严格规范执行“三重一大”集体决策程序，对重点项目、重要工作、重大事项做到决策前广泛征求意见、决策中充分听取意见，确保各项决策程序规范、决议规范，自觉接受纪委监督、接受群众评议。强化意识形态工作。全面加强和改进意识形态工作，突出教育引导、思想引领、阵地宣传工作，筹建微信公众号，在微博上及时转发各类文章达1100余篇，在学习强国平台、《扬子晚报》等主流新闻媒体积极宣传单位建设新成果、宣传强富美高新玄武建设成就，牢牢掌握意识形态工作的领导权和主动权。落实意识形态工作责任制实施方案，明确责任分工、责任人，召开党建工作会议，专题研究部署意识形态工作，按照时限要求向区委全面报告工作开展情况。结合巡察整改工作，认真完善联合执法机制，切实对辖区内的各类风险隐患保持高度警觉和高压态势。强化支部建设，严格落实党支部“三会一课”等基本制度，认真完成党纪党规教育、理论学习教育、经常性的廉政教育、参观见学等活动。按照区委要求及时和新庄社区等单位开展各类党建活动，深入社区主动做好安全隐患整改、环境美化等工作，受到群众广泛好评。

【疫情防控】 自2020年初疫情防控阻击战打响以来，坚决落实区委、区政府要求，抽调近50名精干力量，负责南京站南北出站口的测温工作，并协助南京火车

11月12日，绿化改造提升后的南京站东侧岛头

（南京市玄武湖周边地区综合管理办公室　供图）

站、南京汽车客运站把好铁路、公路客运"入口关"，全力筑牢经南京站、小红山客运站入宁入玄的第一道防线。第一时间强化组织领导、第一时间落实测温验码转运、第一时间强化配套保障、第一时间强化联防联控、第一时间强化消杀保洁，以"五个第一时间"将各项措施精准落实到疫情防控和复工复产各个方面，经受了疫情防控的艰巨考验。据统计，自2020年1月28日起至2021年2月8日，南京站测温点共计检测2329万余人，其中：检测疑似发热人数14518人，复测发热人员111人，当中52人由120送往医院进行检测，中高风险地区到南京人员共计转运至医院隔离242人。

【项目建设】　在2019年建设基础上持续推进"精细化提标、网格化管理、智慧化建设、规范化运作、品质化提升、品牌化塑造"的六大工程共"10+1"项目。基本完成南广场绿化景观改造项目扫尾工作，等待正式竣工验收；南京站南广场站房平台空间整治项目被列入2020年市城建计划和区重点项目，拟投资2600万元从"现代化高度""人性化温度""人文化深度"等多维度着力，打造一个科技化、智能化、生态化、人性化的现代客运站城市综合空间，目前该项目已完成方案设计和工程招标，正组织施工；积极开展玄武湖周边五座公厕智慧化改造，该项目被列入2020区十件民生实事项目之一。年内第一批公厕已竣工且预验收交付使用。通过工作项目化，取得近15年来项目建设的零突破，解决了长期以来存在的部分突出问题，地区环境品质面貌有了新的提升，人民网、《新华日报》《南京日报》、学习强国等中央、省市主流媒体均予以报道。

【监管考核】　做好案件照片回复把关，严格落实市考核标准要求，第一时督促整改，确保回复质量，减少案件返工率。坚持问题案件连续跟踪，针对交叉管理或整改中出现的重难点问题，主动与平台对接，确保案件问题有针对性地整改落实。防止案件整改回潮问题，组织巡查员每天早上第一时间深入现场进行跟踪、拍照、反馈，检查问题整改成效保持情况。深入主动协调沟通，加大与市、区两级平台沟通协调力度，把准考核关口，提升考核成绩。组织应对周末及节假日不休息考核模式。针对年初市局开启周末及节假日不休息考核模式，组织人员加班加点，落实主副班制度，防止周末及节假日考核工作出现差错。强化人员业务学习培训，组织人员加强业务学习，学深悟透案件执行标准和整治标准，提高工作人员案件处置照片回复质量与速率。2020年全年共接收市平台案件987件、区平台案件1件、"12345"投诉举报案件共702件，下发督办单596件，取得较高的整改回复率和办结满意率。

【综合治理】　组织《南京市玄武湖周边地区综合管理办法》（第293号令）"后评估"工作。围绕合法性、合理性、协调性、可操作性、效益型、技术性六个方面，开展管理办法后评估工作，成立"后评估"工作领导小组，制定和上报实施方案，会同后评估工作专业机构，赴5个驻区单位开展实地访谈，听取收集意见建议。加强联合整治。贯彻落实《关于健全完善火车站地区联合执法机制的实施意见》等工作机制，常态协调组织公安、交警、交通等部门开展联合整治，依法从严查处"黑车"、拉客等现象。完善法律顾问工作，定期会同律师事务所通过法律顾问工作情况，提出合同管理审核工作的意见要求，审查和修改施工、审计、采购、装修等各类合同30份。开展普法宣传，建立健全普法领导和工作机构，明确具体责任部门和责任人员，将普法作为推进法治建设的基础性工作来抓，纳入工作总体布局。开展“全民反电诈”宣传活动，在火车站周边以及玄武湖周边悬挂宣传横幅和宣传标语板，通过小红山客运站等电子屏滚动播放宣传标语。加强行政执法及辅助人员的法治教育，强化执法为民和公正文明规范执法意识。

【设施管养维护】 围绕全国文明城市检查、市区两级考核等各类重大任务保障，合理调配人员、定岗轮岗，确保辖区内环境整洁，卫生无死角。落实开展环境整治提升月活动、创文明城市检查，在环境提升月行动中获得全市排名第二的好成绩。为开展防止夏季疾病传播专项治理工作，投入诱饵站、诱蝇笼、蟑螂捕捉器共一千余个。严格按照考核标准对养护单位进行考核，开展设施维修320多项，包含公厕设施维修更换、出租车站台、大厅公厕吊顶、广场道路护栏及绿化带护栏的维修更换，并对神武路玄武湖跨线桥进行了常规检测。共下发案件整改单14次，修复大理石地面750余平方米，修剪绿篱25万余平方米，浇水共计100万余平方米，除草7000余平方米，喷药10万余平方米，清运垃圾100余车。

【生态文明建设】 强化河道治理工作，针对有群众在疫情期间扎堆钓鱼的现象，联合锁金执法中队，坚持每天两次巡查难管理，同时制作安装了70米护栏，从源头上解决人员下河道的问题。做好环保宣传工作，结合“世界水日、中国水周”、世界环境日等环保节日，制作安装横幅24条、宣传海报200余张，充分利用电子屏、巡逻车显示屏等设备进行滚动播放宣传，提升市民游客的生态文明意识。推进垃圾分类工作，结合今年垃圾分类立法推进工作，积极与上级主管部门对接，对辖区内垃圾分类工作进行指导，确保依照目前方案可操作、有落实。

【重大活动保障】 圆满完成春运、小长假、国庆、国家公祭日等重大节日保障任务5批次，完成国家、省、市、区等重大保障任务16批次，高质量开展文明城市国测、省测、环境整治提升行动，高标准做好习近平总书记到南京视察沿线环境保障，获得市、区充分肯定。在节假日、重大保障期间，牵头多部门联合开展重点整治，加大巡查处置力度，清理整治非法拉客、违章车辆等，保障旅客游客安全畅通出行游览。 （殷佳佳）

环境保护

【概况】 2020年，玄武生态环境工作以习近平新时代中国特色社会主义思想为指导，深入贯彻习近平生态文明建设思想，在市局和区委、区政府的正确领导下，扎实推进各项工作，取得了显著成效，全区环境质量达到“十三五”时期最高水平，实现历史性突破。PM2.5平均浓度均值28.9微克/立方米，同比下降27.2%，空气质量优良天数312天，同比增加56天，优良率85.2%，同比增加15.3个百分点；PM2.5平均浓度全市第二、改善幅度最大，优良天数比率全市第4、增幅全市第2；市考断面水质100%达市考要求。在各级年度考核中，局获得市局综合考核优秀等次、玄武区对标找差创新实干推动高质量发展考核一等奖的好成绩。

【污染防治与减排】 严格生态红线区域监管，完成区生态红线“三线一单”市级审核；严格按环评分类、分级审批原则，完成环评审批（备案）226件，预审6件。

6月5日，“6·5”世界环境日大型宣传活动 （区环保局 供图）

2020年汛期前查看公教一村地灾隐患点　（规划资源玄武分局　供图）

强化企业监督管理，完成1家医疗机构清洁生产审核，完成21家企事业单位排污许可证发放工作并进行了技术复核等工作。

【大气污染防控】　积极开展大气污染防治工作，制定《玄武区打赢蓝天保卫战实施方案》《玄武区打赢蓝天保卫战2020年度实施方案》《2020年玄武区大气污染防治攻坚措施》，加强区内汽修、印刷、加油站等29家企业VOCs污染专项整治，完成9座加油站三次油气回收改造。整治餐饮135家、单位食堂10家，重点区域餐饮在线监控安装34家。开展VOCs走航监测和污染源解析，完成燃气锅炉低氮改造工作，检查检测非道路移动机械1571台次，配合交警部门开展机动车尾气路检抽检1464台。建成6个小型空气质量标准监测站；常态运行玄武湖、九华山隧道机动车尾气收集治理设施；通过手机APP实时发布全区22个小型空气质量自动监测站监测数据，及时排查污染源，加强大气污染防治精准性。

【水环境监管】　制定《玄武区水环境污染防治行动计划2020年度实施方案》，开展《水污染防治法》学习，加强"河长制"河流水体、重点断面、32条整治河道、区域补偿断面的水质监测，完成水环境质量例行监测、梅雨期间排涝泵站跟踪监测任务，监测数据及时通报相关部门，为河道管理整治工作提供了技术支撑。结合排污许可证的发放，强化医疗单位和相关企业污水排放管理。全区地表水达市考要求100%，城镇内河达市考要求100%。

【餐饮油烟整治和环境执法】　进一步推进餐饮企业油烟专项整治，完成餐饮环保专治整治餐饮135家、单位食堂10家，重点区域餐饮在线监控安装34家，积极开展环境安全隐患排查，加强环境突发事件应急演练，加大环境执法力度。积极开展"百日攻坚"专项行动，开展双随机检查136家次，累计查处环境违法行为25起，罚没款36.4万元。

【固废处置和辐射安全】　召开固体废物（核与辐射）管理工作会议，明确管理标准，规范处置程序。以医疗单位为重点，积极开展危险废物规范化管理工作，全年安全转移危险废物约3100吨、废弃剧毒化学药品3.006吨。加强核与辐射安全监管，完成58家辐射单位年度评估、15家辐射安全许可证核发工作。及时修订、编制《南京市玄武区环境突发事件应急预案》《南京市玄武区重污染天气应急预案》《南京市玄武区辐射事故应急预案》，组织、参与应急演练6次，指导10家重点企业完成应急预案的更新和备案，积极推进应急演练，不断提升环境应急能力。

【生态环保宣传】　广泛组织开展新《环保法》轮训、宣讲工作。以"6·5"环境日为契机，联合区打好污染防治攻坚战指挥部办公室、区委宣传部、文明办、教育局、团区委、区妇联，在全区广泛开展"6·5"环境宣传周活动。

【地灾防治】　制定8个地灾隐患点《单点应急预案》，编报地灾隐患点动态情况；开展地灾隐患点"平时巡查、汛期排查、年底核查"40余次，完善2020年突发性地质灾害隐患点群测群防体系；验收九华山公园两个地质灾害治理工程。　（毛春明）

（栏目编辑　张　弛）

应急管理

综述
安全生产
灾害防治
应急救援
消防管理

综　述

【概况】　2020年，全区上下全力推进安全生产“一年小灶”和“三年大灶”专题和专项整治行动，开展国家安全发展示范城市创建，狠抓国务院和省市安全生产督查巡查反馈问题整改，做好全区危险化学品安全监管，加强应急救援和防震减灾、防汛防台工作，强化红线意识和底线思维，全年实现事故起数和死亡人数“双零”。年内，全区22个专项整治重点领域，17个区级牵头整治部门出动检查人员31438人次，检查企业31714家，发现并整改隐患12337处，行政处罚236家，停产整顿38家，关闭取缔5家，罚没金额304.63万元。

【督导巡查工作】　2020年，按照省、市编办要求，区安委办实体化运作，设立安全生产督查巡查科，专门负责对国务院督导组检查发现问题及投诉举报事项整改情况反馈，坚持即知即改、即行即改，及时启动对督导组检查发现问题隐患及投诉举报的处理工作。1月7日下午，常务副区长赵小华带领区应急管理局、区商务局、区消防大队、玄武湖街道、孝陵卫街道主要负责人一行，针对国务院督导组指出的安全隐患问题整改情况，对江苏车享购二手车交易市场和孝陵卫街道小卫街开展现场检查。1月9日，区第二安全生产巡查工作组进驻红山街道，召开玄武区第二安全生产巡查工作组巡查红山街道动员部署会，按照巡查程序开展为期10天的安全生产巡查工作。3月31日上午，区委副书记、区长钱维带队检查国务院安全生产督办事项暨市级挂牌隐患整改情况。现场检查同仁新寓、脑海网络电子有限公司和“安乐堂”违建群。相关街道和部门的负责人陪同参加检查。4月1日下午，常务副区长赵小华带队，在区应急管理局、消防大队、建设局、房产局以及相关街道负责人的陪同下，现场协调督办国务院安全生产督导组交办件及市级重大安全隐患整改情况。检查人员对紫金山西北玄武区苗圃安全隐患整改及孝陵卫街道宏图上逸园北侧柳营村108号门面房违建情况进行检查，对相关问题进行现场交办。4月7日下午，常务副区长赵小华组织召开专题会，研究督办国务院安全生产督导组交办件整改工作。会议召集区应急管理局、区房产局、区人防办、区商务局、区消防大队及创盛物业等单位主要负责人，根据《国务院江苏安全生产专项整治工作督导组交办举报事项》有关内容，对关于鱼市街57号同仁新寓2、3号楼地下室建筑结构、消防安全等方面存在安全隐患问题进行会办。4月14日上午，南京市第五安全生产督导（巡查）组组长、市政协党组成员、一级巡视员朱志宏一行到玄武督查指导。市第五安全生产督导（巡查）组组员，区委常委，有关区领导，区安委会成员单位主要负责人等参加汇报会。4月22日上午，市安全生产第五督导（巡查）组副组长曹伟农带队，区应急管理局副局长申留昌陪同对孝陵卫街道开展安全生产检查。4月22日下午，市安全生产第五督导（巡查）组督导二组组长曹伟农带队，对玄武区应急管理局进行督导检查。4月29日下午，玄武区召开区第二批安全生产巡查工作部署会，专题研究区第二批安全生产巡查工作。区巡查工作领导小组办分室主任吕俊主持会议，区第二批安全生产巡查组组长、副组长以及3个巡查组工作人员参加会议。5月7日，区安全生产第三督导（巡查）组区政法委一级调研员杨杰带队到玄武门街道开展安全生产督导（巡查）工作。7月9日上午，玄武区第二督导（巡查）组正式进驻锁金村街道，开展为期10天的安全生产督导（巡查）工作。锁金村街道召开安全生产督导（巡查）动员会，区安全生产督导（巡查）二组成员、锁金村街道科级以上干部，社区主要负责人等28人参加会议。9月25日上午，国家发展改革委副秘书长赵辰昕率领全国自然灾害防治工作综合督查第二督查检查组，到全国综合减灾示范社区——长江路社区，对社区综合减灾工作进行督查检查，省市相关领导陪同检查。

【安全示范城市创建工作】　4月10日，玄武区召开创建国家安全发展示范城市动员部署会，深入贯彻习近平总书记关于安全发展的重要论述精神，落实中央和省市工作部署，动员全区上下凝心聚力、攻坚克难，为南京创建国家安全发展示范城市做出贡献，为高质量推进“强富美高”新玄武建设筑牢安全保障。区委书记闵一峰，市应急管理局党组书记、局长冯甦出席会议并讲话，区委副书记、区长钱维作动员部署。区委常委，有关区领导，区有关部门和各街道主要负责人，区安全生产督导(巡查)组组长等参加会议。区应急管理局、区建设局、区公安分局、区消防大队、新街口街道作表态发言。12月9日上午，市创建办检查工作组赴玄武区联合检查玄武区安全发展示范城市创建工作。检查组在区应急管理局、玄武门街道领导陪同下，实地察看玄武区九小场所、高层建筑、餐饮场所、中小学校周边交通安全设施和金鹰天地综合商场等，仔细查阅台账资料，并听取创建工作的汇报。

【电视电话会议】 1月3日，玄武区组织收听收看全省危险化学品安全综合治理工作电视电话会议。区政府党组成员薛磊，各相关单位主要负责人和分管负责人参加会议。1月6日，玄武区组织收听收看全市养老等社会服务机构安全、危险废物处置以及渔业、农业机械安全生产专项整治工作电视电话会议。区委常委、政法委书记张杰，各相关单位主要负责人和分管负责人参加会议。1月20日，玄武区组织收听收看全市新型冠状病毒感染肺炎疫情防控电视电话会议暨玄武区新型冠状病毒感染肺炎疫情防控会议。区委常委马千山、各相关单位主要负责人和分管负责人参加会议。3月11日，玄武区组织收听收看省学习宣传贯彻《新时代公民道德建设实施纲要》《新时代爱国主义教育实施纲要》电视电话会议。区委副书记林武平、各相关单位主要负责人和分管负责人参加会议。3月12日，玄武区组织收听收看全省安全发展示范城市创建动员部署会暨全省消防工作电视电话会议及市政府续会。区委常委、常务副区长赵小华，各相关单位主要负责人和分管负责人参加会议。3月19日，市反恐怖工作领导小组召开2020年全区反恐怖工作例会，会议采取视频会议形式召开，玄武区设分会场，区政协党组书记、区政协主席许恺，各相关单位主要负责人和分管负责人参加会议。3月25日，玄武区组织收听收看省防震减灾工作联席会议电视电话会议。副区长钱胜春、各相关单位主要负责人和分管负责人参加会议。3月27日，玄武区组织收听收看市春季学期开学工作电视电话会议。区人大副主任戴航、各相关单位主要负责人和分管负责人参加会议。4月2日，玄武区收听收看全国防汛抗旱工作电视电话会议。区委常委张杰、各相关单位主要负责人和分管负责人参加会议。4月17日，南京市应急管理局组织参加全省救灾和物资保障工作电视电话会议，各区应急管理局分管救灾和物资保障工作的副局长、有关科室负责人在各分会场参加会议。5月1日，玄武区组织召开迎接国务院督导组提升阶段督导暨专项整治推进工作电视电话会议(玄武区分会场)。区委常委、常务副区长赵小华，各相关单位主要负责人和分管负责人参加会议。5月18日下午，召开全市应急管理系统电视电话会议，市局党组成员、地震局局长蔡艺主持会议，各区应急局领导班子成员、相关科室负责人、街镇安监站负责人参加会议。5月21日，玄武区组织收听收看全市集中开展违法违规“小化工”专项整治行动电视电话会议(玄武区分会场)。常务副区长赵小华、各相关单位主要负责人和分管负责人参加会议。6月15日，玄武区组织收听收看市领导防汛视频调度会(玄武区分会场)。区委常委张杰、各相关单位主要负责人和分管负责人参加会议。6月18日上午，玄武区组织收听收看全省加强基层消防安全监管工作电视电话会议(玄武区分会场)。区委常委、常务副区长赵小华，各相关单位主要负责人和分管负责人参加会议。6月18日下午，玄武区组织收听收看国务院江苏安全生产专项整治督导工作推进电视电话会议(玄武区分会场)。区委常委、常务副区长赵小华，各相关单位主要负责人和分管负责人参加会议。6月23日，玄武区组织收听收看全国禁毒工作电视电话会议。区禁毒委在区政府办公楼409会议室设立分会场，各相关单位主要负责人和分管负责人参加会议。7月10日，玄武区组织收听收看全市防汛抗旱工作电视电话会议。区委常委张杰、各相关单位主要负责人和分管负责人参加会议。7月14日。玄武区组织收听收看全省防汛工作视频调度会及市续会（玄武区分会场）。区政府领导、各相关单位主要负责人和分管负责人参加会议。7月17日，玄武区组织收听收看市防汛工作视频调度会（玄武区分会场）。区委副书记、区长钱维，各相关单位主要负责人和分管负责人参加会议。7月31日，玄武区组织收听收看全国安全生产电视电话会议及全省安全生产电视电话会议（玄武区分会场）。区委副书记、区长钱维，各相关单位主要负责人和分管负责人参加会议。9月8日，玄武区组织收听收看国务院督导组“回头看”反馈意见及国务院安委会考核巡查通报整改落实部署电视电话会议（玄武区分会场）。区委常委、常务副区长赵小华，各相关单位主要负责人和分管负责人参加会议。9月28日，玄武区组织收听收看全省妇女儿童工作电视电话会议（玄武区分会场）。各相关单位主要负责人和分管负责人参加会议。9月30日，玄武区组织收听收看全省旅游包车安全生产工作部署电视电话会议。区委常委张杰、各相关单位主要负责人和分管负责人参加会议。

安全生产

【概况】 2020年，区应急管理局根据市安全生产年度工作要点和全区工作重点，树立安全发展理念，强化底线思维、红线意识，狠抓巡查反馈问题整改和安全生产专项整治行动，压降生产安全事故起数和死亡人数，推动全区安全生产形势持续稳定好转，有力保障全区安全生产形势平稳可控，为区域经济和社会事业的发展营造安全稳定的良好环境。

1月7日，常务副区长赵小华（左一）带队检查国务院督导组指出的安全隐患问题整改情况，地点孝陵卫街道小卫街餐饮店 （区应急管理局 供图）

【安全生产检查】 1月14日下午，区委书记闵一峰带领区委常委、常务副区长赵小华，区应急管理局、区商务局、区消防大队、梅园新村街道、新街口街道主要负责人及安全专家，对兰园集贸市场、德基广场等人员密集场所进行安全生产专项检查；同一天区委常委、统战部部长朱天龙带队对鸡鸣寺、玄奘寺开展春节期间安全保障综合执法检查工作，区民宗局、建设局、房产局、城管局、文旅局、应急管理局、市场监督管理局、公安分局、区消防大队、玄武门街道、安监站等相关部门参与检查。2月13日，市应急管理局执法监督处联合玄武区应急管理局，赴徐庄高新区复工企业开展疫情防控和复工安全检查。3月10日下午，区应急管理局局长吕俊组织消防、公安、房产等部门对锁金村街道辖区内的天客来、亚朵两家爱心酒店进行联合检查。4月30日下午，区委常委、常务副区长赵小华带领区商务局、区应急局、消防救援大队、新街口街道、梅园新村街道主要负责人，对龙蟠中路加油站和赛格广场开展节前安全检查。6月24日下午，区委副书记、区长钱维带队对厚载巷23号、汉府雅苑银杏楼、太平桥南128号等高层楼宇进行消防安全专项检查。区应急局、消防大队、玄武门街道、梅园新村街道主要负责人参加检查。8月24日，区委书记闵一峰调度全区安全生产工作，先后实地察看了同仁新寓消防设施整改情况、铁匠营1号9幢106室群租房整改情况、安乐堂违建群整改情况。9月29日上午，区政府副区长庄佳峰赴立贤小学、南师附小、锁金中学进行“国庆、中秋双节”节前安全检查。玄武区教育局副局长沈峰、章芳华、朱春明、余颖、孙力校长及学校安全生产分管领导陪同接待。9月30日上午，国庆、中秋佳节即将到来之际，常务副区长赵小华带队对大型商业综合体常发广场和宁栖路加油站开展节前安全检查。区商务局、应急管理局、市场监管局、消防大队，文旅局、红山街道、玄武湖街道主要负责人参加检查。

【安全生产专项整治行动】2020年，区委常委会、区政府常务会定期调度全区22个专项整治行动。成立区专项整治领导小组。成立由区政府区长钱维为组长，区委常委、常务副区长赵小华为常务副组长，区政府各副区长为副组长，各行业领域专项整治牵头部门主要负责人和区纪委监委、区委组织部、区委宣传部、区委统战部、区委政法委分管负责人任成员。各街道（高新区）要成立相应组织领导机构，全面加强对安全生产专项整治行动的组织领导和协调推进。全区出动检查组2183次，检查人员27981人次，检查企业（单位）26922个，排查出隐患9580项，整治9337项，整改率97%，行政处罚168家，停产整顿29家，关闭取缔5家，罚没金额211.71万元。加强安全生产专项整治工作的督查考核。区政府专门从区建设局、商务局、市场监管局等7个重点部门抽调1名工作人员成立安全生产专项整治工作专班，负责对各行业部门开展专项整治工作开展情况的跟踪督促，对整治过程中发现问题的督促整改，同时，区纪委派驻监察组对各单位开展安全生产专项整治情况进行监督检查，进一步加强专项整治工作责任落实。3月2—5日，在玄武区群租房领导小组统一指挥和副区长钱胜春指导下，全区开展为期3天的群租房安全专项整治联合检查行动，取得预期成效。检查出租房屋1458家，其中群租房354家（其中新发现群租房69家，整改后减少群租房21家）；签订“治安责任书”560份，排查出各类隐患207处，发放整改通知书134份、落实整改治安隐患85处、推送流转抄告通知书54份，用电安全提醒告示书100份、立即停止房屋群租告知函160份；检查“宁归来”平台报备3396人，指导“宁归来”平台新登记外来人员4340人（其中红色码2人，橙色码20人）。提请城乡规划建设部门核查认定2处房屋和土地性质。3月16日，区委书记闵一峰带队检查全区安全生产专项整治“防疫+”战时工作机制落实情况。闵一峰现场察看红山路消防站建设工作情况以及富升大厦和唱经楼小区的消防安全整改情况。7月31日下午，分局党委委员、副局长宋建军，分局党委委员、新街口所所长张骑，区房产局、城管局、供电公司、新街口街道、分局人口管理大队、新街口派出所相关负责人，以多部门联合为行动基础，前往新街口所辖区存在严重安全隐患的群租房，开展联合整治，打响群租房夏季安全整治百日攻坚战。8月19日下午，常务副区长赵小华带队对竺桥新村无物业居民小区充电桩安装使用情况及裕德里15号群租房整治情况进行安全检查。区应急管理局、区房产局、区城建集团、梅园新村街道主要负责人，区公安分局、消防救援大队分管负责人参加检查。

【安全生产工作会议】 1月7日下午，区应急管理局召开工贸行业企业安全生产专项整治动员部署会，各街道、徐庄高新区分管安全生产负责人、安监办主任，辖区内部分工贸企业主要负责人参加会议。1月9日上午，玄武区召开安全生产专项整治行动工作会议，对全区安全生产专项整治行动前期工作进行阶段性小结和再部署。区委常委、常务副区长赵小华出席会议并提出要求。1月21日，区政府常务会召开，专题研究推进全区安全生产专项整治工作。区委副书记、区长钱维主持会议。2月24日，全区安全生产专项整治办公室抽调人员集中办公会召开。会议由区应急管理局局长吕俊主持，区应急管理局、建设局、市场监管局、商务局、文旅局、卫健委、区民政局、玄武公安分局等部门抽调的10名工作骨干参加。2月24日，全区安全生产专项整治工作推进会议召开，专题研究推进全区安全生产专项整治工作。区委常委、常务副区长赵小华主持召开会议，各行业领域牵头部门分管负责人、区专项整治领导小组办公室全体人员参加会议。2月26日，区政府常务会召开，研究全区安全生产工作。区委副书记、区长钱维主持会议，区应急管理局汇报全区近期安全生产工作情况和下一步重点工作；各专项整治牵头单位汇报各自行业领域专项整治行动推进情况；各街道、高新区分别汇报安全生产工作情况；各分管副区长就各自分管行业领域的安全生产工作提出具体要求。会议审议《关于全面开展安全生产督导（巡查）工作的通知》。3月2日上午，副区长、玄武公安分局局长钱胜春组织召开全区群租房安全专项整治联合检查工作部署视频会议，决定3月2—5日在全区范围开展为期3天的群租房安全专项整治联合检查。3月5日，区委常委会召开，研究全区安全生产工作。区委书记闵一峰主持会议并讲话。会上，区安委办汇报全区安全生产工作情况。会议审议通过《关于全面开展安全生产督导（巡查）工作的通知》《区委常委会成员、区政府领导班子成员2020年安全生产重点工作清单》等2个文件。3月24日，全区安全生产专项整治工作调度会召开，专题研究推进全区安全生产专项整治工作。区委常委、常务副区长赵小华主持召开会议，各行业领域牵头部门分管负责人、区专项整治领导小组办公室全体人员参加会议。3月26日，区政府常务会召开，研究全区安全生产工作。区委副书记、区长钱维主持会议。会上，区安委办汇报全区综合整治及危化品、工贸安全生产专项整治情况；区消防大队汇报全区火灾防控专项整治情况；交警一大队汇报全区道路交通专项整治情况；各街道、高新区分别汇报安全生产工作情况；各分管副区长就各自分管行业领域的安全生产工作提出具体要求。4月28日，玄武区召开宗教活动场所安全专项整治工作会议暨专项培训会，各宗教活动场所负责人及场所安全工作负责人参加会议。会上，区委统战部四级调研员周勇解读《江苏省宗教事务条例》中关于宗教活动场所安全工作的相关条例，重点部署场所安全专项整治推进工作。区委统战部副部长、区民宗局局长胡圆圆部署中央宗教工作专项督查及加强近期场所管控、开展风险排查工作。4月29日，玄武区召开全区安全生产专项整治工作例会，专题研究推进全区安全生产专项整治工作。专项整治各行业领域牵头部门分管负责人、区专项整治领导小组办公室全体人员参加会议。会上区应急管理局局长吕俊汇报全区重点行业领域安全生产专项整治行动整体工作总体推进情况；区商务局、文旅局、建设局、房产局、市场监管局、生态环境局、公安分局、消防大队汇报各自行业领域专项整治行动工作开展情况。4月30日，区政府常务会召开，研究全区安全生产工作。区委副书记、区长钱维主持召开会议。会上，区安委办汇报市安全生产督导反馈情况及近期全区安全生产专项整治情况。各分管副区长就各自分管行业领域的安全生产工作提出了具体要求。5月14日下午，根据省、市、区关于创建国家安全发展示范城市和落实危险化学品安全综合治理工作的要求，为圆满完成“181”信息化平台企业面信息填报任务，有效推进区危险化学品安全综合治理工作，玄武区应急管理局召集全区涉及危险化学品使用、处置的13家行业部门，举行玄武区危险化学品安全综合治理“181”信息化平台工作专题推进会。5月26日上午，常务副区长赵小华主持召开全区安全生产专项整治工作例会，专题研究推进全区安全生产专项整治工作。专项整治各行业领域牵头部门分管负责人、区专项整治领导小组办公室全体人员参加会议。会上，区整治办汇报全区重点行业领域安全生产专项整治行动整体工作总体推进情况以及国务院督导组和省、市巡查反馈问题整改情况；区建设局、商务局、玄武公安分局、市场监管局、区消防大队、交警一大队各自汇报各自行业领域专项整治行动工作开展情况。6月30日下午，常务副区长赵小华主持召开全区安全生产专项整治工作例会，专题研究推进全区安全生产专项整治工作。专项整治各行业领域牵头部门分管负责人、区专项整治领导小组办公室全体人员参加会议。7月30日下午，常务副区长赵小华主持召开全区安全生产专项整治工作例会，专题研究推进全区安全生产专项整治工作。专项整治各行业领域牵头部门分管负责人、各街道（高新区）分管负责人、区整治办全体人员参加会议。8月28日下午，常务副区长赵小华主持召开全区安全生产专项整治领导小组办公室工作例会，专题研究当前全区安全生产工作。专项整治各行业领域牵头部门分管负责人、各街道（高新区）分管负责人、区整治办全体人员参加会议。9月12日，区政府常务会召开、同时召开区安委会全体（扩大）会议，审议《国务院安委办示范创建模拟考评反馈问题整改方案》。区委副书记、区长钱维主持会议。9月15日，区委常委会会议召开，研究全区安全生产工作，审议通过《玄武区落实国务院江苏安全生产专项整治集中督导“四个清单”实施方案》。区委书记闵一峰主持会议并讲话。9月29日下午，玄武区召开全区安全生产专项整治领导小组办公室工作例会暨节前安全生产专项检查部署会，专题研究当前全区安全生产工作暨节前安全生产专项检查部署工作。专项整治各行业领域牵头部门分管负责人、各街道（高新区）分管负责人、区属五大集团主要负责人、区整治办全体人员参加会议。常务副区长赵小华主持会议并讲话。11月26日下午，常务副区长赵小华主持召开全区安全生产专项整治领导小组办公室工作例会，专题研究当前全区安全生产工作。专项整治各行业领域牵头部门分管负责人、各街道（高新区）分管负责人、区整治办全体人员参加会议。会上，区整治办通报近期专项整治行动开展情况、“181”平台推广使用情况；区建设局、房产局、消防大队、各街道办事处分别重点汇报日常监管重点问题及“181”平台推进使用情况。

3月16日，闵一峰书记调研红山、玄武门、新街口安全生产工作

（区应急管理局　供图）

【安全生产培训宣讲】　4月29日，区应急管理局组织网格化（社会面）安全生产工作培训，各街道（高新区）分管领导、安监办负责人，安全员90余人参加了此次培训。5月7日下午，各街道开展安全生产“春风行动”宣讲活动。梅园新村街道组织开展安全生产“春风行动”宣讲活动，街道二级调研员严小平、玄武区消防大队参谋杨海、安居防火中心培训部主任时真银及辖区重点企业安全管理负责人等70余人参加了会议。玄武门街道开展安全生产“春风行动”宣讲活动，区应急局副局长何毅、危化科科长吴有程、街道二级调研员张玉增、安监办科长吴星、辖区危化品使用和经营单位、冶金等工贸企业、建筑施工工地负责人等40余人参加，会议由张玉增主持。锁金村街道在民生中心一楼会议室召开“春风行动”宣讲会，辖区24家危化品单位、15家重点工贸企业、1家学校实验室负责人参加此次会议。5月13日下午，召开应急管理“181”平台“创建”模块培训会。为贯彻落实“信息化+应急管理”要求，充分利用市应急管理“181”平台，推进首批安全发展示范城市创建工作，依据市、区安委办创建国家安全发展示范城市总体方案要求，玄武区安委办组织举办1期市应急管理“181”平台“创建”模块使用业务培训班。各街道（高新区）分管领导和联络员，各相关部门分管领导和联络员以及区应急管理

局相关科室参加培训。7月3日上午，按照省委省政府“百团进百万企业”活动有关安排，区委书记闵一峰面向区重点企业进行安全生产专题宣讲，并检查安全生产工作。宣讲会议由区委常委、常务副区长赵小华主持，区应急管理局汇报当前全区安全生产工作总体情况，中国石化销售股份有限公司江苏南京分公司、百家汇精准医疗控股集团有限公司、南京振华包装材料厂等3家企业代表作交流发言。7月7日上午，区政府常务副区长赵小华面向区重点企业以及各街道（高新区）、相关部门进行安全生产专题宣讲。宣讲中，赵小华详细解读上级关于安全生产的有关指示精神，对为什么要在全区开展宣讲活动作了深入细致的讲解，对全区安全生产工作进行再动员再部署。8月13日，玄武区安委办组织开展“181”平台线索管理系统工作培训，各成员单位相关负责人、平台负责人共40余人参加培训。通过培训，参训人员更加熟悉“181”平台线索管理系统的使用和操作方法，将日常检查、执法发现的问题隐患、事故线索严格按照平台使用的要求接入数据，实现全年安全生产工作目标，促进全区安全生产形势稳定向好做出新的积极贡献。11月3日，为提升全区灾情管理和防灾减灾救灾工作水平，玄武区应急管理局举办2020年度全区救灾工作业务培训。全区各街道、社区负责防灾减灾救灾工作负责人和自然灾害信息员80余人参加培训。11月13日，针对当前全区安全生产执法检查存在的主要问题，为进一步规范执法程序、提升执法成效、完善执法考核，区安委办邀请江苏省应急管理厅执法监督局高级工程师、国家注册安全工程师、四级调研员陈健永，为全区街道（园区）所有涉及安全生产执法检查的人员进行安全生产执法培训。区应急管理局局长、安委办主任吕俊主持并进行开训动员。陈高工围绕安全生产执法通用程序、注意事项及检查项目、玄武区危险化学品经营企业、小型工贸企业等开展执法检查应关注的知识点和注意事项等内容开展授课。

6月17日玄武区2020年“安全生产月”宣传咨询日活动　（区应急管理局　供图）

【安全生产学习会】　3月17日，玄武区委理论学习中心组举行安全生产专题学习会，学习贯彻习近平总书记关于安全生产的重要指示精神，集体观看《江苏省安全生产教育培训视频教材——深刻吸取“3·21”事故教训专篇》。区委书记闵一峰主持会议并讲话。区委常委，区政府副区长，区人大常委会、区政协主要领导及相关部门单位负责人70余人参加学习。12月19日，玄武区委中心组举办扩大学习会，组织学习观看生产安全事故典型案例。此次观看的哈尔滨北龙汤泉休闲酒店有限公司火灾事故，伤亡惨重，教训深刻，虽然不是在江苏、在南京发生的事故，但非常值得引以为戒。会议由区委书记闵一峰主持。12月21日下午，区应急局召开中心组学习会，专题学习贯彻党的十九届五中全会精神。区应急局党组成员及科以上干部参加学习，区旁听巡学工作小组领导、区委机关工委副书记何宏炉出席会议并讲话。

【安全生产宣传月】　6月17日上午，玄武区在樱驼花园社区广场举行2020年“安全生产月”宣传咨询日活动。活动现场，工作人员为居民群众发放公共安全、消防安全、交通安全、劳动卫生安全、特种设备安全、生活安全等各类安全生产知识宣传材料，并进行现场咨询答疑和安全生产知识竞答活动，区消防大队进行了消防器材展示宣传教育。社区群众还献上自编自演的文艺演出。本次活动共设置咨询台15个，布置宣传展板24块，发放各类宣传资料5000余份，接受群众咨询300人次，以寓教于乐的方式，进一步提升群众参与安全生产的积极性和主动性，达到良好的宣传效果。6月19日上午，新街口街道在珠江路百脑汇广场门前开展以“消除事故隐患　筑牢安全防线”主题安全生产月咨询活动，活动现场主要以文娱活动、悬挂横幅、摆放展板、发放宣传资料、解答咨询等方式，宣传安全生产理念、普及和传播安全生产知识。

5月8日玄武区未雨绸缪，备战汛期，以练为战开展防汛应急抢险演练
（区应急管理局　供图）

灾害防治

【防汛防旱】　5月8日，备战汛期，以练为战开展防汛应急抢险演练。区防汛指挥部在徐庄高新区百水河区域以练为战组织开展防汛应急抢险演练。此次防汛应急抢险演练贴近实战，旨在锻炼应急抢险队伍，检验玄武区防汛防台风预案的可操作性、合理性，指挥决策的准确性、规范性和对险情险点的快速反应处置能力，保障人民群众生命财产安全。

【防震减灾】　10月13日上午，在2020年第31个国际减灾日到来之际，区应急管理局、孝陵卫街道办事处共同主办，盛和家园社区具体承办的广场宣传教育及防灾减灾应急演练活动，区应急管理局副局长樊六龙进行动员讲话，为全区宣传演练活动拉开帷幕，组织开展国际减灾日宣传演练活动。紧扣“提高灾害风险治理能力”活动主题，灵活运用多种宣传形式，在全区广泛开展宣传演练活动，取得较好活动效果。全年区组织宣传活动50余场，发放资料1200余份，制作横幅60余条，在全区营造浓厚防灾减灾活动宣传氛围。

【第12个全国防灾减灾日活动】　2020年，开展“5·12”防灾减灾相关宣传活动。5月12日，全国第12个防灾减灾日，仍在新冠病毒疫情防控阶段，玄武区减灾委、区应急管理局按照习近平总书记提出的“社区是疫情联防联控的第一线，要把社区动员起来，构筑起疫情防控的人民防线”的指示精神，组织所辖区域内各街道、社区结合各自特点开展“提升基层应急能力，筑牢防灾减灾救灾的人民防线”主题活动。广泛宣传提高群众知晓率。全区各街道所辖社区通过“社区网格群”线上推送PPT讲座、社区微信群发送“灾害预防与应急小知识”、线上组织社区居民参与防灾知识竞答，线下向居民发放应急包、宣传单页，提高居民对防灾减灾知识的知晓率。全区组织各类活动35场，直接参与5000余人。开展培训与演练，提升社区居民自救互救能力。全区各街道所辖社区在街道统筹协调、联合驻社区单位、社区党员、社区管段民警、居民志愿者、物业公司参加下，相继开展以“提升基层应急能力　筑牢防灾减灾救灾的人民防线”为主题的防灾演练活动。注重防范、排查隐患，全面提升综合减灾能力。结合辖区的实际情况，开展社区灾害隐患和风险点的排查。各街道各社区结合网格巡查走访、动员社区居民、楼栋长、党员骨干的力量积极参与小区危房、险树、楼道、消防通道等灾害风险隐患排查工作，确保小区安全，减少灾害损失。

【应急救灾物资储备工作】 2020年，为及时有效应对各类自然灾害，提高救灾应急能力，做好应急救灾物资储备工作，保障人民群众生命和财产安全、保障受灾人员基本生活。区应急管理局根据国家《自然灾害救助条例》和《江苏省自然灾害救助办法》的相关规定，结合全区自然灾害救灾物资实际需求及《南京市玄武区应急管理局职能配置、内设机构和人员编制规定》中相关职责分工，按要求与华润苏果签订救灾物资代储协议，确保灾情发生时能满足救灾需求。为规范全区救灾物资储备管理，依据《中华人民共和国预算法》《中央救灾物资储备管理办法》《江苏省省级救灾物资储备管理办法》《南京市市级救灾物资储备管理暂行办法》以及国家和省有关法律法规，区发改委、应急管理局和财政局联合制定《玄武区救灾物资储备管理暂行办法》，明确救灾物资的购置、储备、调拨、使用回收等工作流程，按照"定点储存、专项管理、统一调配、无偿使用"的原则，保障受灾人员基本生活，提高救灾应急能力。

【全区民生保险缴费和理赔】 做好全区民生保险缴费和理赔工作。2020年，按全区每人1元、每户2元的缴费标准，全区缴纳保费77.8万元。相关科室及时督促中国人民财产保险公司南京分公司对符合理赔条件的居民进行应赔尽赔快赔等相关理赔事宜。截至10月底，理赔70人次52.6万余元，全年理赔70余万元。充分保障市民在遭遇自然灾害时，得到及时救助补偿。

【防灾减灾】 开展防汛防台减灾工作。高度关注气象部门信息和天气实况，扎实持续做好汛期值守和灾情报送相关工作，在徐庄高新区百水河区域以练为战组织开展防汛应急抢险演练。开展"5·12"防灾减灾相关宣传活动，确定孝陵卫街道盛和家园社区为玄武区"2020年度全国综合减灾示范社区"创建单位，组织街道及社区相关人员参加创建工作培训。认真做好全区民生保险缴费和理赔工作。

应急救援

【概况】 2020年，扎实推进应急指挥体系和应急救援能力建设，结合玄武区实际编制《玄武区应急救援队伍建设规划》。坚持专业化和社会化相结合，着力提高应急救援队伍的应急救援能力和社会参与程度。做好企业应急救援队伍建设，下发《关于做好企业应急救援队伍建设的通知》，切实做好有关行业领域小型微型企业等规模较小的生产经营单位应急救援人员（队伍）工作。组织应急预案救援演练，充分利用"5·12"防灾减灾日、6月全国生产安全月、"10·13"国际减灾日等时间节点，围绕社区、学校、企业、组织进行避险、疏散、救援、互助、自救演练，共举行防震、防汛、防火灾等各类应急演练。完成2020年玄武区防震减灾示范点及特色活动申报。

【应急预案演练】 2020年，组织应急预案救援演练。充分利用"5·12"防灾减灾日、6月全国生产安全月，"10·13"国际减灾日等时间节点，围绕社区、学校、企业、组织进行避险、疏散、救援、互助、自救演练，全区基本形成政府领导、部门指导、企业负责、社会力量广泛参与的应急演练工作格局。"5·12"防灾减灾周，以及全国安全生产月期间，发动街道、行业主管部门组织企业开展应急救援演练。通过演练，提高广大师生和企业员工对应急知识的掌握，增强安全意识。增长社区居民防灾减灾知识，提高自救互救能力。10月12日，区应急管理局、教育局在锁金二小举行防震减灾演练及系列主题科普活动启动仪式。

【应急网格化监管体系建设】 2020年，提升网格化治理监管水平。充分发挥市181平台模块功能，增强安全生产监管效能，提升安全生产工作的精细化、信息化和社会化水平。发挥"网格化+大数据+铁脚板"力量，运用信息化手段，全面深化"城市风险（源）辨识评估"，摸清风险底数。实施安全风险分级分类管控，加强事故预防、预测、预警能力。充分发挥网格员作用，加大日常巡查及隐患排查力度，严密防范各类安全事故的发生，为营造安全稳定的环境奠定坚实基础。 （梁 媛）

消防管理

【概况】 2020年，玄武区消防救援大队贯彻落实习近平总书记关于坚持底线思维、防范化解重大安全风险等一系列重要讲话和批示指示精神，锚定创建国家安全发展示范城市目标任务，聚焦安全生产专项整治“一年小灶、三年大灶”目标任务，开展火灾防控领域专项整治行动，着力补齐短板，固化基层基础，有效预防和遏制重特大火灾事故发生。2020年，严格落实党风廉政建设“两个责任”，始终坚持“两严两准”建队标准，构建以消防文化建设促进队伍思想政治工作的常态长效机制，确保队伍高度安全稳定。

全区发生火灾147起，死亡1人，受伤3人，直接经济损失45.2万元。同比火灾起数略有下降，死亡人数上升100%，直接财产损失下降18%。

【18类场所整治】 2020年，贯彻落实国务院安委会工作部署要求，紧盯全区18类重点场所及10类消防安全突出问题，联合各行业部门以高层建筑、地下空间、大型商业综合体、文博建筑、学校、医院、养老机构、公共娱乐等人员密集场所以及小微企业、家庭作坊、“多合一”、群租房、老旧小区、民宿客栈的隐患排查为主线，开展火灾防控专项整治行动，建立场所底册2884家。

【民生实事落实】 2020年，推进高层建筑隐患整改，107栋高层公共建筑、445栋高层住宅全部明确消防安全经理人及楼栋长；27栋严重隐患高层全部整改完成，并修复无维修基金高层3栋；高层住宅建筑固化水带工程全部完成。

【“双创”工作】 2020年，贯彻落实区委区政府“双创”工作部署要求，强化主业措施，建立每日研判通报工作进展、每周汇总推进动态等工作机制，组织专题研究学习《国家安全发展示范城市建设指导手册》，进一步细化分解创建工作攻坚决胜阶段各项任务及分解模拟考评反馈的问题，对照清单落实整改，确保正式考核中消防方面不丢分。制定文明城市创建常态长效工作方案，深化巩固文明城市创建成果。

【“百日攻坚”行动】 2020年，部署开展全区消防安全整治“百日攻坚”行动，聚焦重点目标任务、实施集中攻坚整治。“百日攻坚”期间，7家大型商业综合体、3处设有人员密集场所的地下建筑、49家重点文物单位、69栋一类高层公共建筑及应列未列单位13家全部排查完成。每日由消防特勤协助配合公安派出所、街道社区扎实开展全区“九小场所”、“三合一”、群租房“百日攻坚”行动，开展各类场所的巡查检查，进行针对性培训40场次。

【电影放映场所排查整治】 2020年，全区落实省市区主要领导对电影放映场所消防安全相关指示精神，大队制定印发《关于进一步加强全区电影放映场所消防安全隐患排查治理工作方案》，并牵头会同区委宣传部、区建设局、区文旅局、区应急局及各街道分管负责人，召开全区电影放映场所消防安全隐患排查部署及业务培训会，分时间段开展一次“回头看”、一次再检查、一次巩固成效检查，切实提高电影放映场所消防安全管理水平。

【重大火灾隐患整改】 2020年，组织开展消防安全重大风险评估，5家市政府挂牌督办的重大火灾隐患单位全部整改销案。全区137家人员密集场所全部完成消防安全风险评估。

【六大工程推进】 2020年，185家重点单位接入市局消防联网监测系统；全区累计安装火灾独立式感烟报警探测器3327个，简易喷淋399套，年内九小场所安装独立烟感621套，安装简易喷淋133套，同时与街道对接推进独居老人独立烟感探测安装，为334户独居老人安装独立烟感668套。持续深化电气火灾防控，推广安装电气火灾监控系统323套；566个小区设置电动车集中充电设施1909组18675个插头，总体覆盖率90%。

【打通“生命通道”】 2020年，联合街道、城管、交警、房产等部门对小区的消防车通道畅通情况逐项开展排查，开展重点单位

9月26日,玄武湖隧道政府专职队员在玄武湖公园训练操法

（区消防救援大队　供图）

及居民小区划线行动,办理全市张贴违停告知单243份,通过该措施以改善辖区消防车通道占堵情况,提高广大群众对此项工作的知晓率。

【派出所消防特勤工作】 2020年,依托基层派出所发展消防特勤队伍,创建具有信息采集、巡查检查、消防宣传、灭火救援"四位一体"功能的智能微型消防站,不断提升基层消防工作质效。2020年,全区消防特勤采集单位信息8571家,巡查46144家次,累计发现严重隐患28272处,当场整改12120处;消防特勤还成功处置7起初起火灾。在文明城市创建验收期间,消防特勤队伍蹲守在大街小巷的农贸市场、居民小区、九小场所,循环开展巡查。

【消防宣传培训】 2020年,组织开展两轮次大队主官深入重点单位进行"百团进百万企业"专题宣讲活动;常态化开展"消防宣传进万家"等各类宣传教育活动,566个小区全部张贴宣传提示,各楼栋配备灭火器13710具;落实上级工作部署,组织开展九类重点人员消防安全培训,全年累计开展培训800余场次,直接受众6万余人;在旅游活动场所开展消防安全大宣传大培训大警示,在养老服务机构开展集中宣传教育,针对街道网格员、公安派出所、233家重点单位至少进行两轮的消防安全培训。

【消防站建设】 2020年,曹后村消防站建成,鸡鸣寺、红山消防站建设有序推进中。健全完善联战联勤联调机制,316家重点单位和58个社区微型消防站等多种形式消防力量,与应急救援国家队形成有益补充,南京特色"5分钟"消防救援圈取得初步成效。

【应急救援建设】 常态化开展熟悉演练、综合性实战演练、灭火救援电子预案修订、微型消防站基础培训等工作。2020年,完成长江路文旅集聚区"十一"期间系列活动安保等急难险重任务。　　（薛玲玲）

（栏目编辑　顾　坚）

教育

综述
学前教育
初等教育
中等教育
高等教育
社区教育

综　　述

【概况】　2020年，全区教育系统在区委、区政府的正确领导下，坚持“防疫+”战时工作机制，一手抓疫情防控，一手抓教育高质量发展，取得了一定成绩。全区中高考成绩居全市前列，中考以超过市总均分36.53分的成绩连续17年居全市首位，高考一本达线率居市区前列，获得南京市普通高中教育发展性评估区级教育管理一等奖。全区学校在全国、省、市各类教育评比中取得优异成绩：区域教育案例《智慧平台创新“小举措”解决“大问题”》被教育部评为全国基础教育信息化应用典型案例，3篇装备案例获第三届全国中小学教育装备新技术应用创新案例一等奖，11篇案例获二、三等奖；南师附小“学斯霞·行大爱”被评为2020年全省“一校一品”党建文化品牌；2所中小学校、8所幼儿园被评为“2017—2019年度江苏省体育特色学校（幼儿园）”；新增江苏省正高级教师5名、首批名师工作室2个；2所学校的教师团队入选“江苏省‘四有’好教师重点培育团队”；新增“南京市教育国际合作与交流窗口学校”4所、“南京市首批初中体育后备人才示范校”3所、第二批“南京市校园足球特色学校”5所、“南京市中小学艺术团学校”13所、南京市首批中小学标准化卫生室（保健室）2所。同时，立项江苏省“十三五”规划课题18个、南京市“十三五”规划课题38个、江苏省基础教育前瞻性教学改革项目3个、南京市基础教育前瞻性教学改革项目3个、首批南京市基础教育优秀教学成果培育项目9项、首批南京市“四有”好教师重点培育团队建设项目5个，申报江苏省第五届教育科学成果奖，有17项通过市评推荐，通过率全市第一。十三中被中央文明办认定为第二届全国文明校园，玄武社区学堂获江苏省教育厅社区教育特色品牌，区教育局被评为南京市创建全国双拥模范城优秀集体、获市教育装备绩效考核综合一等奖。

2020年，全区中小学、幼儿园、直属单位在职教职工3782人，其中专任教师3680人，具有高级职称772人（含正高21人），中级职称1867人，留学回国人员5人。招聘中学（含中职）新教师72名、小学新教师53名、幼儿园新教师15名，其中研究生学历40名。小学教师本科及以上学历达94.75%，大专及以上学历达99.88%，初中教师本科及以上学历达98.67%，研究生学历达28.56%，高中教师本科及以上学历达99.63%，研究生学历37.42%。

4月8日，江苏省教育厅厅长葛道凯（右三）在科利华中学视察疫情防控
（区教育局　供图）

【疫情防控】　全区教育系统坚决贯彻上级疫情防控工作指示要求，全面推行“防疫+”战时工作机制，严格落实各项防控措施，顺利完成阶段性防控任务，为打赢疫情防控阻击战贡献教育力量。区委、区政府高度重视学校疫情防控工作，省教育厅、市委市政府主要领导，区委区政府主要领导和分管领导多次到学校实地检查指导，高位协调解决存在的困难和问题，区联防联控指挥部成立多部门参加的学校专项组，统一指挥统筹协调全区学校疫情防控工作，确保各项防控措施精准落实。成立“玄武区教育系统新型冠状病毒感染的肺炎防控工作专项小组”，强化组织领导。制定《区教育系统

新型冠状病毒感染肺炎疫情防控工作方案》,指导全区教育系统做好防控工作。各学校领导班子在疫情防控工作中团结一致。制定《关于区教育局机关干部联系学校做好疫情防控工作的要求》,全面完善校园疫情防控保障工作。积极应对全国疫情及境外疫情不断变化的复杂形势,高效率完成对2016—2019届玄武区户籍且在武汉高校就读的115名应届毕业生、寒假离宁且与湖北全省有接触的2335名教职工和22157名学生、在重点疫区未返宁的203名师生、支援湖北疫情防控一线的69名医务人员(玄武区学校学生父母)等多批重点人员的摸排统计,持续做好重点人员摸排工作,常态化开展校园疫情防控督查。为实现"停课不停教、停课不停学",正式上线玄武区"爱·学习"在线教学平台,充分发挥教师主导作用,最大限度减少疫情对正常教育教学的影响,认真组织线上居家生活与学习指导。坚决贯彻落实市政府办公厅《关于为赴湖北医务人员办好十件实事的通知》市教育局《关于为驰援湖北疫情一线医务人员家庭子女做好关爱送教服务的通知》要求,加强对一线医务人员子女的保护、关心、爱护。根据区疫情防控指挥部紧急会议精神,区教育局组织区教师发展中心组建3个学段学业辅导组,帮助低年龄段归国留学生顺利度过隔离期,落实海外归国留学生学业辅导工作。

【教育发展蓝图】 2月8日,区委书记闵一峰同志调研全区教育工作指出:教育是玄武社会经济发展的重要动力、资源和环境,教育不仅仅是需要投入的民生部门,更是经济社会发展的引擎,要举全区之力,加大教育投入,提升玄武教育水平。全区教育系统深入贯彻落实闵书记指示精神,认真思考、系统谋划,认真绘制区域教育发展蓝图。区教育局筹备全区教育大会,多次召开领导小组会议、专项组会议,研究拟定拟出台文件,明确教育发展目标方向。5月,区政府与南京理工大学签署《共建"南京理工大学基础教育联盟"合作协议》。坚持高等教育与基础教育联动发展,为教育联盟成员学校育人方式改革、学生创新实践、教师进修培训、校园文化建设等进行指导,推动教育联盟成员学校改善办学条件,引领带动整个玄武教育持续健康发展。着眼学生全面成长成才,促进"五育并举",加强与区域内自然景区、文博场馆、驻区部队等的合作,建立40个中小学生素质教育实践基地,为全区中小学生提供了实践基地,促进学生全面个性化成长。6月18日,区教育发展专家指导委员会正式成立,为玄武教育新时代发展把脉问诊,专题论证玄武区教育事业发展"十四五"规划,帮助玄武教育加快向更高质量、更高水平迈进,打造更具影响力、更有贡献度的玄武教育品牌。9月6日,全区教育工作大会上发布了《玄武区关于率先建成现代化教育强区的若干举措》,出台了《关于深入推进教育高质量发展率先建成高水平现代化教育强区的实施意见》《关于进一步优化全区教育资源布局的实施方案》《关于进一步加强新时代教师队伍建设的实施办法》等"1+2"文件。以"优先率先、优质均衡、全面培育、尊师重教、特色发展"为五大导向,聚焦教育工作谋划、教育资源整合、教育质量提升、教师队伍建设以及特色化发展等方面,扎实采取十五条举措,全面建设"公平普惠、优质多样、充满活力、精致人文、特色鲜明"的玄武高品质教育。

【教育教学任务】 全区教育系统按时序进度完成既定任务。全区中学紧抓教育教学质量不放松,努力把疫情对中高考带来的不利影响降至最低。2020年,玄武区中高考取得了较为优异的成绩。秋季,为更好地适应新高考的变化,发展中心进一步加强了高中教学视导,密切跟踪各校改进情况,以省对区、市对区高质量发展考核为抓手,补强短板弱项,提升高质量发展水平。5月12日,市级督导组抽查玄武区义务教育教师工资收入落实情况;5月20—21日,市教育督导委员会对玄武区人民政府履行教育职责进行现场考评。督导组、考评组对相关工作进行了全面考察,专家组充分肯定了玄武区取得的成绩,同时指出全区在教育投入、资源布局等方面存在的不足。在落实疫情防控措施的同时,全区教育系统紧抓校园安全工作,制定并实施《深入开展校车和校园安全专项整治行动实施方案》《玄武区学校安全生产巡查工作方案》。明确工作目标、工作重点、方法步骤和具体要求，保障校园安全。义务教育招生政策出台前，对全区义务教育施教区涉稳风险进行了摸排，制定《义务教育施教区涉稳风险处置工作方案》。确保义务教育招生工作顺利平稳开展，维护全区社会大局安全稳定。按照区委区政府确定的年度重点工作和国民经济和社会发展计划目标，全区教育系统克服疫情不利影响，紧抓在建工程复工复产，紧盯目标、倒排工期，高效快速推进工程建设。投入5000余万元对全区58所中小学和幼儿园的校舍、室外管网、设施设备、运动场地等展开修缮，恢复使用功能，排除安全隐患。全区技术装备项目共完成招标总额7038万元，重点保基础建设学校配套和填补义务教育标准化监测硬件缺项。根据南京市《中小学幼儿园教室照明验收管理规范》要求，对全区39所中小学的1121间教室进行照明检测，全力保护学生视力健康。截止到10月底，市专项和区级配套项目368.8万已全部实施，改造未达标教室461间，全区达标率58.9%，位居全市领先地位。

【教育党建工作】 2020年，区委教育工委进一步健全完善系统各级党组织抓意识形态工作责任制，通过定期研判、考核评价，推动意识形态工作层层落实。制定《基层党组织意识形态工作任务清单》。就教育系统各类意识形态阵地管理提出明确要求，强调加强部门联动、分工负责，形成强大工作合力，不断推动意识形态工作责任制落细、落实。在区委组织部的指导下，民办教育党委对全区教育系统“两新”组织开展了集中摸底调研。选派专职党建指导员，启动“红领教育”培养计划，在行知幼儿园、爱信诺航天教育培训中心、赛思教育着力培养3位优秀民办教育“红色领雁”，分别从党员活动、组织建设、党员义工三个方向进行引领。10月，召开民办教育“校长论坛”，进一步推进党员义工项目的落地，助力民办教育党组织形成坚定理想信念、敢于担当作为的浓厚氛围。为做好“不忘初心、牢记使命”主题教育后半篇文章，以办好党员、群众的事，让党员、群众工作更舒心为目标，建立起“工委—书记工作室—基层党组织”三个层级党建管理体制。工委层面，建立工委书记定期赴基层开展党建工作调研机制，推进以“沟通一次党建重点项目、召开一次群众座谈会、提出一条工作建议和解决一项实际困难”为主题的调研。书记工作室层面，持续发挥示范引领作用，组织好牵头单位基础党务工作的检查、互查。基层党组织层面，倡导书记日常工作做到“七必问”，问工作、问自己、问班子、问支部、问师生、问阵地、问安全，抓好责任落实。疫情防控期间，教育工委积极调整学习方式，线上线下开展党员教育培训活动。利用“学习强国”学习平台、党员微信群等网络途径开展线上推送学习的方式同时积极挖掘身边事例，《你在前线安心“战疫”，孩子的学习交给我们》《南京玄武：以“爱的故事”礼献“爱的教育”》两篇宣传报道被学习强国录用，有效将当前中央和省市区委重大决策部署和会议精神向纵深推进，丰富党员学习内容，提高疫情防控工作认识和党员学习质量。创新学习新模式，为了克服党员教育随意性、盲目性和浅表化倾向，工委制定《全区教育系统2019—2023年党员教育培训工作计划》，创新“三维”学习模式，围绕教育教学中心工作，开发“新思想”“师德教育”“专业知识”三位一体的党员教育培训课程。积极引导党员教职工在教学、管理、科研、服务工作中，真正发挥先锋模范作用。

【学生线上学习】 2月10日，是南京中小学线上开学的首日，玄武区学校均认真组织了线上学习。精心组织。玄武区教师发展中心要进一步“整合资源、精准施策”，依托“省名师空中课堂”、市“金陵微校”、玄武“爱·学习”在线教学等平台及各校结合实际建立并完善的线上线下学习支持系统，精心设计和推出“学科教师线上指导建议”“学生自主学习建议”，并指导各学校严格落实“一校一策”居家学习实施方案，合理安排网上学习、体育锻炼，根据课表和作息时间组织学习管理。强化宣传。通过召开以“加油武汉”为主题的特殊班会，推送“科学防疫课——功能型口罩的认识和制作”“肺炎病毒答小朋友20问”等视频，选择有教育价值的素材，引导学生充分了解病毒知识、防控知识。加强指导。广大教师要通过“视频电话”、“直播间”、welink、爱学习云平台等工具持续有效开展“停课不停教”，同时运用学校自主研发的“微校+作业管理平台”，为学生的自主学习进行辅导、答疑、反馈，将最精彩的视频或音频上传到班级圈与大家分享。科学跟进。根据指导成效，再次搜集资料、集体备课、录制微课、编写学习任务单，及时调整不足之处；同时，学校还要指导班主任每天与不在宁学生取得直接联系，了解学生心理状态和生活状态。通过上述努力，将“停课不停学、停课不停教”真正落于实处，让这个延长的假期成为玄武每一个学生特殊的、有意义的学习之旅、成长之旅。

【教育发展专家指导委员会成立仪式】 6月18日，全区举办玄武区教育发展专家指导委员会成立仪式，共谋发展大计、共绘美好蓝图。副市长胡万进，区委书记闵一峰，市委教育工委书记张生，区委副书记、区长钱维，专家指导委员会委员出席仪式。相关区领导、相关部门和各街道主要负责同志、全区中小学、幼儿园、直属单位主要负责人等参加仪式。仪式上，南京理工大学校长付梦印、南京市国际教育交流协会名誉会长徐传德、江苏省教育学会会长朱卫国、江苏省教研室主任董洪亮、南师附中校长葛军等受聘专家相继发言，就玄武教育事业发展提出殷切希望和诚挚建议。闵一峰指出，成立专家委员会，是玄武彰显教育优势、打造教育品牌的重要之举，也是回应各方关怀、推动共建共享的关键之策。希望各位共同为玄武教育事业聚智献策、添砖加瓦、造势鼓劲，玄武也将为专家指导委员会开展工作创造最好条件、提供最优保障。张生充分肯定玄武教育取得的成绩，希望玄武以成立专家指导委员会为契机，在学前教育普惠发展、义务教育优质资源供给、师资人才队伍建设等方面创新探索，进一步推动高质量发展。仪式由区委副书记林武平主持。闵一峰、钱维为专家指导委员会名誉主任委员、主任委员、副主任委员、委员颁发聘书。副区长庄佳峰介绍了专家指导委员会组建情况。

【区建设现代化教育强区暨庆祝第36个教师节大会召开】 9月6日上午，全区召开建设现代化教育强区暨庆祝第36个教师节大会。市委常委、宣传部部长陈勇，省教育厅副厅长顾月华，市教育局局长孙百军，区委书记闵一峰，区委副书记、区长钱维出席会议并讲话。省市教育部门有关负责人，区四套班子有关领导，区教育发展专家指导委员会代表，各街道、各部门、区属国有企业主要负责人，全区中小学、幼儿园、直属单位主要负责人，部分优秀教师、退休教师代表等参加会议。

【教学质量管理表彰大会召开】 11月17日下午，玄武区2020年“三段一体”教学质量管理工作总结表彰大会在立贤小学召开，会议主题是“问题导向 守正创新 推进玄武教育高质量发展”。全区中小学校长、书记、教学副校长、教务主任、部分获奖教师代表以及区政

9月6日，玄武区建设现代化教育强区暨庆祝第36个教师节大会

（区教育局 供图）

11月17日，玄武区2020年"三段一体"教学质量管理工作总结表彰大会
（区教育局　供图）

府教育督导室督学、直属单位负责人、区教师发展中心全体科教培员、区教育局机关全体人员约200人参加了会议。

【深化教育结对共进工作】　11月18日上午，玄武、六合两区教育局在六合区教师发展中心召开了深化教育结对共进工作合作协议会。玄武区教育局四级调研员陈克俊、区教师发展中心校长丁加旗，六合区教育局副局长陈旭东，六合区教师发展中心主任杨开封、书记齐月忠、副主任任家斌、副主任顾爱琴参加了合作协议会。双方共同研讨了名校打造、名师（名校长）培养、内涵提升等三个方面深化结对共进工作。玄武区教师发展中心校长丁加旗、六合区教师发展中心主任杨开封共同签订了《玄武、六合两区深化教育结对共进工作合作协议》，标志着玄武区支持六合区教育高质量发展向更进一步推进。　（潘菊芬）

学前教育

【概况】　2020年，在区委、区政府的正确领导下，玄武学前教育坚持把疫情防控放在首位，带领广大教职工以高度的政治责任感，迅速行动、勇于担当，主动作为、团结奋进，抗疫情、保稳定、提质量、惠民生，各项工作取得新进展、新成效。

截至2020年年底，全区幼儿园总数为53所。幼儿园占地面积227219.32平方米、园舍建筑面积160754.21平方米；幼儿园教职工总数2113人，其中专任教师1050人，都在专科以上；在园班数444个、在园幼儿13306人，其中2020年入园人数4657人、离园人数4194人。全区53所幼儿园中含公办园36所、民办园17所（其中民办惠民园9所）；在园幼儿中，在公办园就读幼儿为9310人，在民办惠民园就读幼儿为2015人，在公办园就读幼儿比例达70%，在公办和民办惠民园就读幼儿占比提升5.5个百分点，达85.11%。

【疫情防控】　区教育局建立疫情防控责任校制度，每一所幼儿园均有1名局机关干部负责指导、督查疫情防控工作。第一时间转发、印发各类与疫情防控相关文件，将省、市防控要求不断细化，责任落实到每个人、每个环节。根据不断变化的疫情形势，持续精准摸排全区师生健康信息，完成各项疫情数据的每日上报。延迟开学期间，全区各园做好幼儿居家保育教育指导工作，向孩子宣讲防疫知识，为家长提供丰富的教育资源，更好实现家园互动，保证幼儿身心愉悦、健康成长。相关幼儿园通过送图书、免保教费等多种形式，为赴湖北医务人员未成年子女提供关爱服务。秋季开学前，全区7名援鄂医务人员子女的入园需求，在区教育局的积极协调和幼儿园的支持配合下得到了解决。

【学前公益普惠度提升】　采取扶持新认定民办惠民园、扩大公办园招生容量、严控高价民办园的审批等措施，全力提升区域内普惠性幼儿园覆盖率，确保完成省、市高质量考核。2020年新认定3所民办惠民园，新增在普惠性幼儿园就读幼儿655名；要求公办园修订招生计划，扩班以增加招生人数，全区公办园在园幼儿比上一年度增加534人，完成了指标任务。在完成2020年度指标任务的同时，玄武区教育局积极谋划，确保“十四五”期间普惠性幼儿园覆盖率稳中有升。全区申报创建国家级县域学前教育普及普惠区，接受了学前教育普及普惠省级督导。在12月进行的省级现场核查中，核查组认为玄武区总体达标情况良好，相关数据达到国标要求，区领导重视学前教育工作，能够注意出台系列文件，制定区域规划，系统推进实施。区内学前教育经费投入充足，大力支持民办普惠园的发展，生均经费、师生比等重要指标均达标，在党建、教师培训等工作方面有亮点。同时指出了部分幼儿园超班额、办园条件不足（玩教具、图书配备不足）等问题，为进一步提升全区学前教育普及普惠水平，不断提升人民群众的获得感和满意度指明了方向。

【幼儿园质量发展】 2020年，区教育局完成6所新园的专项视导，指导北幼阳光分园、月香分园完成了南京市优质幼儿园和江苏省优质幼儿园两项创建任务。结合疫情期间工作要求，区教育局及时调整民办幼儿园综合视导的形式。11月区教育局组织专家完成了16所民办园整改材料的考评；2021年1月完成了1所新园圣玛丽紫金华府幼儿园的现场考核，在梳理各园上一年度视导存在的问题的同时，指导各园抓整改落实，切实优化保教工作、提升保教质量。

【学前教师队伍建设】 玄武区教师发展中心扎实开展研训工作，指导幼儿园迈实科研步伐。2020年，针对学前教育开设了8个菜单式研训班，共计650名教师参培；构建了线上线下、区园一体的研修网络，加强了对各园“园本研修”的管理与指导，加强了以园为本、区园结合的教研制度建设。全区1名教师获南京市信息化教学能手比赛一等奖，2名教师被评为南京市优秀青年教师，3名教师被评为南京市德育工作带头人。“十三五”教育科研中2016年立项的各级各类规划课题，均顺利结题。北京东路小学附属幼儿园申报入选首批南京市基础教育优秀教学成果重点培育项目，荣获江苏省科研成果二等奖；长江路小学幼儿园被评为江苏省教育科研先进集体；全区共有2位园长被评为江苏省教育科研先进个人。

【学前教育资金管理】 对接市教育局、区财政局等相关部门，及时行文请示区政府、局党组，有计划、按节点顺利拨付各级各类学前教育常规资金。2020年共计拨付市级生均经费482.89万元，区级生均经费1100.535万元，学前一年基本免费补助2482.988万元，集体园硬件设施改造专项50万元，民办惠民园补差经费87.802万元，争取增量工程奖补930万元，民办惠民园疫情期间市级保险补助12.22万元、区级保险补助28.518万元，为2019年度综合视导中考核优良的民办园下拨教玩具购置奖补经费13.5万元，为集体幼儿园争取疫情期间财政一次性补助共计386.449万元。为2所创建园下拨创优市级奖补资金70万元（含帮扶奖励），区级奖补资金4万元。制定《玄武区关于优化调整学前教育财政投入结构，促进学前教育普惠优质发展的实施方案》，与区财政局等相关部门对接，确保区级生均经费、幼儿资助等相关经费的调标得以落地。修订并下发了《玄武区学前一年基本免费教育补助发放工作实施办法》，召开1次园长及学免工作人员会议，传达学免经费调整的要求，统一宣传口径；围绕学免申请和材料审核提出细化要求，进一步规范工作流程，确保政策平稳调整过渡。整理设计财政专项资金使用进度表，要求各园按照专项核算、专款专用的原则，按季度填报专项资金到账后的使用情况，建立财政资金监管制度。更好地加强对各级财政专项资金的监管，促进幼儿园更合理规范地使用专项资金。完成2019年中央奖补资金的市级绩效评估，2019年区级生均、学免等经费的绩效评价，接受市财政对市级三项工程奖补资金的财务检查，配合做好省级学前教育奖补资金的审计工作。各项审计、检查和评估均高质量完成，无整改项目。

【招生管理服务】 做好招生管理工作。摸底了解2020年小班适龄幼儿数，研判招生形势，对新街口、玄武门、红山街道幼儿园提出招生预警，要求相关幼儿园尽可能扩大招生规模和招生容量，满足本区户籍幼儿入园需求；各园摸底制定招生方案并按计划开展招生工作；多次召开招生专题会议，针对不同类型幼儿园提出招生工作要求；积极解决入园难题，为22名有入园困难的本区户籍适龄幼儿统筹协调入园。积极处理投诉咨询，全年共计办理12345工单312个，办结量较去年增长32%，其中关于入园政策咨询和投诉的工单197件；核实处理并答复区领导信箱信件12个，市教育局转办件8个；接待群众来访40余人次，反映诉求均得到妥善处理。

（潘菊芬）

初等教育

【概况】 2020年，玄武区初等教育按照局统一部署，规范管理、积极进取，积极推进小学内涵发展，扎实推动小学教育质量提升，落实疫情防控期间学生居家学习指导与服务，圆满完成各项教育教学管理工作及年度目标任务。

截至2020年年底，全区小学总数为25所（含1所民办）。占地面积339681.05平方米，校舍建筑面积268160.79平方米；教职工总数1790人，其中专任教师1784人（含9年一贯制37人），专科以上学历1657人，有正高级教师5人、高级教师职称83人、一级教师职称942人；在校班级数695个，毕业学生数3541人，在校学生数25964人。

【小学内涵发展】 成贤街小学申报江苏省中小学课程基地和学校文化建设项目，科利华小学申报创建南京市小学特色文化建设示范学校，锁金二小申报南京市中小学课程基地和学校文化建设项目。经省基础教育内涵建设项目各指导中心、省教育规划办、省教研室、省教育学会等单位遴选推荐，南师附小《童心大剧场——小学全域思政的场景实践》、锁金一小《小学道德与法治主动课堂的实践研究》被提名参加2020年省前瞻性教学改革实验项目立项答辩评审。

【小学教育质量】 侧重课堂教学研究专项视导了2所小学（长小、月苑）。有9项教学成果（区教育局、区教师发展中心、十三中、科利华中学、北小、南师附小、南农实小、中央路小学、北幼）被评选为首批南京市基础教育优秀教学成果培育项目，其中南师附小、北小附属幼儿园、区教师发展中心的3项教学成为列为南京市基础教育优秀教学成果重点培育项目。

【学生居家学习】 以“生命健康第一，科学合理安排学习生活”为总原则，正式上线玄武区“爱·学习”在线教学平台，充分发挥教师主导作用，为学生提供在线教学，实现“停课不停教、停课不停学”，最大限度减少疫情对正常教育教学的影响。区教师发展中心成立各学段学生居家学习指导组，在定期开展学科教师网络研训的同时，指导学校各学段、各学科制定居家学习计划于方案，并及时跟踪评价实施效果。全区所有教师全员参与，明确线上教学任务要求，认真做好全区小学生居家学习各方面服务保障，重点关心支援湖北一线医务人员子女居家学习指导。

【招生工作】 制定招生工作实施办法。在全面摸排适龄儿童情况的基础上，科学确定施教区范围，对入学矛盾进行充分调研论证，制定出台《2020年玄武区小学招生工作实施办法》，通过科学划定施教区、空余学额实行电脑派位、公办民办学校同步招生等途径，积极稳妥推进2020年全区小学招生工作。在招生过程中主动公开招生政策咨询电话、咨询邮箱和监督电话，通过教育局官网、“玄武教育”官方微信号、各大媒体报纸，积极宣传解读入学政策，努力营造公开透明的招生宣传氛围；按照市、区招生工作流程，分步实施小学户籍新生和外来务工人员随迁子女报名登记；公布《2020年玄武区小学电脑派位工作实施办法》，区内公办、民办小学同步招生，民办小学在满足符合政策照顾条件入学的基础上所有招生计划实施电脑派位招生；2020年，全区5所公办小学、1所民办小学提供232个电脑派位招生计划，共招收适龄新生4705人，其中外来务工人员随迁子女573人；认真落实《市政府办公厅关于为赴湖北医务人员办好十件实事的通知》要求，全区20名援鄂医务人员子女入学入园需求，均按其第一志愿协调入学。

【疫情防控】 加强疫情防控组织领导。按照区委、区政府关于疫情防控工作统一部署，成立“玄武区教育系统新型冠状病毒感染的肺炎防控工作专项小组”，召开全区教育系统学校（幼儿园）、直属单位负责人紧急会议，传达区委、区政府疫情防控工作会议精神，要求全区教育系统在疫情防控工作中提高政治站位、夯实主体责任、明确工作要求、落实各项防控措施，众众志成城全力以赴抗击疫情。持续做好重点人员摸排。2020年1月下旬，对全区2016—2019届玄武区户籍且在武汉高校就读的115名应届毕业生情况进行夜摸排；对全区102所学校幼儿园假期离宁且与重点疫区（湖北全省）有接触的2335名教职工和22157名学生进行摸排；2月中旬，对全区教育系统仍在重点疫区未返宁师生203人进行摸排并跟踪；对全区学校幼儿园学生父母支援湖北疫情防控的69名医务人员情况进行摸排统计；从3月开始，全区教育系统各学校幼儿园每日上报从湖北和境外返宁师生情况，仍滞留武汉和境外师生共计58人；3月20日以后从湖北返宁师生100人，均按照疫情防控要求进行核酸检测，检测结果全部合格。5月中小学幼儿园陆续开学后，每日对全区返校上课的24405名中学及中专学生、25406名小学生、8593名幼儿到校及健康情况进行摸排跟踪，确保全区教育系统师生健康。暑假期间，对全区57名仍滞留在境外的在职教师和学生进行每日健康和行程跟踪上报。对全区中小学、幼儿园暑假期间离宁的846名师生（其中教师53人、学生793人）每日健康和行程进行跟踪上报。9月10日，按照市疫情联防联控指挥部境外返宁人员接触排查工作统一部署，与区卫健委密切配合对全区7个班级236名学生和37名教师开展“核酸+血清”检测并做好复学复课工作。10月12日，按照南京市疫情联防联控指挥部青岛行程史人员排查工作统一部署，与玄武区卫健委密切配合对全区51名学生和3名教师及同住人共126人，开展核酸检测并做好复学复课工作。制定《关于区教育局机关干部联系学校做好疫情防控工作的要求》文件，落实校园疫情防控“五个一”要求：学校校长是学校防控工作第一责任人；每所学校要有一名区教育局领导对应负责；每所学校要有一个定点的发热门诊，建立学生发热诊疗快速通道；每所学校要有一个对应的卫生学技术指导团队，负责卫生学技术支持；每所学校要有一个对应的社区卫生服务中心（或医院），负责协助做好“健康护学岗”相关工作，建立网络化、全覆盖的保障体系。玄武区教育局机关干部原则上每人联系3到4所学校（幼儿园），局班子成员原则上每人联系7到12所学校（幼儿园）。玄武区教育局机关干部在“五一”期间和平时常态实施“四不两直”工作法，对联系学校疫情防控及校园安全进行随机督查。根据江苏省新型冠状病毒感染肺炎疫情防控工作领导小组学校防控组《关于开展学校疫情防控保障落实情况督查工作的通知》要求，从1月24日起，玄武区教育局班子成员采用“四不两直”方式不间断检查系统各单位疫情防控工作落实情况。2月7日起，区教育局机关全体人员每周利用2天时间对全系统102个单位的疫情防控工作进行全覆盖检查。备案各单位疫情防控工作方案及应急处置工作流程，指导99所中小学、幼儿园制定学生居家学习、幼儿保育教育方案，经核查已全部实施。全区学校、幼儿园逐项落实校园值班、疫情防控“两案九制”制定、防控物资准备、校园隔离室设置、校园环境消杀等15项疫情防控保障工作。3月、9月学校新学期开学和暑假期间，玄武区教育局定期联合相关部门对全区中小学、幼儿园疫情防控常态化工作开展“地毯式”专项督查，确保各项校园疫情防控工作落实到位。

【体卫艺科技国防工作】 体育工作：南京市第九初级中学、人民中学、科利华中学被命名为“南京市首批初中体育后备人才示范校”。海英小学、锁金二小、宇花小学、银城幼儿园、北小附

12月，唱享童年公益合唱团音乐会在南京保利大剧院金色音乐厅举行
（区教育局　供图）

属幼儿园被认定为第二批“南京市校园足球特色学校”。南师附小积极申报第六批全国青少年校园足球特色学校。南京市同仁小学、南京市海英小学被认定为“2017—2019年度江苏省体育特色（中小学）学校”；南京市孝陵卫中心幼儿园、南京理工大学附属幼儿园、南京市体育学院附属幼儿园被认定为“2017—2019年度江苏省体育（快乐体操）特色幼儿园”；南京市市级机关第一幼儿园、南京小天鹅幼儿园、南京前线幼儿园、东部战区空军后勤部机关幼儿园、南京市香禾幼儿园被认定为“2017—2019年度江苏省体育（篮球）特色幼儿园”。在南京市阳光体育校园田径联盟比赛中，玄武区组队参加小学、初中、高中三个组别比赛，均获团体总分一等奖第一名。在南京市二十二届市运会篮球比赛和足球比赛中，九中、九初、成贤街小学代表玄武区分别获得高中组、初中组、小学组冠军；玄武区代表队获得足球比赛男子甲组第三名、男子乙组第三名。参加省、市中小学校园足球联赛，十三中获“省长杯”足球联赛季军；十三中、十三中锁金分校、理工大学实验小学分别获“市长杯”足球联赛高中组、初中组、小学组亚军。卫生工作：做好学校卫生健康工作。积极推动全区中小学标准化卫生室（保健室）创建工作，2所学校卫生室（保健室）被认定为南京市首批中小学标准化卫生室（保健室）。艺术工作：开展南京市中小学生艺术团创建工作，全区13所中小学被评估认定为南京市中小学艺术团学校；南京师范大学附属小学积极创建江苏省艺术教育特色学校。科技工作：科利华中学经南京市推荐参加江苏省“十三五”第五批科技示范校评选；5所学校推荐申报南京市“星光基地”学校。在南京市中小学科技创新教育活动颁奖典礼上，全区7名星光学子、6名星光导师获奖；在2020年“全国科技者工作日”省青少年科普系列活动启动仪式上，玄武区受邀作题为《青少年科学调查体验活动的有效组织与开展》的专题发言受到好评。

【特殊教育工作】 玄武特殊教育学校和玄武中等专业学校联合办学，开设了玄武区特殊教育职教班，实现区域特殊教育向职

12月5日，南京市中小学合唱比赛在长江路文化艺术中心举行
（王　进　摄）

业教育延伸。6所学校(科利华中学、第九初级中学、十三中锁金分校、红山初级中学、紫东实验学校、玄武中等专业学校)被认定为玄武区融合教育资源中心,实现区域所有街道幼儿园、小学、中学融合教育资源中心100%全覆盖。2所学校幼儿园(北幼阳光分园、樱花小学)创建南京市融合教育示范校;区教育局申报的江苏省基础教育内涵建设项目已顺利通过市级答辩;区教育局与南京特殊教育师范学院(以下简称"南特师")加强合作,为31所区内学校(幼儿园)挂牌南特师"玄武教育实习基地",为区内24所融合教育资源中心提供特殊教育实习生,为区域融合教育提供师资支持。玄武区特殊教育指导中心与南京特殊教育师范学院专家团队合作,面向全区中小学、幼儿园定期开展特殊教育政策咨询、危机处理、对随班就读学生进行观察评估、专业评估及个体支持等工作,为全区每名特需学生制定个别化教育计划和课程实施方案。

【"田园一号"微纳卫星研制启动仪式在南理工实验小学举行】 1月17日上午,"田园一号"中国首颗空间环境探测科普立方星研制启动仪式在南京理工大学实验小学举行。江苏省科协秘书长周景山,南京市科协副主席、南京理工大学副校长廖文和,南京市教育局一级巡视员卢普新,玄武区教育局局长陈发山,南京理工大学机械工程学院微纳卫星研究中心教授张翔、郑侃,中国航天科技国际交流中心华东基地(北京中科航天人才服务有限公司江苏省分公司)经理袁月,南京理工大学实验小学校长李子贵及师生代表等300余人参加。

【北京东路小学花绳队获全国跳绳联赛*20*金*10*银*3*铜】 10月24日,由全国体育总会、国家体育总局社会体育指导中心主办,全国跳绳运动推广中心、河北省体育局社会体育中心、保定市体育局、易县人民政府、易县教育和体育局承办,2020年全国跳绳联赛河北易县站在易县实验初级中学火热开赛。3天时间里,来自北京、天津、河北、山西、辽宁、吉林、黑龙江、江苏、浙江、江西、河南、湖南、广东、重庆、云南、陕西、新疆等全国17个省(自治区、直辖市)的54支队伍、537名参赛人员齐聚易县。此次北小比赛团队由孙瑜副校长领队,22名跳绳队队员参加赛事,跳绳队员团结协作、奋力拼搏,凭借精湛的绳技和自信的表演,共获得20金、10银、3铜和若干前八名的优异成绩。同时,张宜玲老师和佘慧华老师分别获得"全国跳绳优秀教练员"称号,北小学生在赛场上的优异表现更是荣获"道德风尚奖"。

【成贤街小学篮球队获江苏省青少年校园篮球联赛冠军】 11月29日,在由江苏省文明办、江苏省教育厅、江苏省体育局等组织的2020年江苏省青少年校园篮球联赛中,成贤街小学代表队经历小组身体素质测试和基础技能测试,循环赛、交叉淘汰赛、半决赛、决赛激烈角逐,最终获得10—11岁组别的冠军。

【小营小学获*2019*年度"江苏省三八红旗集体"称号】 为表彰先进、树立榜样,充分发挥先进典型的示范引领作用,激励更多妇女走在时代前列建功立业,江苏省妇联决定授予南京市小营小学2019年度"江苏省三八红旗集体"荣誉称号。2020年12月16日,南京市妇联宣传部李亚婷部长来到小营小学,将"江苏省三八红旗集体"奖牌和鲜花授予小营小学校长毛丽平,表达热烈祝贺。随行的还有玄武区妇联副主席周艳红、玄武区妇联组宣科科长李萍、玄武区委教育工委办公室陈璐老师。小营小学女教师充分展示了新时期江苏妇女的时代风采和精神风貌。毛丽平校长对领导的关心表示感谢,表示小营小学将珍惜荣誉,再接再厉,在本职岗位上锐意进取,奋发有为;在新起点上贯彻新发展理念,为建设新时代名校贡献巾帼智慧和力量。

(潘菊芬)

中等教育

【概况】 2020年是决胜高水平全面建成小康社会和"十三五"规划收官之年。在疫情防控形势下,遵照"两手抓两手硬"的工作思路,以提高质量为核心,以改革创新为动力,践行"爱的教育",积极打造区域优质教育新样态,高水平实施素质教育,不断提高人民群众对教育的满意度和教育对区域经济社会发展的贡献度。不断深化中学阶段教育综合改革，坚持聚焦重点和突破难点相结合，长远谋划与细化举措相结合，不断提升人民群众对优质教育的获得感。

截至2020年底，玄武区有12所初级中学，九年一贯制学校1所，特殊教育学校1所，4所普通高中（独立高中3所、完全中学1所）。初级中学占地面积247984.29平方米，校舍建筑面积205031.33平方米；九年一贯制学校占地面积15840平方米，校舍建筑面积16278平方米；完全中学占地面积27105平方米，校舍建筑面积34993.9平方米；高级中学占地面积117319.22平方米，校舍建筑面积90034.8平方米；特殊教育学校占地面积4289平方米，校舍面积5377平方米。普通中学教职工总数1824人，专任教师1753人。其中：初中专任教师中研究生学历177人、本科学历890人；有正高级教师2人、高级教师职称261人；高中专任教师中研究生学历214人、本科学历435人，有正高级教师职称4人、高级教师职称283人。中学班级数：初级中学班级数283个、九年一贯制学校班级数11个、完全中学班级数12个、高中班级数155个。特殊教育学校班级数8个。初级中学毕业学生数3237人、招生数4544人、在校生数12939人；九年一贯制学校毕业生数78人、招生数104人、在校生数292人；完全中学毕业生数135人、招生数159人、在校学生数429人；高中毕业学生数2112人、招生数2459人、在校生数7014人；特殊教育学校毕业生数10人、招生数34人、在校生数103人。

【规范办学】 切实规范中小学办学行为，常态化开展督查检查，严禁义务教育学校考试入学、超纲超前教学及考试排名，减轻中小学生过重课业负担，推动学校做好课后服务工作。加强学籍管理，做好中考、高考及毕业工作；制定2020年玄武区“小升初”招生工作实施办法，推动公民同招工作实施，规范招生工作各环节，顺利完成招生工作；根据教育部控辍保学工作要求，积极做好控辍保学工作；做好2020年江苏省义务教育质量监测工作；做好南京市初中教育发展性评估工作，2019—2020学年度全区获得初中发展性评估质量提升奖和队伍建设奖两个奖项。

【学校办学品质】 进一步推进新课程视野下的课堂教学改革，在认真总结“三全五优化”课堂教学研究与实践成果的基础上，开展“新三学”课堂教学研究与实践活动，加强省示范课程基地建设，优化校园文化、构建课程体系、开设个性化课程、开展特色活动，充分发挥其辐射示范作用；推进4所高中校市课程基地建设，推动有条件的学校申报省课程基地（十三中大理科课程基地）。2020年，十三中理科创新课程基地创建为省课程基地。推动九中、人民中学招生范围、招生层次提升工作，进一步提升学校办学影响力。红山中学被确认为第四批“南京市教育现代化初中”项目建设学校；玄武外国语学校被确认为第八批“南京市推进素质教育示范初中”。初中内涵发展项目推进工作取得显著成绩。完成2020年初中创建项目及内涵发展项目申报工作、市教育现代化初中申报工作及新优质初中项目计划申报。九初中物理学科为南京市学科基地并推荐为省学科基地、科利华中学和紫东实验学校为结对帮扶学校、十三中锁金分校无线电测向为多样化特色项目；孝陵卫中学和紫东实验学校完成2020年新优质初中项目申报计划。积极参与南京市普通高中新课程新教材实施市级示范区和示范学校申报，推动深化普通高中课程改革，落实立德树人根本任务，全面提升全区普通高中教育质量。玄武区被确定为南京市普通高中新课程新教材实施市级示范区、第九中学和第十三中学被确定为南京市普通高中新课程新教材示范学校。

【教学常规质量】 树立科学的教育质量观，把促进义务教育优质均衡发展、适应社会需要作为衡量教育质量的根本标准。全区以《南京中小学教学质量监控与保障机制的研究》为抓手，针对课堂教学中影响教学质量的热点、难点问题进行理性分析和科学量化检验，把课题研究与完善全区教学质量监控与保障机制结合起来,形成了丰硕的研究成果。针对今年特殊情况下的中考备考,提出加强全区质量监测,整体把握模考节奏,通过三次模拟,强化“监测—诊断—补偿”的教学回路,让质量效能螺旋式上升。严密组织初三学情调研、一模分学科集中命题和阅卷工作,用高质量的命题把脉阶段性复习的实效。质量监测后召开全区反馈会,查找教学缺漏点,做好学情评估,学科教培员与教学校长进行对话式研讨,诊断存在问题,制定教学举措,研制专题复习计划。做好初三质量调研与质量分析工作,发现问题及时矫正。2020年中考,全区再创佳绩,连续17年位居全市中考成绩首位;高考一本达线率位居市区前列,获得南京市普通高中教育发展性评估区级教育管理一等奖第一名。

【职教资源整合】 继续按照“做强主体专业,拓展新兴专业,改造传统专业”的思路和“做特、做精、做强”的要求加强专业群建设与发展。扎实推进玄武中专校“十三五”中后期发展,创建成江苏省现代化示范性职业学校、江苏省职业学校智慧校园、休闲服务专业学院、3~4个市职业教育校企合作、产教深度融合的实训平台。做好省学测专业技能考点建设。在2020年江苏省职业院校技能大赛中,玄中专取得了“10金4银1铜”的优异成绩,超额完成南京市教育局下达的金牌任务。积极推进仙鹤门新校区建设,为创建江苏省现代化示范性职业学校做好物质上的准备。10月,江苏省教育厅公布了江苏省现代化示范性职业学校创建结果,玄武中等专业学校榜上有名。

【德育教育工作】 全区教育系统德(心)育工作,以习近平新时代中国特色社会主义思想为统领,按照上级有关业务主管部门工作部署和要求,创新推进素质教育,提升区域德(心)育的品质,促进每一个学生健康而有个性的成长,取得了一定成绩。2020年8月依据《关于开展第二批南京市中小学研学实践教育基地申报认定的通知》要求,经单位自主申报、区级评估、市级评审等步骤,玄武区红山森林动物园管理处被评为第二批南京市中小学研学实践教育基地。8月,全区6名选手参加南京市4—7月举办的班主任基本功大赛,经专家评审,小学组2人荣获一等奖,全市共7人;初中组1人荣获一等奖,全市共7人;初中组1人荣获二等奖,全市共18人。高中组3人荣获二等奖,全市共18人;9月底在扬州组织的江苏省班主任基本功大赛中玄武区2人参加,分别荣获全省初中组和小学组一等奖。9月1日南京市开学第一课以“全面小康、追梦成长”为主题,结合“疫情下的生命教育”及“厉行节约,反对浪费”等内容,采用线上、线下结合的教学模式,由全区协办,南师附小铁北新城分校、南京市科利华中学铁北分校两校共同承办,以崭新的面貌迎接新学期的到来。12月,全区举办了第二届中小学班主任素养大赛。根据班主任素养竞赛评比的有关规定,评委们公平公正评选,共评出一等奖11名,二等奖29名的优秀选手。全区以排名全省全市各区总分第一的成绩成功创建成江苏省合格家长学校总校。南京市锁金新村第二小学、南京农业大学实验小学、南京理工大学附属中学成功创建第二批南京市玄武区文明校园。

【玄武中等专业学校再夺江苏省职业院校技能大赛“虚拟现实(VR)制作与应用”项目中职组金奖】 1月3—5日,2020年江苏省职业院校技能大赛中职组“虚拟现实(VR)制作与应用”赛项在苏州旅游与财经高等职业技术学校举行,南京市玄武中等专业学校学生组和教师组两支队伍参加比赛,获得了一金一银的好成绩。这是玄武中专继2019年该赛项夺得省赛、国赛金奖之后,再一次获得该项目省赛金奖。

【市领导到科利华中学调研学校疫情防控工作】 2月8号下午,南京市市长、市新型冠状病毒性肺炎疫情联防联控工作指挥部指挥长韩立明一行到科利华中学调研疫情防控工作。南京市教育局局长孙百军,副局长张利明、潘东标陪同调研。韩立明市长首先听取了孙百军局长对全市教育系统疫情防控的汇报,随后听取了科利华中学高建君校长、南师附小余颖校长、鼓楼幼儿园崔利玲园长的发言。韩立明市长向大家介绍了全市疫情防控进展情况，希望教育系统群策群力、积极作为，共同应对疫情影响；创新教学内容形式，开设针对性、参与性、吸引力更强的线上教学课程，寓教于乐、寓学于趣；制定完善开学预案，多措并举备齐备足防控物资；广大教师要共克时艰，以化作春泥更护花的奉献精神，帮助学生增长知识、呵护他们健康成长。

【省卫生监督所到玄武外国语学校进行疫情防控专项督查】 3月13日上午，在省新型冠状病毒感染肺炎疫情防控工作领导小组学校防控组的统一部署下，江苏省卫生监督所学校卫生监督处处长冯向明、省纪委监委驻省卫健委纪检监察组主任朱文彬一行来到南京玄武外国语学校，对学校疫情防控保障落实情况开展了专项督查。玄武外国语学校校长李玉鹏，常务副校长毛琳，副校长屠磊磊和学校总务处、体卫艺、保健室等部门的负责人共同接待了本次检查。督查组对玄武外校的疫情防控工作给予了充分肯定，认为学校高度重视疫情防控工作，防控启动及时，筹备工作细致，各项制度健全，健康监测到位。同时督查组提出了相关建议。

【江苏省教育厅领导调研科利华中学疫情防控工作】 4月7日下午，江苏省教育厅厅长葛道凯一行来到科利华中学，检查学校疫情防控工作。省教育厅体卫艺处处长张鲤鲤、主任科员古恺陪同检查。葛道凯听取了学校高建君校长对疫情防控下学校开学各项安全举措的汇报，还细致了解了师生的健康状况和返校情况，参加了初二(5)班“每日夕会”，在学校门口实地察看了放学的秩序。葛道凯厅长肯定了学校规范有序的管理，并特别强调，学校要继续做好疫情防控工作，共同守护师生的生命健康安全。

【南京市领导检查十三中高考考务工作】 7月1日下午，南京市市长韩立明等市领导亲自带领市教育、卫健、公安、供电等有关部门负责人来到南京市第十三中学高考考点检查准备工作，要求统筹抓好常态化疫情防控和高考考务工作，保障广大考生和涉考工作人员安全和身体健康，确保高考顺利有序进行。玄武区区委书记闵一峰、区长钱维等区领导陪同检查。南京市第十三中学校长张恒柱向韩立明一行详细介绍了学校的备考情况。韩立明检查学校备考的每一个环节，对学校良好发展态势和所做细致准备工作充分肯定。希望大家同心协力共同维护良好考试秩序，确保高考平稳、安全、有序进行。

【省卫健委领导检查十三中高考考务工作】 7月3日，江苏省卫生健康委员会主任谭颖一行来到十三中，检查南京十三中高考防疫工作前期准备情况。玄武区委常委、副区长马千山，玄武区卫健委主任王礼铭等陪同考察。在十三中校长张恒柱、副校长杨维风的陪同下，谭颖主任一行参观了学校考点各功能分区，如凉棚、临时隔离室、专用防疫特殊通道、备用隔离考场、防疫物资储备室等。在参观过程中谭颖不断询问考试期间正常、异常情况的处置流程，考前、考后的消毒通风情况，考试期间考场空调使用情况，考试结束后如何组织考生错峰离场，监考员在考务办公室如何有序完成材料交接等环节。谭颖对十三中高考防疫工作的规范性和可操性给予了充分肯定。

【区领导出席南京理工大学附属中学揭牌仪式】 8月31日上午，南京理工大学附属中学举行了揭牌仪式暨开学典礼。南京理工大学校长付梦印，区委副书记、区长钱维，南京市教育局局长孙百军，副局长张利明和玄武区教育局局长陈发山等相关领导参加了活动并为南京理工大学附属中学揭牌。钱维指出，南京理工大学附属中学正式揭牌，是2020年5月玄武区与南京理工大学决定组建“南京理工大学基础教育联盟”的延续，是玄武区“爱的教育”理念与南京理工大学“育人为本”的宗旨的有机融合，是双方落实“深化教育改革”要求、开展优质教育资源整合的重要举措，彰显了玄武区与南京理工大学进一步深化校地合作、实现共赢发展的信心与决心。

【第九中学男子篮球队获*2019—2020*耐克全国高中联赛男子组季军】 9月1日，南京市第九中学带着2019—2020耐克全国高中联赛男子组季军奖杯，载誉而归。作为东区亚军，九中代表江苏参加耐高全国总决赛，与回浦中学相遇季军争夺战。南京九中篮球队终于打破六年不胜魔咒，击败回浦中学，取得全国季军。

【人民中学（汇文女中）女子篮球队获江苏省青少年篮球锦标赛冠军】 9月25日，江苏省青少年篮球锦标赛（14～15岁组）落下帷幕。南京市人民中学（南京市汇文女子中学）女子篮球队代表南京市参赛，在身体素质、比赛成绩、总成绩三项竞赛中都获得第一名的好成绩。

【十三中田径队获*2020*年江苏省中学生田径锦标赛团体总分第一名】 10月30日至11月1日，由江苏省教育厅、江苏省体育局主办，江苏省学生体育协会、江苏省体育局青少年训练与反兴奋剂管理中心承办，南京市第十三中学、南京师范大学附属实验学校协办的2020年江苏省中学生田径锦标赛在南京师范大学附属实验学校成功举行。163所学校、800多名运动员参加了此次比赛。南京十三中12名运动员征战，经过两天的角逐，最终以65分拿下2020年江苏省中学生田径锦标赛团体总分第一名。其中有10人次达到国家二级运动员标准。这支优秀的田径队的成员有：领队李健，教练员仓宁、徐菁，运动员徐超凡、王骆涵、焦梓豪、丁同星、周星禹、赵梓涵、周瑾、陈祉伊、吕承蕊、余婷、吉佳媛、施情。

【第九中学承办首届中国基础教育论坛活动】 12月6日，首届中国基础教育论坛暨中国教育学会第三十三次学术会议分论坛及微论坛活动在南京九中顺利举办。上午论坛主题是“建设高质量教育体系，落实立德树人根本任务”，由北京市学校德育研究会会长关国珍主持，南京九中林敞红校长致欢迎辞，教育部基础教育教学指导委员会副主任委员张志勇教授、北京市学校德育研究会副会长兼秘书长谢春风、北师大二附中党委书记兼德育副校长申敬红、北京四中的陈月艳、马景林、高杰、秦福来、重庆谢家湾小学校长刘希娅、南京九中德育副校长王艳飞、中国教育科学研究院研究员储朝晖和齐学红、张志勇、关国珍等专家老师都作了发言。下午的微论坛主题为“发展中国特色优质基础教育：聚焦育人方式变革”，围绕该主题开的圆桌会议由山西省教育科学研究院研究员常玉梅的主持。外研社王勇主编、南京九中林敞红校长、北京外国语大学张连仲教授、无锡市教育局教研员包丰、遵义市教育局王本斌等对育人方式变革提出多种新见解，带给外语教育者们新启示，为教育方式改变与提升提供了新方向。

【玄武高级中学获“南京市中小学创新教育实践基地学校”授牌】 12月10日南京市电化教育馆组织了南京市青少年创新教育学术研讨活动暨首批南京市中小学创新教育实验基地学校授牌活动。玄武高级中学成为南京市首批获得“南京市中小学创新教育实践基地”授牌的十所学校之一，市电化教育馆馆长陈平宣读了授牌学校名单，玄武高级中学校长张华上台接受授牌表彰，并作为首批南京市中小学创新教育实验基地学校代表发言。

【玄武中专信息化教学名师工作室助力玄武中专教学大赛国赛获奖】 2020年全国职业院校技能大赛教学能力比赛于12月9日至12日在湖南株洲顺利举行。全国有34个省市代表队共824个团队参加了13个中职组别、11个高职组别的角逐。南京市玄武中等专业学校娄燕、黄凯恬团队获中职专业技能课程组二等奖。玄武中专连续九年进入职业院校技能大赛教学能力比赛（原信息化教学大赛）国赛并取得佳绩。娄燕、黄凯恬两位老师历时11个月，历经校赛、市赛、省赛网评、省赛决赛、国赛一轮选拔赛、国赛二轮选拔赛、国赛网评和国赛现场决赛四级八轮选拔历练，不仅自身业务能力得到持续提升，也为玄武中专、南京职教和江苏职教赢得荣誉。玄武中专音舞类学科的课程建设成果、学前教育专业的专业建设成果、师资建设成果和大赛组织研训成果再一次在全国职教最高平台上得以展示。

【第九中学代表队在江苏省第三十二届金钥匙仿生机器人比赛中获特等奖】 12月14日，南京市第九中学代表队在江苏省第三十二届金钥匙仿生机器人比赛中，获得3个特等奖、一个一等奖的好成绩。在陈乾老师的带领下，与全省150余所中小学，近600名中小学生同台竞技。大家团队作战、通力合作，九中的四个代表队脱颖而出，共荣获3个特等奖，1个一等奖，陈乾老师被评为优秀指导教师，南京九中在比赛中也荣获优秀组织单位的称号。

【金陵中学汇文女子高中揭牌】 12月16日，金陵中学汇文女子高中揭牌仪式在人民中学举行。市教育局副局长、二级巡视员张利明，区委常委、宣传部部长施扬，副区长庄佳峰，金陵中学、人民中学、金陵中学汇文女子高中校长孙夕礼，金陵中学党委书记沈方晓，市教育局发展规划处、中等教育处、组织处以及区教育局的负责同志等参加了揭牌仪式。为落实2019年南京市教育大会、2020年玄武区教育大会精神，深化教育集团建设，推进优质资源广覆盖，按照市教育局与区人民政府签署的《共建现代化教育强区合作协议》安排，人民中学纳入金陵中学教育集团校，并增挂"金陵中学汇文女子高中"校牌，双方在教育教学管理、教师队伍建设、课程与课堂教学改革、育人方式培塑、育人资源共享等方面开展合作，让人民中学的学生享有更好的教育，促进人民中学更好更快地发展。

【科利华中学入选省重点培育"四有"好教师团队】 12月21日公布的2020年江苏省重点培育"四有"好教师团队名单中，科利华中学的"科·雁"好教师团队榜上有名，成为南京市唯一上榜的初中校。"四有"好教师团队着力展示新时代教师师德师风新面貌，这份荣誉让科利华中学全体教师感到无比自豪！科中精神润生名校力量、"科·雁"特质涵育教师队伍、以爱育爱彰显育人能力，科利华中学的全体教师不断演绎出新时代更丰硕的育人成果。

【十三中教师贺耀宗获江苏省高中青年体育教师教学基本功大赛一等奖】 12月6—10日，在江苏省高中青年体育教师教学基本功大赛上，十三中学校贺耀宗教师获江苏省体育青年教师基本功大赛一等奖第一名。参赛教师共26位，由江苏省13个大市经过层层选拔，由各市选送两名选手参赛。项目分别有教学设计与课件制作、听课与评课、粉笔字与语言表达、运动技能（规定项目）展示、广播操与武术操、队列队形、运动技能（自选项目）展示和课堂教学8个比赛项目。经过五天比赛，十三中贺耀宗老师以扎实的基本功、全面的教师技能，最终摘得冠军。

（潘菊芳）

高等教育

·东南大学·

【概况】 2020年，学校设有34个院系、83个本科专业，有34个博士学位一级学科授权点，48个硕士学位一级学科授权点。有全日制在校生36277人，其中本科生16200人，研究生20077人；在校留学生1966人，其中学历留学生1523人。学校共有3个国家重点实验室、4个国家工程研究中心、2个国家工程技术研究中心、1个国家专业实验室、11个教育部重点实验室、7个教育部工程研究中心、33个博士后科研流动站以及1个国家级文科智库、2个江苏省重点高端智库。专任教师2991人，其中具有博士学位的教师2569人，正、副高级职称教师2021人；博士研究生指导教师1071人，硕士研究生指导教师2166人。有两院院士12人，欧洲科学院院士1人，国务院学位委员会第七届学科评议组成员13人，国家"万人计划"专家37人，国家级教学名师奖获得者6人，"万人计划"教学名师5人，"长江学者奖励计划"教授63人，国家杰出青年科学基金获得者50人，人事部"百千万人才工程"国家级人选25人，全国十大青年法学家2人。

【获批首个国家级文科智库】 3月，中央统战部、中央宣传部、教育部、国家民委四部委联合发

7月31日,华为公司CEO任正非(左二)一行来访东南大学 (东南大学 供图)

文,公布入选国家首批铸牢中华民族共同体意识研究基地名单,确定十家单位为铸牢中华民族共同体意识研究基地,五家单位为铸牢中华民族共同体意识研究培育基地。其中,东南大学中华民族视觉形象研究基地入选国家首批铸牢中华民族共同体意识研究基地,成为东南大学首个国家级文科智库。

【潘树国教授团队为2020珠峰高程测量贡献“东大智慧”】 5月27日,2020珠峰高程测量登山队员完成峰顶测量任务。东南大学仪器科学与工程学院潘树国教授团队与负责此次珠峰高程测量内业数据处理的“自然资源部大地测量数据处理中心”合作,共同研发了2020珠峰测量北斗卫星定位观测在线采集监测平台,为此次珠峰测高贡献了东大智慧。

【华为公司CEO任正非一行到访东南大学】 7月31日上午,华为公司CEO任正非一行来访,校党委书记左惟、校长张广军会见了任正非一行。东南大学与华为公司20多年来一直保持着亲密的合作伙伴关系。10月23日下午,东南大学—华为“运动健康创新实验室”举行揭牌仪式。

【毫米波CMOS芯片研发取得重大突破】 8月13日,由东南大学尤肖虎与赵涤燹教授牵头,东南大学、成都天锐星通科技有限公司、紫金山实验室等单位联合完成的“Ka频段CMOS相控阵芯片与大规模集成阵列天线技术”成果通过了由中国电子学会组织的现场鉴定。这一成果将为我国5G毫米波产业发展提供强有力的技术支撑。

【邱海波、杨毅获全国抗击新冠肺炎疫情先进个人表彰】 9月8日,全国抗击新冠肺炎疫情表彰大会在北京人民大会堂隆重举行,东南大学附属中大医院党委副书记、纪委书记、著名重症医学专家邱海波教授荣获“全国抗击新冠肺炎先进个人”及“全国优秀共产党员”称号;东南大学附属中大医院重症医学科主任杨毅教授荣获“全国抗击新冠肺炎先进个人”称号。3月15日,中共江苏省委宣传部在南京举行发布会,授予邱海波“江苏时代楷模”称号,并在全省广泛开展向他学习的活动。

东南大学邱海波、杨毅获全国抗击新冠肺炎疫情先进个人表彰

(东南大学 供图)

【东南大学和江北新区共同创建集成电路设计自动化技术创新中心】 9月16日上午，由东南大学和南京江北新区作为共同举办人牵头建设的集成电路设计自动化技术创新中心在江北新区举行揭牌仪式。中心由东南大学和南京江北新区作为共同举办人牵头建设，由国内EDA领域的骨干企业和大学作为联盟会员共同组成。

【微纳系统国际创新中心揭牌】 12月6日，东南大学微纳系统国际创新中心揭牌成立。中心以东南大学微电子学院为主体，覆盖集成电路、MEMS传感器、柔性电子、新材料、分析表征等领域的共性研发需求，旨在打造集人才培养、科学研究和产业服务于一体的政产学研综合基地，提升微电子人才培养质量，促进产业自主化技术储备。 （赵 光）

·南京理工大学·

【概况】 2020年，学校设有18个专业学院，以及钱学森学院、中法工程师学院、国际教育学院、创新创业教育学院、继续教育学院和两个独立学院。学校在长期发展过程中形成了兵器与装备、电子与信息、化工与材料三大优势学科群，工程学、化学、材料科学、计算机科学4个学科进入ESI国际学科领域全球排名前1%，其中，工程学进入前1‰。现有国家重点学科9个、江苏省优势学科6个、江苏省重点学科9个、工信部重点学科7个、国防特色学科10个；有国家级一流本科专业14个、国家级特色专业9个、教育部卓越工程师培养计划试点专业13个；有博士后流动站16个；有一级学科博士学位授权点18个、硕士学位授权点17个；具有硕士专业学位授权类别19个；具有高级管理人员工商管理硕士(EMBA)授予权；具有在职人员以同等学力申请博士、硕士学位的授予权以及外国留学生和港澳台学生的招生权。学校现有各类全日制在校生30000余名，留学生1000余名。

10月30日下午，长三角智能制造与装备创新港签约启动仪式举行

（朱志飞 摄）

【学校4项科技成果获2019年度国家科学技术奖】 1月10日上午，2019年度国家科学技术奖励大会在北京人民大会堂隆重召开，习近平、李克强、王沪宁、韩正等党和国家领导人出席大会并为获奖代表颁奖。全校共有四项科技成果荣获2019年度国家科学技术奖。徐胜元教授主持完成的“时延系统的鲁棒控制理论与方法”项目获国家自然科学奖二等奖；钱林方教授主持完成的“XX理论与设计方法及应用”项目获国家技术发明奖二等奖；李振华教授、吴文教授等参与完成的项目获国家科学技术进步奖一等奖；唐金辉教授参与完成的“互联网视频流的高通量计算理论与方法”项目获国家自然科学奖二等奖。

【学校与南京市人民政府共建长三角智能制造与装备创新港】 10月30日下午，长三角智能制造与装备创新港签约启动仪式举行。10余位两院院士，南京市、江宁区相关负责人，国防科工局、江苏省科技厅等单位相关负责人，中国兵器工业集团有限公司、中国兵器装备集团有限公司、中国电子科技集团有限公司、北方重工业集团有限公司及科创企业代表，南京理工大学校领导、校长助理，相关单位负责人出席签约启动仪式。

【学校双创示范基地入选高校类国家级示范基地前十强】 4月初，中国科学技术协会、国家发展改革委联合发布了《2019年双创示范基地建设与进展情况评估报告》，与清华大学、复旦大学、哈尔滨工业大学等高校一同入选高校类国家级示范基地前十强。学校双创示范基地是2017年6月国务院办公厅公布的第二批国家双创示范基地之一，自入选以来，学校加强顶层设计，构建了完备的工作体系，出台了系列激励双创的政策举措，双创生态体系持续优化。学校先后获批“全国创新创业典型经验高校”“全国深化创新创业教育改革示范高校”“中美青年创客交流中心”和“全国高校实践育人创新创业基地”，同时获得以上五项荣誉的高校全国仅6所。

【学校团委获评“全国五四红旗团委（团工委）”称号】　5月3日，共青团中央发布《关于表彰“全国优秀共青团员”“全国优秀共青团干部”“全国五四红旗团委（团支部）”的决定》，该校团委获评“全国五四红旗团委（团工委）”称号，是江苏省唯一获评的高校团委。

【19门课程入选2019年度国家级一流本科课程】　11月30日，教育部发布了2019年度国家级一流本科课程认定结果，全校共有19门课程位列其中，入选课程总数位居全国38位，省内第3位。19门课程分布在线上、虚拟仿真实验、线下、线上线下混合和社会实践全部五大类型，其中线上一流课程3门、虚拟仿真实验教学一流课程2门、线下一流课程6门、线上线下混合一流课程6门、社会实践一流课程2门；课程覆盖工科、经管、管理、艺术多个学科门类，涉及学科教育、专业教育多种课程类型，还有2门通识教育选修课程，体现出一流课程建设理念在学校各类课程的全面实践和成效；课程团队既有国家级、省级教学名师，也有中青年教师骨干，体现出老中青结合、梯队式发展的良好态势。

【学校与南京市玄武区共建基础教育联盟】　2020年2月以来，学校立足学校周边的现状实际，提出了与玄武区共建“南理工基础教育联盟”的设想。5月8日，双方正式签订共建协议。8月31日，南京理工大学附属中学举行揭牌仪式暨开学典礼。校长付梦印、南京市教育局局长孙百军、玄武区区长钱维等校地领导共同为附中揭牌。学校今后将以共建为起点，充分发挥科技、人才、教育综合资源优势，在基础教育办学思想凝练、教师队伍建设、课程体系建设、现代学校治理、智慧教育实践等方面，统筹南理工高教资源和南理工周边基础教育资源，打造育人导向鲜明、资源供给充分、评价机制科学、治理能力高效、综合保障有力的教育体系，为玄武区乃至南京市基础教育发展做出应有的贡献。

【学校“兰杉先锋突击队”获评工信系统抗击疫情先进集体】　新冠肺炎疫情暴发以来，全体南理工人齐心协力共同战疫，用自己的实际行动，展现了南理工人的时代精神，彰显了中华民族同舟共济、守望相助的家国情怀。疫情防控期间，每一位南理工人都用不同的方式为坚决打赢这场疫情防控战贡献自己的力量。学校217名青年教师党员、68名博士生党员组建“兰杉先锋突击队”，连续五个多月，全体成员坚守在5个校门、5个食堂、8个社区等21个防控点，累计出勤5000余人次，总时长10000余小时，检查登记进校车辆20万余次、人员85万人次，构建学校与街道密切联动的防疫安全网，获评工信系统抗击疫情先进集体。

【校友张伟担任“奋斗者”号载人潜水器主驾驶】　张伟为学校自动化学院2009届自动化专业校友，本科毕业后去往中国船舶集团公司第七〇二研究所深造，是研究所水下工程研究开发部高级工程师，担任“奋斗者”号电气系统副主任设计师、深潜部门长和主驾驶。“奋斗者”号全海深载人潜水器完成13次下潜海试、8次突破万米，成功创造了10909米的中国载人深潜新纪录，并胜利返航。“奋斗者”号研制及海试的成功，标志着中国在大深度载人深潜领域达到世界领先水平，体现了中国在海洋高技术领域的综合实力，是中国深海科技探索道路上的重要里程碑。

张伟作为中国深海载人装备研制中电气控制专业技术领头人，在多项国家重点工程项目中矢志创新，在潜水器运动控制技术、电气故障诊断技术和深海电机驱动控制技术等方面取得了重要突破，并进行了广泛而成功的成果转化。在中国载人深潜谱系化、功能化发展的过程中，南理工人做出了应有的贡献。

【外籍教授亚历山大·罗加乔夫获“金陵友谊奖”】 6月22日上午，在2020南京创新周紫金山创新大会上，学校与白俄罗斯共建的中国—白俄罗斯“真空等离子体技术”国际科学实验室外方主任、白方首席科学家亚历山大·罗加乔夫教授荣获2020年度金陵友谊奖。12月1日，江苏省人民政府外事办公室下发文件，授予他“江苏省荣誉居民”称号。亚历山大·罗加乔夫教授是白俄罗斯科学院通讯院士，戈梅利国立大学前任校长、现物理化学科研所所长，戈梅利国立大学孔子学院外方院长，长期从事金属—聚合物材料研究。2002年起，罗加乔夫教授率领团队与学校开展了真空等离子体薄膜领域的科研合作，在技术交流、合作研发设备、人才培养等方面取得了丰硕的成果。此外，他知华、爱华、友华，在他的不懈努力之下，推动两校共建戈梅利国立大学孔子学院和南京理工大学白俄罗斯研究中心，为中、白两国和两校之间在教育人文领域的交流合作做出了杰出贡献。

【肖忠良、陈钱两位教授获第二届全国创新争先奖】 5月30日是第四个“全国科技工作者日”，第二届全国创新争先奖于当日揭晓，学校肖忠良教授、陈钱教授荣获全国创新争先奖，被授予全国创新争先奖状。（李　恒）

·南京农业大学·

【概况】 2020年，南京农业大学设有20个学院（部）；64个本科专业、30个硕士授权一级学科、20种专业学位授予权、17个博士授权一级学科和15个博士后流动站；全日制本科生17000余人，研究生9000余人；教职员工2700余人，其中：中国工程院院士2名，国家特聘专家、国家杰出青年科学基金获得者等47人次，国家级教学名师3人，全国优秀教师、模范教师、教育系统先进工作者5人，入选国家其他各类人才工程和人才计划140余人次，国家基金委创新研究群体2个，国家和省级教学团队6个。2020年，学校在U.S. News“全球最佳农业科学大学”排名中进位至第7位，QS世界农业专业排名第26位。

全年录取本科生4413人、硕士生2972人、博士生611人。毕业生年终就业率90%，湖北籍毕业生年终就业率93%；本科生深造率45%，创历史新高。全年授予博士学位415人、硕士学位2567人。新建40个省级研究生工作站。获评江苏省优秀博士学位论文6篇、优秀硕士论文14篇。获江苏省研究生教育教学改革成果奖2项。学生创业团队获国家发明专利5项、实用新型专利14项、软件著作权62项、全年实现营业收入近3000万元。1个项目获“互联网+”全国赛银奖，5个项目获“挑战杯”全国赛铜奖，1个学生团队获中国机器人大赛一等奖。学校健美操队获江苏省大学生啦啦操锦标赛多个项目冠军。

全年14人次入选长江学者、国家优青与万人计划等重要人才项目，新增部省级人才项目24人次，4人入选2020年全球高被引科学家，2人获光华工程科技奖，1人获全国创新争先奖，1人获中国青年科技奖。学校入选国家创新人才培养示范基地。

【周光宏教授团队成果获国家科技进步二等奖】 1月10日，2019年国家科技进步奖揭晓，南京农业大学周光宏教授和徐幸莲教授团队成果“肉品风味与凝胶品质控制关键技术研发及产业化应用”获国家科技进步二等奖。团队历时20年，围绕长期制约肉品产业的技术瓶颈不懈攻关，摸清中式肉品风味“家底”，揭示了中式传统腌腊肉制品风味形成机理，研发出现代加工工艺；阐明西式低温肉制品凝胶形成新机制，研发出凝胶品质控制关键技术，解决了西式肉品“水土不服”的难题。

【学校发布《江苏农村发展报告2019》】 1月14日上午，学校举办《江苏农村发展报告2019》发布会暨乡村振兴论坛。江苏省原副省长、金善宝农业现代化发展研究院特聘研究员徐鸣，农业农村部农村经济研究中心主任、金善宝农业现代化发展研究院专家咨询委员会委员宋洪远，江苏省农业农村厅副厅长蔡恒，农业部科技司原副司长、宁波大学中国乡村政策与实践研究院院长刘艳，江苏省委宣传部哲学社会科学规划办主任许益军，南京农业大学党委书记、金善宝农业现代化发展研究院院长陈利根，南京农业大学副校长丁艳锋等出席会议。发布会由南京农业大学、金善宝农业现代化发展研究院主办，江苏健康广播和江苏财经广播承办。

【学校陈发棣教授获全国创新争先奖】 5月30日，在第四个“全国科技工作者日”，第二届全国创新争先奖揭晓，学校陈发棣教授荣获全国创新争先奖，被授予全国创新争先奖状。在中国科技会堂举行的表彰奖励大会现场，全国政协副主席、中国科学技术协会主席万钢，中央有关部门负责人出席。在京全国创新争先奖获得者现场参加会议，京外全国创新争先奖获得者通过视频直播方式参加会议。全国创新争先奖是继国家自然科学奖、国家技术发明奖、国家科学技术进步奖之后，国家批准设立的又一重大科技奖项，是仅次于国家最高科技奖的一个科技人才大奖。全国创新争先奖主要表彰在疫情防控、脱贫攻坚、基础研究和前沿探索、重大装备和工程攻关、成果转化和创新创业、社会服务等方面做出杰出贡献的个人及团体，共评选产生10个奖牌获奖团队、28名奖章获奖人选、258名奖状获奖人选。

【学校第六届教职工代表大会第十一届工会会员代表大会胜利召开】 7月15日，南京农业大学第六届教职工代表大会、第十一届工会会员代表大会隆重召开（下称“两代会”）。江苏省教育科技工会主席寇芳，校党委书记陈利根、校长陈发棣，党委副书记王春春、刘营军，副校长胡锋、董维春、闫祥林，党委常委、党委组织部部长吴群，校长助理王源超出席大会。江苏省委教育工委、省教育科技工会相关部门负责同志，全校200多名“两代会”代表、部分列席代表、特邀嘉宾参加会议。会议由王春春主持。大会的指导思想和主题是：以习近平新时代中国特色社会主义思想为指导，以建设农业特色世界一流大学为目标，全面动员和充分发挥全校教职工的积极性、主动性和创造性，立足新起点，拓展新思路，开启新征程，加快推动学校各项事业新一轮发展。陈发棣作题为《立德树人担使命强农兴农谱新篇书写好建设农业特色世界一流人学的奋进之笔》的工作报告。报告从学科建设、人才培养、师资队伍建设、科技创新能力、社会服务水平、国际交流合作、现代大学制度、服务保障能力等八个方面对2012年以来的学校工作进行了全面回顾，系统总结了学校建设发展经验，深刻分析了当前存在的突出问题和挑战。

【学校2项技术入选农业农村部2020年十大引领性技术】 2020年农业农村部10大引领性技术发布，由南京农业大学牵头的“北斗导航支持下的智慧麦作技术”和作为主要集成单位完成的“水稻机插缓混一次施肥技术”2项技术入选。

【与南京国家农高区签订共建高水平科教孵化基地合作协议】 8月18日，南京国家农高区举行重大项目集中签约仪式，学校与南京农高区签订共建高水平科教孵化基地合作协议，盖钧镒院士、曹卫星教授、陈发棣校长出席仪式，丁艳锋副校长代表学校签订合作协议。江苏省委副书记任振鹤，副省长马秋林、赵世勇，南京市市长韩立明，以及江苏省南京农高区建设工作领导小组、南京农高区专家咨询委员会等方面代表共200余人，共同见证项目签约。

【学校与栖霞区人民政府签订现代园艺产业产学研合作协议】 8月26日下午，南京农业大学—南京市栖霞区人民政府深化校地合作签约仪式在江苏省栖霞现代农业产业园管委会举行。学校校长陈发棣，栖霞区人民政府区长王生出席仪式。仪式由栖霞区副区长田峥嵘主持。学校社会合作处处长陈巍、八洲街道工委副书记周超代表校地双方新签订《现代花卉及园艺产业技术中试孵化项目合作协议》，学校研究生院副院长张阿英、八洲街道工委书记、栖霞现代农业产业园区管委会主任倪天华为共建“江苏省研究生工作站”揭牌。

【高等农业教育改革座谈会】 8月27日，在习近平总书记给全国涉农高校的书记校长及专家代表回信一周年即将到来之际，农业农村部在南京召开高等农业教育改革座谈会，邀请中国农业大学、南京农业大学、西北农林科技大学、华中农业大学、西南大学、华南农业大学、东北农业大学、福建农林大学、江苏大学9所省部共建高校专家代表重温总书记回信精神，深入研讨促进新时代高等农业教育发展的意见，推进新农科建设，着力破解制约农业高校发展的瓶颈，推动农业高等教育更好地服务乡村振兴。

【沈其荣教授、周明国教授获光华工程科技奖】 光华工程科技奖办公室公布了第十三届光华工程科技奖获奖人员名单。经中国工程院九个学部及港澳台地区评审委员会的评审，296位有效候选人中评选出39位获奖者。学校沈其荣教授和周明国教授位列其中，获此殊荣。

【农业外派人员能力提升培训班开班】 10月19日上午，农业外派人员能力提升培训班开班式在南京农业大学举行。农业农村部副部长张桃林出席开班式并讲话。南京农业大学党委书记陈利根、副校长丁艳锋和江苏省农业农村厅副厅长沈毅出席开班式，农业农村部国际合作司司长隋鹏飞主持开班式，农业农村部办公厅、国际合作司，江苏省农业农村厅，南京农业大学等单位相关处室、院系负责同志参加开班式。培训班共有35名学员，来自农业农村部系统、地方农业主管部门、农业院校等。

【玄武区委领导到学校调研交流】 10月21日下午，玄武区委书记闵一峰一行到学校调研交流，洽谈校地合作。校党委书记陈利根，党委副书记王春春，党委常委、副校长胡锋、丁艳锋、闫祥林，党委常委、组织部部长吴群等与闵一峰一行进行座谈，座谈会由王春春主持。玄武区委常委、常务副区长赵小华，区委常委、组织部部长贾慧，区政协副主席蒋健以及区委区政府有关职能部门负责人陪同调研走访。

【全国高等农林水院校党建与思想政治工作研讨会第19次会议】 10月28日，全国高等农林水院校党建与思想政治工作研讨会第19次会议在南京农业大学召开。大会旨在延续和深化高等农林水院校合作交流机制，围绕如何做好新时代高校党建与思想政治工作进行的专题研讨。全国46所本科院校的158位代表参加会议。

【2020农村双创与科技专题论坛】 11月21日，2020中国农业农村科技发展高峰论坛·农村双创与科技分论坛在南京农业大学举行。中国工程院盖钧镒院士、陈剑平院士、农业农村部科教司副司长张晔、中国农业科学院副院长梅旭荣、中央农办、农业农村部专家委员程国强教授等出席论坛。论坛现场，国家现代农业产业体系岗位科学家等农业科技专家代表、来自全国的农业农村创新创业代表、互联网电商平台公司负责人与南京农业大学师生就“新农村新农人”、科技改变农业、“互联网+科技”推进乡村振兴等热点话题同台互动交流。

【南京农业大学第十四次代表大会召开】 11月28日，共青团南京农业大学第十四次代表大会召开。大会审议通过了共青团南京农业大学第十三届委员会工作报告，选举产生了共青团南京农业大学第十四届委员会。校党委书记陈利根，共青团江苏省委副书记张迎春，副校长胡锋，校党委副书记王春春、刘营军，共青团江苏省委高校部部长付建龙，共青团江苏省委组织部副部长杨义胜，各兄弟高校代表，学校相关职能部门、群团组织的负责同志，各学院党委副书记以及全体团员代表、列席代表近300人出席开幕式。开幕式由校团委书记谭智赟主持。

【中国科学家首获2020 GCHERA世界农业奖】 12月1日，2020 GCHERA世界农业奖在南京农业大学揭晓，中国工程院院士、中国农业大学张福锁教授，美国加利福尼亚大学戴维斯分校帕梅拉·罗纳德教授这两位科学家凭借多年来在农业与生命科学领域教学科研工作中取得的突出成就获奖，这是中国科学家首次摘得该奖项。获奖人每人奖金10万美元，由南京农业大学教育发展基金会与大北农集团赞助，颁奖典礼采取线上线

下方式同步进行，来自全球多所涉农高校与科研院所的师生在线观看了颁奖典礼。（王明峰）

·南京林业大学·

【概况】 2020年，有22个学院（部），78个本科专业，8个博士后流动站、8个博士学位授权一级学科、40个博士学位授权二级学科、24个硕士学位授权一级学科和101个硕士学位授权二级学科。6个学科进入ESI全球机构学科排名前1%，1个国家一流学科，2个一级学科国家重点学科，4个二级学科国家重点学科，1个国家重点（培育）学科，11个省部级重点学科（一级），6个省部级重点学科（二级）。有教职工2396余人，其中专任教师1771人，具有高级职称1103人，中国工程院院士2人，长江学者奖励计划特聘教授1人，国家杰出青年基金获得者1人，江苏省"333工程"第一层次首席科学家4人，省级教学名师3人，江苏特聘教授29人，省部级有突出贡献的中青年专家14人。在校生32944人，其中普通本科生24475人，研究生6440人，成人教育学生2029人。本年度招生9474人，其中普通本科生6257人，研究生2395人，成人教育学生822人。毕业6651人，其中普通本科生4380人，研究生1546人，成人教育学生725人。在校留学生253人，本年度招生118人，毕业18人。

2020年，江苏省委副书记任振鹤、江苏省副省长马秋林等调研南京林业大学白马教学科研基地，南京林业大学与南京市溧水区人民政府合作共建白马校区签约。南京市玄武区委副书记林武平、副区长戴航到南京林业大学调研新冠疫情防控工作。智能制造工程和食品质量与安全2个本科专业获教育部备案审批，新增应用统计硕士专业学位授权类别，南方现代林业协同创新中心通过教育部认定，江苏句容下蜀林场综合性国家长期科研基地获批。曹福亮院士负责的"智慧林业专业建设探索与实践"、徐勇教授负责的"面向现代林业产业发展需求林业工程类专业提升改革与实践"、王浩教授负责的"面向农林产业的园林类人才产教融合培养模式的创新和实践"获教育部新农科研究与改革实践项目。首期国家木竹产业技术创新战略联盟硕士班开学，承办首届国家林草科技创新百人论坛、林业遗产与森林环境史学术研讨会，举行园林植物数字化应用与生态设计国家创新联盟成立大会等。

"长江卫士"实践调研项目组获共青团中央全国优秀实践团体，本科生边鋆荣获2019年度"全国优秀共青团员"称号，陈金慧教授获江苏省青年科技杰出贡献奖和江苏"巾帼科技之星"，杨永教授任世界自然保护联盟新一届松柏类专家组主席。农业科学、材料科学、化学、环境生态学进入ESI全球机构学科排名前1%。朱新宝教授领衔的"环氧衍生精细化学品关键技术及产业化开发"项目获江苏省科学技术二等奖，温作民教授著作《森林生态系统智能管理》、许浩教授著作《江苏园林图像史》荣获教育部第八届高等学校科学研究优秀成果著作论文类二等奖，孙建华教授著作《马克思主义中国化思想通史》荣获江苏省第十六届哲学社会科学优秀成果一等奖。

【与溧水区合作共建白马校区】 8月18日，南京林业大学与南京市溧水区人民政府合作共建白马校区和农业科技创新港签约仪式在白马农业国际博览中心举行。省、市相关领导，南京白马国家农业高新技术产业示范区专家咨询委员会成员代表，南京林业大学全体校领导出席签约仪式。校党委书记蒋建清与溧水区委书记薛凤冠共

8月18日，南京林业大学党委书记蒋建清与溧水区委书记薛凤冠共同签署合作共建协议
（周祝营　摄）

同签署合作共建协议。白马校区总体规划占地面积约1300亩,校舍建筑面积约75万平方米,一期(至2023年)将合作建设约40万平方米的教学、科研及配套用房。会上,南京国家农高区管理委员会(筹)正式揭牌成立。会议还举行南京国家农高区专家咨询委员会专家学者聘书颁发仪式,中国工程院院士、南京林业大学教授曹福亮和南京林业大学校长王浩教授获聘。

【四学科进入ESI全球机构学科排名前1%】 2020年,根据科睿唯安ESI数据库更新数据显示,南京林业大学农业科学、材料科学、化学、环境生态学4学科先后进入ESI全球机构学科排名前1%。截至2020年11月,南京林业大学已有6学科进入ESI全球机构学科排名前1%,学校ESI学科整体实力和高水平论文的数量都有大幅提升。

【2项著作获教育部高等学校科学研究人文社会科学优秀成果奖】 12月,教育部印发《关于第八届高等学校科学研究优秀成果奖(人文社会科学)奖励的决定》,南京林业大学经济管理学院教授温作民著作《森林生态系统智能管理》、风景园林学院教授许浩著作《江苏园林图像史》荣获著作论文类二等奖。《森林生态系统智能管理》在探索区域生态系统内在规律、干扰过程的基础上,构建了森林生态系统智能管理的理论与方法体系,有助于实现区域生态系统的可持续性经营。《江苏园林图像史》分为"南京卷""苏州卷""扬州卷""其他地域卷"共四本,全面展示了江苏园林图像的艺术成就,力求在园林图像史研究的基础上促进园林艺术的传承和发扬。教育部高等学校科学研究优秀成果奖(人文社会科学)每三年评选一次,是国内人文社科领域最高层次的奖项。

【1项成果获江苏省科学技术二等奖】 3月,江苏省人民政府发布《关于2019年度江苏省科学技术奖励的决定》,南京林业大学朱新宝教授领衔的"环氧衍生精细化学品关键技术及产业化开发"项目获得江苏省科学技术二等奖。团队长期从事精细化学品开发关键技术研究,项目围绕环氧化合物环氧乙烷(EO)、环氧丙烷(PO)和环氧氯丙烷(ECH)等原料,通过开环加成、直接酯化或闭环反应,制得一系列环氧精细衍生化学品,主导产品包括二元醇单烷基醚、二元醇醚羧酸酯和脂肪族缩水甘油醚等醇醚酯类高级溶剂与环氧树脂活性稀释剂,用途十分广泛,打破了高端产品长期依赖进口的局面。项目已获授权国家发明专利12项,牵头制定行业标准7项;10个产品通过省级科技成果鉴定,19个产品获省级以上高新技术产品认定,生产工艺技术国内领先,产品性能达国际先进水平,多个产品填补国内空白;项目推广应用后,产生了显著的经济社会效应。2019年度江苏省科学技术奖共273项,其中一等奖45项,二等奖81项,三等奖147项。

【8项成果获江苏省哲学社会科学优秀成果奖】 2020年,江苏省人民政府印发《省政府关于公布江苏省第十六届哲学社会科学优秀成果奖的决定》,南京林业大学8项成果获奖,其中一等奖1项、二等奖6项、三等奖1项,在获奖数量和质量上均创新高。马克思主义学院孙建华教授著作《马克思主义中国化思想通史》(全三卷)荣获一等奖;经济管理学院杨红强教授论文《中国林产品全生命周期碳收支核算与评估(1900—2015)》、张红霄教授研究报告《森林法修改专家建议报告》、张智光教授著作《生态文明和生态安全——人与自然共生演化理论》、风景园林学院许浩教授著作《日本环境设计史》(全两册)、马克思主义学院曹顺仙教授著作《水伦理的生态哲学基础研究》、王金玉教授著作《马克思主义阶级概念:理解与阐释》获二等奖;人文社会科学学院周阿根教授著作《五代墓志词汇研究》获三等奖。江苏省哲学社会科学优秀成果奖是省内哲学社会科学界规格最高的政府奖,每两年评选一次。

【2项成果获江苏省研究生教育改革成果二等奖】 11月,江苏省研究生教育指导委员会公布2020年江苏省研究生教育改革成果评选结果,南京林业大学2项成果荣获二等奖。"基于'生态+'的'三结合四协同'研究生思政教育模式",由校党委书记

蒋建清领衔主持。该模式以培养具有生态意识和责任担当的高层次人才为目标，构建并实施了一个以问题为导向、三全育人为路径、立德树人为根本的研究生思政教育生态共同体。该模式致力于将"生态"意识融入研究生培养全过程，实现"生态+"课程教学、文化活动、社会实践和管理机制，通过"三结合四协同"，推动研究生思想政治教育强基固本出实效。

【智库建设成果】 4月，南京林业大学中国特色生态文明建设与林业发展研究院智库建设取得多项新研究成果。研究院城乡高质量发展研究中心主任、经济管理学院刘同山教授与北京林业大学程宝栋教授合作撰写的研究报告《关于在地震带推广木结构房屋的思考与建议》获得全国政协常委、国家林业和草原局刘东生副局长批示。研究院办公室副主任、经济管理学院高强教授参与联合调研并撰写的调研报告《加快缓解农村老人吃饭难问题——江西丰城市"老人幸福食堂"调查》和《实化集体产权，强化集体经济——对丰城市探索发展集体经济的调查》在国务院发展研究中心《调查研究报告》发表。生态文明与乡村振兴研究中心、马克思主义学院博士唐赟撰写的研究报告《关于"两落地一融合"中创业科研人员和资本回归"研发"的建议》《关于支持在宁高校毕业生留在南京的思考及建议》《"两落地一融合"不要忽视"落地"后的"生根"和"成长"》分别在南京市委宣传部《南京智库成果专报》《南京智库联盟》《紫金智库》发表。研究院自2019年成立以来，围绕国家生态文明建设和林业与草原建设等方面的重大决策和部署，依托校内学术资源、智力资源和研究基础，积极开展生态文明建设和林业发展的相关基础理论研究、政策研究和咨询服务。

【获江苏省来华留学生教育先进集体】 江苏省高等教育学会外国留学生教育管理研究委员会公布2020年留学生教育系列评选结果，南京林业大学获评"江苏省来华留学生教育先进集体"。2020年，学校6门"江苏高校省级外国留学生英文授课精品课程"顺利通过省教育厅验收；留学生新冠肺炎疫情防控和人文关怀工作被江苏省教育厅选作"江苏省留学生疫情防控工作典型案例"被人民网、新华网、学习强国等多家中央权威媒体平台集中报道，有两人次荣获"江苏省抗击新冠肺炎疫情外国留学生管理先进个人"荣誉称号。学校已连续三年获评"江苏省来华留学生教育先进集体"。

【学校期刊获中国高校百佳优秀期刊】 12月，中国高校科技期刊研究会公布"2020年度中国高校杰出·百佳·优秀科技期刊"遴选结果，由南京林业大学主办的《南京林业大学学报（自然科学版）》《林业工程学报》分别荣获"中国高校百佳科技期刊"和"中国高校优秀科技期刊"称号。学校期刊部始终坚持正确的出版导向，依托学校在林业工程、林学、生态环境等领域的学科优势，聚焦国内外学科发展前沿，严把学术期刊"质量关"，不断提升刊物的创新力、影响力和贡献力，努力为学校学科建设搭建良好的交流平台，为"双一流"建设做出积极贡献。"中国高校杰出·百佳·优秀科技期刊"由中国高校科技期刊研究会组织评选，每两年评定一次。此次评选是根据北大核心数据、CSCD数据、科技核心数据、知网学术评价数据等第三方客观数据，经过加权计算，从中国高校科技期刊研究会1000多家单位会员（期刊）中遴选出来的。

【陈金慧获江苏省青年科技杰出贡献奖】 3月，江苏省人民政府发布《关于2019年度江苏省科学技术奖励的决定》，南京林业大学陈金慧教授获江苏省青年科技杰出贡献奖。该奖项是2019年江苏省首次设立，奖励45周岁以下人事关系在江苏单位，从事技术研究、开发或成果转化等科技创新活动并为江苏经济社会发展做出杰出贡献的一线青年科技工作者。本年度获奖人数10人，其中高校5人。陈金慧教授近年来在*Nature Plants*、*Frontiers in Plant Science*等刊物发表SCI论文30余篇，获授权国家发明专利15件，研究成果获国家科技进步二等奖1项（排名第2）、江苏省科学技术一等奖1项（排名第2）。

【校友朱耀庭获"全国劳动模范"称号】 11月24日，全国劳动模范和先进工作者表彰大会在北京人民大会堂隆重举行。南京林业大学土木工程学院2000级校友,江西赣江新区鸿发城市建设有限责任公司总工程师、正高级工程师朱耀庭走进人民大会堂接受表彰。朱耀庭,2000年考入南京林业大学土木工程学院土木工程本科专业学习,后留在学院道路与铁道工程专业继续深造,于2007年硕士研究生毕业。学生时代的他有理想、有抱负,学习上刻苦努力、善于钻研,生活中热情开朗、乐于助人。进入工作岗位后,他毅然放弃了在国内一线城市工作的机会,选择回到了家乡江西,以饱满的热情投入到道路与材料领域的生产研发和工程项目管理中。工作中,他坚持技术创新,成功合成了路用生物沥青结合料,有效带动了经济效益、社会效益和生态效益的同步提升,为地方做出了贡献。

【多个团队和个人在国际权威杂志发表论文】 2020年,黄超伯教授在国际材料领域顶级学术期刊*Advanced Materials*(影响因子25.806)发表综述文章,黄超伯教授和比利时根特大学Stefaan C. De Smedt教授为通讯作者,南京林业大学为第一单位。博士生唐国胜和本科生陈龙以第一作者身份在国际权威期刊Small(影响因子10.85)在线发表学术论文,黄超伯教授和哈佛大学医学院Y. Shrike Zhang教授为通讯作者。荆宇教授以第一作者身份与德国德累斯顿工业大学Thomas Heine教授在材料领域国际顶级学术期刊*Nature Materials*(影响因子38.887)发表评述文章。杨小飞教授团队在*Advanced Materials*发表综述文章,青年教师赵呈孝博士为第一作者,南京林业大学为第一作者单位,杨小飞教授和中科院理化技术研究所张铁锐研究员为共同通讯作者。杨小飞教授科研团队在*Advanced Materials*在线发表科研论文,丁明烨副教授为第一作者,南京林业大学为第一作者单位,杨小飞教授和南京理工大学曾海波教授为共同通讯作者。蔡灵超教授与美国加州大学旧金山分校Ian Seiple教授在化学类权威期刊*Journal of the American Chemical Society*(影响因子15.73)合作发表研究论文,蔡灵超教授为论文第一作者,南京林业大学为第一作者单位。朱福远教授团队在*Cell*子刊*Trends in Plant Science*(影响因子14.416)和生物技术类权威期刊*Trends in Biotechnology*(影响因子14.343)上发表研究论文,朱福远教授分别为论文的第一作者和第一通讯作者,南京林业大学为第一作者单位。博士生陈先枭以第一作者身份在*Nature Communications*(影响因子12.1)在线发表研究论文,饶卫东教授和新加坡国立大学Koh Ming Joo教授为通讯作者。青年教师相波以第一作者身份在国际纳米能源领域顶级期刊*Nano Energy*发表研究论文。杨树团队在*Nature Communications*上发表研究成果,薛良交教授为第一作者,青年教师吴怀通、陈赢男、李小平为共同第一作者,英国皇家科学院院士Deborah Charlesworth和尹佟明教授为文章通讯作者。

【承办首届国家林草科技创新百人论坛】 12月1—2日,由国家林业和草原局科技司主办,南京林业大学承办的首届“国家林草科技创新百人论坛”在南京紫金山庄会议中心举行。国家林业和草原局相关司局、江苏省人民政府相关厅局,涉及林草领域的高校科研院所负责人,以及200余位林草科技工作者等参会。会上,中国工程院院士、天津中医药大学校长张伯礼向论坛开幕发来了视频致辞。论坛以“汇聚菁英人才,服务林草创新”为主题,特邀中国工程院院士曹福亮、张守攻、蒋剑春等作特邀报告,设置“林产化学与木材科学”“遗传育种与森林培育”“森林生态”“森林保护与森林经营”四个分论坛,36位专家教授围绕论坛主题进行学术思想碰撞和理念交融。论坛形成“百人论坛2020南京共识”,该共识倡议林草科技工作者要践行科学家宝贵品质和优良作风,弘扬科学家精神,自觉把个人理想奋斗融入党和国家的事业之中,积极投身生态文明建设;呼吁重视青年人才培养,优化科研创新环境,在资金、平台、项目、制度上给予更多支持,让林草科技青年人才在历练中快速成长;号召广大林草科技工作者争做重大科研成果的创造者,建设科技强国的奉献者,崇高思想品德的践行者,为建设生态文明和美丽中国做出更大的贡献。 (方　莹)

·南京体育学院·

【概况】 学校教育教学设有体育教育与人文学院、运动训练学院（足球学院）、运动健康学院、武术与艺术学院、体育产业与休闲学院、马克思主义学院、研究生部、运动员教育教学管理部、继续教育学院、附属学校和奥林匹克学院（民办机制）11个单位，15个本科专业，涉及教育学、文学、管理学、医学、艺术学、工学6个学科门类，现有各类在校生7000余人；竞技训练设有乒羽学院、网球学院（中国网球学院）、体操学院、击剑学院、游泳学院5个单位，11支省优秀运动队，现有专业运动员430名。学校积极推进学科专业建设和教育教学改革，获批博士学位授予立项建设单位；体育学被批准为江苏高校优势学科建设工程立项学科；拥有体育学一级学科硕士学位授予点和体育专业硕士学位授予点；获批国家级一流本科专业3个、江苏高校一流本科专业6个，拥有国家级特色专业建设点3个、教育部“十二五”专业综合改革试点项目2个、江苏省高校特色专业建设点4个、江苏省高校品牌专业建设点3个、江苏省“十二五”高等学校重点专业（类）2个、江苏高校品牌专业建设工程一期项目2个（其中A类1个、C类1个）；获国家级高等教育教学成果奖2项，省级高等教育教学成果一等奖3项、二等奖5项，国家体育总局教育教学成果奖二等奖3项、三等奖3项，省级优秀、精品课程12门，省优秀研究生课程5门，省优秀课程群1个，省优秀多媒体课件16项，“十二五”普通高等教育国家级本科规划教材1部，省精品教材、优秀教材、重点教材19部，江苏省高等学校基础课实验教学示范中心建设点1个，省级实践教育中心建设点1个，实习实训基地80多家。学校作为江苏竞技体育的主力军、大本营，积极服务体育事业发展，先后走出了国家体育总局原局长袁伟民等一大批体育行业领军人物；共有15人23人次20项次获奥运会冠军，101人311人次197项次获世界冠军，180人489人次362项次获亚洲冠军，其中99人161人次119项次获亚运会冠军；参加了第1届至第13届全国运动会，为江苏省夺得了204.5枚金牌。

【与南京市体育局举行体育发展与规划研究合作框架协议签约仪式】 6月4日上午，南京体育学院与南京市体育局体育发展与规划研究合作框架协议签约仪式在南京体育学院举行。南京市体育局局长、党组书记陈卫红，南京体育学院党委副书记、校长杨国庆出席了签约仪式，仪式由南京体育学院党委副书记、副校长史国生主持。

【校领导参加教育文化卫生体育领域专家代表座谈会】 9月22日，中共中央总书记、国家主席、中央军委主席习近平在京主持召开教育文化卫生体育领域专家代表座谈会并发表重要讲话，就“十四五”时期经济社会发展听取意见和建议，校长杨国庆作为教育文化卫生体育领域专家代表参加座谈会。

【省领导一行到学校检查工作】 9月23日上午，副省长陈星莺在省政府副秘书长王思源、省体育局局长陈少军陪同下莅临学校指导工作。校领导朱传耿、金松、肖爱华、黄步龙

6月4日上午，南京体育学院与南京市体育局体育发展与规划研究合作框架协议签约仪式在南京体育学院举行
（南京体育学院　供图）

11月28日，2020中国网球巡回赛职业级总决赛暨全国网球单项锦标赛，运动员张择/华润豪获总决赛男双冠军　　（南京体育学院　供图）

和党政办、发展规划处、资产管理处等部门负责人参加考察。

【击剑队参加全国击剑冠军赛夺得4枚金牌】 2019—2020赛季全国击剑冠军赛（南京站）于9月26日—10月2日在南京溧水举行。南京体育学院击剑队（江苏击剑队）共取得4枚金牌，分别为女子重剑个人（许诚子）、男子佩剑个人（路阳）、女子花剑团体以及女子佩剑团体金牌。此外，还获得2个亚军、5个季军、1个第四、2个第五、2个第六的成绩。

【2020年全国体操锦标赛收官】 9月23日，备受关注的2020年全国体操锦标赛在广东肇庆拉开帷幕。首日进行的是男子资格赛暨男团决赛，比赛中江苏队小伙子们顽强拼搏、奋勇争先。最终，由孙炜领衔的江苏队以总分334.850分力压各路好手，问鼎男团金牌，孙炜一人贡献了86.900分，为家乡队夺冠立下汗马功劳。

【"2020海峡两岸暨港澳民间青年中华武术（国术）交流大会"在学院召开】 11月14日，2020海峡两岸暨港澳民间青年中华武术（国术）交流大会在南京体育学院隆重召开。大会由中国科学技术协会资助，中国体育科学学会主办，南京体育学院承办。上午举行开幕式和展演交流，下午进行学术论坛。

【省教育厅和省体育局领导到校指导工作】 11月16日下午，江苏省委教育工委书记、省教育厅党组书记、厅长葛道凯，江苏省体育局党组书记、局长陈少军、副局长王志光一行莅临学校指导工作。省教育厅办公室主任王鲁沛、发展规划处处长冯大生、研究生教育处处长、省学位委员会办公室主任杨树兵、体育卫生与艺术教育处副处长李海宁，省体育局办公室主任吴兵成、竞技体育处处长陶新、体育经济处处长王峰，校领导朱传耿、杨国庆、史国生、兰亚明、李江、金松、肖爱华、黄步龙陪同考察，校党政办、组织部、训练处、教务处、学工处、计财处、学科办、研究生部、后勤处等有关部门负责人参加考察。

【获2020中国网球巡回赛总决赛暨全国网球单项锦标赛男子双打冠军】 11月28日，2020中国网球巡回赛职业级总决赛暨全国网球单项锦标赛第六个比赛日在四川省成都市川投国际网球中心展开激烈争夺。在男子双打决赛中，学校网球学院运动员张择/华润豪以7:6、6:2战胜李喆/柏衍，获总决赛男双冠军。

【教学科研成果】 学校严格按照教育部和省教育厅关于疫情期间"停课不停教、停课不停学"的要求，制定出台《关于本科教育高质量发展实施意见的任务分解方案》《南京体育学院在线教学指导意见》等制度文件，及时调整本科教学计划，精心组织线上教学系列专题培训，召开学校全面推进在线教学工作大会，进一步推进信息技术与常态教学深度融合，确保疫情防控和教学两不误。制定《南京体育学院一流本科专业建设实施方案》，新增省一流本科专业建设点5个，总计达11个；完成师范专业认证申报和体育新闻专业综合评估；获批新闻与传播专业硕士学位授权点。深化人才培养多元融合，积极推进体育类专业多元融合式应用型人才培养模式探索与实践，召开2次人才培养模式改革专题研讨会，撰写了多元融合视域下高质量复合型人才培养模式改革研究报告，完成融合性教材建设阶段性的工作任务。全力打造精品课程，制定《南京体育学院一流本科课程建设实施方案》，获校级一流课程立项18门、省重点教材立项1项、校级重点教材4项，1项参评首届全国教材建设奖教材已通过省级评选，获全省高校微课教学比赛一等奖2项、二等奖3项、三等奖5项；积极推进思想政治理论课教学改革，建立"战疫小课堂"，将防疫抗疫先进人物和典型事迹案例融入思政课教学，弘扬爱国主义精神，积极传播正能量。人才培养质量显著提升，与美国罗克福德大学达成合作办学框架协议，该项目已获得省教育厅批准，并递交教育部审核；新增本科专业实习基地7个；获国家级大学生创新创业训练计划项目14项、省级27项，获江苏省优秀本科毕业论文5篇；第二届全国大学生体育产业创新创业大赛铜奖2项，第十一届"挑战杯"江苏省大学生创业计划竞赛决赛银奖1项、铜奖1项，第五届江苏省大学生体育健康产业创新创业大赛特等奖1项、一等奖1项、二等奖1项，2020年江苏省大学生职业规划大赛一等奖1项、二等奖1项，其他省级以上各类体育赛事和专业学科竞赛，共获得第一名132个、第二名113个、第三名93个。创新"云招生"模式，全年录取本科新生995人，民办本科生738人，成人教育本专科生97人。4个班级获江苏省先进班集体称号，7名同学获"江苏省三好学生"称号，2名同学获"江苏省优秀学生干部"称号。着力做好学生就业工作，严抓毕业生就业工作"一把手"工程，举办多场毕业生专场线上招聘会，年终就业率超过92%。顺利完成2020年近10000人的艺术类、体育类招生考试，做到"考试录取无差错，考风考纪零投诉"。顺利完成江苏省14个基地484名学生运动员的拟试训和招聘运动员文化考试任务。完成国家体育总局初级教练员报名考试，全国体育传统项目学校体育师资国家线上培训和5期运动处方师培训等工作。加强教学监督管理，制定出台《南京体育学院本科教育教学"3+1"督查实施方案》，构建校—院—系"三位一体"督查工作体系，为高质量推动教育教学工作开展提供基础保障。

【学科科研成果】 组织召开研究生教育会议，全面推进研究生教育综合改革；积极推进研究生导师队伍建设，完成新一届导师遴选和重新聘任，新聘研究生导师142名；"运动科学与健康促进"研究生导师团队获第二届江苏省"十佳研究生导师团队"提名奖。研究生培养质量持续提升，获江苏省研究生培养创新工程项目38项，省优秀硕士论文1篇，发表核心期刊论文4篇。科研创新实力不断增强，全年获批各类课题立项64项，总经费418.8万元，其中国家重点研发计划课题1项、国家社会科学基金项目2项、国家自然科学基金青年项目2项，单年国自然项目立项数创该校新纪录；获批省部级项目共计11项，市厅级课题立项数目均有大幅提升。科研成果不断丰富，全年共发表各类论文230篇，其中，SCI 6篇、SCI-E 11篇、CSCD论文（含扩展版）5篇、CSSCI论文（含扩展版）52篇、北大核心期刊论文3篇；出版学术著作13部；获各类知识产权3项；首次获得教育部高等学校科学研究优秀成果（人文社科）三等奖1项；获江苏省哲学社会科学优秀成果奖一等奖1项、二等奖4项、三等奖1项。组织召开学校十四届科学论文报告会，搭建学术交流平台，有力推动学校科研创新工作向前发展。强化科研管理和平台建设，建立健全科研和实验室管理制度；正式成立中国体育科学学会青年工作委员会，并挂靠南京体育学院；大力推进"运动与健康工程"协同创新中心二期培育项目建设，并顺利通过验收；成立实验室安全工作领导小组，规范实验室管理，高质量完成"运动训练与康复"重点实验室考核验收。（王　欢）

·玄武开放大学·

【概况】 2020年，学校继续以"博雅教育"为办学思想，深入践行"爱的教育"，持续推动"博雅学校"建设，以"博"文化核心理念为引领，以"立德树人"为根本任务，以提高质量为核心，以开放大学建设为重点，以改革创新为动力，全面推进依法治教，不断丰富学校的特色内涵发展，促进学校高等职业教育守正发展、成人教育创新发展、社区教育引领发展，在挑战中寻求机遇，确保高职教育顺利过渡，确保成人教育始终在全市、社区教育在全省走在前列，不断增强玄武开放大学的品牌度、美誉度、质量度，办好人民满意的教育。学校获南京开放大学“优秀办学单位”“社区教育先进单位”“招生工作先进单位”“教育教学管理先进集体”等称号。

【博雅教育】 学校以践行“爱的教育”为主线，以“博”为文化核心理念，以“三风一训”（“博学”校风、“博爱”教风、“博习”学风、“博雅”校训）的营造为出发点，着力构建“博学、博爱、博习”的行为文化和“博雅”的终极目标。通过“博雅党员”“博雅青年教师”“博雅班主任”“博雅管理人员”等系列评比，以及每年一届的“青年教师博雅论坛”等活动，积极探索“博雅教育”为学校特色的内涵，培养“包容、互融、共荣”的学校精神，践行“三精”（精心、精细、精致）的管理理念，用“三心”（用心、尽心、精心）服务理念，将“博雅润心智”的核心价值观转为全体教职工的教育教学实践和追求。开展第七届“博雅”青年教师、班主任、党员、管理人员评比活动，激励教师工作热情，营造“爱的教育”情怀。

【课程设置】 学校依据专业特点和育人目标，在课程改革中体现“目标整体，结构多元，尊重选择，差异发展”的要素，整合基础、实践、网络、社团、人文、德育等六大课程板块，完善“智慧和儒雅，让青春更精彩”课程方案，以“智慧课堂”（“构建动场，唤醒智慧”“自主学习，启迪智慧”“合作探究，实践智慧”“反馈迁移，内化智慧”），“兴趣课堂”（“文化陶冶”“艺术涵养”“科技运用”“运动休闲”），“网络课堂”（“互联网+”、卓越智慧课、尔雅通识课）和“博雅课堂”（“雅言雅行、雅仪雅礼、雅尚雅趣、雅量雅情、雅风雅德”），提升教育教学质量，为学生提供多元发展，促进学生全面发展，提升学生人文素养，努力培养“四博四雅”的博识之人、儒雅之士。2020年全校毕业生166人，完成市校就业指导中心相关工作安排。

6月，《民间艺术课堂》走进梅园新村街道　　（玄武开放大学　供图）

【“专接本”教学探索】 学校把“专接本”工作纳入学校发展的统一规划和品牌建设中，优化五年高职与专接本课程安排和招生衔接。从招生宣传、日常教学管理到课程报考、毕业办理都更加用心、精心和尽心，提出了“高质量、树品牌”的目标。自2009年该项目办学以来，11年来取得显著成果，连续7年荣获南财“专接本”先进办学单位。2020年8月和10月学校“专接本”18、19、20级会计学、市场营销和金融学专业本科学生参加了全国自学考试，考试整体通过率92.11%，85名学生毕业，55名学生完成学位申请。2021级接本招生达到74人，2020年在读本科总人数297人。

【校企合作】 2020年，学校继续与北大青鸟Aptech联合办学（TC精英教育），采取“学历+技能”教育为核心的职业教育模式，为部分在校第五年的学生提前入职专门开设的平台。学生培训合格获得相关证书后，由北大青鸟Aptech负责推荐至阿里巴巴、淘宝网、腾讯科技、联想集团、北大方正、苏宁云商、清华同方、宏图高科等多家知名企业就业。学校继续与江苏动铁集团联合办学，采取“校企合一”的高技能人才订单式培养模式，实现就读即就业的“无缝接轨”。2017级旅游管理学生参加了上海站暑期志愿者活动，累计参加了67人次。（周　洁）

社区教育

【概况】 2020年是一个特殊的年份，玄武社区教育按照区政府疫情防控常态化的要求，坚持以博学理念为引领，充分运用“互联网+终身学习”的模式，结合区域特色深入开展全民终身学习活动。坚持以科研为先导，推进社区教育全场景学习。由玄武区教育局、区社区教育办公室承担的江苏省教育科学“十三五”规划课题《全场景学习：区域推进社区教育学习生态建设的实践研究》，于11月26日圆满结题。12月8日，南京市第一期社会教育“十三五”课题：《生态视角下玄武社区教育“三微课堂”建设的实践研究》《基于区域文化资源的市民学堂建设实验研究》《社区教育志愿者队伍建设的研究》顺利结题。十三五期间，玄武区生态式社区教育的实践研究经历了从“生态式教育”到“教育生态”再到“学习生态”的探索过程，选择“全场景学习：区域推进社区教育学习生态建设的实践研究”作为研究课题，把问题学习、体验学习、网络学习、团队学习等学习模式统整起来，构建一个全场景学习的生态环境，为人的学习和发展服务，使玄武区生态式社区教育的研究价值产生新的叠加。

11月7日，玄武区教育咨询进社区服务　（区教育局　供图）

【特色活动】 “玄武社区学堂”从多维度立足学习方式和学习载体的创新。在平台架构上：由玄武历史大讲堂拓展出“三微课堂、民间艺术课堂、85后父母学堂、银发学堂、网络课堂”，不断丰富学习内容，完善学习平台的架构。从讲授式课堂走向实践体验式课堂，吸引了更多的社区居民加入到这个平台的学习中来。14年来，开展了368期学习培训体验活动，参与授课的居民达20多万人次。“玄武社区学堂”引起社会广泛的关注，《南京日报》《扬子晚报》《中国社区教育》等报刊、江苏教育电视台、南京电视台等媒体也多角度、多层面地给予报道。2020年10月，项目被江苏省教育厅评为“社区教育特色品牌项目”。以“博物馆”为主线的青少年校外教育活动，以“博物馆课程”为切入点，以研学为主要形式，积极开发云端研学——“天天博物馆线上课程”。以小讲解员主讲的第一季（10节课）线上博物馆课程录制完毕，已于暑假与青少年“见面”，让孩子们成为历史的探究者、文化的传播者、研学活动的受益者。

11月4日至7日，玄武区7场“教育政策进社区，办好教育为人民”咨询服务活动，在各街道如期举行。全区35所中小学、57所幼儿园和1所老年开放大学等单位共同参与，各街道的社区教育中心负责实施。活动就孩子招生入学政策、衔接教育、学习习惯养成、家庭亲子关系、青少年心理健康、老年教育课程等，接受广大居民的咨询，赢得强烈反响。玄武区始终把教育作为一项重大的民生工程加以实施，着力抓好学

11月20日，玄武区举行2020年全民终身学习活动周开幕式

（区教育局　供图）

校教育、家庭教育和社会教育“三位一体”立体发展，不断推进玄武教育高质量发展。教育政策进社区活动，是玄武区用务实举措提升为民服务的重要举措，通过咨询等多种形式，与居民面对面地交流，宣传教育政策，解答广大居民对教育的困惑。

11月18日下午，玄武区委宣传部、共青团玄武区委员会、玄武区教育局主办、玄武湖街道承办的“娜娜芬芬手牵手，垃圾分类跟我走”社区教育宣传活动在樱驼花园社区广场举行，活动以“儿童剧进社区”形式展开，旨在提高全民垃圾分类意识，推动垃圾分类工作，让垃圾分类成为学校、家庭的新时尚。玄武湖街道党工委书记费莉莉、玄武区教育局二级调研员戴继根、团区委副书记郑倩、玄武区教师发展中心副校长丁青等相关领导出席，辖区学校学生及居民代表200余人参加现场活动。

【全民终身学习活动周】　为推进全民终身学习，加快建设学习大国，提高全民文化素质，11月20日下午，由玄武区社区教育委员会、玄武区教育局主办，玄武区社区进修学院承办的“玄武区2020年全民终身学习活动周开幕式”在南京市玄武中等专业学校举行，开幕式主题为“以博学理念为引领　用智慧推进玄武学习生态建设”。参加活动的领导和来宾有江苏省成人教育协会会长孙曙平，玄武区委常委、宣传部部长施扬，南京开放大学副校长张煌，玄武区委宣传部副部长韩春云等；各街道党工委副书记、社区教育中心主任及部分社区居民、南京市逸仙小学师生代表约200余人参加活动。2020年玄武区全民终身学习活动周期间，全区各街道、社区组织百场的学习活动，丰富社区居民的学习生活。　　（缪　勇）

（栏目编辑　时蔓菲）

科学技术

科技管理
科学普及
科学人才
科研院所

科技管理

【概况】 深入落实南京创新名城发展战略，聚焦产业发展，坚持不懈激发双创主体活力，不断优化创新生态体系，有力助推创新名城中心区建设不断深化拓展。

【硅巷建设量质齐升】 “一中心两片区”的硅巷建设运营格局基本形成。南京理工大学科技创新园等7个项目20.52万平方米硅巷载体获南京市城市硅巷备案，落户新型研发机构2个，集聚科技型企业271家，其中高新技术企业21家，科技型中小企业26家，市级以上认定人才6名，科技创新服务机构24家，备案硅巷在首次南京市城市硅巷绩效评价中获第二名。骐谷科技产业园、南师大玄武科技园建成投入运营，T80文化科技国际社区、东南大学玄武科技园完成硅巷改造转型，完成12.5万平方米硅巷载体建设新增任务。

【科创森林初具规模】 105家企业获江苏省民营科技企业认定，456家企业获科技型中小企业入库认定，4家企业获南京市创新型领军企业培育库入库，106家企业获江苏省高企培育库入库，成功招引5家市外有效期内高企整体迁入落地玄武，累计培育高新技术企业325家，每万家企业法人中高企占比名列主城第一。发挥政策支持和科技金融优势，支持企业快速成长、做大做强，17家初创期科技企业获经济发展贡献奖励91.48万元，协助区内科技型企业申请科技银行政策性贷款申请额度达15.38亿元。

【双创载体提质增效】 领创智能、糖果车站、金梧桐等3家众创空间获得省级众创空间备案，青联汇众创空间获得市级众创空间备案。东南大学国家科技园等5家省级以上大学科技园、孵化器获省科技型创业企业孵育计划奖励，百家汇等14家市级以上科创载体获得市级绩效评价奖励，梦想家众创空间等4家科创载体获得高成长性科技企业培育奖励。 （胡　华）

3月24日，新工创意硅巷启动仪式　　（区科技局　供图）

·成果转化·

【概况】 推荐1家企业获省成果转化专项资金项目、1家企业获院士工作站关键核心技术攻关项目、1家企业获科技部国家重点研发计划“科技助力经济2020”重点专项支持，指导1家通过省成果转化专项资金项目结题验收。1家新型研发机构通过市级备案，8家企业获市工程技术研究中心资质，1家企业获省工程技术研究中心资质，2家单位获省院士工作站资质。

【新型研发机构建设】 大力推进新型研发机构高质量发展，加强建设启动初期的扶持和引导，兑现新型研发机构扶持资金1200万元，9家备案新型研发机构建成并启用实验研发平台和孵化平台，年度新增营业收入13161.15万元，缴纳税金1448.19万元；年度新增孵化引进企业199家，总累计371；年度新增在孵在研项目42项，累计93项；年度新增专利申请量134件，累计326件，年度新增专利授权量31件，累计110件；年度新增软著登记量70件，总累计150件。

【科技成果转化】 南京常荣声学股份有限公司“钢铁工业烟气粉尘深度净化与回收成套装备研发及产业化”项目成功入选省成果转化专项资金项目，获

1000万元项目支持。江苏智道工程技术有限公司申报的"中空纤维分子筛膜工程化应用技术"项目获科技部国家重点研发计划"科技助力经济2020"重点专项100万元支持，全市仅5家入选。中科院南京天文仪器有限公司获院士工作站关键核心技术攻关项目100万元支持。全年玄武区在江苏省技术合同认定登记服务平台中登记的技术合同4797件，成交总金额达67.72亿元。

【科技研发平台建设】 南京中科水治理股份有限公司等2家单位通过省工程技术研究中心项目验收；江苏亚奥科技股份有限公司等8家企业获市工程技术研究中心资质，南京誉葆科技有限公司获批建设省级工程技术研究中心项目，东南大学建筑设计研究院有限公司等2家单位获省院士工作站资质，南京国铁电气有限责任公司等3家企业参加省级工程技术研究中心绩效考评，江苏明天种业科技有限公司等2家企业被评优、1家合格，2倍于全市三分之一的优良率。 （陈　鹏）

科学普及

【概况】 2020年玄武区科协在市科协的指导帮助下，紧紧围绕中心工作，大力推进"防疫+"科普工作机制，积极应对，主动求变，着力提升"四个服务"水平，加强自身建设，推进科协系统改革举措落实。新增紫金山昆虫博物馆、红山初级中学2家省科普基地，新增矿物质中心、北极阁气象博物馆2家市级科普基地。《理性边界引领科普科幻》获江苏省2020年县级科协"四服务一加强"单项工作创新案例。

【服务科技工作】 举荐激励优秀科技人才和科普项目。中国科学院南京地理与湖泊研究所陈雯东、南京大学宋爱国入选2020年江苏省"最美科技工作者"。江苏省农业科学院兽医研究所研究员李彬、南京农业大学园艺学院教授吴巨友、东南大学生命科学与技术学院教授柴人杰获第十七届江苏省青年科技奖（江苏省十大青年科技之星）；南京理工大学江苏省高校重点实验室教授沈锦优、东南大学信息科学与工程学院研究员蒋卫祥获第十七届江苏省青年科技奖。南京理工大学科技工作者肖忠良教授、陈钱教授荣获全国创新争先奖，授予全国创新争先奖状。

【服务创新创业】 围绕创新驱动发展大局，组织开展各类群众性技术创新活动。组织5家企业9组项目申报"讲、比"活动，3家企业3组项目获得立项支持；推荐2家单位及个人申报"讲、比"活动先进集体和个人。大唐智慧科技网络（南京）有限公司、赛特斯信息科技有限公司2家企业获南京市2020"讲、比"活动优秀项目。配合市科协学会部在玄武徐庄高新区举办以"智能制造、产业创新"为主题的第二届智能制造产业共享峰会。

【科学文化公共服务】 着力打造"社会大协作，你我同参与"的大科普氛围，确保社区科普"季季有主题、月月有活动"。将传统工艺融入现代科技启动第三十二届科普宣传周活动，让公众亲身体验创新带来的改变；组织近万人参与参与南京市第三届公民科学素质知识大赛、6.5万人次参加答题，玄武区获得优秀组织奖。组织召开科普教育基地座谈会，走访调研区内科普基地，推进科普资源共建共享；先后有2名科普志愿者分别获得市、区科普讲解大赛一、三等奖。邀请由古生物研究所周忠和院士为代表的专家讲师团，吸纳高校、企事业等单位的专业科普人员近百名参加。在第四个"全国科技工作日"来临之际，致信全区科技工作者，向辛勤工作在各条战线上的广大科技工作者致以节日的祝福和诚挚的问候！并邀请科技工作者走进"南京海底世界、南京中山植物园"科普教育基地，体验奥妙无穷的植物王国带来的轻松与惬意，感受众多海洋鱼类带来的视觉冲击。一动一静的参观体验，让广大科技工作放松心情的同时，也感受到了科普教育的责任与使命，进一步增强了科技工作者自豪感、获得感、认同感。

【青少年品牌科普】 依托"区长奖"活动平台，组织全区中小学开展青少年科技创新大赛，共组织作品368件，推荐参加市比赛30件；邀请中科院南京分院、科普作家应用协会、省科技传播专家等走进校园，开展科普报告进校园活动18场次；与省科协科普中心签订协议，组织科普大篷车走进孝陵卫中学、北京东路小学等，让同学们体验“流动科技馆”带来的神奇魅力。继续推出玄武特色的“青少年科普体验游”，组织约100名中小学生在紫金山昆虫博物馆和海底世界开展科普幕后之旅，用实践来指导孩子认知自然界，通过观察、记录、研究，挖掘孩子们科学探索的能力，培养孩子对科学的兴趣。

【科普基础设施建设】 全力塑造“一街创一品”活动。充分发挥社区科普资源，建成具有鲜明科普特色的党群服务中心或新时代文明实践中心7个，形成以社区科普基地为中心，向学校、单位、家庭辐射和延伸，实现“基地建在哪里，科普影响到哪里”。如“理性边界引领科普科幻”是梅园新村街道联合区科协、省科普作家协会科幻专委会，将科普科幻活动嵌入“小红梅信仰生活空间”，旨在通过线上线下的活动，邀请相关领域的专家就“科技、社会热点”等进行研讨的活动平台。

【科普信息化建设】 推进“科普中国”落地应用，发挥示范带动效应，遴选命名41个社区为“科普中国·玄武e站”；以49台科普阅览屏为载体，开设“玄武科普”专栏，搭建线上线下互动融合科普信息化服务新阵地。“云科普讲堂”是区科协落实“防疫+”战时工作机制，依托辖区内的优质科普资源，以解读科学精神为主线，以当今科学热点为话题，为公众普及科学知识，传播科学思想，弘扬科学精神，倡导科学方法，推广科学技术应用，通过网络平台向公众传授科学知识。邀请国际IAAP组织认证心理分析师，连续4周，每次利用1小时通过微信平台从4个方面为迷茫、焦虑的家长寻求“疫情智慧解码”，受到参与家长的一致好评。 （何 斌）

科技人才

【概况】 紧紧围绕创新名城中心区建设，深入实施“创业南京”英才计划。3人入选科技顶尖专家，5人入选创新型企业家，53人入选区级高层次创业人才，26人入选市级高层次创业人才，2个项目入选“345”海外高层次人才引进计划。

【“创业南京”科技顶尖专家】 江苏弘典中药产业研究院有限公司陆兔林、南京智能高端装备产业研究院有限公司杨继全等2家新研机构带头人入选科技顶尖专家集聚计划A类，汇通达网络股份有限公司汪建国入选科技顶尖专家集聚计划B类。全年累计兑现顶尖专家项目扶持资金900万元。

【“创业南京”创新型企业家】 南京指掌易信息科技有限公司王伟、江苏好享家电子商务有限公司汪浩、南京纳丁菲医药科技有限公司黄伟、南京复元先进新材料研究院有限公司彭博、江苏速度遥感大数据研究院有限公司钱志奇等5人入选创新型企业家培育计划。江苏艺之行文化投资发展有限公司等9家人才企业至2020年9月30日期间申请贷款贴息总额362万元。

【“创业南京”高层次创业人才】 组织参加中国海外人才交流大会等人才活动，对接海内外高层次人才。268人申报玄武区高层次创业人才引进计划，238人参加技术评审，121人参加综合评审，汤捷等53人入选区级人才，汤捷、李瑛莉、盛守照、徐东升、张成海、王翔、郑保卫、刘伟、赵奕鑫、朱国庆、冯涛、谢贻怡、王双庆、张久鹏、吴义忠、邓韶斌、陈敏、刘彦盟、郝保海、曹东、曹忠良、卢智波、孙超、陈忠、孙津、蔡亚杰等26人入选市级人才，人数创历史新高，位居主城区第一。向48家区级高层次创业人才企业分别兑现50万元区级扶持资金，合计2400万元。

【外国专家管理】 江苏先声药业有限公司、赛特斯信息科技股份有限公司等2个项目入选南京市“345”海外高层次人才引进计划急需紧缺外国专家引进计划（“3计划”），江苏先声药业有限公司1个项目通过海外高端创新团队集聚计划（“4计划”）中期评估。江苏先声药业有限公司获批国家引才引智示范基地。逯利军、孙学京等2人入选国家高端外国专家引进计划。

【国际科技合作】 组织参加国际交流对接活动，加强国际科技合作。江苏金殳医药科技有限公司、中科院南京天文仪器有限公司等2家企业获得南京市国

际科技合作项目立项，合计资助90万元。（赵洪颜）

科研院所

·中国科学院南京地质古生物研究所·

澄江生物群麒麟虾化石（中国科学院南京地质古生物研究所 供图）

【概况】 截至2020年年底，中国科学院南京地质古生物研究所（以下简称“南京古生物所”）有在职职工170人，包括中国科学院院士3人、研究员及正高级工程技术人员44人、副研究员及高级工程技术人员47人。有国家杰出青年科学基金获得者5人，优秀青年科学基金获得者3人，国家人才计划入选者3人。设有“古生物学与地层学”“地球生物学”“地质工程”和“矿物学、岩石学、矿床学”四个专业二级学科硕士研究生培养点，“古生物学与地层学”“地球生物学”和“矿物学、岩石学、矿床学”三个博士研究生培养点，并设有博士后流动站，共有在学研究生97人（其中硕士生45人、博士生52人）、在站博士后12人。

【科研项目】 2020年，南京古生物所共有在研项目187项（包括新增项目36项）。其中，承担国家人才计划2项（新增1项），参加其他单位负责的国家重大科技专项课题2项（新增1项）、国家科技基础条件平台项目1项；主持国家自然科学基金重点项目6项（新增1项）、国际合作项目1项、面上项目43项（新增10项）、重大项目1项、创新研究群体科学基金项目1项、杰出青年科学基金项目1项、优秀青年科学基金项目1项（新增1项）、青年科学基金项目32项（新增5项）、联合基金1项、专项基金1项（新增1项），参加外单位基础科学中心课题1项、重大研究计划课题1项、重大项目2项、联合基金1项、面上项目1项（新增1项）；承担中国科学院战略性先导科技专项子课题32项、院人才计划入选者项目2项、院前沿科学“从0到1”项目1项（新增1项）、院青年创新促进会项目12项（新增3项）、院前沿科学重点研究项目2项、院其他项目3项（新增1项）；参加中国地质科学院课题12项（新增3项）；主持江苏省自然科学基金项目7项；承担地方政府委托项目1项（新增1项）；承担大中型企业委托项目16项（新增6项）。

【科研成果与知识产权】 2020年，南京古生物所共发表学术论文529篇，其中SCI论文373篇，含《自然指数》论文21篇，出版著作共14部，授权发明专利2项，计算机软件著作权登记4项。在澄江动物群中发现了解答“节肢动物起源”之谜的关键过渡型化石——“麒麟虾”（Nature，2020），成果获评中国地质学会2020年度十大地质科技进展。与南京大学合作发表有关寒武纪至三叠纪早期海洋无脊椎动物生物多样性演变规律（Science，2020），成果获评2020年中国科学十大进展、中国十大科技进展新闻和十大地质科技进展。提出一类重要的古生物化石“几丁虫”应为一类独立的原生生物，而非学界长期认为的后生动物的卵或卵囊（Geology，2020），平息了数十年的学术争论。

【学术交流合作】 在中国科学院“十三五”规划任务验收中，南京古生物所一项重大突破和一个重点培育方向获评优秀；与兄弟单位共同筹建的“中国科学院生物演化与环境卓越创新中心”以优异成绩通过专家组验收。与中石油新疆油田公司、中海油天津分公司、中石化西北分公司等产业部门建立了紧密合作关系，并启动了一批旨在解决产业

部门“卡脖子”问题的横向科研项目。南京古生物博物馆完成全面升级改造并于2021年元旦免费向社会开放。（陈孝政）

·中国科学院国家天文台南京天文光学技术研究所·

【概况】 中国科学院国家天文台南京天文光学技术研究所（以下简称：南京天光所）是我国天文与光学高新技术的重要科研和发展基地、国家大中型天文望远镜及仪器设备的研制基地，以及天文技术与方法高级人才的培养基地，拥有中国科学院天文光学技术重点实验室和江苏省外国专家工作室，是江苏省先进光学制造技术高技能人才培养基地。

至2020年底，南京天光所共有在职职工194人，其中科技人员127人、科技支撑人员51人。有两院院士3人（1人兼发展中国家科学院院士），海外引进高层次人才4人。有研究员及正高级工程技术人员18人、副研究员及高级工程技术人员62人。2020年，1人在江苏省第五期333工程项目考核中获评优秀，1人获中国科学院青促会优秀会员。

设有“天文学”“光学工程”等2个一级学科和“天体物理”“天文技术与方法”“精密仪器及机械”等3个二级学科博士、硕士研究生培养点，1个“仪器仪表工程”全日制专业学位的培养点，并设有“天文学”“光学工程”等2个专业一级学科博士后流动站。现有博导20人，硕导39人，在学研究生80人（其中硕士生53人、博士生27人），在站博士后4人。

【科研项目】 2020年，南京天光所在研项目共150余项。其中国家自然科学基金重大科研仪器3项（新增1项）、重点项目1项、面上项目27项（新增4项）、青年科学基金项目14项（新增1项）、天文联合培育5项（新增1项）；参与科技部国家重点研发计划重点专项1项；承担中国科学院战略性先导科技专项课题3项；主持中科院前沿科学重点项目1项、重点国际合作项目1项；承担中科院大科学装置运行与改造1项；新增委托研制项目43项。

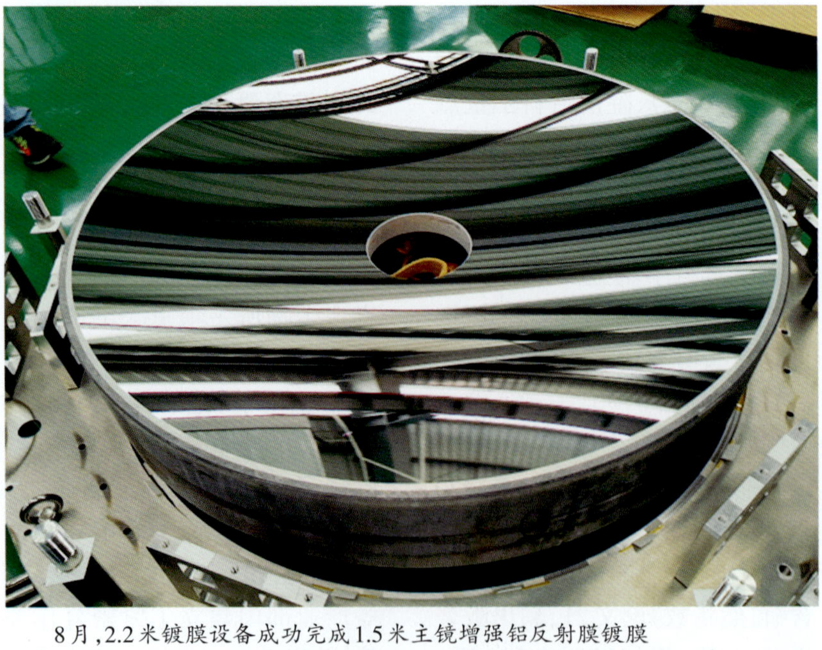

8月，2.2米镀膜设备成功完成1.5米主镜增强铝反射膜镀膜
（中国科学院国家天文台南京天文光学技术研究所　供图）

研究所积极和有关单位加强沟通，推动国家重大科技基础设施大型光学红外望远镜和南极昆仑站天文台尽快立项；作为第二合作单位参与的“极区空间碎片监测与应用创新团队”入选科技部重点领域创新团队；有力保障国家重大科技基础设施LAMOST望远镜持续产出重大成果，光谱在国际上正式进入千万量级时代，LAMOST获评2020年重大科技基础设施运行二等奖；空间站巡天空间望远镜系外行星成像星冕仪（CPIC）成功立项并进入初样阶段，空间站巡天空间望远镜无缝光谱仪组件通过初样设计方案评审；先进天基太阳天文台（ASO-S）卫星全日面矢量磁象仪（FMG）载荷进入正样阶段；研制的1米时域巡天望远镜顺利通过出所验收，数台口径分别为2.5米、1.9米、1.6米和1.2米的系列中小口径望远镜研制进展顺利；第三台南极巡天望远镜AST3-3在南京完成可见光波段的装调和测试；大口径超高轻量化非球面碳化硅镜面磨制达到国际先进水平（口径1.6米，轻量化率91%），运行效果超预期并获用户好评；极低温环境大口径反射式望远镜防霜膜系实验成功，在400nm—2000nm波段范围光谱反射率平均值优

于98%；球冠面上的正交函数研究、超高分辨率超高定标精度光谱技术研究取得新进展。

【科研成果与知识产权】“系外行星超高对比度成像技术与观测取得突破性进展”入选2019年度“十大天文科技进展”。“天文高分辨率光纤光谱仪研制的关键技术与应用”项目获江苏省天文学会“科学技术奖二等奖”，张凯副研究员获江苏省天文学会“青年人才奖”。出版专著1部，提交发明专利申请20件，提交PCT国际专利申请2件，授权发明专利17件，软件著作权1件。全年公开发表科研论文32篇，其中SCI收录4篇，EI收录23篇，中文核心期刊论文5篇。参与完成国家职业技能标准《磨工》的修订。

【学术交流与合作】承担的中国科学院“一带一路”科技合作专项项目“LAMOST与西班牙GTC望远镜的合作”通过结题验收并获评“优秀”。作为重要合作方积极参与TMT第一代科学仪器宽视场光学光谱仪（WFOS）合作研讨会（网络视频），为此后合作奠定了良好的基础。与加州理工大学合作的下一代Palomar光谱仪基本完成像切分器和主体光学设计。

与南京航空航天大学航天学院签订长期合作协议，并举行了校外实习基地揭牌，为今后人才培养和科研合作拉开序幕。与浙江大学共建精英班。6名硕导入选河海大学研究生培养基地指导教师。

【科研条件建设】研究所麒麟新园区科研实验综合楼建设进展顺利，完成大楼主体结构、屋面等施工并通过质监验收，外立面幕墙和内装修正在施工。“十三五”科教基础设施天文光学技术实验及大口径天文望远镜检测装调保障平台项目的可行性研究报告、初步设计方案和投资概算均通过评审，获得中国科学院基建批复。（郑　健）

·中国科学院南京地理与湖泊研究所·

【概况】中国科学院南京地理与湖泊研究所（以下简称研究所）的前身系1940年8月在重庆北碚成立的中国地理研究所，1958年更名为中国科学院南京地理研究所，1987年改为现名。中国科学院院士黄秉维、任美锷、周立三曾先后担任过所长。

2020年，研究所着力完善人事制度和人才引进与培养工作，着力分配激励制度改革和考核评价体系完善，凝聚和稳定优秀人才。现有在职职工269人，博士后18人；在职职工中科研人员201人，管理人员30人，支撑人员27人，包括研究员51人、副研究员及高级工程技术人员82人。研究所现有万人计划科技创新领军人才2人，万人计划青年拔尖人才1人（新增）、国家杰出青年科学基金获得者5人（新增1人）、国家优秀青年基金获得者6人（新增1人）、国家海外高层次人才计划入选者1人、院海外高层次人才计划入选者及候选者9人、江苏省杰出青年基金项目获得者3人。

研究所是1981年国务院学位委员会批准的自然地理学硕士学位授予权单位之一，现设有地理学、环境科学与工程2个一级学科博士研究生培养点，自然地理学、人文地理学、地图学与地理信息系统、环境科学等4个二级学科博士研究生培养点，自然地理学、人文地理学、地图学与地理信息系统和环境科学等4个二级学科硕士研究生培养点以及资源与环境类别工程硕士（环境工程、城市与区域规划2个研究方向）全日制专业学位培养点，并设有地理学一级学科博士后科研流动站。共有在学研究生225人，其中硕士99人，博士126人（含留学生4人）。

研究所现设有湖泊与环境国家重点实验室、中国科学院流域地理学重点实验室、中国科学院湖泊环境治理与生态修复工程实验室、所级公共服务中心、湖泊—流域科学数据中心以及6个湖泊野外观测站（含太湖湖泊生态系统研究站、鄱阳湖湖泊湿地综合研究站、抚仙湖高原深水湖泊研究站、呼伦湖生态系统定位观测研究站、天目湖流域生态观测研究站、东非大湖与城市生态研究站）等科研支撑平台。现有30万元以上的大型仪器设备263台/套。

研究所是全国唯一以湖泊—流域系统为研究对象的综合研究机构，主导着中国湖泊科学的发展方向，并在国际上具有重要影响。研究所面向学科前沿和国家需求，长期聚焦“湖泊—流域关键过程与多要素相

10月17日，中国科学院南京地理与湖泊研究所隆重举行建所80周年庆祝大会
（孙　昊　摄）

互作用机理”，“湖泊—流域系统演变及对人类活动的响应与综合管理”两大基础科学问题；围绕湖泊生态系统演化、湖泊环境治理、流域地理与可持续发展三大学科领域，着力发展“湖泊沉积与环境演变、湖泊生物与生态、物理湖泊与水文、湖泊环境与工程、湖泊—流域过程与调控、流域资源与生态环境、区域人文经济地理、遥感与地理信息科学”八个研究方向，满足国家在“湖泊—流域环境治理与生态修复、区域可持续发展规划与评估”两个应用研究领域的重大需求，奠定研究所在国家科技创新体系中引领湖泊—流域科学创新发展的地位。

2020年，研究所广大干部职工以习近平新时代中国特色社会主义思想为指导，深入学习贯彻党的十九大和十九届二中、三中、四中、五中全会精神以及习近平总书记系列重要讲话精神，以“率先行动”计划为统领，积极担当，前瞻谋划，锐意进取，聚焦国家重大战略，主动服务国民经济主战场，积极发挥科研国家队作用。

2020年，研究所系统总结“十三五”成果，圆满完成“率先行动”第一阶段目标任务总结工作。三个“重大突破”、五个“培育方向”全部通过院验收，其中培育方向“湖泊生物群落结构、功能与调控”以及代表性科技成果“区域一体化空间规划理论与方法”获评优秀。同时，研究所深入布局谋划“十四五”发展，进一步凝练发展目标，组建研究所战略咨询委员会，对研究所的重大发展战略、重大科研布局等进行咨询。研究所以国重、院重重组为抓手，将其与“特色所建设”“十四五”规划有机结合，初步形成“十四五”改革发展方案：整合国重、院重拟重组为“湖泊与流域系统国家重点实验室”，优化调整学科方向，将原来8个学科方向调整为“湖泊形成与演化”“流域水土资源与调控”“湖泊环境过程与系统修复”“湖泊生态系统与安全”“湖泊—流域系统模拟与可持续发展”5个研究方向；优化科研组织模式，由原来以学科为建制的研究室，改革为以学科与重大需求兼顾的研究部制，推动湖泊与流域地理学科的深度融合；在科研组织改革的基础上，整合重组人员队伍，强调集团作战，加强攻坚克难的能力。

【科研项目】　2020年，研究所共有在研项目628项（包括新增项目287项）。其中，主持国家自然科学基金委创新研究群体项目1项、国家自然科学基金委重大项目课题1项、国家自然科学基金重点项目5项、新增联合重点项目3项、新增国家杰出青年基金项目1项、国家优秀青年科学基金项目3项（新增1项）、面上项目106项（新增19项）；主持国家重点研发计划项目5项、课题6项（新增国家重点研发计划课题1项）；主持国家重大科技专项项目2项、课题5项；主持在研科技基础资源调查专项1项、课题2项；主持第二次青藏科考专题1项；新增中科院项目6项，其中STS区域重点项目2项目、院对外合作重点项目1项、院PIFI人才项目2项、院科普项目1项。

【科研成果】　2020年，研究所对接国家需求，强化社会服务，提升科技支撑能力。依托重大专项，在太湖、巢湖等重点湖泊及其流域构建了基于湖泊水治理和保护的系列重大技术示范工程和水体污染系统治理解决方案，为国家生态文明建设和社会经济高质量发展提供范式，有力支撑我国湖泊治理保护工作。依托“长三角区域一体化发展背景下太湖流域生态补偿和污染赔偿联动机制研究”项目提出的政策建议，被列入《2020年推动长三角一体化发展重点工作、重点事项、重点项目清单》重点工作清单及《长三角生态绿色一体化发展示范区总体方案》。依托“天目湖流域生态资源交易平台研发与应用试点”项目，尝试以政府主导建立生态交易市场，推动生态资源有偿使用，推动构建“两山双向转化”生态文明新范式，助力溧阳成功申报“两山”实践创新基地。推进与地方政府战略合作协议的签署，强化服务载体建设，加强社会服务的能力建设和平台建设。2020年分别与昆明市人民政府、淳安县人民政府、江西省山江湖开发治理委员会办公室、德清县人民政府签署战略合作协议，选派科研骨干到地方挂职，为地方发展提供智力助力。

【科研成果转化】 2020年，研究所主持获得省部级奖励2项，作为参与单位获得省级奖励1项。其中，“环湖污染控制湿地构建与修复技术及其应用”获云南省科学技术二等奖、“鄱阳湖流域水文气候变化与湖区极端干旱成因研究”获江西省自然科学三等奖；参与的“内陆水体水质遥感模型与富营养化反演”获得吉林省科学技术一等奖。此外，研究所主持的“长江三角洲区域一体化空间：合作、分工与差异”著作项目成果获江苏省第十六届哲学社会科学优秀成果一等奖。2020年以第一单位发表论文356篇，其中SCI论文收录252篇；一区和二区高质量论文186篇。出版专著11部。申请专利44件，其中发明专利38件；授权专利77件，其中发明专利46件。申请软件著作权登记39件。

2020年，研究所积极提升科研平台支撑能力。完成“滨岸带水陆过程及其生态环境效应高频观测平台”和“湖泊生态系统物质循环代谢及生态安全评估平台”2个所级平台和“湖泊原位在线观测平台”1个野外台站网络修购专项的组织实施，合同金额1520万元。

研究所投资公司2个，分别为中科健康产业集团股份有限公司和南京中科水治理有限公司，从事科技开发人员数91人，年产值共4.5亿元，研究所参股效益1900余万元。

【交流合作】 研究所目前是江苏省海洋湖沼学会、江苏省地理学会、江苏省遥感与地理信息系统学会、中国地理学会长江分会、中国地理学会湖泊与湿地分会、中国海洋湖沼学会湖泊分会、中国第四纪科学研究会生态环境演化分会、中国环境科学学会沉积物环境专业委员会挂靠单位。主办《湖泊科学》学术期刊。图书馆馆藏图书期刊约10万册，各种地形图约3万幅，航卫片5万余张。此外，馆藏地方志4200余种44000多册，其中善本近百种，孤本二十余种。

（孙　昊）

·中国科学院土壤研究所·

【概况】 中国科学院南京土壤研究所成立于1953年，其前身是1930年创立的中央地质调查所土壤研究室，是中国现代土壤科学研究的发源地。南京土壤所是目前我国唯一专门从事土壤科学综合研究的机构，拥有国际上分支学科最齐全的完整土壤学科体系，是土壤科学领域的国家级研究中心和高级人才培养基地。

南京土壤所的定位与目标是：面向现代农业绿色发展和生态环境建设以及国际土壤科技前沿，针对国家土壤质量退化严重、土壤污染防控形势严峻、农业资源利用效率不高、农村人居环境质量较低等亟须解决的现实问题，在高精度数字土壤信息与应用、土壤地力提升与土壤健康、土壤污染与修复等方面产出原创理论成果和关键核心技术，为国家土壤资源合理利用、粮食安全保障和生态环境保护提供科技支撑。不断完善适应国家科技体制改革要求的科研组织体系与管理模式，优化分类评价，建设一支集应用基础研究—技术研发—示范推广协同创新的高水平人才队伍，持续引领土壤学科的发展。南京土壤所深入推进“率先行动”计划实施，全面完成了“十三五”期间“一三五”任务目标，其中一个重大突破和两个重点培育方向取得的成绩在中科院评估中获得优秀。

南京土壤所拥有土壤与农

业可持续发展国家重点实验室、土壤养分管理国家工程实验室、农田土壤污染防控与修复技术国家工程实验室、中科院土壤环境与污染修复重点实验室、农业部耕地保育综合性重点实验室等重要研究平台；设有土壤资源与信息、土壤地力与保育、土壤环境与修复、植物营养与肥料、土壤生物与生态等5个研究部；拥有中科院生态系统研究网络土壤分中心，河南封丘、江西鹰潭、江苏常熟等3个农田生态系统国家野外科学观测研究站以及中科院三峡工程生态环境湖北秭归实验站。拥有联合国粮农组织的特约图书馆和亚洲最大的土壤标本馆。所级公共服务中心拥有国家实验室认可和国家计量认证，连续3年在中央级高校和科研院所等单位重大科研基础设施和大型科研仪器开放共享评价考核中获评优秀。

南京土壤研究所是中国土壤学会、江苏省土壤学会和全国土壤质量标准化技术委员会的挂靠单位；主办 Pedosphere、《土壤学报》、《土壤》等3份学术期刊，其中 *Pedosphere* 是我国唯一的土壤科学英文学术期刊且被收录为SCI源刊。

【人才队伍建设】 截至2020年底，南京土壤所共有在职职工270人。其中科技人员178人、科技支撑人员70人，包括中国科学院院士2人、中国工程院院士1人、研究员及正高级工程技术人员68人、副研究员及高级工程技术人员98人；全所进入创新岗位258人。南京土壤所是1981年国务院学位委员会批准的博士、硕士学位授予权单位之一，现设有农业资源与环境、环境科学与工程、生态学等3个一级学科博士研究生培养点，土壤学、植物营养学、环境科学等10个专业二级学科硕士研究生培养点，并设有农业资源与环境、环境科学与工程、生态学3个一级学科博士后流动站，共有在学研究生379人（其中硕士生163人、博士生216人）、在站博士后43人。

南京土壤所骆永明团队成果入选2020年度中国生态环境十大科技进展　　（南京土壤研究所　供图）

【科研项目】 2020年，南京土壤所共有在研项目499项（包括新增项目117项）。其中，主持（或承担）国家自然科学基金重点项目5项（新增1项）、面上项目42项（新增19项）、青年基金46项（新增11项）、国家杰出青年科学基金项目2项、国家自然科学基金重大项目及课题2项，国家自然科学基金重大研究计划项目2项，国家优秀青年基金项目2项（新增1项），国际合作交流项目10项（新增3项），地区联合基金重点项目7项（新增2项）；主持或承担国家重点研发计划项目13项（新增1项），课题46项（新增5项）；主持（或承担）中国科学院战略性先导科技专项课题2项；主持（或承担）院重点部署项目12项、承担院重点国际合作项目2项（新增1项）；承担江苏省各类项目43项（新增9项）。

【科研成果】 2020年，南京土壤所瞄准国家粮食安全和美丽乡村建设等重大战略需求，积极组织科技攻关，在土壤数字制图、耕地地力提升、土壤污染修复、养分高效利用、土壤生物生态等研究领域产出了一批有重要影响的科技成果，为我国土壤资源可持续利用、农业可持续发展和生态环境建设提供了重要科技支撑。一是在基础研究方面取得了一批重要进展：发展了适用于大区域的数字土壤制图及不确定性估算技术方法；首次揭示了生物体型大小在生物群落构建机制中的作用，可促进土壤生物网络实现养分转化和增产增效功能；阐明了镉超积累植物伴矿景天吸收镉的同位素分馏机制；阐明不同耐铝性小麦品种应对缺氮胁迫的响应机制；揭示了我国典型农田生态系统中微生物群落稳定性和多样性在维持土壤功能和作物产量方面的重要作用。二是研发了多项土壤改良与污染修复技术体系并规模化推广应用。如研发了秸秆炭化还田技术，系统评估了该技术在红壤、潮土等旱地和酸碱性水稻土上的改土作用和生态环境经济效益；研发基于纳米零价铁—生物炭活化过硫酸钠降解氯苯污染地下水修复技术；建立了污染农田土壤修复与安全利用集成技术并示范推广，为我国土壤污染防治提供了有力的科技支撑。全年共发表科研论文600余篇，其中SCI论文450余篇，多项重要研究成果在国际顶级期刊发表。获授权发明专利33项、实用新型专利15项，获省级科技进步二等奖1项

【科研成果转化】 南京土壤所本年度积极推进科技成果转移转化和院地合作，服务国家和区域经济社会发展。继续夯实《科研组织知识产权管理规范》贯标工作，进一步规范科技成果转移转化相关的流程，加大对现有专利通过许可或转让方式实现转化的工作力度，进一步加强与中科华鲁土壤修复工程有限公司、中向旭曜科技有限公司、深圳市德展智能科技有限公司等相关企业的实质性战略合作。积极组织专家参加地方政府组织的科技成果转移转化交流活动，协助政府把脉产业技术问题及规划，并重点推动与内蒙古巴彦淖尔市、江西省农业农村厅、山东省德州市等开展了实质性的合作。

【国际交流合作】 继续推进国际交流合作。2020年度受新冠疫情影响，国际合作形式发生了很大的变化，合作交流转变为线上交流为主。南京土壤所本年度新获批“中国科学院国际人才交流计划项目”立项2项，一带一路科技合作专项1项；国际会议资助2项。 （秦江涛）

·江苏省中国科学院植物研究所·

【概况】 江苏省中国科学院植物研究所暨南京中山植物园是江苏省政府与中国科学院“双管共建”的公益科研机构，作为我国亚热带植物研究中心之一，担负着植物资源保护与利用、植物科技创新与服务、植物科学传播与教育的核心任务。现设有植物多样性、药用植物、观赏植物、植物生态与环境等研究中心7个，拥有国家林业和草原局“暖季型草坪草种质创新与利用工程技术研究中心”“江苏省植物资源研究与利用重点实验室”等一批国家级、省部级科技平台，以及华东地区最大、馆藏70余万份标本的植物标本馆。植物园收集保存植物资源10000余种（含品种），建成专类植物园（区）20余个，是国家、江苏省和南京市科普教育基地及青少年科技教育基地。

研究所是江苏省植物学会、中国环境学会—植物环境与多样性专业委员会、中国植物学会—水生植物资源与环境专业委员会挂靠单位，主办《植物资源与环境学报》学术刊物。截至2020年底，在编职工292人，其中高级职称100人。设有“生物学”一级学科硕士研究生培养点和博士后科研工作站。

【科研成果】 2020年，新增科研项目120项，到账科研经费4227万元。发表学术论文202篇（其中SCI收录论文116篇），出版著作7部；获授权国家专利42项，选育植物新品种21个，发布地方标准8项；获省部级奖4项。

应用推广方面，开展高抗优质主要暖季型草坪草种质发掘与创新利用，填补了国内外热带珊瑚岛礁和重度盐土草坪轻简化建养技术体系的空白，相关成果获2020年度江苏省科学技术奖二等奖。开展薄壳山核桃良种选育、高效繁育技术研究与应用，累计繁育优质种苗640万余株，繁育苗木实现产值约2.5亿元，获2020年度江苏省科学技术奖三等奖。在资源植物利用方面，开展了药食同源植物薄荷新品种选育与产业化关键技术创新与应用，相关成果获国家林业和草原局、中国林学会第十一届梁希林业科学技术奖二等奖；水生植物资源生态修复应用研究方面取得了新突破，“池塘养殖水多级生物净化和循环利用技术创新与推广”获江苏省农业技术推广奖二等奖。在特色植物资源研究方面，如枇杷叶治疗慢性阻塞性肺疾病机制、鸢尾属

植物马蔺响应重金属镉胁迫机制等取得重要进展。

【科技平台】 聚焦特色领域，入选国家林草局首批“国家草品种区域试验站”；与南林大协同共建的“南方现代林业协同创新中心”获教育部省部共建认定。“石蒜属植物种质资源库”获批第二批国家花卉种质资源库；乡土景观树种、草坪草入选获“江苏省林草种质资源库”。“江苏省植物资源研究与利用重点实验室”绩效评估获“良好”等次，“药用植物种质资源库（圃）”获优秀等次。推进构建协同创新机制，与生态环境部南京环境科学研究所签署战略合作协议，强化科技资源开放共享，推进科技成果转化；与中国科学院亚热带农业生态研究所签署战略合作框架协议，围绕水生植物和生态环境修复等重点领域开展技术研发与科技攻关。

【物种保育与科普教育】 植物园建设质量不断提升，2020年新增引种1114种（含品种），其中野生来源植物种类占比70%，园区目前保育活植物10441种（含品种），基本建立了园区活植物数据库，新建植物专类园2个，改造2个。植物标本馆新采集植物标本1780号5045份，DNA样品580份；新增数字化标本1万余份。

植物科普教育的科学内涵不断丰富，建立了科研人员参与科普工作机制，举办了全国自然教育基础培训班（南京站）。全年举行抗疫尖兵植物展、珍稀濒危植物展等特色科普展览12场，科普讲解160场次，科普讲座30场，主题科普活动20场次，入园人数约40万人次。先后获江苏省科普场馆绩效考评专业科普馆优秀等次、全国科普日活动先进集体称号，入选2019年度江苏省科技服务业“百强”机构。

【学术交流与合作】 持续加强国内外合作与交流。为减少疫情影响，部分科研人员参加线上国际学术会议交流；与德国马普学会化学生态所建立了合作关系，并开展合作研究；与德国法兰克福大学联合培养博士生1人。承办了中国环境学会“植物环境与多样性保护论坛”，来自全国近百名专家学者围绕植物多样性保护、药用植物可持续利用、水生植物生态修复等领域开展学术交流，扩大了学术影响力。本年度还新当选江苏省林学会、钟山农业创新发展联盟副理事长单位，江苏省花木协会荷花专业委员会会长单位，为相关产业发展提供专业技术和高端智库平台。

发挥科技优势，以服务脱贫攻坚、服务地方发展、服务企业创新为重心全面发力，助力县域经济社会发展，先后与贵州榕江县、山东潍坊市、无锡锡山区等地签署战略合作协议，通过共建研发中心、产业研究院等方式，围绕地方特色产业在科技、人才支撑等方面构建“产学研”合作创新体系，共同推动成果转化。新选派4位科研骨干参加省“科技镇长团”、扶贫工作队参与科技帮扶，助推地方发展特色农林产业，联合举办“第四届中国碧根果大会暨泗洪县碧根果产业发展研讨会”等，服务地方经济高质量发展的科技支撑作用得到进一步彰显。助力“长江大保护”战略，推进中山杉在长江全流域应用，年繁殖中山杉苗木超过2000万株，在城乡绿化、盐碱地造林、湖泊湿地生态修复和造林工程中获得了大面积推广应用，生态、经济和社会效益显著。央视《新闻直播间》《朝闻天下》等栏目均报道了中山杉在长江边消落带治理中的应用成果。 （耿茂林）

选育的暖季型草坪草品种在热带珊瑚岛礁生态建设中的应用
（江苏省中国科学院植物研究所 供图）

·中国林业科学研究院林产化学工业研究所·

7月，中国专利奖铭牌
（中国林业科学研究院林产化学工业研究所　供图）

【概况】 中国林业科学研究院林产化学工业研究所(以下简称“林化所”)是全国专业从事木质和非木质林产品化学加工与利用，集基础研究、应用研究、产品开发及工程设计为一体的国家级综合性研究开发机构。目前主要研究方向已经由传统的林产化学加工学科拓展到生物质能源、生物基材料与化学品、生物质活性成分利用等新兴生物质产业领域。截止到2020年底，在职职工201人，其中科技人员190人，包括研究员25人，副高级人员57人；中国工程院院士2人，国际木材科学院院士4人，国家杰出青年科学基金获得者1人，国家优秀青年基金获得者2人，国家级突出贡献专家3人，部省级突出贡献专家4人，享受国家级特殊津贴22人；国家“万人计划”青年拔尖人才2人，拥有国家重点领域创新团队“林木资源化学深加工创新团队”。博士生导师16人，硕士生导师40人。现设有2个博士、3个硕士学位培养点和1个博士后流动站，与法国普鲁旺斯大学联合培养微生物学硕士学位研究生。清洁制浆科技创新团队入选第二批国家林草科技创新团队，获得江苏省总工会授予的“2018—2020年度全省厂务公开民主管理先进单位”称号，徐俊明研究员荣获“江苏青年五四奖章”，1人入选江苏省“双创博士”。

所内设有生物质化学利用国家工程实验室(国家发展改革委)、国家林产化学工程技术研究中心(科学技术部)、林业生物质高效转化利用示范型国际科技合作基地、国家产业技术创新类引才引智基地，拥有国家林业局生物质能源工程技术研究中心、国家林业局林产化学工程重点实验室、国家林业局活性炭工程技术研究中心、江苏省生物质能源与材料重点实验室等国家、部省级科技研发平台。在国家级南京高新技术产业开发区和南京化学工业园区建立了国家林产化学工程技术研究中心中试基地、国家林业局林产化工中试基地、生物质化学利用国家工程实验室验证平台等，建成20多条工程化验证装备及中试线，一批重要成果在此进行工程化、产业化验证，成果推广到全国30个省市地区500多家企业。同时附设有全国林化产品标准化技术委员会、国家林业局林化产品质量检验检测中心(南京)、全国活性炭专业委员会及行业协会、全国树木提取物利用分会等学术和技术机构。主办的学术期刊有《林产化学与工业》和《生物质化学工程》。

“江苏省生物质能源与材料重点实验室”在2020年运行评估中再次被评为优秀，在11个被评为优秀的实验室中名列第4，在农业、环保与新能源领域排名第1，在2011—2019年已经连续三个评估周期绩效评估均为优秀。大力实施创新驱动发展战略，加快推进科教融合工作开展，经江苏省人民政府与国家林业和草原局批准，依托林化所、南京林业大学共同建设的林产化学与国际创新高地，于2020年12月1日召开建设领导小组第一次会议，江苏省人民政府、国家林业和草原局、国家林业和草原局相关司局、江苏省人民政府相关厅局、南京林业大学、中国林业科学研究院等领导小组单位成员出席会议，讨论并审议了领导小组工作规则和创新高地发展规划。

【科研创新】 2020年，在研国家重点研发计划项目5项(承担课题11项)、国家自然科学基金重大项目、重点项目等各类科研项目152项。其中新增项目62项，包括国家自然科学基金项目11项(面上项目5项、青年项目6项)、重点研发计划任务4项，国家林业和草原局、江苏省科技计划项目13项，及其他类科研项目34项。

围绕农林生物质资源高效转化利用领域不断进行科技创新研究，“新型豆粕胶黏剂创制及无醛人造板制造关键技术”获第十一届梁希林业科学技术奖科技进步一等奖，“由桐酸甲酯制备C21二元羧酸聚酰胺环氧固化剂的方法”获第二十一届中国专利优秀奖，第十届中国技术市场协会金桥奖个人二等奖1项，第四届中国造纸学会蔡伦科技奖1项，“农林废弃物木质纤维资源能源化综合利用关键技术”获江苏省能源研究会能源科学技术进步奖特等奖。全年发表科技论文170篇，其中SCI收录110篇、EI收录14篇、核心期刊55篇；申请发明专利104件，授权专利58件，其中国际发明专利6件，国家发明专利48件；2020年获批立项国家标准计划项目1项、林业行业标准计划项目6项，涉及活性炭、提取物、松香、松节油等林化产品标准及方法标准，审定通过松香国家标准1项，“松针中聚戊烯醇含量的测定　高效液相色谱法”“松香深加工产品”“沉香提取物”“单宁酸”“木质活性炭试验方法”等行业标准5项。

【科研成果与转化】　切实践行“两山”发展理念，助推乡村振兴、绿色发展等国家战略实施，努力提升科技成果转移转化的质量和效益水平。积极进行抗击疫情、助力林业产业复工复产工作，依托林化所牵头的4个国家林业和草原局产业创新联盟以及生物基材料国家产业技术创新战略联盟，广泛征集联盟各企业生产需求，引导联盟企业开展原材料收购，通过线上线下多种形式开展交流服务。组织专家20余人分3批次赴云南龙陵县、广西环江县等特色资源地区，调研资源及技术需求并提供解决方案和技术支撑、精准扶贫。与西南林业大学、云南龙陵县、抚顺高新技术产业开发区等地方政府及企业签订全面战略科技合作协议7项。木质原料磷酸法绿色制造高性能活性炭技术等2项技术成果纳入国家林业和草原局2020年度重点推广林草科技成果100项，加强成果宣传，组织42项专利参加江苏省技术产权交易市场线上拍卖，组织15项专利成果参加南京都市圈成果拍卖活动，参与了江苏省第二届J-TOP创新挑战季技术需求发布会活动，利用中国林科院、中国林学会、江苏省重点实验室等渠道发布各类成果100余项。全年签订技术转让、技术开发等横向技术合同57项，合同金额1501万元。

【学术交流与合作】　2020年，2名青年骨干科技人员获国家留学基金委资助出国资格，6名青年科技人员获中国林科院基本科研业务费留学计划项目资助。通过中美政府间国际科技创新合作重点专项“基于农林剩余物的高分子新材料制备技术研究”和“中国林科院—美国田纳西大学生物质科学与工程创新平台项目”等国际合作项目的实施，拓展国际合作研究资源，加强创新研发工作，与国外合作发表论文19篇。邀请加拿大工程院士Yonghao Ni教授等国外专家以视频会议、技术讲座等形式开展了系列线上活动，举办2020国际生物基化学品与材料高峰论坛(第五届)、中国香精香料行业大会、广西香精香料产业高质量发展研讨会、林业特色资源加工利用产业发展战略研究研讨会、溶解浆行业经验交流会等学术研讨交流活动，科技人员参加第二届热解分析和应用国际视频会议等国际会议4人次。加强林产化工与生物质产业发展科普宣传等工作，蒋剑春院士参加2020年全国林业和草原科技活动周，通过央视频、中国网络电视等平台进行科普宣传。　(刘玉鹏)

·生态环境部南京环境科学研究所·

【概况】　生态环境部南京环境科学研究所(以下简称“南京所”)成立于1978年，是生态环境部直属公益性科研机构，也是我国最早开展环境保护科研的院所之一。自成立以来，一直以生态保护与农村环境为主要研究方向，致力于前瞻性、战略性、基础性及应用性环境课题的研究。科研范围涵盖生态系统评估与保护修复、生物安全、自然保护地环境管理、生态文明建设与规划、土壤环境基准与标准、农村环境保护与面源污染控制、农用化学品污染防治、固废管理与污染防治、流域水污染防治、环境规划与战略评价等32个研究领域。依托相关研究成果，南京所还在生态环境保护规划、有机产品认证咨询、农用化学品环境安全评估、污染场地修复及环境工程等方面开展了广泛的技术咨询工作。已建成“国家环境保护农药环境评价与污染控制、生物安全、土壤环境管理与污染控制”等三个部级重点实验室，装备国内一流的仪器设备千余台（套）。截止到2020年底，有在职职工578人，其中中国工程院院士1人、高级职称130人；享受国务院政府特殊津贴14人、新世纪百千万人才2人、国家有突出贡献的中青年专家3人、国家环境保护专业技术领军及青年拔尖人才15人、江苏省333高层次人才工程25人；博士153人、兼职博士和硕士生导师26人、博士后11人、在所研究生90人。

【科研项目】 2020年，立项国家财政资金项目63项，科研经费总计达9719万元。主要包括参与国家重点研发计划课题、子课题11项；获批国家自然科学基金及江苏省自然科学基金4项；获批生态环境部事业费项目等共34项。

【科研成果】 2020年获得重要奖项7项，其中环境保护科学技术二等奖3项，江苏省科技奖三等奖1项，中国发明创业成果一等奖2项，江苏省分析测试协会科学技术二等奖1项。发表论文250篇，其中SCI论文122篇，在Science上发表Letter 2篇；出版专著5部；申报专利128项，获授权专利159项，其中国家发明专利28项。

2月14日，驰援武汉技术团队成员合影
（生态环境部南京环境科学研究所　供图）

【人才团队】 2020年，获国家环境保护专业技术领军人才称号1人、青年拔尖人才称号5人；“江苏省333高层次人才培养工程”第三层次2人被评为优秀；16人获得高级专业技术职务任职资格；1人获“2018—2019绿色中国年度人物”提名奖，1人获2020年“最美生态环境科技工作者”称号，2人获中国环境科学学会青年科学家奖，5人获生态环境部长期从事生态环境工作纪念章。160人次获得生态环境部办公厅、生态司、科财司、固体司等部门的书面表扬。

【科技服务】 加强与政府、行业、企业的紧密合作，签署战略合作协议、框架协议等11个，为科技成果转化、服务地方建设构建平台。开展生态保护红线划定、自然保护区生态修复规划、生物多样性保护、山水林田湖保护方案、国家生态文明建设示范区规划、污染场地调查与修复、有机产品认证、环境损害评估司法鉴定等技术咨询服务，承担716项，合同经费6.02亿元。（张孝飞）

·江苏省农业科学院·

【概况】 2020年，江苏省农业科学院本部在编职工1249人，高级职称736人，博士573人；国家“百千万人才工程”专家4名、科技部中青年科技创新领军人才1名、省级以上突出贡献专家40名；享受政府特殊津贴24人。拥有部省级以上科技创新平台77个，其中，国家工程中心1个、省部级重点实验室10个。

【弘扬“江苏时代楷模”糜林精神】 2020年2月18日，江苏省农业科学院丘陵地区镇江农科所果树栽培专家糜林，因长期服务“三农一线”积劳成疾，医治无效去世，后被追授“江苏时代楷模”荣誉称号。为深入弘扬时代楷模糜林精神，江苏省农业科学院在院网开辟专栏发布糜林生前故事40余篇，组织开展糜林先进事迹报告会6场，在主流媒体发布报道20余篇，在全省农业系统掀起学习热潮。

【科研项目】 2020年，江苏省农业科学院全年到账经费4.36亿元，新上国家级项目156项，其中作为主持单位申报的“抗黄花叶病毒绿豆新品种选育与示范推广”等2个项目获国家重点研发计划资助；国家社科基金连续3年获得支持；获2项江苏省优青项目支持。

【科研成果】 2020年，江苏省农业科学院10项成果获江苏省科技奖，其中“小麦镰刀菌毒素污染风险形成机制及管控关键技术研究与应用”“禽肉工业化加工共性关键技术及其产业应用”2项成果获省一等奖；与中国农业大学合作的研究成果“首次发现新型替加环素耐药基因”入选2020年中国农业科学十大进展。

【人才团队】 2020年，江苏省农业科学院公开招聘241人，引进高层次人才10余人，柔性引进特聘研究员2人；新增3人享受政府特殊津贴，3人入选省有突出贡献的中青年专家，1人获“江苏省十大青年科技之星”荣誉称号。

【平台建设】 2020年，江苏省农业科学院兽医诊断检测中心通过农业农村部兽药GCP认证，成为国内唯一取得该资质的省级农科院；新增“全国生态环保优质农业投入品评价技术机构”“江苏省农业数据智能工程研究中心”等2个省部级平台；“江苏省农业生物学重点实验室”被省科技厅评估为优秀。

【成果转化】 2020年，江苏省农业科学院成果转化到账收益2.03亿元，超千万级成果转化3项。荣获国家“金桥奖”先进集体、江苏省技术市场先进集体荣誉称号。

【科技服务】 2020年，江苏省农业科学院与地方人民政府、农业产业园区等共建“亚夫科技服务工作站”10个；遴选55岁左右懂农业、爱农村、爱农民的科技专家组成“亚夫科技特派员队伍”；启动实施“亚夫科技服务”专项29项。与政府、企业新成立18家产业研究院，以1项专利6个品种权作价300万元，与连云港云胜农业开发有限公司、灌云港丽农产品种植专业合作联社联合成立具有独立法人资格的产业研究院。

6月30日，江苏省农业科学院系统丘陵地区镇江农科所果树栽培专家靡林被追授江苏“时代楷模” （江苏省农业科学院 供图）

【合作交流】 2020年，江苏省农业科学院与FAO签署全面战略合作协议，推荐4名专家入选WTF南南合作知识共享平台专家；与英国N8农业食品联盟对接，推动“农业科技协同创新中心”实体运行；与马达加斯加签署合作谅解备忘录，共建5000公顷农业示范园；依托“中缅政府间国际合作项目”，选育4个绿豆品种，在缅甸年推广面积超过10万亩；主办和参加第四届国际噬菌体学术研讨等国际交流活动15场；农业农村部农产品及加工监督检验测试中心（南京）分场所落户农创园；“长三角乡村振兴研究院”入驻农高区完成初期规划；与南京农业大学签订全面战略合作协议；推动江苏省人民政府与中国农科院合作协议签订；以“协同创新、开放合作”为主题，举办对外合作嘉年华，创新“庆”“享”“晒”等形式，展示“十三五”对外合作成效。

【“十四五”规划】 2020年，江苏省农业科学院多次召开专题务虚会、研讨会，分板块、分专题研究院“十四五”发展，形成《江苏省农业科学院“十四五”发展规划（草案）》，明确“十四五”时期的指导思想、发展目标、重点任务和保障措施，作为院“十四五”发展的行动指南。（朱启佳）

（栏目编辑 张 弛）

文化·旅游业

文化

旅游业

文　化

【概况】 2020年，区文化和旅游局以习近平新时代中国特色社会主义思想为指导，全面贯彻党的十九大精神，紧紧围绕“强富美高”总目标，突出文旅体高质量发展总导向，坚定践行新发展理念，扎实做好疫情防控，加快完善公共文旅体服务体系，努力提升文旅体产业的综合实力，成功创建“省级全域旅游示范区”，有序推进长江路文化旅游集聚区建设，并入选“省级夜间文旅消费集聚区”建设单位，为实现疫情防控和经济社会发展“双胜利”与建设“强富美高”新玄武做出了积极贡献。

【文体基础设施建设】 推进红山文体中心改造工程，11月份完成工程改造与内部装修，增加阅读推广、非遗展示、培训讲座等功能，新增文化场地面积1200平方米。优化城市社区“10分钟体育健身圈”布局，新建全民健身器材49套490件；完成富贵山24—25号健身小游园建设，并作为市体育局民生实事项目考察点，接受省人大专委视察调研，并获得充分肯定；新增聚宝山公园、龟山公园等地7片社会足球场地，实现每万人足球场地拥有数0.92块，超省定0.9块目标值。

【文物保护】 按照“属地管理、分级负责”的原则，进一步健全区、街道、社区三级文物保护网络，启动了文物保护监管平台，推进实现文物巡查常态化制度和多部门联动执法工作机制落实。全年共保障5个市区重大项目文勘快速推进，分别为上乘庵地块（德基三期）、沈阳村地块（和昌魔法森林）、百子亭地块、香林寺沟环境整治、熊猫二期地块，考古勘探总面积达8万平方米。新增金石传拓技艺、徐氏外科医术、陶埙陶笛演奏技艺、金陵传统插花4个区级非物质文化遗产项目；推荐上报江苏省乡土人才“三带”行动计划第二批培养对象12人（三带名人5人，三带能手5人，三带新秀2人）；《茗香飘万家——雨花茶作技艺传播交流》被评为南京市非物质文化遗产保护传承优秀实践案例；雨花茶制作技艺项目保护基地南京盛峰茶业有限公司被评为2020年度江苏省乡土人才传承示范基地。

【第二届长江路小剧场话剧节】 9月29日，“小剧场·大未来”第二届长江路小剧场话剧节在德必1913WE”国民小剧场开幕，首场演出了玄武原创话剧《长江路·代号1800》，作为“南京城市印象三部曲”的第二部，邀请了国家一级导演、中国戏剧文化奖导演金奖获得者、江苏省话剧院导演袁俊平执导，优秀青年编剧汪琦创作，与江苏省演艺集团话剧院、国民小剧场戏剧工作室及其人才团队，与本地原创话剧《珠江路》和已创排并演出60余场的话剧《丹凤街》，共同组成“南京城市原创话剧三部曲”。10—12月，话剧节期间共上演了来自上海、杭州、天津、南京等4地12部42场优秀话剧作品。

【参与市公共图书馆“阅美”系列活动】 区少儿图书馆积极参与南京市公共图书馆“阅美”系列活动，并获得少儿主题演讲活动优秀组织奖，短视频比赛三等奖，业务知识竞赛三等奖。红领巾读书征文大赛中，选送主题征文分别获得省文旅厅一等奖，市文旅局一、二、三等奖。

【“Nice潮艺夜市”文化主题周活动】 6月25日，与南京太阳谷文化发展有限公司联合承办的

“Nice潮艺夜市”文化主题周活动　　（区文旅局　供图）

大型潮流文化活动——“Nice潮艺夜市”盛大启幕，推出“Nice演出潮好看”“Nice美食潮好吃”“Nice文创潮好玩”，6周共推出38场精品文化演出，打造夏日南京最时尚新颖的潮流文化聚集区。

【安全生产】 在市文旅局下发的十大整治行动的基础上，结合全区实际，增加了体育场馆安全以及公共体育安全整治两个专项行动。专门制定《玄武区不可移动文物巡查办法》等文件，联合区消防救援大队发布了《关于开展文物安全隐患排查整治专项行动的通知》。探索建立跨部门协调和联动机制，采取与上级主管部门联动、区级相关部门联合、企业自查相结合等方式加大文旅体行业安全监管。全年出动2304人次对行业单位、文保场所等检查2601批次，检查企业300余家次，开展培训150余人次；配合市文化执法总队下达整改通知书13份；受理群众各类投诉共计2225件，办结率99.8%，综合满意率92.6%，组织旅游投诉双方调解40余次。

（董长春）

·档　　案·

【概况】 2020年，深入贯彻省委、市委和区委有关决策部署，紧紧围绕统筹推进新冠肺炎疫情防控和发挥职能作用、服务社会民生这一中心，扎实做好疫情档案征收、档案利用服务、年鉴编纂、安全管理等各项工作，积极推进全区档案工作高质量发展。

【疫情档案征集工作】 根据省、市有关通知要求，细化制定区《新冠肺炎疫情防控工作文件材料归档范围和文书、声像档案保管期限表》，为疫情档案收集提供了依据和支撑。针对区防疫指挥部工作繁忙的实际，安排专人逐一深入指挥部办公室及各工作组牵头部门，做好整理收集工作，收集疫情文书档案近3000件、照片2000余张、视频近40个。为真实记录全区疫情防控的历史过程，从4月中旬起，面向社会发布疫情防控档案资料征集公告，截至年底，已征集照片、音频、视频等各类疫情防控档案资料625件。

【档案规范管理】 结合“6·9国际档案日”，依托区“双结对、双促进”共建活动，并通过政务新媒体，积极开展新《中华人民共和国档案法》宣传。遵循“四同”原则，推进行政权力清单和办事指南标准化运行。采取普查与复查相结合的方式，对全区所有一级单位和二级单位开展年度档案工作检查，年检情况向全区通报。组织全员参加“新修订档案法公益大讲堂”培训，通过对新档案法的解读释义，强化依法治档意识。以年度档案工作检查为契机，采取法规宣讲、工作示范、体会交流等形式，组织机关和教育系统档案员培训，促进档案管理水平提升。

【档案业务建设】 针对疫情带来的影响，以及机构改革、职能调整对档案工作带来的变化，通过电话、网络帮助相关单位和部门实施远程操作服务，通过QQ群、微信群在线进行指导或答疑。按照全区档案信息化建设总体规划，协调相关单位和部门持续推进数字档案室创建工作。以档案事业年度统计为契机，结合全区新任档案员培训，现场讲解统计填报步骤和注意事项，指导各单位、各部门摸清档案工作底数。根据驻区企业需求，采取“走出去、请进来”的形式，培训企业档案人员，开展档案业务指导，积极助力企业建设发展。

【档案利用服务】 积极适应疫情防控常态化要求，通过电话问询、网上查询等方式，为广大群众提供档案利用服务。在新一轮档案接收进馆后，及时续编修订馆藏档案资料检索工具书《档案馆指南》。在档案远程利用服务系统中增加与民生密切相关的内容，并与各街道服务中心建立协作机制，广泛收集群众对档案利用服务的反馈意见，认真做好服务质量动态跟踪，不断推动服务形式由“面对面”向“点对点”的转变。2020年，共接待查档群众2265人次、出具证明2169份，其中利用“玄e档”系统查档462人次、出具证明497份。

【档案资源建设】 按照“双套制”模式，提前接收区民政局2016—2017年婚姻档案25382件、收养档案76件进馆，完成近21万页档案数字化扫描；对原区城镇建设开发公司文书档案和5000余户拆迁档案资料，开展数字化加工，共形成数字化档案966卷；完成馆藏2008年婚姻登记档案中“声明书”的补充加工，共计9482件；开展馆藏1989年保管期限为永久、长期的档案划控开放工作，共涉442个全宗、775卷，开放档案共计31个全宗、134卷(3808件)，丰富和拓展了馆藏档案资源，更好地适应广大群众对档案利用服务的需求。

【档案安全管理】 根据疫情防控需要，制定和完善防控工作制度。每月安排专人对档案馆监控系统、烟感报警、消防设施进行检查，确保运行稳定、运转顺畅。每天检查档案库房安防情况，严格按标准控制库房温湿度，加强档案数字化加工期间，场所和数据安全管理，确保档案安全与完整。重要节日、敏感时期，围绕档案库房“十防”和重点部位安全管理及消防安全设施运行等情况，开展安全检查。按照《关于进一步加强和规范节假日期间值班带班工作的通知》，调整节日假期值班带班等级，督促相关人员做好值守工作。

【党建工作】 推动“不忘初心、牢记使命”主题教育常态化，定期开展意识形态领域的情况研判，确保全体党员思想认识清，政治站位高。围绕疫情防控，成立党员突击队，深入月苑社区开展摸排工作，并根据结对街道安排，组织党员280余人次支援北苑、红山公园社区，并动员全体党员捐款；以“双结对、双促进”的形式，与街道、社区一道开展文明城市创建工作，在一线发挥好党员模范表率作用。扎实组织理论学习、廉政教育，制定支部落实全面从严治党主体责任清单，规范落实组织生活制度，为全年任务完成提供坚强组织保证。 (刘成仓)

·地方志·

【概况】 2020年，全区方志工作深入贯彻党的十九大精神，在区委区政府和上级地方志办公室的指导下，克服疫情对工作的不利影响，按时间节点有序推进各项工作，6月完成区志资料长编(2016—2019)工作，全面开展续修《玄武区志(2000—2019)》工作，9月召开全区续修区志工作会议，完成制发区志续修实施方案至各单位，12月完成《玄武年鉴(2020)》出版发行。

【年鉴编纂质量提升】 坚持提升年鉴编纂质量。加大组稿征集工作力度。面对疫情导致各单位组稿受影响实际，采取发函、电话、网上通信等多种方式进行组稿，于4月底完成组稿及初稿编辑工作。调整框架结构。根据区机构改革实际，相应调整年鉴框架结构，将政策研究与改革、党史研究等副分目内容分别合并到区委办和组织部。将应急管理局和消防大队合并归类，增设应急管理类目彰显其重要性。结合玄武区创新经济带建设，突出徐庄高新区及相应园区年鉴组稿内容，发挥年鉴服务经济功能作用。按时完成出版。根据书号申领情况提前谋划，及时与中国文史出版社签订出版合同，按时完成送审稿及终审稿，确保完成一年一鉴出版任务。

【资料长编工作】 高度重视资料长编工作，及时以区委办名义下发开展资料长编工作通知，明确工作方案、资料搜集要目及编写要求，确保区属单位2015—2019年资料长编工作征集到位。对新组建单位进行重点指导。根据单位职能，明确资料长编搜集范围和条目，并加强业务指导为按时完成长编任务提供了保障；对大系统单位细化分解指导。对收集内容较多的大单位进行资料长编内部工作分解，进一步细化资料搜集内容；对新任资料员单位进行上门指导。具体指导资料长编搜集的重难点内容，确保资料编纂质量。

【区志续修工作启动】 根据《地方志工作条例》规定“地方志书每20年左右编修一次”要求，于2020年全面启动玄武区志编纂工作。加强组织领导。由区地方志编纂委员会组织实施，区档案馆为编委会办公机构，与区方志办一道，负责整体规划、协调关系、督促检查、争取经费和各项保障工作。同时汇集全区合力，明确要求各单位要由一位领导负责分管，一名采编人员兼联络员，按区志编纂实施方案要求，及时完成资料收集以及部分编目的起草工作。积极推进前期工作。开展相关文件学习、研究制定编志工作方案、召开座谈会征求意见等前期工作，并以区委、区政府两办联合发文形式发布《区志编纂实施方案》，9月底召开全区区志编纂工作会议，对区内各单位及驻区有关单位进行动员和提出要求。探索编志新模式。根据《地方志工作条例》“专家修志”要求，结合当前经济社会发展形势和玄武方志工作实际，积极探索聘请专家参与志书编辑部分环节工作，为下一步志书编纂工作积累宝贵经验。

【方志文化宣传】 加强方志地情文化研究编纂。每月及时报送史志类文章和工作动态，2020年，研究编纂的《湖神庙》等多篇地情文章分别被方志南京公众号予以刊载。积极开展方志文化“六进”工作。加强方志文化与社区百姓互动交流，8月底向长江路社区开展方志文化进社区活动，进一步推动方志文化成果走出馆藏、走下书架、走进社区。按上级要求对《玄武区志》和近几年的《玄武年鉴》进行数字化加工并上报省方志办，讲好玄武故事，《钟灵玄武》和《玄武风骚——历代玄武诗词选集》入选为江苏省省级机关党员干部学历史书籍，扩大了方志文化影响面。 （卢永晨）

旅 游 业

【概况】 2020年春节前，区文旅局准确预判形势，早于上级部门要求，提醒旅行社不得向武汉发团和接收来团。防疫期间，突出做好重点场所的安全监管，及时暂停营业性演出审批项目21场；动员关闭各级图书馆、博物馆、文化馆（站）、美术馆等文博场馆27个，紧急取消文博活动16场，延期19场；及时叫停辖区83家游戏游艺和歌舞娱乐场所、互联网上网服务营业场所；关停辖区25家游泳馆和64家体育健身房；协调国会大酒店、紫金山庄、红山路桔子酒店等5家宾馆酒店作为疫情防控“爱心酒店”；积极参与社区疫情防控支援和加大对监管服务对象防控措施落实巡查。同时，积极推进后疫情时期的企业复苏，共向上级争取文旅体扶持资金1785万元，协调减免旅游责任险56万元，暂退旅行社质保金1664万元。

【区获评“省级全域旅游示范区”】 按照“不求所有、但求所在”和“区属与区域并重”的发展理念，利用玄武文化和旅游融合发展联盟平台，开展战略合作，加强资源共享，协力共创共赢，制定并推动实现涉及10大板块、179项、978条具体创建任务完成。新建和改扩建10座A级景区旅游厕所，圆满完成105座A级景区旅游厕所电子地图标注工作，进一步提升景区环境和提高游客的体验感。协调相关景区持续播放《玄武你好！》形象宣传片、《千年之约》形象歌曲、渲染玄武“十大网红打卡地、网红文创品”活动效果。协调有关部门利用户外围挡、社区宣传橱窗等载体，全面投放“一城山水、十朝风尚”“玄武4+5创建行动计划”等全域旅游创建品牌与路径，大力营造创建工作浓厚氛围。与新华报业传媒集团、途牛旅游网深入合作，多举措、全方位、大纵深做好全域旅游宣传营销工作。4月份顺利通过初审和实地暗访；5月26日，接受了省文旅厅专家组会议评审；6月份，玄武区被江苏省认定为第二批“省级全域旅游示范区”。

【长江路文旅集聚区入选“省级夜间文旅消费集聚区建设单位名单”】 长江路文化和旅游集聚区建设，作为市委支持玄武的一件大事和践行南京“四新”行动的重要举措，在市领导高度重视，市相关部门和区各部门全力支持配合下，面对优越的资源、坚实的配套、多元的业态，坚持紧扣拉长消费链、体现特色链，按照“一轴、两片、多板块”的建设构想，实施规划引领、环境提升、夜间消费、产业升级、品牌创树等“五大行动”，推进24条具体建设任务有序进行，完成景观亮化、520广场与江宁织造府南广场改造等重要节点，推进实现市属文博场馆节假日夜间开放，推出访古鉴宝夜博、视听盛宴夜演、潮集扫街夜购、深巷寻味夜食、名品酒店夜宿、华灯美景夜游、艺廊体验夜展、书海思享夜读等“八个夜文旅”计划，打造越夜越精彩的长江路夜间文旅消费集聚区。9月16日，江苏省文旅厅公布30家省级夜间文旅消费集聚区建设单位名单，长江路文旅集聚区位居第一。

【南京玄武文旅融合发展联盟成立】 4月24日下午，南京玄武文化和旅游融合发展联盟成立暨促进新消费“四个一百”文旅

4月24日，文化和旅游发展联盟成立大会　　（区文旅局　供图）

项目发布会成功举行。首批遴选70多家文旅单位组成联盟，涉及A级景区、文博场所、星级饭店、演艺单位、产业园区、旅行社等各类型单位；聘请辖区内文博场馆、A级景区等13位文旅单位和国有企业领导为联盟顾问；推选了主席1名、副主席15名；发布了联盟Logo与形象歌曲；发布了玄武促进新消费“四个一百”文旅项目计划，即百亿文旅项目签约仪式、百个文旅品牌发布仪式、百场文旅体新消费活动。成立联盟，旨在淡化行政概念，强化区域理念，以区域文旅融合创新的发展平台，加强成员单位在政策信息、专业资讯等方面互利互通，在资源项目、人才培训等方面互享互惠，在产业规划、市场营销等方面互助互促，从而实现共谋共建、共创共赢、协同发展、整体提升的多赢局面。

【玄武区全域旅游发展专家智库成立】　7月21日，玄武区召开全域旅游发展专家智库成立大会，聘请来自中国科学院、中国社科院、南京大学、东南大学、南京师范大学、南京中陆必得旅游规划设计院等知名院校企业的9名全域旅游专家作为玄武全域旅游发展专家智库成员。旨在通过智库专家贡献的“金点子”、搭起的“连心桥”、传递的“好声音”，进一步推动全域旅游发展，把发展全域旅游作为抗击疫情冲击、加快老城更新、整合全域资源、服务南京发展的有力抓手，聚力打好特色牌、服务牌、融合牌和宣传牌，积极探索全域旅游带动中心城区高质量发展的“玄武模式”。

【承办江苏省文旅消费季启动仪式】　9月29日晚，2020江苏省文化和旅游消费季暨南京长江路文旅集聚区建设启动仪式在玄武区大行宫广场举行。省政府副省长马欣，省文旅厅厅长杨志纯参加启动仪式，省内13个设区市文旅部门及30个省级夜间文旅消费区负责人现场观摩。中央电视台《新闻联播》《人民日报》、新华社等中央、省级媒体对长江路文旅集聚区建设进行了报道。同时，为提高人民群众文化和旅游消费的便捷程度，国庆、中秋“双节”期间，玄武区长江路文旅集聚区及全区开展“1+3+100”的文旅消费活动，长江路沿线的六朝博物馆、江宁织造博物馆、总统府景区和梅园新村纪念馆的开放时间都延长到晚上10点，旨在通过这场全省联动、内容丰富的文化和旅游消费季，邀请广大游客共赴文旅盛宴，让公众真切感受后疫情时代文旅复苏的新活力、文旅消费的再提质。

【2020玄武湖·城市樱花节】　3月18日上午，与南京市玄武湖管理处共同主办的“2020玄武湖城市樱花节”正式开启。本次樱花节的主题为“记住这年春天”，通过线上云赏樱、全网直播环湖长跑、樱花主题活动直播、城市重启派对等多元化方式，记录这个万众期待的春天。樱花节作为疫情后南京首个大规模城市节气IP，作为玄武区“走出家门、安心休闲，走进玄武、放心旅游”系列主题活动，以野餐直播、苏果好的快闪店、伊利音乐轰趴馆等方式助力城市重启。

（董长春）

·1912街区·

【概况】　南京1912街区作为“中国文旅商业地产整合运营

商”，以城市为事业发展的基本切入点，以城市价值为事业发展的主要指向目标，通过文旅与商业的整合运作，提供商业地产的全流程服务，在实现经济效益的同时，创造出丰厚的文化效益和社会效益。

2020年，疫情收缩了消费市场规模，但也为商业地产行业转型升级提供了契机，1912集团在面对挑战的同时积极抓住机遇，以持续创新“夜间经济”，以打造“高品位示范街区”为发展目标，创新消费新场景，发展新消费业态，始终坚持高品位休闲引领、坚持商旅文有机融合。2020年，南京1912街区复评达标，再获“中国特色商业街”“中国商旅文产业发展示范街区”殊荣；荣登“全国夜间经济示范街”；百家湖1912荣获“2020年度商业地产城市商业新地标”奖项，并入围“华东购物中心主流榜”；1912拾光车站斩获“金鼎奖”，荣获“2020年度创新体验式品牌”。

【“3·15”系列主题活动】 3月15日，“走出家门，安心消费，走进玄武，放心消费”“3·15”系列主题活动在南京1912街区博爱广场举办，南京市玄武区委副书记、区长钱维，南京市商务局副局长张雁宁等市、区有关领导出席。为配合“3·15”主题活动，帮助街区商户提高人气、营造商业氛围、增加街区自媒体粉丝及流量，吸引人流并鼓励消费者放心出门、安心消费，南京1912街区在活动现场为与会来宾发放了近5000元的街区通用现金券，同时发起关注抖音账号、领取街区通用券的活动，并联合部分商户在线上利用口碑、大众点评、抖音平台等营销渠道及线下互动打卡装置，发起了促进消费发放街区及商户现金券礼包的营销活动，3月15日—4月30日共发放总价值100万元的消费券，进一步为街区商业的复苏加油助力，至5月1日，街区商户复工复业率达到75%，各大媒体介绍了街区一系列积极促进消费的新政策。

【“夜玄武首席执行官”授牌】 3月28日，南京1912街区出席在国展中心举办的由玄武区人民政府和南京旅游集团联合主办的“放心出门、点亮玄武”大型活动，并接受“夜玄武首席执行官”授牌。由街区“夜玄武首席执行官”全权服务、对接、协调、处理南京1912街区夜间文旅消费相关事宜，促进街区夜经济发展更加有序、平稳。在街区“夜玄武首席执行官”带领下，南京1912街区加强打造夜间消费“文化IP”，策划组织一批戏曲、音乐、手工等主题鲜明的文化休闲活动，不断推出在全省乃至全国有一定影响的夜间演艺精品，如自由吟唱、南京白局等。同时致力于培育多元化夜间消费模式，鼓励各大商家等营业主体实施延长营业时间，鼓励有条件商户执行24小时×7营业时间，定期开展36小时不打烊、夜间专属折扣、夜间加倍积分等夜间推广、打折让利促销活动，促进街区夜间购物消费；通过不定期举办啤酒节、美食节、艺术节、购物节等活动聚集人气，做大做强街区夜间购物消费市场规模。

【“重返街头计划”主题系列活动】 2020年，南京1912街区为配合夜经济、地摊经济等拉动民生经济的行动，提高街区商户营收，6月南京1912街区陆续推出以“重返街头计划”为主题的一系

3月15日，“走出家门，安心消费，走进玄武，放心消费”3·15系列主题活动在南京1912街区博爱广场举办

（1912街区　供图）

列活动。街区先后举办了"1912重返街头计划之街舞争霸赛""少年架子鼓大赛""少儿水枪泡泡大赛"等五场系列主题活动。现场热闹表演吸引了很多游人驻足观看,加上疫情逐渐向好,活动现场精彩演出为街区夜间经济增添了不少人气,被多家媒体争相报道。7月以来,街区每日客流总量基本维持在1.8万～2.2万人之间,其中每日夜间客流保持在1.21万～1.45万人之间,个别日期甚至好于去年同期。

【街区获"中国特色商业街"复评达标】 2020年,南京1912街区根据相关标准和要求,累计投入近750万元对街区公共区域现有设施设备、公共服务设施、公共区域亮化设施、公共区域路面、建(构)筑物等进行提质升级。9月2日,中国城市商业网点建设管理联合会副会长、中国步行商业街工作委员会主任、中国商旅文产业联盟主任韩健徽,中国步行商业街工作委员会秘书长、中国商旅文产业联盟秘书长王玉萍一行到1912考察,开展对1912集团旗下南京1912街区"中国特色商业街"、"中国商旅文产业发展示范街区"的复审评议,南京1912街区复评达标,再获"中国特色商业街"和"中国商旅文产业发展示范街区"的殊荣。这既是对南京1912街区近年来发展成果的验收和肯定,更是对南京1912街区今后再展宏图的极大促进。

【长江路文旅集聚区"硬核"街区建设】 9月29日晚,2020江苏省文化和旅游消费季暨南京长江路文旅集聚区建设开展启动仪式。光影秀场、国潮乐会、夜巷市集、文创艺展、美食酒肆、晚风舞台,让四面八方来客共赏视听盛宴,共享文旅盛会。南京1912街区作为首批江苏省高品位步行街培育街区以及南京市"夜之金陵"第一批企业参与本次活动。街区以玄武区长江路文化旅游集聚区丰富的文旅资源为依托,以"省级夜间文旅消费集聚区"建设和"省级高品位步行街"培育实施方案为抓手,以"中国第一民国文化高品位休闲街区"升级定位落地为发展目标,充分发挥项目的地域优势、建筑特点和发展传承,牢牢扭住高品位城市休闲和时尚先锋这两大打造关键内核,差异策划、精细运营,力争用两至三年时间将南京1912街区提升为与南京全球影响力创新名城所匹配的城市级会客厅、彰显南京独特城市魅力的潮流窗口和展现中华民族文化自信的精神地标。

【*1912*夜生活*4.0*发布仪式暨硬核国潮专场音乐会】 10月1日晚,"1912夜生活4.0发布仪式暨硬核国潮专场音乐会"在南京1912街区上演。街区携手江苏省民族乐团,用一场硬核国潮专场音乐会,见证了1912全新夜生活4.0时代的到来。玄武区委常委、副区长马千山出席本次活动,南京1912集团总裁罗英介绍了街区在商旅文产业及夜间经济打造方面所取得的成果,玄武区梅园街道、玄武区文化和旅游局、玄武区商务局、玄武文旅集团、1912管办等相关部门领导共同出席本次活动。当晚,南京1912街区瞬时客流峰值达5万余人,再次助推街区"新消费"发展和壮大,从而促进夜间消费,带动夜间商旅文融合发展。

【获玄武区消防安全"四个能力"年度达标先进单位】 消防安全是南京1912街区运营管理工作重中之重,也是街区一项常抓不懈工作。2020年,街区先后投入近40万元,对街区的室外消防设施设备进行全面更换,对消防监控室进行全方位出新。同时,街区全年共开展各类消防培训20批次,参加人员近280人次,其中对新开业商户培训达8批次,参加人员达170余人次。全年共组织安全检查37批次,检查商家覆盖率达100%,共发现安全隐患153处,经现场督促整改,安全隐患整改率达100%,安全隐患整改复查合格率达100%,将各类安全隐患扼杀在萌芽状态。在2020年度玄武区"119"消防宣传活动月中,南京1912街区通过狠抓提高街区"检查消除火灾隐患能力、扑救初级火灾能力、组织疏散逃生能力、消防宣传教育能力",再次荣获玄武区消防大队消防安全"四个能力"达标先进单位。通过这次开展的消防安全主题教育活动,使街区商户和员工更加熟练掌握在火灾面前怎样灭火自救和逃生知识技巧,也大大提高商户和员工的消防安全意识,从而营造良好消防安全经营环境。

【首店经济】 1912街区大力推动品牌首店的落地，截至2020年底，街区共有“首店”商户22家，其中：国内首店16家，江苏首店2家，南京首店4家，并给予适当优惠措施，同时街区加快引进了一批国内、国际一线品牌，从而增加有效供给，丰富街区业态，避免同质化、低端化。街区的经营业态共涉及夜食、夜饮、夜购、夜娱、夜演、夜游、夜健等七大夜间文旅消费业态。通过街区建设和集约化经营，现有一大批国内外知名品牌企业和商品入驻，各业态已合理布局、融合一体，形成品牌丰富独特、品质高端、有文化气息的综合服务型的商业名街。

（张翔宇　龚逸峰）

·中山陵园风景区·

2020南京森林音乐会　　（中山陵园风景区　供图）

【概况】 2020年，中山陵园风景区面对疫情带来的严峻挑战，立足景区实际，凝心聚力谋发展、创新思路求突破，坚持用发展解决问题、用奋斗获取幸福，以景区人实干担当、时不我待、敬业奉献的精神谱写了紫金山发展史上的一段精彩篇章。充分做好资源挖掘整合利用文章。建成“长生鹿苑”，推出“钟山神木”，实施“钟山牌雨花茶”振兴计划，启动“深松居”素菜馆品牌提升，努力用“慧眼、巧手、匠心”改变紫金山气质，塑造紫金山经典。坚持系统思维、全域谋划，在强强联合、借势发力上走出了新路。美团投资1000万元，建成全国一流的智慧票务系统；争取中科院紫金山天文台支持，将紫台30年经营权交给景区；整合全域资源，发行了“紫金山旅游护照”，着力破除景区淡旺季客流不均的“钟摆现象”，努力让“常来紫金山”成为南京市民的生活方式。全面营造“对标一流、干事创业、追求卓越”的浓郁氛围。8月，市委市政府决定成立紫金山玄武湖规划保护建设指挥部，提出高起点打造紫金山玄武湖城市中心公园，使之成为服务市民的共享空间和品质卓越的世界级旅游目的地。

【疫情防控和开园复工】 疫情发生以来，严格落实省市关于疫情防控工作的总体要求，周密细致做好开园复工和游客入园保障。防控机制到位。始终把疫情防控作为最重要的政治任务抓实抓牢，第一时间成立防疫工作领导小组，坚持“防控在前、安全为要”的工作方针，制定常态化和节假日防疫专项预案，统一指挥、分工负责、通盘推进，在全局形成联防联控“一张网”、全域战疫“一盘棋”的良好格局。物资保障到位。迅速筹集防疫物资，寻找采购渠道，全力保证口罩、红外测温仪等必要物资的有效供给，累计调配采购口罩31.4万只，保障了职工自身安全，同时也为景区顺利开园奠定坚实基础。入园保障到位。精心制定开园复工方案，科学设定客流容量，严格入园保障措施，全员下沉一线，落实岗位责任，实行“健康码+测温+实名登记”制度，严格落实常态化疫情防控各项措施，确保景区安全平稳有序。其间，国务院应对新冠肺炎疫情指导组到景区开展督查，充分肯定局采取的防控措施；市委主要领导专门看望慰问了应邀来梅花山赏梅的一线医务人员；央视、新华网、《人民日报》等权威媒体对景区开园复工进行了多次正面报道，展现了景区良好形象。

【生产自救】 2020年，全体干群努力克服疫情影响，化疫情危机为转型发展的契机，变经济压力为开拓创新的动力。对内，开源节流，降本增效。全力保民生、保运转、保工资，及时调整财务预算，严格控制不必要支出，全年压缩支出预算15%；对外，寻求合作，借力发力。充分借助社会资本"花小钱、办大事"，以存量换增量，用资源换效益，由合作方美团出资建成全国一流的智慧景区票务系统；与红山动物园合作，建成明孝陵"长生鹿苑"；开发"明孝陵VR探秘"等文旅新项目；与中科院紫金山天文台签订战略合作协议，积极推动打造紫金山天文台博物馆，未来将成为南京文旅新地标。

【文旅融合发展】 强化改革思维、市场思维、互联网思维，认真研判文旅产业发展新特点新趋势，组织实施"四新"行动，成立六个工作专班，建立由分管领导牵头挂帅、分类推进的工作机制，全力推动景区由传统园林向"现代园林加文旅融合"的转型发展。创新产品，布局文旅新业态。成功打造"长生鹿苑"，营造"林深见鹿踪"的独特文化场景，带动明孝陵景区客流同比增长23%；推动商业模式转型，促进"二次消费"，发行"紫金山旅游护照"，整合餐饮、酒店、亲子、科普、休闲等多种业态50余项优惠权益，利用新产品串"点"成"线"，实现社会和经济效益"双丰收"。数字赋能，带来文旅新体验。建成投用的智慧票务系统，实现了"全网预约""无接触售票""自助入园"，入园网络购票率从10%提高到95%，在2万多家景区中网络购票量稳居第一；完成智能导游服务平台、智能化停车场建设，发行"紫金山旅游护照"，同步上线"云游紫金山"智慧服务系统，中秋国庆假日期间，景区客流同比恢复至79%，旅游收入同比逆势增长7.5%，成为全市文旅经济复苏的标杆。品牌传播，增强文旅新引力。举办线上梅花节、"炫彩灵谷"桂花节，开展文创市集、神木打卡、非遗体验活动；与中茶开展战略合作，面向全国推广钟山牌雨花茶，承办江苏省雨花茶炒制大赛，挂牌成立江苏省唯一手工制茶大师"向伯荣大师工作室"，加快打造"赏梅品茶、观鹿听泉"为一体的"最美茶空间"，钟山雨花茶在南京"十大雨花茶最美茶园"评选活动中荣获第一名；借力新媒体矩阵传播，创新举办"秋到紫金山"宣传推介会，开展抖音挑战赛和短视频摄影大赛，9至11月两个月"秋到紫金山"话题网络传播量达10亿人次，景区知名度美誉度进一步提升。

【生态文化工作】 聚焦人民群众对高品质生活的追求，致力把紫金山打造成为城市生态平衡的绿色空间、共享美好生活的休闲空间、涵养人文精神的文化空间。严格保护紫金山生态系统。坚守生态保护红线，加强生态保育林区管理，实施紫金山流域理水工程，保护好古树名木及虎凤蝶等珍稀动物栖息地，全年共栽植、补植乔灌木5500余株，追播草种、植被11.31万平方米，抚育森林1.3万亩，集中治理野道27条，水系清淤4000平方米；实施"钟山神木"保护和景观提升计划，挖掘古树名木基因资源；践行修复性司法理念，与玄武区法院合作打造全国一流的紫金山生态环境司法保护基地。厚植紫金山历史文化底蕴。紧抓文化遗产保护，完善各项文保管理机制，编制《景区文保单位巡查管理办法》《文物安全专项应急预案》；推进明孝陵享殿、碑亭抢险性保护修缮工作，实施下马坊抢救性保护工程，延续文化根脉，彰显文化底蕴。打造"钟山博物馆聚落"，探索研学游新模式，成功举办"5·18"国际博物馆日系列活动，推出五大精品研学课程，开展各类研学活动320多场次；明孝陵博物馆、孙中山纪念馆、抗日航空烈士纪念馆分别定级国家二级、三级博物馆，填补了景区博物馆定级的空白。

【管理服务效能提升】 聚焦管理创新，以优良的作风和高效的管理，营造文明和谐、温暖温馨的旅游环境。建立并落实全要素网格化管理机制。按照"整合资源、整体联动、集约高效"原则，制定网格化考核办法，梳理细化三级责任网格，建立"人防、物防、技防"三防智慧立体防控体系，不断提升日常管控和处理突发事件的应急能力。提升景区综合治理水平。联合公安、交警部门，集中整治"黑车"2000余起，打击"黄牛""野导拉子"400多人次，有效净化了景区旅游秩序。在全市城市综合治理窗口单位评比中，景区首次排名第一，荣获"全市安全生产优秀单位"称号。（程　岩）

·玄武湖景区·

【概况】 2020年，玄武湖景区坚持疫情防控和经济发展“两手抓”，以生态优先绿色发展为导向，着力提升景区品质，不断彰显文化底蕴，持续完善旅游服务功能。2020年接待游客1135.3万人次，实现自营收入8563.7万元，恢复至去年同期10508万元的81.5%。

2020年，玄武湖景区荣获第一批“南京市生态文明教育基地”，南京玄武湖环湖路荣获“魅力江苏 最美体育”2020江苏省最美跑步线路、“魅力江苏 最美体育”2020江苏省最美跑步线路网络人气奖，玄武湖公园管理处荣获“创建文明城市优秀单位”、南京市“平安景区”创建示范单位、南京市城建工会联合会“模范职工之家”，玄武湖管理处水上游览中心票务班组荣获“南京市巾帼文明岗”，“我爱玄武湖”志愿服务队荣获南京市文化和旅游局“2020年度先进志愿服务组织”、共青团南京市委、南京市青年志愿者协会“2020年度南京市优秀青年志愿服务集体”。

【率先闭园、开园】 2020年1月24日除夕清晨，景区发出闭园公告，这是景区第一次、也是全省第一家发布公告并实施闭园的景区。景区闭园公告由“南京发布”第一时间进行了转发，央视新闻等各大媒体进行了报道。暂别26天，2月19日18点，玄武湖恢复开园。

【菱洲生态乐园向全国医务工作者免费开放】 在新型冠状病毒性肺炎疫情面前，全国广大医务工作者冲锋在前、无私奉献，舍小家、为大家，在疫情防控第一线救死扶伤、英勇斗争，有力捍卫了人民群众的生命安全和身体健康。为致敬医者仁心、褒扬人间大爱，玄武湖景区菱洲生态乐园，对全国所有医务工作者实行免费参观游览政策、提供系列免费贴心服务。

【“战‘疫’归来·同享春天”游园会】 2月21日，玄武湖景区通过官方微博，向鼓楼医院驰援湖北武汉的医护人员隔空喊话，请他们回宁后免费坐鸭子船。4月18日兑现承诺，组织了“战‘疫’归来·同享春天”鼓楼医院战“疫”前线白衣勇士游园会，授予“代言”玄武湖的5名勇士“玄武湖荣誉职工”的称号。在此之前，由处党委书记、主任秦小斌带队，前往南京鼓楼医院和东南大学附属中大医院定向捐赠。捐赠南京鼓楼医院300套防护服和300双医用手套，捐赠东南大学附属中大医院200套防护服和200双医用手套。

【实名预约游览】 疫情防控期间，为进一步保障市民游客游园安全，维护游园秩序，2020年3月3日起景区全面实施实名制入园，并推出了实名制预约小程序。市民游客通过关注玄武湖景区微信公众号，进行线上实名登记预约。

【玄武湖读书汇】 2020年4月“玄武湖读书汇”首场活动在南京玄武湖公园梁洲正式启动。2020全年共举办读书汇活动8场。读书汇的举办吸引了众多专业人士的参与，浓厚了景区的文化氛围，同时也吸引了许多南京市民慕名参加。从2020年4月至12月，“玄武湖读书汇”计划每月举办一场，将邀请专家探讨文学话题、品析文学作品，吸纳优秀阅读组织参与，使其变为“文学客厅”“玄武湖大书房”。

鼓楼医院援鄂抗疫英雄相约玄武湖 （玄武湖景区 供图）

【夜游线路开辟】 景区在延长游船、游乐场等营业时间的同时，增加大船夜游玄武湖项目，开通乘坐游船、法式火车看喷泉夜游线路。以别样的游园体验，饱览金陵明珠玄武湖的秀美风光。此外邀请民间艺人开展文艺演出，为市民游客呈现一场精彩纷呈的文化盛宴。

【中国网红“玄武湖并蒂莲”】 7月12日，一位游客在玄武湖月影桥附近发现并蒂莲，16日花谢结出并蒂莲蓬，26日并蒂莲蓬被一位外地游客摘掉。从被发现到盛开，再到并蒂莲蓬被不文明游客偷摘，持续成为全国关注的热点，多次登上微博热搜，两次名列第二。经不完全统计，在线阅读量超过10亿人次。在短短半个多月时间内，先后13次登上中央电视台，《人民日报》、人民网、中新网等媒体通过新闻客户端进行了持续关注和报道，《人民日报》更是以此事件呼吁外出旅游，别让不文明行为“煞风景”。

【“中信银行杯”玄武湖诗词楹联大赛】 7月18日，为庆祝免费开放十周年，玄武湖公园与江苏省楹联研究会共同举办了“中信银行杯”玄武湖诗词楹联大赛，截止到8月20日收稿，收到全国各省、自治区、直辖市和特别行政区，以及海外的诗词、楹联作品近万首(副)。9月22日经钟振振等7名评委评审、公示，最终共有134首(副)作品获奖，其中楹联67副、诗词67首。这些获奖作品自9月26日至11月30日在樱洲长廊展出。

【玄武湖一卡通发行】 玄武湖免费开放10周年感恩回馈，7月23日，玄武湖一卡通正式发售。一卡通分为实体卡和电子卡，可乘坐游船、观光车、环湖小火车，也可在蒲仙岛游乐场使用。一卡在手，可畅游玄武湖。

【大千世界·玄武湖金秋花园周】 开创“花园周”活动品牌，举办2020年第二届“陈植杯”花园设计与营建竞赛。与南京林业大学、大千生态环境等单位在去年活动成功举办的基础上，深化合作，除了大学生现场营建花园设计作品，还有专业团队设计建造关爱特殊儿童的“天使花园”及专为盲人建造的“白手杖花园”，为特殊群体献礼的同时，促进了社会对这一弱势群体的关注和关爱，也呼吁更多的人加入到传递温暖的队伍中来。多家媒体均对此次活动进行了广泛宣传，景区社会效益及行业知名度得到显著提升。

【园林废弃物处理项目】 为进一步加强环境保护，实现对绿化垃圾进行循环利用的目标，玄武湖景区与专业公司合作，投资150余万元建成景区园林废弃物处理后场。后场占地约1600平方米，其中新引进的专业的园林废弃物处理设备，可处理园林环卫过程中产生的枝材、杂草等所有植物类、木质类废弃物。经试验，每小时废弃物的处理量近20吨，环保高效。园林废弃物经粉碎处理后，会形成匀质的颗粒物，此颗粒物将进行再生利用，送到相关工厂作为再生板制作原料、颗粒燃料制作原料或营养土，绿色环保，彻底解决了景区在垃圾分类工作中园林废弃物无法处理的难题。

【玄武湖观鸟游湖专线】 玄武湖景区现有水生态试验区、生态互动区等各类生态区域近11万平方米，生态化岸线7000余米。随着生态环境的逐年提升，玄武湖成为许多候鸟在南京的越冬地。“后湖飞鹭”成为南京冬季一景。12月12日，景区推出玄武湖观鸟游湖专线，乘坐豪华游船在醉人的冬景中，与越冬精灵们来一场浪漫邂逅。

【生态项目建设】 实施东南湖西岸水域疏浚及生态修复工程。主要包括清淤14.2万立方米，生态修复水域7万平方米；2020年完成项目初步设计评审、招标、施工设备进场、干化站建设等前期工作，完成清淤量约9.5万立方米。同时，在汛期水位下降时，对东南湖翠洲入口、莲花广场、樱桥、台菱堤岸边裸露区域建筑垃圾和泥土进行了人工清理，完成岸线整理约1600米，进一步提升湖岸景观形象。完成内湖生态景观提升，完成沉水植物种植1.5万平方米，结合项目对沿湖步道和绿化进行了景观提升，种植小乔木49株，灌木5800株，临湖游步道250米，极大提升了内湖水域水质及沿线景观。完成2021年玄武湖北湖东部水域疏浚工程可行性方案编制，并获取了项目立项批复。

【景区宣传】 2020年，景区向省市新闻媒体发布消息，宣传覆盖纸媒、网站、微博、微信、客户端等平台，全年新闻媒体报道约540篇次，微信发布约1700篇次，较同期大幅提升，微博、抖音发布数量同期翻倍增长，公众号粉丝大幅提升，微信粉丝已超73万。宣传力度加大的同时，宣传亮点频现。并蒂莲从含苞待放、花开花落、莲蓬被摘到制成标本皆被高度关注，19天时间内13次登上中央电视台，期间多次登上微博热搜榜，持续成为全国关注的焦点。三色乌桕树也成了网红，学习强国、CCTV2、CCTV4、江苏新闻等国家级重要媒体以及省、市媒体和平台进行了宣传。鱼跃龙门、白鹭齐飞、松鼠岛等奇观景色登上学习强国，秋季樱花、黑天鹅、向日葵等得到江苏电视台、南京市电视台等省市媒体和平台报道，成了新晋网红打卡点。

（吴燕君）

·红山森林动物园·

【概况】 南京市红山森林动物园是集物种保护、科学研究、保护教育、文化休闲四大职能于一体的专类园。近年来，红山动物园加快了从传统动物园向现代城市动物园转变的发展进程。2020年红山动物园战疫情、保生产，坚持做好园内2800多头只濒危珍稀野生动物的饲养、健康防疫、野生动物救助等工作，同时积极开展生产自救工作。全年接待游客约200万人次，开展“爱鸟周”“全国科普日”“2020动物艺术狂欢节”等各类教育活动十二大项230余场次，同时通过传统媒体、自媒体等多种渠道让公众了解野生动物保护保育及动物园在公众教育中所做的努力及动态发展情况。

【国内首家动物园线上直播】 2月5日，南京市红山森林动物园开通了动物园线上直播“Zoo直播”，成为全国首家进行网络直播的动物园，同时结合“Zoo直播”开发动物园“Zoo商城”，截至2020年底，共播出103场，获得总浏览量达1300万次的较高人气，在直播过程中不仅提高了大众对动物的关注度和行动，也带动“Zoo周边”产品的销售，在疫情时代搭建起了一个网络桥梁。

【园长应邀参加《一席》栏目】 为应对“新冠疫情”带来的不利影响，向公众宣扬动物保护理念、普及动物保护知识，8月6日，红山动物园园长沈志军应邀前往《一席》栏目上海总部，并以“一席讲坛”第797位演讲者的身份，通过该栏目向全国观众做了一场趣味盎然、声情并茂的演讲。演讲视频播出后，红山动物园在公众教育中作出的努力在国内动物园行业和社会中引发普遍关注，相关信息获得《新华日报》等众多媒体的转发和报道。

【首届“动物艺术狂欢节”开幕】 南京市红山森林动物园2020年“动物艺术狂欢节”于国庆期间盛大开幕！南京市文化和旅游局副局长王敏虹、南京市旅游集团副总经理陆俊、南京红山森林动物园园长沈志军、原力国际营地董事长马达、著名艺术家沈敬东的代理人蒋晓岚等共同出席了开幕式。本次活动时间为10月1日至10月8日，由森林大型互动演出表演、艺术作品展、森林运动会、森林手作工坊、森林文创市集五大主题活动组成。

【新狼馆建成开放】 经过10个月的施工重建，南京红山森林动物园新狼馆于国庆节期间正式

动物艺术狂欢节 （红山森林动物园 供图）

向游客重新开放展示。新狼馆在原来山体地形的基础上，运用专业的设计理念，增加山地的坡度，拉开了空间的层次，为狼提供了高、中、低三级活动区域，地形更加复杂，空间被利用得更为极致。新增加的行为训练及展示区域，不仅方便饲养员进行狼群的行为训练和日常管理，同时这部分区域向游客展示，也为游客了解动物园的专业工作提供了窗口。

【猩猩关爱周游园会暨猩猩艺术家项目启动】 南京市红山森林动物园“2020国际猩猩关爱周”主题游园会暨猩猩艺术家项目于11月下旬在动物园内正式启动。开幕仪式由南京电视台《直播南京》主播欧林冲担当主持，中国动物园协会副会长谢钟、红山动物园园长沈志军、环球健康与教育(贝林)基金会代表及市民、学生代表共同参与了仪式。自2018年以来，红山动物园连续三年组织猩猩关爱周主题系列活动。今年的猩猩关爱周动物园不仅为市民准备了精彩的游园会，在中国动物园协会的极力支持下，南京红山森林动物园、上海动物园联合重庆、福州、深圳、天津等动物园共同发起猩猩艺术家项目，让大众通过这些艺术作品走进每一只猩猩的内心世界，从而关注和关爱这一神奇而珍稀的濒危物种。

【中央广播电视总台来园拍摄】 10月，中央广播电视总台欧洲拉美地区语言节目中心来到南京红山森林动物园，探访生活在南京的野生动物朋友，记录拍摄《体验中国》之《共筑家园——南京小动物的幸福生活》系列短片，放送给世界各地的友人。主持人通过法语、保加利亚语、阿尔巴尼亚语进行播报，带各地网友线上“云”参观了大熊猫馆、亚洲灵长区、澳洲区、大象馆、獐麂坡和动物便便有机肥加工基地等，探寻国宝的秘密，增长动物趣味知识，揭秘鹤鸵的种群发展，解锁更多的动物行为训练，倡导可持续发展和生物多样性保护理念。视频和直播陆续在Facebook等国外媒体上发布，总阅览量789万，总互动10569次。

【新熊馆建成开放】 经过一年的封闭施工，南京市红山森林动物园占地面积3000多平方米的全新熊馆设计建设完成，并于12月底正式对外开放。新熊馆为原址重建，面积较过去增加了一倍，利用原山地的地形，调整高差，将游客参观道设置成外围的环形路径，参观视角由过去的“坑式”俯视变为平视+仰视，不仅为动物创造了更大的生活空间，也给游客带来更深入的游览体验。

【野生动物救助】 作为省、市两级野生动物救助中心，2020年红山动物园共收容救护野猪、猫头鹰等野生动物共计96种2157(头)只。其中由市民及公安救护送至中心隔离饲养动物数量同比上涨了10.53%。经隔离治疗后具备放生条件的动物共计160只，占本土救护动物总量的35.96%。救助的最终目的是让这些动物能够重返自然，为了让更多市民了解救助的目的和意义，动物园开展了多次放归活动并进行了宣传，其中“猫头鹰学校毕业典礼”“小野猪向大自然飞奔而去”“野生獐重回紫金山”“送海龟回家”等得到社会的关注和一致好评。 (公　正)

·南京中国近代史遗址博物馆(总统府)·

【概况】 2020年，南京中国近代史遗址博物馆(总统府)努力克服新冠肺炎疫情带来的影响，多措并举，奋力夺取疫情防控和接待开放“双胜利”，共接待游客159.6万人次，连续五年被南京市评为“平安景区示范单位”，被玄武区评为“百日攻坚”消防专项工作先进单位，被南京旅游业协会评为“旅游年卡工作先进单位”。

【疫情防控】 新冠肺炎疫情发生后，成立疫情防控领导小组，制定防控工作方案。克服困难采购口罩、洗手液、消毒液、额温枪等防护物资。应急采购3台红外体温检测仪，安装在景区入口，与门楼外墙融为一体。实行网格化管理，全面排查返宁职工，对进出人员和车辆严格管控。

【景区有序开放】 根据文旅部门要求，经省政协批准，景区于3月24日正式对外有序开放。严格落实开放预案，实行全网预约售票，控制每日入园游客数量，随着防控形势好转，逐步开放室内展馆，游客接待量从每日4000人增加至1.8万人，并对全国医务人员免票入园。7月1日开始，恢复人工讲解；11月，开放现场售票窗口，满足老年人等特殊群体的购票需求。在景区入口增设遮阳棚、摆放硬质护栏通道、地面画出一米等候线、印制“苏康码”“宁归来”二维码，公告网上购票流程，做好疫情防控、有序开放政策宣传和解释工作，杜绝游客扎堆、聚集等情况发生。入馆游客必须佩戴口罩、查验健康码、体温检测，免票游客还实名登记个人信息。每日对闸机、年卡读取机、讲解机等设备进行消杀，这些举措经受住了五一、国庆假期客流高峰考验，圆满完成了游客接待。为扩大消费、促进内需，经省发改委同意，门票价格从40元/张降低到35元/张。积极配合南京市、玄武区政府打造长江路文化旅游集聚区，经多方协商论证，在国庆节期间，景区首次夜间对外开放。

【参与街道社区疫情防控】 2月，疫情防控关键时刻，积极响应省政协机关党委号召，组织40余名共产党员和入党积极分子，踊跃报名“我是党员我先上”志愿服务。每天到社区参加疫情防控志愿者服务，无论阴晴雨雪，都能始终坚守一线，疫情防控期间共安排80余人次，参与街道志愿者服务588小时。坚决响应党中央号召，广大党员踊跃捐款2万余元支持疫情防控工作。

【优化景区环境服务】 为维护入园秩序，入口摆放硬质护栏作为引导，开放东苑门为出口，缓解了门前人流、车流混杂的拥堵现象。通过公开招标，引进专业的卫生保洁、绿化养护公司，自7月1日起正式上岗，加强人员教育和业务指导，尽快熟悉景区环境，保证了环卫保洁工作的平稳过渡。深入开展爱国卫生运动，年初对太平湖进行清淤，净化湖水水质，定期对厕所、垃圾箱等处进行消毒，全年维修更换洁具40多次，疏通下水道60多次。按照南京市相关要求，组织开展垃圾分类投放。

【古建文物修缮保护】 首次对古建文物进行安全检测，摸清了古建筑的“健康状况”，在此基础上，开展文物保护规划编制工作，为下一步古建保护修缮提供了翔实依据。对西花园石舫、孙中山起居室阳台等古建进行精修。定期巡查古建筑屋面及顶棚，处理有脱落危险的望砖120块、檐口花边滴水130多对，清理屋面树枝、杂草、拾漏200多处。

【展陈出新】 为传承红色基因，弘扬革命精神，上半年在中轴线西厢房举办“红旗插上总统府”文物史料展，下半年在中轴线东厢房举办“人间正道是沧桑”图片史料展。与武汉中山舰博物馆共同发起“红旗插上总统府、千里江山一片红”特别网上连线直播活动，重现了“红旗插上总统府”这一激动人心的历史过程。在省政协领导的直接关心下，编制了展陈“十

煦园夜景航拍　（南京中国近代史遗址博物馆　供图）

四五”规划，启动了中轴线“清两江总督与总督署文物史料展”“总统府文物史料陈列”的升级改造。还与广州中山纪念堂举办交流展，引进了“吾堂中山——全国中山纪念堂巡礼”，推出“总统府建筑历史和摄影图片展”。疫情防控期间，密切关注可移动文物的安全状况，完成文物细菌消杀、展品复制、采购部分文物囊匣等文保用品。

【安全管理】 始终把安全工作放在各项工作首位，持之以恒抓好安全工作落实。签订安全责任书，层层分解安全责任，明确各部安全范围，安全责任落实到个人。实行常态化安全检查，安全领导小组由重大节前的安全检查，扩大到每月定期的安全检查，各部负责人亲自“挂帅”，及时通报发现的风险点和存在的安全隐患，限期整改，使安全管理的理念渗透在工作的点滴之中。落实每半年一次的安全培训，6月8日举行消防知识讲座，119消防安全日之际，邀请玄武消防部门对全馆员工进行消防器材使用培训演练，12月份，邀请梅园新村派出所举行反恐、防诈讲座，还参加玄武区消防大队组织的“百名消防指挥长宣讲消防安全”培训会，不断提升安全防护的理论知识和操作技能。定期更换消防反恐器材，做到“宁可备而不用，不可用时无备”。补充报废400余只满10年的灭火钢瓶，同时及时购置补充消防反恐器材。 （任维波）

·南京博物院·

【概况】 2020年接待国内外公众1515321人次，在线问询系统“问吧”全年咨询量556904次，各展馆服务台共向观众发放宣传资料136万份，租借导览器175491台次，寄存行李36752件，接听咨询电话35211个，租借轮椅1305辆次，租借儿童车1334辆次。举办多场常设展览配套教育活动、特展配套教育活动，开设多场南博艺术教育课程、南博讲坛活动和研学品牌教育活动，深化馆校合作。借助“2020国际博物馆日”中国主会场活动举办“博物馆奇妙夜”活动。“南博蓝”志愿团队荣获“牵手历史——第十一届中国博物馆十佳志愿者之星（团队）”称号。

【开放服务】 受新冠肺炎疫情影响，1月25日至3月18日，南京博物院暂停对外开放，并结合实际情况，认真贯彻落实国家和省市疫情防控决策部署，及时成立疫情管控小组，积极组织抗疫防疫，开展场馆消毒、知识普及、人员进出管控、完善应急机制等系列工作，随时为疫情平稳后的重新开放做好准备。制定完善《南京博物院新冠肺炎疫情防控期间有序开放工作方案》，在正式开放后，坚决执行“四个一”入馆标准，有序复工复产，针对老年人没有智能手机等问题进行专题研讨，制定人性化应对措施；针对防疫卫生需要，新增自主导览设备和大型存包柜，严格执行服务物品消毒流程，使得观众操作更为便捷安全。2020年特殊形势给博物馆带来挑战，南京博物院积极应对，创新服务形式，通过院官网、微信公众号互联网平台，推出了“南博公开课”“微展演”“线上活动·微课程”“微展览”“文物小讲堂”等丰富多样的线上服务内容，满足公众居家防疫的文化需求，有效地拉近了博物馆与公众的距离，打造高质量的博物馆线上公共文化。2020年度官方微信粉丝数达114.04万人，比去年增加28万人。完成官方网站改版，全年访客数达63.5万，下半年比上半年明显回升。

【陈列展览】 2020年为应对新冠肺炎疫情对开放办展的影响，南京博物院通过官方网站、官方微信以及网络直播，积极传播“兄弟王——从满城汉墓到大云山汉墓”“仰之弥高——二十世纪中国画大家展”等当期展览。5月，“5·18”国际博物馆日中国主会场落户南博，陈列展览工作启动。全年举办展览17个。其中，“融·合：从春秋到秦汉——中国传统文化中的多元与包容”特展入选国家文物局2020年度“弘扬优秀传统文化、培育社会主义核心价值观”主题展览重点推介项目。艺术馆展陈方面，年内策划并实施了一系列古代和当代绘画、书法及古籍展览，出版了一本珍藏大系——《清代碑学书法》。

【非遗保护展示】 2020年，非遗馆邀请12个手工技艺类项目进行展示，策划及组织口头表演类非遗项目（传统戏曲、曲艺）展演共计26场，其中小剧场大型晚场演出三场，老茶馆下午场演出23场。春节前夕策划了“我们的节日——春节·元宵节”系列活动，配套节俗图文展于我院艺术长廊展出，并举办了南京剪纸和南京绳结两场公众体验活动。

【文化创意】 2020年，南博文创在全力做好博物馆商店日常疫情防控的同时，聚焦疫情影响下公众需求与传播方式的变化，充分发挥文创赋能美好生活的作用，进一步加强文创产品和服务质量的提升，设计出一系列实用性、文化性与多样性相结合的产品，特别是通过加强与展览陈列、社会服务等部门的链接，与新媒体线上传播新形态的融合，使文创产品在线下与线上的联动中更加贴近公众的生活。充分挖掘江苏传统文化中的水文化，尤其是运河文化，诠释出古老运河的历史文脉在当今时代的活化和传承。进一步完善了部门授权开发管理的有关事项，积极探索授权开发、跨界联名等品牌开发模式，初步制定文创资源授权方式与授权付费比例，在馆藏资源IP授权方面取得进展。“5·18”国际博物馆日活动期间，“博物馆在移动·518文创节”系列活动如“博物馆人谈文创”“把文创带回家”，以当下最受欢迎的直播带货推广南京博物院文创产品。直播各平台累计在线观看人数近200万人次。国际博物馆日文创主题展“水韵华章——博物馆文化创意设计展”以水为媒，以大运河为依托，来自17家兄弟单位，43组（套）作品共同展出。积极参加第三届长三角国际文化产业博览会，全面展示南京博物院的文化创意成果和地域品牌影响力。南京博物院为此荣获“金灯塔奖”“优秀展示奖”。主办2020第七届“紫金奖”文化创意设计大赛，面向全国征集依托国内文博资源（博物馆和文物保护单位等）创意设计的博物馆文化创意产品。截至年底共计收到稿件718件（套），评出164件（套）入围作品，还将进一步完成终评。该活动对保护、传承、利用中华优秀传统文化，推进文旅融合发展，提升博物馆服务社会能力起到了积极作用。

【文化交流】 2020年，南京博物院参加国内博物馆举办的展览15个。除展览交流外，2020年9月，“国际人文交流合作座谈会”在老茶馆举办。座谈会以“后疫情时期国际人文交流与合作”为主题，中外嘉宾围绕后疫情时期开展的国际交流工作、后疫情时期国际合作交流机遇与挑战等议题进行了深入广泛的交流，希望借由活动搭建旅游这个传播文明、交流文化、增进友谊的桥梁，共同推动中外人文领域交流合作取得更多成果。活动当晚，2020年国际友人“水韵江苏·运河行”淮扬菜新中式冷餐会在南京博物院特展馆举办。这是淮扬菜新中式冷餐会在国内的首次亮相，淮阳美食组合巧妙结合了博大精深的中餐内涵与西式的冷餐会形式，向世界各国的与会嘉宾展示了中国淮扬菜数千年的发展成就和古今江苏璀璨的文化旅游形象，再次提升了“水韵江苏”的国际影响力。

【考古发掘与研究】 2020年，全年考古发掘面积约2.9万平方米，发掘墓葬数量459座。其中，东滩头遗址的发掘是近年来太湖西部骆驼墩文化研究的重大进展；常州寺墩遗址和象墩遗址对研究长江下游区域文明有重要意义；开展《寺墩遗址群研究》《长江下游地区古代人群的体质特征和健康状况》《江苏新石器晚期生业资源技术研究》三个“中华文明探源研究”子课题；开展《邳州新河煎药庙西晋墓地发掘资料整理与研究》《蒋庄遗址基础资料整理与研究》两个国家社科基金重大项目；出版考古报告《东台辞郎村》，考古从实践到理论研究又上新台阶。

【文物保护修复】 2020年，南博承担省部级以上文保科研课题14项，其中国家重点研发1项、国家社科基金1项、省部级课题8项、市局级课题4项；编制文物保护修复方案6个，修复院藏文物、新出土文物和委托单位文物共计205件（套），熏蒸消毒文物约1140件（套），开展不可移动文物修复工程三项。纸质文物保护国家文物局重点科研基地甘肃工作站成立。年内，一项发明专利获国家知识产权局授权。

【文物典藏】 2020年，典藏部、接收征集部移交征集捐赠文物藏品共计209件(套),完成1837件(套)文物的入藏工作,主要有图书馆移交的一普文献1104件(套)、展厅考古品373件(套)、朝天宫玉石器300件(套)等文物。

【文物征集鉴定】 为纪念抗击疫情中涌现出的高尚人物事迹和时代精神,我院积极征集新冠肺炎疫情防控代表性见证物。继续拾遗补阙丰富院藏,征集到了商代青铜觚、明洪武景德镇官窑白釉云龙纹盘、南唐买地券等重要文物。举办国家文物局文物鉴定责任人员实习实训基地书画培训班,提升全国进出境审核机构的责任鉴定员的鉴定水平。接收国家文物局调拨美国返还文物艺术品。持续开展涉案文物鉴定、进出境文物审核工作,确保审核工作的严肃性、权威性和公正性。

【大遗址与古建保护】 2020年,开展句容市茅山镇何庄村居住组团规划及建筑设计、淮安市洪泽区洪泽湖大堤周桥大塘段生态修复与文化展示工程和徐州市淮塔文物库房建设工程项目与淮塔景区游客中心改造项目文物影响评估,加强民国馆的日常安全、基础设施、展品和文物管理。

【学术与出版】 举办、承办博物馆文创产品开发论坛、"青年视角——多元与包容的博物馆"论坛、长三角博物馆文创联盟工作推进会、文化和旅游部重点实验室评估会议、江苏省博物馆学会2020年度会员代表大会暨论文研讨会、文旅融合背景下博物馆高质量发展论坛、江苏省考古学会2020年年会等7场学术交流活动;出版图书、杂志共14本;《东南文化》发行杂志六期,发行增刊两期;发表各级各类论文82篇,获得各级奖项25项、专利授权2项。

【大运河遗产保护】 2020年是扬州中国大运河博物馆建设的关键之年,作为筹备运营承托单位,南京博物院成立大运河博物馆展览运营筹备办公室,并带领各工作组凝神聚力、密切配合、紧抓落实,在文物展品征集、内容形式设计、布展项目招标等方面综合发力,展览运营筹备取得重要进展和阶段性成果。今年11月,成功冠名"扬州中国大运河博物馆";大运河沿线的32家博物馆在南京成立"大运河博物馆联盟",并签署《大运河博物馆联盟协同发展协议》;与同行协调数字资源、文献资料等2400余件,征集运河相关的各类展品约6670件(套),移交出土文物200余件(套),为相关展览提供了资料和展品;完成编写《大运河——中国的世界文化遗产》《应运而生——大运河沿岸的文化生活》等11个展览文本和临展厅功能设计方案,稳步推进方案评审和展陈工程招标工作,紧张有序推进布展工作;稳步推进管理制度、设备采购、信息化系统、安防系统、文创、社教等基础筹备工作,确保扬州中国大运河博物馆如期高质量建成。

【"5·18"国际博物馆日活动】 2020年"5·18国际博物馆日"中国主会场活动在南京博物院开幕。活动采用线上线下融合传播方式,通过5G网络对主会场系列活动全程直播并进行话题推送;以"博物馆在移动5·18文创节""为国宝代言"活动和"国云展"直播为代表的博物馆线上空间启动;以"中华文化的性格"为主题举办"博物馆奇妙夜"直播活动,更加贴近公众。举办"致力于平等的博物馆:多元和包容"国际博物馆日主旨论坛、"青年视角——多元和包容的博物馆"论坛、博物馆文创产品开发论坛。博物馆人和社会各界人士从多重视角出发,交流分享行业经验,探讨博物馆的未来发展方向。举办了"水韵华章——博物馆文化创意设计展",来自17家兄弟单位的43组(套)作品共同展出,呈现了当下文博文创最高水平。据统计,有关博物馆日主会场活动报道共计3272篇;微博话题阅读量13.8亿,新媒体平台播放量6.3亿,合计超过20亿(截止到5月19日24时);17家直播平台,在线直播观看人次达7000多万。央视《新闻联播》播出了"各地举办博物馆日活动"联播快讯。

【南京博物院理事会成立】 根据2017年中宣部、文化部等部门联合印发的《关于深入推进公共文化机构法人治理结构改革的实施方案》要求,为创新文化事业单位体制机制,建立具有中国特色的博物馆体系和博物馆管理体制,推动南京博物院公益事业更好更快发展，近几年人事组织部牵头就文化事业单位法人治理结构的实践模式开展调研，调研重点围绕博物馆章程的制定、理事会的组建、理事会与管理层职责界定及中长期发展规划等方面进行，最终形成一套适合南京博物院发展的理事会制度，经报请省文化和旅游厅党组同意，2020年12月31日，南京博物院理事会正式成立。省文化和旅游厅党组书记、厅长杨志纯，省文旅厅一级巡视员吴晓林、南京博物院第一届理事会理事、南京博物院领导班子成员出席理事会成立大会暨第一次全体理事会议。成立大会上，省文旅厅一级巡视员吴晓林宣布理事会成立，并宣布任命龚良为首届南京博物院理事会理事长，段勇、梁勇、卜宇、盛蕾、孙士泽、马千山、车宁、何勇、黄在兴、朱忠迎、邹正、曹志君、王奇志、马根伟为首届南京博物院理事会理事。随后召开的首届理事会第一次工作会议审议通过了《南京博物院理事会章程》，表决通过马根伟任理事会秘书长的决定。南京博物院将充分发挥理事会的监督、指导、支撑和咨询功能，进一步规范各项业务、提高服务水平，推动博物馆事业实现整体高质量发展。（衣雨涵）

·梅园新村纪念馆·

【概况】 2020年，新冠肺炎疫情对博物馆事业产生严重影响。梅园新村纪念馆统筹兼顾、协调推进，取得抗击新冠肺炎疫情斗争重大战略成果，生产生活秩序稳步恢复，各项事业逐步走上正轨。受疫情影响，梅园新村纪念馆于1月24日起闭馆，3月15日起正式恢复开放，全年开放235天，接待观众108730人次，举办2个专题展览，1场巡展，举办线上、线下社教活动30余场。

闭馆期间，纪念馆充分利用网络资源，积极开展线上展览、线上社教活动，凸显了梅园新村纪念馆在数字化建设、智慧博物馆建设的成绩。在新冠疫情新常态下，梅园馆毫不放松抓好常态化疫情防控，并对互联网时代公共服务新需求进行积极的思考，探索出一条特殊时期博物馆事业发展的新途径。本年度，梅园新村纪念馆被授予南京市第九批社科普及基地，社教项目“重返梅园”青少年情境体验活动被评为江苏省博物馆教育示范项目。

【王继才先进事迹展览】 为纪念和宣传王继才同志的先进事迹，大力倡导爱国奉献精神，使之成为新时代奋斗者的价值追求，梅园新村纪念馆与连云港市革命纪念馆联合举办“‘家就是岛 岛就是国’——人民楷模王继才先进事迹展览”。展览于2020年5月10日结束，受疫情影响，展览参观人数为42539人次。

【“中国共产党人的杰出楷模周恩来”展览】 为深入学习贯彻习近平总书记在纪念周恩来同志诞辰120周年座谈会上重要讲话精神，缅怀周恩来同志为党、国家和民族建立的丰功伟绩，梅园新村纪念馆与周恩来邓颖超纪念馆联合举办“中国共产党人的杰出楷模周恩来”展览。5月18日，展览在梅园新村纪念馆开展。展览通过100多张历史照片，充分反映周恩来作为中国共产党人的杰出楷模，在半个多世纪奋斗的人生历程中所展现出的伟大人格和高尚风范。

【夜间开放】 为响应玄武区打造“长江路文旅集聚区”建设，做好文化文博资源的宣传推广，提升红色场馆的服务水平，推进文旅融合发展，梅园馆自2020年7月17日起，实行每周五、周六和节假日夜间开放。夜间开放以来，举办“党性教育晚课堂”党员学习教育培训23场，“小小报务员”主题社教活动21场，“小小编译员”主题社教活动18场，为广大观众及游客提供了夜生活的全新文化旅游体验，受到观众的一致好评。

【社教活动】 配合春节、世界读书日、国际博物馆日、国防教育周、国庆等重要节日及馆内专题展览，梅园馆相继开展了“周恩来与花的故事”线上社教活动、“朗读者·红色经典咏流传——迎接第24个世界读书日”分享阅读活动、“红色少年诵读红色故事”活动、“军民同心筑梦 共担强军重任”国防教育周系列社教活动、“唱响国歌、礼赞国旗、致敬国徽——我爱我的祖国”主题国旗升旗仪式等社教活动，同时策划并开展了“小小报务员”“我是编译员”“国旗与少年”等梅园品牌社教活动，展现了红色文化教育基地的担当。暑假期间，纪念馆成功举办第十八届文博之夏系列活动之——“‘梅园杯’我最喜爱的博物(纪念)馆”征文活动，各大中小学院校踊跃参与，共征收文章684篇。

【党性实境教育课堂】 7月，馆内党性实境学习教育课堂有序恢复，为广大党员党性学习提供了良好的学习环境。夜间开放以来梅园推出“党性实境教育晚课堂”，立足于党员的党性教育，以纪念馆文物、故事为依托，缅怀先辈、重温历史，弘扬革命传统、强调立党“初心”。纪念馆与江苏钟山红岭先锋培训公司联合举办党性实境教育晚课堂，双方在党员培训培养、资源共享、优势互融上，将进一步深化合作领域。

【志愿者工作】 由于新冠疫情特殊情况，根据上级单位指示要求，纪念馆暂未大面积恢复志愿者招募和培训等相关工作。7月后，疫情日渐趋于常态化，梅园新村纪念馆志愿者积极参与线上线下社教活动的组织与策划，参加南京红色文化志愿者联盟“记忆里的红”知识竞赛，展现了“梅园红”志愿者互助进步友爱的团结精神。为扩大“梅园红”品牌影响力、相互学习，纪念馆组织优秀志愿者讲解员前往常州博物馆开展研学活动，与常州博物馆的志愿者面对面座谈学习，提高志愿者积极性和服务质量。 （林建英）

·六朝博物馆·

【概况】 六朝博物馆位于玄武区长江路302号，在原六朝建康城遗址上修建而成，于2014年8月11日正式对公众开放。

2020年，六朝博物馆接待观众27.5万余人次，其中未成年人5万人。全年主办或参与举办临时展览16场。馆内一楼临展厅举办大中型展览“城市记忆拾贝——南京考古2019年度精品文物展”“锦绣金陵——金文大师云锦非遗贺岁展”等。馆内公共空间举办文化艺术类展览“六朝风韵——九人书画 丹青迎春”“预见未来——南京文学地标‘童筑’展”“六朝博物馆展览与活动海报设计展”“围棋与六朝”等。六朝博物馆还将展览送出博物馆、送出南京市。为配合西善桥街道的岱山新庙会和嘉年华活动，“六朝历史与民俗文化图片展”两次走进社区。下半年，“2020年江苏省馆藏文物巡回展”项目启动，将“风雅六朝——南京六朝历史文化展”送到姜堰、张家港、东台、海安四地。全年免费讲解413场次，举办“美在六朝”“岁时有约”“六朝科学堂”“六朝茶礼”“六朝·夜”等101场社会教育活动，举办“翻转吧，小六！——第五届六朝魔方小达人大赛”“回望六朝”系列研学活动。11月，在国家文物局指导、中国博物馆协会主办的“2015—2019年度博物馆研学课程及线路推介活动”中，“回望六朝”系列研学课程荣获“最佳线路”和“优秀课程”称号。

“城市记忆拾贝——南京考古2019年度精品文物展” （六朝博物馆 供图）

【“风雅六朝——南京六朝历史文化展”】 4月，六朝博物馆策划的“风雅六朝——南京六朝历史文化展”入选“2020年江苏省馆藏文物巡回展”项目。6月至11月，展览分别在姜堰博物馆、张家港博物馆、东台市博物馆、海安博物馆举办。展览集中展示了百余件套南京出土的六朝文物，围绕“风雅”主题，展现南京地域文化特点、凸显南京地区文物资源特色，吸引了众多当地观众参观欣赏，感受六朝历史文化和社会生活的魅力。

【“城市记忆拾贝——南京考古2019年度精品文物展”】 6月24日，由南京市文化和旅游局主办，南京市考古研究院、六朝博物馆联合承办的“城市记忆拾贝——南京考古2019年度精品文物展”在六朝博物馆开展。展览精选2019年南京市10个代表性考古项目、出土的200余件文物展品，自春秋至明清，从墓葬到遗址，展示南京考古工作的收获。展览期间，还通过南京市考古研究院和六朝博物馆的微信公众号发布了“云展览”，分期介绍精品文物，让更多的观众足不出户就能欣赏展览，丰富了疫情期间的公众文化生活。展览荣获“江苏省考古学会2020年年会”颁布的“公众考古奖”，并入围“第七届紫金奖·博物馆文化创意设计赛”终评。

【博物馆夜间开放】 为配合玄武区长江路文旅集聚区建设，进一步促进夜间经济繁荣发展，提升博物馆公共文化服务能力，六朝博物馆于7月17日起每周五、周六和节假日施行夜间延时开放。六朝博物馆在夜间开放期间共举办了48场丰富多彩、各具特色的活动，以极具互动性的参与方式，吸引观众在夜间走进博物馆，感受博物馆“奇妙夜”的无限魅力。

10月2日，诗礼红楼·茶艺老师教授茶道知识　　（江宁织造博物馆　供图）

【志愿者服务】 2020年正式注册的“六朝青”志愿者达85名，志愿者累计服务时长6500余小时。“六朝青”志愿服务社荣获南京市文化和旅游局授予的“先进志愿服务组织”称号。“六朝青”博物馆课堂进社区项目荣获第五届江苏省志愿服务展示交流会银奖。　（朱晓雪）

·江宁织造博物馆·

【概况】 江宁织造博物馆是在江宁织造旧址上建造的一座现代博物馆，属国家一级博物馆。它由著名建筑学家、两院院士吴良镛先生担当设计，整体从南望北叠叠高起，是现代建筑的语言和传统园林建筑结合的经典之作，于2013年5月1日正式对外开放，紧紧围绕江宁织造的红楼、戏曲、建筑、丝路四大文化主题，现有四组基本陈列，分别是“江宁织造”“云锦天衣”“红楼梦曲”“中国旗袍”，讲述江宁织造与世界非物质文化遗产——南京云锦织造技艺以及中国四大名著之首《红楼梦》的故事。

2020年共举办社教活动43场，举办文博之夏研学活动《溯源·实践·畅想——云锦织造研习班》《“拼”尽全力，遇“建”红楼》。社教活动主要包括“我们的节日”“诗礼红楼”主题活动、临展配套社教活动、倡导新民俗爱国活动四个方面内容，着力打造“诗礼红楼”品牌活动，活动形式丰富，受众群体多样，同时结合织造历史和《红楼梦》元素，通过游戏、知识讲座、绘画、园林盆景设计，来学习“待人之礼”“仪式之礼”，不仅普及古典名著，还将博物馆资源与综合实践有效结合，增强学员更深的文化自信与民族自豪感。9月，江宁织造博物馆成为首批“梅花戏剧角”样板示范点，为在南京举办国内最高水平戏剧奖——中国戏剧“梅花奖”评奖活动预热宣传。同时研发品牌戏曲教育课程，利用馆内曹府戏苑及时尚发布中心，举办沉浸式实景演出、汇聚戏剧表演爱好者、研习者、专家与专业机构，进行广泛的、通识性的交流、学习与创作，围绕研习、讲座、互动培训、创作、演出等板块展开，以大众读者、观众和文艺爱好者为主要群体，向艺术爱好者呈现更广泛的艺术实践，推动大众对艺术生活的积极表达与参与。

【"来自盛京"——清代宫廷生活艺术展】 "来自盛京"——清代宫廷生活艺术展于2020年1月19日春节之际开展。本次展览由南京市博物总馆主办，江宁织造博物馆、沈阳故宫博物院承办。共展出沈阳故宫博物院珍藏的95件(套)精品文物，通过服饰配饰、食用器皿、生活起居、清宫陈设四个方面，讲述清代皇室宫廷生活中的礼制与意趣，以此向观众展示清代皇家历史文化和文物精粹，引导观众探寻满族皇室的龙兴之路。

【"从前慢"——馆藏老物件展】 7月12日，"从前慢"——馆藏老物件展正式拉开帷幕。本次展览依托馆藏老物件，从衣、食、住、行等方面，精选100余件充满故事的展品，带您回望独特年代气息与情怀，沿着历史印迹慢下来，邀您一起思考与品味那段岁月带来的启示与情怀，加深对社会变迁的理解和记忆，增加审美情趣。

【"曼妙丝语"——诺丁汉蕾丝及蕾丝织造展】 展览由南京市博物总馆主办，江宁织造博物馆与诺丁汉城市博物馆和美术馆共同承办。共展出143件(套)文物，将通过蕾丝的起源、蕾丝的工艺、蕾丝的用途三个部分，来诠释蕾丝这一极具诺丁汉城市特色的文化符号。通过蕾丝六百余年深厚的历史沉淀折射出几个世纪以来欧洲纺织行业的演进和审美趣味的发展。与欧洲的蕾丝工艺相比，中国传统制衣技法更是精妙绝伦，本次展览首次展出"西汉·素纱禅衣"复制件，通身重量仅49.5克，仅比原件重0.5克，由南京工匠耗时13年复制而成，轻若烟雾，薄如蝉翼。它高超的制作技艺代表了我国西汉初期养蚕、缫丝、织造工艺的最高水平。

【"我们的节日"系列活动】 江宁织造博物馆以传统节日为契机，深度、多维度针对不同人群精选特色节日文化，在节日假期举办了"我们的节日"系列活动。活动深入发掘传统节日、节气的特色文化，通过节日由来、特色风俗、礼仪演变等方面，以文化交流、互动体验的形式，宣传节日文化，烘托节日氛围，诠释中华文化的源远流长、创新发展。

【"诗礼红楼"系列活动】 江宁织造博物馆有红楼、戏曲、建筑、丝路四大文化主题，作为曹雪芹出生成长的地方，江宁织造与《红楼梦》有着深厚的渊源。该馆于2020年10月开展了"诗礼红楼"系列活动，活动以《红楼梦》为主要内容，探索红楼人物、器物、礼仪、文学、建筑等方面的红楼文化。在博古通今的同时，结合当今"八礼四仪"的教育目标，强化文明礼仪素养，提升综合素质。

【"奇妙的云锦"系列活动】 南京云锦织造技艺是世界非物质文化遗，拥有灿烂的历史文化积淀。为宣传推广云锦非遗织造文化，江宁织造博物馆推出动态体验式系列教育活动"奇妙的云锦"。将云锦织造从源头开始，拆分细化成几个环节，如纹样、缫丝、扎染、织造等。通过互动体验，展现云锦纹样设计、织造技艺，使非物质文化得以传承和发展。此外，活动还将云锦与传统服饰相结合，积极引导大家了解和学习仪表之礼，同时促进南京云锦工艺的传承和发展。

【文博之夏"溯源·实践·畅想——南京云锦研习班"】 7月28日—8月1日，江宁织造博物馆第三期"溯源·实践·畅想——南京云锦研习班"开班授课。课程一经推出就社会各界的密切关注，吸引了大量热爱传统文化的大众积极报名。研习班学员们在两位云锦非遗产传承人周双喜和杨玉柱大师的指导下体验云锦织造的全流程，包括：纹样设计、意匠绘制、挑花结本和上机织造。在为期4.5天学习生活中，来自五湖四海的学员们不仅在云锦非遗传承人的引领下追溯了南京云锦的发展历程，实践了颇为神秘的云锦织造各流程，更结合各自不同的专业和特长对南京云锦的未来发展提出了种种畅想，收获满满。

（刘慧焱）

（栏目编辑　卢永晨）

卫生·体育

卫生
体育

卫　生

【概况】 2020年，玄武区卫健委党委始终把人民生命安全和身体健康放在第一位，团结带领系统上下克服一切困难，奋力打好新冠肺炎疫情防控战，紧盯卫健事业高质量发展，扎实推进各项工作落地落实。全年区级财政对卫生健康事业拨款3.45亿元，占年度财政支出的8.69%。新增20万元以上医疗设备9台，总价值549.43万元。全区有各级各类医疗卫生机构229个，床位3943张，卫生在岗人员8924人。其中，卫技人员7180人，执业（助理）医师2924人，注册护士3047人。至2020年底，全区每千人拥有医生数达4.89人，每万常住人口全科医生数达7.94人。区卫健委被评为江苏省抗击新冠肺炎疫情先进集体，区疾控中心被评为全市抗击新冠肺炎疫情先进集体，区疾控中心党支部被评为省卫生健康行业先进基层党组织；全系统涌现出省级抗击新冠肺炎疫情先进个人3名，市级抗击新冠肺炎疫情先进个人14名，市、区优秀共产党员7名，南京市人民满意的卫生工作者2名，南京市十佳护士1名。

（殷锦国）

·抗击疫情·

【建立预检分诊兰园模式】 疫情暴发之初，区卫健委结合实际，在全市率先规范设置预检分诊点，探索分区设置、个人防护、制定流程、物资储备“四个规范”的预检分诊“兰园模式”，实现“验码、测温、筛查、监管”全流程管控，使“四早”措施第一时间得到迅速落实，“兰园模式”得到国家卫健委和省市领导肯定。

【精准预约分级诊疗模式】 玄武区在全市率先全面应用预检分诊一体机，有效维持良好就医秩序，累计预检分诊190余万人，日均检5000余人次，无一差错，得到省卫健委谭颖主任高度赞赏。各社区卫生服务中心通过电话、网络、扫码等方式，开展精准预约诊疗，有效防止医疗场所人员聚集。辖区11个社区卫生服务中心（站）充分发挥59个家庭医生全科服务团队、分级诊疗系统预约平台作用，预约7天内门诊服务，实现“分时就诊、分流患者、化解风险”的目标。常见病、慢性病和老年病患者首选辖区内中心首诊；病情复杂患者由中心预约转诊到二级以上医院，对慢性病患者视病情可将处方用药量延长至3个月，并尽量配备使用二级以上医院药品，满足患者需要。社区卫生服务中心与医联体内大医院共同开设“联合病房”，为患者提供同质化诊疗服务。

6月30日，区卫健委表彰系统内抗击疫情的优秀党员和优秀基层党支部

（区卫健委　供图）

【集中隔离专班保障模式】 在全市率先探索集中隔离专班保障模式，开设心理服务热线，最早开展进出双核酸检测加胸片检查，成立医疗专家组、孕妇服务组、爱心妈妈团，保障不同服务对象个性化需求。组派医护骨干1855人次，全程驻点保障市区两级11个集中隔离点，包括全国首批留学生包机、首个美国包机入境航班在内的81趟、5880人的集中隔离保障任务，无一纰漏，得到了被隔离人员的一致好评，许多人解除隔离后还纷纷来信来电表示感谢，此举也得到省市领导的充分肯定。

【创新重点人员三级健康管理模式】 创新重点人员全过程网格化“三级健康管理”模式，实行“三保障、四到位、五跟进”，确保人员可知可控、在管在控、快速回溯，创造出2～4小时出具流调报告的“玄武速度”。

【守牢院感防控关口】 成立区院感防控专班，指导各医疗机构建立院感防控工作小组（门诊部以下设立院感专员），健全组织体系，完善防控机制，依据省卫健委下发的“新冠肺炎疫情院感防控回头看专项督查表”和市“十个关口”督查要点，开展多轮检查督查及“回头看”，全年累计下达监督意见书831份，帮助辖区180余家医疗机构安全有序恢复诊疗服务；通过线上线下相结合的形式，率先完成多轮次医疗机构疫情防控、院感管理全覆盖培训，院感防控关口紧密牢靠，为疫情防控工作取得阶段性成效贡献玄武力量。 （杨 勇）

【爱国卫生】 疫情以来，玄武区爱卫办以健康玄武建设为目标，以打赢抗疫阻击战为主导，大力开展爱国卫生运动。印发《致玄武区居民的一封信》7万余份、《新冠肺炎防制手册》5000余份、各类海报7套1.8万余份。根据区防控指挥部的要求，出动186人次，以农贸市场及周边地区为重点，每日开展健康教育、病媒生物防治和消杀工作检查指导。在4月份的爱国卫生宣传月活动中，全区共出动1.2万余人次，清除卫生死角3000余处，清理垃圾杂物800余车2000余吨，清理乱张贴1200余处，拆除违规广告牌114块，查处违规工地16个，清理破损共享单车1200余辆，补植绿地3000余平方米。爱国卫生月活动中市对区考核评分列第二名，《新华日报》《南京日报》和省市电视台等多家媒体进行了专题报道。9月份，举办了健康科普讲师区级竞赛，选拔3名优秀选手参加市级竞赛，其中2名选手参加总决赛，获得个人第二名，玄武区获优秀组织奖；选拔1名参加省级竞赛，获个人二等奖。举办了线上卫生健康大讲堂7场、健康讲座14场，培训健康生活指导员300多名。建成省级健康社区3个、健康促进医院1个，卫生健康街道1个。

（邹元莺）

·社区卫生·

【基本公共卫生服务】 为确保年度国家基本公共卫生服务项目任务指标全面完成，制定下发了《2020年玄武区基本公共卫生服务项目实施方案》，聘请市社区卫生协会对全区各社区卫生服务中心开展基本公共卫生服务项目第三方考核评估。建立居民健康档案538131份，电子健康档案建档率90.02%；发放健康教育印刷资料183种，507010份，播放音像资料180种，3348次，33766小时。更新健康教育宣传栏47块，113次，举办各类健康教育讲座122场次，参加人数4701人，举办健康咨询96场，咨询人数6501人；累计建立预防接种证3562人，建证率和接种率都达到100%；接种计划免疫疫苗86331针次，各类疫苗接种率达100%；为51370名65岁以上老年人开展免费健康体检，老年人健康管理率69.8%；规范管理高血压24917人、2型糖尿病患者8797人，全年管理肺结核患者89人；全区登记严重精神障碍患者1930人，规范管理1916人，规范管理率99.27%；为48094名老年人和10277名0～3岁儿童开展中医体质辨识及调养服务，中医药健康管理服务率达65.35%和82.47%；报告传染病29例；协助开展食源性疾病、饮用水卫生安全、学校卫生、公共场所、非法行医和非法采供血、计划生育实地巡查576次。

【妇幼保健】 早孕建册率94.4%，孕产妇健康管理率97.75%，产后访视率96.15%，出生缺陷发生率4.43‰，孕产妇死亡率0，妇女病普查人数47709人，妇女病普查率96.9%，婚前医学检查率85.04%。7岁以下儿童保健覆盖率99.97%，新生儿访视率97.47%；0～3岁儿童系统管理率97.41%；5岁以下儿童死亡8人，死亡率2.85‰，婴儿死亡7人，婴儿死亡率2.49‰。全年共完成宫颈癌检查5000人，其中转诊阴道镜109人，病理检查81人，发现宫颈低级别病变23人，高级别病变12人，宫颈癌3人。乳腺癌检查5013人，病理检查13人，发现乳腺癌7例。为2820名建册孕妇部分减免艾滋病、梅毒、乙肝

9月26日，仙鹤门社区卫生服务中心开展“江苏健康服务百姓”义诊
（区卫健委　供图）

筛查费用，筛查率100%。筛查出梅毒感染孕妇1例，乙肝表面抗原阳性82例。对9例梅毒感染产妇所生儿童进行随访，排除梅毒感染5例，转他区随访2例。全年接产医院筛查产妇乙肝表面抗原阳性20人，共为20例新生儿注射免费乙肝免疫球蛋白。

【计生药具管理】　全年发放男用避孕套44304盒、口服避孕药247盒，智能药具箱领取男用避孕套信息28354条，计划生育四项手术开展27例，月服务427人次。

【家庭医生签约服务】　根据《玄武区社区家庭医生工作室建设指导意见》，完成59个社区家庭医生工作室全覆盖，集“签约、看病、体检、宣教”为一站式服务，让社区居民在家门口享受更多优质、实惠的健康服务，形成双赢的良好局面。同时，开展互联网+护理服务，预约上门和家庭病床服务获江苏省家庭医生签约服务创新举措，同仁街社区卫生服务中心丹凤邮家家庭医生工作室获江苏省星级家庭医生工作室。全区常住人口签约184749，签约率30.9%；重点人群签约122066人，签约率73.2%。

【特色科室建设】　后宰门社区卫生服务中心口腔科被评为南京市基层医疗机构特色科室，全系统市级特色科室达到19个。新街口社区卫生服务中心通过国家优质服务基层行推荐标准。仙鹤门社区卫生服务中心通过江苏省妇幼健康规范化门诊市级验收。

【母婴设施建设】　制定了《玄武区加强母婴设施建设实施方案》，进一步明确工作目标、任务、时间和要求，大力推进母婴设施建设，满足群众对母婴设施建设的需求。按照国家标准，制定统一的母婴室标识，要求各建设单位进行规范张贴，并设立醒目的导向标志；统一印发母乳喂养系列宣传海报、宣传画等资料。完成新（扩）建母婴室5家，其中示范母婴室1家、标准化母婴室4家。（张　纯）

·医政管理·

【医联体建设】　2020年印发了《玄武区医联体建设管理办法（暂行）》《医联体绩效考核评分表》《玄武区医联体（专科联盟）专项资金管理办法》等文件，扎实推进医联体有序运行，切实发挥医联体作用。11月份与省肿瘤医院、12月份与市口腔医院再次签订合作协议；先后与14家三级医院、1家二级医院建立医联体合作关系。共建设医联体19个、药联体5个、专科联盟5个、专科合作12个，联合病房5个，共建特色专科17个。全年参加中大医院、市中心医院、南医大附属眼科医院医联体培训10余次，受训220余人次；接收上级医院58名专家到辖区医疗机构门诊带教服务，服务1203天、9167人次；组织122名基层医务人员到二级以上医院进修，玄武区综合医改考核位列全市第三。

【专科联盟建设】　2020年，玄武区卫健委进一步完善专科联盟运行机制，推动联盟教培工作突破学期向老学员延伸、突破学科向专科外延伸、突破体系向民营机构延伸，将授课时间和内容向老学员、联盟外及民营医疗机构公开，将上级专家下基层门诊服务时间相对固定，并向各类机构及居民公开，更好地发挥专科联盟作用，让优质医疗服务距离百姓更近一点。2020年完成集中授课110余场次，跟班教学482人天，167名医护人员专业技能得到锻炼，10余家机构医疗服务品质得到有效提升。

【信息化医疗服务】 推进“互联网+医疗健康”建设，发挥信息化技术优势，助力疫情防控工作。搭建区域预检分诊监管系统，配置预检分诊一体机22台，智能识别患者身份和非接触式测量体温，提升预检分诊效能。设立微信在线健康咨询平台，组建“医路先锋”在线咨询服务团队，线上解答居民健康问题，普及防疫知识。建成玄武区“互联网+健康服务”平台，协调区属和民营医疗机构进驻平台，形成“线上申请、线下服务”的健康保障模式，实现“玄武健康，服务到家”的便民服务承诺。强化与各级各类数据平台互联互通，全年向市卫生信息平台、市医用耗材阳光监管平台、区政务数据共享交换平台上传各类医疗健康数据4079.39万条。

【中医药工作】 组织中医惠民宣讲110余场，发放宣传资料2500余册，完成同仁街社区卫生服务中心估衣廊中医馆、仙鹤门社区卫生服务中心徐庄社区卫生服务站中医阁建设，完成7个名中医工作室建设项目，普及中医药“治未病”知识和养生保健理念，组织省名中医经典大讲堂和中医药宣传月活动，印制宣传海报40种，营造浓厚的学习氛围。加强基层医疗机构西医人才中医药知识和技能培训，上半年组织10人参加中医药知识和技能培训，推荐5人参加南京市中医药青年人才培养对象选拔，3人进入复审。

【药事管理】 严格执行国家基本药物制度及配套政策，全区10家基层社区卫生服务中心基本药物配备使用品种和金额比例平均值达到省市规定要求。规范药事管理工作，提升临床合理用药水平，确保药品供应保障，严格执行省平台短缺药品监测预警“每月零报告”和国家短缺药品直报系统报送要求。各社区卫生服务中心按要求开展处方医嘱点评公示，建立医疗机构合理用药考核、分析和通报制度，各中心抗菌药物采购金额占药品总采购额的比例均低于10%。规范药品医用耗材采购管理，提高网上采购率。全年基本药物、抗菌药物、麻醉精神药品管理培训考核3次，培训考核500余人次；在第三方医疗质量检查中，10家中心药事工作平均得分97.8，锁金村社区卫生服务中心处方点评工作被专家组称赞为“三甲水平”。

【医疗服务质量】 成立了玄武区医疗质量管理控制“1+2+10”工作模式，成立1个医疗质量管理工作领导小组和医疗质量管理委员会、医学伦理学委员会2个委员会及医疗服务、医疗文书等10个质控专家组，明确职责分工和标准要求；制定《玄武区医疗质量与医疗安全服务年活动方案》，对区属委管医疗机构实行“5个4”分类管理，将232家医疗机构按地域划分为新街口、红山、仙鹤门、孝陵卫4个片区，按专业分为口腔、医美、中医、综合4个类别，按等级分成诊所、门诊部、一级和二级及以上4个级别，10个质控专家组按地域混编成4个指导组，按“分组负责、分片包干、分级分类、常态监督”的原则，每年定期开展上门督查指导，做到“所有单位、全部科室、全体人员、重要环节”全覆盖。对11家社区卫生服务中心（站）和玄武区口腔医院、区妇保所、4所大学的校医院及部分民营医院，开展了医疗质控检查。组织5个医疗质量检查专家组对辖区内医疗机构医疗质量进行了全面检查。全年受理医疗事故技术鉴定申请21例，协助人民调解委员会协议调解2例、司法诉讼1例。处理各类涉医投诉223件，通过多面协调、多元化解和多渠道沟通，全部得到合理解决。（杨　勇）

·疾病预防与控制·

【急性传染病防控】 全区累计报告法定传染病发病955例，无甲类报告，无死亡报告，其中乙类传染病11种502例，发病率为84.38/10万，丙类传染病4种453例，发病率为76.15/10万；报告突发公共卫生事件2起，均为新冠肺炎聚集性疫情，涉及人数1050人，涉及病例10例；腹泻病门诊就诊总人数为935人次。

【计划免疫】 全区接种率如下：卡介苗99.70%、乙肝(3)99.15%、脊灰(4)94.73%、百白破(3)99.47%、白破91.24%、含麻类疫苗(2)98.62%、流脑A(2)99.40%、乙脑(2)97.97%、甲肝(2)98.24%、流脑A+C(2)92.37%。全年累计建证建卡2439人，接种一类疫苗64183针次，报告AFP病例4例，经流调均已排除。新冠疫苗12月18日起实施紧急接种工作，无一例疑似不良反应。

【结核病防制】 全区共发现肺结核病患者125例，其中病原学阳性患者76例、病原学阴性患者46例、结核性胸膜炎1例，无病原学(仅病理阳性患者)2例，全部纳入治管，治管率100%。登记的病原学阳性密切接触者筛查102人，密切接触者筛查率100%；辖区医院累计报告疑似肺结核病89例，其中本区病例28例，报告、转诊率和到位率均为100%。去年同期完成治疗患者104名，非结核病死亡3例，成功治疗101例，成功治疗率97.1%。系统管理率100%。处理学校结核病疫情27起，其中散发疫情26起，聚集性疫情1起。共排查密切接触者1617例，其中散发疫情密切接触者1022例，开展胸片筛查997例，胸片未见异常。聚集性疫情密切接触者595例，胸片筛查595例，7例胸片异常，转南京市第二医院诊治。共开展PPD(或R-干扰素)筛查1617例，其中PPD强阳性(或R-干扰素阳性)95例，全部按要求进行预防性服药。

【艾滋病防制】 累计完成市第三看守所羁押人员HIV筛查2180人次，HIV抗体初筛阳性3人，检测覆盖率100%；VCT门诊共免费咨询检测905人次，HIV抗体初筛阳性1例，梅毒阳性6例。美沙酮门诊完成检测158人次，发现HIV抗体初筛阳性者6例，丙肝抗体阳性127例。月均干预暗娼492人次，干预覆盖率94.4%；完成FSW人群检测1018人次，梅毒阳性4人；MSM人群检测2022人次，HIV抗体初筛阳性30人，干预覆盖率95.6%。辖区医疗机构新报告艾滋病病毒感染者/病人39例，其中男性35例，女性4例，艾滋病病人10例，晚发现比率25.6%。新增本区管理艾滋病病毒感染者/病人44例，全区现管理存活感染者/病人379例，已完成随访和CD4检测378人，随访率99.7%；对所有符合治疗条件的感染者/病人均及时转介至市公卫中心接受抗病毒治疗，治疗率95.3%；在管存活感染者/病人中，结核病筛查379人，结核病检查率100%；配偶/固定性伴检测18人，配偶检测率100%。

【严重精神障碍患者管理】 全区登记在册严重精神障碍患者1928人，登记报告率为3.23‰，其中签署知情同意书愿意接受医学管理的1914人，检出患者管理率99.27%，规范管理率99.27%。

【慢性病防制】 全区网络报告死亡2699例，死亡率5.74‰，不明死因比例3.33‰。利用南京市慢病网络直报系统，共分慢五病到社区4811例，其中高血压965例，糖尿病1700例，社区共核实1336例，其中高血压509例，糖尿病827例，慢五病核实确认率66.01%。高血压健康管理44471人，健康管理任务完成率100.32%，按4次面对面随访加1次体检方式计算规范管理人数27003人，规范管理率60.72%，不区分随访方式计算规范管理人数37996人，规范管理率85.44%，血压控制率60.39%；糖尿病健康管理14680人，健康管理任务完成率101.27%，按4次面对面随访加1次体检方式计算规范管理人数9034人，规范管理率61.54%，不区分随访方式计算规范管理人数12577人，规范管理率86.76%，血糖控制率56.99%。

【PCR检测实验室建设】 为深入贯彻落实国家、省市关于疾控机构加快提升新冠病毒核酸检测能力的要求，2020年8月，玄武区疾控中心启动了PCR实验室建设，11月下旬完成建设任务，12月1日PCR实验室通过省级验收，目前日核酸检测量可达300人份，主要承担辖区密接、密接的密接、入境人员解除隔离前核酸检测。实验室面积约100平方米，按规范分设四区：试剂准备区、核酸提取区、核酸扩增区和产物分析区。配备A2型双人生物安全柜、全自动核酸提取仪、荧光定量PCR仪、生物安全型高压消毒锅等，设有独立负压风控系统，缓冲间、互锁门、传递窗、通信设备、一键报警以及洗眼器、自动感应手消毒器等设施设备，在符合国家实验室相关建设规范的同时，着重加强了对工作人员的安全防护。（邵益飞）

·卫生应急·

【公共卫生应急预防体系完善】 完善各类公共卫生应急预案，修订《玄武区突发公共卫生事件应急预案》《玄武区突发事件医疗卫生救援应急预案》。组织开展自救互救培训和应急演练，在落实落细疫情防控常态化措施的同时，抓紧抓实常规疾控工作。全年完成全区应急培训1万余人次、60余场重要会议和重大活动保障任务。

【卫生应急规范街道创建】 12月，锁金村、梅园新村、孝陵卫等3个街道通过市卫生健康委卫生应急规范街道考核评估。

（邵益飞）

·卫生监督·

【卫生监管与处罚】 全区医疗机构共234家，51家机构受疫情影响暂未开业，已开业机构监督覆盖率100%；中小学幼儿园共80家，监督覆盖率100%；二次供水共93家，监督覆盖率100%；公共场所873家，除部分未开业的KTV、沐浴场所，其余公共场所监督覆盖率100%；职业用人单位39家，监督覆盖率100%。共完成行政处罚30件，罚没款合计人民币10.15万元。行政处罚案件全部在规定时间录入“七日双公示”系统和江苏省市场监管信息平台。

【疫情防控专项检查】 自1月26日南京启动新冠病毒感染肺炎疫情一级响应后，区卫健委严格按照“疫情防控工作部署到哪里，卫生监督检查就跟进到哪里”的工作要求，切实扛起疫情防控监督检查工作的责任，充分发挥专业监督执法和指导作用，全面提高疫情防控工作的科学性、精准性，实现疫情防控监督检查无死角。共出动监督员5806人次，累计检查单位10532家次，下达监督意见书2802份。

【医疗美容综合监督执法专项检查】 根据南京市《关于进一步加强医疗美容综合监管执法工作的通知》要求，组织开展了以“规范开展医疗美容服务、规范经营、使用药品和医疗器械、规范发布医疗美容广告”为主要内容的专项监督行动，行动为期三个月，共出动卫生监督员70人次，监督检查医疗美容机构30家，生活美容机构63家。

【职业卫生专项监督检查】 严格按照《国家卫生健康委关于印发用人单位职业卫生监督执法工作规范的通知》（国卫监督发〔2020〕17号）的要求开展职业卫生监督执法工作。上半年在做好疫情防控的同时，对辖区内汽修厂、加油站、印刷厂等150余家企业开展职业卫生普法宣传并进行摸底检查；发放职业健康宣传品600余份；举办职业病防治法培训班2次，培训人员83人。认真推进《南京市尘肺病防治攻坚行动实施方案》和尘毒危

7月9日，国家疫情防控督查组来玄武督查　　（区卫健委　供图）

害专项治理工作，对突出重点行业领域建设项目和粉尘危害严重的用人单位进行全覆盖普查，申报职业病危害单位11家，申报率达到100%。

【学校传染病防控卫生监督检查】 根据苏卫办监督〔2020〕4号《关于进一步加强学校传染病防控等监督工作的通知》，对辖区内7所大学、39所中小学，41所幼儿园开展专项监督检查。

【医疗废物专项整治行动】 为深入贯彻《传染病防治法》《医疗废物管理条例》，进一步落实《玄武区危废、固废专项整治实施方案》的要求，加大对医疗废物处置相关单位的执法监督力度，更加规范医疗废物处置工作，切实、有效地保障人民群众的健康和生命安全。区卫生监督所开展规范医疗废弃物收集、运输、处置的专项行动，对未使用专用医疗废弃物包装袋的2家医疗机构，处以共计6000元的行政处罚。 （刘志陆）

·计划生育工作·

【落实两孩政策】 深入实施全面两孩政策，强化各部门齐抓共管，完成"十三五"期间计划生育目标管理责任制各项指标任务。全年生育登记2594人，其中二孩生育登记829人；出生人数2855人，一孩1929人，二孩899人，多孩27人。全年完成了全员人口库31633条信息核对工作。

【计划生育奖励扶助政策】 全年累计为2227名失业人员发放独生子女父母奖励金13.362万元，为4817人次特扶对象共发放扶助金1027.154万余元，为2258名企业退休职工发放一次性奖励677万元，为94名符合政策条件的人员申请计划生育公益金19.30万元；为751名特扶人员发放公交和游园补贴46.562万元，春节、中秋等节日慰问特扶人员2368人次，发放慰问金59.02万元；慰问计划生育困难家庭85户，发放慰问金3.40万元。计划生育各类奖扶政策兑现率100%。

【计划生育特殊家庭援助项目】 长效落实区、街、居计划生育特扶人员联系人制度，为计划生育特殊家庭建立联系人信息档案。将977名计划生育特扶人员优先纳入基层医疗机构家庭医生签约服务，开展健康管理，签约率100%。为1224名特扶对象发放了"计划生育家庭特别扶助制度扶助证"。计生特扶对象凭特扶证在市、区定点医疗机构享受优先挂号、就诊、检查、取药、住院"五优先"便利服务。

【计生困难家庭保险工作】 积极开展计划生育家庭生育关怀保险服务活动，全年投入7.755万元为517名失独人员办理了重大疾病及住院津贴险综合保险，投入1.236万元为103户计划生育困难家庭独生子女办理了意外伤害和重大疾病保险。积极与社会组织合作，依托万家帮、一家圆等一批优质社会组织力量，为计生特殊家庭人员提供精神关怀、心理疏导、健康关爱、走访慰问、联谊交流、技能培训等暖心服务，提升了针对计生特殊家庭的服务质量和服务效能。

【0～3岁婴幼儿早期发展工作】 通过政府购买服务方式，在辖区内开设0～3岁婴幼儿早期发展指导体验班，为0～3岁婴幼儿提供免费亲子体验服务，提高了家长科学育儿理念。为全区0～3岁婴幼儿家庭免费发放科学育儿报、婴幼儿早期发展指导手册等，开展"家长学堂""百场科学育儿知识进社区"等活动，0～3岁婴幼儿早期发展知识普及率达到96%。加强全区各保育机构安全管理，邀请区检察院、区市场监督管理局、区公安分局内保大队等部门和单位，对全区托育机构负责人进行业务技能、师德师风和安全管理培训，压实安全生产主体责任。

【计生协会工作】 进一步加强协会的功能建设，组织各类基层协会骨干业务培训20余场，培训人数300多人次。各街道计生协以"5·29"会员活动日为契机，组织开展了以"壮阔四十年奋斗新时代"为主题的系列协会活动，大力弘扬中华优秀传统美德，构建家庭和睦、邻里互助、尊老爱幼，社会和谐的良好环境。全年各基层计生协会开展各类协会活动120多场次、驻区高校同伴教育80多场。江苏省青春健康优秀项目点1个、全省计生协工作成绩突出单位3个、全省计生协工作成绩突出个人3个、市级青春健康教育俱乐部项目1个、市级基层群众自治项目2个、市级“连心家园”优秀项目点2个、市级青春健康校园项目4个。（江秀萍）

体　育

【概况】 2020年，区文化和旅游局以习近平新时代中国特色社会主义思想为指导，全面贯彻党的十九大精神和中央决策部署，认真落实省委十三届八次、市委十四届十次、区委十一届九次全会精神，紧紧围绕“强富美高”总目标，突出文旅体高质量发展总导向，坚定践行新发展理念，扎实做好疫情防控，加快完善公共文旅体服务体系，努力提升文旅体产业的综合实力，成功创建“省级全域旅游示范区”，有序推进长江路文化旅游集聚区建设，并入选“省级夜间文旅消费集聚区”建设单位，为实现夺取疫情防控和经济社会发展“双胜利”与建设“强富美高”新玄武做出了积极贡献。

【文体基础设施建设】 推进红山文体中心改造工程，11月份完成工程改造与内部装修，增加阅读推广、非遗展示、培训讲座等功能，新增文化场地面积1200平方米。优化城市社区“10分钟体育健身圈”布局，新建全民健身器材49套490件；完成富贵山24～25号健身小游园建设，并作为市体育局民生实事项目考察点，接受省人大专委视察调研，并获得充分肯定；新增聚宝山公园、龟山公园等地7片社会足球场地，实现每万人足球场地拥有数0.92块，超省定0.9块目标值。

【获南京市22届运动会“青少年输送贡献奖”】 积极组队参加22届市运会，报名参加了青少年部14个大项比赛。篮球4个组别比赛中，参赛的3个组别比赛，均获得第一名；新增攀岩项目中，获得4个集体项目冠军，3个单人项目冠军；排球4个组别比赛中，获得1金2银1铜的优异成绩，整体比赛成绩位列青少年部第一方阵，荣获市运会青少年输送贡献奖。同时，向江苏省少体校输送竞技体育后备人才3人（艺术体操2人，花样游泳1人）。在2020年江苏省少年儿童艺术体操锦标赛中，获得3金2银1铜的优异成绩。

【“体育特色学校”建设】 按照市体育特色学校的评选办法，积极组织“南京市体育特色学校”申报工作。区市第十三中学、市第九中学、科利华中学、玄武外国语学校、长江路小学、北京东路小学等26所中小学，被市体育局、教育局联合发文命名为“南京市体育特色学校（2020—2023）”。

【玄武区老年人体育节系列健身活动】 2020年，开展以“决胜小康，快乐健康”为主题的玄武区老年人体育节系列健身活动。因新冠疫情的爆发，上半年以组织老年人居家健身活动和参加各级政府组织的网络竞赛为主；下半年组织参加全国性《门球之苑》门球赛、第八届“永奇杯”门球赛；参加江苏省老年体协举办的气排球、桌上冰壶球比赛；参加市老体协组织的桌上冰壶球、门球、气排球、柔力球、掼蛋、健身秧歌、健身球（操）、体育精品健身等项目的交流展示活动；参加市门球协会举办的“渡江杯、会员杯”门球赛。10月份协助区体育局组织19支队伍代表各街道参加南京市第二十二届运动会（社会部）7个项目（象棋、乒乓球、柔力球、掼蛋、太极拳、健身气功、广场舞）的比赛。

【3个健身项目活动】 桌上冰壶球：9月23日举办“2020年玄武区老年人体育节桌上冰壶球比赛暨江苏省桌上冰壶球俱乐部联赛（玄武站）”，江苏省桌上冰壶球俱乐部秘书长陈涛、玄武区老年体协副主席李永革、孝陵卫街道副主任杨华、玄武区老年体协秘书长钱爱玫、玄武区老年体协桌上冰壶球专委会主席杨晓健参加活动仪式。来自7个街道、区退教协共8支代表队的55名运动员、裁判员参加培训和竞赛活动。

门球：1月2—3日，2020年玄武区“老干部杯”门球邀请赛在区老年体协（九华山）门球场举行。来自驻区机关、部队、院

8月27日，刘鑫蕊在2020年江苏省少年儿童艺术体操锦标赛上获得个人全能冠军 （区文旅局　供图）

校、街道等单位16支门球代表队的100多名老年门球爱好者参加了比赛。2号上午举行开幕式，玄武区委组织部副部长、老干部局局长孙丽萍，区老年体协主席张萍，副主席李永革、傅根辉、赵锡榕、张瑜，以及区老年体协名誉主席王亮，名誉副主席蔡宝珍、陈勐，南京市门球协会副会长李广宁等到会，张瑜主持开幕式，孙丽萍致欢迎词，张萍宣布老干部杯门球邀请赛开始。

健康培训：2月3日，“2020年度关爱南京市老年人健身健康培训走进玄武区老体协”活动在玄武区红山街道举办，南京市体育科学研究所副主任、运动训练研究硕士薛胜峰，玄武区政府副巡视员、区老年体协副主席傅根辉，红山街道副主任、街道老年体协主席张凯斌，以及全区中老年人健身骨干80人参加讲座。薛胜峰老师以“老年人群日常功能肌力锻炼”为题，为玄武区老年健身骨干进行公益健康讲座。

【江苏省老年人体育特色项目门球之乡】 2016—2019年玄武区老年体协在全区开展创建“江苏省老年门球之乡”活动。成立创建工作领导小组，制定创建工作规划和工作方案，定期召开创建工作会议，培训骨干队伍，争取活动经费，积极开展门球交流活动。经过努力，创建工作基本达标，2019年11月申报材料上报省、市老年体协审批通过，2020年1月被江苏省老年人体育协会评为“江苏省老年人体育特色项目门球之乡”。 （董长春）

（栏目编辑　张　弛）

人民生活

人力资源和社会保障
民政工作
养老服务
残疾人扶助
红十字会

人力资源和社会保障

【概况】 2020年，区人社局围绕“民生为本，人才优先”工作主线，紧扣高质量发展要求，投身疫情防控和企业复工复产，扎实有效推进各项工作，承担市、区目标任务均达超序时进度。年内编发《玄武人社》4期、编印《关于疫情防控期间支持服务企业发展的若干措施》《新冠肺炎疫情防控期间服务企业政策汇编（人社篇）》等，牵头制定出台全市首家《关于疫情防控期间全力做好一线医务人员保障工作的若干措施》，举办第三届“赢在玄武”创业大赛，区推荐的南京盛峰茶业有限公司被评为2020年度江苏省省级乡土人才传承示范基地，南京徐庄软件园留学人员创业园入选江苏省留学回国人员创新创业示范基地。

11月16日上午，新疆伊宁市医保局到玄武区人社局调研，区社保中心就困难人员精准扶贫、参保率到账率提升、居民医保零星报销、异地就医联网结算、困难人员医疗救助等五个方面的重点民生实事交流经验做法。

12月1日，江苏省委老干部局、江苏省委离退休干部工作委员会下发《关于公布全省离退休干部“六有一提升”示范党支部名单的通知》，区人社局机关退休党员干部党支部入选。

【创业就业推进】 2020年，优化就业创业服务。扭住“六稳”“六保”工作这个龙头，开展“助企招才，援企稳岗”活动，组织开展“百日冲刺”等系列线上招聘活动165场，为931家企事业单位发布用工岗位信息2.5万个。加大政策推介力度。参与“防疫+”金融企业服务对接会，举办“‘新生带’——青年主播孵化带货直播大赛暨2020南京创新周玄武创新达人秀”活动，多形式宣传企业援助政策。着力提升就业能力，建立企业就业服务需求清单和企业服务专员制度，支持企业开展“以工代训”职工技能提升培训，全面推行以“招工即招生、入企即入校、企校双师联合培养”为主要内容的企业新型学徒制。全年区内城镇新增就业24080人，实现再就业11124人，新增大学生就业32713人，培育自主创业5589人，创业带动就业29575人，完成劳动者就业技能培训97549人，新增高技能人才502人，援助困难人员就业1361人，为1万余家企业发放失业保险稳岗返还1.3亿元，发放灵活就业社保补贴2782.46万元，全区就业形势基本稳定。

【社会保障水平提升】 2020年，落实社保减免优惠政策，强化征缴数据比对，政策落到实处。实施全民参保计划，实现中断缴费续保4185人。对高风险行业实施工伤保险扩面专项行动，持续推进“同舟计划”，确保建设施工领域工伤保险全员参保。有序推进国企退休人员纳入社会化管理，接纳6000余名国企退休人员参保。2020年，全区为1.8万户符合条件的各类企业和个体工商户，办理社保减免15.7亿元。累计发放失业金9401.98万元，企业退休人员养老金增幅在5%左右，补发到位。

【人才服务集聚工程打造】 2020年，严格编外人员管理。严格按照标准开展职称初定和审核工作，完成全区事业单位工作人员、机关工勤人员年度考核及工资年报、调整审批工作。牵头出台《关于严格规范玄武区行政事业单位编外人员管理的意见》，根据核定的员额数，对编外人员进行规范化扎口管理。落实人才优惠政策。定期开展“入企问需”，提供精准化贴心服务，确保相关人才和企业尽快享受政策红利。全年区内审核人才安居补贴6363人次、人才购房证明4847人次，新增留学回国人员269人，完成9家博士后工作站及5家博士后工作站分站评估，新批准设立1家国家级博士后科研工作站和1家省级博士后创新实践基地，新招收博士后人数32人，累计建设区级企业专家工作室6家，玄武区推荐的南京盛峰茶业有限公司被评为2020年度江苏省省级乡土人才传承示范基地，南京徐庄软件园留学人员创业园入选江苏省留学回国人员创新创业示范基地。加大疫情期间扶持。贯彻市委市政府“战疫情促就业，十万研究生宁聚行动”，年内全区筹集见习岗位11575个，接受大学生报名见习3157人，新增就业参保硕博2822人。

【和谐劳动关系构建】 2020年，探索“互联网+调解”工作模式，开展“一站式”调解仲裁服务，以严格执法为宗旨，坚持维权与服务并重，实现维稳管控并举。全年依法审查集体合同和工资集体专项合同1093份，完成年度企业薪酬和最低工资政策实施效果评估专项调查，开展保障农民工工资支付专项行动，受理职工举报投诉851件，劳动保障书面审查8416户，巡查在建工地138次，为355名劳动者讨回劳动报酬约525.75万元，其中为163名农民工讨薪约344.33万元，受理劳动人事争议案件684件，劳动人事争议调解率85.6%，仲裁委立案处理劳动人事争议仲裁案件结案率100%。

【徐庄高新区获批2019年“省级和谐劳动关系综合试验区”】 年初，江苏省人力资源社会保障厅等5部门通报，评估确认省内7个地区和开发区（园区）为2019年“省级和谐劳动关系综合试验区”。其中，徐庄高新区榜上有名，成为南京市唯一获此殊荣的地区。

【企业退休和困难群体走访活动】 2020年，在新春佳节来临之际，为弘扬中华民族尊老敬老的传统美德，让企业退休老人切实感受到党和政府的关爱，区人社局认真制定慰问方案，按照精准扶贫的要求，开展2020年企业退休人员慰问工作。活动期间，慰问企业退休百岁老人20人，慰问企业退休鳏寡孤独老人990人，慰问企业退休人员特困家庭1551人。

【市人社局领导调研玄武区企业复工复产情况】 2月21日，市人社局局长刘莅带队，以“四不两直”方式走访调研玄武区企业复工情况。刘莅一行先后走访调研中科健康产业集团和南京努成人力资源公司，听取单位复工后的企业运营、用工需求等情况，为企业负责人发放《致南京复工企业的一封信》和疫情防控期间人社扶持政策，鼓励企业一手抓疫情防控，一手抓复工复产，统筹推进各项工作，有力有序引导外来务工人员返岗，保持就业形势稳中向好的基本面。

【“凤栖玄梧　才聚紫金”活动】 3月27日，玄武区在徐庄高新区举办“凤栖玄梧　才聚紫金”——“助企招才　援企稳岗”服务特快专递暨主导产业“云端招贤令”发布仪式。活动现场，五星控股集团、先声药业集团、苏宁易购集团、徐庄高新区以及玄武区属国企先后发布“云端招贤令”，面向全球提供9000余个就业岗位，广招业界高精尖缺人才。区委组织部、区人社局等就“服务特快专递十项行动”“援企稳岗系列政策”进行解读和宣讲。现场提前颁发2020年度玄武区人才政策资金以及援企稳岗资金，切实为企业纾困解难。活动在新华报业集团交汇点客户端以及今日头条、抖音等平台进行同步全程直播。

【政策直播入校园活动】 5月15日下午，区人社局组织开展政策直播入校园活动，对接南京农业大学“三创学堂”，通过“钉钉”App，开展“南京市青年大学生创业政策讲解”主题讲座。南京农业大学在读学生和学校创客空间驻园、毕业团队百余人在线上参加本次宣讲交流。宣讲活动重点向年轻的创业者们宣传“宁聚计划”中各项就创业政策，详细解读新落地的《关于支持促进高校毕业生在宁就业创业的十项措施》，并在直播间就大学生创业者在运营企业过程中遇到的困难和相关政策支持方面的互动提问进行解答。宣讲内容及视频随后上传至云平台，让更多政策从“云”间来到校园，为玄武“四新”行动加速助力。

【“携手防疫·共克时艰”以案说法活动】 5月29日，区人社局联合区总工会举办1场主题为“携手防疫·共克时艰”的构建和谐劳动关系法治宣传服务活动。15家代表企业的人事负责人和区机关30余人参加。活动旨在助力“四新”行动，帮助企业复工复产跑出“加速度”，针对诸多企业反映因疫情影响而带来的劳动关系矛盾，区人社局及总工会法援中心律师结合近期劳动关系典型案例进行分析讲解，并为代表企业提供面对面的劳动关系热点难点政策咨询服务。参加会议的企业人

5月29日，"携手防疫·共克时艰"以案说法活动　（区人社局　供图）

员纷纷表示，这场为企服务活动及时、务实，增强了企业管理人员的法律意识，提升了企业解决劳动纠纷的实际操作能力，在促进企业健康发展、规范管理，以及促进企业和员工之间劳动关系和谐稳定具有积极作用。

【区召开保障农民工工资支付迎查工作会议】　5月29日，玄武区召开迎接全国、全省2019年度保障农民工工资支付工作考核督查工作会议。副区长庄佳峰出席会议，区根治拖欠农民工工资工作领导小组成员单位及相关单位参加会议。会议详细解读《关于开展2019年度全省保障农民工工资支付实地核查工作的通知》《关于做好迎接2019年度全省保障农民工工资支付实地核查工作的通知》，通报2019年全区根治欠薪工作情况，部署迎接全国、全省保障农民工工资支付实地核查工作。会议指出，保障农民工工资支付工作，事关人民群众的切身利益和社会和谐稳定，是"六稳""六保"的关键着力点。会议强调，要进一步提高政治站位，将保障农民工工资支付工作作为政治任务、民生实事和良心工程，要以《保障农民工工资支付条例》实施为抓手，把各项制度落实到位。会议要求，各成员单位要围绕核心，加强联系，形成合力，开展保障农民工工资支付专项行动，对发现的问题要举一反三，严格检查整改落实，以优异的成绩迎接全省、全国考核督查工作。

【徐庄留创园入选2020年度江苏省留学回国人员创新创业示范基地名单】　6月29日，省人社厅公布关于2020年度江苏省留学回国人员创新创业园和江苏省留学回国人员创新创业示范基地拟入选园区名单，玄武区徐庄留创园入选示范基地。入选示范基地将获得省级一次性资金资助100万元，且园内申报留学回国人员资助项目也会得到省级政策支持。玄武区始终高度重视留学回国人员工作，坚持以"四新"行动为引领，以徐庄留创园等载体为依托，构建人才集聚"强磁场"，吸引更多留学回国人员到玄武创新创业，为"强富美高"新玄武做出贡献。

【"企业职业培训服务"专项走访】　2020年，为做好"六稳"工作，落实"六保"任务，实现以训稳岗，使更多劳动者长技能、好就业，区人社局先后对先声药业、苏美达集团、苏宁集团、南京银行、南京地铁运营公司等20余家辖区企业开展"企业职业培训服务"专项走访活动。活动中，人社局与企业负责人、人力资源管理负责人等进行座谈，介绍玄武区在职职工职业培训现状，宣传职业培训新政，送上在常态化疫情防控前提下省、市各级支持企业开展职业培训的各项补贴政策。详细了解当前企业开展培训存在困难，听取企业的意见建议，结合近年来企业在职工职业培训中出现的典型案例，与企业有关人员一起分析查找教学安排、办班管理中和教学质量等方面存在的问题，研究具体措施。此次走访活动，增强职业培训管理部门、施教单位、辖区企业单位及在职职工之间的沟通交流，为全年企业在职职工职业培训、技能等级鉴定、开展职业技能大赛和岗位大比武工作打下坚实基础，对提高职业培训质量效益起到促进作用，有力推进玄武区“一区五园”创新经济带建设步伐。

【区3家博站被评为南京市优秀博士后科研工作站】 7月10日，南京市人社局公布2020年度南京市优秀博士后工作站入选名单，玄武区江苏先声药业有限公司、江苏省地质调查研究院、生态环境部南京环境科学研究所3家博站入选南京市优秀博士后科研工作站。3家博站充分发挥优秀博站单位先进示范作用，带动玄武区博站单位整体高质量发展。各优秀博站市、区将给予10万元资助。

【最新困难人员认定管理办法业务培训】 7月起，困难人员认定将按照《省人力资源社会保障厅等部门关于印发〈江苏省就业困难人员认定管理办法〉》调整执行。7月14日，区劳动就业管理中心召集各街道劳动保障服务工作困难认定专项负责人员，进行业务培训。业务培训中重点讲解所有调整内容，包含：本市外户籍就业困难人员认定的范围放宽及办理方法，网上认定的要求，认定的退出机制，以及其他相关的业务要求。区劳动就业管理中心将和各街道深入贯彻文件精神，熟悉业务调整操作，对办事群众做好解释，为就业困难人员提供更加细致贴心的服务，坚持把稳就业放在工作首位。

【和谐劳动关系企业创建公益培训大讲堂开讲】 7月29日，为认真贯彻落实《中共中央国务院关于构建和谐劳动关系的意见》和省市指示精神，玄武区在徐庄高新区组织南京市和谐劳动关系企业创建公益培训大讲堂活动，来自玄武区企业人力资源部、工会工作人员及基层协调劳动关系三方工作人员近100人参加培训。本次“公益大讲堂”，邀请到省、市和谐劳动关系创建4名相关领导和资深专家授课。通过一个个真实的案例和认真细致的政策讲解，帮助大家释疑解惑，有效提升参训人员依法管理能力，推进玄武区企业和谐劳动关系的建设。

【省专家组到苏宁青创园开展省级大学生创业园验收】 8月，省级创业示范基地验收专家组来到玄武区对苏宁青创园进行省级大学生创业园验收。通过查看园区软、硬件建设及孵化场地运行情况，听取园区创建工作汇报，查看服务台账，现场座谈等方式进行全面评估。专家组充分肯定园区进行省级大创园创建中的经验及扶持创业方面的做法和成效，要求园区在接下来的服务中注重发掘优秀青年企业家，对一些发展前景好、科技含量高、产业链条长、带动就业人数多的入孵企业要积极对接市、区人社在孵化、培训、资金方面的政策，最大力度地帮助企业发展。玄武区按照专家组的要求，整理细化申报材料，注重质量，对存在的问题和短板弱项完善提高，努力将苏宁青创园打造成合格省级大学生创业园，为玄武区创业大学生提供更加良好的孵化培育平台。

【就业创业宣传推介高校行活动】 2020年10月25日至11月1日，玄武区“十万研究生宁聚行动”高校宣讲组赴武汉、长沙、西安、成都、重庆五地，联系对接11所高校，11月9—14日赴北京联系对接8所高校，在武汉理工

3月27日，第三届青年大学生创新创业大赛圆满落幕 （郑成钰 摄）

大学、湖南大学、西安电子科技大学、四川大学、重庆大学、北京航空航天大学、中国传媒大学、对外经济贸易大学、北京理工大学、中央财经大学、北京邮电大学、北京交通大学、北京师范大学召开专场政策宣讲推介会，与华中农业大学、中南大学、西北工业大学、西北大学、电子科技大学、重庆交通大学等高校进行就业服务对接并开展座谈交流，了解毕业生信息、就业意愿、求职诉求等情况，商谈专场招聘会、企业现场推介等活动事项，高校宣讲活动取得较好的效果。9月以来，玄武区在38所省内外高校举办见习岗位发布、岗位招聘活动。有308家企业提供就业（见习）岗位10044个，活动进场人数约8910人，初步达成就业（见习）意向3400人。仅苏宁集团就通过活动收到纸质简历683份、网投简历5862份，累计安排面试506人，面试通过率为44%。

【区第三届青年大学生创新创业大赛落幕】 11月18日，玄武区第三届青年大学生创新创业大赛，经过近两个月角逐，在东南大学群贤楼报告厅举行大赛决赛。从168个项目中脱颖而出的10个项目参加决赛，决赛通过现场路演、专家问答、专家评分等精彩环节，最终盛若成带来的“松林卫士”项目获得冠军，获得二等奖的“振子智能”项目申请人李衡与东南大学国家科技园现场签订入园协议；东南大学、南京理工大学、南京农业大学、南京林业大学、南京财经大学、机电职业技术学院等6所高校获得优秀组织奖。本次活动在推广选拔优秀创业项目的同时，高度关注高校毕业生就业，推广“宁聚新十条”“十万研岗”等政策。活动中，市劳动就业管理中心的韩小燕主任为在场的学子进行“宁聚计划”与“十万研岗”的就业创业政策宣讲，鼓励广大学子在良好政策支持下留宁就业、创业。玄武区人社局还带来精选的辖区内259家单位6905个见习岗位，同学们可以现场投递纸质简历或通过手机客户端“我的南京”申报匹配。南京市市政设计研究院有限责任公司、江苏钟山宾馆集团有限公司、苏宁易购集团股份有限公司、南京出版传媒（集团）有限责任公司、江苏先声药业有限公司等5家企业现场被授予玄武区就业见习基地。“才聚金陵、筑梦玄武”，通过政校企三方紧密合作，玄武区积极为大学生打造良好的就业创业环境，让更多人才汇聚玄武。

【区根治欠薪冬季专项行动动员部署会】 12月1日，玄武区召开根治欠薪冬季专项行动动员部署会。区政府副区长周正参加会议，区人社局主持会议，区根治拖欠农民工工资工作领导小组成员单位及有关单位30余家参会。会上，全体人员首先收听收看省市根治欠薪冬季专项行动动员部署电视电话会议。随后，区人社局就全区开展根治欠薪冬季攻坚专项行动进行动员部署，并宣读《玄武区关于成立运行治理欠薪问题工作专班的通知》，工作专班在区委区政府及区根治拖欠农民工工资领导小组的领导下，将统筹协调、综合推进全区劳动矛盾处置工作，按照时间节点推进“两清零”。区建设局重点对建设领域清欠工作进行解读。副区长周正强调，农民工工资是良心钱、血汗钱，劳动报酬权益是农民工最核心、最基本的权益。玄武区根治欠薪工作下一步工作是准确把握要求，深刻认识根治欠薪意义，把根治欠薪工作作为一项政治任务来抓；强化工作联动，全面提升根治欠薪工作水平，认真开展根治欠薪冬季专项行动；加强组织领导，不断健全根治欠薪工作体系，进一步形成并强化“两办一班”（即治欠办、清欠办、工作专班）工作合力，坚决打赢根治欠薪冬季攻坚战，确保农民工兄弟拿到工资回家过年。

【业务培训交流与专场招聘活动】 8月27日上午，为推动南京市创新名城建设，强化企业职工培训的主体作用，引导企业建立并落实职工培训制度，加快人才队伍培养步伐，区人社局会同相关部门组织开展玄武区企业执行职工教育经费税前扣除奖励会审推荐活动。邀请区财政、税务、金融监管、市场监管、建设和文旅等相关部门负责人和专家采用现场答辩的方式进行。根据申报材料和答辩内容，围绕企业基本情况、企业社会效益情况、企业培训建设情况、企业培训成效情况和企业重点工作等方面，对申请企业执行职工教育经费开展培训的相关情况进行会审，综合打分、现场统计。助力引导企业强化职工培训，适应社会发展。10月24日下午，区劳动人事争议仲裁院前往南京信息工程大学法政学院，开展劳动争议的法律问题案例交流会。区劳动人事争议仲裁员及法政学院师生20余人参加。参会仲裁员介绍劳动仲裁的准司法性质以及在劳动纠纷解决中仲裁与诉讼之间的相互关系，结合实务工作，分享办案经验，就劳动者如何依法维护自身合法权益作深度解读，传授许多实务上的心得和技巧。与会师生就案例中法理疑惑踊跃探讨。交流会充分体现高等院校与专业机构的资源整合，实现理论与实践的优势互补，推进区仲裁院与院校共建新模式。10月9日上午，在第7个国家扶贫日来临之际，区人社局组织开展“稳岗就业，决胜攻坚”扶贫日专场招聘活动，精心挑选一批话务员、财务、销售、快递员等近百个有针对性的岗位，引导和促进未就业大学生、大龄失业人员等就业困难人群实现稳定就业。行动日期间，区人社局和街道、社区三级联动，集中开展线上线下相结合的招聘服务、政策宣传等活动。

（曹　辰）

民政工作

【概况】　2020年，玄武民政工作坚持“以民为本，为民解困”理念，坚持在危机中育新机，于变局中开新局，认真履职尽责，创新体制机制，激发社会活力，推动全区民政事业全面健康发展。年内，区民政局党组结合疫情防控形势和玄武民政高质量发展要求，从5月开始，坚持开展“四不两直”基层调研，发挥领导干部“身先士卒”关键作用。年内区民政局参与文明城市创建“统一行动日”127人次，开展慈善超市为“六类群体”上门服务每周2000余人次，开展为老年人上门服务每周2万余人次，开展慈善超市关爱助老服务活动，每周惠及200位老人，获玄武区创建文明城市优秀单位。

【获“创建全国双拥模范优秀集体”称号】　退役（参战）老兵是社会的宝贵财富。2020年，玄武区针对部分有志进入养老服务行业的退役（参战）老兵，通过搭平台、做顾问等方式，为他们创业提供大力扶持。“红色养老”成为玄武区养老服务业的特色品牌。区民政局探索“红色+养老”模式，建立由老兵运作的居家养老服务中心，为老兵创业树立工作生活的新风尚；坚持早期扶持，对拥军组织中的科技类、公益慈善类、社区服务类三类社会组织开辟直接登记的“绿色通道”；针对军人随军随调家属就业难的现状，每年拿出一定公益岗位面向军嫂定向招聘，通过区街社三级联动，及时掌握辖区内生活困难退役军人情况，符合低保或低保边缘条件的人员，及时纳入社会救助管理；全面摸清全区2000余名军休干部养老现状和需求，推进军休居家养老服务中心建设，织密军休干部养老服务网。

【疫情防控】　2020年，根据区疫情防控指挥部统一部署，立足工作职责，指导街道、社区、机构做好人员排查防控、社区管控、居家观察人员管理服务、防控知识宣传等工作。引导社会组织、专业社工和志愿者等力量依法有力有序参与疫情防控和复工复产。做好疫情防控慈善捐赠工作，加强管理监督，规范操作流程，加大玄武区新冠肺炎患者

6月4日，玄武门人大代表团定向定点调研区民政局　　（区民政局　供图）

及受影响家庭救助力度，按照“外防输入，内防扩散”要求，督促区民政服务机构严格落实防控措施。做好婚姻登记预约管理工作，避免人员聚集；加强福彩销售大厅和销售人员防控；重点加强养老机构防控，实行全时全程重点管理；加强局机关内部防控，保障职工生命安全和身体健康。

【社会救助工作新格局创建】2020年，落实省市“六保”专项工作部署要求，确保民生保障无死角，最大限度惠及全区困难群众基本生活。玄武区紧扣精准扶贫大局，强化政策衔接，主动作为、靶向施策，形成“以党建工作为统领、以基层组织为依托、以政府保障为基础、以慈善救助为补充”的社会救助工作新格局，全区困难群众的幸福感和获得感不断提升。

【首创线上慈善超市运营模式】 2020年，区民政局激发慈善超市的活力和自我造血的功能，率先成立区级慈善超市服务促进中心，打造线上慈善超市“云慈”品牌。“云慈”作为玄武区慈善超市与社会企业的联合体，打破传统慈善超市的经营模式，突破地域限制，首创南京市线上慈善超市的新型业态。玄武区创益慈善超市促进中心作为运营主体，以帮扶救助困难群体为己任，郑重向社会承诺，平台所得扣除产品及运营成本外，所得利润全部用于慈善事业，真正做到云慈平台源自民政，服务于社区，回馈于社会。“云慈”线下群团建设有20个团队，日均销售200多单。结合后疫情时代经济发展形势，“云慈”突破固有思维模式，理性研判市场需求，不断创新销售模式，首创小程序直播的探索，完成3次线上直播和3次线下推广活动。玄武区创益慈善超市服务促进中心作为“云慈”运营主体，以“安全第一”为宗旨、“三精准”为抓手，落实组织安全生产主体责任，严把安全关、筑牢安全线，将安全生产的工作落实、落细。

【“三社联动”社会组织党建服务综合体打造】 2020年，为强化党对社会组织的政治引领，构建区域共建体系，区民政局倾力打造全区社会组织党建服务中心暨社会组织创新创业基地（以下简称“中心”），成为南京市规模最大的社会组织党建服务综合体，标志着玄武区社会组织党建走上新的起点。以此为契机，全区社会组织党建工作体系建设、机制建设和品牌建设进一步深化提升，为社会组织党建中心载体建设探新路、创特色提供“玄武样本”。该中心位于玄武区苏宁大道8号37幢，面积约880平方米，2020年12月，中心投入使用。设置5个功能区域，分别为时空步道、政治生活馆、创客工场、公益学院以及创益服务前台，蕴涵不同主题和功能，不同区域之间相互衔接，实现闭环循环发展。

【慈善超市建设推进】 2020年，区慈善协会、7个街道爱心援助协会、3家慈善基金会、13家慈善超市发挥慈善募集救助功能，截至9月底，募集款物1182.40万元。全区15家慈善超市助力救助，服务困难群众。截至9月底，符合运营补贴发放条件的10家慈善超市有效服务人次1.22万次，发放区级承担的运营补贴12.059万元；6类困难群体到全区15家慈善超市总计消费55.86万元。为响应市局号召，全面落实“爱心消费券”工作，区民政局发放2831张“爱心消费券”。

【助力困难家庭脱贫脱困】2020年，在全区低保或低保边缘家庭中，筛选部分有劳动能力但未就业的人员，向企业、公益组织推荐就业，提高困难家庭自我脱困能力，全年推荐就业101人次。通过各街道推荐，经过核实，完成对41户绝对贫困家庭，实施每个家庭不少于5000元的慈善物资救助帮扶，提升困难家庭生活质量。

【区首届集体婚礼举办】 为持续推进移风易俗、弘扬时代新风，突出文明实践活动仪式感，使青年一代进一步树立正确的婚姻观、消费观和价值观。2020年11月1日，首届玄武区新时代文明实践青年集体婚礼活动在玄武湖莲花广场圆满举行。17对新人身着传统中式婚礼服饰，以集体婚礼的方式步入婚姻的殿堂。婚礼现场活动丰富多彩，歌曲、舞狮表演、放飞气球，远道而来的新人家属带来对新人们的祝福。在亲朋好友和市民的

11月1日，区民政局等联合举办“2020玄武区新时代文明实践青年集体婚礼” （觅缘文化传媒公司　供图）

见证下，交换信物，深情相拥，结成百年之好。玄武区民政局四级调研员谢春才为17对新人现场证婚并送上美好的祝愿，现场为新人颁发“新时代文明实践新青年”荣誉证书。

【社会保障多线托底】 2020年，全区新增低保84户、109人；退出低保153户、194人；截至12月底，全区有低保家庭1464户、1918人。累计保障低保家庭17811户次，23361人次，发放最低生活保障金1963.22万元；为全区困难家庭中因病、残疾、就学、突发灾害等原因而导致生活困难的964人次办理临时救助，发放救助金69.4万元；实施“3+X”特色救助，支出救助金94.88万元，惠及困难群众19125户次，24644人次；全年全区募集慈善款物1901.19万元。发放残疾人两项补贴1357.785万元，惠及重度和困难残疾人4.43万人次；购买残疾人护理服务109.82万元，惠及2203人次；发放64名困境未成年人基本生活保障金54.71万元；发放41名低保精神病人住院补贴14.76万元。

【社团、民办非、婚姻、收养登记】 2020年，新增社会组织21个，全区注册登记社会组织数量达1142个，其中社会团体83个，民办非企业单位1052个，基金会7个。全年办理婚姻登记：结婚4741对、离婚3684对、补发婚姻证件1151对，登记合格率100%，核实当事人婚姻信息1786次。收养登记：解除收养1件，收养登记合格率100%。涉外婚姻登记：结婚82对、离婚25对、补发婚姻证件10对。

【福利彩票】 2020年福利彩票区域性销售额8227万元，募集福利彩票公益金近2460万元。 （项绍军）

养老服务

【概况】 玄武区60岁以上老年人口11.33万人。其中80至90岁老年人口1.8万人，90至94岁老年人口0.25万人，95至99岁老年人口486人，100岁以上老年人口45人。

【养老服务提档升级】 2020年，区民政局结合疫情防控，摸清全区养老服务用房底数，腾出近9000平方米社区办公用房用于养老服务，建成AAAAA级居家养老服务中心3个，AAAA级居家中心5个，AAA级居家中心51个，助餐点88个。引导社会品牌企业参与养老基础建设，争取社会力量参与养老项目开发。推进社区居家服务、医养康养相结合养老服务建设目标，完成并投入运营悦华玄武门综合服务中心，完成乐惠居锁金村综合服务中心硬件建设。银城梅苑颐养中心新增护理型养老床位193张，银城月苑颐养中心新增养老床位233张。全区有养老机构13家，养老机构床位2782张，提升辖区老人归属感。

【养老资源优化】 2020年，整合保障养老用地，挖掘全区养老机构缺漏地块，加快推动养老机构建设。加速启动玄武大道、西家大塘、月苑南路近2万平方米建设，推进一批养老示范项目落地。调整优化设施布局，加大养老设施占用整改力度，通过梳理公教一村社区、铁匠营社区等15个老旧小区设施用房，积极引入民营化养老社会组织充实社区养老服务工作，建成"10分钟养老服务圈"。全力推动医养融合，打造锁金村街道、玄武门街道养老服务综合体，将机构内的助餐、助浴、康复护理等各种专业化服务延伸到周边社区有需求的老年人，充分发挥专业资源的最大效用。联合卫健部门，加强业务指导，发展医养结合型的嵌入式小微机构，就近就便为社区老年人提供家庭病床、康复护理等专业服务，实现机构养老专业化与居家养老亲情化的有机结合。

【养老质量提升】 2020年，扩大政府购买服务范围，进一步降低政府购买服务的准入门槛，实现85周岁以上老人每月提供3小时上门照护服务全覆盖。制定出台养老基本公共服务指导目录清单，明确服务对象和服务内容、服务标准。壮大养老服务人才梯队，持续开展养老护理员、营养师、康复师、安全员、社工等各类培训，实施全区养老机构负责人轮训，全年分级分类培训养老从业人员300人。按照省统一的养老护理员等级认定标准，引导符合条件的养老服务企业和第三方职业技能评价机构开展护理员职业技能等级认定。

【养老监管机制打造】 2020年，加强机构"常态化"安全管理。根据民政部《养老机构服务安全基本规范》，定期对养老机构进行安全评估，同时建立安全隐患清单，督促整改，确保零事故发生。实施养老机构消防安全达标工程，推进养老机构独立烟感报警器、简易喷淋、可燃气体泄漏报警、用电安全报警等技防设施安装。加大养老"信息化"服务监管。探索运用刷脸、芯片、视频等信息终端，做好居家养老上门、日间照料、机构养老服务信息采集。进一步完善养老服务信息系统，做好与公安、卫健等部门的信息共享，扩展信息系统功能，强化养老服务过程、补贴、安全等方面信息化监管。加快安监"联动化"机制推进。加强与卫健、市场监管、建委、消防救援等部门执法联动，制定对养老服务联合监督办法，规范监管流程、监管内容，加大对违规行为查处力度。

【"银发顾问"养老服务新业态探索】 2020年，玄武区"银发顾问"项目设民政局总站1个、街道分站7个，服务覆盖59个社区，提供的服务分为5类：养老服务资源介绍；养老服务政策指导；养老方案定制设计；家庭养老技术支持；为健康老人参与社会养老服务提供培训和支持等。有6000名老人将受益于这项公益创投项目，获取养老政策、社会养老资源等信息，同时在个人生活方面得到服务支持，进一步满足养老刚性需求。

【政府购买养老服务覆盖面扩大】 2020年，持续扩大政府购买服务范围，探索建立失能、失智和高龄独居老年人家庭照护支持政策，实现全区"五类老人"政府购买服务全覆盖。全年累计为4144名85周岁以上老人免费提供每月3小时上门照护服务，为127名重度失能老人亲属提供15天的“喘息服务”，为失能、半失能及高龄老人开展助浴等14助服务。推进家庭适老化改造，根据老年人实际需求，同步做好施工改造和评估验收。年内通过个人申报、实地审核评估，摸排确定370户老年人改造家庭，10月，完成383户家庭适老化改造，完成率100%。

【养老服务方式创新】 2020年，建立完善生活照料、医疗康复、文体娱乐、安全保障、精神慰藉、法律援助“六位一体”的居家养老社会化服务体系。建立高龄、空巢独居、失能失智等重点老年人社区网格化管理服务“4+1”机制，即：街道、社区、社会组织、近亲属各1人，与重点老人签订关爱服务协议，做到关爱守望不间断。

【养老服务“时间银行”新路径】 2020年，加大空巢独居老人关爱，率先建立养老服务“时间银行”系统，扩大时间银行志愿者队伍，强化为重点空巢独居老人的服务覆盖面，全面建立养老服务时间银行制度。建立健全市、区、街镇、社区四级银发顾问体系，让老年人及家属能够就近获取咨询、资源介绍，养老政策宣教、家庭照护指导等各类养老服务，实现有需求老人与志愿者无缝对接，确保养老政策知晓率90%以上。全区7个街道、20个社区建立时间银行服务点，截至2020年底，注册志愿者435人、注册服务对象672人，免费发放时间对象595人，服务匹配量4222单，匹配成功数4163单，成功率98.6%，匹配成功率排名全市第一。

【养老服务产品优选与养老服务质量提升】 2020年，为创新玄武养老服务模式、丰富养老服务内涵、提升全区养老服务层次，不断满足越发精准、多元、高效的养老服务需求，区民政局联合区养老服务行业协会，由江苏省老年周报社，市养老服务指导中心、市社会福利协会和市居家社区养老服务协会等单位领导组成专家评审组。历时近3个月，分3场次开展全区养老服务优质产品评选活动，通过踊跃报名、全程参与，达到学习交流、相互借鉴、共同提高的目的，玄武区福安康居家养老服务中心、九如城盛和居家养老服务中心、南京周丽平餐饮管理有限公司等10家养老服务组织优质养老服务产品获评。

【医养结合】 2020年，打造全区医养服务“1+7+N”总体布局，完善“六位一体”和“三段一线”的居家养老社会化服务体系，开展精神关爱试点，营造敬老、爱老、助老氛围，打造以红山街道、锁金村街道为试点的特色型医养结合居家养老服务中心。发放“致全省老年人的慰问信”4万余份，制作宣传展板50块、发放安宁疗护工作手册300份、国情教育资料1000余本。新街口社区卫生服务中心等5家单位入选南京市安宁疗护试点单位，全市8家心理关爱试点单位中玄武区占3家，“互联网+医养护一体化”综合服务平台获全省老龄工作优秀案例。国家老龄办党组成员、中国老龄协会副会长吴玉韶到玄武区视察并给予肯定。

【“敬老月”主题宣传活动】 10月16日，省老领导顾浩、冯敏刚、包国新，全国老龄办党组成

12月21日，社区开展为老服务——剁馅包饺子活动 （盛和家园社区　供图）

员、中国老龄协会副会长吴玉韶，省卫健委副主任邱泽森等一行来到玄武区，出席主题为“弘扬养老孝老敬老传统，共建共享老年友好社会”2020江苏省“敬老月”宣传活动及启动仪式，并向全省老年人朋友们致以节日的问候和美好祝福。省老龄协会副会长佘义和、何小鹏，省老龄协会顾问戴伟，市卫健委副主任赵军，区委常委、区政府党组成员马千山以及省、市、区相关部门负责人参加。

【老龄国情教育及老龄健康培训】 11月17—18日，玄武区举办老龄国情教育及老龄健康教育培训班。省老龄办专职副主任杨立美详细解读《江苏省贯彻〈国家积极应对人口老龄化中长期规划〉实施方案》，市卫生健康委副主任赵军对南京市积极应对人口老龄化、加快养老服务体系建设做诠释。参加培训的有区民政局、区人社局医保管理中心、各街道从事老龄工作人员、各社区卫生服务中心主任、各医养结合机构院长、居家养老组织负责人60多人。

【安宁疗护工作提升】 2020年，新街口社区卫生服务中心等6家单位入选南京市安宁疗护试点单位（新街口社区卫生服务中心、玄武区颐鹤护理院、玄武门社区老年康复护理院、玄武区鸿福护理院、玄武区颐康护理院、玄武华飞居家养老健康服务中心、钟山银城梅苑颐养中心），区卫生健康委获2020年南京市卫健委安宁疗护先进集体称号，新街口社区卫生服务中心获2020年南京市安宁疗护先进机构称号，新街口社区卫生服务中心张梦泽、钟山银城梅苑颐养中心张晓岚被评为2020年南京市安宁疗护先进个人。区卫健委老龄健康科陈明被评为江苏省第三届“百家孝星”。江苏悦心养老产业有限公司获2020年全国“敬老文明号”称号，玄武区佑康居家养老服务中心张桂芳院长获2020年全国“敬老爱老助老模范人物”称号。玄武区佑康居家养老服务中心和极仁养老服务评估中心获中央老年人心理关爱项目2020年示范点。

【“老年人心理关爱”项目启动】 10月28日，南京佑康康复指导中心（玄武区佑康残疾人之家、玄武区佑康居家养老服务中心、佑安医院社区精神康复玄武站）在樱铁村社区正式举办“老年人心理关爱项目”启动仪式。老年人心理关爱项目的开展旨在积极应对老年人心理健康问题和需求，提升基层老年人健康服务能力，有效维护和促进老年人心理健康，实现和改善老年人心理健康状况目标。（陈　明）

残疾人扶助

【概况】 2020年，全区持证残疾人6475人，男性3611人、女性2864人，其中视力残疾816人、听力残疾557人、言语残疾35人、肢体残疾2744人、智力残疾676人、精神残疾1268人、多重残疾379人。2020年，贯彻落实习近平总书记和党中央“全面建成小康社会，残疾人一个也不能少”重要指示关键年，区残联抓实抓细疫情防控工作，扎实推进残疾人“两个体系”建设，精心实施残疾人民生实事工程，不断夯实残疾人工作基础，各项目标任务稳步推进。

【残疾人民生保障】 2020年，全面落实“重残、孤残、老养残、一户多残”特困残疾人的定期补贴政策，为“四类”535名残疾人发放救助金63.52万元；为6户残疾人家庭发放0.6万元的临时救助资金；元旦和春节期间走访慰问困难残疾人720户，发放慰问金61.2万元；为816名残疾居民发放社会保险补贴104.803万元；向市残疾人福利基金会申请电磁炉77台，为3名困难残疾儿童申请郭氏爱心助学金项目。

【残疾人教育就业】 2020年，加强技能培训，依托第三方培训机构组织129名残疾人参加艺术类技能培训，全部取得社会艺术水平等级证书；年度残疾人职业技能提升行动培训103人次，其中符合新增培训要求人员30人，对10余名残疾人进行直播带货、电商创业等课程培训，盲人医疗按摩继续教育培训9人，盲人保健按摩培训6人。促进创业就业，每季度举办一场残疾人线上专场招聘会，多名残疾人签订意向劳动协议；做好残疾人求职登记和单位招聘信息登记，

4月25日，玄武区残联主办的"旅读长江路"主题活动在南京中国近代史博物馆(总统府)举行　　(万文慧　摄)

筛选合适残疾人推荐就业，符合新增就业要求人员37人；审核安置残疾人企业182家，安置464名残疾人就业；为安置残疾人企业发放达超比例奖励4.444万元，为残疾学生发放教育补贴1.95万元、助学补助、奖励2.75万元。

【残疾人康复服务】　2020年，主动服务全区康复机构，指导机构疫情期间开设网课和线上咨询活动，确保0～14岁残疾儿童康复服务不间断。为全区444名残疾人适配残疾人辅具454件(套)；为70名低视力残疾人适配眼镜、助视器等辅具；为17名成年贫困肢体残疾人免费安装假肢或矫形器；为14户低收入残疾人和30名重度残疾老年人实施家庭无障碍改造项目；为191名0～14岁残儿与31家康复机构签订委托训练协议书，制定个人康复训练档案；为14名0～14岁儿童适配矫正鞋、站立架、儿童轮椅及助听器等辅具；"六一"儿童节组织慰问区特殊教育学校和康复机构残疾儿童274名。第21次全国"爱耳日"期间，组织5场视频宣传教育活动；实施康复示范点建设，完成新街口和仙鹤门2家社区卫生服务中心硬件设施提档升级，顺利通过市残联专家组考核验收。

【残疾人宣传文化体育活动】2020年，在国家级媒体发布新闻30篇、省级媒体43篇、市级媒体66篇；5月15日，第30次"全国助残日"期间，围绕"助残脱贫　决胜小康"的主题，举办"玄武区残疾人青年电商主播大赛"活动，获奖选手还通过苏宁易购直播平台进行本次助残日活动的公益带货直播，期间超5000人观看，点赞数超2万次。区、街两级残联和各助残社会机构围绕助残日主题组织开展20余场社会宣传、文化艺术和走访慰问等助残惠残活动。残疾人文化活动精彩纷呈，成立区残疾人书法、合唱、葫芦丝、尤克里里、中国舞和诗歌朗诵在内的6个艺术团，定期开展艺术培训和艺术鉴赏活动；依托区文化旅游资源，结合疫情防控形势，开展了线上品读《红楼梦》活动、公益短视频大赛、"旅读长江路、走进总统府"全民阅读日等文化惠残助残主题活动，500多人次残疾人参加。加强残疾人体育工作，为残疾人发放康复体育器材包210套。

7月22日，由南京市残联主办，《南京日报》发展有限责任公司承办的“信仰的力量——全省第十届残疾人艺术会演南京节目终选会演”在江苏紫金大戏院举行。区残联精心策划创作，推出的防疫题材情景剧《向爱而行》参演。10月11日，由南京市残疾人联合会、南京市聋人协会、南京薇薇职业学校共同举办南京盲人“秀厨艺、展风采”生活技能选拔赛，区盲人选手杨静获面点比赛一等奖，李秀琴获炒菜比赛二等奖。10月18日，区残联携手中国狮子联会江苏代表处二、六分区在玄武湖公园营造浪漫活动，南京首届“轮椅上的婚纱梦”甜蜜上演，帮残疾人士圆心中多年的婚纱梦。12月19日，电影《山河故人》无障碍版在江苏大剧院首映。活动由区残联携手金陵图书馆、上海译迩信息科技有限公司联合主办。来自南京市盲人学校、南京手佳盲人按摩、南京共享图书馆的100多名视听障碍朋友参加首映活动。观影活动为残障群体提供平等观影平台。

【组联和维权】 2020年，稳步抓好残联组织改革各项工作落实，不断提高联系、凝聚、服务残疾人的能力和水平；注重加强残疾人专门协会考核，促进能力提高和职能发挥，残疾人组织队伍规范化建设进一步提升，五大协会开展20多场残疾人喜闻乐见、丰富多彩的活动，670余名残疾人参加；组织盲人选手参加省、市盲人厨艺大赛，取得1个省级二等奖，1个市级一等奖的好成绩；区肢协和聋协的相关活动得到中残联相关协会的关注和报道；加强残疾人专职委员队伍建设，开展各类培训，严格任务考核，提高残疾人专职委员的工作能力和服务水平。维护残疾人合法权益，全年接待处理来信来访5件次，法律咨询2件次，及时办理回复区人大提案1件，“12345”政务热线办结8件，未发生重大集访事件。依托樱驼花园社区全省首批残联系统“法治文化建设示范点”，每月开展一次法律咨询讲座活动。为3126名残疾人证期满的残疾人换发新证，完成6510名持证残疾人的入户调查数据动态更新。

【疫情防控】 2020年，扛起疫情防控的政治责任，慎终如始抓好疫情防控。成立疫情防控领导小组，制定《玄武区残联新型冠状病毒感染的肺炎疫情防控工作方案》，全面加强残联系统疫情防控的组织领导。响应区委号召，集中力量抓好支援结对社区防疫工作，派出527人次党员干部参与社区入户摸排、小区巡逻和卡点值勤。及时发布权威部门实时疫情信息和科学防疫知识，为听障残疾人转发手语版《新型冠状病毒防控指南》。把康复机构和“残疾人之家”作为防控重点，领导班子多次赴各残疾人机构检查督导疫情防控工作，为16家残疾人机构配发近3万元的额温枪、口罩、消毒水等防疫用品。

【区“旅读长江路”惠残主题活动】 4月25日，区残联主办的“旅读长江路”主题活动——发现长江路的建筑之美，在南京中国近代史博物馆（总统府）举行。残疾群众从总统府大门沿中轴线一直到子超楼，参观总统府从明清到民国不同时期的建筑，聆听这些建筑的特点和人文历史，领略总统府建筑风景和文化的双重魅力。旅读主题活动深受残疾群众喜爱，通过开展无障碍旅读活动，残疾群众不仅体验到景点的优质服务，还收获更高层次的精神文化享受。

【区第30次“全国助残日”暨残疾人青年电商主播大赛】 5月15日下午，举办以“助残脱贫、决胜小康”为主题的庆祝第30次全国助残日暨残疾人青年电商主播大赛活动。区残联围绕主题，携手区融媒体中心、区文化产业联盟、苏宁青创园，共同举办本次助残日活动。参赛选手进入主播训练营，接受专业的电商直播基础知识技能培训，系统学习成为合格主播的技巧和策略；参观苏宁直播间，近距离观摩直播过程中的物料准备、环境布置、脚本设计等方面的工作程序；在实践体验环节，两位优秀选手作为嘉宾主持走进苏宁直播间，围绕“助残日”和“公益带货”两个主题进行直播实践。通过活动的举办，结合“后疫情”时期经济复苏的新形势，拓展全区残疾人就业新渠道，实现“全面建成小康社会，残疾人一个也不能少”目标。 （王 琨）

红十字会

【概况】 2020年，玄武区有红十字基层组织58个，团体会员22个，会员15059名，注册志愿者405名，红十字志愿服务基地5个，红十字救护培训基地1个，红十字博爱家园3个，红十字青少年教育基地1个，红十字博爱养老院1所，红十字冠名医院1所。文明创建活动中全部干部放弃节假日休息，下沉至街道社区，承担结对多个防控点的值班，参加防控值守、人员摸排、防疫宣传，落实好值班制度。

【疫情防控】 2020年，疫情防控中，区红十字会迅速出台《区红十字会新型冠状病毒感染的肺炎疫情防控捐赠工作方案》，全力做好接收社会各界捐赠款物工作。全区红十字组织思想统一、步调一致、运作规范、公开透明，较好地履行了党委政府人道领域的助手作用。截至年底，接收捐款103.2116万元，物资接收合计80笔，折合资金127.07万元，所有捐赠款物均在第一时间全部移交指挥部及定向捐赠接收单位，接受区人大督察及区审计局专项审计，得到充分肯定，为全区抗疫工作取得阶段性成果做出贡献。

【红十字会组织建设】 2020年，贯彻落实新修订的《中华人民共和国红十字会法》，制定并通过《南京市玄武区红十字会改革实施方案》，推进区红十字会治理结构、人事制度、运行机制和工作方式等方面的改革创新；对照省委巡视组巡察整改要求，完善《区红十字会内部控制管理制度》等规章制度；召开街道、系统红十字工作会议，分解落实年度工作任务；制定《区红十字会2020年工作要点》，实时对照检查；下发街道红十字会目标考核标准，将街道红会工作纳入考核体系。

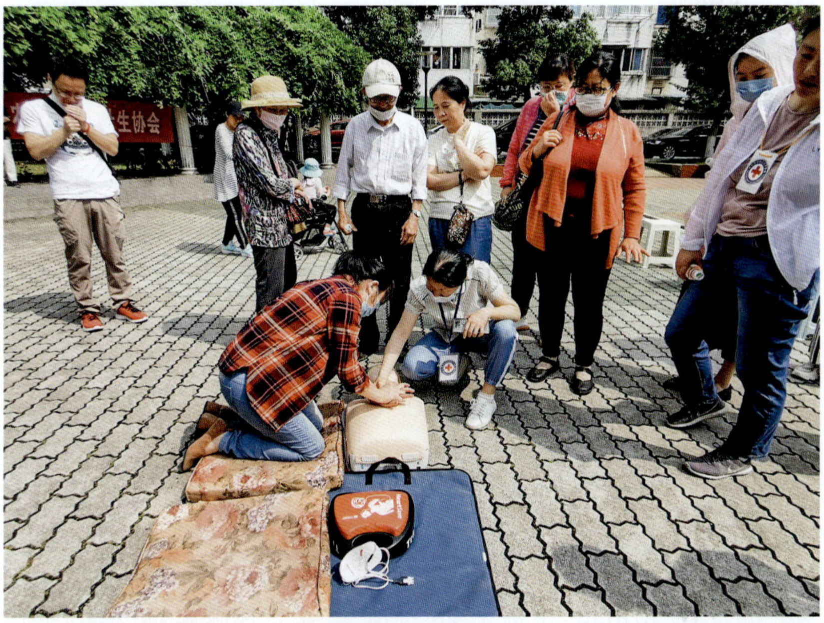

5月26日，开展救护培训现场教学活动 （随 琳 摄）

【救助活动】 2020年，在春节期间开展"博爱送万家"活动，发放救助款物11.2万元及264桶食用油等物资，受救助群众260余户；疫情发生以后，响应区委区政府号召及上级红十字会的部署，排查各街道受疫情影响困难群众情况，向3个街道13户困难群众集中发放救助款1.4万元。根据区委区政府工作部署，区红会落实精准扶贫、对口支援工作计划，9月，赴重庆市万州区甘宁镇举行对口支援活动，捐赠款物近20万元。截至年底，接收捐款122.04万元，发放145.59万元。

【筹资渠道拓宽】 2020年，在完成"慈善中国"信息平台募捐备案工作基础上，在"公益宝"平台建立区红十字会微网站，联通区红十字会支付宝账户发起网上募捐公益项目，定期发布项目进展情况。加强信息公开和捐赠人交流反馈，通过区政府网站、"慈善中国"、"公益宝"平台、区红十字会公众号等渠道实时更新捐赠情况，推出电子捐赠证书，方便捐助人及时查阅。

【救护培训】 2020年，普及救护培训工作继续被列入全区为民办实事考核项目。年初，受疫情影响，现场救护培训工作难以展开，在疫情防控取得初步成效以后，区红会迅速充分发挥应急救护培训主体作用，复训师资2名，对区机关干部、重大建设项目的建设工人、南京地铁、银行等重点公共服务部门员工开展培训，集中力量为全区所有的高一新生以及驻区高校新生进行全面的普及培训，年内培训人数11000人，提前超额完成民生实事项目。

【公共场所设置自动体外除颤器（AED）】 2020年，区红十字会在公共场所投放50台AED项目被纳入2020年为民办实事项目。区红会为确保做好精准投放工作，街道先提方案，区红会再综合协调，每个投放点都要确定设备负责人、联系电话，与所在单位签订项目合作协议书，明确双方的责任，及时组织所在单位的职工开展AED及心肺复苏的培训，保证AED的有效使用。10月15日，50台AED全部提前安装完毕。在项目实施过程中，2次接受区人大代表现场督察指导，获得各位代表一致好评。

【三献工作】 2020年，南京林业大学学生杭宏成功实现造血干细胞捐献，成为江苏省、南京市首位实现捐献的00后大学生，是区第8名成功捐献者；组织机关干部、街道、社区人员参加支援疫情防控无偿献血活动，结合献血活动实现造血干细胞入库208例，在全市位于领先；成立无偿献血、造血干细胞捐献志愿服务队2支，推广南京市无偿献血志愿者智慧管理平台，发展志愿者1525名；志友协会在新的领导班子带领下积极开展多场社区宣传活动。

【红十字青少年工作】 2020年，组织全区32所中小学1.59万人参加国家红十字总会“红十字青少年自救互救知识竞赛”答题活动。区红会获2019年度该项工作组织一等奖。实现辖区大中小学校红十字组织全覆盖。

【志愿服务项目建设】 2020年，志愿服务规范化管理，利用“志愿江苏”服务平台全面实现志愿服务信息化；以“4+X”模式在孝陵卫街道、锁金村街道新建“博爱家园”两座，“博爱家园”建设逐步向全区各街道全面铺开。养老照护工作稳步推进，完成养老照护知识普及500人次，开展志愿服务20次，上门50余户。

【专题宣传活动】 2020年，继续推进红十字“博爱光明行”项目，在全区所有街道开展免费筛查等活动；加大红十字衣物捐赠箱的投放和宣传，现有捐赠箱110余个；全年在国家、省、市、区级媒体发表信息100余篇，其中在《新华日报》《南京日报》等红十字会系统外媒体发表新闻信息18余条。

（栏目编辑　顾　坚）

街道

梅园新村街道
新街口街道
玄武门街道
锁金村街道
孝陵卫街道
玄武湖街道
红山街道

梅园新村街道

·街道工作·

【概况】 街道位于玄武区东南部，东起中山门向北城墙，西至太平北路，南至中山东路，北至北京东路，东西分别与孝陵卫和新街口两街道毗邻，内秦淮河蜿蜒穿过境内，明城墙横亘于街道东北部，面积6.35平方公里。辖大行宫、东南大学、梅园新村、大影壁、兰园、明故宫、太平门、北安门、富贵山9个社区居委会，常住人口11.01万人。街道地处南京市腹地，街区曾是太平天国和民国时期的政治和文化中心，历史文化底蕴深厚。区域范围大。现梅园新村街道由原梅园、兰园、后宰门街道先后合并而成，是主城内面积较大的街道。有6条主干道、17条次干道、38条背街小巷。教育资源多。有南京外国语学校、玄武外国语学校等9所知名中小学，以及市级机关幼儿园、小天鹅幼儿园等9所优质幼儿园。区新名校发展计划（2018—2022年）组建的7大名校教育集团中，街道有2所。文旅资源多。辖区内“1园2寺8馆”，即明故宫遗址公园，毗卢寺、香林寺，六朝文化博物馆、总统府、梅园新村纪念馆、中国第二历史档案馆、南京博物院、南京图书馆、省美术馆、王安石故居。集六朝文化、明清文化、民国文化与现代文明于一体。科技产业多。辖区有“一街三园”，即珠江路创业大街、东南大学科技园、玄东科技园、金融科技园，聚集了熊猫电子、紫泉能源、五星控股等一批研发、软件、互联网+企业。2020年，街道获“江苏省退役军人工作模范单位”“南京市创建全国双拥模范城优秀集体”称号。

12月21日，梅园新村街道举办纪念志愿军抗美援朝出国作战70周年座谈会

（梅园新村街道 供图）

【经济发展】 全年完成一般公共预算收入13.29亿元，社会消费品零售总额38.12亿元，完成规上服务业85.82亿元，商品销售额181.46亿元，新增高新技术企业15家。各项重点项目有序推进，完成未来城A座、德鸿易生活广场升级改造和东南大学技术转移中心项目。招商引资，完成500万元以上招商项目103家，引进亿元以上项目10个，签约项目投资总额达156.83亿元，较上一年度60.5亿元，有大幅度提升。同时上报招商信息数108条，实际利用内资31.0792亿元，均达超年度任务目标。

【城管城建】 高标准开展“四城联创”，推进115个居民小区整治全覆盖。拆除违建1.9万平方米，依法取缔花红园3处占道经营近20年的路边摊点。完成5.28万平方米小区整治和香林寺沟沿线征收，地铁6号线沿线征收进展顺利。新增停车位99个，玄外地下停车场420个停车位于年底投入使用。既有住宅增设电梯累计建成114部。指导成立3个小区业委会和26个小区管委会，引进1家市场化物业公司，74个无物业小区全部实现托管。持续巩固后宰门街和荷包套餐饮油烟整治示范街成效，完成8台燃气锅炉低氮改造、5家重点餐饮和4家企事业单位油烟整治工作，兰园农贸市场安装小型标准空气质量自动监测站1台。成功创建后宰门街“五小行业”排水户专项整治示范街。

【民生服务】 采取“大数据+网格化+铁脚板”模式，街道全体干部下社区，投入对辖区36443户居民的摸排和146个防疫卡点执勤。摸排国内外回宁人员10045人，辖区168酒店接待完成“加蓬—南京”等6批次航班414人次的隔离任务，辖区无一例确诊本土病例。及时调整成立社会和社区工作组、市场及物流工作组等10个专项小组，开展“梳网清格”和“疫情防控督查月”行动。新增养老机构1家(诺恩儆堂集养老服务中心)，梅园颐养中心二期开业(新增床位322张)，新增明故宫三点红老兵退伍红色餐厅助餐点(中央厨房)1家。扶持困难人员就业255人，完成490名社会保险中断缴费人员续保任务。加大军地联席会议制度落实力度，招录军嫂社工6名，建立完善困难退役军人及其他优抚对象“一本账”制度，解困脱贫17人。街道连续17年被市区评为双拥共建先进集体，连续9年被南京市授予“双拥模范街道”。

【平安法治】 完善网格化社会治理机制，运用平台发现、流转、指派、处置问题50679个，105个网格考核全部达标。严格落实重点上访人员“五包一”措施，有力推动4起信访积案化解。坚持矛盾纠纷调解月报制度和零报告制度，受理纠纷968件，调解成功948件，调解成功率98%。制定并执行年度大排查大整治工作计划和22个专项整治方案，约谈企业8家，关停企业和违规场所3处。9个社区实现微型消防站全覆盖，为辖区内1521个楼栋单元配置灭火器3042个，新建充电桩272组。百江换气站、数码港等挂牌督办重点安全隐患整改通过市消防局验收销案，完成卓越大厦消防系统整改，排查群租房安全隐患1236处，未出现安全生产责任事故。

【基层党建】 全面建成开放街道新时代文明实践所和9个社区新时代文明实践站，完成民福巷“孝·亲”文化等6个主题文化墙制作。完成“多网合一”，调整划分127个网格党支部，新成立“两新”党支部3个、红色物业党支部2个。圆满完成9个社区党委换届选举。全年完成65个结对共建项目，党工委与江苏交通控股机关委员会和江苏省会议中心总支部委员会签订党建共建协议书。赴西藏墨竹工卡县扎西岗乡开展结对共建，南京基础设施开发有限公司等4家党建联盟成员单位和企业捐款20万元，用于支援扎西岗乡和南京希望小学建设。严格落实意识形态工作责任制，组建小红梅青年学习社、“草根名嘴”宣讲团等4支理论宣讲队伍，开展区域化党建联盟“我是思享家·点赞中国之治”演讲视频比赛，上报参赛作品40部。开展疫情防控、文明城市创建、安全生产等专项督查，围绕惠民资金发放、道路停车收费、“12345”工单、垃圾清运等工作开展专项检查并及时进行处置。认真落实省委巡视组关于意识形态方面反馈意见，对照巡察街道(镇)发现5个方面14个共性问题，制定整改措施、完成时限，提升巡察整改质效。

【人才工作】 贯彻落实“五坚持五提升”人才工作体系，全年有效申报高层次人才19人，新增入选市级3人、区级3人，新增高企入库1家，双百兑现27万元。5年来街道入选市区两级人才共19人，其中市级13人。

【“小红梅·梅好生活空间”】 “小红梅·梅好生活空间”坐落在梅园新村34号，该项目是由梅园新村街道党工委为满足人民对美好生活的追求，为社区居民打造的高品质公共文化空间。2020年，街道党工委深挖“梅园精神”，对“小红梅·梅好生活空间”进行升级改造。年内接待团队400批次、12000人次。“初心之路”学习书院研学路线项目先后接受省委原副书记任振鹤、团中央书记处常务书记汪鸿雁、团省委副书记潘文卿、团中央组织部有关领导专题调研，相关工作被《新华日报》报道。

【“赵大姐工作室”】 梅园新村街道党工委和北安门社区党委于2017年正式成立的“赵大姐工作室”，是以社区书记赵卫为带头人，以“更好地服务人、更多地带动人、更紧地凝聚人”为宗旨，以“服务民生、工作解难、党建联动、带教培养”为职责的街道特色党建品牌，曾荣获江苏省委组织部“党支部书记工作室示范点”荣誉。2020年，完成“赵大姐工作室”2.0版提档升级，召开2020年民生菜单招亲会，居民“下单”，26家共建单位“接单”，推动党建引领社会治理。

·社　　区·

【梅园新村社区】　东起龙蟠中路，西至东箭道，南延中山东路，北至珠江路，办公地址位于汉府新村68号。社区面积约0.38平方公里，总计人口3077户，6870人。社区有梅园新村纪念馆、毗卢寺、六朝博物馆、逸仙小学、玄武高级中学（初中部）、圣和府邸精选酒店等单位100余家。社区党委下设7个党支部，有党员336名，其中配备党委书记1名，楼栋支部书记7名。社区内辖60座楼栋，分为45个社区居民小组。2020年，社区开展“邻里一家亲”社区邻里守望互助、“梅好厨房”——邻里厨艺达人秀等活动类项目13场，参与人数420人次。结合“文明城市”创建开展连续多月的环境卫生大整治工作，组建“党员河长”志愿者团队，定时对河道进行巡查。与省委第七巡视组党支部、江苏法德东衡律师事务党支部举行共建签约仪式。2020年，社区获江苏省民主法治示范社区等称号。

【东南大学社区】　办公地址位于文昌街2号9舍，是相对封闭的东南大学教职工宿舍区。北沿北京东路、南至太平北路122号、东到兰园28号、西至太平北路，社区面积约0.5平方公里。社区内有中科健康产业集团、上海银行南京分行等单位。社区有专职社工9名，办公用房面积650平方米，居民小组数30组，居民总户数2717户，总人数5390人。社区内有学生宿舍9幢，居住有3700多名大学生。社区党组织为党委建制，下设4个党支部，有党员161名。2020年，社区党建服务品牌“院士专家服务站”全年开展传统佳节活动4次，举办专家义诊1次。社区获2019年度玄武区五四红旗团支部等称号。

【大行宫社区】　办公地址位于东箭道31号，南至中山东路，北至太平北路120号，东至花红园路、太平桥南裕德里路，与梅园新村社区、大影壁社区毗邻，西至太平北路1912街区，社区面积0.45约平方公里，总计人口3794户，9943人。社区有总统府、江苏省美术馆、南京市图书馆、成贤街小学、花红园幼儿园、华海科技集团、1912集团等单位2000余家。社区党委下设9个党支部，有党员361名，其中配备党委书记1名，党委副书记1名，楼栋支部书记9名。社区内辖63座楼栋，分为42个社区居民小组。2020年，大行宫社区党委开展“爱心交换椅”公益项目、社区楼道亮灯项目、“萤火虫之家”关爱社区未成年人服务项目、“爸妈的节日”传统助老项目、“萤火虫志愿服务驿站”志愿服务类项目、“公益彩绘墙”项目等为民服务项目6个，开展活动25场，服务居民5500人次。

【大影壁社区】　办公地址位于东大影壁6栋-1，位于珠江路北侧，龙蟠中路西侧，南至珠江路，东至龙蟠中路，西至花红园路，北至荷包套路。社区面积约74500平方米，居民常住户3350户，居民人口7785人。社区内有东大影壁小区、西大影壁小区、百仕园小区、花红园小区、红旗新村小区、华山饭店小区和杨家胡同小区。金鹏饭店、华山饭店、玄武外国语学校、中国人民财产保险有限公司南京分公司、邦德骨科医院等机关企事业单位，华飞居家养老服务中心、飞鹰合唱团等社会组织。社区有社工11名，社区党委下设9个党支部327名党员。2020年，社区党委依托社区“红梅驿站”开展系列活动丰富党员群众精神文化生活，带领“365+党员义工”工作室为社区居民提供民生保障、文化素养提升、应急技能培训、居家养老、法律普及五大类“零距离”的优质服务。与共建单位党组织区检察院、南京玄武外国语学校、中国银行南京黄埔支行经常性开展廉政教育、普法宣传、志愿服务、青少年课外拓展、慰问困难党员群众等共建活动。

【兰园社区】　办公地址位于演武新村58号，东起龙蟠中路、西至兰园路，南自红旗新村，北至北京东路，社区面积约0.43平方公里。居民常住户3200户，9000余人。社区党委下辖10个网格党支部，44个党小组，党员435名。社区有演武新村小区、兰园小区、红旗新村小区、北京东路30号及小营北路1号部队营院等5个片区。社区内有南京市教育局、玄武区委党校、南京市外国语学校、小营小学及兰园集贸市场等单位。社区借助辖区丰富的教育及文艺人才资源，打造以服务老年人群文化生活为主要特色的银发乐园社区服务品牌。2020年，银发乐园不断吸引更多知识渊博、品德才艺俱佳的老党员及居民骨干参与到队伍中，成功举办了老年艺术进修课堂、居民道德讲堂、少儿暑期教育、群众文娱、法制以及科普课堂、“爱行走在兰园社区”等系列主题活动，有效提升了居民的精神文化素养和文明水平。

【明故宫社区】 东起前半山园路，西至龙蟠中路，南起中山东路，北至珠江路、后宰门街，社区面积约1.3平方公里，户籍居民5758户，13652人。社区内有中国第二历史档案馆、南京博物院、东部战区南京总医院、五星控股集团有限公司、维景国际大酒店、钟山宾馆等数十家军地企事业单位。2020年底，社区党委完成党委换届，下设27个党支部，有党员840名，其中配备党委书记1名，党委副书记2名，网格党支部书记27名。2020年，明故宫社区立足本社区实际和居民需求，以党建促社建，以社建固党建，开展“小红梅德育学堂”“社区幸福健康自我管理”“社区垃圾分类环保公益”等品牌项目，扶持引导成立“青风志愿服务中心”“熊猫居家养老服务中心”等公益组织，组建绿柠盟志愿者队伍，进一步拓宽社区服务覆盖面，创新基层治理新途径。

【太平门社区】 位于北安门街西侧富贵山隧道旁，东至北安门街，西至龙蟠中路，南至珠江路，北至太平门街，社区面积约1.3平方公里，总户数5842户，常住人口12515人。社区由西村、富贵山、佛心桥、太平门东街、部队家属区等小区组成。社区内有中国江苏传媒出版集团、南京市玄武区高级中学、江苏省青年干部管理学院、南京宇花小学、玄武区妇幼保健所、玄武区残疾人联合会等大单位25家，较小单位155家。太平门社区党委下设16个党支部，有709名党员。2020年疫，情防控作为重大政治任务，强化党建引领，全面落实联防联控措施，扎实开展安全生产专项整治行动，有效促进和谐社区建设稳步。依托“小红梅”民族团结共建服务示范基地开展“橄榄绿”民族创业课堂，组织技能培训30次。开展少数民族民俗风俗活动25场，累计服务1635人，在各民族同胞与社区党委之间架起“连心桥”、牵起“同行手”。2020年太平门社区被推荐为省级“红石榴家园”。

【北安门社区】 办公地址位于后宰门西村13号，东起明陵路，西至北安门街、前半山园路、后半山园路，南至后宰门街、中山东路，北至富贵巷，面积1.2平方公里，总户数5110户，常住人口15511人。社区党委成立于2003年9月，现直管党员753名，下设17个楼幢党支部，其中配备党委书记1名，党委副书记2名，楼栋支部书记17名，社区还有60名居民小组长。社区内有五十四中学、市慈善总会、南京金融科技园等企事业单位10余家。社区办公、服务用房面积1050平方米，居民户外健身的游园和广场面积1万余平方米。2020年，社区获2020年玄武区高质量发展先进集体称号。

【富贵山社区】 办公地址位于富贵山4号，东以明城墙为界，西连北安门大街，南至富贵巷，北依富贵山，社区面积约0.68平方米。社区有居民楼220幢，居民4173户，总人口11172人，划分12个网格单元。2005年6月，建立富贵山社区党委，现有党委委员7人，其中书记1人、副书记1人，下设17个网格党支部，53个党小组，有党员621人。2020年，社区党委坚持以“加强基层党建引领、提升为民服务效能”为目标，结合社区特点和居民需求，整治社会力量，坚持“多元参与、共建共享”的社区治理方向，充分发挥社区党组织战斗堡垒和党员先锋模范作用。开展“我们的节日”“善行义举——十佳感动人员评选”“全民阅读”等系列活动，不断提升社区精神文明建设。2020年，社区获“先进职工之家”称号。

·驻街园区·

【珠江路都市经济园】 位于玄武区龙蟠中路29号，与珠江路和北京东路两条交通干道相邻，都市中心地理位置，区域交通便捷，园区占地面积10000平方米，建筑面积约12500平方米，园内建筑造型时尚、绿化幽美、环境优雅。园区入驻企业42家。其中知名企业有南京世格软件有限公司。2020年,园区纳税1260万元,被列为南京市大学生创业园、南京玄武区劳动创业园。

【南京科技金融园】 位于后宰门西村95号,总面积13000平方米,为市级金融园,是江苏首个由政府引导、市场化运作的综合性多层次科技金融服务专业机构,实行"平台+园区+基金"(中小企业科技金融服务平台+知识产权投融平台+科技金融园+基金)的新型商业模式。入驻企业66家,其中科技服务类企业代表有江苏长三角技术产权交易有限公司;金融服务类企业代表有中国建设银行、南京玄武投资有限公司;科技类企业代表有江苏先安科技有限公司、江苏巨楷科技发展有限公司、南京鼎丰诚信息技术有限公司、南京网元通信技术有限公司;中介服务类企业代表有南京润道知识产权代理有限公司。2020年,园区引进新企业11家,税收统计为1000多万元。

【东南大学国家大学科技园长江后街创业园】 位于玄武区长江后街6号,毗邻珠江路,是东南大学国家大学科技园的孵化载体,总面积18000平方米。2019年以来,东大玄武科技园以建设玄武硅巷为契机,通过功能布局、业态调整、体系搭建、环境优化等一系列措施,建设集创投俱乐部、双创综合实训中心、项目培育、企业孵化等为一体的创新资源集聚区,促进相关产业集聚和规模效应,带动周边业态调整升级,引领科技创新产业发展,从而更好地服务玄武区经济发展。推进园区信息化建设,根据"互联网+科技园"的整体战略部署,推进园区O2O企业孵化服务平台的建设,并在园区组织展开测试。截至2020年底累计孵化企业550余家,培育高新技术企业30余家,已形成电子信息技术、创意设计、工程设计、集成电路设计等产业的集聚。园区优质企业主要有江苏澳格姆生物科技有限公司、南京宜热纵联节能科技有限公司、南京商周纵联软件科技有限公司。全年税收为2400多万元。2017年获江苏省教育厅"江苏省大学生创新创业示范基地"认定;2018年获江苏省科技创新协会"科技创新优秀服务一等奖";2018—2019年连续两年获评南京市人社局"优秀市级大学生创业园";2019年获工信部"国家中小企业公共服务示范平台",江苏省发改委"江苏省大众创业万众创新示范基地",江苏省科技企业孵化器协会"江苏省综合孵化器十强",江苏省科技服务业"百强"机构。2020年,获中国技术创业协会"科技创业贡献奖"及江苏省科技创新服务联盟江苏省科技服务业"百强"机构;2017—2020年连续四年在江苏省科技企业孵化器绩效评价中获评优秀(A类)。

【玄东科技园】 处于珠江路科技街核心区域,毗邻东大科技园长江后街园区,总建筑面积10800平方米。2019年以来,玄东科技园主动融入南京"创新名城"建设,围绕人才创业、企业创新,紧盯资产运营、载体建设、招商引才、孵化服务四项主要任务,顺利通过省级孵化器、省级中小企业公共服务平台资质复审取得了良好的工作成效。全年联合社群、中介科技服务机构,共开展创业培训、申报辅导、技术沙龙、读书会、私董会等活动达30余场,共计参加人数约1100人次。入园企业中30余家拥有百件自主知识产权,累计园区服务20名高层次人才。园区培育了众多的优质企业,4家企业孵化毕业进入加速器发展,1家企业新三板挂牌,累计7家企业获得"高企"资质认定,主要优质企业有海尔南京总部、南京中科水治理股份有限公司、南京四快网络科技有限公司。2020年,4家企业缴税过百万,50余家企业共缴纳税金1120万,税收坪效1037元/平方米(楼宇面积10800平方米,含地下3500平方米)。 (郭 威)

新街口街道

·街道工作·

【概况】 新街口街道位于主城核心区域,新街口商圈东北象限,以孙中山先生铜像为交汇点,与鼓楼区、秦淮区隔街相邻,面积约2.2平方公里。东到太平北路,西至中山路、南到中山东路、北至北京东路。1、2、3、4号地铁在街道地域形成“井”字形交通枢纽。街道辖6个社区，分别是长江路社区、香铺营社区、北门桥社区、成贤街社区、唱经楼社区、大石桥社区。辖区内有3所小学，2所中学和1所大学，有德基广场、南京银行总行、金陵图书馆、汉府饭店等党政军企单位500余家，商业发达、交通便利，街道处于南京市最繁华的中心地段，资源更集中，优势更明显，实力更强劲，潜力更巨大。2020年，街道坚持稳中求进工作总基调，坚持新发展理念，沉着有力应对各种风险挑战，统筹新冠肺炎疫情防控和经济社会发展工作，把基层群众的生命安全和身体健康放在第一位，做好“六稳”工作、落实“六保”任务、发力“四新”行动、加强长江路文化旅游集聚区建设。2020年10月，街道获南京市第22届运动会组织委员颁发的群众体育先进单位奖牌；11月，街道经南京公共机构节能领导小组评定为南京市公共机构节能示范单位，同月新街口街道长江路社区经省财政厅、省科协评定为科普示范社区。

7月15日，新街口街道在四楼会议室召开文明城市创建工作推进会

（新街口街道　供图）

【经济发展】 2020年，新街口街道一般公共预算收入完成49.35亿元，同比增长13.2%。实际使用内资全年任务数23.36亿元，全年完成28.46亿元，完成进度121.8%；签约项目投资总额全年任务数80亿元，完成85.29亿元，完成进度106.6%；亿元以上项目数全年任务数10个，完成11个，完成进度110%；招商项目信息数量任务数100条，完成115条，完成进度115%。“四新”行动计划。新基建：协调对接5G基站建设的点位，加快推进5G基站建设；配合区文旅集团对杨将军巷9号原烟厂地块进行改造提升，提速新基建产业载体建设，拟打造成总部园区；对接南京市城市与交通规划设计研究院，详细了解城市级停车管理云平台项目的进展情况，进入数据模型测试阶段。新消费：通过组织主题促销活动落实新消费行动计划项目，年内组织开展“快乐消费　畅游玄武”赛格市集外展活动、“都市新消费　点亮夜玄武”珠江路金鹰活动、羲和商业广场越剧表演消费促进活动等。新产业：培育常荣声学、金诺服饰两户企业入统新都市工业培育企业；加强对街道软件信息服务业、互联网、5G行业企业的摸排，正在对城交院、苏源高科等企业的项目进行梳理；对接辖区内的电商平台，如中国国投的羊毛市场平台、苏创科技的真会买平台等；继续推进创新名城建设，引导和培育科创企业，力争实现年增10户高新技术企业目标。新都市：加快推进环东大—四牌楼片区环境综合整治工程进度，争取年底全部完工；结合长江路文旅集聚区建设，打造城市客厅新名片，提升宜居品质，实现产业发展和民生改善的统一。2020年，街道承担重大项目11个，其中含新基建项目2个。街道以重点项目建设作为撬动经济发展的重要抓手，4月，成立重点项目推进工作专班，精心谋划，统筹协调，狠抓落实。在区委区政府及市相关部门的大力支持下，一个半月完成青石街地块由“以大带小”出让转为挂牌出让的所有手续，完成青石街地块的出让工作。帮助企业克服疫情影响，市级机关医院已完成主体结构验收、达明大厦总部大楼超进度推进，2020年年底主体结构封顶。完成“1913”小剧场项目和老烟

厂改造项目融入长江路文旅集聚区的建设规划。完成高规格商务办公、高强声波节能环保成套技术研发中心等科技创新项目。持续推进智慧江苏公共服务平台项目,截至年底,进入数据模型测试阶段。

【城建城管】 2020年,街道拆除存量违建2650平方米,其中楼顶违建1210平方米,定期开展违建消除推进会,按计划完成落实考核。针对不同季节的管理特点,开展不同主题的专项整治,春季开展水果店专项整治,夏季开展小餐饮专项整治,秋季开展门前三包专项整治,冬季开展活禽销售专项整治。横向到底,纵向到边,采取高频次、大力度拉网式整治,有力保障非机动车停放、飞线充电、占道经营、倚门出摊、流动摊贩、保洁卫生等市容环境的长效常态。2020年,受理群众投诉工单7730件,结果满意单6404件,满意率87.05%,环比增长8.64%;办结5187件市核案,57520件区核案,808件"12319"平台案件。所有案件处理均无超时、无返工,一次性通过,街道"12345"平台工单的办结率位居全区第二。重点完成33台燃气锅炉低氮改造或停用报废工作;协调完成空气质量监测小型标准站建设;有14家餐饮店因油烟、噪音扰民问题列入环境信访问题,并列入重点整治清单;加大辖区工地巡查力度,督促落实扬尘管控措施要求。督促基层河长切实履职尽责,抓好防汛工作;做好排水证办理工作,有序推进"333"行动计划("333"行动:"三消除""三整治""三提升"。消除城市黑臭水体,消除污水直排口,消除污水管网空白区;整治工业企业排水,整治"小散乱"排水,整治阳台和单位庭院排水;提升城镇污水综合处理能力,提升新建污水管网质量管控水平,提升污水管网检测修复和养护管理水平);做好二次供水改造收尾工作。

【民生服务】 2020年,低保在线293户,367人;区边缘29户,61人;低保户数全年呈现下降趋势,牢牢兜住民生底线。足额发放低保金3782623元、重度残疾人护理补贴774150元、困难残疾人生活补贴1793525元;对243户伤残对象、367名低保户、8名特困人员、8名困境儿童、247名优抚对象、214名特扶对象等特殊群体进行全面排查,掌握生活必需品储备等情况,逐一建立摸排台账,制定帮扶措施,及时给予资金、物资、医疗等帮扶。为困难群众发放口罩53808个,临时救助42户55人,发放临时救助金45535元,援助协会救助43户67人,发放35190元,发放大米22袋、食用油20桶、挂面2箱及牛奶燕麦等。全面建立日巡查制度,充分发挥网格员、志愿者等人员作用,每天通过电话、微信或上门服务等方式,及时了解困难群众身体状况和生活状况,做到困难群众"平日有人照料、生病有人看护"。精心打造全国示范型退役军人服务站,加强组织领导,完善服务功能,注重营造拥军氛围,细化组织实施步骤,明确工作责任,彻底打通为退役军人服务的"最后一公里"。组织强有力的普查队伍,做好组织架构、普查经费、办公场所、培训工作,督查工作等"五个落实",全面有序完成第七次全国人口普查相关工作。

【平安法治】 2020年,结合本地实际,组织各社区、有关单位开展综治(法制)宣传月活动,开展扫黑除恶宣传广场活动,机关干部、辖区党员带头深入社区、学校、家庭;加强扫黑除恶宣传教育,提高广大干部群众黑恶势力的辨别能力。通过各种传播形式,多渠道、全方位开展深化"平安玄武"建设的宣传。推进积案化解工作,针对疫情防控常态化后出现的信访热点,加强矛盾排查,主动作为,将各类容易引发信访问题的矛盾事端,努力钝化消除。全年完成全国"两会"、党的十九届五中全会期间"四个不发生"目标。

【安全生产】 全年召开各类安全生产会议30余次,组织安全专项检查22次,检查单位、楼栋69批次,督促整改火灾隐患69处,杜绝重特大事故的发生。全面完成辖区2736家沿街店面及重点企事业单位的安全生产工作目标责任状签订工作。按照区安委会、区应急局下发的排查整治文件要求,对辖区内115幢高层进行排查梳理,配合消防大队对其中8处高层楼宇进行整改推进工作。结合"181"平台、餐饮、飞线充电等专项检查契机，录入平台7259家，对辖区内300余处使用钢瓶的单位，督促推进"瓶改管"工作；重点巡查建筑施工、电梯施工8处，对1200个私拉乱接电线给电瓶车充电的住户发放告知书，在754个单元门张贴电瓶车充电危害性的友情提醒。全年发放各类提醒1.8万份、一封信1.2万张、悬挂安全横幅50条、挂图1000张、警示展板42块、开通电子宣传栏31处。

【基层党建】 2020年，街道党工委立足构建"不忘初心、牢记使命"主题教育长效机制，落实区委党建部署，年内召开党建专题工作会2次，定期调度社区党建工作，着力解决社区党建人才储备不够、少数党支部战斗堡垒作用不强等问题，在街道形成"班子齐心抓党建、形成合力强党建、上下一心促党建"的良好氛围。全年运用"第一种形态"开展提醒谈话36人次；立案5件5人，协助开展党纪政务处理9人次。围绕把党建"软指标"变成工作"硬任务"，坚持项目在先、责任在先、调度在先的原则，街道党工委与社区党委明确全年基层党建工作目标，由街道挂钩领导牵头，不定期参加社区组织生活，指导参与社区疫情防控、落实安全生产和"两委"换届等重大任务，尤其在意识形态和安全生产领域牢固树立用多大力气都不为过的思想认识，专班推进、专人落实、专题责任、专项部署，把党建目标指标化、指标责任化。全年完成长江路文化旅游集聚区党建融合项目1个；8月，新建"丹凤邮家"党建阵地；扩建深圳莲花和常荣声学党建阵地2个；成立"两新"党组织10个（含新鸿运红色物业党支部）；发展党员13人，其中非公企业9人；年内成立84个社区网格支部，对辖区所有居民小区实现100%全覆盖。2020年，街道注重在重大任务中考验党员，仅在疫情防控中，"两新"组织就成立7个非公临时党支部，出动200多名党员参与社区卡口值勤；社区党员350余人，坚持参加巡逻值班和楼栋摸排；结合"不忘初心、牢记使命"主题教育和"七一"表彰活动，组织部分楼宇企业党组织负责人参观梅园新村纪念馆和高淳西舍红色基地。

【人才工作】 2020年，完成高层次创业人才申报并直进市级1人。2016—2020年市、区两级高层次人才企业初创成活率100%、优质孵化率25%。人才企业政策兑现和满意度测评100%满意。新增1家人才企业营业收入累计超过1000万元。人才企业工作经验成效被省级媒体宣传报道1次。

【疫情防控】 1月28日起，街道机关干部、社工及工勤人员结束春节假期，恢复正常上班，投入到疫情防控中。街道第一时间成立街道疫情防控指挥部，建章立制，建立组织机构，明确职责分工，成立应急机动队。2月4日，街道收到市《关于进一步加强疫情防控期间小区管理的通告》后，立即召开关于小区封闭工作会议，制作"防疫地图"，让奋战一线的工作人员对社区情况了然于胸，为排查、监测提供可靠依据。自2月5日起至疫情响应三级，由机关干部、社区工作者、党员和居民志愿者组成的执勤队伍，24小时坚守在无物业的小区门口，一个不落地对进入小区的车辆、人员进行核查，通过监测体温、登记信息等方式，确保实时防控。疫情防控期间，街道全体人员放弃休息，每日正常上班。在抗击疫情的同时，各项工作稳步开展，尤其针对辖区企业复工潮，坚持以"分级精准防控，加快复工复产"为工作主线，提供7天×24小时服务不断线。全年街道社区出动工作人员和志愿者5万人次，排查12万余人，对6772名重点人员（入境人员、国内中高风险地区来宁人员，密切接触者人员，苏康码红、黄码人员）进行跟踪管理，通过"四包一"联动管理服务机制，确保群众生命安全和身体健康得到坚实保障。年内城管人员先后出动8635人次参与防控工作，在做好城管本职工作的同时，坚守卡点，连续作战，为辖区3500多家九小行业的复工复产保驾护航。

【垃圾分类】 2020年，通过微信公众号、平面媒体、电视媒体、网络媒体进行垃圾分类宣传报道35次，发放宣传手册5000余份。稳妥推进分类亭房的建设，63个小区（85个点位）中完成48个小区61亭、7房的选址和地坪浇筑工作，在10个小区完成亭房落地安装工作。按照"三个到位”的要求坚决推进撤桶并点工作，3个省级示范小区（凯润金城小区、城市家园小区、一枝园小区）的达标率得到提升。

·社　　区·

【长江路社区】　长江路社区位于新街口商业核心区，东起太平北路、西至中山路，南起中山东路、北至长江路，社区面积约0.36平方公里。社区有居民2986户，9328人。社区内有12幢商务楼宇，政府机关、企事业单位较多，为企事业单位、商务楼宇与居民住宅混杂的综合性社区，典型的城市型社区。现社区党组织建制为党委，下设5个党支部，有党员176人。结合驻区企业较多、文化载体较多、居民较少的自身特点，社区两委坚持以“突出特色、提升品位、打造精品、共建和谐”为原则，依托长江路社区公益伙伴联盟党建共建平台，围绕“党建+网格、党建+社会治理、党建+服务”的理念，建立“五个一”工作模式。通过“上乘书院”“一米阳光”“小区营造”“七彩人生”“时间银行”等特色项目，凝聚专业社会组织和共建单位优势资源，为辖区楼宇单位和居民提供特色服务，实现“党建引领微治理、共建共享小幸福”的社区愿景目标。近年来长江路社区获全国综合减灾示范社区、江苏省民主法治示范社区、江苏省科普示范社区、南京市文明社区、南京市健康社区、南京市社会建设创新优秀案例奖、南京市“最佳平安志愿者组织”、玄武区平安社区、玄武区群众满意窗口、玄武区“最佳志愿服务组织”、玄武区示范网格等称号。2020年，社区在疫情防控工作成效得到“学习强国”、《新华日报》、江苏卫视、南京电视台、紫金山新闻等多家媒体平台宣传报道；文明城市创建工作得到省、市、区检查组一致好评，社区点位迎查指标建设作为南京市标准在全市推广，未成年人活动中心指标代表江苏省迎接国查；人口普查工作在区推磨考核中实现零差错的成绩；垃圾分类中邓府巷54号和汇金大厦作为街道唯一两个先行先试点位，得到各大媒体报道。社区联合江苏银行新街口支行牵头开展“暖冬行动”，为街道垃圾分类集中收集点109位督导员送上温暖礼包，活动得到《南京日报》、紫金山新闻、《金陵晚报》、玄武发布、南报网等媒体平台报道，取得很好的社会效应。2020年，社区还被评为江苏省科普示范社区。继续深化“长江路社区公益伙伴联盟”党建平台，年内新增共建单位3家，开展“平安家园”“法润社区”“暖冬行动”等共建活动40余场，发挥联盟这一区域化党建平台共建共筑共享作用。长江路社区作为玄武区社区治理改革试点社区，围绕党建+网格、党建+社区治理，党建+服务，探索社会治理“五个一”工作模式，全年接待各类参观交流60余场，并被列为南京市基层社区治理观察点。

【香铺营社区】　香铺营社区地处南京市中心，东临太平北路，西至洪武北路，南靠长江路，北至珠江路，呈规整长方形。社区面积约0.36平方公里，有大小企业700余家，总人口5967户15071人，三横二纵的次干道和川流而过的内秦淮河将社区分割成9个小区、110栋（幢）住宅楼、8栋（幢）商业楼，社区内有江苏省烟草公司、苏美达集团、玄武医院、南京人民大会堂、玄武区教育局等14个共建单位，是一个集商贸、文化、科技、居住于一体的综合性社区。社区建有党的基层组织中共香铺营社区委员会，下设18个党支部，有党员674人。社区党群服务中心位于玄武区相府营26号，占地800平方米，3层共配套11个功能室和1个200平方米的全民健身广场。社区党委探索建立“家立方”服务体系，从“家”文化入手，通过建设“党员之家”凝聚党员力量、建设“居民之家”培育自治氛围、建设“社会组织之家”提升服务品质，让“社区是我家、建设靠大家”成为共识，谱写出社区自治共治的和谐交响曲。2020年，除夕当夜所有社工放弃休假返岗投入疫情防控工作，100多名党员和志愿者全覆盖网格化排查外来人员，推进卡点全天值守和小区封闭化管理，在3个多月内，社区保障辖区内“感染”零上报。战“疫”图、露天冬训课堂、抗“疫”临时党支部等做法被媒体宣传报道。4月，响应区委号召连续1个月开展“防疫有我、爱卫同行”清洁家园行动。5月，市内多起电动车充电火灾事故警示开展安全生产和私拉乱接排查，做好安全提醒宣传。11月，第七次人口普查、南京市全面实行垃圾分类管理、人大和社区党委换届等任务集中重叠,社工不漏一户地入户上门开展信息采集和政策宣传。在重大活动和重要会议期间无上访和群体性事故。年内社区新时代文明实践站与街道的文明实践所融合建设,所有软装、设计、内容提炼都配合施工单位在短时间内顺利完成,并作为示范点接受区委书记闵一峰等领导现场指导调研。在此基础上,进一步提炼"家立方"内涵,筹划实施一些特色项目,推动活动经常化、制度化、长效化。

【成贤街社区】 位于玄武区中西部,南京市人民政府南侧,是一个集商贸、文化、科教及良好人居环境为一体的综合性大社区。东起太平北路,西至进香河路,南临珠江路,北接北京东路,社区面积约0.8平方公里。社区内有东南大学、市文化局、市妇联、区劳动局、区商务局、驻区部队以及各民主党派社会团体等多家驻区单位。社区办公地址老虎桥18号-1,专职社工19人,社区设党委,下设18个党支部,有党员658人。2020年,社区在疫情防控第一线推送核查信息上万条,排查社区居民6000余户,实现排查全覆盖;文明创建期间,联系共建单位市、区妇联,驻区部队、中华保险、东南大学等开展一系列的文明创建活动,助推老旧小区的环境整治。成贤微课堂作为社区品牌项目,形成独特的教育风格。社区招募的优秀高校大学生志愿者除辅导孩子作业,开设各类精彩的课程,受到家长和孩子的青睐。社区党委打造"成贤微课堂"的延伸品牌"成贤娃娃成长记"。成贤诗词歌赋社作为老品牌项目,出版第六本诗集。社区被评为2015—2020年度"诗化南京"先进单位。

【北门桥社区】 北门桥社区位于新街口区域东北角,东起洪武北路,南靠长江路,西至中山路,北临珠江路,社区面积约0.26平方公里,属混合型社区。社区内有国信集团、南京市财政局、中山大厦、新世界中心、艾尚天地、凯润金城,人民中学、洪武北路小学,商贸、文化、教育集中。社区志愿者队伍众多,其中星光艺术团、先锋服务队、冰之声合唱团等活动丰富,社区有璀璨年华居家养老服务中心等7家社会组织常年服务于社区。2020年,社区是疫情防控常态化主战场,落实"封闭式"管理,合理设置防疫卡口,做好人员登记、测温等工作。采用大数据+铁脚板的"网格化"管理模式,建立微信群、逐户上门走访、摸排。文明创建社工在节假日期间坚守战斗在一线,对84个楼道的牛皮癣进行清除,利用文明创建开展契机,召开会议、网格走访、群众摸排,搜集居民需求清单,开展各项为民服务项目,解决一些居民反应强烈的民生问题。长江花园南片区两块花坛绿化补种、估衣廊小区8~12号10年来无楼道灯问题、所有的老旧小区楼道加装灭火器、党建宣传微阵地、高层小区党建小广场、老小区加装充电桩、清理老旧小区楼道杂物等。社区牵线企业共建,联合区退役军人事务局、中山大厦等单位,定期开展惠民义卖、慰问困难党员、群众等便民利民服务活动16场,广受居民欢迎。年内组织举办垃圾分类讲座9次、发放垃圾分类宣传手册1652份,协调垃圾分类选址矛盾10多次,召开垃圾分类协调会5场,共建垃圾分类亭11个、垃圾分类房2个。爱国卫生月活动,发动社区单位6次,居民100人,联合上级进驻社区的干部10余人,组织大扫除大治理15次,清理卫生死角20余处,清除小广告300处,疏通下水道11次。

【唱经楼社区】 位于珠江路北侧,东起进香河路、西至中山路,南起珠江路、北至大石桥,社区面积约0.26平方公里。社区邻里中心位于珠江路185号佳汇大厦二楼,面积约466平方米。社区内有医疗服务中心,2所幼儿园,1所小学,1座清真寺。有87幢楼宇,14幢高层,3幢小高层,70幢多层,11个居民小区,10个物业管理公司。有数百家单位进驻,具有强大的商业功能。有多家银行、江苏省较大的手机批发零售市场、虹飞电信城、越时空通信广场,信泰证券公司、地铁大厦、金鹰国际天地购物中心、华利国际高档写字楼等。有南京市交通局、新街口街道办事处等企事业单位和政府职能部门。是一个集政府、金融、商贸、科技、文化教育、医疗卫生和居住为一体的多元化、多功能的综合性大社区。2020

年，社区用为民服务资金，在丹凤新寓小区新建一个党建工作的新阵地，建成后对社区环境建设和文化氛围起到极大的促进作用。通过红色资源的开发，助推社区党建迈上新的台阶。努力把社区网格打造成社区治理的第一道关口，第一道屏障，完善社区网格治理体系。社区治理，从消极到积极，从被动到主动，从事后治理到源头预防的现代治理模式。

【大石桥社区】 大石桥社区坐落在新街口北侧，东至进香河路，西至中山路，北至北京东路，南至学府路。社区面积约0.42平方公里，是一个融经济、文化、商业、居住人口密集的综合性社区。驻区单位国家自然资源督察南京局、江苏省广播电视总台、江苏省中信银行、江苏省国资委、江苏省粮食集团、南京市粮食局、南京银行、南京市应急局、南京市审计局、南京市邮政局等。社区结对单位为玄武区税务局；共建部队为南京市武警国旗班。2020年，社区成立大石桥社区新时代文明实践站，由社区党委书记担任站长，“两委”班子为主要成员。社区整合现有公共服务阵地资源，打造理论宣讲平台、教育服务平台、文化服务平台、科普服务平台、健康服务平台、法制宣传服务平台，建立服务对接机制，统筹使用，协同运行。新时代文明实践站以志愿者为主要力量，做好基层宣传思想文化工作和精神文明建设工作。依托五大平台，打造5个服务项目，组建13个志愿服务队，拥有200余名志愿者，开展形式多样的各类活动，极大丰富居民的精神文化生活，全年累计开展志愿服务活动50余次。社区党委坚持党员“三会一课”制度，开好支部党员学习教育活动。抓好社区教育管理，注重社区日常政治理论、业务知识学习，制定每月社区的学习计划及活动方案，进一步完善各项制度，在工作中坚持以“四心”（接待群众要热心，解答问题要耐心，对待工作要细心，服务工作要诚心）作为规范社区社工行为的基本要求和内容。（成 荟）

玄武门街道

·街道工作·

【概况】 玄武门街道位于玄武区西北部，域内以鼓楼广场为轴心，纵轴沿中央路向北至中央门立交桥、护城河、神策门公园，横轴沿北京东路向东至太平门，内含玄武湖、太平门至神策门段明城墙和北极阁山，呈环湖抱墙之势。东北沿玄武湖与锁金村接壤，西以中央路为界与鼓楼区相望，南以北京东路为界与新街口街道、梅园街道毗邻。域内面积6.54平方公里（含玄武湖4.44平方公里）。街道办事处地址百子亭8号。现辖台城花园、公教一村、天山路、百子亭、大树根、廖家巷6个社区居委会，户籍人口7.8万人。辖区有玄武湖公园、明城墙、古台城、古鸡鸣寺、玄奘寺、北极阁山、九华山公园等风景名胜；有南京明城垣史博物馆、中科院南京古生物博物馆等文博场馆；有傅抱石故居、徐悲鸿纪念馆、宋子文公馆等人文景观；有国家审计署驻南京特派员办事处、中科院南京古生物研究所、中国科学院土壤、地理和湖泊研究所等国家级单位；有省气象局、科技厅、卫生厅、商务厅，市规划建设展览馆，省肿瘤医院、市口腔医院、南京市第十三中学、科利华中学、北京东路小学等省市机关事业单位。是南京市委市政府所在地。

【经济发展】 2020年，完成一般公共预算收入37575万元，同比减收5986万元，下降13.7%，完成人代会指标75%；固定资产投资完成9.12亿元，完成全年任务的43.45%。全年完成新增市场主体1452家，其中完成企业注册263家，个体户1189家，同比增长327%，完成全年任务121%；实际利用内资完成60.2亿元，签约项目投资总额完成21亿元。稳步推进重大项目，加快中央路224号总部经济大楼建设，C地块及B1地块均封顶，实现商品房销售，D地块及B2地块出正负零，E地块完成桩基工程80%。新工文化创意设计产业园完成内部改造及外立面装修，引进东南大学建筑设计研究院有限公司，完成“硅巷”改造。中央路小学异地新建，办理开工前期手续。新华书店集团总部大楼建设，新建商办面积3000平方米，完成投资4500万元。新恒宇大厦提档升级、鑫粿空间科创孵化器、锦盈大厦低效楼宇完成改造设计。“四新”行动落地见效，新基建各项指标均达序时进度；10月1日，新消费项目百子亭天地开街试营业；培育规上工业企业1家，入库2家。

【城建城管】 2020年，执法整治行动。截至12月31日，清除“三乱”1290处，清除卫生死角3461处，查处各类违规案件802件，拆除违章建筑106处，辖区7幢4556.7平方米在册危房全部消险，立案查处特种设备安全违法案件3起，罚没款入库4万元；生态环保任务达标，完成8台锅炉低氮改造；169家餐饮企业100%完成油烟治理，对辖区内餐饮企业安装油烟在线监控系统24台；5月，率先完成5个点位垃圾分类先行先试亭房建设，并全部投入使用，年内完成57个小区的点位基础建设，垃圾分类设施建设覆盖率达73%。落实市场监管责任。对辖区内11所中小学校食堂实行全覆盖检查，针对辖区42家高层建筑及人员密集场所共184台电梯进行全面排查，聘请专业检测机构，对辖区内的食品经营户进行抽检280余批次。安全生产专项行动。检查企业单位2664家次，发现并整治各类安全隐患323处，为98个小区配备灭火器1900个，全面推进“181”平台企业面和社会面数据信息填报工作，张贴安全生产专项整治宣传挂图140张，发放宣传折页3000余份。

【民生服务】 2020年，有效开展疫情防控，应用大数据摸排各类人员6738名，安排居家隔离观察218人。全年有1200余名社区党员、楼栋长、志愿者、积极分子活跃在防控一线。“三小工作站”模式、百篇“战疫日记”被媒体广泛报道；有序推进人口普查，选聘234名普查员、51名普查指导员推进人普工作，入户摸底完成率100%，完成“户主姓名底册”编制数2.2万户。社会救助累计发放低保金207.5886万元，爱心援助协会募集资金107.8030万元，救助困难群体717人次，为23名特殊未成年人建立电子档案，开展结对帮扶计划。扶残助残累计发放生活补贴93.7967万元，护理补贴36.01万元。为23名重度残疾人发放护理服务补贴11.04万元。发放“四类定补”7.56万元。发放双拥伤残金及死亡抚恤金143.3万元，发放部分“两参”人员专项慰问金25.4万元，为下岗失业转业士官发放生活补贴5.5万元，重点优抚人员发放抚恤金及补差32.2万元。增加养老床位供给82张。巩固提升文化设施，文创期间，街道会同区文旅局对12处全民健身点进行实地调查，对健身器材更新、场地维护等工作进行落实，年底在北极阁公园台城花园社区新增2处健身路径。劳动保障新增就业岗位3800个，推荐就业1180人，完成以工代训11000多人，培育自主创业675人。

【平安法治】 2020年，为保持和巩固街道零进京上访工作业绩，实现压低40%的目标任务，采取加强矛盾风险研判、强化主要领导开门接访、完善“五包一”包案责任机制、努力推进信访积案化解和重大矛盾纠纷调处2020年，有效化解数起信访积案，超额完成区自查下交案件化解目标，其中顾某信访积案化解打响全区信访积案化解第一炮。联合区委政法委、区司法局、玄武公安分局、社区法律顾问、政法网格员等在各社区以及鼓楼广场等场所开展10余次以扫黑除恶、禁毒宣传、反邪、防范金融诈骗、普法宣传等为主题的宣传活动，4月、10月，在鼓楼广场、鸡鸣寺等人流密集处举行2场禁毒、反邪、扫黑除恶大型宣传，有效提高辖区居民执法守法用法的法治意识。8月，开展治理群租房、“九小”场所、三合一场所“百日攻坚”行动，截至10月18日，累计整治70余户群租房、200余处“九小”场所及30处三合一场所，完成既定目标。在辖区范围内推广安装充电桩、灭火器、烟感报警器、紧急喷淋等安全设施，消除一批安全隐患，提升辖区整体安全水平。结合疫情防控、文明创建等重点工作，街道社区治理一体化建设在实践中得到发展。疫情期间按网格划分，实现网格员、机关干部、社区民警对负责网格的精细化巡查管理；文明创建期间街道建立“吹哨报道”机制，发动区街机关干部、城管执法队员、协管员、民警、居民志愿者等人员协助网格员完成文明创建各项工作，提高效率与攻坚克难能力；通过“政法网格员”以兼职网格员身份参与和指导网格工作，以及“网格+警格”使社区民警下沉网格等措施，强化网格专业政法力量，加强网格开展矛盾调解、法律咨询、法制宣传等活动的力度，推进社区居民对政法工作的知晓率与满意度。开展人民调解工作，提前预警、主动发现，调停化解辖区内的200多起居民矛盾，做到预警在先早化解，教育在先早转化，控制在先早防范，工作在先早调解。精细化做好包括社会面吸毒人员、社区戒毒康复人员、邪教人员，社区矫正人员、易肇事肇祸精神病人，涉众型经济利益受损群体等的服务管理工作，提升各类涉稳风险预测预警预防能力，统筹做好社会面防控工作。年内做好6名吸毒人员的管控及毛发检测工作，6名社区矫正人员的日常管理工作，完成1名邪教人员教育转化任务。

【基层党建】 2020年，推进意识形态建设，把意识形态工作和各项中心工作同安排同部署，并纳入年终绩效考核的主要内容，增强全体干部尤其是党员领导干部的责任意识。落实主题教育常态化，开展中心组学习10次，集体学习10余次；推进从严管党治党，完善党风廉政建设主体责任清单、监督责任清单。各分管领导定期上报“一岗双责”履行情况，党组织主要负责人切实履行“第一责任人”职责。落实社区书记“区街共管”制度。动态开展社区“两委”联审，做好社区“两委”换届工作。推进支部单建联建，建非公党支部1家；对“老王工作室”市级党支部书记工作室进行提档升级；推进“红色物业”工作，落实离退休干部党建工作要点，2020年，老干部党支部被评为第一批全区离退休干部“六有一提升”示范党支部。推进党建项目落地，完成“红领·工美”党工委书记抓基层党建重点项目，发挥“红领·聚力”“红领·东华”“红领·文火”等党建阵地作用。

【人才工作】 2020年，街道摸排省双创人才1名，江苏枫之城信息科技有限公司张明昊；双创博士1名，江苏路之元交通工程技术有限公司张小瑞。实际申报张明昊，未通过市级审核。摸排市创新型企业家2名，南京大牛信息科技有限公司顾杏春、南京文火传媒有限公司赵军。南京文火传媒企业不属于高新技术企业，完成南京大牛信息科技有限公司顾杏春申报，公司发展良好，完成新三板挂牌。根据区要求年内吸纳人才进入党组织要求，街道吸纳顾杏春为预备党员，发展流程基本完成。2020年，通过对辖区2018年以来注册且注册资本在100万元以上的134家企业开展逐个摸排，完成高层次人才申报13名，其中南京艺启家居用品有限公司谢贻怡，南京海豚元沣大数据科技有限公司刘彦盟入选市级高层次创业人才。全年人才工作实现初创成活100%，优质孵化50%。人才工作在学习强国平台、新华网、《南京日报》、中江网等进行报道。

【“三小”工作台轮值社区疫情防控网】 2月11日傍晚，九华山小区大门口，王其生“三小”工作台：一张小板凳、一个小喇叭、一张小海报，开始对来往居民测量体温。九华山小区是一个老小区，300多户家庭、800多名居民，一直没有物业管理。新冠肺炎疫情发生后，公教一村社区党委书记王其生第一时间想到小区的疫情防控问题。1月22日晚，召开社区党委会，成立老小区临时党支部，组织党员物业管理小分队，由党员志愿者专门对九华山小区和另外一个毗邻的无物业小区（北京东路57号）进行出入口管理和疫情防控。“三小”工作台对小区实行24小时管理：早8点到晚6点，由社区30多名党员志愿者轮流值班；晚6点到8点，人员进出高峰期，由社区工作人员值班；晚8点一直到次日早8点，由区机关干部和街道干部值班。公教一村社区创新的无物业小区“三小”工作台模式得到玄武门街道各社区响应，街道无物业小区纷纷成立临时应急物业管理小分队。一个临时党支部、党员志愿者建立的“三小”工作台，“1+3”无物业小区疫情防控模式在全区迅速总结推广，实现全区292个无物业小区全覆盖。

·社　　区·

【台城花园社区】 紧邻市政府，东倚明城墙，外靠玄武湖，南以北京东路与新街口街道隔街相望，西至北极阁风貌区、高楼门路，北以西家大塘路为界与天山路社区毗邻，内含北极阁山、古鸡鸣寺，因台城坐落其间而命名。社区面积约0.46平方公里，2020年底，常住总户数3442户，常住人口10074人，流动人口904人，党员408人，有10个党支部。社区办公地址于台城花园3号。社区内有明城墙古台城、鸡鸣寺及北极阁风貌区；有江苏省科技厅、对外经济贸易厅、气象台、南京古生物研究所、博物馆、南京明城垣史博物馆、南京市老干部活动中心、宋子文公馆、工艺美术大楼、泰达机电等30多家单位。2020年，社区党建工作与社区综合治理相结合，织密“红色网格”，完善网格支部建设，充分发挥网格力量，实现“党在格中建、人在格中走、事在格中办”，社区治理和服务群众的针对性更强；选塑“红色管家”，坚持支部书记“群众接待日”制度，每天上下午各安排1名支部书记社区值班，协助社工调解居民矛盾等；搭建“红色桥梁”，充分利用“大党委”、结对联合开展主题党日活动，结对困难党员群众家庭20余户，募集慈善“一日捐”近3万元。社区党委以暖心、红色、安居、携手、多彩五大行动，完成了公共环境应急、党建文化宣传、楼道安全卫生、居民自治支持、台城邻里文化建设等11个为民办实事项目，开展活动23场，服务群众1000余人。配合街道做好辖区文创宣传动员工作、圆满完成各项文创工作指标。开展垃圾分类，全年共建设了11个分类垃圾设备点，台城花园小区被评为省级示范小区。圆满完成“七人普”工作。全力做好新冠疫情防控工作，全年共排查入境返宁人员123人，进行转接居家隔离人员4户5人、居家检测1户两人。共张贴发放防疫宣传海报等3000余份。全年开展各类志愿服务活动60余场，不断扩大“红马甲”，积极开展“一对一”爱心帮扶工作，受到被帮扶独居老人的一致好评。今年安全生产执法监督检查平台新增采集单位62家，宣传消防安全、隐患排查各类店家120家，整治飞线132处，安装充电桩18组，在楼道内安放灭火器153组。把日常检查和隐患整改作为加强安全生产工作重要手段，做到检查制度化、常态化。

【公教一村社区】 东至龙蟠路（太平门随心圆大酒店），南至北京东路，西至鸡鸣寺路，北至玄武湖明城墙。社区面积约0.4平方公里。2020年底，社区总户数3286户，人口9603人，其中低保户17户，优抚对象90人，持证残疾人102人，60岁以上老人3417人，其中80岁以上老人750人。社区党委下设10个楼幢支部，有433名党员。社区办公地址位于北京东路51号公教一村小区22-1幢综合楼。有专职社工13人。社区内有南京市委市政府、中科院土壤所、地理湖泊研究所、南空干休所、九华饭店、鱼翅皇大酒店、北京东路小学等单位；有和平公园、珍珠河、鸡鸣寺、九华山玄奘寺等名胜。2020年，公教一村社区党委不断加强党组织自身建设，积极探索党建引领社区治理的有效路径，以社区党委为核心，以社会组织为依托，以居民自治为抓手，成立治安巡逻队、纠纷调解队、助老服务队、文艺表演队等社区志愿服务团队，凝心聚力为民服务。社区党委搭建共建平台，推进与驻区单位共建互补推进基层党建工作不断向纵深发展，实现资源共享、优势互补、相互促进、共同发展的良性局面。2020年，社区获玄武区高质量发展先进集体、玄武区创建文明城市优秀单位等称号。

【天山路社区】 东以玄武湖畔明城墙为临，北与百子亭社区紧邻，西至高楼门路，南以西家大塘、峨嵋路与台城花园社区比邻。社区面积约0.26平方公里，2020年底，常住总户数2947户，常住人口8767人，流动人口1300余人，党员375人，有10个党支部。社区企业退休人员1580人，80岁以上老人享受尊老金432人，有残疾人114人，低保户27户，享受低保重残护理服务6人。社区有综合治理志愿者、帮帮团、巡逻队、腰鼓队、舞蹈队等20个民间组织。社区企事业单位64个、个体工商户132个。社区办公地址位于天山路3～37号，办公用房面积300平方米。社区内有3304工厂、南京市第十三中学、昆仑路小学、玄武门幼儿园、高楼门饭店、唐会、喜悦会、江苏《东方娃娃》期刊有限公司、玄武门街道、玄武门派出所、苏果超市、峨嵋路农贸市场、天山路卫生服务站、老年康复护理院等单位。2020年，社区获2016—2018年南京市文明社区，2019年度南京市学雷锋“优秀志愿服务社区”等称号。完成新冠疫情防控工作、文明城市创建、人口普查等多项重点工作。严格落实各项制度，开展丰富多彩的支部活动，加强社区党员教育管理，坚持“三会一课”等制度。同时做好服务活动，注重发挥党员先锋作用，在社区开展形式多样的活动。突出为民办实事，落实重点工作任务，社区继续完成“书香天山路”“天山路帮帮团”等特色项目。

【百子亭社区】 东临明城墙，西至中央路，南到鼓楼广场，北至洞庭路。2020年底，常住总户数3255户，常住人口7926人，流动人口2911人，党员443人，共14个党支部。社区内有中国移动、中国联通、国家审计署驻宁办事处、中信证券及江苏省卫生厅、南京市口腔医院、江苏省肿瘤医院、江苏省凤凰传媒出版股份有限公司、江苏省气象局、中央路小学、南京军区司令部第三干休所和南京军区空军昆仑路干休所等单位，有约5000平方米的鼓楼市民广场、大钟亭公园，2020年，社区完成了疫情防控、文明城市创建、人口普查等重难点工作任务。2020年收到居民群众反映到社区的意见、问题和建议共310余条，社区都一一给予解释和回复，得到群众的理解，收到良好的效果。通过梳理信访件、“12345”热线反映的群众关心的急事难事，收集132条问题，均办结，居民满意率96%。社区筛选热点难点问题，利用项目资金解决疑难问题，受到老百姓一致好评。社区党委结合实际，充分利用现有资源建立“五大志愿服务平台”，打造新时代文明实践站，为居民群众提供专业化、常态化的各类志愿服务；建立“社区党委+”的多元化服务机制，引进多家社会组织参与社区服务和管理，如1楼的携才组织提供助餐、助洁、助医、助浴服务；2楼的青柠家广泛招募志愿者，对接居民群众需求，为开展公益服务搭建平台；辖区成员单位玄武门卫生院在2楼设立“家庭医生工作室”，为居民提供医疗、护理等各种专业化服务；3楼的木兰轩工作坊提供妇女创就业辅导、女性素质形象提升、交友联谊等服务；心动力指导中心为辖区居民尤其是针对孩童提供专业的心理干预和疏导，同时在此次疫情期间，也为隔离留观人员提供了心理减压咨询服务。通过引进各种社会组织为居民群众提供专业化、个性化、便捷化、兴趣化的多元服务。社区还结合实际打造特色服务品牌：开展“银发无忧”助老服务；从百子亭社区的“百”字找灵感，组建“守护百家”志愿巡逻队，保卫辖区百姓平安；结合文明城市创建工作组建楼栋环保队，监督小区的环境卫生等，充分发挥党员义工、志愿者作用。2020年社区荣获玄武区“优秀志愿服务社区”。

【大树根社区】 东靠明城墙，西连中央路，北与玄武湖隧道接壤，南至玄武门路。社区面积约0.47平方公里。2020年底，常住总户数1381户，常住人口3601人，流动人口622人，党员287人，有9个党支部。社区办公地址于大树根11号。社区内有江苏省海事局，南京市城市建设规划展览馆，玄武湖公园管理处，南京港华燃气有限公司，南京军区第二干休所，红星家具城，金陵药业股份有限公司，南京公交总公司，南京城建集团，南京农垦集团等。2020年，社区疫情防控工作组织党员、群众，街道机关干部、城管执法队员以及结对区级机关区政协干部、社区单位玄武湖共公园党员志愿者共同参加防控点执勤，24小时值守，为居民筑牢安全屏障。6月，社区党委与江苏省军区南京第一离休干部休养所党支部开展“粽香满园，情暖万家”庆端午节活动。9月，创建全国文明城市测评前夕，社区党委组织开展“清洁家园”行动，极大改善了居民的居住环境，为文创顺利通过打下了坚实基础。10月，第七次全国人口普查开始之际，社区认真组织人口普查工作，在规定的时间内完成任务，在区人普办抽查普查小区时所有数据达到了零差错。11月，垃圾分类工作推进以来，社区所有人员投入到宣传指导工作中，组织党员、志愿者带头在桶边进行垃圾分类指导，对厨余垃圾和其他生活垃圾进行细致的分类，大大增强了居民的分类环保意识。引进百子物业进行小区管理提升小区品质。年内利用20万为民服务专项资金解决大树根小区内的道路坑洼不平、车棚新建、更换楼道灯，安装小区路灯、扩大停车位，补种绿化、修剪树木等问题。积极与驻区单位开展共驻共建活动，社区利用玄武湖公园管理处这个有利资源，把小区补种的绿化带以支部认领的形式，分组包干，由玄武湖公园给予技术指导支持的方式开展共建活动，得到居民的好评。

【廖家巷社区】 东倚明城墙，外临玄武湖，西沿中央路，南起玄武湖隧道口，北至中央门护城河、神策门公园，社区面积约0.36平方公里。居民住宅楼52幢，2020年底，常住总户数2038户，常住人口6016人，流动人口820人，党员398人，有11个党支部。社区办公地址在中央路298号。社区内有江苏电信大厦、城市休闲酒店、新立基大厦、南汽大全、金陵威孚有限公司、南京市科利华中学等企事业单位。2020年，廖家巷社区党建工作首先从两委班子抓起，班子成员团结一致，夯实战斗堡垒作用。社区党委坚持“三会一课”制度，开展形式多样的活动，增强党员的先锋模范作用。自接到防控疫情的命令以来，社区迅速进入紧张有序的工作状态，全体工作人员全力投入疫情防控阻击战，24小时应对战“疫”，力求不留死角、不留盲区、不放过任何线索、不发生任何遗漏。结合建设美好家园活动，对接产权单位南京威孚金宁有限公司将社区所在的小区中央路298号进行一次小改造，使小区的出入口和公厕旧貌换新颜。全年文明城市创建中，出动83人参与，剪除飞线144处，新增充电桩11处，整治乱停乱放车辆500余辆，清理僵尸非机动车70辆，清理卫生死角12处，楼道杂物62处，铲除小招贴600余处，维修楼道灯50盏，新增楼道消防设施65处，花坛补绿6处，清理车棚8个，拆除私搭违建车棚52个。第七次全国人口普查，社区“5+2”“白+黑”加班加点完成人口普查工作。 （王　莹）

锁金村街道

·街道工作·

【概况】 街道成立于1984年，辖区面积约7平方公里，下辖7个社区。西临玄武湖，南依紫金山、明城墙，北接火车站、汽车站，是玄武区“山水城林”的区位特点最为明显的街道。2020年末，街道常住人口8.5万人（含在校学生），户籍人口4.4万人。截至2020年12月，街道党工委下设党委7个、总支1个、支部80个，党员总数2030人。辖区内有南京林业大学、南京师范大学紫金校区、南京邮电大学锁金校区、江苏省情报所、江苏省生产力促进中心、南京火车站、南京国展中心等70多家单位。2020年7月13日，区人大锁金村街道工委作为街道唯一的人大代表，在区委召开人大工作会议上作题目为《坚持党的领导，积极开拓创新，在服务大局中发挥人大代表作用》的交流汇报发言。2020年，街道获“全国社区服务示范街道”“全国先进基层党组织”等国家级称号20多项，省级荣誉40多项。2020年，街道党工委认真落实习近平总书记视察江苏重要指示和全面推进长江经济带发展座谈会重要讲话精神，对标找差，创新实干，全面建设取得显著成效。获“六有一提升”市级优秀示范离退休党支部，南京市群众体育先进单位，南京市“12345”工作先进单位，街道商会被评为全省“四好”示范商会，信访工作被南京市评为“四无”街镇等称号。是全区街道集成改革试点单位，第七次全国人口普查试点单位。自主研发的“社区协同治理信息化平台”获市委常委、政法委书记徐锦辉的高度赞扬。

【经济发展】 2020年，全街道实现地区生产总值增长7.5%；一般公共预算收入3.78亿元；固定资产投资7.44亿元；签约项目投资总额20.1亿元；实际利用内资额5.03亿元；亿元以上项目签约数5个；实际利用外资500万美元。重点项目有序推进，南师大玄武科技园已完成首开区装修改造任务，招商中心正式对外开放，二期建设正在加紧施工，引进南京墨重科技、酷米互动娱乐、南京纳智捷系统集成等16家科技型企业。高力六角商业广场已完成主体结构验收，展开幕墙安装；中铁二十四局江苏大厦项目完成桩基施工，开始出土。旅游市集项目完成地下室底板施工，加快出土作业。省理化中心实验楼、林化所质检楼均顺利完工，投入使用。继续打造紫金联合立方、金思维大厦、林化所综合楼等商务楼宇的提档升级腾笼换鸟工作，提高载体单位经济贡献度。高度重视人才对区域经济发展的作用,全面梳理辖区内企业,挖掘符合各项人才政策的企业,予以重点关注和扶持。将招才引智和招商引资紧密结合,宣传玄武人才政策和锁金综合环境优势,形成人才集聚。

【民生服务】 2020年,锁金村街道牢固树立"为民谋利、为民解忧"理念,确保居民的幸福安康。强化网格全科服务,与南京邮电大学社会管理学院、南京林业大学签订合作协议,加强府校共建共享,依托高校资源强化社区人才培养,提升创新发展理念,丰富治理方法方式,整体提高治理能力水平。加快推进锁金街道护理院建设,新增新庄AAAAA级居家养老服务中心1个,锁五、锁金爱照AAA级居家养老服务中心完成建设,居家养老服务工作取得实效。建立申请救助家庭经济状况核对机制、低保对象信息公示制度,低保救助完成应保尽保率100%,低保复审、规范化建设、系统数据准确率、"3+X"工程到位率、六类边缘对象救助"打卡"发放率均100%,困境儿童基本生病保障应保尽保率100%,困难残疾人生活补贴和重度残疾人护理补贴制度覆盖率100%,民生保障工作得到有效推进。加大社会保障力度,在新冠疫情肆虐下,通过举办失业人员招聘会,增加街道的就业率。持续抓好人口管理。做好人口基础信息清理核查,通过摸清服务人数,与第七次人口普查相结合,保障人口普查工作的圆满完成。强化退役军人服务保障工作。深化南京"双拥模范城创建"九连冠成果,发挥双拥文化街功能,加强退役军人服务站建设,街道退役军人服务管理实现全覆盖。开展特色文化体育活动。完成"唱响红五月,群文荟萃社区行"第五届社区群众歌咏会。巩固完善社区"10分钟体育健身圈"建设,完成全民健身活动30余场次。组织社区各类体育运动队伍参加南京市第22届运动会。紧贴街道实际,精心设计拟定社区协同治理方案,实现社区网格治理。完成新庄社区服务中心的提档升级,切实提升为民服务效能。推行"集中办理,一站式办结"模式,推进街道党群服务中心(便民服务中心)标准化、规范化建设。依托养老信息化综合管理服务平台,构建街道立体化养老服务体系。将锁金村第一幼儿园打造成区级早教指导中心、锁金村一小附属幼儿园打造成街道早教指导站,7个社区各建成1个亲子活动站。大力推进家门口工作法,做到情况一口清、政策一口清。自主研发"智慧锁金"社区协同治理平台,建立居家养老服务平台。引进中鼎、乐惠居(苏州)养老企业,完成45个老年家庭适老化改造项目,新建新庄恒爱残疾人之家。建成街道就业培训中心,举办5场失业人员招聘会,年度实现再就业人数500人。第七次全国人口普查试点工作受到省、市、区各级领导肯定。2020年12月4—8日,街道为响应新消费行动号召,激活锁金村区域经济,刺激消费,与南京商厦在南京商厦广场共同主办2020年玄武古风油纸伞文化节暨唯美飘雪节。活动期间为市民带来梦幻般的油纸伞长廊,每天整点时段人工降雪将准时为大家带来一场与冰雪的约会。集市上琳琅满目的商品,满足市民愉快闲逛购物。

【城建城管】 2020年,围绕精细化城市管理理念,强化"大城管"工作格局,筑牢服务意识,建立长效管理机制,城市管理水平显著提升。充分发挥"数字城管"作用,菜单任务整改率达100%。开展老旧小区综合整治工作,完成板仓街78号小区、锁金六村等小区整治工程;完成街道"三供一业"分离移交小区维修改造工程。开展危房整治,推进韶山路、锁金六村棚户区改造。组织实施背街小巷、农贸市场周边环境综合整治,将日常巡查与专项整治相结合,完善市场周边基础设施建设,强力执行"门前三包"和"路长制"管理责任全覆盖,环境品质整体提升;城市治理长效考核排名保持前列。深化街道集成改革和综合行政执法改革,探索创新"部管理""片检查""局执行""街吹哨"12字综合执法工作机制,推行"包片区、包问题、包状态、包流程、包效果"常态长效"六包"工作法。强化监管,做好工地扬尘巡查监管、餐饮业环保专项整治和24台燃气锅炉低氮改造等各项污染防治工作,完成空气自动监测标准站建设。开展餐饮业废水排放、噪音管理等专项环境综合整治行动；不断完善“河长制”管理工作的各项要求，全力做好3条明沟（唐家山沟、紫金山一沟、黑墨营排水沟末端）的日常巡查工作；落实“大气污染防治年度行动计划”。强力推进垃圾分类工作，成功创建垃圾分类省级达标小区4个，44个小区和140家单位垃圾分类全覆盖，实行撤桶并点、强制分类，建立建设72个点位的集中收集点，120余名指导员每日按时上岗，做好桶边指导。全年围绕公共厕所、停车位建设及垃圾分类等重点项目，组织代表开展寓服务于监督之中的履职活动，有力促进民生实事项目保质保量完成。运用“锁金村人大代表微讲堂”平台，年内在社区开设5讲，受到社区居民群众的广泛好评。持续推进老旧小区电梯增梯工作，做好电梯维保工作。组织城市治理公众委员现场观摩10次及志愿者参与城市治理活动20次。开展6275家次企业场所监督检查，378个安全隐患全部整改。推行“1333+”红色模式（即：1核3组3站3联盟），指导协助小区物业管理工作，打造街道物业服务中心，推动老旧小区、业主自治组织及物业企业建立党组织，打造“红色业委会”“红色管委会”。

【平安法治】 2020年，巩固和完善街道“领导包案和干部包片”的信访稳控化解和稳控机制，落实“五包一”举措，强化工作责任，将“平安创建”作为平安社区创建的核心内容，深入家庭、校园企业，进行宣传发动，部署落实。实现全年安全生产无事故。持续开展大排查大整治工作，“两会”、十九届五中全会等重大活动期间，全力抓好地区矛盾纠纷的排查化解，做好重大活动会现场执勤和信访疑难杂症问题的化解。强化扫黑除恶宣传力度与线索摸排，鼓励、发动群众积极参与、举报、提供犯罪线索。广泛开展群防群治工作，做到打击犯罪和治安防范相结合。开展平安“小喇叭”宣传，辖区内小区每晚坚持“小喇叭”宣传提示，发挥平安守望岗安全防范作用。联合公安部门，开展社会治安重点地区和突出治安问题整治；联合铁路公安部门，开展辖区铁路沿线整治专项行动。全力推进技防、物防进社区工作，有效压降案件的发生，辖区发生侵财案件下降明显，群众安全感满意度99%，社会稳定指数位于全区前列。在开展的“我为省市高质量发展建言献策”活动中，街道供稿被省信访局评为优秀人民建议并受到通报表扬。探索“互联网+社会治理”新路径、“网格化管理+精准化服务”新模式，全面提升网格员平台业务操作技能和社会治理工作能力。扎实推进91名“政法网格员”下沉社区网格工作。网格创建每月达标率100%。全年辖区受理矛盾纠纷608件，化解608件，可防性案件量同期相比下降50%。无重、特大矛盾纠纷和民转刑案件，群众安全感满意度测评位于全区前列。

【基层党建】 2020年，街道树立“四个意识”、坚定“四个自信”、做到“两个维护”。每季度召开意识形态领域情况分析研判联席会议，举办意识形态工作专题培训。用“讲座+微宣讲+文艺”等方式推进党员冬训工作，11位“草根名嘴”以“点赞中国之治”为主题开展微宣讲。为500余名在职党员配发《习近平谈治国理政》第三卷。编印《基层党务手册》，促进“三会一课”制度常态化规范化。扎实推进书记项目，打造七“心”党建品牌，组织服务群众活动131场，参与人次6231人，受益群众4.29万余人。围绕“幸福小村”，全力推进“幸福建设心行动”党建重点项目建设。自创“网格化管理+标准化服务”模式，不断深化“家门口书记工作室”“小巷总理工作室”建设；调整成立51个网格党支部，构建“社区党委—网格党支部—楼栋党小组”三级工作机制，落实“六包”工作法，建立街道、社区、党员包联网格机制，提高网格化运行机制的规范化水平。发挥街道大工委、社区大党委、网格大支部作用，推行“心航客厅”“心火共建”等“一社区一特色”党建联盟品牌形成，吸引近70多家共建单位积极参与社区治理，开展共建活动182次。新建6家“两新”党组织，实现辖区内非公单位党组织全覆盖。开展“新思想引领心行动”“援鄂医护人员座谈”主题活动，用身边人讲述身边的党员故事。全力以赴抓好省委巡视和市委提级巡察“回头看”巡察反馈意见整改，市委第二巡察组对街道提级巡察“回头看”，巡察反馈问题12个方面25条，制定整改措施48条；完成市委巡察共性问题对照整改工作，自查问题四个方面17个具体问题，制定整改措施28条。10月30日，与南京师范大学公共管理学院签署“党建引领基层社会治理合作共建框架协议”，锁金村街道被确定为全国民政政策理论研究基地社区观测点之一。

【人才工作】 全年推荐参加国家“千人计划”申报1人、入选省“双创计划”1人；市创新型企业家申报2人；参加“创业南京”人才计划申报13人，入选市级高层次人才2人，区级高层次人才1人，初创成活率100%，优质孵化率25%；推动5家人才企业新认定为省级以上软件企业和科技型中小企业，指导6家企业获评高新技术企业；人才服务满意率100%。加强与浙大学南京校友会、江苏省商业联合会和浙商南京商会等区内外重要商会协会、投资中介机构的联系和业务合作，全年外出小分队招商11次、利用各类平台或会议组织招商推介活动13次、拜访或接待来访企业41次、全年新注册千万元以上企业26家，为街道经济发展注入新的活力。

【疫情防控】 第一时间成立街道疫情防控指挥机构、7个工作小组和7支党员战疫先锋突击队，发动各类志愿者2万多人次，辖区内1468名党员自愿捐款16.6万余元助力疫情防控，区人大锁金村街道工委积极动员人大代表以不同方式参与疫情防控工作，代表纷纷为抗疫捐款捐物达60多万元，配合做好“六稳”工作、落实“六保”任务。全区首个创新设计“回宁人员追踪巡查路线图”；全区首个组建街道“消杀”专业队伍；全区首个对辖区实现封闭管理，前移防控关口；全区首个使用“战疫地图”，社区网格员人手一份；全区首个运用“技防”手段，开发运用“玄武区小区出入登记系统”掌上出入证系统，全区首个制定涉外隔离宾馆防控工作规范。街道自主研发企业复工复业备案管理平台，为企业商户复工复产提供有力支撑。街道推选27名“最美防疫先锋”、3个优秀党组织和1名最美网格员，在《人民日报》《新华日报》《南京日报》和学习强国等媒体平台发表243篇宣传报道，其中“锁金团员小喇叭”在新华社海外版纵横中国重点栏目报道。

4月29日，锁一社区党建联盟单位认领社区公益项目　　（胡大建　摄）

·社　　区·

【锁一社区】 成立于80年代。社区面积约0.27平方公里。有户籍人口数2246户、6251人，常住户2614户、6508人。社区办公地址位于锁金村7号8幢。锁一社区党委始终坚持以人民中心，着力解决群众的操心事、烦心事、揪心事，扎实开展“不忘初心、牢记使命”主题教育，依托驻区资源，通过社区大党委融合社会力量，发动党员群众积极主动参与社区治理。在“北斗星幸福心航”社区党建特色品牌引领下，确立“一个初心定航向，二个覆盖护航程，三支队伍保航船，四个聚合领心航”的总体工作思路，创新“党建+社区治理”工作模式，社区党委牵头，引领驻区单位积极发挥在资金、人才、科技方面的优势，解决好居民百姓的急难愁盼。2020年，以社区治理共同体春季公益洽谈会为契机，与南京旅游集团、中建八局联建“心航客厅”，引导江苏省血液中心、好享购物股份有限公司、玄武湖假日酒店等20家辖区单位认领民生公益项目20个，太阳谷文化发展有限公司主动申请解决锁一社区部分小区停车难的问题，为社区居民提供80个“共享车位”，帮助解决六村小区整治和锁金村4-2号危房消险等地块停车难题；锁金新村第一小学的特级教师们为辖区内的学生家长提供2场关于小学教育等主题的公益讲座；玄武湖假日酒店提供端午、重阳传统节日暖心助老服务；锁金村社区卫生服务中心为辖区内100户老人提供慢病管理服务；普慧农机公司开展冬季送温暖等。新冠肺炎疫情暴发以来，以网格为单位，由支部书记牵头设立志愿者执勤岗，连夜对6个无物业片区、3个物业或自管小区路口设卡，对84栋楼进行全封闭管理，电子测温枪全部配备到位，第一时间组织安排126名党员骨干、志愿者、机关干部、网格员及特勤24小时排班值守管理，对进出人员测温、进出车辆询问，并做好相关登记，服务居家隔离人64人，相关经验做法在江苏城市频道零距离栏目上报道。

【锁二社区】 东延锁金中路，南临锁金南路，西接鸟语花香的情侣园，北靠锁金北路。社区始建于20世纪80年代初期，是南京市最早规划建设小区的一部分，由原锁金一村、锁金二村、南京邮电大学家属区和盛世华庭小区组成，辖区内有江苏省科技情报所、江苏省金思维信息技术有限公司、金陵之星大酒店等单位。社区面积约90000平方米，有住宅楼35幢，其中高层住宅楼3幢，多层住宅楼32幢，总户数为1735户，常住人口为4920人。依靠创建“幸福小村”为主线，充分整合驻区企事业单位、社会团体等优质资源，创新党建工作思路、培育居民共同体的精神，以居民需求为导向，以提升社区服务能力为抓手，通过网格化“1+1+1+N+X”的协同治理体系，围绕“心火”行动（心火领航、心火聚力、心火璀璨），实现人在“网”中走，事在“格”中办的共建共享幸福社区。发挥区域党建的作用，与驻区单位支部一一对接。开展“心火党建联盟美邻共同体启动仪式”，与驻区单位、人大代表、社区组织、三官一律、党员志愿者根据社区整理的问题、需求清单进行项目认领。开辟阳台“心火农场项目”体验都市“田园生活”。同门面房店家签订三包协议，共同维护小区环境卫生。协商自治，发挥两代表一委员作用，共同探索社区协同治理。邀请人大代表、政协委员多次走进社区，同居民一道围绕社区协同治理进行议事协商，成功解决一村8栋垃圾通道封闭、小区垃圾分类选址、自行车棚选址等问题。着力打造1583红色物业体系，全面配合一村二村项目物业党支部，夯实红色物业基础。用好为民办实事资金分别在一村二村出入口安装6个电子大门以及人脸识别系统、增设200个电子充电桩、建立微型消防站、楼道增设250个灭火器、14个楼道单元更换落水管、安装17组公共晾衣架、6个单元楼道灯安装分配器、32个单元更换楼道玻璃，在小区建立“心火汇”便民服务站，大幅度提高了业主满意率。2020年，社区被评为“优秀职工阅读组织”和“心火志愿服务优秀志愿项目”。社区书记达敏获全市抗击新冠疫情先进个人，网格社工张燕获玄武区文明创建先进个人。

【锁三社区】 东靠林产化学工业研究所，南临锁金北路，西倚龙蟠路和新庄立交桥，北接312国道。社区分为锁金三村和锁金村80号、84号3个大院及林业大学校区。社区面积约1.6平方公里，人口约7150人，社区办公地址于锁金三村14幢旁。社区内有南京林业大学、玄武区军队干部休养一所、南京市政工程管理处、金卡大厦和锁金二小幼儿园等单位。

2020年，社区与辖区单位中铁24局、南京市政工程管理处、南京林业大学风景园林院、玄武区委编办、玄武团区委等9家单位签订联建共建协议，成立“心路”党建联盟。全年走访慰问社区困难党员群众70户；疫情期对社区捐赠各类抗疫物资，并加入社区一线抗疫工作中；结合玄武工青年商会资源对社区患有自闭症儿童家庭募集捐款3000元进行困难帮扶。完成了“心路”党建联盟重点项目三村心路广场改造。改造后的广场分功能规划区域，有休闲区、文化宣传区、体育健身区等，满足社区不同年龄段居民的休闲需求，休闲广场的改造不仅加强区域化党建联盟作用，以党建促社建带共建，也提升社区居民生活幸福指数。

此外，锁三社区成立了“锁三社区居民协商议事会”。主要由人大代表、两委委员、社区民警以及网格内的党员居民骨干参加，鼓励居民参与到社区治理，形成“居民事情，居民说了算”的舆论氛围。通过协商，完成社区7处垃圾分类厢房选址，3村车棚改造、电瓶车飞线充电整治，避免社区和居民之间的矛盾。随着社会发展，居民对专业化服务的需求越来越高，锁三社区党委深化韩先林志愿者工作室、银发互助公社等贴近居民生活的优秀社会组织品牌，以提高居民幸福指数为宗旨，走好传承路。锁三社区联合此类优秀社会组织定期开展志愿服务活动，全年开展65场活动，服务居民2000余人次。2020年，社区获“2020年度全市消协系统先进集体”称号。

【锁四社区】 建成于80年代初，东至锁金东路，南至锁金南路，西至锁金中路，北到锁金北路，社区面积约88500平方米，属典型的老旧小区。社区驻有南京第十三中学锁金分校、锁金村街道民生服务中心、郭家大院等单位。社区总户数1414户，常住人口3000余人。60岁以上的老人约1100余人，占总人口的31%。社区办公地点位于锁金四村12栋旁，社区党群中心用房面积400平方米，专职社工8名，居民小组35个。锁四社区党委，下设5个党支部，现有正式党员210名。社区内建有近1000平方米的室外居民休闲健身广场。社区周边有玄武湖公园、苏果超市、菜场、卫生院、中医馆、药房、幼儿园、小学、中学、酒店、饭店、各类门面店等配套生活设施，有效地满足居民十五分钟生活圈的需要。社区党员义工服务站创建于2004年，以社区党员为主，锁金村地区大专院校学生志愿者为辅，并与玄武区城管局机关党支部党员联合，开展与社会服务相结合的义工志愿服务，2018年更名为红色能量汇志愿者工作站。相关的各类社团组织8个。2020年，锁四社区在疫情防控攻坚战中，社区党委通过表彰先进、最美家庭评选、“心廉”橱窗展示、制作心廉抗疫日记、成立小喇叭宣传队等多形式加强意识形态舆论引导，以新思路新理念弘扬主流价值观，切实把握新时代意识形态工作的传播权和话语权。以廉政文化示范点打造为契机，在小区进门大路上进行“廉政文化景观路”建设，社区活动场所通过廉政格言警句、廉政古训、清廉人物史料等内容，展现出“两袖清风”“俭以养廉”等优秀廉文化。将“家”“国”“廉”的价值理念和标志元素，通过文化创意进行视觉转换，实现了廉文化与风景的有机融合。围绕社区“心廉”党建品牌文化内容，融廉于景，借树喻廉，在社区宣传栏设置光荣榜，依托网格党支部不断挖掘社区好人好事进行大力宣传。组织开展“廉政党课讲廉”“楹联文化说廉”“文明新风倡廉”“文艺演出颂廉”等主题系列活动，做好“月月有活动，次次有特色”，在社区营造崇廉、爱廉、敬廉的良好氛围。社区党委依托网格党支部，通过为民办实事项目等形式，解决一批在居民中反映强烈的民生问题，将心行动计划落实到为民服务点点滴滴。通过“支部书记+网格员”进行网格走访听取群众意见的模式，实现网格内党的组织和服务双覆盖、无死角。搭起“共享晾衣架”晒出居民幸福感。针对小区存在的电动车充电难题，社区党委通过“幸福小村聚议厅”平台广泛征求居民意见建议，经过社区两委会讨论通过，顺利安装一批便民服务充电桩，切实提升群众的获得感、幸福感。针对如何有效整合利用社区资源，社区党委充分发挥基层党组织的战斗堡垒作用，制定“共商共建共享”工作法则，打通“同心圆”服务半径，打造共商共建共享治理新格局。“共商”法则，提升共建参与性。通过整合辖区内外资源，建立“资源共享、共驻共建”联席会议制度，共同研究党建共建、共同服务社区居民、共同打造心廉社区。“共建”法则，拓宽服务新路径。创新社区治理模式，打造“同心驿家”，制定共建计划，开展共建活动30余次、传统文化活动10余场。社区党委以网格党支部为依托，成立了一支由结对机关干部、社区网格员、党员志愿者、居民骨干等142人组成的“心廉”志愿服务队伍。社区党委还根据各网格支部党员特点和居民需求，分别成立了环境提升志愿服务队、安全巡查志愿服务队、垃圾分类志愿服务队、矛盾调解志愿服务队、敬老关爱志愿服务队5支队伍，定于每周一至周五轮流开展志愿服务，让“心廉”党旗在小区庭院内迎风飘扬，得到社区群众一致好评。

今年以来，社区党委持续组织开展“增景添色”换新颜项目，成为小区内一道靓丽的风景线，谱写了一曲曲服务居民、社区自治的文明乐章。

【锁五社区】 东邻玄武湖街道，南至板仓街，西至锁金东路，与锁三、锁四社区相临，北至南京林业大学。辖区面积0.6平方公里，人口约4501人，社区办公地址位于锁金五村4号。7个居民小区，社区内驻有中国林产化工研究所、南京师范大学紫金校区、江苏省军区第十离休干部修养所、南师大科技产业园、锁金二小等百余家单位。社区以为民服务为立脚点，统筹辖区资源，发挥党建品牌“心景”的引领作用，推进协同治理，努力将民生服务事项做细做实。2020年，围绕“为民服务”的根本宗旨，进一步延伸党建网格化管理服务触角，通过探索实施三步工作法，注重党建引领，搭建平台、共建筑景；注重立足实际，以需求为导向，按需服务、志愿添景；注重做实做细，真心服务、爱心聚景。通过居民家风、社工作风、社区民风的建设和营造，让居民都能参与到社区建设中来。全年开展疫情防控、爱国卫生、安全巡查、为老服务、文化宣传、共建活动等多样化的“心行动”50余次；在文明城市创建、突击任务工作中，注重发挥社区党员的模范带头作用，积极投入到社区服务工作中。按照140工作法，开展网格走访工作，狠抓网格日常管理；加强社工日常巡查走访落实力度，了解社情民意，主动对接群众的痛点等民生问题，及时消除居民的问题、误会、安全隐患。多方征集意见建议，将为民办实事做好做细，凝集民心。全年常态开展居民喜闻乐见的活动，支持志愿者队伍、社会组织开展各类公益活动。完成五村南北院、翠岭居、130号小区安装电子门禁；五村南北院、130号小区增设微型消防站，增设充电桩；树木修剪、草坪铺设；五村南院小区顶楼屋檐、落水沟消险、阴井修缮；78号小区有害树木砍伐等多个项目。指导翠岭居小区选举成立业委会，提高居民自治能力。积极开展文明城市创建、道德讲堂、善行义举榜、家风银行、社区好人等评选，营造和谐向上的社区氛围。荣获2019—2021年度“江苏省文明社区”。

【新庄社区】 东靠紫溪湖桥，南临玄武湖，西倚白宫大酒店，北接红山铁道桥。社区面积约1.8平方公里，人口约9035人，社区办公地址于新庄39号综合楼一楼。社区内有中石化共享分公司、园林实业总公司、铁路办事处、中铁24局江苏公司、新世纪大酒店、南京火车站、邮政枢纽、曙光国际大酒店、军转站、南京商厦等十多家企事业单位。2020年，社区党委认真贯彻落实习近平总书记要求，坚持党建引领民生服务，不断深化心芽党建特色品牌，拓展“心芽成新桠，新庄换新装”党建工作理念，始终坚守在为民服务一线。按照“条块结合、资源共享、优势互补、共驻共建”的原则，充分发挥社区区域化党建的共驻共建作用，积极吸纳辖区曙光大酒店、中石化南京共享分公司、中铁24局江苏分公司、江苏邮政集团南京分公司优质的党建资源阵地加入“新益家”联盟。红色物业破解治理难题。以湖景花园小区银城物业为试点，打造红色物业，健全党建联席会议制度，协调解决业主和物业供需矛盾，在物业服务、服务收费、资金使用等方面发挥引领作用。邀请居民党员和热心群众定期召开“新里话”座谈会，共商共治解决小区管理过程中的薄弱环节和居民反映突出疑难问题。疫情防控期间，面对辖区战线长、区域面积广和人流量大的南京火车站等防控难点，新庄社区党委将居民片区，辖区企事业单位、五小门面划分为11个网格14个疫情卡口监测点，形成闭环。进一步细化压实属地管理责任，积极发动结对机关干部、社区党员、网格员、居民骨干、物业、辖区单位等力量，像一颗颗钉子钉在网格点上，管好、管严、管紧。时时掌握网格动态信息，排查清楚重点区域，做到栋不漏户、户不漏人。对重点区域返乡人员信息排查，做到人员准确、上报及时、信息全面。扎实做好隔离人员家庭居家隔离服务。组织成立了“心芽战疫党员先锋服务队”“老党员小喇叭宣传队”“心系一起，芽壮家园——青年志愿者服务队”，测温仪用起来，大喇叭喊起来，小喇叭响起来，横幅拉起来，宣传海报贴起来，一封信发出来，扎扎实实做好舆情引导、防疫宣传、科学防控的宣传工作，期间涌现了防控卡口“上阵父女兵”“上阵亲兄弟”等优秀志愿者典型，真正实现“守土有责、守土负责、守土尽责”。凝聚创文力量，新庄社区党员群众加入文明城市创建中来，清扫楼道招贴和杂物、整顿非机动车乱停放、清理飞线充电。利用民生实事项目建设小区充电桩20余处，新建车棚12个。完成韶山路危房消险工作、疏散安置危房住户6户20人、租客40户87人。清理小区地下室违规住人2处，让文明的行为化为长效结果保持。第七次全国人口普查工作。社区全体普查员加班加点完成5375户共计11253人的人口普查工作，针对商务楼宇和建筑工地采取多轮复盘的工作方案，确保普查数据的准确度。社区获“2020年创建文明城市先进单位”，社区书记周会娟获“南京市五一劳动奖章”“玄武区文明职工”等称号。

【紫鑫城社区】 东靠紫金山，西临玄武湖，南面毗邻白马公园与北安门大街，北接宁栖路。社区面积约1平方公里，人口约5300人，社区办公地址位于岗子村63号12幢旁。社区内有南京电影机械厂、玄武区金融园、白马商务楼、玄武区民事执行局、白马公园、紫金山索道等单位。2020年，开展“心桥”系列活动：党建连心桥、社区贴心桥、共建同心桥、志愿暖心桥以及物业知心桥。发挥社区党组织核心作用，知民情、惠民生、解民忧、聚民心，提高社区居民的幸福指数，同时积极推进“网格总理”工作模式，发挥网格机制效能，提高便民标准和效率。开展党建服务项目认领，充分发挥社区党组织核心作用，引导共建单位开展防疫战疫、捐资助学、扶贫济困、人居环境整治等社区事务。2020年疫情防控、文明城市创建、人口普查和垃圾分类等重大任务连续集中的大环境大背景下，板仓街49号危房顺利改造完工，岗子村63号1幢、2幢居民楼出新，全区第一家垃圾厢房在社区落地等等，通过一件件看得见、摸得着的民生实事。2020年，社区获“玄武区先进基层党组织”称号，岗子村63号院落获城市治理标准化精品示范单元。

（卢建华）

孝陵卫街道

·街道工作·

【概况】 孝陵卫街道东起顾家营与栖霞区相接，西至中山门与秦淮区相连，南至沧波门外秦淮河与江宁区接壤，北至紫金山分水岭与玄武湖街道相连，毗邻国家AAAAA级景区钟山风景名胜区。沪宁、宁杭、绕城等高速路网及地铁2号线穿境而过。域内面积约27.47平方公里，社区有小卫街、孝陵卫、铁匠营、康定里、盛和家园、晏公庙、钟灵街、农科院、理工大、南农大、银城东苑11个社区居民委员会，人口约16万人，其中在校大学生4.39万人，常住人口约13.56万人，户籍人口8.8万人。辖区内有南京理工大学、南京农业大学、南京体育学院、南京农业机械化研究所、江苏省农科院、江苏省地震局、中山陵园管理局、中山植物园、南京汇通达网络有限公司、南京国际会议大酒店、东郊国宾馆等高等院校、科研院所和企事业单位计50余家。2020年，街道产业发展向“科技高端”、环境改善向“生态高质”、民生服务向“幸福高标”、队伍建设向“务实高效”提升的“4项专项提升计划”。

【经济发展】 2020年，街道全面落实对标找差推动高质量发展，一般公共预算收入年度完成3.2亿元，固定资产投资额年度完成11.6亿元，社会消费品零售总额年度完成10.7亿元，外贸进出口总额年度完成8.7亿元。全年引进内资项目12个，签约项目投资总额完成额32.48亿元，其中亿元以上项目6个，实际利用内资完成额6.5亿元。实际利用外资800万美元，完成全年目标，注册新企业及个体工商户1600家，招商项目信息完成130条。2020年，街道承担重点项目10个，投资总额86.15亿元，年度计划投资7.35亿元，其中在建项目2个，新建项目3个，改造类项目2个，前期类项目3个。新增高新技术企业4家，完成有效发明专利4661个，发明专利授权量908个，PCT专利申请45个。整合区域优质资源，以南理工科技创新园、T80科技文化国际社区等载体为招商重点，开展全域化招商活动，进一步提高载体经济产出。

【城建城管】 2020年，街道完成余粮路二期、罗晏束水桥新建，童卫路道路工程整治，双拜巷135号、小卫街220号小区出新和卫岗21号小区“三供一业”移交整治任务，配合双拜巷棚户区征收开展拆违控违。自筹资金建设马高路318、319号停车场，新增泊位210个。完成童卫路7号、双拜巷151号倒塌挡土墙改造加固，消除安全隐患。应对新冠病毒性肺炎疫情防控工作，设立街道防疫值班卡点11个，封堵无物业小区出入口30余处，搭设值班帐篷30余个，实施24小时卡点值班值守。开展文明城市创建。全面清理整治占道经营、活禽售卖、违章搭建、道路违停等问题，清除70余个小区卫生死角、垃圾杂物、飞线充电，增设充电桩，为20个小区引进物业服务。2020年梅雨季节长时间连续降雨、长江水位暴涨和冬季反常低温严寒天气，组织城管、环卫和社会各方力量积极开展防汛排涝、除雪防冰工作，单日融雪剂播撒量最高达25吨。全面展开生活垃圾强制分类工作，建设垃圾分类亭(房)123处，严格开展桶边指导，日厨余亮居全区首位。严格落实河长巡查制度，组织“小散乱”“四乱”排查整治。打好蓝天保卫战，开展执法检查80次，整治工地、餐饮20余家，完成4家单位燃气锅炉低氮改造。

【民生服务】 2020年，街道民生工作保障治理相结合，提升服务水平惠民生，推进各项民生工作目标任务完成。优化提升各类民生服务。养老服务从机构延伸到社区和家庭，依托辖区内6家养老服务中心，为周边老人提供助餐、助医、助洁、助急、助浴和日间托管等服务，为85岁以上老人提供每月3小时上门照护服务，为失能半失能老人提供适老化改造。针对疫情期间企业稳岗复产，完善就业服务，筑牢民生底线，利用网上招聘平台，分批分类面向社会各类失业人员和用人单位提供政策宣传服务，扩大政策知晓率。做好各类群体兜底保障。发放低保金、残疾人两项补贴、未成年儿童生活保障金，办理临时救助、因病致贫支出型救助等资金兜底保障工作。发放各类抚恤和生活补助，对辖区优抚对象、退役士兵进行梳理摸排，做好退役士兵社会保险接续和退役军人服务站建设工作。做好发放独生子女奖励金、特扶金，家庭医生签约等计生工作。持续探索社区协同治理。以小卫街、银城东苑社区为试点，为向其他社区推广积累经验，通过“多元参与，议事协商，赋权增能”等方式，动员社区、居民、社会组织、社区自治组织、物业等多方参与，运用社区居民议事协商、联席会议、专题培训等方法，为社区居民、自组织团体进行赋权增能，为社区弱势困难群体增设服务，提升社区协同治理水平。

【平安法治】 2020年，街道以维护社会大局和谐稳定为目标，以防控风险、服务发展为主线，探索“防疫+维稳”新模式，深入推进“平安+法治”孝陵卫建设，实现社会治安稳定，重大活动安全，矛盾纠纷下降。结合大排查、大整治专项行动，扎实推进“扫黑除恶”专项斗争。以“四微”推动“政法网格员”工作，创新网格服务，为辖区网格治理一体化工作贡献力量。接访走访300余人次，受理群众来信来访反映的各类问题201起，办理区领导信箱66件、书记市长信箱、和谐平台交办件142件。化解信访积案2起，帮助群众解决实际困难24起，进京访登记次数同比下降43%。组织调解员深入网格片区进行拉网式、抄底式排查摸底，调处矛盾786起，调处率98%。特殊人员管理稳中求进，全年接收服刑人员10名，期满解矫10名，审前调查8例，刑事速裁17例，矫正工作正规有序；完善辖区涉毒人员一人一档工作，巡查124人次，上报信息110条，铲毒400余株，倾力帮助涉毒人员回归社会。

【基层党建】 2020年，街道致力打造“钟山先锋”党建品牌，构建“一核两翼”“四区联动”党建工作新格局。打造特色党建。孝陵卫街道落实全面从严治党主体责任，大抓基层组织，建强战斗堡垒，注重人才培养。根据街道自身特点，形成以党建撬动辖区高校院所、企业单位、居民群众，以7家“大工委”成员单位、11个社区党委、N家非公企业党组织，组成“1+7+11+N”的区域党建紧密型“共同体”，有效提升党建效能。重点打造线上“天天博物馆”、推出“红色专线”，将辖区教育资源有效串联

11月9日,孝陵卫街道在佳源广场开展消防演练　（孝陵卫街道　供图）

起来,形成宜学宜游的特色文化。持续推进"书记项目""特色项目"建设,"钟山幸福站"、特色墙绘已初见成效。创新载体,推动成果落地。鼓励社区创新治理模式,化网格为载体,实现党支部覆盖,通过建立网格支部工作清单、划分治理"责任田",开展系列化特色服务。推进政法机关干部、"三官一律"等人员作为"政法网格员"进网格、参与社区治理、担当作为。街道172名"政法网格员"下沉一线,推进"四微"行动,晏公庙社区"政法网格员"刘伟参加视频调度。聘用大工委成员单位工作人员担任社区"第一书记",以主人翁身份参与社区建设,以农科院为试点,打造"红色物业"标杆,取得实质性成绩。年内同南京农业大学、南京理工大学校方达成一致并取得支持。优化社区"两委"配置,选拔24名社区工作者新岗位锻炼,通过以老带新、集中培训等形式,增强街道人才储备力量。深度融合,强化"两新"党建。成立红领钟山党建活动中心,加大铁匠营、钟灵街社区与园区、商圈的党建联盟建设力度,开展经常性党建共建活动,形成资源互补、共同进步的良性循环。同南京理工大学科创园、佳源广场等园区、商圈多次开展活动,收到很好反响。围绕"刷存在感、树影响力、打特色牌"思路,积极探索构建"大统战"格局,建立以T80科技文化国际社区为代表的实践创新基地,率先在全市成立街道民族团结进步促进会;发挥区位优势,各类活动开展精彩纷呈,受到省市区相关部门的高度关注。

【人才工作】 2020年,街道梳理紫金大厦、T80科技文化产业园、南理工科技创新园等楼宇和园区,健全科技和人才企业数据库,列出企业人才引进、高企申报、产业孵化、成果转化需求清单,将招才引智与招商引资、科技服务等工作融为一体,安排专职人员跟踪全程服务,不错过一项人才、税收等政策。结合企业发展需求,街道开展"招商政策宣讲暨企业家座谈会"系列培训活动,解决企业在科技人才政策方面遇到的问题。街道快速推进南理工科技创新园、农业"硅巷"建设,为引进培育双创人才和高层次人才筑巢引凤。街道整合南京理工大学、南京农业大学、省农科院等科教资源,委托市场专业化机构,引进一批拥有大额备案风投、符合市级免评审直进条件的优质初创项目,为地区的创新发展做好前瞻储备。街道累计引进"领军型科技创业人才”44名、“创业南京”人选人才5名、“创业玄武”人选人才9名。2020年度发展绩效考核的14家人才企业均满足成活条件，成活率100%；5家企业满足优质孵化条件，优质率35.7%，其中4家企业高企入库，江苏星立晖网络科技有限公司累计营业收入达超13亿元。

·社　　区·

【盛和家园社区】　位于孝陵卫街道最东边，东临栖霞区马群街道馨康苑社区，南至江宁区麒麟街道麒麟科创园，以运粮河为界，西与秦淮区白下科技园接壤，北与江苏省农科院相连。社区面积约3.2平方公里，有2个拆迁安置房小区29幢住宅，居民4244户，常住人口6677人，户籍人口2580户、3899人，流动人口628人。党员161人，设5个党支部。社区居民多为征地农民，人户分离现象突出，流动人口多，失业人员多，老年人多。辖区内有南京市第三看守所、孝陵卫物业服务中心、九如城康养中心、金钟山汽车检测站等单位。社区办公地址位于马高路319号综合楼，面积1100平方米，设有文体活动中心、居家服务中心、图书阅览室、党员活动室、综合文化服务中心、道德讲堂等功能场所。2020年，社区完成疫情防控、全国综合减灾示范社区创建、文明城市创建、第七次全国人口普查、人大代表补选等重点工作。社区依托党建为民服务专项资金，完成一期东门小广场亮化、“书香盛和”阅读空间打造、钟山互助“+”党建等项目，其中钟山驿“+”党建项目从成立至今已在多个媒体网站（《南京日报》、紫金山新闻）刊登报道，社区与马群街道金陵驿社区联手打造党建阵地《钟山驿“+”服务站》，共享社区党建资源，共同管理服务社区人户分离党员，确保基层党组织的凝聚力和战斗力，给在外党员一个身边的家。2020年，社区被评为“玄武区高质量发展先进集体”。

【康定里社区】　成立于2001年，位于孝陵卫街道的西南角，东、南、西三面与秦淮区相邻，面积约1.6平方公里，由康定里小区、胜利村100号、108号、紫金南苑、胜利村路50号、长巷200号、小卫街226号、胜利村路2号等8个自然小区组成，总人口12244人，户籍人口9712人，专职社工11人，其中5人取得社会工作者资格证书。社区有玄武军休六所、60研究所、胜利村2号产业园、南京振华包装厂等单位。社区党委下设7个党支部，有党员322名。社区办公地址位于康定里小区3幢，面积450平方米，设文体活动中心、党建书吧、居民学校、多媒体室等服务场所。社区党委积极探索“1+6”社区治理新模式，通过党组织的核心引领和社区党员的共同参与，以及为群众服务理念和服务方式的创新，引进专业的中鼎养老机构，建设微幸福服务站，方便居民在家门口就能够享受到专业完善的养老服务，赢得群众点赞。社区依托为民服务专项资金，结合居民需求，实施微改造微幸福系列项目，有效解决小区居民的生活环境、文化需求、健康医疗、安全稳定等问题。2020年，社区获“玄武区先进职工之家”“玄武区创建文明城市优秀单位”等称号。

【理工大社区】　东至罗汉巷，南至光华路，西至友谊河，北至中山门大街，社区面积约0.36平方公里。社区居委会办公地址位于孝陵卫200号中山小区内，办公用房面积10平方米，居民分住在8个住宅小区，有住宅楼114幢，总户数3558户，人口9692人，流动人口1328人，空挂户276户。社区党委下设5个党支部，党员191人。2020年，社区党委组织党员参观革命教育基地，美丽乡村新农村建设等活动20余次。通过为民办实事项目，组织中小学生参与文化阵地活动20余次，为80岁以上老人提供优惠理发，为70位独居或家庭困难的居民提供家政服务，每月两次为居民提供免费测量血糖、血压，为居民提供便民服务近百次。为老旧小区环境卫生整治10余次，有效提升居民幸福指数。社区定期组织大学生志愿者为居民提供文明劝导、小区卫生清扫、环保宣传等志愿活动。

【南农大社区】　东至龙宫路，西至童卫路，南至后标营路，北至中山门大街。社区面积约5.4万平方米，有住宅楼房46幢，总户数1799户，常住人口4130余人。社区党员73人，90%居民是南京农业大学在职与离退休教职工。社区居民委员会于1996年由南京农业大学家属委员会升级为南京农业大学社区居民委员会。2010年，完成社区党组织升格，搭建社区党总支班子。年内社区在原有设施基础上，加强党建工作，认真贯彻落实学习《习近平总书记视察江苏重要讲话指示精神》《习近平谈治国理政》第三卷、《民法典》等，认真开展“学习抗疫精神，争做时代先锋”主题党日活动、“决胜全面小康　决战脱贫攻坚”群众性主题宣传教育活动、“庆七一”党员寄语活动，邀请区委宣讲团成员开展学习贯彻党的十九届五中全会精神宣讲活动。积极宣传“雪域高原上的干部——王伏虎”“扎根基层数十年、抗美援朝老党员——游志珍”初心故事等一批受人尊敬的好党员事迹，在社区形成向先进看齐的良好氛围。持续开展“互联网+指尖上的党建阵地”党建品牌项目，定期组织党员志愿者开展环境卫生清扫、“学雷锋日”等各类党员义工活动，每月组织居民观看远程教育纪录片，组织老年居民观看爱国纪录片。2020年，社区面对疫情防控、文明城市创建、人口普查、垃圾分类等重大工作，南农人在党组织带领下，迎难而上，不辱使命，较好完成各项工作。在文明城市创建工作中，我社区积极与校方开展共驻共建，为为民项目吸引校方资金8万余元用于18幢、23幢旁两处塑胶场地翻修；校方投入约30余万元，用于配合充电桩配套各项设施工程，新建车棚15处，安装充电头250个。合理使用为民服务专项资金，引入高校资源，开展“幸福微街坊”便民活动，探访服务让独居老人空巢不空心，节庆广场活动让服务更加丰富，科普活动让孩子们更加快乐，“农情为你”志愿者队伍让居民更乐意参与居民自治。持续做好老旧小区住宅加装电梯工作，2020年新增2部电梯已投入使用。全年对苹湖物业公司进行监督管理，与物业联动开展居民消防知识培训和灭火演习，协助苹湖物业公司对楼顶杂物清理、住宅楼楼道、地下室杂物清理、垃圾分类指导员选聘培训工作及后续垃圾分类工作，使小区环境面貌一新，提高居民幸福指数。开展传统节日困难家庭慰问、“冬至”暖阳慰问垃圾分类指导员活动。社区的各项工作都保持良好的发展势头，社区稳定和谐，先后荣获“市级既有住宅增设电梯工作先进单位”、区级关工委“六好”示范社区（村）、“玄武区未成年人零犯罪社区”“区和谐社区建设示范社区”、区级“文明社区”“先进党支部”“区级老年体协先进集体”等荣誉称号。

【农科院社区】　位于紫金山南麓，东临南京农业机械化研究所，南临宁芜铁路，西至孝陵卫1号，北依森林摩尔商业街区。社区居委会办公地址位于钟灵街48号江苏省农业科学院内，社区内有73座住宅楼宇，有科研院所、幼儿园、现代农业展示中心、汇通达等企事业单位、个体经营户等约150多家。2020年，社区延续开展既有住宅增梯工作，报送增梯规划47份，竣工46部，切实让小区居民群众从增设电梯这项民生、民心工程上，体会到更多的获得感和幸福感。社区利用新时代文明实践站平台，成立居民志愿者服务队，组织开展各类为民活动，在防疫防控、文明城市创建、垃圾分类、困难帮扶等活动中发挥了积极作用。依托辖区特有科教资源，开展关心下一代活动，寒暑假期间开展青少年道德法律、科学等社会教育实践活动60余场次。社区还利用远程教育平台优质网络教育资源，广泛宣传，鼓励社区居民参与学习，形成全民学习、终身学习的良好氛围，加快社区迈向数字化学习的步伐。社区结合自身特点，制定花园式养老服务型社区发展规划，建立居务公开制度，健全居民自治机制，完善组织结构，使其发挥良好的作用。

【铁匠营社区】　成立于2001年3月，2006年6月中山陵社区合并至童卫路社区，2009年6月童卫路合并至铁匠营社区。社区地处美丽的紫金山下，紧邻沪宁高速连接线，位于风景优美的紫金山南麓，北沿中山门大街，东与理工大学相邻，西与秦淮区相连，区域面积约2.3平方公里。辖区内有东郊美树苑小区、东元山庄小区、樱花苑小区等16个自然小区组成，社区居委会办公地址位于南京市玄武区小卫街218号园区内，办公用房面积500平方米，专职社工13人。社区总户数6267户（其中中山陵片区拆迁790户），常住户数

5477户，总人口15711人，常住人口数11187人，社区网格12个，楼宇125幢。社区党委共有412名党员，下设10个党支部。现有江苏省地震局、中石化物探研究院、南京市歌舞团、中山园陵管理局、江苏省干部疗养院、南京市基准台、玄武区市场监督管理局等10余家共建单位。本着“资源共享、优势互补、文明共建、共同发展”的原则，社区加强了与各单位的联系，根据辖区内单位自身优势开展志愿活动。与南京市市场局监督管理局开展学雷锋活动。与南京基准地震台联学联建开展地震知识普及活动。继续开展下马坊地铁口稍“序”立“正”自行车整治和垃圾捡拾活动，中山陵园管理局每年元旦、春节对社区的困难慰问10000元帮扶活动。2020年开展了“童创夏日暑期创客周”“农业科技讲座”“ABC亲子课堂”“红绿灯”、Scratch编程“接水果”、OM头脑奥林匹克“节节高升”、3D打印笔“垃圾分类”活动。巧手动一动，文化我传承，红色少年诵读红色故事，小小少年，守护美丽家园等活动。持续开展“守望钟山志愿者服务队活动”。2020年9月“守望钟山”志愿者服队升级为总队，共分为三个小队，分别是铁匠讲堂志愿队、友谊(河)长清志愿队以及匠人匠心志愿队，志愿服务队由社区党员、热心群众组成。充分发挥机关单位的政治、组织优势、组建治安巡逻、关心下一代、扶贫帮困、等党员志愿者队伍；依托党员活动室、法制宣传栏、法律服务站等服务阵地，开展形式多样的活动。通过党建30万为民专项资金社区2020年完成了“传统节日”“微光行动”“星耀铁匠营在园区”“三+智慧”“亲子携手　幸福生活”等项目。2020年荣获玄武区五四红旗团支部、孝陵卫街道“先进集体”等荣誉。

【小卫街社区】　建于90年代末，北接紫金山，南临宁杭公路，西接下马坊公园，东靠韶家山公园，社区面积约0.8平方公里，属拆迁安置房和商品房混合社区。社区总户数2018户，户籍人口5045人，常住户数2320户，常住人口5800人。社区设有金陵图书馆小卫街分馆、舞蹈室、多动能室和社会组织孵化中心等。社区依托为民服务专项资金，结合居民需求，开展“爸妈节日一传统节日关爱助老活动”“敲门大姐志愿服务项目”“巧线婆婆邻里互助服务”等项目。2020年，“敲门大姐志愿服务项目”持续做好慰老服务；推动绿管家服务项目，社区通过开展社区环境日、垃圾整治、绿化维护、公益随手拍等系列公益活动，完善社区环境整治、绿化维护，修补小区破损公共设施，营造绿色环保的居住环境；做好“巧线婆婆”，社区提供免费的新毛线，志愿者为社区里单亲、流动人口及孤寡老人和儿童，提供义务编织、缝补等工作。2020年社区依托钟山先锋幸福站小卫街分站党建服务平台，打造小卫街新时代文明实践站。运用5+1服务平台模式，依托社区6个实体服务空间，运用党建+志愿+公益+文化+治理+便民服务模式，围绕理论宣讲、教育、文化、科普服务、健康促进与体育运动，垃圾分类、文明创建、社区协同治理等主题内容展开社区特色治理服务。荣获南京市“优秀志愿服务社区”称号。

【孝陵卫社区】　2009年6月成立，由原孝陵卫东段社区、孝陵卫西段社区、晏公庙西村社区和铁匠营社区部分合并而成，社区面积约2平方公里。东至孝陵卫街1号部队、南至晏公庙西村1幢和罗汉巷1幢(南京理工大学1号门)、西至孝陵卫街179号南京市中西医结合医院、北临宁杭公路沿线。社区总户数4712户、总人口10801人，常住人口4072户、常住人口数7468人，有居民小组30个，社区党委于2009年8月成立，下设9个楼幢支部，社区党员347名。社区有孝陵卫街道民生服务中心、南京孝陵卫供销实业有限公司、紫金宾馆、玄武区第二干休所等10家单位，非公有制经济组织和新社会组织15个，个体商业网点248个。2020年，社区党组织为用好为民服务专项资金，通过上门走访居民、发放调查问卷、召开党员代表大会和居民代表大会等形式，广泛地征求意见和建议，组织实施并完成“孝陵卫社区治安巡逻服务”“我们的传统节日”“花香满茎，爱长青一一孝陵卫社区独居、空巢老人上门服务”“院落自治营造幸福庭院——孝陵卫49号小区自治服务项目”3个项目。2020年，社区与玄武区朗诗常青藤居家养老服务中心合作，为社区老年人提供上门探望、助医、助聊、助乐、助浴、助洁、助急、助学、助餐、日间照料等服务。12月，完成孝陵卫49号小区业主委员会换届工作。2020年，孝陵卫友馨园烧饼店业李伏桂荣获第四届南京市道德模范提名，孝陵卫社区被评为创建文明城市优秀单位。

【晏公庙社区】 成立于90年代初，东临绕城公路，南与南理工科创园接壤，西至晏公庙路，北靠农科院。社区面积约1.5平方公里，有13个小区，居民3453户，常住人口7153人，工作人员10名，社区党委下设7个党支部，党员322人。社区内有孝陵卫医药园区、南京市公路事业发展中心、孝陵卫初级中学、钟山幼儿园等企事业单位，引进了爱孝亲和居家养老服务中心和博爱残疾人之家2个社会组织。社区依托为民服务专项资金，打造党建品牌，推出了特色服务项目“希望来吧”，面向社区贫困家庭及外来务工人员子女，通过协调南京理工大学及周边大学的学生志愿者和党员义工，每周六上午免费为孩子们辅导作业，开设形式多样的兴趣课程，丰富他们的课余生活，为他们搭建一个有效的学习和娱乐平台。2020年，社区完成了疫情防控、文明城市创建、人口普查、人大代表补选、垃圾分类、党委换届选举等重点工作。被评为创建文明城市优秀单位。

【银城东苑社区】 2007年10月成立，东起胜利村北路，南至光华路，西至后标营路，北至锦湖路。社区面积约0.397平方公里，有菱香园、东篱园、毓秀园、望山园、揽翠园、西华园、紫荆园、山水居、陶然居、博雅居等10个综合网格、有居民4973户、13000余人，党员373人。社区内有南京理工大学附属中学、银城双语幼儿园等学校。2020年11月，银城东苑社区增设第七、第八党支部，积极推进党支部“标准+示范”建设。继续围绕国际社区建设标准，开展各类活动，设计了“绿色家园　你我同行银城东苑社区垃圾分类主题学习与建设”“‘Join us’——银城先锋培塑计划”“节气欢歌乐活银城24节气民俗文化交流与传承”党建为民服务项目。截止到2020年底，银城东苑社区共建成1个垃圾分类房、10个垃圾分类亭，已经全面投入使用。各条口工作围绕党建中心来抓，领导到位、责任到位、任务到位、指导到位，形成警网融合，网格社工各司其职、一级抓一级、层层抓落实的工作模式。在2020年新冠病毒疫情防控工作中，由于外籍人员防控工作表现突出，获得南京市防疫先进集体荣誉称号。

【钟灵街社区】 东至栖霞区五棵松，西连灵谷寺路，南至江苏省农科院，北邻中山门外大街，社区面积约1.5平方公里。居委会下设钟鼎山庄、宏图上逸园、五矿晏山居、紫金华府等9个小区，社区现有工作人员13名、党员255名，现有户数5842户，常住人口12086人。辖区内包含森林摩尔、名悦广场、佳源广场等大型商业街区以及南京体育学院、南京农业机械化研究所等单位。2020年，社区全体工作人员与党员义工、居民志愿者奋战在疫情防控一线，化身为采买员、配送员、快递员服务居家隔离人员；坚守卡点执勤、测温登记，守牢基层防控的主要阵地，防疫事迹被南京零距离等媒体宣传报道；积极推进爱国卫生运动、第七次全国人口普查、小区垃圾分类等重点工作；整合辖区各位资源，投身文明城市创建工作，从宣传引导到文明实践，从飞线整治到楼道清理，社区工作人员用汗水和努力不断刷新社区的面貌和形象，荣获玄武区文明城市创建“优秀单位”称号。

·驻街园区·

【T80科技文化国际园区】 位于玄武区铁匠营80号，地处南京钟山风景区下马坊遗址公园博爱路，紧邻地铁2号线下马坊站。园区原址是中华民国在1934年所建中央政治学院分院，1949年中华人民共和国成立后先后为军队院校单位和第七〇一研究所，1970年至今为第七二四研究所。园区产权主体单位是中船重工第七二四研究所，运作主体单位是江苏永同昌建设发展有限公司，2014年在南京市政府支持下打造成为T80科技文化国际社区。园区占地面积107亩，规划建筑面积4.1万平方米，坐落于中山陵核心景区，北靠紫金山，环抱下马坊遗址公园和邵家山生态公园，周边拥有中山陵、美龄宫、明孝陵、灵谷寺等众多名胜古迹，是拥有独特生态资源和历史文化底蕴的宝地、由30余栋30年代民国别墅式建筑组成的珍贵低密度高级办公国际社。园区内古树参天绿树掩映，天然氧吧，四季皆景，曾经是《致青春》《潜伏》《与狼共舞》等影视剧主场景拍摄地。园区目前吸引40余家具有成长性的话优质科技文化企业总部入园办公。2020年，T80成为南京市民族团结进步实践创新基地，率先在南京市成立街道层级的民族团结进步促进会，成员层次高、举办活动多、影响范围广。协办南京市民族团结进步宣传月和玄武区民族团结进步联盟启动仪式，积极开展各类活动，成功创建市红石榴家园，相关工作得到国家民委领导，全国会议代表，省委常委、统战部长杨岳，市委常委、统战部长华静等调研领导的高度肯定。

【十朝历史文化园】 位于明孝陵景区大金门入口处，由南京手表厂老厂区改建而成，2011年5月建成开园。园区占地面积350亩，建筑面积21000平方米，环境优美、历史文化底蕴深厚，现有展馆区、文化经营区、商务办公区、户外景观区4个功能区域，其中展馆区有南京十朝历史文化陈列馆、明孝陵博物馆，户外景观设施分布在园区入口处、中心广场、大草坪边缘及明孝陵神道周边等区域，由十朝鼎立、佛光塔影、成语长廊、文苑英华等四个部分组成。园区以南京十朝历史文化陈列馆和户外景观区为核心项目，依托钟山风景区得天独厚的资源优势，整合南京历史文化资源，集中展示南京“十朝都会”历史精华，彰显南京历史文化在中国历史的中心地位，丰富和完善钟山风景区文化旅游功能，集展览展示、文化经营、旅游休闲、文化交流、商务办公于一体，是具有鲜明历史文化旅游特色的文化产业园区，是全国首家综合展示城市历史文化的主题园区。园区在积极探索政府指导、公司运作模式，促进公益和产业互补结合、社会效益和经济效益同步发展方面做出了有益尝试，取得了初步成效。园区现有的主题馆南京十朝历史文化陈列馆和明孝陵博物馆以及展示南京历史文化的户外景观区，全部免费向市民、游客开放。部分场馆开展多种文化服务经营活动，受到游客的欢迎。2020年，十朝历史文化园联合辖区十家场馆共同推出2020年玄武区暑期中小学生进社区接纳仪式暨“研学玄武”社区教育研学营活动，为广大的中小学生开启了暑期“云端”研学新模式。 （程荣茜）

玄武湖街道

·街道工作·

【概况】 街道位于玄武区东北部，辖区面积11.6平方公里，整体以玄武大道为轴呈哑铃形分布。现有常住人口9.2万，其中户籍人口6.9万。下辖10个社区，有河道9条，街道工委班子现有成员13人，机关干部93人，其中公务员75名，事业18名。辖区内有中科院南京天光所、中国医科院皮肤研究所等规模企事业单位47家，有先声再康、国环科技等纳税企业1500余家。街道整体呈现出“静”“长”“散”特点。“静”，环境幽静，街道西临玄武湖，南依紫金山北麓，有龟山公园、明外郭秦淮新河风光带、钟山镜等文旅景点。“长”，纵深较长，街道东西相距约15公里，城市治理的点多、线长、面广。“散”，载体分散，街道受紫金山红线限高影响，仅有板仓街、花园路及玄武大道沿线散落的少量载体。街道开拓创新，东方城48号、蒋王庙4号等老旧载体纷纷招强引新，王家湾朗诗绿色生态中心破土动工，城市长效治理多次位列全区前位，民生服务不断取得新成效。组织90人参加江苏省青少年“诗词里的科学”网络挑战赛；组织109人参加南京市第三届公民科学素质知识竞赛；注册科技志愿者247名。开展防震减灾地震演练、科技周活动暨科技嘉年华活动，在徐庄社区创建“青少年科创航空模型一角”，为青少年创造航空体验平台。2020年，街道获全国和谐社区建设示范单位、全国安全示范社区、江苏省残疾人社区康复示范点、江苏省优秀校外教育辅导站、江苏省示范农民工综合服务中心、南京市公共机构节能示范单位、南京市抗击新冠肺炎疫情先进单位等66项国家及省市区称号。

【经济发展】 2020年，街道完成一般性公共预算收入19028万元，固定资产投资12.5亿，社会商品零售总额31.72亿。企业复工复产。为消除疫情带来的经济影响，将企业损失降到最小化，街道主动出击，抽调精干力量组建27名复工复产指导员，开展"下沉式"服务，在疫情最严重的时期，实地到每个企业，协助解决好防疫物资储备、防疫工作方案制定、复工人员统计等实际问题，先后帮助企业解决问题143件，有力地推动企业复工复产。重点项目建设。年内，街道8个重点项目有序推进，王家湾朗诗绿色生态中心项目有重大突破，取得规划建设许可证，实现8幢建筑同时开工；科技部重点科技项目天仪中科院大视场生物成像分析仪研发平台项目通过科技部中期验收；骐谷科技创新产业园正式开园。招商引资工作：情况针对疫情期间招商人员无法外出、客商无法来宁考察的情况，街道开展线上产业招商对接行动，改"见面签"为"在线签""邮寄签"，保持招商服务热情不减。累计新增招商项目信息报送26条，签约项目总额完成10亿元，亿元以上签约项目完成1个。

【城建城管】 2020年，结合文明城市迎复审工作，抓好卫生环境整治，清理卫生死角、杂物垃圾1000余车。完成仙鹤门二号道路综合整治；投入10多万元，对6条背街小巷进行微整治，建立并规范7条背街小巷巷长管理制度。年内对擅自占用道路摆摊设点等问题进行立案执法，处理770起案件。强化控违拆违工作，在确保无新增违建的前提下，全年拆除各类存量违建3500平方米。老旧小区环境整治，完成钟麓花园5幢2.4万平方米的房屋出新。实行河长每月不少于2次河道巡查，发现问题23个，清理河面杂物垃圾9车次约17吨。对辖区800个停车泊位进行收费管理，贴单10000余张，与交警一大队、派出所建立3个网格联动机制，组织3次大规模演练。在城市综合执法工作站的基础上，开发"玄武湖街道智慧城管"APP，整合城管、安监、市场监管等手段，构建"巡、管、查、处"一体化城市治理新格局，街道多次在南京市城市长效管理综合考评中排名前列。投入95.5万元资金打造樱驼山庄垃圾分类精品示范点，探索"互联网+垃圾分类"模式，实现线上线下回收相结合，通过精品示范点以点带面，稳步推进全街垃圾分类推广工作。老旧小区加装电梯工作，取得施工许可证109个，施工79个，竣工75个，其中50个单元拿到财政补贴发放到位，11个租赁式电梯全部通过验收并交付使用。

【民生服务】 2020年，累计发放低保金等各类救济救助金271万余元，其中，低保102户125人，累计发放低保金1052394元；发放低保家庭退返垃圾费9480元；低保家庭物价补贴47362元；发放消费券15700元；特困人员春节慰问2700元；六类低保边缘户春节慰问金共计发放30000元；低保六类外边缘春节慰问金共计发放800元；大屠杀幸存者春节慰问发放900元，大屠杀幸存者生活补贴2000元；60年代精简老职工春节慰问发放4000元；"两节"走访慰问困难户354户，发放米、油等慰问品价值41050元；街道临时救助128人54490元；爱心援助协会端午节慰问困难群众（援疆物资）50人，价值10000元；因病支出型贫困家庭临时救助2户，救助金额9180元、医疗救助26837元。市慈总救助慰问低保大重病患者1人计3000元；区慈善总会"助残日"慰问困难残疾人7人9800元；"关爱老人工程"——助老低保家庭80岁以上低保老人6人6000元；为4户绝对贫困家庭帮扶救助价值20000元物品；慈善"一日捐"募集资金34.2万余元，街道爱心援助协会慈善募集20.7万余元。全年走访慰问困难残疾人69户，发放慰问金67150元。残疾人两项补贴累计发放金额1373281元。登记发放残疾人保险补贴103人、122140元。为81名有康复需求的残疾人适配辅具85件，为12名低视力残疾人发放盲人护理套装，新增贫困精神病患者免费服药1人，完成312人残疾证换证。完成信息数据动态更新计734人。年内，街道为2850位老人提供助餐、助医、助洁、助急等上门服务，对1524位享受尊老金的老人信息进行比对，确保尊老金发放准确无误。为41位经济困难的失能半失能、高龄老人家庭提供个性化的适老化改造。为11位重度失能的老人家庭通过政府购买服务的方式提供每年15天的喘息服务，帮助其家人从长年累月繁重的照护压力中得到及时的休息，达到减压和调节身心的作用。年内街道落实好7家园中园、1家托育机构各项防疫措施，全面收集0～3岁托育机构教职工、婴幼儿信息采集；对2579条信息逐一核对并将信息内容补充完整；在南京市一次性奖励平台完成对201名企业持证退休职工的公示、初审；5家社会组织参与南京市计生协项目申报工作。开展各类文体活动60余场；走访慰问退役军人316人次，电话慰问282人次。年内节日走访56名无军籍职工，发放价值33600元实物慰问品；发放伤残军人抚恤金1331373元；优抚对象慰问金60100元；烈士遗属春节慰问金33460元；两参专项慰问金156000元；发放60周岁以上农村籍退役人员生活补助33375元；发放无军籍职工工资共3813661元；优抚对象生活补助115085元；伤残军人补助94710元；两参人员补助43695元；下岗退役士兵补助57940元；优抚对象生活补贴54925元。完成部分退役士兵社保续接共158人。筹集适合退役士兵岗位5个。2020年，完成樱铁村小区港华燃气管液转换；解决宁栖园和园丁园居民的供水难题，让320户居民喝上干净的自来水；在樱驼花园社区建设残疾人之家，累计为残疾人服务200余次。街道承办玄武区第11届

7月8日，区市场监管局联合多部门在玄武湖菱洲生态乐园开展大型游乐设施困人应急救援演练 （史明静 摄）

“中国统计开放日”暨第七次全国人口普查宣传月活动启动仪式，选调439名普查指导员和普查员，完成建筑物标绘、普查小区划分、培训宣传、摸底入户、长短表录入、比对复查、行职业赋码等工作任务，分普查小区342个，标绘建筑物1982个，完成对35290户住户的摸底清查，登记人数89070人，行职业编码3987条。

【平安法治】 2020年，着重抓好社区网络化一体化建设，成立信访积案化解攻坚小组，定期对信访重点人员的诉求进行研究讨论，拿出解决问题的对策和思路，年内化解聚宝山小区业主与物业之间的矛盾、樱铁村小区出新、板仓电梯加装、仙鹤门地区失地农民生活困难等矛盾38件。街道有社区矫正人员在册34人，全年重新犯罪率为零。缓刑34人，重点人员5人。2020年以来入矫35人，解矫25人。做审前调查33人，入矫12人，全部严格按照规范制度进行管理，无不服从管理等现象。

【基层党建】 2020年，依托“学习强国”“微信群”等平台，督促党员做好习近平新时代中国特色社会主义思想等学习，扎实做好“不忘初心、牢记使命”主题教育学习，制定长效制度10个。成立工作小组，对10个社区进行谈话调研，新增社区后备干部13名，对37名后备干部采取老带新、因需施教、党务专业培训。发动党员参与疫情防控，组建43个党员义工服务队，全程参与社区疫情防控宣传、人员排查和12个老旧小区值班，在抗疫一线体现党员担当。组建思想网格员队伍，加大社区广场、宗教点等场所的舆情监控，提醒5人次。加大宣传力度，发布信息1000余条，新建宣传栏27个，制作宣传横幅3000余条。新成立非公企业9家，开展“两新”组织运行情况摸底排查，对金陵石化

等国企移交党员进行逐人上门核对，完成740余名国企党员移交。

【人才工作】 2020年，推荐14人参加区级高层次创业人才项目申报，2人入选区级，3人参加市级申报，1人入选市级；高层次人才企业火眼锐视获省“双软认证”资质；推荐1人申报省“双创计划”创业类申报并通过市级资格认定；推荐并入选中青年优秀人才1人；人才企业感深科技主导运营的极客众创空间入选省级孵化器；人才企业中科天文1个国家自然科学基金项目立项、入选省“333人才工程”项目1个、获省科学技术三等奖项目1个。推荐9家企业参加高新技术企业申报，其中7家入选省高企培育库，5家入选高企。参加南京创新周活动，邀请天光所所长朱永田、环科所所长赵克强作为重要嘉宾参加创新周开幕式；邀请2007年图灵奖获得者约瑟夫·斯发基斯教授和北美华人临床化学协会（NACCCA）候任主席王永强博士作为顶级创新大咖录制短视频；入围参展6个黑科技；举办2场创新周分场活动。骥谷、骐谷2个硅巷成功备案。

【安全生产】 2020年，街道与辖区生产经营单位签订责任状1390份，发放小区居民消防安全一封信2115份，应急演练10次，企业安全培训15家。开展安全月广场宣传活动、“小化工”专项检查、节日专项检查20余次，消除车享购二手车市场重大消防隐患、整改聚宝山社区居民楼消防瘫痪等问题。全年检查辖区生产经营单位623家，检查出一般隐患172处，重点隐患1处，整改完毕。约谈企业6家，整治飞线3561条，完成充电桩安装360组3418个插头，为辖区住宅单元投放灭火器1744个。

【特色党建全新打造】 2020年，对老彭工作室全新改造，打造安家落户、头雁振翅、固本强基和社会责任“四项工程”，突出党建引领和对党员的服务性。联合苏宁银河物业，在徐庄社区紫金东郡小区打造“红色·悦居”物业品牌项目，通过线上线下融合发展，打造红色平台、传递红色温暖、构建红色家园。建设“红领+千秋”党建阵地，围绕支部园地、红色讲坛、初心广场、心灵驿站四个方面进行打造，彻底解决非公企业党组织无活动场地的现状，服务于4个园区75家创新型企业和周边300余家非公企业，非公党建以“红领+千秋”党建阵地为核心，辐射“红领+高信”“红领+骐谷”“红领+骥谷”等园区党建，全面提升街道的非公企业党建水平。

【疫情防控】 2020年，街道落实好区委疫情防控指挥部的要求，实行机关干部下沉一线，重点部位工委委员专班蹲守，社区单元精密智控，创新设立“街道—社区—网格—微网格”四级防控体系，将街道77个网格细分为621个微网格，对13个无物业小区推行党建+单元“巷战”，800余名志愿者参战，做到人员底数清、情况变化清、名单比对清，严格管控好重点人员和卡口，牢牢把握疫情防控主动权，切实筑牢社区疫情“第一道防线”，紫金山庄涉外防疫工作受到省长吴政隆表扬。

·社　　区·

【板仓社区】 位于南京市区的东北角，南临紫金山，东接蒋王庙社区，西接玄武湖畔，和锁金村街道接壤，风景秀丽、地理位置优越。社区面积约2.7平方公里，地带狭长。社区现有居民小区18个，住宅楼94幢，总人口数6895人。社区党总支下设6个党支部，党员239人。社区内有中科院南京天文研制中心、南京市疾病预防控制中心金山医院、玄武区法院锁金村法庭、玄武区检察院、玄武区法院等30多家规模型企事业单位。2020年，社区党总支积极开展各类文化活动，组织元宵、端午、中秋、重阳等主题活动。建立4支志愿服务队，开展爱心帮扶、环境督查、治安维稳和文化建设等志愿服务50余次。在疫情防控工作中，针对板仓街55号、板仓街194号、板仓街206号等7个无物业小区，设置“党员先锋岗”24小时值班，街道干部、社工及志愿者每日安排人员轮流值班，同时进行防疫宣传。在文明城市创建中，推动党员带头参与，整合社会组织和驻区单位党建力量，获得文明城市创建“优秀单位”称号。社区通过党建引领社区治理，社区党组织影响力、向心力和凝聚力得到进一步加强。

【花园路社区】 东临华新西路，西临南京林业大学，南至花园路8号(南京环保创业园)，北至玄武大道。社区面积约1平方公里，花园路主干道横贯其中。社区有17个居民小区，居民楼96幢，总人口9675人。辖区内有南京长途汽车东站、先声再康药业有限公司等9家大型企事业单位，花园8号创业园和花园路11号千秋意境2个园区。社区新增2各党支部，国企退休党员全面归入社区，社区党总支下设8个党支部，党员316名。2020年，社区以贴心、暖心、爱心、聚心"四心"为抓手，打造"连心花园"品牌项目，创建"共建共享型"幸福社区。结合重大节日开展10余场次特色广场活动，将居民从小家引入社区大家，凝聚人心。打造"3+3"区域党建模式，定期召开辖区单位党组织联席会、座谈会、签订共建协议，引导辖区单位积极参与社区治理。在社区治理中，坚持以社区党建为引领，积极探索搭建社区自治平台，实行了"六位一体"的社区治理模式。花园路70号樱驼山庄成为南京市垃圾分类试点小区，社区以"废物利用，变废为宝"的设计理念打造垃圾分类宣传阵地，成为省级达标小区。疫情期间，花园路社区多举措开展疫情防控工作，确保人民群众生命安全和身体健康。第七次全国人口普查工作，按时保质保量完成，无一例错登错录。年内社区重点打造新时代文明实践站，设有8个实践点，6大服务平台，6支志愿队伍，每个服务平台每月至少开展1次文明实践活动。打造"花样年华"特色志愿者服务队，以"丰富老年生活、协助社区管理、服务辖区民众"为服务宗旨，不断发挥扶老爱幼、互助交流、文体康乐、邻里促谐等方面的积极作用。

【东方城社区】 东方城社区位于风景秀丽的紫金山下，南依紫金山，北靠312国道，东邻岔路口，西沿宁栖路至经五立交桥，社区环境优美、治安良好。社区面积约1.3平方公里，现有居民小区5个，社区总户数3318户，总人口8759人。社区党总支下设10个支部，党员361人。2020年，社区党总支巩固深化"不忘初心、牢记使命"主题教育成果，强化党建引领，带领社区党员为社区和谐发展提供坚强的组织保障。在疫情防控工作中，社区党总支带领全体成员坚守在疫情防控一线，开展宣传引导，重点人员排查，有效地维护了辖区居民的健康安全。在垃圾分类工作中，社区牵头，组织机关干部、"两委"成员、社工轮流当志愿者，指导垃圾分类工作，并协调解决突出的矛盾；组织社区党员志愿者开展"守亭"行动，进一步发挥警示教育和劝阻引导工作。在文明城市创建中，通过"三会一课"、主题党日活动进一步强化党员创建意识和责任意识，推动党员带头参与，提升创建参与率；整合结对党支部和驻区单位党建力量，形成创建全国文明城市工作合力；社区组建以党员为主体的"文创"巡察队，劝导不文明行为，引导社区居民自觉投身文明城市创建工作中来，创造干净整洁的宜居环境。2020年，社区获创建文明城市优秀单位称号。

【樱驼花园社区】 位于紫金山北麓，东临经五立交桥西南角，南邻宁栖公路，西有华新西路，北毗312国道。社区共有13个院落，社区面积约0.32平方公里，常住人口7890人。社区党委下设17个党支部，党员667

12月30日，在玄武老年书画协会会长朱鼎川的带领下，10余名协会老干部来到徐庄社区开展写春联送祝福活动 (玄武湖街道 供图)

名。2020年，切实履行工作职责，在疫情防控、文明创建、第七次全国人口普查、垃圾分类等重大工作中，社区党员积极开展志愿服务，针对樱驼花园小区原爱特物业履职不力的情况，顺利引进城建集团百子物业，使小区整体面貌得到改观，申请市级红色物业项目评审，采用交叉任职等方式，打造服务型社区党组织，较好化解居民矛盾；在垃圾分类工作中，积极发挥社会组织、社区党员、社区网格员"三社联动"作用，有效推进社区垃圾分类工作。年内，由于国企党员社会化移交工作，社区接收党员403人，有党员667人，新增党支部8个，交接过程中社区积极与金陵石化等国企进行沟通协商，不仅做好移交工作，顺利组建新一届社区党组织班子。2020年，社区获2020年度玄武区总工会"先进职工之家"、玄武区优秀志愿服务社区、南京市消协系统先进集体、江苏省文明社区等称号。

【蒋王庙社区】 建于1992年6月，南靠宁栖路，西临312国道，北与华新西路连接。社区内有中国医学科学院皮肤病医院、国家环保总局南京环科所等14家机关、企事业单位。社区面积约0.85平方公里。社区由钟山山庄、宁栖园、园丁园、南空四站宿舍区、皮研所宿舍区、环科所宿舍区等9个小区组成。总户数2183户，常住人口6378人，住宅楼60幢。2020年，社区党总支落实好基层党组织三会一课制度，及时总结党建工作，对重大事情党总支研究决定，在疫情防控、文明城创建、垃圾分类、人口普查等重大工作中表现突出，积极发挥党组织战斗堡垒和党员先锋模范作用，取得较好的成绩。社区以党建为核心，积极探索矛盾化解机制，对老旧小区钟山山庄消防通道扩宽，钟山山庄9幢一层改造，宁栖园和园丁园小区二次供水泵房费用问题等与矛盾纠纷问题，利用为民办实事项目，结合社区居民论坛的方式，为居民搭建沟通的桥梁，有效化解各纠纷矛盾，得到居民的认可和好评。

【樱铁村社区】 东与经五立交相邻，南至樱驼花园社区，西到长途汽车东站，北至玄武大道。位于紫金山脚下，玄武湖畔，紧邻312国道。社区面积约0.6平方公里，有居民楼38幢，2173户家庭，5113名居民。社区党总支下设7个支部，党员190人。2020年，社区秉承"以人为本、服务居民"的工作理念，以党建为龙头，努力加强居民自治建设，合心合力做好社区综合治理、文化教育、计划生育、环境卫生、社会保障等方面工作。围绕疫情防控、爱国卫生月、文明城市创建、百日攻坚、人口普查开展各类党建主题活动10余场，让居民充分体会到获得感、幸福感、安全感。强化社工队伍建设，每月至少召开1次工作例会，不断提高社工的专业素质及为民服务能力，强化基础工作。结合社区实际发展本土文化，根据居民需求设立了一批特色志愿服务队伍，组建"老铁"志愿者服务队40人，为小区提供环境卫生整治、解决邻里矛盾、平安巡逻，看望空巢老人及文体活动等志愿服务，不断丰富社区居民的业余文化生活，努力打造和谐、整洁、安定的小区文化氛围，创建"幸福樱铁人"系列品牌。

【聚宝山社区】 成立于2010年1月，社区面积约3.5平方公里，东以绕城公路为界，南以紫金山为界与栖霞马群接壤，北与朝阳山红山街道、栖霞尧化门街道为邻。社区有总户数3834户，常住人口9526人，户籍人口5945人。社区内有解放军理工大学聚宝山校区、南京94736部队、聚宝山公园、北京东路小学阳光分校、北京东路小学附属阳光幼儿园等单位40家。社区办公用房620平方米，社工11人。社区党总支下设6个支部，有党员213人。

2020年，以"共建、共治、共享"为理念，共建共治，以多元化主体的参与和协同推进工作新格局，打造"@聚宝"品牌项目，以用好为民办实事专项服务资金为契机，在"学雷锋"、扫黑除恶、"不忘初心、牢记使命"主题教育中开展各类党建主题活动与便民住院活动，全年开展特色活动10余场，体现了"爱"在聚宝的内涵，形成"爱"在聚宝的良好氛围。强化社工队伍建设，每月至少召开1次工作例会，为社工"充电"，不断提高社工的专业素质及为民服务能力，开展网格化治理工作，11名社工中共有6名党员，在党建引领下的网格化治理中发挥能吃苦、勇担当的积极作用。坚持开展常态化志愿服务模式，"足尖上的平安"志愿服务队逐步吸纳辖区热心居民，队伍日渐壮大且规范，以"学雷锋主题月"为抓手，组织安排"一月一主题"志愿活动，每日一巡逻的常态化巡查，充分发挥志愿者先锋作用。

【徐庄社区】 位于徐庄高新产业园内，2018年8月正式成立，有紫金东郡、紫气钟山、紫气路9号3个小区约2760户，人口约10000人。社区党总支下设3个党支部，有93名党员。社区依托网格，推行党员示范责任区，努力打造一个党员一面旗帜，开启党群同心、行动同向、网格同行、党建同步的新模式。2020年，疫情期间，全力做好新型冠状病毒疫情防控工作，严防死守温情服务。疫情期间管理74户105人，集中隔离20户28人，居家隔离33户52人，境外归宁人员22户30人。社区坚持党建引领，发挥党群合力，在文明城创建、人口普查、垃圾分类、红色物业大项工作中，发挥先进骨干党员的辐射作用，有"向阳花·红色悦居"红色物业、紫金东郡小区垃圾分类、紫气钟山苑小区垃圾分类三个省级示范。"向阳花·红色悦居"是徐庄社区"红色物业"示范品牌，通过强化社区党组织统领作用，实现了基层党建与社区治理同频共振。2020年10月中旬，社区入驻办公用房，社区居民孙浩然携手江苏宁谊文化实业有限公司向社区"青苗书吧"捐赠200本幼儿书籍，为建设书香徐庄探索一条公益、共建、共创的社区文化生活新模式。社区紫韵艺术团赴澳门演出，获优秀团体奖，并在《2021年南京电视台旗袍·诗歌春晚》选拔过程中取得优异成绩。社区开展"社区春晚""军民一家亲，端午浓情满""红色华诞，不忘初心"广场活动、"走向最可爱的人"相亲活动、"峥嵘七十载，共筑中国梦"民族大联欢、观看优秀国产电影《我和我的祖国》、志愿服务走进养老院、"喜迎中秋庆国庆，同心同缘汇徐庄"金秋纳凉晚会、"红领·同心缘"联学联建等上百场共建活动。不断将共建模式推向更高起点，共建成果惠及居民群众。

【仙居雅苑社区】 位于紫金山东脚下，是典型的以被征地农民为主体的经济适用房小区，东至紫东实验学校，南至仙鹤门3号路，西临宁芜铁路，北至玄武大道，社区面积约2.1平方公里，有居民楼幢116幢。社区户数3734户，总人口9763人，有专职社工13人。社区党委下设5个支部，有党员188人。2020年，社区坚持以服务居民为宗旨，以"热心办实事、真心换民心"为工作出发点和落脚点，紧紧围绕"强信心、聚民心、暖人心、筑同心"使命任务，疫情期间组建联防联控队伍，实施网格化、地毯式管理，落实居家隔离服务，以高度负责的态度投身到抗疫斗争中，织密织牢疫情防控的"守护网"，全力保障辖区居民生命安全。为促进社区环境全面改善，建设美好家园，在玄武湖街道、仙鹤门管委会、城管、物业等各方支持和配合下，清杂物、拆违建、整治飞线充电、规范非机动车停放，有力推进了各项环境整治行动，并获得"创建文明城市优秀单位"荣誉称号。积极开展"垃圾分类知多少"主题宣传讲座、垃圾分类广场活动、垃圾分类趣味游戏等丰富多彩的宣传活动和志愿服务，将文明新风送入千家万户，不断增强社区居民的获得感、幸福感和归属感。

【仙鹤门社区】 是玄武区最大的自建型经济适用房社区，东与栖霞区仙林街道接壤，南邻仙林大道，西接宁芜铁路，北与仙居雅苑社区相邻。社区由仙居花园、仙鹤茗苑、骋望云邸、奥克斯钟山府4个小区组成，社区面积约2.7平方公里。社区总人口10412人，常住人口6142人，社区有社工13人。疫情期间，建立4个党员先锋岗，80多名党员参加防疫工作，登记外来人口5810人；居家隔离4100多人；集中隔离42人，其中外国人16人，未发生1例疑似或感染者。7月，暴雨突袭紫东地区，造成百水河上游倒灌到小区，确保11个单元22户人家安全。《南京日报》、交汇新闻等多家媒体报道社区防疫抗洪先进典型，获优秀基层党组织称号。全年各类纠纷调解21例，其中2个案例被区信访评金典案例。文明城市创建清拖杂物垃圾100余吨，拆违42处，清理地下室82个，楼道330个。建非机动车位50余个，装充电桩45个，剪除劝阻飞线充电180余根。共普查人口1.3万人，以“区域党建共赢，和谐社区共建”为抓手，与十三家单位结成党建联盟单位，召开民生服务和社区建设项目相亲会，共认领项目26个。举办社区活动40余场次，帮扶困难居民165余户，帮扶资金10余万元，社区建设款物10余万元，接受捐款物8万元。用好用足为民专项服务资金22万元。举办邻里节表彰文明家庭、和谐家庭20户，举办多场次文化演出；制作四处文化墙、三个文化楼道，强化红色文化符号。开展“沧桑巨变仙鹤门”为主题的群众故事会。2020年，仙鹤门社区卫生服务中心被评为省残疾人社区康复示范点。

·驻街园区·

【朗诗绿色生态中心】 2020年实际动工，打造国内首屈一指的生态总部基地。王家湾地块2011年物流业退出，通过低效用地再开发程序之后，历经10年终于“大破大立”，实现华丽转身。建成后，将引进朗诗地产总部、朗诗绿色生态总部、朗诗家总部、市交通产业集团总部等，充分发挥总部经济集聚效应，打造南京主城区东部高端商务商贸“新地标”。

【骐谷科创园】 是街道利用自有低效载体转型打造的高科技园区，以信息安全与技术为核心产业发展方向，采取“政府扶持、企业推动+自主创新”的建设模式，着力打造一批“专精特新”的网络安全企业，逐步形成玄武新型产业重点集聚区。目前，紫光恒越、江西电建、广东粤信等上市企业已入驻经营，省信息网络安全协会“网络安全人才培训基地”已挂牌办公，中国工程院院士倪光南、郑建华、沈昌祥等明确表示将会联盟助力，预计到2021年底，园区将迎来满负荷运行。

【骥谷科创园】 位于蒋王庙4号，园区由玄武湖街道和南京视觉与网络智能技术研究院共同建设，园区专注于计算机视觉和网络安全领域的机器学习和人工智能应用技术，依托北邮网络与交换技术国家重点实验室和移动互联网安全技术国家工程实验室两个国家级科研平台，利用平台在智能科学技术基础研究和关键技术两个方面的长期积累和优势，构建面向江苏和长三角地区优势产业、军民融合的技术成果产品化体系，建立技术应用推广、企业孵化和人才培养平台，孵化引进相关领域的高成长性企业。在产业定位上，聚焦物联网、智能安防、大数据、云计算、5G网络等行业，以推进先进科技与产业融合为目标，打造集产业链、创新链、资金链、人才链、服务链于一体的资本协同创新平台，引领地方经济快速健康发展。以新型城市聚集区为重点打造尖端科技产业创新新城，大力培育科技创新型企业，提升企业核心创新能力，推动产业形成集聚规模。以特色产业为依托创建科技成果应用型新城建设，推动科技与产业深度融合，培育新模式、新应用、新业态，促进产业提质增效和转型升级，打造产业与资本市场融合发展的多轮驱动方式，助力地方经济及企业又好又快发展。已引进深圳市小兵智能科技有限公司（南京中心）、泛捷供应链（南京中心）、南京投石科技有限公司、南京人间幻象智能科技有限公司等11家高端创新型企业。预计到2022年，孵化一批企业，成长一批企业，并至少通过3家高新技术企业审批。

【南京环保科技创业中心】 2007年11月，高信环保公司开始投资改造江苏省新华书店集团有限公司位于玄武区花园路8号的发行和物流中心，建设集软件开发、环保检测系统设计、环境评价咨询及提供相关软硬件服务和支持的都市产业园。园区占地面积16000平方米，建筑物总面积31000平方米，总投资3300万元，入驻企业75家，注册资金达3亿元，从业人员1327人。创业中心共四幢创业楼：一号楼总面积15000平方米，作为专业环保类科技企业研发、设计、环保类产品检测平台、企业产品展示、环保知识宣传等办公用房；二号楼总面积10000平方米，作为餐饮、娱乐、办公场所；三号楼总面积4500平方米，作为入驻企业商务洽谈、商务宾馆、员工食堂等公共配套设施；四号楼总面积1000平方米，作为风险投资公司（种子基金）、法律事务所、会计师事务所、质量认证咨询管理、物业管理公司办公用房，整体规划充分体现生态、科技、健康三大特色。经过几年努力，创业中心先后被评为江苏省科技创业孵化器、南京市都市产业园、南京市现代服务业集聚园区等荣誉称号。2020年，创业中心上缴税收3145万元。

【南京千秋艺境文创园】 位于玄武区花园路11号（原南京森林警察学院），2013年10月开始打造，2014年10月对外招租。园区占地面积约30000平方米，总建筑面积43000平方米。园区分为1号楼和2号楼，1号楼建筑面积19000平方米，办公面积从100—3000平方米不等，园区有咖啡馆、小剧场、青年公寓、足球场等个性配套。2号楼总建筑面积24000平方米，主要用于商务办公、培训、创意展示等。园区根据"创意产业化、产业创意化"的发展理念，结合老校区的自身条件，以文创教育、创意文化为主要功能，提供创业、各类培训、手工作坊、花园办公，以及商务接待等主要服务内容。同时以文化创意为核心，兼容教育以及文化艺术产品的经营和消费体验，通过设计聚合平台、创新商务平台、公共服务平台、时尚展示平台四大平台的构建，将"千秋艺境"打造成为集生态商务、时尚休闲、艺术内涵于一体的文创产业园区，成为带动城市发展活力的引擎。2020年，文创园实现税收超过2000万元。

（唐杰祥）

红山街道

·街道工作·

【概况】 街道位于玄武区东北部，面积7.16平方公里，下辖10个社区，常住人口8.2万人。现有机关干部66人，员额社工112人，协管员74人。2013年，铁北红山新城建设正式启动，核心开发区域2.13平方公里，以"一心两翼三基点"的规划定位，打造产城融合玄武新中心。2020年，街道发展呈现三个新特点。环境面貌新。街道在南京火车站、小红山客运站两大交通枢纽基础之上，陆续新建（扩建）27条道路，4条地铁线贯穿新城，覆盖8个站点，形成"四纵三横"的城市交通路网，打造通往全国的"商务走廊"。发展规划新。新城依托农场山、红山森林动物园、石景山公园等资源，以"一带两廊三园"的空间布局，引进中科软、星河、宝龙、复星等大量优质企业，打造全省城市现代化建设的创新区和标志区。干部队伍新。在区委、区政府的关心支持下，经过培养提拔、交流调任等，干部队伍结构变化较大，创新创业活力显著增强。街道现有领导班子平均年龄44.6岁，科长41.8岁，社区书记37.4岁，学历在大学及以上占比100%。打造江苏省"扫黄打非"示范点、示范标兵，南京市幸福家庭建设示范街道；红山公园社区被评为全国社区服务先进社区，紫金小营社区被评为全国综合减灾示范社区，尚大姐工作室被评为南京市创建全国禁毒城市示范点；年内，紫藤苑、红山路190号小区、向阳花工作室、"艺指独秀"工作坊、公共法律服务中心多次迎来国家、省市各级领导调研考察。

【经济发展】 2020年，街道承担重大项目获奖14个，总量位列全区第一，其中市重大项目4个，占全区总数44%。各项经济指标稳中有进，内资使用全年目标45亿元，实际累计完成66.7亿元；提前完成签约项目和总额全年目标；外资到账金额全年目标1亿美元，完成1.7亿美元。街道承担重大项目14个，实际完成投资74亿元，其中，铁北数码港项目住宅ABC地块达到销售需求；铁北创新产业总部经济示范园项目营销中心精装完成；铁北创新孵化集群项目产业一期竣工，产业二期竣工验收；10月28日，星河产业园正式开园，住宅一期室内装修施工，住宅二期即将封顶；红山国际社区项目B地块方案单独报规通过专家会，2021年年初实现开工；南京玄武之光项目，总承包单位招标完成，成功申报省重大项目。围绕服务好重大项目，促进"四新"行动，打造环红山消费联盟，举办多场新消费主题活动。成功引入中科软南京公司，获得市级总部企业认定，推动辖区内东华产业园获得南京市首家都市工业园区挂牌，累计引进10余家注册千万元以上企业。街道经济指标由主要依靠汽车制造和房地产逐步向高端商务商贸、科

1月7日，市委考核组调研考察红山街道紫金小营社区党建工作
（吴　磊　摄）

技研发和文旅体验等业态转型，成功引入深创投、趣链科技、复星医药、中科软、铁塔集团等企业，依托土地挂牌，全面加强政企合作。通过签订投资建设协议及托底协议，压实摘牌单位后续的招商责任，联合摘牌单位年度开展2场大型及若干场中小型招商推介活动，结合产业布局，充分利用各类优惠政策招商引商，实现企业招得进、落得稳、留得住。

【民生服务】　2020年，街道把疫情防控作为民生工作的头等大事，一级响应期间，利用大数据对辖区人员做到应查尽查，核酸检测应检尽检，并持续做好疫情防控常态化工作。医学隔离点好悦中医院接收处置2650人，集中隔离点桔子酒店接收422人，玄武集中采样点新庄国展中心累计采样4277人次。推动“民医联盟”品牌工作，成立10个社区站点，服务8697人次，一级响应期间为135名重点照护老人提供送餐、助医服务。全年新增城镇就业1987人，实现再就业532人，培育自主创业者419人，创业带动就业2200人，实现小额担保贷款90万元。帮助劳动者追讨工资375万元，实现劳动监察群众举报结案率100%。全年发放社会保障费用100余万元，救助托底费用250余万元；组织大型文化体育活动3场，参与群众1000余人，发放各类宣传资料2000余份；采集退役军人信息2415条，发放各类补贴115余万元，办理社会保险接续237人；加大社会养老投入，新增养老机构床位数235张，养老中心面积位在全区前列，居家中心、中心厨房和新增老年人日间照料中心全区排名第一。有银城养老院、幸福颐养养老院、国悦养老院3家AAA级机构养老服务中心，其中幸福颐养养老院是医养结合、智慧养老融合的高档综合养老机构。按照区委、区政府及区人普办工作要求，做好人口普查工作组织领导，加强普查人员培训，提高人员实际操作水平，制定严密措施，严格控制普查质量，11月，代表玄武区迎接市人普办的抽查，取得零差错的优异成绩。实现服务保障体系信息动态化管理，全力推进街道、社区退役军人服务站点提档升级。清明节前夕为缅怀革命先烈，进一步弘扬英烈精神，街道退役军人服务站组织街道走访慰问抗美援朝退役军人2人，为1名退役老兵颁发荣誉勋章。社区开展网上祭扫活动。年内组织对困难优抚对象、立功受奖人员送慰问金、送节礼活动。

【城建城管】　2020年，推进精细化城市管理。严厉打击占道行为，整治占道经营547处，对机动车违停处罚1.3万辆次；联合交管部门清理僵尸车42辆、有序摆放、搬移共享单车约4000余辆，有效维护道路交通环境。年内拆除违章建筑22处，面积4402平方米，确保新违建零增长，老违建逐步拆除任务目标完成；拆除违规、破损门头店招67处；规范店招店牌（整改店招缺字）等350处，整治工地围挡15处，有效地提升辖区整体环境。文明城市创建期间，街道全员参与，全面清除各类招贴广告，清理卫生死角，铲除违规菜地约1.8万平方米，多次组织联合整治，在文明城市国查期间，检查组给予小营农贸市场、紫金墨香苑、月香路和华跃路4个点位充分肯定，并被推荐为南京市创建文明城市优秀单位。截至年底招标118个垃圾分类亭房，完成选址102个（含非标准尺寸），安装亭房97个，通电使用亭房95个（89个亭6个房），完工率80.51%。聘用垃圾分类指导员120名，有效推进垃圾分类工作的落实。持续开展污染整治。集中整治老城区餐饮门面房，北苑小区所有餐饮店均安装油烟净化器，完成6家100平方米以上规模餐饮油烟在线监控设施的安装。对3家“散乱污”企业中2家进行搬迁，另1家停业。对辖区内21个工地进行扬尘管控，全部规范建立绿色围挡。认真落实河长制，河长巡河达标率100%，动员物业、沿河单位等社会力量加入河岸垃圾清理工作中，每月落实专项整治岸边菜地，实施清除行动，实现河道红线无私占乱种目标。

【平安法治】 2020年，10个社区94名网格员依托“大数据+网格化+铁脚板”模式，将城管、安监、市场监管、物业等部门纳入网格中，建立街道三级责任人网格表，实现“入网入格入户”确保辖区管理一网尽。开展安全生产整治活动，建立健全安全生产责任和应急体系，对企业主体信息进行信息化管理，充分利用社会治理一体化平台和应急管理181系统，对辖区2000余家企业建档标注，企业主体责任状签定率100%。加强“飞线充电”的巡查治理，安装424组设施，4464个插头，实现50个小区充电桩全覆盖；区域安全稳定，联合执法清理家庭棋牌室，取缔无证家庭棋牌室13家，关停棋牌室4家，收缴麻将机15台，关停足疗场所9所，破获辖区场所组织卖淫案件1起。街道司法所以“枫桥经验”为标准，有力化解“乐伽公寓房东房客纠纷”“中海地产与业主房屋质量纠纷”等涉及数百人的重大矛盾多起，直接调处纠纷800余件，成功调解700余件。

【基层党建】 规范党内政治生活。红山街道党工委严格落实“支部建在网格上”的要求，完成网格支部的建设工作。在区委的带领下，街道群团组织今年开展各类“统一行动日”志愿服务活动30余场。在党工委的领导下，群团组织建立疫情防控和文明城市创建志愿服务队伍12支，助推疫情防控工作胜利和经济社会发展取得“双胜利”。支持鼓励“90”后年轻干部参加“薪火”训练营培训班以及其他业务部门举办的专业培训几十场。组织机关干部参与科级干部竞岗，2020年，街道5人走上科长岗位。组织社区书记、副书记和后备力量轮岗交流，使得社区干部队伍结构更加年轻化和多元化。提档升级“两新”党建阵地。对“两新”党建阵地红领常发党建先锋号、曹后社区党建阵地“五微服务”、星河领创天下产业园党建展厅等进行提档升级。以“红领·星河”“红领·德阳”“红领·合诺”3个非公企业党建阵地撬动“两新”党组织服务效能，让党建服务覆盖更多的企业，挖掘“两新”党组织服务自我、服务党员、服务社会潜能，接近半数的非公企业党组织建立活动阵地。在防疫期间，阵地集聚近百名志愿者助推企业复工复产，捐赠物资120余万元，筑成非公企业的防疫站线。提升区域化党建工作效能。充分发挥“两代表一委员”和新社会阶层人士的作用，与驻区3家部队签订军政共建协议、与驻区7家大单位达成共建联盟，构建网状结构，推动常态化互联互通。抓牢意识形态领域。组织党员冬训，培养宣讲员队伍，挖掘“草根名嘴”，创新宣讲形式，推广“思享五分钟”宣讲活动。加强信息公开建设，政务、党务信息应公开尽公开、应公开早公开。在新闻联播播出辖区党员盛赞党风、政风新变化的视频；在南京电台城市频道开设“幸福红山”专题，展示红山党建特色和为民服务亮点。全年在“学习强国”、《新华日报》等各级重点媒体集中报道200余次，其中学习强国采纳刊发8篇

【人才工作】 2020年，街道组织参加申报省双创申报1人，进入市级面试、市创新型企业家申报人数5人、上半年摸排市高层次创业人才申报人数18人，有10人进入综合技术评审，4人入选区级。年内，街道举办各类高层次人才创业交流活动5场，实现党帮党带人才创业辅导，跟进人才项目申报，吸纳人才效力红山地区。

【铁北红山新城潜力释放】 5月22日上午，为响应市、区“四新”行动，加快推动消费回补和潜力释放，“助力新消费·建设新

红山”铁北红山新城新消费行动启动仪式在东华红山汽车生活广场成功举行。活动由区商务局、工商联及区新阶层人士联合会、红山街道联合主办。区委常委、统战部部长朱天龙，区政府副区长张杰，省侨商总会副会长马明，市侨商联合会常务副会长解宁生，东华汽车实业总经理杨怀景，常发地产总裁高宇阳，红山动物园副园长傅兆水以及各主办单位主要负责人，区相关商会负责人，新阶层人士，街道防疫一线人员，以及相关媒体和市民代表参加。铁北红山新城管委会主任、红山街道党工委书记唐承武在致辞中表示，铁北红山新城将按照“一带两廊三园”的整体规划，打造“高端文化游乐+新型知识社区”城市区域中心。红山街道与东华汽车生活广场、常发广场、红山动物园签订《环红山新消费圈资源共享合作协议》，3家企业分别发布相关优惠政策。汽车生活广场将开展“爱心优惠购”“清凉一夏用车特惠季”等活动。常发广场、红山动物园也将推出消费满减、周五门票半价等系列优惠行动，可谓干货满满，实惠多多。红山街道按照市委和区委的统一部署，深入推进“四新”行动计划落细落实，不断培育壮大消费增长新动能，助力全区经济高质量发展。

·社　　区·

【北苑社区】 社区面积约1.14平方公里，户籍数3499户，总人口10468人，社区党委下设7个楼幢支部，社区党员314人。其中，预备党员1人，社工党员3人。居民主要由当地拆迁失地农民和华飞、南汽、网板等公司职工及家属、部分商品房居民组成，属老旧小区和商品房混合居住型社区。社区坚持以打造“幸福、和谐、文明”社区为宗旨，充分发挥党建引领作用，依托“红星闪闪”党员设岗定责园地，实实在在地为居民群众解难题、办好事。2020年，社区在“七一”党的生日，整合辖区社会资源，携手社会组织南京市玄武区三六零社会工作事务所，发动驻区大党委单位、社区党员义工、银龄管家、网格志愿者力量，共同举办“不忘初心志愿行、为民服务暖人心”便民广场活动，为辖区广大居民群众提供各类丰富多彩的便民志愿服务，以进一步激励党员“树形象、展风采”，凝聚自治力量，为有需要的居民群众提供力所能及的关爱与帮助。活动为居民群众带来珠宝鉴定、眼镜清洗、义诊服务、手机贴膜、法律咨询、房地产咨询、理发、补鞋、修伞、磨刀、垃圾分类等16项公益服务，让居民群众实实在在获得实惠，让党员红色力量真正地发挥出来。

【月苑社区】 建于1988年。社区由11个自然小区组成，有83幢楼房。东至经五路，南与藤子村、南汽厂区相邻，西至北苑东路，北至营苑南路，社区面积约1.6平方公里，属拆迁安置房、商品房型社区，月苑社区党委，下设7个党支部；有居民住户4382户，常住人口12456人，户籍人口3429户籍人数9510。流动人口2946人。社区呈现“五多一低”的特点：即低收入人员多、老年人口多、下岗失业人员多、监所释放人员多、残疾人多和居民文化水平低。社区办公用房1000平方米。建有文化信息共享工程室，图书室，居家养老服务站、世代服务室、何婷工作室、社区服务(志愿者服务)站、综合会议室、宣传橱窗、宣传栏、居务公开栏等。月苑社区以打造“和谐文明社区”为宗旨，充分体现“以人为本”的服务理念，发挥社区工作人员的创造性，努力为居民提供满意的服务。11月27日，社区在人流量大的体育广场开展禁毒宣传活动。社区工作人员向居民讲解《江苏省禁毒条例宣传手册》和《全国毒品预防教育读本——进家庭》等相关宣传小册，使广大居民认清毒品对个人、家庭、社会的危害，了解如何识别毒品、拒绝毒品等方面知识，并告诫广大居民朋友要谨慎交朋友、不要进入治安复杂的场所。要有警觉戒备认识，提高对诱惑的警惕性，采取坚决拒绝的态度，不要轻信谎言，如不轻易和生人搭讪，不接受陌生人提供的香烟和饮料及食品；出入娱乐场所，尽量少喝里面提供的饮料等。

【墨香山庄社区】 东临农场山，南临月香路，西临墨香路，北临栖霞区兴卫村。社区面积约54万平方米。其中经济适用房小区36万平方米，商品房小区18万平方米，由经济适用房，包括修贤苑、尚贤苑、近贤苑3个小区及1个墨香山庄商品房小区组成。有113幢,居民7041户,常住人口16528,户籍人口10137人,市内寄住人口4012人,流动人口2343人,社区低保户85户,老龄人口2083人,残疾人199人,党员344名,社区工作人员15名。社区服务项目涵盖社区党建、社区综合治理、计生服务、劳动保障、社会救助、安全生产、环境卫生等。2020年,社区积极投入到抗击新冠肺炎、文明城市创建及第七届全国人口普查及南京市垃圾分类工作。为进一步推动社区文化建设,丰富社区居民的文化生活,为广大诗词书画爱好者提供一个交流的平台。1月18日上午,玄武区诗词学会墨香诗社、墨香书画社成立大会在社区会议室举办,玄武区诗词学会会长丁小禾、副会长李四新、常务副会长朱殿根等领导参加了此次活动。会上,成贤诗社、鸡鸣诗社、锁金诗社、梅园诗社纷纷上台致贺诗贺词并带来文艺演出节目。

【营苑社区】 组建于1997年3月,1998年3月正式挂牌,位于营苑南路以北,东以经五路,西以北苑东路,北与栖霞区接壤为界。辖区内含营苑东村、营苑西村、营苑新寓、祥和佳园4个自然小区。社区面积约0.4公里,有居民住宅楼68幢,社区办公用房面积560平方米,常住人口9226人,户籍户数2977户,户籍人口7564人,流动人口2882人,残疾人107人、低保户24户33人。社区党委设有5个支部,计258名党员。社区内有红山街道办事处、红山卫生院、苏果超市、大贺赛思集团、晶晶幼儿园、月苑农贸市场等单位。9月28日,在营苑新寓广场,由社区主办、市城市老年服务中心承办"中秋明月当空挂　营苑团圆迎国庆"广场活动举行。

【曹后社区】 始建于2000年6月,南以红山南路中间为界,西南均与原红山社区相邻,东起红山南路路口,紧依沪宁铁路线呈东西走向,北与红山森林公园、红山公园社区相邻,社区面积约0.24平方公里,属城区新型社区。社区办公用房位于红山南路51号,办公用房面积540平方米,社区工作人员11人,社区有8个住宅小区,住宅楼91幢,有户籍人数2599户、6512余人。社区党委设有8个党支部,党员275人。6月10日,社区同区市场监督管理局红山分局、街道安监办、莲花物业公司,在凤凰和山园小区开展"安全生产月"消防应急演练活动。活动主要包括消防知识讲解、现场灭火、灭火器使用、电梯模拟逃生四个方面内容。

【红山公园社区】 位于红山路157号-1,毗邻红山(古名大壮观山),成立于2000年4月,社区面积约1.5平方公里,东至东华培训中心,南至新华书店,西至红山森林动物园东大门,北至玄武公安分局。现常住人口10388人,总户数3919户,户籍人口6032人,外来人口4356人。社区党委下设10个党支部,党员444名。社区内有18个居民小区,106幢住宅楼;有江苏省建筑材料检测中心有限公司、南京市质检院、红山森林动物园、南汽研究院、东华培训学校、南京兵工物资学校、江苏天泓4S店及玄武公安分局等单位。社区以"四季党建"为品牌,坚持以党建为引领,通过开展四色服务,扮靓四季公园。2020年,疫情防控工作开展以来,全面加强社区无物业小区疫情防控工作,实施小区封闭式管理。红山公园社区党委组织机关干部、网格员、党员志愿者对无物业管理的小区实行24小时值守,社区对无物业小区采取"大扎口"的工作模式,红景路上涉及小区8个,将其他小路封闭,只在红景路两头出入口各设置一个防控点,将8个小区千余户居民全部覆盖进去。

【阳光嘉园社区】 创建于2005年4月,社区办公地址为黑墨营98号南会所二楼。社区由阳光嘉园和中电颐和家园二期2个小区组成。有多层和高层住宅楼46幢,住户2271户,老人1581人,常住人口6426人,残疾人29人,无低保户。社区党委设有5个支部,计240名党员。2020年,为确保全国人口普查工作的顺利开展,保质保量地完成第七次全国人口普查工作,全面提高社区普查员的业务水平,9月25日,阳光嘉园社区组织普查指导员、普查员开展第七次全国人口普查培训。社区普查专干向大家讲解排查摸底、入户调查方法步骤及入户核查工作技巧等内容,就"入户短表"的登记进行详细的解读,针对普查过程中可能遇到的困难和问题进行讨论，通过案例分析、现场提问、随堂练习等方式增强培训效果，为普查工作打下扎实基础。

【藤子社区】 西邻南京火车站，东靠南京长途汽车东站，社区面积约1.5平方公里，原属村居合一的社区，2012年底撤村并居。因过街村、藤子村、黑墨营拆迁，社区现由尚塘村、伊刘村等自然片区组成，居民小组2个，总户籍人口1903人(藤子村243户684人；过街村191户529人；过街三队42户84人；尚塘村93户242人；伊刘村90户242人；黑墨营40户109人；原空挂户5户13人)；已拆迁1409人；流动人口600余人。社区有专职社工8人，社区设党总支，下设3个支部，有党员68人。2020年，为丰富基层新时代文明实践站的教育作用，11月17日上午，社区党总支组织开展"四史"教育学习党日活动。活动中社区书记黄必桥对中国共产党史、新中国史、改革开放史、社会主义发展史结合起来进行讲解，对于党员群众有着深刻的教育意义。社区党员们对如何更好、更扎实地学好"四史"展开分组讨论，大家畅所欲言，回忆从少年、成年、中年、老年成长过程中感受到社会变化，见证党在各个时期的重大决策促使国家发展、民族团结不断迈向新高度的过程。

【红山社区】 成立于1994年，由原沈阳村居委会合并到红山村。经历多次拆迁，社区有4块管理片区，城中村黄家圩、海嘉花园、恒大翡翠华庭、星河天赋。社区办公地点为临时过渡在恒嘉路77号2幢108室，地处红山街道西南部，黄家圩片区东南与红山森林动物园的山体西北坡相接，西至地铁红山动物园站3号出口，北至十字街十里长沟，环抱红山森林动物园，社区地面积约68公顷。黄家圩片区现有居民住户111户，户籍人口351人，流动人口是常住人口的3倍，是社区工作的重点对象。其余3个楼盘是2019年陆续接手，现居民正陆续迁入。社区总支部1个，支部数3个，党员数127人。2020年，为配合《南京市生活垃圾管理条例》实施，提升居民垃圾分类意识，养成良好的垃圾分类习惯，10月23日，社区新时代文明实践站在天赋花园小区开展垃圾分类宣传志愿服务活动。活动现场，通过垃圾分类展板向居民们宣传分类知识，垃圾分类指导员向在场居民们分发垃圾分类宣传册，耐心地为居民讲解垃圾分类相关知识，区分其他垃圾、可回收垃圾、厨余垃圾、有害垃圾，并细致讲解日常生活中容易混淆的垃圾。同时，为居民解答日常垃圾分类中碰到的问题，鼓励居民坚持做好垃圾分类，一起带动身边的人。

【紫金小营社区】 成立于2013年6月，位于京沪城际铁路北侧(月香路6号)，分别安置有沪宁城际铁路、华电路、北广场、红山商贸地块、小营地块、小营南侧、北站房、中南里、明城墙项目拆迁户。社区面积约14.8万平方米，有16幢住宅楼和1幢办公楼。社区总户数3079户、总人口数5890人(户籍居民2426人，流动人口3464人)，有84名党员。社区内有北京东路附属幼儿园月香分园、紫金小营菜市场、红山街道社会治理一体化(网格化)管理中心、红山物业服务中心紫金墨香苑项目部等单位。2020年5月12日，是我国第十二个"全国防灾减灾日"，主题为"提升基层应急能力，筑牢防灾减灾救灾的人民防线"。为保障社区居民的生命和财产安全，全面提升辖区居民应对突发灾害时的应变能力，特别邀请红山派出所王敏华警官前来为居民举办1场有关防灾减灾的消防安全知识讲座和消防演练，展示火灾事故现场照片和视频进行剖析与讲解，增强大居民对于火灾风险的防范意识，随后在小广场上的消防实操演练，王警官特别邀请了红山派出所的特警给大家讲解灭火时需要注意的事项并进行现场演练，特警告诉大家使用灭火器要做到"两快、两准、一稳"，快速灭火。

(孙晓银)

(栏目编辑　顾　坚)

人物·荣誉

新任区领导
先进人物
先进集体
个人奖项

新任区领导

施　扬

2020年3月13日，中共南京市委任命施扬为南京市玄武区委常委、宣传部部长。

施扬，男，1975年6月出生，江苏扬中人，1995年8月参加工作，2005年8月加入中国共产党，大学学历，硕士学位。1995年8月，任南京市价格事务所办事员、物价检查所科员；2002年9月，任市物价局检查分局检查六科副科长、副主任科员；2006年5月，任市物价局办公室（人事处）副主任科员、主任科员（其间：2008.06—2009.06挂职任南京市溧水县洪蓝镇上岗村支部副书记）；2011年6月，任市物价局办公室（人事处）副主任；2013年1月，任市委宣传部国有文化资产促进发展处副处长；2015年2月，任市委宣传部国有文化资产促进发展处处长；2018年3月，任市委宣传部办公室主任；2020年3月，任玄武区委常委、宣传部部长。

贾　慧

2020年6月5日，中共南京市委任命贾慧同志为南京市玄武区委常委、组织部部长。

贾慧，女，1967年3月出生，江苏南京人，1989年8月参加工作，1987年7月加入中国共产党，大学学历，硕士学位。1989年8月，任南京师专教师；1995年6月，任南京师专、教院团委副书记；1998年11月，任南京师专、教院团委书记；2000年8月，任南京晓庄学院团委书记；2002年7月，南京晓庄学院学生工作处处长（2002.01—2002.08兼任南京晓庄学院院长助理）；2004年8月，任南京晓庄学院招生与就业工作处处长；2007年10月，任市妇联副主席；2007年12月，兼任市妇联党组成员；2016年7月，任鼓楼区委常委、组织部部长；2020年6月，任玄武区委常委、组织部部长。

罗昌锋

2020年8月5日，中共南京市委任命罗昌锋为南京市玄武区委常委、区纪委书记，区监委代主任。

2021年1月8日，经南京市玄武区第十八届人民代表大会第五次会议选举为玄武区监委主任。

罗昌锋，男，1970年12月出生，江西赣州人，1992年8月参加工作，1991年11月加入中国共产党，研究生学历，硕士学位。1992年8月，任南京市规划局办公室秘书；1997年12月，任市规划局办公室副主任科员；2001年11月，任市规划局主任科员；2002年4月，任市委办公厅(政研室)宣传文教处主任科员；2004年12月，任市委办公厅(政研室)市委督查室主任科员；2005年12月，任市委办公厅(政研室)市委督查室助理调研员；2008年1月，任市委办公厅(政研室)市委督查室决策督查处副调研员；2009年3月，任市委办公厅(政研室)市委督查室决策督查处副处长；2012年6月，任市委督查室专项查办处处长；2014年2月，任市委组织部人才二处(市人才办人才开发处)处长；2017年11月，任市纪委组织部部长；2020年8月，任玄武区委常委、区纪委书记，区监委代主任；2021年1月，任玄武区委常委、区纪委书记、区监委主任。

陈可科

2020年12月30日，中共南京市委任命陈可科为南京市玄武区委常委、提名为副区长人选。

2021年1月28日，经南京市玄武区第十八届人大常委会第三十二次会议审议，任命陈可科为玄武区副区长。

陈可科，男，1978年8月出生，江苏宜兴人，2000年8月参加工作，1997年6月加入中国共产党，大学学历，硕士学位。2000年8月，任南京市溧水县柘塘镇党政办工作人员；2001年11月，任溧水县柘塘镇党委委员；2002年7月，任市科技局国际科技合作处副主任科员；2005年2月，任市科技局国际科技合作处主任科员；2006年10月，任市科技局软件发展办公室主任科员；2009年4月，任市科技局软件发展办公室主任助理；2010年6月，任市经信委软件与信息服务处（市软件发展办公室）处长助理；2011年1月，任市经信委软件与信息服务处（市软件发展办公室）副处长；2012年12月，任市经信委软件与信息服务处（市软件发展办公室）处长；2017年6月，任市经信委市大数据管理局（软件与信息服务业处、市软件发展办公室）局长；2018年1月，任市经信委投资与规划处处长；2019年1月，任市工信局投资与规划处处长；2019年3月，任市工信局副局长、党委委员；2020年12月，任玄武区委常委、提名为副区长人选；

2021年1月，任玄武区委常委，区政府党组副书记、常务副区长，区行政学校校长。

庄佳峰

2020年4月24日，中共南京市委提名庄佳峰为南京市玄武区副区长人选。

2020年5月20日，经南京市玄武区第十八届人大常委会第二十五次会议审议，任命庄佳峰同志为玄武区副区长。

庄佳峰，男，1971年10月出生，江苏常熟人，1995年8月参加工作，1994年12月加入中国共产党，大学学历。1995年8月，任南京市玄武区玄武湖镇党办干事；1996年1月，任玄武区玄武湖街道科员；1997年8月，任玄武区红山街道办事处主任助理；1998年12月，任玄武区红山办事处行政办公室主任；2000年7月，任玄武区商业局局长助理；2001年3月，任玄武区卫岗街道党工委委员、办事处副主任；2005年1月，任玄武区后宰门街道党工委委员、办事处副主任；2010年7月，任玄武区城管局党工委书记、副局长、纪工委书记；2011年10月，任玄武区城管局局长、党工委副书记、城市管理行政执法局局长；2013年8月，任玄武区住建局局长、党工委副书记；2016年2月，任玄武区建交局局长、党工委副书记；2016年5月，任玄武区玄武门街道党工委书记；2020年5月，任玄武区政府党组成员、副区长。

周　正

2020年6月5日，中共南京市委提名周正为南京市玄武区副区长人选。

2020年6月29日，经南京市玄武区第十八届人大常委会第二十六次会议审议，任命周正同志为玄武区副区长。

周正，男，1972年12月出生，湖北云梦人，1991年8月参加工作，九三学社社员，研究生学历，硕士学位。1995年7月，任空军技术勤务6所见习翻译；1996年7月，任空军技术勤务6所助理翻译；2001年12月，任空军技术勤务6所翻译；2002年3月，任解放军国际关系学院讲师；2006年12月，任南京市玄武区科技局科员；2008年2月，任玄武区科技局知识产权科副科长；2009年12月，任玄武区科技局知识产权科副科长、主任科员；2010年12月，任玄武区科技局知识产权科科长；2012年12月，任玄武区人才办副主任；2014年1月，任玄武区科技局副局长；2017年4月，任徐庄软件园管委会副主任；2018年1月，任徐庄高新区（软件园）管委会副主任；2019年2月，任玄武区科技局局长；2020年6月，任玄武区副区长。

薛汝军

2020年8月5日，中共南京市委任命薛汝军同志为南京市公安局玄武分局党委书记、局长、督察长，提名为玄武区副区长人选。

2020年8月21日，经南京市玄武区第十八届人大常委会第二十七次会议审议，任命薛汝军同志为玄武区副区长。

薛汝军，男，1970年10月出生，江苏高邮人，1992年8月参加工作，1997年6月加入中国共产党，大学学历。1992年8月，任南京市公安局秦淮区分局夫子庙派出所试用期人员；1993年8月，任市公安局秦淮区分局秘书科科员；1996年6月，任市公安局秦淮区分局政委办公室科员；1998年10月，任市公安局秦淮区分局政委办公室副科长级干事；2002年12月，任市公安局秦淮分局政委办公室科长级干事；2006年12月，任市公安局政治部组织教育处副处长；2010年7月，任市公安局教育训练处副处长、人民警察训练学校副校长；2010年9月，任市公安局人民警察训练学校政委；2012年4月，任市公安局秦淮分局政委；2013年4月，任市公安局玄武分局政委；2015年8月，任市公安局经济技术开发区分局局长；2016年7月，任市公安局栖霞分局党委书记、局长、督察长；2017年4月，任市公安局副巡视员、栖霞分局党委书记、局长、督察长；2018年8月，任市公安局副巡视员、栖霞分局党委书记、局长、督察长，栖霞区政府党组成员；2019年8月，任市公安局一级调研员、栖霞分局党委书记、局长、督察长，栖霞区政府党组成员；2020年8月，任玄武区政府党组成员、副区长，市公安局玄武分局党委书记、局长、督察长。

唐承武

2020年10月24日，中共南京市委任命唐承武为南京市徐庄高新区（软件园）管委会主任。

唐承武，男，1971年2月出生，江苏建湖人，1990年12月参加工作，1991年11月加入中国共产党，研究生学历。1990年12月，部队服现役；1996年7月，任南京市栖霞区马群镇办事员；1999年5月，任栖霞区马群镇镇村建设管理办公室主任；2000年8月，任栖霞区马群街道城建城管科科长；2002年3月，任栖霞区仙林农牧场党委委员、副场长；2004年7月，任栖霞区仙林街道党工委委员、办事处副主任、人武部部长、仙林农牧场党委委员、副场长；2007年4月，任栖霞区尧化街道党工委委员、办事处副主任；2010年6月，任栖霞区尧化街道党工委委员、副书记、办事处副主任、政协副主席；2011年2月，任市接待办公室综合处处长；2012年8月，任紫金（玄武）科创办常务副主任（正处职）；2013年6月，任紫金（玄武）科创办主任、紫金（玄武）科技创业特别社区建设发展有限公司董事长、总经理；2014年3月，任紫金（玄武）科创办主任、紫金（玄武）科创社区管委会副主任；2016年9月，任玄武区红山街道党工委书记，铁北管委会副主任；2017年1月，任玄武区红山街道党工委书记，铁北管委会党工委委员、副主任；2018年1月，任玄武区红山街道党工委书记，铁北管委会主任，徐庄高新区（软件园）党工委委员；2020年10月，任徐庄高新区（软件园）党工委副书记、管委会主任，红山街道党工委书记，铁北管委会主任。

邵　睿

2020年12月30日，中共南京市委提名邵睿为南京市玄武区副区长人选。

2021年1月28日，经南京市玄武区第十八届人大常委会第三十二次会议审议，任命邵睿为玄武区副区长。

邵睿，女，1982年7月出生，江苏南京人，2004年8月参加工作，2003年12月加入中国共产党，大学学历，学士学位。2004年8月，任南京市鼓楼区湖南路办事处干事；2005年8月，任鼓楼区湖南路办事处科员；2006年11月，任鼓楼区湖南路街道团工委副书记；2007年12月，任鼓楼区湖南路街道团工委书记；2009年4月，任鼓楼区湖南路办事处办公室主任、团工委书记；2011年12月，任共青团鼓楼区委副书记；2013年4月，任共青团鼓楼区委副书记（区划调整）；2014年3月，任共青团鼓楼区委副书记（主持工作）；2016年10月，任共青团鼓楼区委书记；2017年11月，任鼓楼区幕府山街道工委副书记、办事处主任；2019年8月，任鼓楼区幕府山街道工委书记；2020年10月，任鼓楼区幕府山街道工委书记，雨花台区政府党组成员（挂职）；2021年1月，任玄武区政府党组成员、副区长。

先进人物

邱海波

东南大学首席东南大学附属中大医院党委副书记、纪委书记、主任医师、教授、博士生导师。2020年3月，被授予“全国卫生健康系统新冠肺炎疫情防控工作先进个人”称号。2020年9月，被授予“全国优秀共产党员”“全国抗击新冠肺炎疫情先进个人”称号。

男，1966年10月生，新疆喀什人，1985年7月加入中国共产党。1983年9月，考入南京铁道医学院（东南大学医学院前身），攻读医疗专业；1988年7月，毕业后进入南京铁道医学院附属中大医院工作；1997年7月，中国协和医科大学博士毕业。长期致力于重症医学学科的建立和规范性发展。先后参与2003年非典疫情、2005年四川省猪链球菌病疫情、2008年手足口病疫情、2008年汶川地震、2009年甲型H1N1流感疫情、2010年玉树地震、2011年温州动车事故、2013年H7N9禽流感疫情、2014年“8·2”昆山爆炸事故、2015年“8·12”天津特大火灾爆炸事故、2019年响水爆炸等重大突发公共卫生事件的抢救工作，并多次担任国家医疗专家组组长，为救治重症患者做出重要贡献。2020年，新冠疫情暴发以后，奉命奔赴武汉，作为中央赴武汉指导组专家组成员、国家卫生健康委员会救治专家组成员参与抗疫战斗，制定了一系列危重患者的诊疗规范及流程，提出一系列如专家下沉、全国驰援、方舱医院等建议并被采纳，为抗击疫情做出重要贡献。先后入选教育部新世纪优秀人才计划、卫生部有突出贡献中青年专家、国务院特殊津贴专家、江苏省优秀领军人才，先后获全国抗震救灾模范、全国优秀科技工作者、全国师德先进个人、全国卫生计生系统白求恩奖章、全国最美医生、全国医德标兵、卫生部有突出贡献中青年专家等荣誉称号。

王保成

南京威尔药业股份有限公司研发部经理、工程师。2020年11月，被授予“全国劳动模范”称号。

男，汉族，1981年10月，江苏南京人。2004年，毕业于江苏工业学院化学工程与工艺专业（本科），后在南京威尔化工有限公司历任科研部实验员、项目负责人、经理助理、科研部副经理、科研部经理，其中2015年获南京大学生命科学学院制药工程专业工程硕士学位、河海大学工商管理学院工商管理专业研究生学历。一直致力于技术革新，成功研发聚山梨酯80（供注射用）产品，其直接负责的顺苯磺阿曲库铵（原料药）、疫苗用佐剂206项目打破了国外长期垄断现状。共申请专利12件，其中授权专利6件，参与“十一五”科技支撑计划项目1件、江苏省科技成果转化项目1件、国家自然科学基金项目1件、博士流动站项目1件。2015年，获江苏省五一劳动奖章；2016年，获评江苏省劳动模范。

肖忠良

南京理工大学教授、博士生导师。2020年5月，获第二届全国创新争先奖。

男，汉族，1957年出生，湖北省荆州市人，中共党员。1988年，毕业于南京理工大学，获得工学博士学位。长期从事火炸药技术研究，主攻武器发射药与装药方向，在能量释放规律与控制方法、技术创新发明、武器装备应用、工业化生产等方面取得系列创新性成果。率领团队发明变燃速发射药、梯度硝基发射药，成为一代新火药；攻克高渐增性发射药工程化制备技术瓶颈，国内外首次实现一类高渐增性发射药工程化生产与武器装备应用，该成果使中国成为唯一拥有燃烧渐增性最高、可调节范围最大发射药技术的国家；倡导并组织规划“火炸药理论与技术”系列丛书（11册），任编委会主任，该丛书被遴选为“十三五”国家重点出版物规划项目。以第一完成人获得国家技术发明二等奖1项、国家科学技术进步二等奖1项，获国防（省部级）科技奖励5项。获授权国防发明专利18件，出版著作5部，发表学术论文80余篇。

陈　钱

南京理工大学副校长、教授、博士生导师。2020年5月，获第二届全国创新争先奖。

男，汉族，1964年11月出生，江苏无锡人，中共党员。1987年，获华东工学院学士学位；1991年，获华东工学院硕士学位；1996年，获南京理工大学博士学位。历任南京理工大学电光学院副院长、院长，南京理工大学校长助理等职务。长期致力于红外与微光夜视、计算光学成像领域理论与技术的创新研究。系统发展固态图像增强理论和方法，研制出中国首个电荷倍增图像增强CCD器件，并建立专用工艺线，形成系列产品，打破固态图像增强器件完全依赖于进口的被动局面；建立新型红外图像信号处理理论与技术框架，研制出红外图像信号处理专用芯片，解决国产化热像仪全温全时工作稳定性差的工程应用难题，整机性能达到国外同类产品先进水平；完成多个夜视产品的设计、生产和装备，进一步提升解放军夜视装备水平和夜战能力。建立广义光强传输方程，给出部分相干光场中“相位”的严格定义，研制出世界上首台非干涉多模态定量相位显微镜，开辟“计算光学显微成像”国际前沿研究方向。以第一完成人获国家技术发明二等奖1项、国家科技进步二等奖1项、省部级一等奖5项；出版专著2部，发表SCI论文281篇，10篇论文入选OE、OL等期刊封面文章；拥有发明专利135项，PCT专利10项，美国专利5项。

刘加平

东南大学材料科学与工程学院教授。2020年5月，获第二届全国创新争先奖。

男，汉族，1967年1月出生，江苏海安人，中共党员。享受国务院特殊津贴的专家，高性能土木工程材料国家重点实验室副主任，2012年获国家杰出青年科学基金资助，入选长江学者特聘教授。长期从事混凝土裂缝控制与高性能化的基础理论、关键技术研究和工程应用，是该领域的学术带头人。突破现代混凝土收缩开裂风险量化计算的理论瓶颈，创建收缩裂缝控制、微结构优化和流变性能调控三个关键技术群，发明并规模化生产系列功能材料。成果应用于兰新高铁、港珠澳隧道沉管、地铁车站以及核电、水电、军工等领域的100余项重大工程，实现了地下空间、隧道、长大结构混凝土的超早强、超高强、超高韧性无可见裂缝，推动现代混凝土裂缝控制由被动修复转变为主动防治，并推广到中东和南美等地区，为土木工程建设和新材料发展做出了重要贡献。发表SCI/EI收录论文97篇，获授权发明专利64项；主持完成了“973”计划和重大工程项目等科研课题30余项，获国家科技进步二等奖1项、江苏省科学技术一等奖1项、教育部科技进步二等奖1项，中国专利银奖、优秀奖各1项。入选新世纪百千万人才工程国家级人选、科技部中青年科技创新领军人才和江苏省333工程第一层次培养对象。

陈发棣

南京农业大学校长、教授、博士生导师。2020年5月，获第二届全国创新争先奖。

男，汉族，1970年6月出生，福建沙县人，九三学社社员。1991年，毕业于南京农业大学观赏园艺专业；1994年，获观赏园艺专业硕士学位后留校任教；1999年，获作物遗传育种专业博士学位；1997起，历任观赏园艺教研室主任、观赏园艺与风景园林系主任、园艺学院副院长、园艺学院院长、校长助理；2016年12月，任副校长；2019年3月，任校长。长期从事菊花遗传育种研究，建成中国菊花种质资源保存中心，育成系列切花菊新品种，带领团队建立“科教单位—企业—基地—农户”推广模式，新品种与新技术在全国广泛推广应用。通过品种推广和技术指导等途径，积极开展“菊花扶贫”工作，为脱贫攻坚做出重要贡献。先后主持国家自然科学基金重点项目、国家重点研发项目、公益性行业（农业）科研专项等课题40余项，发表论文400余篇（SCI收录200余篇），主编规划教材3本。以第一完成人获国家技术发明二等奖1项，省部级一等奖2项、创新团队奖1项、二等奖4项，以第三完成人获国家科技进步二等奖1项。入选教育部“长江学者”特聘专家、国家杰出青年科学基金获得者、国家百千万人才工程、享受国务院特殊津贴专家、科技部中青年科技创新领军人才、农业部农业科研杰出人才，获全国有突出贡献中青年专家、全国优秀科技工作者等荣誉称号。

刘　攀

东南大学党委副书记，教授、博士研究生导师。2020年10月，获第16届中国青年科技奖。

男，汉族，1979年9月出生，江苏扬州人，中共党员。2000年7月，获东南大学道路与铁道工程专业学士学位；2006年8月—2007年1月，在南佛罗里达大学土木工程系担任博士后研究员，并于2007年1月起担任客座助理教授；2008年9月起，任教于东南大学交通学院；2014年12月，起历任东南大学交通学院院长，东南大学党委常委、副校长，东南大学党委副书记。国家自然科学基金杰青项目获得者，主要从事交通工程、交通安全、智能交通等领域的研究工作。先后主持了国家重点研发计划项目、国家自然科学基金项目(8项)、国家科技支撑计划课题等国家级科研项目10多项，以及多项省部级科研项目。2011年，入选教育部新世纪优秀人才支持计划；2013年，获国家自然科学基金优秀青年科学基金资助；2015年，获霍英东青年教师奖；2017年，获江苏青年五四奖章；2019年，获国家自然科学基金杰青项目资助，获评交通运输部交通运输行业重点领域创新团队负责人。

刘裕强

南京农业大学教授，博士生导师。2020年10月，获第16届中国青年科技奖。

男，汉族，1980年出生，江苏沛县人，中共党员。2003年，本科毕业于南京农业大学农学院农学专业；2009年，获南京农业大学遗传育种专业博士，并留校工作；2012年，晋升副教授；2015年，破格晋升教授。长期从事水稻抗稻飞虱及其传播病毒病基因的发掘与育种。主持国家重点研发计划项目1项、国家自然科学基金4项、江苏省重点研发计划项目1项和江苏省自然科学基金2项。利用研究发掘抗稻飞虱及其传播病毒病新基因数十个，完成了广谱、持久抗褐飞虱基因Bph3及首个水稻抗条纹叶枯病基因STV11的图位克隆及功能解析。并通过分子标记辅助选择创制了一批抗性新种质，为抗稻飞虱新品种的选育奠定了基础。发表相关研究论文30余篇，申请专利10余项，获得专利5项。

先进集体

表2　国家级先进集体一览表

获奖单位	荣誉称号	授予单位	授予时间
区公安分局巡特警大队团支部	全国五四红旗团支部	共青团中央	2020.5
区人民检察院	全国先进基层检察院	最高人民检察院	2020.10
孝陵卫街道盛和家园社区	全国综合减灾示范社区	国家减灾委员会、应急管理部、中国气象局、中国地震局	2021.5

表3　省级先进集体一览

获奖单位	荣誉称号	授予单位	授予时间
区司法局	全省“七五”普法中期先进集体	省委宣传部、省法治宣传教育工作领导小组办公室、省司法厅	2020.1
区公安分局(巡特警大队团支部)	全省学习“枫桥式经验”优秀派出所(集体二等功)	省公安厅	2020.2
区公安分局新街口派出所	全省学习“枫桥式经验”优秀派出所(集体二等功)	省公安厅	2020.2
区审计局	全省审计系统疫情防控先进集体	省审计厅	2020.4
区民政局	2019年“福彩杯”江苏民政政策理论研究一等奖	省民政厅	2020.4
区公安分局政保大队	集体二等功	省公安厅	2020.6
区人民检察院	江苏省先进基层检察院	省人民检察院	2020.6
区统战部	全省民族团结进步模范集体	省委、省政府	2020.10

（续表3）

获奖单位	荣誉称号	授予单位	授予时间
区统战部	全省民族团结进步模范集体	省委、省政府	2020.10
区卫健委	全省抗击新冠肺炎疫情先进集体	省委、省政府	2020.11
区总工会	江苏省4A级数字档案室	省档案局、省档案馆	2021.1
梅园新村街道	江苏省退役军人工作模范单位	省委组织部、省人社厅、省退役军人事务厅、省军区政治工作局	2020.4
孝陵卫街道关工委	“颂时代楷模　赞中国故事”朗诵比赛先进单位	省关心下一代工作委员会	2020.12

表4　市级先进集体一览表

获奖单位	荣誉称号	授予单位	授予时间
区建设局	南京市抗击新冠肺炎疫情先进集体	中共南京市委、南京市人民政府	2021.1
孝陵卫街道银城东苑社区	南京市抗击新冠肺炎疫情先进集体	中共南京市委、南京市人民政府	2021.1
区市场监管局	南京市抗击新冠肺炎疫情先进集体	中共南京市委、南京市人民政府	2021.1
区投促局	2020年高质量建设“强富美高”新南京先进集体	中共南京市委、南京市人民政府	2021.3

表5　2020年玄武区获江苏省工人先锋号集体一览表

获奖集体	表彰单位
南京途牛国际旅行社有限公司门店管理部	江苏省总工会

表6　2020年玄武区获南京市工人先锋号集体一览表

获奖集体	表彰单位
汇通达网络股份有限公司达人铁军	南京市总工会
国家税务总局南京市玄武区税务局税政二科	
区疾病预防控制中心检验科	
区锁金村社区卫生服务中心公共卫生科	

表7　2020年玄武区获南京市五一劳动奖状集体一览表

获奖集体	表彰单位
速度时空信息科技股份有限公司	南京市总工会

个人奖项

表8　2020年玄武区获“中国好人”称号一览表

姓　名	工作单位	表彰单位
孟　志	玄武分局巡特警大队勤务辅警中队	中共中央宣传部

表9　2020年玄武区获“江苏好人”称号一览表

姓　名	工作单位	表彰单位
孟　志	玄武分局巡特警大队勤务辅警中队	中共江苏省委宣传部

表10　2020年玄武区获南京好市民一览表

姓　名	单位职务	表彰单位
叶　云	红山社区卫生服务中心工作医生	中共南京市委宣传部
王　辉	南京青风志愿者服务中心理事长、南京玄武环境集团工作人员	
曹海永	北京东路小学党支部书记	
高非菲	先声药业退休	
周　茉	玄武区疾病预防控制中心医生	
王　洁	南京市玄武区人民检察院检委会委员、第四检察部主任	
杨　朔	苏宁鲜花批发(自营)	
李　瑞	江苏康乃馨广告有限公司工会主席、企划营销部经理	
赵晓峰	江苏先声药业研发副总监	
包锋林	江苏省足球运动管理中心员工	
严明慧	玄武分局禁毒大队三级警长	
梁　襄	南京市玄武区博爱勤善残疾人之家主任	
孟　志	玄武分局巡特警大队辅警勤务中队长副中队长	
王　江	南京市北京东路小学阳光分校教科室主任	

表11　2020年玄武区“玄武好人”一览表

姓　名	单位职务	表彰单位
秦寿海	南京松翠园林建设有限公司总经理	中共南京市玄武区委宣传部
吴　萍	江苏省血液中心志愿者无偿献血宣传服务队分队长	
刘　宇	南京鼓楼医院心血管内科主治医师	
陈　加	玄武区财政局财政结算中心主任	
周剑超	南京市玄武区人民检察院一级检察官	
戴守能	南京市洪武北路小学校长	
张晓艳	南京市同仁小学教科室主任	
许　猛	南京市玄武区富贵山消防救援站副站长	
王建勋	自由职业	
赵　鼎	新街口派出所警辅人员	

（栏目编辑　时蔓菲）

附录

文件目录

文件选编

统计资料摘编

新闻媒体报道题录

表12　2020年玄武区街道、社区一览表

街道办事处		社区居民委员会		备注
名　称	驻　地	个	名　　称	
新街口	大石桥19号	6	北门桥、长江路、成贤街、唱经楼、大石桥、香铺营	
玄武门	百子亭8号	6	公教一村、台城花园、天山路、百子亭、大树根、廖家巷	
梅园新村	后宰门街23号	9	大行宫、东南大学、梅园新村、兰园、大影壁、明故宫、太平门、北安门、富贵山	
锁金村	锁金村67号	7	锁一、锁二、锁三、锁四、锁五、新庄、紫鑫城	
孝陵卫	罗汉巷119号	11	钟灵街、康定里、铁匠营、银城东苑、理工大、小卫街、晏公庙、盛和家园、孝陵卫、农科院、南农大	
玄武湖	板仓街98号	10	板仓、花园路、樱驼花园、樱铁村、蒋王庙、东方城、徐庄、聚宝山、仙鹤门、仙居雅苑	
红　山	营苑南路58号	10	北苑、月苑、墨香山庄、营苑、曹后、红山公园、阳光嘉园、藤子、红山、紫金小营	

表13　2020玄武区地名命名表

地名名称	类别	所在位置
映园	住宅区	东至规划道路，南至规划道路，西至北苑东路，北至月苑南路
紫金原著中心	住宅区	东至双拜岗路，南至晏公庙，西至晏公庙，北至中山门大街
金陵玖园	住宅区	中央路224号
红山汽车生活广场	综合性建筑物	东至“南京国际数码港项目(№.2018 G17地块)”，南临玄武常发广场，西至红山路，北至华跃路
钟秀街(东延)	街	西起钟秀街与顾家营路交点，向东北至180米处再折向东100米与马群南路相接
钟汇街	街	北起栖霞区与玄武区交界处，南至拟东延的“钟秀街”向东北延180米折点处
新庄地下通道	地下通道	南起南京林业大学，北接西柚广场，西至联合立方广场
钟秀嘉园	保障房	东至马群南路、南至规划道路、西至规划道路、北至军事管理区
浦银路(汉达路更名)	路	南起中山东路，北至珠江路
紫金悦峰广场	综合性建筑物	东至言和路，南至红山南路和华跃路，西至上林苑路和红山路，北至东华汽车实业有限公

表14　南京市玄武区2020—2021学年初幼儿园一览表

学校名称	校数	地　址
总计	53	
一、教育部门附属	15	
南京市北京东路小学附属幼儿园	1	北京东路47号
南京市半山园小学附属幼儿园	1	后宰门街46-2号
南京市长江路小学幼儿园	1	邓府巷36号
南京市逸仙实验幼儿园	1	紫金东路2号28栋
南京市锁金幼儿园	1	锁金三村1号
南京师范大学附属小学实验幼儿园	1	老虎桥16号
南京市玄武门幼儿园	1	高楼门26-5号
南京市孝陵卫中心幼儿园	1	钟山花园城陶然居1号
南京市北京东路小学附属阳光幼儿园	1	玄武大道88-2号
南京市北京东路小学附属月香幼儿园	1	月香路8号
南京师范大学附属小学钟秀幼儿园	1	钟灵街50号五矿晏山居25号楼
南京市铁北新城第一幼儿园	1	华飞路6号
南京市北京东路小学附属恒嘉幼儿园	1	过街山路23号
南京市长江路小学附属博爱幼儿园	1	双拜巷135号
南京市逸仙实验第二幼儿园	1	马高路319-10号
二、民办	17	
南京玄武钟灵农科苑幼儿园	1	钟灵街48号
南京市行知实验幼儿园	1	鹤鸣路49号
南京华星艺术幼儿园	1	华瑞苑33号
南京市小哈佛双语幼儿园	1	丹凤新寓6号-1
南京市玄武区淘淘幼儿园	1	仙鹤门仙居花园小区内
南京玄武樱花幼儿园	1	樱驼花园思立园
南京玄武晶晶幼儿园	1	营苑新寓14栋
南京玄武东方城幼儿园	1	樱花路东方城小区内
南京红山幼儿园	1	月苑南路5号
南京玄武北苑之星幼儿园	1	华飞路8号
南京玄武月苑幼儿园	1	月苑南路7号
南京玄武墨香幼儿园	1	墨香路30号
南京紫金东郡幼儿园	1	苏宁大道8号
南京市玄武区淘淘幼儿园十字街分园	1	十字街1号

（续表14）

学校名称	校数	地　　址
南京市玄武区淘淘幼儿园钟山山庄分园	1	蒋王庙街钟山山庄28幢
南京市行知实验幼儿园花园路分园	1	花园路7号小区
南京市圣玛丽紫金华府幼儿园	1	顾家营路60号
三、集体办	6	
南京市长江路小学附属银城幼儿园	1	东苑路12号
南京市锁金新村第一小学附属幼儿园	1	锁金二村7号
南京市玄武区如意幼儿园	1	如意里38号
南京市玄武区花红园幼儿园	1	文德里78号花红园幼儿园
南京市玄武区钟山幼儿园	1	孝陵卫双拜巷28-1号
南京市玄武区锁金村第一幼儿园	1	锁金六村9号
四、其他部门办	15	
南京理工大学附属幼儿园	1	孝陵卫200号
东南大学总务处幼儿园	1	进香河路35号
南京体育学院附属幼儿园	1	灵谷寺路8号
南京农业大学附属幼儿园	1	童卫路6号
中国人民解放军海军指挥学院幼儿园	1	半山园21号
中国人民解放军32075部队香禾幼儿园	1	进香河路22号
南京军区南京实验幼儿园	1	黄埔路3号
南京前线幼儿园	1	卫岗55号
东部战区空军后勤部机关幼儿园	1	汉府街18号
南京军区空军直属机关幼儿园	1	龙蟠中路23号-1
南京军区政治部小天鹅幼儿园	1	龙蟠中路16号
中国人民解放军31121部队幼儿园	1	板仓街109号
南京市市级机关第一幼儿园	1	北京东路24号
南京熊猫新兴实业有限公司幼教中心御道街幼儿园	1	秦淮区中山东路526号
南京熊猫新兴实业有限公司幼教中心后宰门幼儿园	1	后宰门街32号

表15　玄武区2020—2021学年初小学学校一览表

学校名称	校数	学校类别	地　　址
总计	25		
南京市徐庄高新区实验小学	1	小学	鹤鸣路1号
南京玄武外国语学校附属小学	1	小学	昆仑路73号

（续表 15）

学校名称	校数	学校类别	地　址
南京市锁金新村第一小学	1	小学	锁金村61号
南京市锁金新村第二小学	1	小学	锁金五村2号
南京市宇花小学	1	小学	后宰门佛心桥36号
南京市小营小学	1	小学	龙蟠中路21号
南京市成贤街小学	1	小学	太平北路120号
南京市逸仙小学	1	小学	大悲巷13号
南京市长江路小学	1	小学	长江路260号
南京市洪武北路小学	1	小学	北门桥1–16号
南京市同仁小学	1	小学	同仁西街16号
南京师范大学附属小学	1	小学	四牌楼4号
南京市中央路小学	1	小学	中央路52号
南京市红山小学	1	小学	黑墨营路96号
南京农业大学实验小学	1	小学	小卫街1号
南京市海英小学	1	小学	半山园20号
南京市北京东路小学	1	小学	北京东路47号
南京市月苑第一小学	1	小学	月苑南路10号
南京市玄武实验小学	1	小学	玄武大道88–1
南京市立贤小学	1	小学	网板路9号
南京市紫金山小学	1	小学	顾家营59–6号
南京理工大学实验小学	1	小学	胜利村路4号
南京市樱花小学	1	小学	樱花路15号
南京市铁北新城小学	1	小学	龙腾路5号
南京市科利华小学	1	小学	龙蟠路151–2
南京市孝陵卫初级中学		九年一贯制学校	双拜巷133号

表 16　玄武区 2020—2021 学年初普通中学基本情况一览表

学校名称	校数	类别	地　址
总计	16		
南京市梅园中学	1	初级中学	大悲巷13号
南京市孝陵卫初级中学	1	九年一贯制学校	双拜巷133号
南京市科利华中学	1	初级中学	后大树根40号
南京市紫东实验学校	1	初级中学	仙鹤门社区委员会
南京市弘光中学	1	初级中学	胜利村路68号

（续表16）

学校名称	校数	类别	地　址
南京市第十三中学锁金分校	1	初级中学	锁金村71号
南京市红山初级中学	1	初级中学	营苑南路3号
南京市第五十四中学	1	初级中学	后宰门西村20号
南京玄武外国语学校	1	初级中学	珠江路653号
南京市科利华紫金中学	1	初级中学	顾家营59-7号
南京市第九初级中学	1	初级中学	杨将军巷46号
南京市科利华铁北中学	1	初级中学	红藤路9号
南京市玄武高级中学(太平门校区)	1	高级中学	太平门农场巷124号
南京市人民中学	1	完全中学	中山路178号
南京市第十三中学	1	高级中学	西家大塘14号
南京市第九中学	1	高级中学	碑亭巷51号

表17　玄武区养老机构一览表

序号	街　道	名　　称	地　　址
1	玄武门	玄武区高堂养老大钟亭颐养中心	中央路6号大中亭
2	玄武门	南京市玄武区仁德养老养护中心	厚载巷23号
3	梅园新村	南京市玄武区鸿福老年公寓	珠江路675号
4	梅园新村	南京市玄武区梅园街道老年照料中心	兰园演武新村60号
5	梅园新村	南京钟山银城养老产业发展有限公司（梅苑颐养中心）	后宰门东村80号
6	孝陵卫	南京市玄武区九如城盛和养老护理中心	马高路319号
7	玄武湖	南京博爱老年公寓	钟山山庄20幢-21幢
8	玄武湖	南京市玄武区颐鹤老年公寓	鹤鸣路59号
9	玄武湖	南京市玄武区君兆老年服务中心	樱驼花园樱花西路10号
10	玄武湖	南京钟山银城养老产业发展有限公司（聚宝山颐养中心）	玄武大道96号聚宝山公园内
11	红　山	南京幸福索酷养老服务有限公司	营苑南路100号
12	红　山	南京玄武好悦养老服务有限公司	十字街3号
13	红　山	南京钟山银城养老产业发展有限公司（月苑颐养中心）	玄武区月苑南路9号

文件目录

区委文件

4月26日　玄委发〔2020〕1号　关于印发《玄武区推进南京长江路文化旅游集聚区建设实施方案》的通知

4月30日　玄委发〔2020〕10号　关于印发《玄武区街道集成改革实施方案》的通知

4月23日　玄委发〔2020〕11号　关于表彰2019年度考核优秀等次人员的决定

5月15日　玄委发〔2020〕13号　关于表彰2019年度“强富美高”新玄武建设先进集体先进个人的决定

5月21日　玄委发〔2020〕15号　关于进一步加强“三重一大”事项决策和监管的意见

6月29日　玄委发〔2020〕16号　关于表彰优秀共产党员的决定

7月12日　玄委发〔2020〕18号　印发《玄武区关于深化改革加强食品安全工作的实施意见》的通知

9月11日　玄委发〔2020〕20号　关于印发《新时代玄武产业工人队伍建设改革实施方案》的通知

9月1日　玄委发〔2020〕21号　关于通报表彰“2020年玄武区优秀教育工作者”“2019—2020学年度玄武教育银杏奖”获得者的通知

9月1日　玄委发〔2020〕22号　关于深入推进教育高质量发展率先建成高水平现代化教育强区的实施意见

区政府文件

2月4日　玄政〔2020〕1号　区政府关于印发玄武区危房消险治理专项行动实施方案的通知

5月18日　玄政〔2020〕63号　关于表彰玄武区第三届青少年科技创新区长奖优秀单位、个人的决定

5月25日　玄政〔2020〕66号　关于印发《玄武区国土空间总体规划(2019—2035年)编制工作方案》的通知

5月22日　玄政〔2020〕68号　关于印发《玄武区国有土地上房屋征收补偿补助奖励规定》的通知

8月3日　玄政〔2020〕111号　区政府关于印发玄武区规上工业企业追赶三年行动计划的通知

9月4日　玄政〔2020〕135号　关于印发《玄武区全面推进生活垃圾强制分类工作方案》的通知

9月16日　玄政〔2020〕141号　区政府关于授予2019年度玄武区区长质量奖的决定

11月13日　玄政〔2020〕183号　关于印发《玄武区推进塑料污染治理工作实施方案》的通知

12月30日　玄政〔2020〕218号　关于印发《南京市玄武区海绵城市专项规划(2020—2035年)》的通知

1月10日　玄政办〔2020〕9号　关于印发《玄武区危险化学品安全综合治理方案》的通知

3月17日　玄政办〔2020〕14号　区政府办公室关于印发《关于进一步加强水土保持工作的通知》的通知

8月31日　玄政办〔2020〕63号　关于印发《玄武区河道养护管理考核办法(试行)》的通知

文件选编

玄武区推动招商引资高质量发展政策十条

玄政规〔2020〕1号

第一条　总部企业奖励

聚焦总部经济发展，鼓励境内外企业在玄武区设立综合型、区域型和功能型总部，构建形成较为完善的总部经济政策体系、服务体系和人才培养体系。

对新落户玄武区的总部型企业，符合南京市认定标准的，最高给予1亿元落户奖励；符合玄武区认定标准的，最高给予1000万元落户奖励。

新增总部企业或区内既有企业通过能级提升达到区级新增总部企业认定标准的，按照企业对地方经济贡献度，给予提质增效奖励。此外，在办公补贴、人才激励、高管奖励、引荐人奖励等方面，给予重点扶持。

第二条　科技企业奖励

1. 对科技型中小企业上一年度实际发生的不符合税收优惠政策的企业研发费用，根据情况最高给予100万元奖励。

2. 初创期科技企业，自获利年度起，三年内对地方经济贡献全部奖励企业。

3. 对新增的高新技术企业、市外迁入的有效期内的高新技术企业或省认定的技术先进型服务企业，给予最高50万元奖励。支持高新技术企业上规升级，对高新技术企业中新增的规模以上企业，其本年度对地方经济发展新增贡献部分的50%奖励给该企业（上限50万元），支持其开展研发活动。

4. 对独角兽企业、瞪羚企业，开设绿色通道，实行“一企一策”。

第三条　高端人才奖励

对符合条件的科技顶尖专家，最高提供1亿元的科研成果产业化配套资金，还可享受安居、贷款贴息等各类优厚的配套政策：

1. 科技顶尖专家。为入选的人才项目，提供最高1000万元的科研成果产业化配套资金。相关专家团队若入选省“顶尖人才顶级支持计划”，将根据项目进展和实际投入给予引才单位最高1亿元配套资助。

2. 创新型企业家。企业可获最高3000万元贷款的贴息、享受“准高企”待遇，最高170万元的购房补贴或者每月6000元的租房补助。

3. 高层次创业人才。入选市、区高层次创业人才引进计划的，企业可获50万～150万元创业扶持，根据实际提供100平方米左右的创业场所，符合条件的可享受人才安居待遇。

4.“双创计划”人才。入选双创人才最高可获500万元资金扶持；入选双创团队最高可获800万元资金扶持；双创人才本人可享受最高170万元购房补贴或6000元每月租赁补助。

5. 重点急需紧缺人才引进奖励。对于评定入选玄武区“重点产业急需紧缺高层次创业人才”的，最高可给予50万元扶持资金。

6. 大学生创业人才。青年大学生在我市实现首次创业，领取营业执照后，给予一次性2000元的开业补贴；优秀大学生创业项目遴选并给予10万～50万元资助，对已资助项目中发展前景好的可给予最高300万元接力投资；对在我区纳税的初始创业实体，最高可根据实际条件提供30平方米以内的免费创业场地或给予场租补贴；初创项目3年内获得风险投资的，可按单个项目融资总额的10%、最高不超过30万元给予配套支持。

第四条　金融产业奖励

金融法人总部及区域分支机构，根据其实际规模和经济贡献，参照市、区总部经济政策给予配套奖励。以公司制或合伙制形式新注册设立的股权投资企业，最高给予1500万元开办奖励。根据在南京市实际投资额最高享受500万元投资奖励；发生风险损失，最高享受500万元风险补偿。同时，建立股权投资奖励和风险补偿机制。对在玄武区退出的私募基金、股权减持，可根据规模给予相应奖励。对在玄武区注册的股权投资机构、基金可给予开业便捷化服务。

第五条　企业上市奖励

列入拟挂牌上市重点培育计划的企业，在主板、科创板、中小板、创业板股票首发上市的或香港或其他海外股票市场首发上市的，分阶段最高补贴400万元；在全国中小企业股份报价转让系统（新三板）挂牌的，分阶段最高补贴100万元。

第六条　规上企业奖励

支持具备升规潜力的企业加大技术装备投入，按投入总额10%给予奖补，奖补期限2年。对具备升规潜力的企业由"苏微贷"合作银行创新推出150万元的"免抵押金融信贷产品"，首次成功升规后再给予为期1年、300万元的银行贷款授信支持。凡为玄武区新引进规上企业做出实质性贡献的招商机构和个人，给予引荐奖励。

第七条　存量企业升级奖励

对玄武区经济社会发展有特殊贡献的存量企业（含个人），视企业增资扩产、对区贡献增量等情况，参照总部企业政策，进行奖励，对贡献突出的，可采用"一事一议"的方式，适当提高奖励标准、奖励期限。

第八条　园区经济贡献奖励

对照全市"4+4+1"产业，坚持"新兴"和"高端"取向、聚焦主导产业方向，建链、强链、补链相融合，构建以深耕"一区五园"为基础的产业集群培育机制，提升园区载体功能，打造一批产业新地标。对于产业关联度高、发展带动力强、单位附加值高的规模型、高成长性项目，最高给予园区经济贡献全返。

第九条　招商中介奖励

经登记管理、为玄武区新引进优质企业（项目）做出实质性贡献的境内外招商机构，根据服务活跃度和引进企业质量，可获得最高5万元/年的信息服务费、最高150万元招强奖励费。

第十条　专享玄武金卡

为进一步优化玄武营商环境，吸引更多高端资源要素集聚，在更高层次和更广领域选好商、招大商、引强企，玄武区首推"玄武金卡"，为高端优质企业高管团队在子女入学、专属医疗、政务通道、人才安居、文旅休闲等七大方面提供专享服务。

附　则

1.对带动性强、地方经济发展贡献大的重点项目，经与玄武区达成战略合作协议，在玄武区长期发展的，可单独制定奖励扶持方案。

2.企业须承诺长期在玄武发展（一般为10年），若迁离玄武，需退还累计享受的各项区级扶持资金。

3.本政策内容如与市级各类扶持政策有重叠，企业按"就高不重复"原则进行申报，不予重复奖补，且所有扶持资金以被扶持企业当年实现的地方经济贡献为限。

4.本政策有效期暂定两年，自2020年11月17日起执行。如遇国家和省市区相关政策调整，按新规定执行。

玄武区规上工业企业追赶三年行动计划

玄政〔2020〕111号

实体经济是经济的立身之本，既是推进创新名城建设、提升城市能级的坚实支撑，也是克服疫情冲击影响、赢得长远发展优势的重要基石。在新冠肺炎疫情和全球经济下行的双重压力之下，必须始终坚持把工业作为经济行稳致远的压舱石，加大培育规上工业企业，推动全区工业经济高质量可持续发展。

一、总体要求

坚持创新发展理念，以提高质量和效益为核心，以强化政策引导、深化梯度培育、加大考核激励为抓手，强化调度意识、优化服务举措，全面实施规上工业企业追赶三年行动计划，推动规上工业企业数量、质量和效益同步提升，为促进全区工业经济发展提供坚强支撑。

二、工作目标

力争通过三年时间，累计新增规上工业企业

60家以上，净增50家以上。其中：2020年全区规上工业企业新增15家以上，净增10家以上。

三、重点任务

1.建立升规企业培育库。每年从开票销售收入1500万元至2000万元临近入统企业、开票销售收入1000万元左右的高成长科技型制造业企业中筛选出30家左右符合产业政策、发展前景较好的企业作为重点培育对象。每月组织重点培育企业申报，通过市、区、街三级在线审核，确定入库企业名单。每月组织入库企业在线填报经营状况、企业困难诉求等数据，协调解决问题，并作为政策扶持的主要对象，加快企业成长入统。区发改委（工信局）每年对入库企业名单进行动态调整更新，对不符合培育条件的企业，取消入库资格。推进高新技术企业上规升级，把高新技术企业作为升规的主力军，予以重点培育服务。（责任单位：区发改委（工信局）、区科技局、区税务局、区市场监管局，各街道（园区））

2.优化产业结构调整。对于为大企业（集团）配套的非独立核算工业企业，指导其转为独立法人单位；对于统计在三产，且工业收入占比超过非工业收入的企业，动员其纳入工业统计体系；对工业收入小于非工业收入的企业，引导企业通过产能整合、靠大联强等方式，将工业产能剥离出来，成立新的法人单位，生成新的规模以上工业企业。同时，积极引导中小企业成为产业链龙头企业配套企业，走与大企业协作发展的道路，促进中小微企业与大企业协调发展。（责任单位：区发改委（工信局）、区税务局，各街道（园区））

3.加大临退企业帮扶力度。建立规上工业企业退库预警机制，将上年度主营业务收入2000万元至2500万元的规上工业企业作为“临退”企业，全面分析企业近3年指标变化情况及发展趋势。对于生产困难、指标下滑，特别是当年预计主营业务收入跌破2000万元以及停产半停产企业，实施专人服务，靶向施策，力争使其保留在规上工业企业行列。（责任单位：各街道（园区））

4.扩大企业产品销量。对辖区内重点工业企业的上游供应链关键环节、关键产品、核心厂商国外断供情况进行全面梳理，及时与上级部门沟通联系，积极帮助企业寻找国内替代供应商和替代产品。充分利用展会、产销对接推广活动等渠道帮助因疫情影响造成库存积压和境外市场需求下降的企业打开销路、开拓国内市场，着力帮助解决企业复工复产中的各种堵点、难点问题。（责任单位：区发改委（工信局）、区商务局，各街道（园区））

5.加快都市工业载体建设规划。着力在铁北红山新城和天仪公司花园路园区打造都市工业园区，因地制宜，编制园区建设规划，明确关键节点和环节，加快推进园区建设，为招商引资和新注册的都市工业企业提供载体平台。充分利用具有都市工业基础的楼宇打造都市工业楼宇，打破街道（园区）界限，加强合作，合理引导，将散落的各中小企业，根据产业、工艺相同，或产业链上下游关系等原则，分别聚集到各具特色的都市工业楼宇。（责任单位：区发改委（工信局），各街道（园区））

6.加大招商引资力度。进一步转变招商思路，持续开展产业链招商、以商引商，积极对接国际国内龙头企业，力争引进一批投资强度大、技术含量高、成长性好、符合主城区发展的工业项目落户玄武。在项目建设上，实施三年滚动项目计划，按照“谁招商谁服务、谁受益谁负责”的原则，督促和支持项目加快立项、规划、设计和环评等前期手续，加快项目落地。对已在建项目，加强项目服务调度，加快建设进度，尽快投产达效，力争每年谋划争取一批、开工建设一批、建成投产一批工业项目。（责任单位：区发改委（工信局）、区投促局，各街道（园区））

四、保障措施

1.加强组织领导。成立区政府培育规上工业企业领导小组，与区政府促进中小企业发展工作领导小组合署。发改、科技、财政、投促、市场监管、统计、税务等重点成员单位要加强政策协同、数据共享，共同推进规上工业企业培育工作。领导小组定期调度规上工业企业培育工作，听取街道（园区）、各相关部门工作进展情况汇报，对升规过程中的重点难点问题进行研究解决。各街道（园区）也要制定规上工业企业追赶行动计划，建立相应的组织体系，形成上下联动共同推进的工作机制。（责任单位：区政府促进中小企业发展工作领导小组办公室及各相关成员单位，各街道（园区））

2.*加大升规企业专项政策扶持*。支持具备升规潜力的企业加大技术装备投入，按投入总额10%给予奖补，奖补期限2年。对具备升规潜力的企业加大开拓市场力度。对具备升规潜力的企业由“苏微贷”合作银行创新推出150万元的“免抵押金融信贷产品”，首次成功升规后再给予为期1年、300万元的银行贷款授信支持。首次成功升规的企业，第一年给予30万元的“升规”奖励；次年未“退规”的，再给予20万元的“稳规”激励。对区工业产值指标作出较大贡献的企业，进行一事一议。（责任单位：区发改委（工信局）、区财政局、区金融监管局，各街道（园区））

3.*完善招商引资激励机制*。凡为玄武区新引进规上工业企业作出实质性贡献的招商机构和个人（不含各级行政机关、事业单位和人民团体等机构及其在职人员），每引进1家规上工业企业，给予1万元的引荐奖励。引进特别重大项目按照“一事一议”原则，由区政府培育规上工业企业领导小组单独研究制定奖励方案。（责任单位：区发改委（工信局）、区投促局）

4.*提升考核激励措施*。将净增规上工业企业指标任务，列入区对街道（园区）高质量发展考核中的“四新”行动部分，进行重点考核。对超额完成年度目标任务或建设符合要求的都市工业示范园区（楼宇）的街道（园区）和个人进行表彰，表彰方式另行确定。（责任单位：区发改委（工信局））

五、其他

1.同类型奖励按照就高不重复原则享受。

2.本办法自发布之日起实行，解释权归区发改委（工信局）。

关于进一步加强水土保持工作的通知

玄政办〔2020〕14号

为贯彻落实习近平生态文明建设思想，改善生态环境，促进经济和社会的可持续发展，按照“补短板、强监管、提质效”总体要求，突出解决水土保持监督管理“宽松软”问题，改善城乡生态环境、控制人为水土流失，推进生态文明建设。根据《中华人民共和国水土保持法》《中华人民共和国水土保持法实施条例》《江苏省水土保持条例》《南京市水土保持办法》和《省水利厅关于贯彻落实水利部<关于进一步深化“放管服”改革全面加强水土保持监管的意见>的通知》等法律法规及有关规定，结合我区实际，现就进一步加强水土保持工作通知如下：

一、强化组织领导

《中华人民共和国水土保持法》《江苏省水土保持条例》《南京市水土保持办法》等法律法规要求地方各级人民政府要建立健全水土保持目标责任制度和考核奖惩制度。水利部等国家七部委印发的《关于开展全国水土保持规划实施情况考核评估工作的通知》也明确将开展水土保持目标责任考核作为评估各省人民政府的一项重要指标。各街道（园区）、有关单位要高度重视水土保持工作，明确专门科室，指定专人负责此项工作，形成层层传导压力、层层抓好落实的工作格局，确保水土保持各项工作落到实处。

二、注重宣传教育

水土保持是我国的一项基本国策，各单位要大力宣传《中华人民共和国水土保持法》《江苏省水土保持条例》等法律法规和习近平生态文明建设思想，提高全社会水土保持法治观念和生态文明意识。充分利用报刊、网络和移动终端等宣传平台，充分利用世界水日、中国水周等重要时间节点，开展形式多样的宣传教育，扩大宣传覆盖面和影响力，提升宣传效果，形成全社会关心、支持和参与水土保持生态建设的良好氛围，增强全民水土保持观念和意识。

三、严格方案审批

凡在我区境内涉及扰动地表、损坏地貌植被等可能造成水土流失的生产建设项目，生产建设单位和个人应当自行或者委托有关机构编制水土保持方案（区级以上人民政府审批、核准、备案的项目除外），报区水务局审查批准，水土保持方案审批范围依据《省水利厅关于贯彻落实水利部<关于进一步深化“放管服”改革全面加强水土保持监管的意见>的通知》规定执行（详见附件1）。建设单位按批准的方案，落实水土保持“三同时”（同时设计、同时施工、同时投产）制度，落实水土流失预防和治理措施，依法及时交纳水土保持补偿费。已申报审批水土保持方案，未组织水土保持设施验收的项目要及时组织自主验收；已开工未办理水土保持方案行政许可的项目要限期补办相关手续。

四、明确监管责任

严格落实属地监管责任，区水务局担负全区水土保持方案审批、监督检查、执法协调等职责；各街道（园区）担负辖区的水土保持日常监管职责，加大辖区生产建设项目巡查检查力度，对不依法编报水土保持方案（简称“未批先建”）、随意倾倒废弃土石渣等未按批准的水土保持方案落实水保措施（简称“未落实水保措施”）、水土保持设施未经验收投入使用（简称“未验先投”）等违法行为生产建设项目，责令停止违法行为，并督促限期整改，同步报告区水务局。对逾期仍未整改的单位由区水务局协调相关单位依法予以处罚。

五、加强督查考核

健全行业督导考核机制，区水务局不定期对各街道（园区）生产建设项目水土保持工作落实情况进行检查，结合市级机关的水土保持工作检查通报，对各街道（园区）水土保持工作进行量化考核。同时，将区河长制工作考核按权重（以百分制得分乘以权重系数）计入各单位考核总分，作为各街道（园区）年度“河长制”工作考核参考依据，强化考核结果运用。（评分细则表详见附件2）。

附件：1.水土保持方案审批范围

2.玄武区水土保持工作量化评分细则表

附件1

水土保持方案审批范围

征占地面积在5公顷（含）以上或者挖填土石方总量在5万立方米（含）以上的生产建设项目应当编制水土保持方案报告书；征占地面积在0.5公顷（含）以上5公顷以下且挖填土石方总量在1千立方米（含）以上5万立方米以下的生产建设项目应当编制水土保持方案报告表；征占地面积不足0.5公顷（含）或挖填土石方总量不足1千立方米的生产建设项目不再办理水土保持方案审批手续，生产建设单位和个人依法做好水土流失防治工作。水土保持方案报告书和报告表应当在项目开工前报水行政主管部门等有审批权限的部门审批。

附件2

玄武区水土保持工作量化评分细则表

序号	考核项目	工作要求	说明事项	分值
1	组织机构	明确分管领导、科室和专职人员负责水土保持工作。	未明确具体科室和负责人的扣1分，专职人员变换未及时报备区水务局的扣1分	20
2	宣传教育	结合世界水日、中国水周等重要时间节点，采取多种形式，进行水土保持工作宣传或结合日常监管工作进行宣传活动。	每年至少组织1次专题宣传教育活动或结合日常监管的进行宣传活动，以活动信息（相关文字、图像说明）报送为准，未组织的扣1分	20
3	信息报送	每月对辖区生产建设项目进行检查，对"未批先建""未落实水保措施""未验先投"等违法建设项目及时制止，依据水土保持方案审批范围，及时将"未批先建"项目相关信息汇总，于每月最后一个周五上午下班前上报区水务局，并协同做好后期处置相关工作。	在区（市）相关部门检查中，发现"未批先建"违法项目信息未及时上报（超出项目实际开工时间1个月以上）项目信息的，每发现1起对应扣2(4)分	40
4	监督管理	督促辖区违法项目及时停止违法行为，配合区、市相关单位向违法项目单位送发水土保持工作相关通知，为后期执法处罚准备工作材料。	不能主动配合区、市组织的监管执法相关工作的，每发生1起对应扣1(2)分	20
5	总评			100

说明：1.量化评分每年按100分进行计算，最终按年度考核权重分核算成各单位年度水土保持工作得分

2.各单位因水土保持工作方面有显著成效的，受到省、市表彰的，每有1起对应加2(1)分，年度加分不超过3分

统计资料摘编

表 18　地区生产总值完成情况(2020)　　　　单位:亿元

行业分类	本期止累计	可比价增幅%
地区生产总值	1108.66	5.2
第一产业	0.00	—
第二产业	21.17	3.0
第三产业	1087.49	5.3
批发和零售业	133.81	8.1
批发业	92.29	7.5
零售业	41.52	9.7
交通运输、仓储和邮政业	65.05	5.3
住宿和餐饮业	21.77	-12.9
住宿业	11.50	-16.0
餐饮业	10.27	-8.9
金融业	212.10	6.1
房地产业	113.33	1.4
K门类房地产	98.94	0.7
自有房地产经营活动	14.39	5.0
营利性服务业	341.78	5.7
信息传输、软件和信息技术服务业	201.93	19.0
租赁和商务服务业	56.07	-20.5
科学研究和技术服务业	56.92	2.1
居民服务、修理和其他服务业	9.93	0.0
文化、体育和娱乐业	16.93	-5.6
非营利性服务业	199.60	5.6
水利、环境和公共设施管理业	7.34	7.1
教育	94.45	5.6
卫生和社会工作	28.06	11.2
公共管理、社会保障和社会组织	69.75	3.3

备注:绝对值按现行价格计算,增长速度按可比价格计算,本表为季报

表 19　全社会固定资产投资完成情况　　　　单位:万元

指标内容	同比±%
合计	7.0
其中:项目投资	3.8
房地产开发投资	9.7

表20　房地产开发投资完成情况(2020)

指标内容	计量单位	本期止累计	同比±%
房地产开发投资额	万元	860741	9.7
1.按工程用途分			
住宅	万元	626117	194.6
办公楼	万元	79725	-64.9
商业用房	万元	99584	45.0
其他	万元	55315	-80.0
2.房屋建设面积			
施工面积	平方米	1228668	-34.5
其中:住宅	平方米	769843	-18.0
竣工面积	平方米	141156	-90.7
其中:住宅	平方米	92630	-87.5
3.商品房销售面积	平方米	238557	35.0
其中:住宅	平方米	205491	57.8
4.房屋销售额	万元	984434	68.1
其中:住宅	万元	917162	73.7
5.商品房待售面积	平方米	44227	60.5
其中:住宅	平方米	26125	-5.2

注:商品房销售面积包括现房销售面积和期房销售面积;销售额同指

表21　全区固定资产投资完成情况(2020)　　单位:亿元

部门名称	本期止累计
梅园新村街道	1.63
新街口街道	10.68
玄武门街道	24.69
锁金村街道	7.44
红山街道	60.82
孝陵卫街道	11.70
玄武湖街道	11.81
徐管委	10.10
铁管委	10.64
教育局	3.00
水务局	1.26
建设局	4.50
房产局	2.51

表22　社会消费品零售总额完成情况(2020)　　单位:万元

项　　目	本期止累计	同比±%
社会消费品零售总额	10362965	1.3
其中:限额以上社会消费品零售额	7581376	11.7
一、限额以上社零按规模分		
(一)批发业	701492	18.3
(二)零售业	6666506	11.9
(三)住宿业	51638	-30.7
(四)餐饮业	161740	-8.8
二、限额以上社零按登记注册类型分		
(一)内资经济	6208188	10.1
(二)港澳台商投资经济	1313331	22.7
(三)外商投资经济	35635	-29.0
(四)个体经营经济	24222	-8.8

表23　外向型经济完成情况(2020)

	年计划	1—12月累计	同比±%	完成年计划%
实际利用外资(万美元)	23000	23880	7.5	104
外贸进出口(亿人民币)	658	680.4	13.7	103.4
服务贸易进出口(万美元)	45780	40654	-1.4	88.8

表24　玄武区2020年末户籍人口

地　　区	总户数(户)	总人口(人)			性别比	2019年末户籍人口(人)
		合计	男	女		
玄武区	155606	467489	232045	235444	98.56	470203
梅园新村街道	30097	79816	38094	41722	91.30	80986
新街口街道	28680	85840	42632	43208	98.67	78201
玄武门街道	15653	65061	33771	31290	107.93	68322
锁金村街道	10672	34155	16704	17451	95.72	43782
红山街道	22689	62049	30754	31295	98.27	59396
孝陵卫街道	28241	88551	44540	44011	101.20	87670
玄武湖街道	19574	52017	25550	26467	96.54	51846

表25　玄武区2020年户籍人口变动情况　　单位：人

			总人数	男	女
人口变动情况	增加数	出　　生	3229	1700	1529
		市外迁入	8533	—	—
		市内移入	17645	—	—
		其　　他	256	—	—
	减少数	死　　亡	2921	1636	1286
		迁往市外	6575	—	—
		市内移出	20923	—	—
		其　　他	1958	—	—

表26　2020年高新技术、科技型企业认定情况

	单位	新增数	全区累计数
高新技术企业	家	80	325

注：高新技术企业按年度进行认定，年底确定累计数

表27　2019年徐庄高新区注册企业情况

	单位	引进注册企业	累计注册企业
徐庄高新区	家	317	2409

注：该数据为徐庄核心区统计数据

表28　2020年专利申请量完成情况

类　别	单位	1-11月累计(件)	同比增长±%
发明专利	件	6239	-0.51
实用新型	件	5640	16.03
外观设计	件	433	-27.83
合　计	件	12312	4.94

表29　城镇居民生活情况(2020)　　单位：元

	2020年	2020年为上年(%)
市居民人均可支配收入	74882.20	104.90
城市居民人均消费支出	49749.40	101.00
恩格尔系数(%)	—	—
文教娱乐支出比重(%)	—	—
人均住房建筑面积(含偶尔居住房平方米)	—	—

表30 玄武区2020/2021学年初幼儿园学生、办学条件基本情况

学校名称	班数(个)	入园人数(人)	在园人数(人)	离园人数(人)	幼儿园占地及校舍面积(平方米)				户外活动场地(平方米)	图书(册)
					占地面积	建筑面积	教学及辅助用房	行政办公用房		
总 计	444	4657	13306	4194	227219.32	160754.21	113361.88	10125.41	99044.93	236376
南京市北京东路小学附属幼儿园	9	100	313	124	3248	3247	2457	160	1400	3315
南京市半山园小学附属幼儿园	9	97	279	77	4528	3775	3154	357	2088	3702
南京市长江路小学幼儿园	9	81	262	80	4003.5	4485.3	3381.9	345	1800	6080
南京市逸仙实验幼儿园	9	90	271	81	3000	2246	1744.8	104	1356	3000
南京市锁金幼儿园	9	83	252	84	3600	1677	1383	199	1600	4389
南京师范大学附属小学实验幼儿园	12	117	339	112	4554	5413	4274	330	2450	15637
南京市玄武门幼儿园	7	59	191	53	3670	1367	1137	99	609	4930
南京市长江路小学附属银城幼儿园	9	100	307	101	7000	3650	2790	120	2762	3800
南京市孝陵卫中心幼儿园	9	94	305	90	3813	2656	2097	187	1500	3600
南京理工大学附属幼儿园	18	168	504	168	8038	5425	3101	267	4749	6800
东南大学总务处幼儿园	11	114	327	97	7001	4213	3594	120	2788	10175
南京体育学院附属幼儿园	6	60	194	70	3285	1805	1518	63	1355	2666
南京农业大学附属幼儿园	10	111	292	87	3078	3300	2789	199	1848	4800
南京玄武钟灵农科苑幼儿园	14	136	373	121	4200	3280	3000	100	2000	6125
中国人民解放军海军指挥学院幼儿园	7	56	168	80	5500	2800	1258	200	3300	10000
中国人民解放军32075部队香禾幼儿园	9	80	225	70	6450	4127	1873.7	1178.4	3106	4962
南京军区南京实验幼儿园	10	105	290	103	11340	5880	3869	116	5732	9050
南京前线幼儿园	6	85	163	59	4600	2615	2035	60	1750	3650
东部战区空军后勤部机关幼儿园	10	101	253	75	2146	4342	2024	202	920	7630
南京军区空军直属机关幼儿园	13	145	393	123	7451	5183	3198	594	1665	5000
南京军区政治部小天鹅幼儿园	13	182	383	162	7500	7750	5422	615	2500	16950
中国人民解放军31121部队幼儿园	5	24	97	56	3770	2475	1392	100	1400	2670
南京市市级机关第一幼儿园	16	172	495	143	5901.6	5072.4	3736.4	604	2832.5	4550
南京熊猫新兴实业有限公司幼教中心御道街幼儿园	12	107	439	122	5180	3956	2331	104	3000	8113
南京市锁金新村第一小学附属幼儿园	9	112	330	105	2500	1490	1215	45	1050	3500
南京熊猫新兴实业有限公司幼教中心后宰门幼儿园	6	59	196	80	2324	1254	912	170	1300	2685
南京市玄武区如意幼儿园	6	87	239	75	2125	2426	1805	97	964	6488
南京市玄武区花红园幼儿园	6	72	232	43	1057	640	510	30	450	2000
南京市玄武区钟山幼儿园	7	71	238	80	1563	863	657	18	700	4342
南京市玄武区锁金村第一幼儿园	7	65	228	79	3265	1921	1434	73	1285	4835
南京市行知实验幼儿园	11	114	385	107	4600	4060	2985.6	382	2037	4084
南京华星艺术幼儿园	5	52	123	31	2120	1740	850	150	1000	600

(续表30)

学校名称	班数(个)	入园人数(人)	在园人数(人)	离园人数(人)	幼儿园占地及校舍面积(平方米)				户外活动场地(平方米)	图书(册)
					占地面积	建筑面积	教学及辅助用房	行政办公用房		
南京市小哈佛双语幼儿园	8	91	267	123	1100	1700	970	90	640	3200
南京市玄武区淘淘幼儿园	10	114	314	99	4500	3000	2042	110	1900	3500
南京玄武樱花幼儿园	7	71	226	77	2644	1697	1357	30	1020	4020
南京玄武晶晶幼儿园	9	99	263	100	6048	2628.56	1229	68	2412	4440
南京玄武东方城幼儿园	6	52	154	59	2480	1923	1693	80	921	2100
南京红山幼儿园	12	120	344	129	6376	3933	2969	528	2904.15	4590
南京市北京东路小学附属阳光幼儿园	9	92	277	100	4457.4	2843.9	1807.6	270.15	1966.43	3197
南京玄武北苑之星幼儿园	7	79	201	74	4100	1900	1295	20	2000	3000
南京玄武月苑幼儿园	6	50	160	56	1200	1268	990	35	400	1250
南京玄武墨香幼儿园	9	82	251	72	2800	2350	1455.4	69	1464	5030
南京紫金东郡幼儿园	9	95	277	80	10466	3635	3085	350	3400	4091
南京市北京东路小学附属月香幼儿园	9	59	283	69	5160	3672	2754	173.9	1876	1781
南京市玄武区淘淘幼儿园十字街分园	6	43	150	60	1000	1300	1220	15	300	1700
南京市玄武区淘淘幼儿园钟山山庄分园	6	49	145	56	1750	1450	1120	15	500	1640
南京市行知实验幼儿园花园路分园	6	75	193	77	2200	860	690	20	700	2100
南京师范大学附属小学钟秀幼儿园	4	60	127	0	4707.52	3197.61	2559.71	188.4	1116.52	1276
南京市铁北新城第一幼儿园	6	85	171	0	4778.25	3824.16	2852.42	262.6	2662.43	2312
南京市北京东路小学附属恒嘉幼儿园	3	66	103	0	4156.8	4156.78	1842.94	74	2166.9	336
南京市圣玛丽紫金华府幼儿园	7	76	170	25	4674.25	3314.5	2477.41	167.96	3580	3565
南京市长江路小学附属博爱幼儿园	3	44	60	0	4010	2526	1860	90	2060	720
南京市逸仙实验第二幼儿园	3	56	84	0	6200	4441	3164	80	1759	2400

表31　玄武区2020/2021学年初幼儿园教师基本情况　　单位:人

	教职工	专任教师	专任教师按学历分					专任教师按职称分					
			研究生毕业	本科毕业	专科毕业	高中阶段毕业	高中阶段毕业以下	正高级	副高级	中级	助理级	员级	未定职级
总　计	2113	1050	11	717	322				2	258	375	16	399
南京市北京东路小学附属幼儿园	52	32		32						11	20		1
南京市半山园小学附属幼儿园	40	20		19	1					11	9		
南京市长江路小学幼儿园	41	27	1	25	1					10	13		4
南京市逸仙实验幼儿园	38	17	1	15	1					8	9		
南京市锁金幼儿园	39	18		16	2					8	10		
南京师范大学附属小学实验幼儿园	52	25	1	24						13	12		
南京市玄武门幼儿园	37	16		15	1					10	6		

（续表31）

	教职工	专任教师	专任教师按学历分					专任教师按职称分					
			研究生毕业	本科毕业	专科毕业	高中阶段毕业	高中阶段毕业以下	正高级	副高级	中级	助理级	员级	未定职级
南京市长江路小学附属银城幼儿园	35	20		19	1					3	9		8
南京市孝陵卫中心幼儿园	37	20		19	1				1	10	8		1
南京理工大学附属幼儿园	85	43		30	13					8	21		14
东南大学总务处幼儿园	63	34		28	6					7	3		24
南京体育学院附属幼儿园	27	12		2	10					1	1	1	9
南京农业大学附属幼儿园	48	23		13	10					1	10		12
南京玄武钟灵农科苑幼儿园	60	31		15	16						2	4	25
中国人民解放军海军指挥学院幼儿园	39	19		14	5					8	9		2
中国人民解放军32075部队香禾幼儿园	48	18		6	12					3	7		8
南京军区南京实验幼儿园	62	25		18	7					18	3		4
南京前线幼儿园	34	14		10	4					5	5		4
东部战区空军后勤部机关幼儿园	57	27		23	4					9	16		2
南京军区空军直属机关幼儿园	80	48		28	20					25	8		15
南京军区政治部小天鹅幼儿园	72	42	6	36					1	19	17		5
中国人民解放军31121部队幼儿园	27	12		11	1					4	4		4
南京市市级机关第一幼儿园	86	38	1	37						20	11		7
南京熊猫新兴实业有限公司幼教中心御道街幼儿园	51	24		9	15					5	9		10
南京市锁金新村第一小学附属幼儿园	38	19		16	3					11	6		2
南京熊猫新兴实业有限公司幼教中心后宰门幼儿园	25	14		6	8					2	4		8
南京市玄武区如意幼儿园	35	16		10	6					4	8		4
南京市玄武区花红园幼儿园	23	10		9	1					3	5	2	
南京市玄武区钟山幼儿园	30	15			15						4	5	6
南京市玄武区锁金村第一幼儿园	31	16		11	5					3	9		4
南京市行知实验幼儿园	44	22		6	16						2		20
南京华星艺术幼儿园	22	10		2	8						2		8
南京市小哈佛双语幼儿园	37	18		4	14					3	4	1	10
南京市玄武区淘淘幼儿园	38	20		9	11						1		19
南京玄武樱花幼儿园	40	22		10	12					2	8	1	11
南京玄武晶晶幼儿园	42	21		8	13						5		16
南京玄武东方城幼儿园	26	13		6	7					1	4		8
南京红山幼儿园	52	29		20	9					2	17		10
南京市北京东路小学附属阳光幼儿园	39	19		18	1					2	16		1
南京玄武北苑之星幼儿园	33	15		8	7					1			14
南京玄武月苑幼儿园	24	12		3	9						1		11

（续表31）

	教职工	专任教师	专任教师按学历分					专任教师按职称分					
			研究生毕业	本科毕业	专科毕业	高中阶段毕业	高中阶段毕业以下	正高级	副高级	中级	助理级	员级	未定职级
南京玄武墨香幼儿园	36	18		6	12								18
南京紫金东郡幼儿园	46	23		16	7						12		11
南京市北京东路小学附属月香幼儿园	41	21	1	20						4	15		2
南京市玄武区淘淘幼儿园十字街分园	23	12		8	4						6		6
南京市玄武区淘淘幼儿园钟山山庄分园	23	12		4	8						6		6
南京市行知实验幼儿园花园路分园	29	13		5	8							2	11
南京师范大学附属小学钟秀幼儿园	21	8		8						1	4		3
南京市铁北新城第一幼儿园	26	12		11	1					1	6		5
南京市北京东路小学附属恒嘉幼儿园	18	8		7	1						4		4
南京市圣玛丽紫金华府幼儿园	31	15		10	5								15
南京市长江路小学附属博爱幼儿园	14	6		6							2		4
南京市逸仙实验第二幼儿园	16	6		6						1	2		3

表32　玄武区2020/2021学年初小学学校班级、学生数情况

学校名称	毕业生数	招生数	在校生数							班级数(个)						
			合计	一年级	二年级	三年级	四年级	五年级	六年级	合计	一年级	二年级	三年级	四年级	五年级	六年级
总　计	4178	4871	25986	4871	4858	4721	4102	3893	3541	695	126	127	123	110	108	101
南京市徐庄高新区实验小学	0	225	1053	225	226	186	174	142	100	28	6	6	5	4	4	3
南京玄武外国语学校附属小学	0	167	837	167	176	164	165	165	0	20	4	4	4	4	4	0
南京市锁金新村第一小学	102	107	575	107	105	84	97	88	94	18	3	3	3	3	3	3
南京市锁金新村第二小学	109	109	616	109	99	110	97	89	112	18	3	3	3	3	3	3
南京市宇花小学	79	48	381	48	59	74	69	69	62	17	2	3	3	3	3	3
南京市小营小学	215	266	1359	266	266	246	219	167	195	35	6	6	6	6	5	6
南京市成贤街小学	212	176	987	176	200	178	153	138	142	25	4	5	4	4	4	4
南京市逸仙小学	73	87	417	87	57	70	68	65	70	18	3	3	3	3	3	3
南京市长江路小学	281	223	1276	223	232	198	217	203	203	31	6	5	5	5	5	5
南京市洪武北路小学	136	84	602	84	100	108	99	98	113	19	3	3	3	3	3	4
南京市同仁小学	111	111	534	111	95	95	77	81	75	18	3	3	3	3	3	3
南京师范大学附属小学	387	498	2729	498	562	553	448	363	305	65	12	13	13	10	9	8
南京市中央路小学	169	162	1003	162	169	170	160	154	188	30	5	5	5	5	5	5
南京市红山小学	146	114	906	114	155	172	154	172	139	24	4	4	4	4	4	4
南京农业大学实验小学	211	247	1286	247	241	230	176	189	203	33	6	6	6	5	5	5
南京市海英小学	130	138	780	138	124	147	109	126	136	24	4	4	4	4	4	4
南京市北京东路小学	329	270	1583	270	286	317	259	230	221	38	6	7	7	6	6	6

（续表32）

学校名称	毕业生数	招生数	在校生数							班级数(个)						
			合计	一年级	二年级	三年级	四年级	五年级	六年级	合计	一年级	二年级	三年级	四年级	五年级	六年级
南京市月苑第一小学	350	243	1544	243	263	271	236	282	249	37	6	6	7	6	6	6
南京市玄武实验小学	95	98	592	98	110	113	100	95	76	18	3	3	3	3	3	3
南京市立贤小学	181	269	1218	269	216	227	183	172	151	29	6	5	6	4	4	4
南京市紫金山小学	0	196	476	196	163	117	0	0	0	12	5	4	3	0	0	0
南京理工大学实验小学	482	450	2704	450	459	465	478	461	391	61	10	11	11	10	10	9
南京市樱花小学	183	231	1193	231	201	215	186	186	174	33	6	6	6	5	5	5
南京市铁北新城小学	0	127	196	127	69	0	0	0	0	5	3	2	0	0	0	0
南京市科利华小学	93	99	520	99	90	93	83	72	83	18	3	3	3	3	3	3
南京市孝陵卫初级中学	104	126	619	126	135	118	95	86	59	21	4	4	3	4	4	2

表33　玄武区2020/2021学年初小学学校教职工基本情况

学校名称	教职工数（人）	专任教师数（人）	专任教师按职称分（人）						专任教师按学历分（人）				
			正高级	副高级	中级	助理级	员级	未定职级	研究生毕业	本科毕业	专科毕业	高中阶段毕业	高中阶段毕业以下
合　计	1829	1784	5	83	942	578	1	175	127	1570	87	0	0
南京市徐庄高新区实验小学	65	64	0	2	31	24	0	7	4	57	3	0	0
南京玄武外国语学校附属小学	62	54	2	4	18	16	0	14	8	43	3	0	0
南京市锁金新村第一小学	49	48	0	2	33	12	0	1	2	38	8	0	0
南京市锁金新村第二小学	48	47	0	3	26	13	0	5	3	43	1	0	0
南京市宇花小学	47	45	0	2	25	14	0	4	4	41	0	0	0
南京市小营小学	86	85	0	5	46	28	0	6	4	78	3	0	0
南京市成贤街小学	70	67	0	3	41	20	0	3	2	57	8	0	0
南京市逸仙小学	49	48	0	4	31	11	0	2	3	40	5	0	0
南京市长江路小学	98	96	0	4	54	36	0	2	2	90	4	0	0
南京市洪武北路小学	53	52	0	2	34	14	0	2	3	49	0	0	0
南京市同仁小学	46	45	0	1	29	12	0	3	2	41	2	0	0
南京师范大学附属小学	163	162	1	6	85	42	0	28	17	135	10	0	0
南京市中央路小学	80	78	0	3	51	20	0	4	3	72	3	0	0
南京市红山小学	66	65	0	4	30	27	0	4	3	59	3	0	0
南京市孝陵卫中心小学	81	80	0	3	45	22	0	10	6	69	5	0	0
南京市海英小学	64	63	0	3	52	8	0	0	2	57	4	0	0
南京市北京东路小学	109	108	1	9	67	28	0	3	3	100	5	0	0
南京市月苑第一小学	107	105	1	2	46	47	1	8	6	93	6	0	0
南京市玄武实验小学	42	41	0	2	12	22	0	5	6	35	0	0	0
南京市立贤小学	73	72	0	3	35	27	0	7	10	61	1	0	0

(续表33)

学校名称	教职工数(人)	专任教师数(人)	专任教师按职称分(人)						专任教师按学历分(人)				
			正高级	副高级	中级	助理级	员级	未定职级	研究生毕业	本科毕业	专科毕业	高中阶段毕业	高中阶段毕业以下
南京市紫金山小学	30	28	0	0	4	14	0	10	3	25	0	0	0
南京理工大学实验小学	161	160	0	9	67	60	0	24	13	140	7	0	0
南京市樱花小学	77	76	0	3	38	25	0	10	7	63	6	0	0
南京市铁北新城小学	17	12	0	1	3	4	0	4	1	11	0	0	0
南京市科利华小学	47	46	0	1	20	22	0	3	7	39	0	0	0
南京市孝陵卫初级中学	39	37	0	2	19	10	0	6	3	34	0	0	0

表34　玄武区2020/2021学年初小学学校办学条件基本情况

学校名称	占地面积(平方米)	校舍建筑面积(平方米)					图书(册)	计算机(台)		运动场地面积(平方米)	固定资产总值(万元)	
		计	教学及辅助用房					计	教学用计算机		计	仪器设备
			计	体育馆	实验室	教室						
合　计	339681.05	268160.79	164245.87	27557.17	18987.2	103243.4	887969	6399	5844	167366.4	33421.313	15334.794
南京市徐庄高新区实验小学	29167.93	34638.6	7064	2500	999	2664	31647	175	168	6800	880.43	592.66
南京玄武外国语学校附属小学	4601	4859.6	4021.6	950	117	2592.6	25947	156	155	2670.4	304.12	264.27
南京市锁金新村第一小学	6345	8398.5	5454	1679	492	3091	26254	287	283	2679	1036.25	604.98
南京市锁金新村第二小学	7575	3779	3135	0	135	2720	25287	223	203	4690	836.57	534.48
南京市宇花小学	9414	6239	4164	320	200	3180	13685	138	133	3500	1506.50	417.72
南京市小营小学	15200	13034.3	8500.1	2400	765	4739.1	41276	354	256	7680	1370.89	881.00
南京市成贤街小学	9476	6453	5987	880	115	4732	36775	226	191	4486	1258.03	699.36
南京市逸仙小学	6647.95	11128.5	4617.2	1065	249.2	2863	17188	99	89	1300	1470.18	365.00
南京市长江路小学	11512	9579	6931	780	1718	3698	40371	509	450	5436	1569.80	944.50
南京市洪武北路小学	8600	6710	5276	520	109	4406	23735	128	120	4900	728.00	323.24
南京市同仁小学	6641.5	7090	6127	993	898	3955	22564	144	138	3883	985.73	467.17
南京师范大学附属小学	23932	17309	12598	1650	340	9778	82870	477	455	17010	3200.97	1057.95
南京市中央路小学	4719	7406.59	6172	800	480	4392	34910	201	198	2960	1496.49	627.93
南京市红山小学	14100	10040	7967	605	3552	2813	32612	313	300	6489	1775.27	652.49
南京市孝陵卫中心小学	15082	11619.7	7754.7	1200	1980	3697.7	39674	299	211	7780	1301.56	886.10
南京市海英小学	7389	6690	5372	720	712	3540	28900	218	209	5221	1313.77	603.32
南京市北京东路小学	18820	13086	10101	360	2495	6166	70032	578	568	12525	3021.43	1025.93
南京市月苑第一小学	18199	10382	8036	462	198	6874	56182	263	256	10428	1004.24	387.11
南京市玄武实验小学	15000	6525	3455	570	800	1664	31221	193	191	4914	2234.00	426.10
南京市立贤小学	18694.24	22521.1	13483.6	3183.5	1540	6899	36780	206	197	6520	378.70	370.00
南京市紫金山小学	24842	15593.9	3424.67	1342.67	103	1554	15280	95	63	9514	688.13	595.31

（续表34）

学校名称	占地面积（平方米）	校舍建筑面积（平方米）					图书（册）	计算机（台）		运动场地面积（平方米）	固定资产总值（万元）	
		计	教学及辅助用房					计	教学用计算机		计	仪器设备
			计	体育馆	实验室	教室						
南京理工大学实验小学	24926	14960	12293	2899	298	8499	87817	488	486	17821	2282.00	1023.01
南京市樱花小学	17729	9562	6133	640	270	4719	40398	415	360	8580	1376.00	900.77
南京市铁北新城小学	15568.43	6238	2715	640	202	1500	6272	56	48	6090	900	200
南京市科利华小学	5500	4318	3464	398	220	2507	20292	158	116	3490	502.25	484.4

备注：孝陵卫初级中学小学部办学部分统计在初中

表35　玄武区2020/2021学年初普通中学班级、学生数情况

学校名称	班级数（个）									毕业学生数		招生数		在校学生数（人）								
	合计	初中				高中				初中	高中	初中	高中	合计	初中				高中			
		计	一年级	二年级	三年级	计	一年级	二年级	三年级						计	一年级	二年级	三年级	计	一年级	二年级	三年级
总　计	461	306	111	105	90	155	54	51	50	3642	2112	4807	2459	19953	12939	4807	4490	3642	7014	2459	2355	2200
南京市梅园中学	22	22	7	7	8					228		227		693	693	227	238	228				
南京市孝陵卫初级中学	11	11	4	4	3					83		104		292	292	104	105	83				
南京市科利华中学	40	40	14	14	12					555		689		1866	1866	689	622	555				
南京市紫东实验学校	19	19	7	8	4					116		296		714	714	296	302	116				
南京市弘光中学	34	34	12	12	10					402		567		1535	1535	567	566	402				
南京市第十三中学锁金分校	32	32	11	11	10					443		511		1464	1464	511	510	443				
南京市红山初级中学	41	41	15	14	12					517		697		1868	1868	697	654	517				
南京市第五十四中学	18	18	6	6	6					229		201		681	681	201	251	229				
南京玄武外国语学校	34	34	12	12	10					469		530		1523	1523	530	524	469				
南京市科利华紫金中学	7	7	4	2	1					40		187		307	307	187	80	40				
南京市第九初级中学	32	32	12	10	10					435		524		1424	1424	524	465	435				
南京市科利华铁北中学	4	4	3	1	0					0		115		143	143	115	28	0				
南京市玄武高级中学(太平门校区)	30					30	10	10	10		387		476	1396					1396	476	483	437
南京市人民中学	40	12	4	4	4	28	10	9	9	125	351	159	449	1688	429	159	145	125	1259	449	418	392
南京市第十三中学	52					52	18	18	16		696		771	2217					2217	771	764	682
南京市第九中学	45					45	16	14	15		678		763	2142					2142	763	690	689
南京市第九中学	45					45	16	14	15		678		763	2142					2142	763	690	689

表36　玄武区2020/2021学年初普通中学教职工基本情况

单位:人

学校名称	教职工(人)	专任教师(人)	初中专任教师(人)											高中专任教师(人)										
			按职称分						按学历分					按职称分						按学历分				
			正高级	副高级	中级	助理级	员级	未定职级	研究生毕业	本科毕业	专科毕业	高中阶段毕业	高中阶段毕业以下	正高级	副高级	中级	助理级	员级	未定职级	研究生毕业	本科毕业	专科毕业	高中阶段毕业	高中阶段毕业以下
总　计	1785	1716	2	261	477	161	0	166	177	890	0	0	0	4	283	211	29	0	122	214	435	0	0	0
南京市梅园中学	88	81	0	18	51	8	0	4	7	74	0	0	0											
南京市孝陵卫初级中学	40	39	0	14	17	4	0	4	5	34	0	0	0											
南京市科利华中学	144	140	2	38	51	22	0	27	34	106	0	0	0											
南京市紫东实验学校	63	61	0	12	20	10	0	19	8	53	0	0	0											
南京市弘光中学	117	114	0	32	48	13	0	21	20	94	0	0	0											
南京市第十三中学锁金分校	120	114	0	30	59	15	0	10	24	90	0	0	0											
南京市红山初级中学	142	139	0	23	63	23	0	30	23	116	0	0	0											
南京市第五十四中学	70	65	0	24	33	2	0	6	5	60	0	0	0											
南京玄武外国语学校	130	127	0	18	58	37	0	14	15	112	0	0	0											
南京市科利华紫金中学	25	24	0	2	1	9	0	12	5	19	0	0	0											
南京市第九初级中学	117	113	0	33	54	16	0	10	20	93	0	0	0											
南京市科利华铁北中学	17	12	0	3	1	0	0	8	5	7	0	0	0											
南京市玄武高级中学(太平门校区)	135	131												0	69	44	1	0	17	15	116	0	0	0
南京市人民中学	162	156	0	14	21	2	0	1	6	32	0	0	0	0	46	35	13	0	24	19	99	0	0	0
南京市第十三中学	212	203												4	79	64	6	0	50	120	83	0	0	0
南京市第九中学	203	197												0	89	68	9	0	31	60	137	0	0	0

表37　玄武区2020/2021学年初普通中学办学条件基本情况

学校名称	占地面积(平方米)	建筑面积(平方米)					图书(册)	计算机(台)		运动场地面积(平方米)	固定资产总值(万元)	
		计	教学及辅助用房					计	教学用计算机		计	仪器设备
			计	体育馆	实验室	教室						
合　计	408248.51	346338.03	159659.48	30312.53	32114.86	75696.25	924234	8119	7519	148187.05	45367.169	20746.581
南京市梅园中学	15965	18534	8307	1030	1440	4637	30953	240	240	7026	2336.90	866.50
南京市孝陵卫初级中学	15840	16278	9331	2000	1530	4860	31029	288	251	5588	2009.93	1234.50
南京市科利华中学	10576	22553.2	12062.7	1914	3183.7	5816.4	75000	483	480	3973.6	3308.81	1305.42
南京市紫东实验学校	39824	9920	4750	0	1117	3013	32968	454	298	11192	2288.00	398.00
南京市弘光中学	28380	18195	14265	1320	5420	5665	61410	755	655	14730	927.60	902.80
南京市第十三中学锁金分校	19079	20219.2	13701.2	3000	2380	5936.2	58560	460	458	11994	1866.42	1130.92
南京市红山初级中学	34616	24477.85	11241.37	1613.46	3062.67	5127.36	74720	418	401	16193.46	950.90	903.17
南京市第五十四中学	16170	10922.8	5590.63	88.49	1728.44	2620.8	45254	240	203	7004	1150.08	519.82
南京玄武外国语学校	17207	20843	12516	3496	1629	6894	61020	370	330	10985	4574.50	771.50
南京市科利华紫金中学	18158.02	9992.58	3204.33	671.33	750	1363	13280	104	84	4757	620.00	443.00
南京市第九初级中学	23390.1	21139	10988	1045	1996	6680	56965	568	563	5816.45	1345.05	777.16
南京市科利华铁北中学	24619.17	28234.7	2555.25	871.25	223.05	885.49	5720	76	73	1327.54	300.00	100.00
南京市玄武高级中学(太平门校区)	19606	22160	9065	1278	1445	4254	66221	521	506	8000	4329.75	1238.27

（续表37）

学校名称	占地面积（平方米）	建筑面积（平方米）						图书（册）	计算机（台）		运动场地面积（平方米）	固定资产总值（万元）	
		计	教学及辅助用房						计	教学用计算机		计	仪器设备
			计	体育馆	实验室	教室							
南京市人民中学	27105	34993.9	13980	7284	1963	3212		72073	600	515	9602	3389.49	2270.97
南京市第十三中学	41670	31377	15038	2800	2000	8616		114924	1480	1480	15700	7038.74	4142.54
南京市第九中学	56043.22	36497.8	13064	1901	2247	6116		124137	1062	982	14298	8931	3742

表38　玄武区2020/2021学年初特殊教育学校基本情况

学校类别	校数	学校情况			学生情况	
学生数	1	学校类别	学校办别	班数	毕生业数	学生数
		专业学校	教育部门	8	0	103

教职工情况

按学历分				按职称分					
研究生毕业	本科毕业	专科毕业	高中阶段毕业	正高级	副高级	中级	助理级	员级	未定级
3	15	1	0	0	2	9	2	0	6

办学条件

占地面积（平方米）	建筑面积（平方米）	教辅面积（平方米）	行政用房（平方米）	图书(册)	数字资源（GB）
4289	5377	4190	500	4478	0

表39　玄武区2020/2021学年初中等职业教育在校学生数及分专业情况　　单位：人

专　业	年制	毕业生数		招生数				在校生数					预计毕业生数	
		计	其中：获得职业资格证书	计	其中：应届毕业生		其中：五年制高职中职段	合计	一年级	二年级	三年级	四年级及以上	计	其中：五年制高职中职段
					计	其中：初中毕业								
中职学生	0	772	772	919	919	898	348	2481	919	769	793	0	799	246
其中：女		503	503	594	594	594	185	1551	594	486	471	0	471	170
普通中专学生小计		772	772	919	919	898	348	2481	919	769	793	0	799	246
普通中专学生其中：女	0	503	503	594	594	594	185	1551	594	486	471	0	471	170
计算机应用	5	0	0	30	30	30	30	94	30	32	32	0	33	33
数字媒体技术应用	5	2	2	28	28	28	28	75	28	25	22	0	30	30
软件与信息服务	5	0	0	28	28	28	28	82	28	29	25	0	39	39
电子商务	5	57	57	99	99	99	21	222	99	73	50	0	61	31
美发与形象设计	5	0	0	19	19	19	19	61	19	18	24	0	26	26
会计	5	0	0	36	36	36	36	36	36	0	0	0	0	0
旅游服务与管理	3	0	0	41	41	41	41	41	41	0	0	0	0	0
计算机动漫与游戏制作	3	83	83	28	28	28	0	153	28	68	57	0	57	0
计算机网络技术	3	78	78	24	24	24	0	131	24	30	77	0	77	0

(续表39)

专业	年制	毕业生数		招生数				在校生数					预计毕业生数	
		计	其中:获得职业资格证书	计	其中:应届毕业生		其中:五年制高职中职段	合计	一年级	二年级	三年级	四年级及以上	计	其中:五年制高职中职段
					计	其中:初中毕业								
美容美体	3	21	21	22	22	22	0	70	22	27	21	0	21	0
休闲服务	3	30	30	29	29	29	0	81	29	24	28	0	28	0
运动训练	3	22	22	5	5	5	0	54	5	26	23	0	23	0
老年人服务与管理	3	54	54	35	35	35	0	101	35	33	33	0	33	0
商务英语	3	14	14	3	3	3	0	18	3	7	8	0	8	0
商务韩语	3	2	2	6	6	0	0	21	6	6	9	0	9	0
商务日语	3	4	4	15	15	0	0	29	15	9	5	0	5	0
音乐	3	41	41	41	41	41	0	97	41	37	19	0	19	0
舞蹈表演	3	5	5	0	0	0	0	4	0	2	2	0	2	0
戏剧表演	3	2	2	3	3	3	0	8	3	4	1	0	1	0
美术绘画	3	174	174	161	161	161	0	413	161	120	132	0	132	0
美术设计与制作	3	38	38	52	52	52	0	112	52	30	30	0	30	0
学前教育	3	145	145	0	0	0	0	127	0	49	78	0	78	0
幼儿保育	5	0	0	195	195	195	126	336	195	71	70	0	0	0
工艺美术	5	0	0	19	19	19	19	67	19	23	25	0	0	0
社会文化艺术	5	0	0	0	0	0	0	48	0	26	22	0	87	87

表40　玄武区2020/2021学年初等职业教育学校专任教师及办学条件情况

学校名称	中职专任教师										
	按学历分					按职称分					
	合计	研究生毕业	本科毕业	专科毕业	高中阶段及以下	合计	正高级	副高级	中级	初级	未定职级
玄武中等职业学校	225	75	149	1		225	2	79	84	26	34

学校名称	办学条件														
	占地面积(平方米)	建筑面积(平方米)									运动场地(平方米)	绿化面积(平方米)	计算机(台)	固定资产总值(万元)	
		计	教辅用房(平方米)			行政用房	会堂	体育馆	图书馆	其他				计	仪器设备
			计	教室	实验室										
玄武中等职业学校	30301	22922	16496	6255	10241	3922	1200	815	489	7379	18147	25027	1047	8004	1993

新闻媒体报道题录

《新华日报》

1月15日　东大校友走进红山话发展（盛文虎　任航）

1月15日　南林大学子下了考场就捐髓（盛文虎　李天安）

1月15日　这场“村晚”地道“锁金味”（盛文虎　成梓琢）

1月15日　新街口街道签约项目投资总额完成进度1374%的背后——一张招商“网”，打出“鱼”满舱（盛文虎　卢君）

1月15日　聚力打造长江路文化旅游集聚区　玄武：活力主城起笔“诗和远方”（盛文虎　汪拥政）

2月12日　南京玄武区广大劳模积极投身疫情防控　战疫一线吹响劳模集结号（盛文虎）

2月9日　推动发展高质量　对标找差再出发　玄武“三问”，擂响突围战鼓（盛文虎）

2月19日　南京市玄武区织密一张网、垒高一堵墙——联防联控，筑牢主城战“疫”共同体（盛文虎）

3月1日　南京同心战“疫”，玄武区统一战线显担当（刘好华　胡亮）

3月16日　玄武区全链保障惠千企（盛文虎）

4月9日　高新园区、国资国企变中求进　南京玄武：改革扬帆驱动发展航船（盛文虎　汪拥政）

4月13日　锁金村街道创新基层党建载体建设　“两室一厅”，小村战“疫”练就大治理（盛文虎）

4月16日　南京玄武区融媒体中心揭牌（盛文虎）

4月20日　玄武“红色品牌”集中亮相（朱泉　贾延智）

4月20日　孝陵卫开展“冬训+爱卫”活动（丁也泉　王潇雪）

4月27日　“四新”行动亮出“主城方案”　创新为帆，玄武冲浪“新蓝海”（盛文虎）

4月27日　锁金村街道探路民生服务供给侧改革　七“心”跃动，党建引领小村办“大事”（盛文虎）

5月11日　五一假期玄武文商旅产业强劲反弹　借力“四新”，消费大区“换道”掘金（盛文虎）

5月11日　玄武举办职工技术大比武（盛文虎）

5月25日　政法网格员架起“连心桥”（盛文虎）

6月1日　玄武“硅巷”又添新载体（盛文虎）

6月1日　新街口街道与辖区单位成立“长江荟”党建联盟（盛文虎）

6月8日　玄武启动人口普查试点工作（盛文虎）

6月22日　锁金村街道巧解电梯维修难（盛文虎　王勤硕）

6月23日　玄武区举办各民主党派领导班子思政建设研讨班（宋龙　胡亮）

10月22日　深耕“玄武新中心”　以人居“进阶”赋能城市焕新

10月28日　坚持党建引领　锤炼过硬队伍　玄武检察院获评“全国先进基层检察院”（韩立勇　刘松茂　李楠）

《南京日报》

1月3日　创新“引擎”轰鸣，助推全面发展——玄武跑出中心城区高质量发展“加速度”（邓露洁）

1月4日　区两会上看亮点——玄武：今年将办成10件民生实事（邓露洁）

1月9日　玄武区确定今年10件重点民生实事——“菜单”由民做主　品质邀民监督（邓露洁）

1月12日　玄武“无障碍图书室”亮相珠江路（邓露洁）

1月13日　暗香清溪河，古刹华严多——南京毗卢寺景区蜡梅开啦（湛山）

1月13日　东大校友企业家走进玄武谋发展（邓露洁　计青）

1月16日　艺术家走进樱驼花园社区送祝福(刑虹)

1月16日　从社区"隐形人"到治理"骨干"——"老漂"走出门,异乡过新年(邓露洁　夏雪晴)

1月17日　玄武门街道居民收获过年暖心"大礼包"(邓露洁)

1月17日　长江路将变身文化旅游集聚区(邓露洁)

1月20日　兰园菜场新增菜品溯源秤(夏雪晴)

1月20日　玄武启动2020年"春风行动"(邓露洁)

1月21日　数字城管比学赶超,公众参与共建共享

1月21日　一条美食街,"凑"出团圆饭(邓露洁)

1月21日　玄武区整治占道经营

1月21日　千余名学生沿着"时光隧道"一路走进新南京画卷:一场城市成就展　一堂新奇体验课(夏雪晴　计青)

1月22日　"黑加油车"非法改装被暂扣(王茸)

1月30日　我市公务员到岗投入战"疫"

2月1日　各区积极做好废弃口罩收集管理:专桶投放　专车收运　专业消杀(查金忠　王婷婷　王聪　孙敬清　丁媛媛　鲁舒婷　唐三琦　邓露洁)

2月5日　村(社区)党组织书记战斗在防控前沿——"用我们的辛苦,换来百姓的平安"(毛庆)

2月5日　"云"游玄武湖走红　手机24小时看"直播"(李子俊)

2月6日　小区严格管理措施首日,记者分赴现场随机探访——"是为大家好,我们坚决支持!"

2月6日　守好小区门,就是守好第一道防线:江苏各地实施小区封闭式管理,这些防控手段请了解

2月8日　玄武区疾控中心党员带头冲在一线:筑起抗击疾情"钢铁防线"(毛庆)

2月13日　玄武区针对梅园新村周边无物业小区集中等特殊情况,对该区域采取统一扎口的防疫检查和管理,志愿者和巡防人员筑起"严密防线"

2月14日　玄武区:"我是党员,有责任冲到收运前线"

2月14日　有法心依! 玄武筑牢战"疫"法治防线(玄萱　邓露洁)

2月15日　玄武90后00后志愿者投入战"疫"(玄萱　计青)

2月15日　玄武区北安门街的一家药店

2月15日　"三个统一"提效率,"四个细分"优服务"——玄武:服务再加码,助企闯"疫"(玄萱　邓露洁　夏雪晴)

2月18日　玄武区警务站深夜在路口、重点区域对过往行人盘查(段仁虎)

2月22日　玄武实施"12345居家观察法"(邓露洁)

2月24日　五大方面拉起"保障网"玄武为一线医务人员捧上"暖心茶"(邓露洁)

2月27日　政府银行当"主播"邀请企业上"网课"　玄武举行节后首场"直播"推介会(邓露洁)

2月28日　防控疫情期间蔬菜酒精口罩送上门　社区人员送关爱,空巢老人不孤单(夏雪晴)

2月29日　玄武公安从严从快查处涉疫违法犯罪

2月29日　玄武警方防控复产两手抓——创新举措全力为城市护航(宁公宣)

2月29日　玄武视频约谈电商要求诚信自律(夏雪晴)

3月1日　玄武区区管建设项目100%复工备案(邓露洁)

3月2日　玄武区精准施策,打造"大招商"工作格局

3月2日　防疫同心　复业在"新"——南京市应急管理局指挥中心结对新街口街道党员干部帮助企业复工复业纪实(李鸿雁　杨欣　张安琪)

3月4日　玄武深化"政银合作"助力复工复产(夏雪晴)

3月6日　穿上白大褂,她们是"特殊侦探"

3月6日　玄武举办复工复产专场融资对接会(夏雪晴　计青)

3月8日　新街口"数字法"为复工建起"快速

路”（邓露洁）

3月9日 玄武区收运废弃口罩（张华 顾小萍）

3月10日 高水平策划 实体化运作——玄武要建长江路文化旅游集聚区（邓露洁）

3月12日 玄武区社区防控不松劲（刘俊斌）

3月13日 玄武老人返院前隔离观察点运营（邓露洁）

3月14日 “玄武企业服务”微信公众号上线 50余条政策一“键”惠企（邓露洁 夏雪晴）

3月15日 玄武门街道开通企业问策直播间 网络“屏对屏”，服务“一对一”（邓露洁）

3月16日 玄武：商家发表诚信宣言，现场发放餐饮优惠券

3月20日 玄武：5G直播推介8大重点招商项目

3月21日 今天下午黄金时段鸡鸣寺赏樱已约满 成贤街北京东路段新增一两百个停车位（顾小萍 窦晓为）

3月24日 玄武仙居雅苑社区开展“特殊”冬训（夏雪晴）

3月25日 严隔离、软服务，社区温情送祝福

3月25日 玄武区集中医学观测点：“舱门”“房门”一车直达 吃喝服务一站“到家”（邓露洁）

3月25日 测温加人脸识别，1分钟可通过100人

3月26日 投改革“石”问发展“路” 徐庄高新区启动“去行政化”改革（邓露洁 夏雪晴）

3月28日 玄武区发布“人才服务”云平台2.0版（毛庆 邓露洁）

3月30日 决胜“第一战场”阻击战，打赢“第二战场”保卫战 玄武坚守防控“风雨中”，奋进发展“春天里”（玄宣）

4月1日 把脉地下“毛细血管”玄武将清疏73个片区雨污管网（邓露洁）

4月2日 玄武人社推系列精准服务助企复工（赵国祥）

4月3日 徐庄高新区党工委助力企业复产复工 党员当管家 发展加速度（毛庆）

4月8日 玄武：每周明确一个主题（邓露洁）

4月9日 人人动手 清洁家园（杜文双摄）

4月9日 玄武门街道打通小区消防通道（邓露洁）

4月9日 玄武区玄武门街道以良好作风提升创新创优能力 一线窗口首问负责 服务承诺上墙公示（余梦娇）

4月10日 玄武筑牢特种设备安全“防火墙”（夏雪晴）

4月13日 玄武多个社区探索边界联动治理模式 打破“楚河汉界”，走向“跨区共治”（邓露洁）

4月14日 公共场所四色分类回收箱随处可见 玄武垃圾分类设施投放点开始改造（夏雪晴）

4月15日 监督推进安全生产专项整治（杨晓强 黄雯）

4月15日 新街口两大历史遗存较多片区环境整治挖掘文化底蕴，完善现代城市功能 “微更新”让老街坊留住“旧时光”（邓露洁）

4月16日 玄武区融媒体中心揭牌（邓露洁 计青）

4月17日 玄武新消费行动计划启动（夏雪晴）

4月18日 玄武区“钟山·金企红”党建联盟推动银企对接 融资专事专办 一天走完流程（毛庆）

4月18日 锁金村街道锁四社区画好社区治理“同心圆”——解锁“幸福小村”的幸福密码（邓露洁 计青）

4月22日 玄武湖街道全员参与擦亮紫金山麓（夏雪晴）

4月22日 玄武校准集贸市场“秤杆子”（夏雪晴）

4月23日 20所小学携手举办“线上运动会”（钱红艳）

4月23日 合指为拳，攻坚治乱 联合执法助力玄武湖周边地区品质再提升（许韦国 邓露洁）

4月24日 “梧桐论语”分享会走进玄武（邓露洁）

4月24日 老人被骗闭门汇款，游戏好友遭遇“画皮”，女子网聊被诱下注——电信诈骗“瞄准”老人和学生（朱静）

4月25日 成立文旅商“最强朋友圈”发布“四

个一百”计划　玄武文旅落笔　描绘“诗与远方”（邓露洁）

4月25日　老人心跳骤停，市民现场施救　这位见义勇为者已数次出手，并累计献血46次（朱静）

4月28日　药品快检车开进玄武公办医疗机构（夏雪晴）

4月28日　百子亭将【旧貌】重现（杜文双）

5月2日　玄武美食节开幕　饱口福！“网红小吃”亮出“舌尖新名片”（夏雪晴）

5月2日　助推“四新”行动　玄武区总工会举办职工技术大比武（夏雪晴）

5月7日　玄武“透明实验室”严把春茶质量关（夏雪晴）

5月7日　玄武区梅园新村街道的志愿者给入小区的快递员、维修工等人员测量体温。

5月11日　玄武区环卫作业公司组建了废弃口罩收运队

5月11日　玄武区锁金三村社区的网格员在测体温

5月11日　玄武门街道开山路社区的党员在防控卡口为进出小区的人员测量体温（杜文双）

5月12日　玄武开展防汛应急抢险演练（邓露洁）

5月13日　玄武布局“一区三片多节点”夜经济体系（夏雪晴）

5月13日　玄武医疗废弃物在线溯源系统上线（邓露洁）

5月13日　无人机高空巡查，24小时监控私排　玄武湖畔一工程污水七级沉淀后排放（王鑫）

5月14日　百子亭历史风貌区10月部分开街（邓露洁）

5月14日　30余位摄影大咖走进玄武拍“四新”（杜文双）

5月15日　玄武安装首批AED（邓露洁）

5月19日　玄武“智慧养劳”再提档（邓露洁）

5月20日　“玄小新@直播”首场为武汉“带货”（夏雪晴）

5月22日　玄武区INNO未来城内“硅巷”吸引众多年轻人前来创业（崔晓　孙中元）

5月23日　玄武区锁金村街道锁金二村的党员和群众在社区收看十三届全国人大三次会议开幕会直播（杜文双）

5月28日　玄武首个智能垃圾分类亭建成（邓露洁）

5月31日　市级专家宣讲团走进玄武宣讲科创政策（毛庆）

6月2日　突然停电，他在派出所完成线上博士论文答辩（谈洁）

6月3日　孝陵卫农科院探索花园式养老型社区建设之路　“松林坡”旁健身　生活养老咸宜（邓露洁）

6月3日　环境综合整治工程红黑榜

6月4日　政法网格员送法进社区（邓露洁）

6月4日　徐庄“一对一”针对性辅导　助力人才引进（夏雪晴）

6月4日　丹凤街：地摊摆起来　夜市逛起来（邓露洁）

6月5日　玄武擦亮“山水城林”生态底色（崔晓）

6月8日　梅园新村街道打造社区高品质公共文化空间　弘扬“红色文化”　共创“梅”好家园（夏雪晴）

6月12日　仙鹤门2号路整治，国庆节前竣工（夏雪晴）

6月13日　以旧创新，让老建筑重新“活”起来　百子亭：打造南京版“新天地”（何钢）

6月16日　玄武园林养护人员在碑亭巷148号对大树断枝进行抢险（徐琦）

6月17日　新街口街道智慧停车项目进入实践阶段（邓露洁）

6月19日　朱松林：冲锋在“疫”线（马道军）

6月22日　玄武创新领航，引凤“玄”梧

6月23日　玄武：智慧科技新引擎创新发展峰会举办（玄萱）

6月24日　产业招商强链补链、土地招商做优配套、项目招商瞄准品质——玄武打造一流的投资“热土”

6月24日　徐庄高新区：向“高”而进　向“新”而破

6月25日　“玄武创客厅”亮相长江路文旅集聚区　线下创客漫谈　线上直播互动（杜文双）

6月26日　玄武区新街口社区卫生服务中心主任王河:战“疫”一线践行党员初心医者使命(余梦娇)

7月1日　尽管党龄不同,但在面对考验时,我市4名优秀党员民警都有同样的回答——在不同岗位擦亮忠诚底色

7月2日　危化品泄露应急救援演练(段仁虎)

7月2日　“红领·硅巷”党建空间亮相珠江路

7月2日　还原历史风貌　讲好“梅园故事”　梅园历史街区环境综合整治启动(邓露洁)

7月2日　省内首家丽思卡尔顿落户玄武　长江路文化旅游集聚区再添靓“丽”名片(邓露洁)

7月3日　玄武区伊路整治完工　“红色资源”串成链　“绿色空间”醉游人(邓露洁)

7月3日　墙绘“说故事”　居民“聊文明”　梅园新村老旧围墙成社区主旋律文化墙(夏雪晴)

7月6日　玄武慈善超市线上线下联通动聚办　慈善超市“上云”　关爱帮扶“落地”(邓露洁)

7月7日　玄武推出消费纠纷“云调解”(夏雪晴)

7月8日　玄武整治共享单车“潮汐现象”(邓露洁)

7月8日　“城管蓝”暖心护考　护考棚用品充足(顾小萍)

7月8日　玄武公安分局在九中考点外设立临时身份证明办理点(段仁虎)

7月10日　玄武区执法大队护考保障车正式亮相

7月14日　玄武区开展“野生长江鱼鲜”专项检查(夏雪晴)

7月14日　徐庄高新区智能化一站式服务平台上线　点鼠标可查信息　跑一趟完成申报(夏雪晴)

7月15日　红山街道老旧小区清理无主车(夏雪晴)

7月16日　完善治理体系,助推文明城市创建　玄武发布“美丽家园”行动方案(夏雪晴)

7月18日　玄武新时代文明实践中心揭牌(夏雪晴)

7月20日　“红马甲”培养居民垃圾分类好习惯　玄武开展垃圾分类志愿者培训(夏雪晴)

7月20日　南京市玄武中等专业学校——抓专业建设,重技能提长升,探索多样化人才培养模式(张晗婷　钱红艳)

7月21日　玄武区整治清洗工地上的道路

7月22日　玄武“云端”博物馆研学开启　近百名小讲解员录制课程　保证暑期每天一节课(钱红艳)

7月22日　半年先免费　满意再收费　玄武门街道创新方式年底前将实现老旧小区物业全覆盖(邓露洁)

7月23日　247米长营苑支路从脏乱差到美如画——街巷大变样　全凭“绣花功”(顾小萍)

7月28日　南京长江路文化和旅游什么样聚区　面向社会公开征集口号、卡通形象、标志、歌曲

7月28日　借力“外脑”,唱起公益保护“大合唱”　玄武首批公益诉讼观察员上岗(邓露洁)

7月30日　新街口商圈“智慧管理”将覆盖全域　乱停放自动举报　监控点5G移动(李有明　田诗雨)

7月30日　未成年人活动中心亮相长江路社区(邓露洁)

7月31日　玄武区垃圾分类

7月31日　玄武区退役军人事务局:让退役军人就业有底气,创业有作为(余梦娇)

8月2日　玄武落实三大导向,推动三大突破(邓露洁　夏雪晴)

8月5日　玄武区企业登记最快仅需半天(夏雪晴)

8月5日　庞乔:甘当“绿叶”志愿者(徐宁)

8月6日　玄武区举行新产业金融对接会(邓露洁)

8月6日　陈文军:独特的“网红法官”(徐宁)

8月6日　安装人脸识别系统,“锁定”小区进出安全　民警智解居民大难题(刘宁)

8月6日　玄武门街道发动党员护绿植绿打造宜居优美小区　小区认领“责任田”荒废地变小花园(邓露洁)

8月7日　环境更靓、民生更实、产业更优——玄武:精笔细绘小康生活“百景图”

8月7日　“字节跳动”深耕鼓楼,“黑科技”落

户玄武　激活创新基因，老城“硅巷”引凤栖（玄萱）

8月8日　凤栖玄武，校地融合　新一批高校人才挂职发展一线（毛庆）

8月12日　玄武钟山山庄蝶变“钟山风景”美丽家园整治获百姓点赞（夏雪晴）

8月18日　玄武3年新增改建15处游园绿地（邓露洁）

8月19日　玄武劳模积极参与美好家园建设（邓露洁）

8月20日　玄武从源头规范机扫垃圾分类处理（夏雪晴）

8月22日　创建人民满意的文明城市——七彩的夏日　在“立体贴画”中体验“二十四节气”（夏雪晴）

8月24日　玄外操场下将建410个智慧车位（邓露洁）

8月24日　致敬劳动者　民族一家亲（丁冬冬）

8月25日　持续开展“建设美丽家园统一行动日”活动　玄武“美颜”新画卷徐徐打开（夏雪晴）

8月25日　“一米线”在市民心中“扎根”

8月26日　长江路文旅资源开发保护研究会成立（邓露洁）

8月26日　浙商银行南京玄武支行昨开业　玄武再添金融生力军（李任娟）

8月27日　玄武科普宣传周上，炫酷科技魔力十足　透过AR放大镜，平面卡通纸上舞（毛庆）

8月27日　玄武垃圾分类先行先试酒店有“新招”　怕保洁员分不到位，请来第三方公司再分

8月28日　玄武3个老旧小区补了200个车位（邓露洁）

8月30日　应聘代驾司机被骗万余元

8月30日　种下文明种子　许下七彩约定（钱红艳）

9月1日　弘扬抗疫精神、传承节俭美德、追梦全面小康　我市中小学校“开学第一课”昨举行（钱红艳）

9月1日　开学第一天，“光盘行动”进校园（钱红艳）

9月1日　原弘光中学更名为南理工附中，并加入南理工基础教育联盟（钱红艳）

9月3日　徐庄地铁接驳车开通（夏雪晴）

9月4日　铁路安全“开学第一课”（段仁虎）

9月4日　退休后值守小区门卫室　义务执勤，老党员守门27年（邓露洁　谷文俊）

9月5日　老掉牙的骗局　骗走留学生55万元（刘通）

9月5日　七旬惯偷烟酒店“自提”名酒　民警“守路待人”当日抓获（刘通）

9月7日　玄武将打造40个素质教育实践基地（夏雪晴）

9月9日　金石传拓入选玄武区级非遗项目　墨痕印“城迹”纸间拓古今（邓露洁）

9月9日　玄武15家菜场周边“血管”动手术（邓露洁）

9月9日　2020金洽会玄武专场9月17日举行（夏雪晴）

9月10日　玄武严查校园周边文具店“五毛零食”（夏雪晴）

9月11日　玄武区三十家单位加入“厕所开放联盟”全市已有二百六十四座单位厕所加盟（顾小萍）

9月11日　中央路小学将异地重建　新校位于原红星美凯龙地块，规模为36个班（何钢）

9月12日　玄武推进省级食品安全示范区创建（夏雪晴）

9月14日　圆梦安居服务进社区（太平门社区党群服务中心）

9月15日　科利华中学铁北分校正式投用　未来5年玄武将新建14所学校（夏雪晴）

9月17日　健康照明灯呵护学生视力健康　78所中小学教室年内完成照明改造（钱红艳）

9月17日　玄武构筑“强磁场”，蓄势新动能

9月18日　玄武区金洽会专场活动签约总投资三百三十二亿元项目（杨凡）

9月22日　玄武区垃圾分类“撤桶并点”加速推进（张蓉　张思飞）

9月24日　叶云：守护社区居民健康（马道军）

9月25日　何整：疾控一线“排雷兵”（马道军）

9月25日　张惠：疾情防控“多面手”（马道军）

9月26日　玄武摆下“1+3+100”文旅盛宴，部

分道路首次交通限行　黄金周：夜游长江路，“夜遇”步行街(邓露洁　夏雪晴)

9月29日　老城萌发【新消费】业态，变资源优势为发展动力——玄武：千年古都史，今朝【武】长江

9月30日　玄武区：金洽会玄武专场投资额超487亿元

9月30日　玄武区：开展民生保障类国企专项监督(毛庆)

9月30日　文商旅融合，打造夜间消费新地标　昨晚，长江路点亮夜金陵(姚强　杜文双)

10月2日　昨晚，刚刚开街的“潮游长江路”文化市集吸引了众多市民前来游玩

10月2日　围坐共赏中秋月，品诗颂词话团圆　长江路“天涯共此时”中秋诗会开幕(夏雪晴)

10月3日　6栋民国建筑修缮后会新亮相　百子亭天地预展迎客(邓露洁)

10月4日　书卷气加时尚味，长江路活力四射(崔晓摄)

10月4日　市民在1912街区欣赏省民乐团演奏(崔晓摄)

10月8日　玄武推出多个主题艺术展(卫凌云)

10月8日　首次实行夜间步行限行开放，可漫步可观影可互动　长江路变身城市休闲空间(邓露洁)

10月10日　国庆黄金周，长江路文旅集聚区吸睛又吸金　游赏全时段　消费“一条龙”

10月11日　智能回收小屋配起来，餐后倒残减量奖起来，《垃圾分类读本》读起来　中小学垃圾分类，从娃娃抓起(钱红艳)

10月12日　“跟谁学”江苏总部入驻徐庄高新区(夏雪晴)

10月13日　人口普查摸底社区(姚强　杜文双)

10月14日　北京东路小学校长孙双金谈集团化办学——发挥名校优势，放大优质资源(孙红雨)

10月15日　交通安全进社区(段仁虎)

10月15日　徐庄南北互通道路建成通车　打破玄武大道阻隔，让高新区连成一体(何钢)

10月15日　玄武区检察院获评全国先进基层检察院(许震宁　徐宁)

10月28日　上市企业再添新丁　玄武区资本市场发展加速(史亮　李任娟)

10月29日　玄武区：以商招商集聚龙头企业　三个“优”打造区域环境

10月29日　玄武区各街道、社区等广泛开展多场垃圾分类宣传活动

10月30日　玄武硅巷打造学院派产业园(崔晓摄)

10月31日　玄武：收运车实时称重全流程GPs跟踪(何钢)

11月1日　紫金墨香苑连夜安装垃圾站房，实施撤桶并点(何钢)

11月3日　玄武区锁三社区的工作人员走进南京市锁金幼儿园宣讲垃圾分类(杜文双)

11月3日　随手一“分”成社区新风尚——玄武多元主体参与垃圾分类，垃圾收储闭环处理(邓露洁　夏雪晴)

11月8日　玄武进博会上签署六大项目(夏雪晴　邓露洁)

11月10日　消防安全进校园(段仁虎)

11月11日　三级医院优势学科与基层医疗卫生机构“联姻”　玄武建成6个特色专科联盟(邓露洁)

11月11日　玄武首批两家“爱心驿站”启用(邓露洁)

11月11日　玄武区电商平台签订诚信协议(邓露洁)

11月12日　四分类收集设施到位、督导员到位、分类到位、督查检查到位——“四到位法”倒逼物业动起来(顾小萍)

11月15日　“智能手机课堂”进社区(杜文双)

11月17日　玄武区委书记闵一峰：打造生态文明建设的玄武样本(邓露洁)

11月25日　他们让垃圾分类分出了“新气象”

11月26日　变“输血”为“造血”玄武区金融局开展“钟山·金企红”党建联盟对口帮扶工作(李任娟)

11月26日　玄武5年整治主次干道20条，不仅融景于路，还让历史街巷变“网红打卡地”　景

观道路似金线，串起旅游“明珠”链（邓露洁）

11月26日　玄武举办城市硅巷系列活动（夏雪晴）

11月26日　街企结对画好党建“同心圆”（夏雪晴）

11月30日　亲子游戏倡导垃圾分类（徐琦）

11月30日　创新引航发展，文旅深芜融合玄武：驰骋“四新”赛道　竞速全年目标（邓露洁　夏雪晴）

12月7日　第三届玄武国际创新资源对接会举行（邓露洁）

12月8日　家具城蝶变智慧产业集聚区（邓露洁）

12月8日　国际消费中心城市发展指数公布　玄武入选全国Top10城市中心城区（邓露洁）

12月9日　玄武区少年科学院揭牌（夏雪晴）

12月11日　长江路街区改造注入现代设计元素　让街巷“说话”　让文化“动人”（邓露洁）

12月15日　生死瞬间，巡逻民警挺身而出营救轻生女子

12月15日　玄武社会治理改革入选全国典型案例　成为我省在社会治理领域唯一获此荣誉案例（邓露洁）

12月15日　打卡61处文物，紫金山有支“护宝队”　玄武区志愿者团队默默“守望钟山”已达4年（邓露洁　谷文俊）

12月16日　为了患病“植物人”，民警上门来办证（朱静）

12月16日　樱驼山庄不仅垃圾“减量瘦身”，而且“变废为宝”增加环境亮点　小区垃圾堆里“捡”出创意小品（顾小萍）

12月16日　筑巢引凤栖　花开蝶自来　红山新城：产城融合发展规模初现

12月16日　抓质量、提效益、助民生、显担当　玄武城建：“绣花”精神描绘“匠心”玄武

12月17日　金陵中学汇文女子高中正式挂牌（钱红艳）

12月17日　南京市规划和自然资源局玄武分局举办开放日活动　聚焦“城市更新”　打造“更”美玄武（何子　张恺　张昊　项闯）

12月19日　市委宣讲团赴玄武宣讲党的十九届五中全会精神　以高标准学深悟透描绘发展蓝图（邓露洁　夏雪晴）

12月21日　玄武打造教师成长“孵化器”（夏雪晴）

12月22日　玄武推动企业驶向资本市场“快车道”　50余家拟上市企业高管参加高峰论坛（夏雪晴）

12月22日　江苏铁塔5G产业基地落地玄武区　将打造一批智慧园区、小区、楼宇标杆项目（邓露洁）

12月23日　玄武区惠民便企系列活动走进珠江路（李任娟　赵刚）

12月23日　二次供水改造的受益者、玄武区宁栖园小区居民毛妹：小区彻底告别“锈水”，用上清澈“放心水”（夏雪晴）

12月25日　北京东路小学红山分校名师工作室挂牌（夏雪晴）

12月26日　创新为帆引航发展，消费赋能激发动力——玄武：高质量发展见证五年“蝶变”（邓露洁　夏雪晴）

12月27日　旧址换新颜　崛起科技创新园（段仁虎）

12月28日　玄武锁金村街道为室外工作的垃圾分类督导员送温暖　43顶帐篷搭出“温暖小栈”（夏雪晴）

12月30日　玄武颁发首届慈善奖（邓露洁）

12月30日　百子亭：打造历史保护更新玄武新名片

12月30日　玄武完成人行道净化和自行车专用道建设（胡以红　何文）

12月30日　玄武城管出动大型扫雪车对南京站高架桥匝道上积雪进行清理（董家训）

12月30日　寒冬送暖，一个不能少（杜文双）

12月30日　屋内，老人们吃着刚送上门的热腾腾饭菜（马道军）

12月30日　确保低保户等困难群体度过严寒（马道军）

（栏目编辑　卢永晨）

索引

说　明

一、索引采用主题分析索引方法，依据首字汉语拼音字母顺序排列，同音字按声调，同音同调按笔画顺序排列。

二、类目用黑体字。数字表示内容所在页码或参见页码。

三、特载、专记、大事记、统计资料、附录及概况条目不收入索引。

A

B

C

D

E

F

G

H

K

L

M

N

P

Q

R

S

T

W

X

Y

Z

（栏目编辑　卢永晨）